Guide
de
Charme

HOTELS UND LANDGASTHÄUSER MIT CHARME IN ITALIEN

Wichtiger Hinweis

Gemäß einer Rechtsprechung (Toulouse, 14.01.1887) kann der Verleger für eventuelle Fehler, die sich trotz sorgfältiger Arbeit des Redaktionsteams eingeschlichen haben, nicht haftbar gemacht werden.

ISBN: 2-7436-0301-1
ISNN : 099-4771
© Editions Payot & Rivages, 1998
106, boulevard Saint-Germain - 75006 Paris
10, rue Fortia - 13001 Marseille

Guide *de* Charme

HOTELS UND LANDGASTHÄUSER MIT CHARME IN ITALIEN

Projektleitung:
Michelle Gastaut

Mitarbeiter: Lidia Breda und Fabrice Camoin

Aus dem Französischen von Inge Hanneforth

Rivages

Diese 98er Ausgabe umfaßt 436 Adressen. Die von uns ausgewählten Häuser gehören verschiedenen Kategorien an und reichen vom schlichten Landgasthof bis zum Luxushotel. Mit Hilfe der Beschreibungen der Hotels - die vor der Reservierung aufmerksam gelesen werden sollten - sind die Kategorien leicht zu erkennen. Es versteht sich von selbst, daß man bei einem Zimmer, das umgerechnet gut hundert Mark kostet, nicht das gleiche wie bei einem Zimmer verlangen kann, für das man doppelt oder dreimal so viel bezahlen muß.

Außerdem möchten wir darauf hinweisen, daß die von uns angegebenen Preise 1997 gültig waren und von den Hoteliers jerderzeit revidiert werden können. Deshalb ist es ratsam, sich bei der Reservierung die Preise für Halb- und Vollpension (je nach Anzahl der Personen und Aufenthaltsdauer sehr unterschiedlich) bestätigen zu lassen.

Am Ende des Buches sind einige empfehlenswerte Restaurants nach Regionen aufgeführt. Die Preisangaben entsprechen vollständigen Mahlzeiten ohne Getränke. Einige Adressen zum Einkaufen lokaler Spezialiten oder ausgefallener Souvenirs geben wir ebenfalls an.

Wie man diesen Hotelführer benutzen sollte

Die Hotels sind nach Regionen, und innerhalb dieser Regionen nach Ortschaften alphabetisch geordnet; die Seitennummer des Hotels entspricht der Nummer auf den eingangs abgebildeten Straßenkarten. Um eine bestimmte Adresse zu finden, kann man entweder das Hotelverzeichnis am Anfang oder das alphabetische Verzeichnis am Ende des Führers benutzen.

Um unsere Ausgabe weiterhin zu verbessern, wären wir Ihnen für eine Bewertung der ausgewählten Hotels dankbar, aber auch für Vorschläge neuer Adressen, die Ihnen empfehlenswert erscheinen. Wenn dieses oder jene Hotel Sie enttäuscht hat, sollten Sie uns das ebenfalls mitteilen.

Telefon
Die Länderwahl für Italien ist 0039; wenn man von Deutschland aus anruft, darf die «0» der Vorwahl selbstverständlich nicht gewählt werden.

Unsere Anschrift:

Editions Rivages
106, bd. Saint-Germain
F - 75006 Paris

oder

10, rue Fortia
F - 13001 Marseille

INHALT

Hotelverzeichnis
Generalkarte
Regional-Landkarten

Hotels
Basilicata - Kalabrien 1
Kampanien 5
Emilia-Romagna 42
Latium - Abrazzen 59
Ligurien 83
Lombardei 97
Marken 135
Umbrien 141
Piemont - Aostatal 170
Apulien 181
Sardinien 194
Sizilien 215
Toskana 239
Trentino - Südtirol 357
Veneto - Friaul 377

RESTAURANTS

Basilicata - Kalabrien	438
Kampanien	439
Emilia-Romagna	444
Latium - Abrazzen	448
Ligurien	453
Lombardei	455
Marken	459
Umbrien	460
Piemont - Aostatal	462
Apulien	466
Sardinien	468
Sizilien	469
Toskana	471
Trentino-Südtirol	480
Veneto - Friaul	483

HOTELVERZEICHNIS

Agriturismo, Landgasthäuser, zu mietende Villen:

BASILICATA-KALABRIEN

Altomonte (Cosenza) - *Karte 21*
 – Hotel Barbieri *(130 000 L)* 1
Cetraro (Cosenza) - *Karte 24*
 – Grand Hotel San Michele *(190/350 000 L)* 2
Maratea (Potenza) - *Karte 21*
 – Locanda delle Donne Monache *(240/420 000 L)* 3
Matera - *Karte 21*
 – Hotel Sassi *(140 000 L)* 4

KAMPANIEN

Telese Terme (Benevento) - *Karte 20*
 – Grand Hotel Telese *(180/215 000 L)* 5
Baia Domizia (Caserta) - *Karte 19*
 – Hotel della Baia *(130/160 000 L)* 6
Gaeta (Latina) - *Karte 19*
 – Gran Hotel Le Rocce *(160/330 000 L)* 7
Napoli - *Karte 19*
 – Hotel Santa Lucia *(440 000 L)* 8
 – Hotel Excelsior *(470 000 L)* 9
 – Grand Hotel Parker's *(310/365 000 L)* 10
 – Hotel Paradiso *(240/280 000 L)* 11
Isola di Capri (Napoli) - *Karte 19*
 – Villa Brunella *(370 000 L)* 12
 – Europa Palace Hotel *(370/530 000 L)* 13
 – Hotel Luna *(250/475 000 L)* 14
 – Hotel Punta Tragara *(380/520 000 L)* 15
 – Albergo Villa Sarah *(180/280 000 L)* 16
 – Pensione Quattro Stagioni *(160 000 L)* 17
Isola d'Ischia (Napoli) - *Karte 19*
 Sant'Angelo
 – Park Hotel Miramare *(316 000 L)* 18
 – Pensione Casa Sofia *(120 000 L m. HP)* 19
 – Pensione Casa Garibaldi *(95 000 L)* 20
 Porto d'Ischia
 – La Villarosa *(180/240 000 L)* 21
 Forio d'Ischia
 – La Bagattella Hotel *(140/160 000 L m. HP)* 22

Lacco Ameno
– **Albergo Terme San Montano** *(360/540 000 L)*..................23
Sorgeto - Panza d'Ischia
– **Hotel Residence Punta Chiarito** *(190/210 000 L)*..................24
Cenito - Santa Maria di Castellabate (Salerno) - Karte 20
– **Giacaranda** *(156 000 L m. HP)* 25
Santa Maria di Castellabate (Napoli) - Karte 20
– **Palazzo Belmonte** *(250/510 000 L)*..................26
Sorrento (Napoli) - Karte 20
– **Grand Hotel Excelsior Vittoria** *(392/536 000 L)* 27
– **Hotel Bellevue Syrene** *(250/400 000 L)* 28
Vico Equense (Napoli) - Karte 20
– **Capo La Gala Hotel** *(250 000 L)*..................29
Amalfi (Salerno) - Karte 20
– **Hotel Luna Convento** *(230/280 000 L)*..................30
– **Hotel Santa Caterina** *(390/560 000 L)* 31
Conca dei Marini - Amalfi (Napoli) - Karte 20
– **Hotel Belvedere** *(160/210 000 L)* 32
Positano (Salerno) - Karte 20
– **Hotel San Pietro** *(640/720 000 L)*..................33
– **Le Sirenuse** *(400/740 000 L)* 34
– **Hotel Poseidon** *(270/390 000 L)* 35
– **Hotel Palazzo Murat** *(290/390 000 L)* 36
– **Albergo Casa Albertina** *(150/240 000 L m. HP)*..................37
Praiano (Salerno) - Karte 20
– **Grand Hotel Tritone** *(270/360 000 L)*..................38
Ravello (Salerno) - Karte 20
– **Hotel Palumbo - Palazzo Confalone** *(350/400 000 L m. HP)*..................39
– **Hotel Caruso Belvedere** *(250/344 000 L m. HP f. 2 Pers.)* 40
– **Villa Cimbrone** *(350/550 000 L)*..................41

EMILIA ROMAGNA

Bologna - Karte 10
– **Hotel Corona d'Oro** *(300/460 000 L)*..................42
– **Hotel Commercianti** *(210/300 000 L)*..................43
– **Hotel Orologio** *(210/300 000 L)* 44
Ferrara - Karte 10
– **Locanda della Duchessina** *(180/200 000 L)*..................45
– **Locanda Borgonuovo** *(130/160 000 L)* 46
Modena - Karte 9
– **Canalgrande Hotel** *(275 000 L)* 47
Castelfranco Emilia (Modena) - Karte 9
– **Villa Gaidello** *(150/310 000 L)*..................48
Portico di Romagna (Forli) - Karte 10
– **Hotel Al Vecchio Convento** *(120 000 L)* 49
Santarcangelo di Romagna (Rimini) - Karte 11
– **Hotel della Porta** *(140/170 000 L)*..................50
Parma - Karte 9
– **Hotel Verdi** *(255/290 000 L)* 51

Soragna (Parma) - Karte 9
– Locanda del Lupo *(200 000 L)* 52
Ravenna - Karte 10
– Hotel Bisanzio *(160/210 000 L)* 53
Brisighella (Ravenna) - Karte 10
– Il Palazzo *(80 000 L)* 54
Cavina - Brisighella (Ravenna) - Karte 10
– Relais Torre Pratesi *(200 000 L)* 55
Reggio nell'Emilia - Karte 9
– Hotel Posta *(270 000 L)* 56
– Albergo delle Notarie *(230/245 000 L)* 57
Puinello (Reggio Nell'Emilia) - Karte 9
– Albergo Casa Matilde *(250 000 L)* 58

LATIUM ABRAZZEN

Formia (Latina) - Karte 19
– Hotel Castello Miramare *(140/160 000 L)* 59
Isola di Ponza (Latina) - Karte 18
– Hotel Cernia *(220/330 000 L)* 60
Sabaudia (Latina) - Karte 18
– Hotel Le Dune *(190/270 000 L)* 61
San Felice Circeo (Latina) - Karte 18
– Hotel Punta Rossa *(220/450 000 L)* 62
Sperlonga (Latina) - Karte 19
– Parkhotel Fiorelle *(145 000 L)* 63
Poggio (Rieti) - Karte 14
– Hotel Borgo Paraelios *(300/450 000 L)* 64
Roma - Karte 14
– Hotel Lord Byron *(400/620 000 L)* 65
– Hotel Giulio Cesare *(410 000 L)* 66
– Hotel d'Inghilterra *(460/540 000 L)* 67
– Hotel Raphaël *(495/690 000 L)* 68
– Hotel Sole Al Pantheon *(500 000 L)* 69
– Hotel Carriage *(315 000 L)* 70
– Mecenate Palace Hotel *(500 000 L)* 71
– Hotel Gregoriana *(320 000 L)* 72
– Hotel Locarno *(290/320 000 L)* 73
– Hotel Teatro di Pompeo *(290 000 L)* 74
– Hotel Sant'Anselmo *(230/255 000 L)* 75
– Hotel Villa del Parco *(215/246 000 L)* 76
– Pensione Scalinata di Spagna *(380 000 L)* 77
Tivoli (Roma) - Karte 14
–Hotel Ristorante Adriano *(160/260 000 L)* 78
Anagni (Frosinone) - Karte 14
– Villa La Floridiana *(160 000 L)* 79
Vignola (Chieti) - Karte 16
– Villa Vignola *(280 000 L)* 80

Farnese (Viterbo) - Karte 13
  – Il Voltone *(140/170 000 L)*..81
Tuscania (Viterbo) - Karte 13
  – Hotel Al Gallo *(166 000 L)*..82

LIGURIEN

Camogli (Genova) - Karte 8
  – Hotel Cenobio dei Dogi *(300/490 000 L)*..................................83
San Fruttuoso (Genova) - Karte 8
  – Albergo da Giovanni *(110/120 000 L m. HP)*..............................84
Portofino (Genova) - Karte 8
  – Albergo Splendido *(600/720 000 L m. HP)*................................85
  – Piccolo Hotel *(180/320 000 L)*...86
  – Hotel Nazionale *(300 000 L)*...87
Santa Margherita Ligure (Genova) - Karte 8
  – Imperiale Palace Hotel *(340/560 000 L)*..................................88
Sestri Levante (Genova) - Karte 8
  – Grand Hotel Villa Balbi *(280/320 000 L)*.................................89
  – Hotel Helvetia *(210 000 L)*...90
  – Hotel Miramare *(190/300 000 L)*..91
Grimaldi Inferiore - Ventimiglia (Imperia) - Karte 7
  – Baia Benjamin *(400 000 L)*..92
San Remo (Imperia) - Karte 7
  – Royal Hotel *(320/525 000 L)*..93
Finale Ligure (Savona) - Karte 8
  – Hotel Punta Est *(300/360 000 L)*...94
Garlenda (Savona) - Karte 7
  – La Meridiana *(350/400 000 L)*..95
Monterosso al Mare (La Spezia) - Karte 9
  – Hotel Porto Roca *(250/350 000 L)*...96

LOMBARDEI

Bergamo - Karte 3
  – Agnello d'Oro *(120 000 L)*...97
Colline di Iseo - Iseo (Brescia) - Karte 3
  – I Due Roccoli *(180/210 000 L)*..98
Cologne Franciacorta (Brescia) - Karte 3
  – Cappuccini *(250 000 L)*..99
Erbusco (Brescia) - Karte 3
  – L'Albereta - Ristorante G. Marchesi *(295 000 L)*.......................100
Lago di Garda (Brescia) - Karte 3
  Fasano di Gardone Riviera
  – Hotel Villa del Sogno *(320/460 000 L)*...................................101
  – Grand Hotel Fasano *(198/451 000 L)*....................................102
  – Villa Fiordaliso *(300/800 000 L)*..103

Gargnano
- Hotel Baia d'Oro *(160/240 000 L)* 104
- Villa Giulia *(230/300 000 L)* 105

Salò
- Hotel Laurin *(230/300 000 L)* 106

Sirmione
- Villa Cortine Palace Hotel *(480/620 000 L)* 107

Lago di Como - Karte 2
  Como
  - Albergo Terminus *(200/300 000 L)* 108
  - Hotel Villa Flori *(200/300 000 L)* 109

  Bellagio (Como)
  - Grand Hotel Villa Serbelloni *(460/710 000 L)* 110
  - Hotel Florence *(225 000 L)* 111

  Cernobbio (Como)
  - Grand Hotel Villa D'Este *(925 000 L)* 112

  Moltrasio (Como)
  - Grand Hotel Imperiale *(230/320 000 L)* 113

  Lenno (Como)
  - San Giorgio Hotel *(130 000 L m. HP)* 114

  Menaggio (Como)
  - Grand Hotel Victoria *(220/260 000 L)* 115

  San Mamete (Como)
  - Hotel Stella d'Italia *(165/195 000 L)* 116

  Valmadrera (Como)
  - Villa Giulia Al Terrazzo *(185 000 L)* 117

  Varenna (Como)
  - Hotel Olivedo *(110/150 000 L)* 118

San Fedele d'Intelvi (Como) - Karte 2
- Villa Simplicitas e Solferino *(115/150 000 L m. HP)* 119

Mantova - Karte 9
- Albergo San Lorenzo *(150/300 000 L)* 120

Pomponesco (Mantova) - Karte 9
- Il Leone *(135 000 L)* 121

Milano - Karte 2
- Four Seasons Hotel *(862/995 000 L)* 122
- Excelsior Hotel Gallia *(460/510 000 L)* 123
- Grand Hotel Duomo *(480/570 000 L)* 124
- Hotel Pierre Milano *(390/550 000 L)* 125
- Hotel Diana Majestic *(401/560 000 L)* 126
- Hotel Spadari al Duomo *(360/420 500 L)* 127
- Hotel de la Ville *(460 000 L)* 128
- Antica Locanda dei Mercanti *(180/220 000 L)* 129

Monza (Milano) - Karte 2
- Hotel de la Ville *(350 000 L)* 130

Cantello (Varese) - Karte 2
- Albergo Madonnina *(157 000 L)* 131

Maleo (Milano) - Karte 9
- Albergo del Sole *(260 000 L)* 132

Varese - Karte 2
- Hotel Colonne *(200 000 L)* 133

Lago Maggiore
  Ranco (Varese) - Karte 2
  - Il Sole di Ranco *(350 000 L)* 134

M A R K E N

Portonovo (Ancona) - Karte 11
 – Hotel Fortino Napoleonico *(260/300 000 L)* 135
 – Hotel Emilia *(200/300 000 L)*..136
Sirolo (Ancona) - Karte 11
 – Hotel Monteconero *(130/175 000 L)*...137
Pesaro - Karte 11
 – Hotel Vittoria *(120/280 000 L)*...138
 – Villa Serena *(130/170 000 L)* 139
Urbino - Karte 11
 – Hotel Bonconte *(220 000 L)*..140

U M B R I E N

Perugia - Karte 14
 – Locanda della Posta *(200/295 000 L)*..141
Perugia-Cenerente - Karte 14
 – Castello dell' Oscano - Villa Ada - La Macina *(170/550 000 L)*.....142
Castel del Piano Umbro (Perugia) - Karte 14
 – Villa Aureli *(1 270/1 980 000 L/Woche)*...143
Torgiano (Perugia) - Karte 14
 – Relais Le Tre Vaselle *(295/330 000 L)*...144
 – La Bondanzina *(295/330 000 L)* 145
Assisi (Perugia) - Karte 14
 – Hotel Subasio *(260 000 L)*...146
 – Hotel Umbra *(130/150 000 L)*..147
Armenzano - Assisi (Perugia) - Karte 14
 – Le Silve di Armenzano *(280 000 L)*..148
San Gregorio - Assisi (Perugia) - Karte 14
 – Castel San Gregorio *(150 000 L)* 149
Bovara di Trevi (Perugia) - Karte 14
 – Casa Giulia *(160 000 L)* 150
Canalicchio (Perugia) - Karte 14
 – Relais Il Canalicchio *(190/270 000 L)*..151
Citta di Castello (Perugia) - Karte 10
 – Hotel Tiferno *(160/190 000 L)*..152
Colle San Paolo di Tavernelle (Perugia) - Karte 13
 – Villa di Monte Solare *(200/240 000 L)*..153
Gùbbio - Monteluiano (Perugia) - Karte 14
 – Villa Montegranelli Hotel *(175 000 L)* 154
Lago Trasimeno (Perugia) - Karte 13
  Isola Maggiore
 – Hotel da Sauro *(80/90 000 L)* 155
Montefalco (Perugia) - Karte 14
 – Hotel Villa Pambuffetti *(250 000 L)*...156
Paciano (Perugia) - Karte 13
 – Locanda della Rocca *(150/170 000 L)* 157

Pissignano-Campello (Perugia) - Karte 14
  – Residenza Vecchio Molino *(195 000 L)*..158
Spoleto (Perugia) - Karte 14
  – Hotel Gattapone *(170 000 L)* 159
  – Palazzo Dragoni *(200 000 L)* 160
Spoleto - Monteluco (Perugia) - Karte 14
  – Hotel Eremo delle Grazie *(350 000 L)* 161
Spello (Perugia) - Karte 14
  – Hotel Palazzo Bocci *((200/224 000 L)*..162
  – Hotel La Bastiglia *(180 000 L)* 163
Todi (Perugia) - Karte 14
  – San Valentino Country House *(200/250 000 L)*.............................164
  – Hotel Fonte Cesia *(240 000 L)* 165
Todi-Asproli (Perugia) - Karte 14
  – Poggio d'Asproli *(200 000 L)*..166
Orvieto (Terni) - Karte 13
  – Hotel Ristorante La Badia *(240/270 000 L)*..................................167
  – Villa Ciconia *(170/340 000 L)* 168
Titignano-Orvieto (Terni) - Karte 14
  – Fattoria di Titignano *(100/120 000 L)* 169

PIEMONT AOSTATAL

Alba (Cuneo) - Karte 7
  – Villa La Meridiana - Cascina Reine *(110/120 000 L)* 170
Canelli (Asti) - Karte 7
  – La Luna e i Falo' *(140 000 L)*..171
Torino - Karte 7
  – Villa Sassi-El Toulà *(400 000 L)*...172
  – Hotel Victoria *(230/260 000 L)* 173
Chiaverano d'Ivrea (Torino) - Karte 7
  – Castello San Giuseppe *(185 000 L)*...174
Sauze d'Oulx (Torino) - Karte 6
  – Il Capricorno *(260 000 L)* 175
Sestriere (Torino) - Karte 6
  – Hotel Principi di Piemonte *(180/280 000 L)* 176
Cioccaro di Penango (Asti) - Karte 7
  – Locanda del Sant'Uffizio *(260/320 000 L m. HP)* 177
Verduno (Cuneo) - Karte 7
  – Albergo del Castello *(160/200 000 L)* 178
Lago Maggiore Karte 2
  Cannobio (Novara)
  – Hotel Pironi *(170/200 000 L)*..179
  Ghiffa (Novara)
  – Hotel Ghiffa *(255 000 L)*...180
  Stresa (Novara)
  – Hotel Verbano *(200/230 000 L)* 181

Lago d'Orta - Karte 2
   Orta San Giulio (Novara)
     – Villa Crespi *(380 000 L)* 182
     – Hotel San Rocco *(250/360 000 L)* 183
San Giorgio Montferrato (Alessandria) - Karte 8
     – Castello di San Giorgio *(220 000 L)* 184
Breuil-Cervinia (Aosta) - Karte 1
     – Hotel Hermitage *(300/400 000 L)* 185
     – Les Neiges d'Antan *(210 000 L)* 186
Champoluc (Aosta) - Karte 1
     – Villa Anna Maria *(125 000 L m. HP)*..187
Cogne (Aosta) - Karte 1
     – Hotel Bellevue *(180/500 000 L)* 188
Valnontey (Aosta) - Karten 1 u. 7
     – Hotel Herbetet *(64/84 000 L)* 189
     – Hotel Petit Dahu *(80/120 000 L m. HP)* 190
Courmayeur Entrèves (Aosta) - Karte 1
     – La Grange *(150/200 000 L)* 191
     – Hotel La Brenva *(110/200 000 L)* 192
Gressoney-la-Trinité (Aosta) - Karte 1
     – Hotel Lo Scoiattolo *(70/140 000 L m. HP)*......................................193

A P U L I E N

Alberobello (Bari) - Karte 22
     – Hotel dei Trulli *(140/170 000 L m. HP)* 194
Monopoli (Bari) - Karte 22
     – Il Melograno *(300/600 000 L)* 195
Cisternino (Brindisi) - Karte 22
     – Villa Cenci *(120/160 000 L)* 196
Fasano (Brindisi) - Karte 22
     – Masseria Marzalossa *(260/280 000 L)*..197
Salvetrini di Fasano (Brindisi) - Karte 22
     – Masseria San Domenico *(320/420 000 L)* 198
Selva di Fasano (Brindisi) - Karte 22
     – Hotel Sierra Silvana *(130/170 000 L)*..199
Ostuni - Costa Meriata (Brindisi) - Karte 22
     – Grand Hotel Masseria Santa Lucia *(1790/300 000 L)*....................200
Ostuni (Brindisi) - Karte 22
     – Lo Spagnulo *(420/800 000 L m. HP f. 1 Woche)*............................201
Martina Franca (Taranto) - Karte 22
     – Hotel Villa Ducale *(140 000 L)* 202

S A R D I N I E N

Isola di San Pietro - Carloforte (Cagliari) - Karte 28
     – Hotel Hieracon *(130 000 L)* 203

Isola di Sant Pietro - Tacca Rossa (Cagliari) - Karte 28
 – Albergo Paola e Primo Maggio *(60/120 000 L)*..................204
Isola di Sant'Antioco - Capo Sperone (Cagliari) - Karte 28
 – Club Ibisco Farm *(250/400 000 L)*..................205
Santa Margherita di Pula (Cagliari) - Karte 28
 – Is Morus Relais *(190/340 000 L m. HP)*..................206
Su Gologone - Oliena (Nuoro) - Karte 28
 – Hotel Su Gologone *(170/220 000 L)*..................207
Alghero (Sassari) - Karte 28
 – Villa Las Tronas *(240/360 000 L)*..................208
Arzachena - Cannigione (Sassari) - Karte 28
 – Hotel Li Capanni *(135/235 000 L m. HP)*..................209
Costa Dorata - Porto San Paolo (Sassari) - Karte 28
 – Hotel Don Diego *(300/500 000 L)*..................210
Costa Smeralda - Porto Cervo (Sassari) - Karte 28
 – Hotel Cala di Volpe *(430/700 000 L m. HP)*..................211
 – Hotel Le Ginestre *(175/340 000 L m. HP)*..................212
 – Hotel Romazzino *(580/1 540 000 L m. HP f. 2 Pers.)*..................213
Porto Conte (Sassari) - Karte 28
 – El Faro *(240/420 000 L)*..................214

S I Z I L I E N

Agrigento - Karte 26
 – Villa Athena *(250/300 000 L)* 215
 – Foresteria Baglio della Luna *(380 000 L)* 216
Palermo - Karte 26
 – Grand Hotel Villa Igiea *(367 000 L)*..................217
 – Centrale Palace Hotel *(295 000 L)*..................218
 – Grand Hotel et des Palmes *(290 000 L)*..................219
Siracusa - Karte 27
 – Villa Lucia *(290 000 L)*..................220
 – Grand Hotel di Siracusa *(350 000 L)*..................221
Castel di Tusa (Messina) - Karte 27
 – Museo Albergo L'Atelier sul Mare *(120/200 000 L)* 222
Taormina (Messina) - Karte 27
 – San Domenico Palace Hotel *(400/685 000 L)* 223
 – Hotel Villa Belvedere *(1336/244 000 L)*..................224
 – Hotel Villa Ducale *(240/320 000 L)*..................225
 – Villa Paradiso *(160/250 000 L)* 226
 – Hotel Riis *(220 000 L)*..................227
 – Hotel Villa Sant'Andrea à Mazzarro *(310/530 000 L)* 228
Erice (Trapani) - Karte 26
 – Hotel Erimo Erice *(250 000 L)*..................229
Isola di Lampedusa (Agrigento) - Karte 26
 – Club Il Gattopardo *(1 800/2 600 000 L pro Pers. 1 Woche)*..................230
Isole Eolie o Lipari (Messina) - Karte 27
  Isola Lipari
 – Hotel Carasco *(85/170 000 L m. HP)*..................231
 – Hotel Villa Augustus *(70/220 000 L)*..................232
 – Hotel Villa Meligunis *(220/340 000 L)*..................233

Isola Panarea
- Hotel Raya *(180/260 000 L)* 234
Isola Salina
- Hotel Signum *(150/270 000 L)* 235
Isola Stromboli
- Hotel La Sciara Residence *(100/215 000 L m. HP)* 236
- La Sirenetta Park Hotel *(160/260 000 L)* 237
Isola Vulcano
- Les Sables Noirs *(160/255 000 L m. HP)* 238

T O S K A N A

Cortona (Arezzo) - Karte 13
- Albergo San Michele *(170 000 L)* 239
  Cortona - San Martino (Arezzo) - Karte 13
- Relais Il Falconiere *(340 000 L)* 240
Monte San Savino (Arezzo) - Karte 13
- Castello di Gargonza *(140/270 000 L)* 241
San Pietro a Dame (Arezzo) - Karte 13
- Stoppiacce *(180 000 L)* 242
Firenze - Karte 10
- Hotel Helvetia & Bristol *(462/594 000 L)* 243
- Hotel Regency *(400/620 000 L)* 244
- Grand Hotel Villa Cora *(470/820 000 L)* 245
- Hotel Brunelleschi *(450 000 L)* 246
- Hotel J & J *(350/400 000 L)* 247
- Hotel Monna Lisa *(300/450 000 L)* 248
- Grand Hotel Minerva *(390/480 000 L)* 249
- Hotel Montebello Splendid *(340/500 000 L)* 250
- Hotel Lungarno *(300/400 000 L)* 251
- Torre di Bellosguardo *(450 000 L)* 252
- Villa Belvedere *(290/330 000 L)* 253
- Villa Carlotta *(190/380 000 L)* 254
- Hotel Hermitage *(310 000 L)* 255
- Hotel Loggiato dei Serviti *(310 000 L)* 256
- Hotel Splendor *(160/220 000 L)* 257
- Hotel Villa Azalee *(250 000 L)* 258
- Hotel Morandi alla Crocetta *(210 000 L)* 259
- Hotel Pensione Pendini *(180/230 000 L)* 260
- Pensione Annalena *(180/230 000 L)* 261
- Hotel Tornabuoni Beacci *(260/300 000 L)* 262
- Hotel David *(230 000 L)* 263
- Residenza Johanna I *(115/130 000 L)* 264
- Residenza Johanna II *(130 000 L)* 265
Firenze-Fiesole - Karte 10
- Villa San Michele *(1 100/1 430 000 L m. HP)* 266
- Pensione Bencistà *(130/150 000 L m. HP)* 267
Firenze - Trespiano - Karte 10
- Hotel Villa Le Rondini *(290 000 L)* 268
Firenze - Giogoli - Karte 10
- Fattoria Il Milione *(150 000 L)* 269

Artimino - Carmignano (Firenze) - Karte 10
 – Hotel Paggeria Medicea *(220/260 000 L)*......................................270
Le Valli-Incisa Val d'Arno (Firenze) - Karte 10
 – Residenza San Nicolo d'Olmeto *(850 000 L/Woche)* 271
Mercatale (Firenze) - Karte 10
 – Salvadonica *(150/170 000 L)* 272
Montagnane (Firenze) - Karte 10
 – Castello di Montegufoni *(160 000 L)*..273
Montefiridolfi (Firenze) - Karte 10
 – Fattoria La Loggia *(200/250 000 L)* 274
Panzano in Chianti (Firenze) - Karte 10
 – Villa Le Barone *(195/220 000 L m. HP)*..275
Pomino-Rufina (Firenze) - Karte 10
 – Fattoria di Petrognano *(110 000 L)*..276
Prato (Firenze) - Karte 10
 – Villa Rucellai - Fattoria di Canneto *(120/150 000 L)* 277
Reggello - Vaggio (Firenze) - Karte 10
 – Villa Rigacci *(220/260 000 L)* 278
Barberino Val d'Elsa (Firenze) - Karte 13
 – La Callaiola *(140 000 L)*...279
Barberino Val d'Elsa - San Filippo (Firenze) - Karte 13
 – Il Paretaio *(120/160 000 L)*..280
Barberino Val d'Elsa - Cortine (Firenze) - Karte 13
 – Fattoria Casa Sola *(75/230 000 L)* 281
Sesto Fiorentino (Firenze) - Karte 10
 – Villa Villoresi *(260/360 000 L)*..282
Pontessieve (Firenze) - Karte 10
 – Tenuta Bossi *(780/1 450 000 L/Woche)* 283
Vicchio (Firenze) - Karte 10
 – Villa Campestri *(210/260 000 L)* 284
Certaldo Alto (Firenze) - Karte 13
 – Osteria del Vicario *(110 000 L)*...285
Siena - Karte 13
 – Park Hotel *(320/430 000 L)*..286
 – Hotel Certosa di Maggiano *(700/800 000 L)* 287
 – Grand Hotel Villa Patrizia *(370 000 L)*...288
 – Hotel Villa Scacciapensieri *(270/360 000 L)* 289
 – Hotel Antica Torre *(160 000 L)*...290
 – Hotel Santa Caterina *(160/220 000 L)*..291
Castellina in Chianti (Siena) - Karte 13
 – Palazzo Squarcialupi *(170/220 000 L)*..292
 – Hotel Salivolpi *(150 000 L)*..293
 – Tenuta di Ricavo (Ricavo) *(320 000 L)* 294
 – Hotel Villa Casalecchi *(300/380 000 L)*..295
 – Albergo Fattoria Casafrassi (Casafrassi) *(240/300 000 L)* 296
 – Hotel Belvedere di San Leonino (San Leonino) *(165/170 000 L)* ..297
Gaiole in Chianti (Siena) - Karte 13
 – Castello di Spaltenna *(310/395 000 L)*..298
Tornano - Lecchi (Siena) - Karte 13
 – Castello di Tornano *(1 150/2 300 000 L/Woche)* 299
San Sano - Lecchi (Siena) - Karte 13
 – Residence San Sano *(180/220 000 L)* 300

Greve in Chianti (Siena) - Karte 10
 – **Castello di Uzzano** *(1 500/2 500 000 L/Woche)* 301
Monteriggioni (Siena) - Karte 13
 – **Hotel Monteriggioni** *(310 000 L)* 302
Montefollonico (Siena) - Karte 13
 – **La Chiusa** *(300 000 L)* 303
Pienza (Siena) - Karte 13
 – **La Saracina** *(300 000 L)* 304
 – **Relais Il Chiostro di Pienza** *(220 000 L)* 305
Monticchiello di Pienza (Siena) - Karte 13
 – **L'Olmo** *(320 000 L)* 306
San Quirico d'Orcia - Ripa d'Orcia (Siena) - Karte 13
 – **Castello di Ripa d'Orcia** *(140/160 000 L)* 307
Castiglione d'Orcia - Rocca d'Orcia (Siena) - Karte 13
 – **Cantina Il Borgo** *(110/130 000 L)* 308
Modanella-Serre di Rapolano (Siena) - Karte 13
 – **Castello di Modanella** *(710/1 095 000 L/Woche)* 309
Pievescola di Casole d'Elsa (Siena) - Karte 13
 – **Relais La Suvera** *(370/500 000 L)* 310
Poggibonsi (Siena) - Karte 13
 – **Hotel Villa San Lucchese** *(200/300 000 L)* 311
Pretale-Sovicille (Siena) - Karte 13
 – **Albergo Borgo Pretale** *(320/350 000 L)* 312
Rosia (Siena) - Karte 13
 – **Azienda Montestigliano** *(630/1350 000 L/Woche)* 313
Radda in Chianti (Siena) - Karte 13
 – **Relais Fattoria Vignale** *(270/350 000 L)* 314
 – **Podere Terreno** (*Volpaia*) *(140/150 000 L m. HP)* 315
 – **Albergo Vescine** (*Vescine*) *(260/270 000 L)* 316
Castelnuovo Berardenga (Siena) - Karte 13
 – **Castello di Montalto** *(770/3 300 000 L/Woche)* 317
San Gusmè - Castelnuovo Berardenga (Siena) - Karte 13
 – **Hotel Villa Arceno** *(484 000 L)* 318
San Felice - Castelnuovo Berardenga (Siena) - Karte 13
 – **Hotel Relais Borgo San Felice** *(450 000 L)* 319
San Gimignano (Siena) - Karte 13
 – **Hotel L'Antico Pozzo** *(190 000 L)* 320
 – **Hotel La Cisterna** *(146 000/186 000 L)* 321
 – **Hotel Bel Soggiorno** *(150 000 L)* 322
 – **La Collegiata** *(550/650 000 L)* 323
 – **Villa San Paolo** *(180/320 000 L)* 324
 – **Hotel Le Renaie** *(135/180 000 L)* 325
Il Cotone - San Gimignano (Siena) - Karte 13
 – **Il Casale del Cotone** *(140 000 L)* 326
Libbiano - San Gimignano (Siena) - Karte 13
 – **Il Casolare di Libbiano** *(220 000 L)* 327
Pescille- San Gimignano (Siena) - Karte 13
 – **Hotel Pescille** *(150 000 L)* 328
 – **Casanova di Pescille** *(150 000 L)* 329
Lucignano d'Asso (Siena) - Karte 13
 – **Azienda Picolomini Bandini** *(1 400/1 600 000 L/Woche)* 330

Sinalunga (Siena) - Karte 13
   – Locanda dell'Amorosa *(360/490 000 L)* 331
Cetona (Siena) - Karte 13
   – La Frateria *(320 000 L)*..332
Le Vigne (Siena) - Karte 13
   – La Palazzina *(98/112 000 L m. HP)*..333
Forte dei Marmi (Lucca) - Karte 9
   – California Park Hotel *(280/520 000 L)*......................................334
   – Hotel Byron *(295/570 000 L)* 335
   – Hotel Tirreno *(175 000 L)*..336
Viareggio (Lucca) - Karte 9
   – Hotel Plaza e de Russie *(240/360 000 L)* 337
Pontremoli (Massa Carrara) Karte 9
   – Azienda Costa d'Orsola *(110/130 000 L)*..................................338
Montecatini Val di Cecina (Pisa) - Karte 12
   – Il Frassinello *(140 000 L)*..339
Pugnano (Pisa) - Karte 9
   – Casetta delle Selve *(105/114 000 L)* 340
Rigoli - San Giuliano Terme (Pisa) - Karte 9
   – Hotel Villa di Corliano *(107/160 000 L)*....................................341
Volterra (Pisa) - Karte 12
   – Albergo Villa Nencini *(120 000 L)* 342
Monsummano Terme (Pistoia) - Karte 9
   – Hotel Grotta Giusti *(250/270 000 L)*..343
Montecatini Terme (Pistoia) - Karte 9
   – Grand Hotel e La Pace *(450/490 000 L)* 344
Montevettolini (Pistoia) - Karte 9
   – Villa Lucia *(225 000 L)*..345
Pontenuovo (Pistoia) - Karte 9
   – Il Convento *(150 000 L)*..346
Montieri (Grosseto) - Karte 13
   – Rifugio Prategiano *(140/214 000 L)* 347
Porto Ercole (Grosseto) - Karte 13
   – Hotel Il Pellicano *(315/920 000 L)* 348
Punta Ala (Grosseto) - Karte 12
   – Hotel Cala del Porto *(400/800 000 L)* 349
   – Piccolo Hotel Alleluja *(340/840 000 L)*....................................350
Saturnia (Grosetto) - Karte 13
   – Hotel Terme di Saturnia *(540/640 000 L)*................................351
   – Hotel Villa Clodia *(140 000 L)* 352
Pomonte Scansano - Saturnia (Grosetto) - Karte 13
   – Saturnia Country Club *(190 000 L)* 353
Isola d'Elba (Livorno) - Karte 12
   – Park Hotel Napoleone *(170/410 000 L)*....................................354
   – Hotel Hermitage *(100/600 000 L)* 355
   – Hotel da Giacomino *(60/125 000 L)* 356

TRENTINO - SÜDTIROL

Merano (Bolzano) - Karte 3
   – Hotel Castel Labers *(200/300 000 L)* 357

Merano - Marling (Bolzano) - Karte 3
– **Hotel Oberwirt** *(145/162 000 L m. HP)* 358
Missiano - Appiano (Bolzano) - Karte 4
– **Hotel Schloss Korb** *(220/280 000 L)*...................................359
Appiano (Bolzano) - Karte 4
– **Schloss Freudenstein** *(160/180 000 L m. HP)*...............................360
Caldaro (Bolzano) - Karte 4
– **Pensione Leuchtenburg** *(110 000 L)*...................................361
Redagno (Bolzano) - Karte 4
– **Berghotel Zirmerhof** *(101/145 000 L m. HP)*...............................362
Bolzano - Karte 4
– **Park Hotel Laurin** *(285/415 000 L)* 363
San Vigilio - Lana (Bolzano) - Karte 3
– **Albergo Monte San Vigilio** *(80/120 000 L m. HP)*......................364
Fié Allo Sciliar (Bolzano) - Karte 4
– **Hotel Turm** *(180/294 000 L)*...................................365
Castelrotto-Siusi (Bolzano) - Karte 4
– **Hotel Cavallino d'Oro** *(80/120 000 L)* 366
Ortisei (Bolzano) - Karte 4
– **Hotel Adler** *(139/247 000 L m. HP)* 367
Bulla - Ortisei (Bolzano) - Karte 4
– **Pension Uhrerhof Deur** *(200/300 000 L)*...................................368
Bressanone (Bolzano) - Karte 4
– **Hotel Elephant** *(216/232 000 L)*...................................369
Corvara in Badia (Bolzano) - Karte 4
– **Hotel La Perla** *(230/600 000 L)* 370
San Cassiano (Bolzano) - Karte 4
– **Hotel Armentarola** *(120/225 000 L m. HP)*...................................371
San Candido (Bolzano) - Karte 4
– **Parkhotel Sole Paradiso** *(220/350 000 L)*...................................372
Trento - Karten 3 u. 4
– **Albergo Accademia** *(250 000 L)*...................................373
Pergine Valsugana - Karte 4
– **Castello Pergine** *(200 000 L)* 374
Lago di Garda - Riva del Garda (Trento) - Karte 3
– **Lido Palace Hotel** *(220/290 000 L)*...................................375
Roncegno (Trento) - Karte 4
– **Palace Hotel** *(220 000 L)*...................................376

VENETO - FRIAUL

Venezia - Karte 4
– **Hotel Cipriani et Palazzo Vendramin** *(950/1 400 000 L)*...........377
– **Bauer Gründwald et Grand Hotel** *(360/850 000 L)* 378
– **Gritti Palace Hotel** *(770/1 000 000 L)*.............................379
– **Hotel Monaco e Grand Canal** *(590/680 000 L)* 380
– **Hotel Londra Palace** *(375/680 000 L)*.............................381
– **Hotel Gabrielli Sandwirth** *(590 000 L)*...............................382
– **Hotel Metropole** *(320/630 000 L)* 383
– **Pensione Accademia-Villa Maravegie** *(190/330 000 L)*..............384

- Hotel Flora *(320 000 L)*..385
- Hotel Torino *(200/320 000 L)* 386
- Hotel Bel Sito & Berlino *(168/254 000 L)*.......................387
- Hotel La Fenice et des Artistes *(330 000 L)* 388
- Hotel Do Pozzi *(190/260 000 L)*.....................................389
- Hotel Panada *(220/380 000 L)*.......................................390
- Hotel Ai due Fanali *(150/300 000 L)* 391
- Hotel Residenza *(180/220 000 L)* 392
- Locanda Ai Santi Apostoli *(290/440 000 L)* 393
- Hotel Agli Alboretti *(230 000 L)* 394
- Hotel Santo Stefano *(270/300 000 L)* 395
- Pensione Seguso *(330/340 000 L m. HP f. 2 Pers.)* 396
- Pensione La Calcina *(170/280 000 L)* 397
- Pensione Alla Salute da Cici *(130/190 000 L)* 398
- Hotel Pausania *(150/320 000 L)*....................................399
- Palazzetto da Schio *(930/1 400 000 L/Woche)*..............400

Venezia-Lido - Karte 4
- Hotel des Bains *(480/621 000 L)* 401
- Albergo Quattro Fontane *(370/410 000 L)* 402
- Hotel Villa Mabapa *(200/450 000 L)*............................403

Venezia - Torcello - Karte 4
- Locanda Cipriani *(260 000 L m. HP)*............................404

Dolo (Venezia) - Karte 4
- Villa Ducale *(160/280 000 L)* 405

Mira Porte (Venezia) - Karte 4
- Hotel Villa Margherita *(220/300 000 L)* 406

Scorzé (Venezia) - Karte 4
- Villa Conestabile *(170/210 000 L)* 407

Cortina d'Ampezzo (Belluno) - Karte 4
- Hotel Bellevue *(290/520 000 L)*.....................................408
- Hotel de la Poste *(250/480 000 L)* 409
- Hotel Ancona *(270/460 000 L)* 410
- Hotel Pensione Menardi *(120/280 000 L)*.....................411
- Franceschi Park Hotel *(60/400 000 L)* 412

Cortina d'Ampezzo - Fraina (Belluno) - Karte 4
- Baita Fraina *(130/158 000 L)* 413

Tai di Cadore (Belluno) - Karte 4
- Villa Marinotti *(150/180 000 L)*...................................414

San Floriano del Collio (Gorizia) - Karte 5
- Golf Hotel *(315 000 L)*...415

Sappada - Karte 5
- Haus Michaela *(100/150 000 L)* 416

Padova - Karte 4
- Albergo Leon Bianco *(149/161 000 L)* 417

Rovigo - Karte 10
- Hotel Regina Margherita *(160 000 L)* 418

Asolo (Treviso) - Karte 4
- Hotel Villa Cipriani *(407/517 000 L)*............................419

Fanzolo (Treviso) - Karte 4
- Villa Emo *(300 000 L)*..420

Follina (Treviso) - Karte 4
- Hotel Abbazia *(200/240 000 L)* 421

Mogliano Veneto (Treviso) - Karte 4
– **Villa Stucky** (270 000 L)..422
Portobuffolé (Treviso) - Karte 5
– **Villa Giustinian** (200/250 000 L)..423
Solighetto (Treviso) - Karte 4
– **Locanda Da Lino** (130 000 L)...424
Zerman Mogliano Veneto (Treviso) - Karte 4
– **Hotel Villa Condulmer** (300 000 L) 425
Cividale del Friuli (Udine) - Karte 5
– **Locanda Al Castello** (135 000 L) 426
Verona - Karten 3 u. 4
– **Hotel Gabbia d'Oro** (410/1 200 000 L)..............................427
– **Albergo Aurora** (130/180 000 L)...428
Pedemonte (Verona) - Karte 3
– **Hotel Villa del Quar** (380/430 000 L)................................429
Gargagnago di Valpolicella (Verona) - Karte 3
– **Foresteria Serègo Alighieri** (210/490 000 L)....................430
Villabella - San Bonifacio (Verona) - Karte 4
– **Relais Villabella** (250 000 L)..431
Sant'Ambrogio di Valpolicella (Verona) - Karte 3
– **Coop. 8 Marzo-Ca`Verde** (50/70 000 L)............................432
Torri del Benaco (Verona) - Karte 3
– **Hotel Gardesana** (90/160 000 L) 433
Barbarano Vicentino (Vicenza) - Karte 4
– **Il Castello** (70 000 L) 434
Trissino (Vicenza) - Karte 4
– **Relais Ca' Masieri**(145 000 L)..435
Trieste - Karte 5
– **Duchi d'Aosta** (330 000 L) 436

*Die in Klammern angegebenen Preise gelten für ein Zimmer mit Doppelbett, manchmal für Halbpension. Für weitere Informationen bitte auf der angegeben Seite nachschlagen.

KARTENERKLÄRUNG

Maßstab : 1/1 000 000

AUTOBAHN

In Betrieb — A9 - L'Océane

Im Bau oder in Planung

STRASSE
Schnellstraße
Fernverkehrsstraße
Vierspurige Straße
Gut ausgebaute Straße
Nebenstraße

VERKEHR
National
Régional
Lokal

KREUZ
Komplett
Partiell

ENTFERNUNGSANGABEN
Autobahn — 10
Straße — 10

GRENZE
eines Staates
einer Region
eines Departements

ORTSKLASSIFICATION
Bebaute Fläche
Hauptstadt ⊙ ⊙
Großstadt ●
Bedeutende Stadt •
Mittelstadt •
Kleinstadt •

FLUGPLATZ ✈

WALD

PARK
Grenze
Zentrales Gebiet eines Nationalparks
Zentrales Gebiet eines Nationalparks und Regionalpark

Kartographie

16

MAR ADRIÁTICO

Komiza • Vis

15

Ísole Trémiti
Í. Capráia
Í. S. Nicola
Ísola S. Dómino

Punta di Penne • 80
Vasto
Cupello • San Salvo
Montenero di Bisáccia
Guglionesi
Palata
Castelmáuro
Trivento
Casacalenda
Sant'Elia a Pianisi
Campobasso
Riccia
Cercemaggiore

Térmoli
Campomarino
Ururi
Chiéuti
Serracapriola
San Páolo di Civitate
Torremaggiore
Casalvécchio di Púglia
Castelnuovo della Daunia
Pietramontecorvino
Volturara Appula
Alberona
S. Bartolomeo in Galdo
Tróia

Lago di Lésina
Lago di Varano
Rodi Garganico
Carpine
Cagnano Varano
Sannicandro Gargánico
San Marco in Lámis
Apricena
Rignano Gargánico
San Severo
Lucera
Fóggia
Orta Nova
Stornarella

Molise

20

MAR ADRIÁTICO

23
ALBANIA
Novosele

Vlore

24

BASILICATA - KALABRIEN

Hotel Barbieri

87042 Altomonte (Cosenza)
Via San Nicola, 30
Tel. (0981) 94 80 72 - Fax (0981) 94 80 73 - Sig. Barbieri
Web: http://www.telsa.it/mercato/barbieri/barbieri./it.

Kategorie ★★★ **Ganzj.** geöffn. **30 Zimmer** m. Klimaanl., Tel., Dusche, WC, TV, Minibar **Preise** EZ u. DZ: 75000 L, 130000 L - Frühst inkl., von 6.30 bis 10.00 Uhr - HP u. VP: 100000 L, 130000 L (pro Pers., mind. 3 Üb.) **Kreditkarten** akzeptiert **Verschiedenes** Hunde erlaubt - Tennis (5000 L) - Schwimmb. in der Casa Barbieri - Parkpl. **Umgebung** Kathedrale in Altomonte (Grab von Filippo Sangineto, 14. Jh., u. "Saint Ladislas" (wird Simone Martini zugeschrieben) - Bergmassif des Pollino - Alte kalabrische Dörfer (Stilo, Sibari, Paola, Altomonte) **Restaurant** von 12.30 bis 15.00 u. von 19.30 bis 23.00 Uhr - Menüs: 65-75000 L - Spezialitäten: Pasta fatta in casa - Funghi - Salumi tipici - Legumi.

Das ungefällige Äußere dieses Hotels sollte niemanden täuschen: Hier wird die beste Küche Kalabriens angeboten. Man genießt also nicht nur die ausgezeichneten Spezialitäten der Region, sondern auch den wundervollen Ausblick auf Altomonte mit seinen malerischen Häusern und dem Kloster aus dem 16. Jahrhundert. Die Zimmer sind angenehm, geräumig und schlicht (einige verfügen über einen kleinen Balkon mit Ausblick auf Altomonte). Wer mehr Luxus wünscht, kann in einer der wunderschönen Suiten wohnen, die in einem alten Haus in der Altstadt angeboten werden. Das italienische Frühstück ist ein Genuß. Einnehmen kann man es am Ufer des kleinen Sees del Farneto und sich an der warmen *ricottina* mit geröstetem Brot und hausgemachten Konfitüren erfreuen. All diese Qualitätsprodukte werden im übrigen in einem Geschäft neben dem Hotel verkauft. Die Atmosphäre ist familiär und sehr angenehm.

Anreise (Karte Nr. 21): 70 km nördl. von Cosenza über die A 3, Ausf. Altomonte.

BASILICATA - KALABRIEN

Grand Hotel San Michele

87022 Cetraro (Cosenza)
Tel. (0982) 91 012 - Fax (0982) 91 430
Sig.ra Siniscalchi
E-mail: sanmichele@antares.it

Kategorie ★★★★ **Geschlossen** im November **73 Zimmer** m. Klimaanl., Bad, WC, TV **Preise** EZ u. DZ: 120-230000 L, 190-350000 L; Suiten: 250-450000 L - Frühst.: 15000 L, von 7.30 bis 10.00 Uhr - HP u. VP: 160-270000 L, 180-290000 L (pro Pers., mind.3 Üb.) **Kreditkarten** akzeptiert **Veschiedenes** Hunde erlaubt - Schwimmb. - Tennis - Golfpl. (9 L.), Green Fee: 40000 L - Privatstrand **Umgebung** alte kalabrische Dörfer (Stilo, Sibari, Paola, Altomonte) **Restaurant** von 13.00 bis 14.30 u. von 18.00 bis 22.00 Uhr - Menüs: 40-60000 L - Karte - Regionale Spezialitäten.

Diese ehemalige Privatvilla wurde Anfang des Jahrhunderts vom Vater des jetzigen Besitzers erbaut. Sie ist heute nicht nur ein sehr luxuriöses Hotel mit Swimmingpool, Tennis, Privatstrand und ausgezeichnetem Service, sondern sicherlich auch eines der charmantesten Hotels Kalabriens. Das majestätische Haus ist geschmackvoll und stilsicher eingerichtet. Im fast 50 Hektar großen Park gibt es einen Bauernhof, der praktisch alle Produkte für die Hotelküche liefert, sowie einige kleine Ferienhäuser, die gemietet werden können. Die schönsten Zimmer gehen aufs Meer. Für den Monat August müssen sie allerdings im voraus reserviert werden. Die Gästezimmer mit Blick auf den Hügel sind preiswerter. Im Sommer Restaurant-Service am Strand. Eine gute Nachricht: wenn Sie mit diesem Führer anreisen, erhalten Sie einen Preisnachlaß von immerhin 10 Prozent!

Anreise (Karte Nr. 24): 55 km nordwestl. von Cosenza über die A 3, Ausf. Cosenza-Nord, dann S 107 Rtg. Paola u. Cetraro.

BASILICATA - KALABRIEN

Locanda delle Donne Monache

85046 Maratea (Potenza)
Via Carlo Mazzei, 4
Tel. (0973) 87 74 87 - Fax (0973) 87 76 87
Sig. Raffaele Bruno

Kategorie ★★★★ **Geschlossen** von November bis Ostern **21 Zimmer** u. 6 Suiten m. Klimaanl.,Tel., Bad, WC, Kabel-TV, Minibar **Preise** EZ u. DZ: 150-255000 L, 240-420000 L; Suiten: 340-520000 L - Frühst. inkl., von 7.30 bis 10.00 Uhr - VP: + 40000 L (pro Pers.) **Kreditkarten** akzeptiert **Verschiedenes** Hunde nicht erlaubt - Schwimmb. - Privatstrand **Umgebung** Maratea - Santuario Monte San Biagio - Rivello - S. Lorenzo Padula - Parco Nazionale Monte Pollino **Restaurant** von 12.30 bis 14.30 u. von 20.00 bis 23.00 Uhr - Karte - Regionale Spezialitäten.

Zwischen dem Meer und den Bergen und an den Hängen des San Biagio schmiegen sich die weißen Häuser von Maratea in eine Bucht der Küste des tyrrhenischen Meeres an. Das im Dorf gelegene Hotel ist ein ehemaliges Kloster; das vollkommen umgebaute Haus verfügt über viel Charme. Außer der ein wenig barocken Rezeption ist die allgemeine Ausstattung zurückhaltend elegant. Die durchweg komfortablen Zimmer verfügen zwar über Baldachin-Betten, haben aber die mönchische Schlichtheit beibehalten. Der ein wenig geheimnisvoll wirkende Garten mit einem schönen Schwimmbad liegt vor dem Haus, das Hotel besitzt aber auch einen Privatstrand und stellt ein Boot zur Verfügung. Die Region Basilicata besteht zu 90 Prozent aus Wäldern und Bergen und besitzt Naturschutzgebiete. Das Hotel verfügt über eine sehr angenehme Piano-Bar.

Anreise (Karte Nr. 21): 176 km südöstl. von Salerno über die A 3, Ausf. Lagonegro Nord/Maratea, S 585, dann Maratea.

BASILICATA - KALABRIEN

Hotel Sassi

Via San Giovanni Vecchio, 89
75100 Matera
Tel. (0835) 33 10 09 - Fax (0835) 33 37 33
Sig.ra Cristallo

Kategorie ★★★ **Ganzj.** geöffn. **12 Zimmer** m. Tel., Bad, WC, TV, Minibar **Preise** EZ: 80000 L, DZ: 140000 L, 3 Pers.: 190000 L - Frühst. inkl., von 8.30 bis 9.30 Uhr **Kreditkarten** akzeptiert **Verschiedenes** Hunde erlaubt **Umgebung** Sassi und Duomo in Matera, Felszeichkirchen über die Tarento Straße. **Kein Restaurant** im Hotel (siehe unsere Restaurantauswahl S. 438).

Die Sehenswürdigkeiten von Matera sind die Heiligtümer und die Troglodyten von Sasso Caveoso (kürzlich von der UNESCO als «Welt-Kulturgut» ernannt) und die Höhlen-Kirchen der Basilianer-Möche der unmittelbaren Umgebung. In einer dieser alten Häuser hat die Familie Cristallo dieses kleine Hotel eingerichtet, das die ganze Sassi-Architektur vereint: mehrere Gewölberäume auf verschiedenen Ebenen und kleine Terrassen mit hübschen Ausblicken auf den nahen Dom. Wenn auch großer Wert darauf gelegt wurde, Charakteristisches und die besondere Atmosphäre zu bewahren, so wurde der Komfort dennoch nicht vernachlässigt - ganz im Gegenteil. Jedes Zimmer ist individuell gestaltet, einige sind größer als die anderen, aber alle sind hübsch und komfortabel. Wenn die Italiener sich eine Zeitlang die Hölle von Dante wie Sasso vorstellten, lange Jahre von armen Menschen bewohnt (wie von Carlo Levi in «Cristo si è fermato a Eboli» beschrieben), dann gibt es hier heute Architekten, Intellektuelle und Hotels mit Charme.

Anreise (Karte Nr. 21): 67 km südl. von Bari.

KAMPANIEN

Grand Hotel Telese

82037 Telese Terme (Benevento)
Piazza Minieri
Tel. (0824) 94 05 00 - Fax (0824) 94 05 04
Sig. Montagna

Kategorie ★★★★ **Ganzj.** geöffn. **110 Zimmer** m. Klimaanl., Tel., Bad od. Dusche, WC, Minibar **Preise** EZ u. DZ: 105-125000 L, 180-215000 L; Suiten: 386000 L - Frühst. inkl., von 7.00 bis 9.30 Uhr - HP u. VP: 110-157000 L, 130-178000 L (pro Pers., mind. 3 Üb.) **Kreditkarten** Amex, Visa, Eurocard, MasterCard **Verschiedenes** Kleine Hunde erlaubt - Tennis (8000 L) - Schwimmb. - Parkpl. **Umgebung** Telesia - Faicchio - Cerreto Sannita - Duomo, römisches Theater, Trajan-Triumphbogen, Santa Sofia, Samnium-Museum in Benevento **Restaurant** von 12.30 bis 14.30 u. von 19.30 bis 21.30 Uhr - Menü - Karte - Spezialitäten: Risotto con broccoli - Agnello.

Dem *Grand Hotel Telese* ist es gelungen, sich diesen gewissen Charme alter Kurhotels zu bewahren. Das große Haus, Ende des letzten Jahrhunderts erbaut und von einer geradezu majestätischen Symmetrie, liegt inmitten eines kleinen Parks. Das Innere des Hauses besticht durch die große Treppe, die schönen Zimmer im Erdgeschoß und im ersten Stock durch den Salon im Louis-quinze-Stil. Alle Zimmer sind luxuriös ausgestattet. An das Restaurant in den Kellergewölben schließt sich auf der einen Seite ein Billardraum an, auf der anderen ein Schachzimmer. Ein im Grunde perfektes Hotel, wäre da nicht die Nähe zur Autobahn, deren Lärm an windigen Tagen stören kann.

Anreise (Karte Nr. 20): 65 km nördl. von Neapel über die A 1, Ausf. Caserta-Süd, dann S 265 über Maddaloni bis Telese.

KAMPANIEN

Hotel della Baia

Baia Domizia - 81030 Cellole (Caserta)
Via dell' Erica
Tel. (0823) 72 13 44 - Fax (0823) 72 15 56
Sig.ra Sello

Kategorie ★★★★ **Geschlossen** vom 30. September bis 10. Mai **56 Zimmer** m. Tel., Bad od. Dusche, WC **Preise** EZ u. DZ: 85-105000 L, 130-160000 L - Frühst.: 15000 L, von 7.30 bis 9.30 Uhr - HP u. VP: 130-155000 L, 140-165000 L (pro Pers.) **Kreditkarten** akzeptiert **Verschiedenes** Kleine Hunde erlaubt (außer im Restaurant) - Tennis (20000 L) - Parkpl. **Umgebung** Gaeta - Mausoleum von L.M. Plancus u. Bergkirche Speccata bei Gaeta - Caserta - Neapel- Pompeji **Restaurant** von 12.30 bis 14.15 u. von 19.30 bis 21.00 Uhr - Menüs: 50-60000 L - Karte - Spezialitäten: Tonnarelli freddi con crema di trotta affumicata - Coquilles Saint Jacques farcite di gamberi.

Elsa, Imelde und Velja Sello sind die drei sympathischen Schwestern, die sich seit den siebziger Jahren um das Hotel kümmern. Nachdem sie in Venetien und Rom gelebt hatten, beschlossen sie, dies sei das neue Haus der Familie; die Atmosphäre, die sie ihm verliehen haben, ist außergewöhnlich freundlich. Das Haus ist ein moderner Bau mediterranen Stils, das sich in seinem weißen Äußeren von der großen, mit Bambus und anderen exotischen Gewächsen bepflanzten Rasenfläche abhebt. Die schlichte Innenausstattung, ob in den Salons oder Gästezimmern, ist gepflegt. Terrakotta und Pastellfarben schaffen eine frische Sommer-Atmosphäre. Auch schätzt man die Küche des Hauses und das nahe Meer.

Anreise (Karte Nr. 19): 67 km nordwestl. von Neapel. Über die A 1 (Rom-Neapel), Ausf. Cassino Rtg. Formia u. Neapel bis zur Ampel von Cellole, dann rechts.

KAMPANIEN

Grand Hotel Le Rocce

Via Flaca, km 23,300
04024 Gaeta (Latina)
Tel. (0771) 74 09 85 - (0771) 74 16 33 - Sig. Viola

1998

Kategorie ★★★ **Geschlossen** Von November bis Februar **47 Zimmer** m. 7 Suiten m. Tel., Bad od. Dusche, WC, TV (Klimaanl. m. Minibar in Suiten) **Preise** EZ: 130-200000 L, DZ: 160-330000 L, Suite: 280-350000 L - Frühst. inkl., von 8.30 bis 10.00 Uhr - HP: 100-190000 L, VP: 115-200000 L (1 Pers., mind. 3 Üb.) **Kreditkarten** akzeptiert **Verschiedenes** Hunde nicht erlaubt - Strand - Parkpl. **Umgebung** Golf von Gaeta **Restaurant** von 12.30 bis 20.00 Uhr - Karte: 55-60000 L.

Wer von einem Urlaub direkt am Meer träumt, für den ist dieses Hotel ideal. Es liegt in einer kleinen Bucht des Golfs von Gaeta. Die Gärten mit üppiger mediterraner Vegetation sind terrassiert und gehen bis zum Solarium hinunter, das oberhalb des Privatstrandes liegt. Die Innenarchitektur ist vom Stil der Region geprägt und von einer Vorliebe für Großräumiges, unterbrochen von Arkaden und Böden aus Majolika-Fayencen. Die Zimmer haben ausnahmslos einen Balkon oder eine Terrasse mit Blick aufs Meer. Die meisten sind geräumig, alle sind komfortabel, und die *superiore* haben zudem eine Klimaanlage. Auch die Salons und das Restaurant, ob drinnen oder draußen, wurden so gestaltet, daß man vom Garten und Meer voll profitiert. Eine hervorragende Adresse für diejenigen, die weiter nach Süden fahren, aber auch für längere Aufenthalte. Zudem ist *Le Rocce* ideal für Abstecher nach Rom und Neapel, denn Gaete liegt zwischen diesen beiden Kapitalen Süditaliens.

Anreise (Karte Nr. 19): 140 km südl. von Rom, 95 km nördl. von Neapel. 7 km westl. von Gaeta über die S 213.

KAMPANIEN

Hotel Santa Lucia

80121 Napoli
Via Partenope, 46
Tel. (081) 764 06 66 - Fax (081) 764 85 80 - Sig. Umberto Cecchini
E-mail: slucia@tin.it - Web: http://www.santalucia.it

Kategorie ★★★★ **Ganzj.** geöffn. **102 Zimmer** m. Klimaanl., Tel., Bad od. Dusche, WC, Kabel-TV, Minibar **Preise** EZ u. DZ: 320000 L, 440000 L; Suiten: 600-1800000 L - Frühst. inkl., von 7.00 bis 11.00-12.00 Uhr **Kreditkarten** akzeptiert **Verschiedenes** Hunde nicht erlaubt - Garage (30000 L) **Umgebung** Neapel: Archäologisches Museum, Museum Capodimonte, Villa Floridiana, Kartause von San Martino; Veranstaltungen: Estate di Napoli (Konzerte, Opern, Theater) - Pompeji - Ercolano - Cuma - Solfatara in Pozzuoli - Capri - Ischia - Amalfische Küste bis Salerno - Paestum **Restaurant** von 12.30 bis 24.00 von Mo bis Sam; von 12.30 bis 15.30 u. 19.30 bis 23.00 So. - Karte: 75000 L - Spezialitäten: Casarecce ai sapori mediterranei - tagliatelle broccoli e frutti di mare - Pesce fresco del golfo all' acqua pazza.

Die Bucht von Neapel mit dem von Nebel umhüllten Vesuv und der Halbinsel von Sorrent im Hintergrund zählt zu den berühmtesten Gegenden der Welt. Das Hotel liegt am Meer in unmittelbarer Nähe des Hafens dem Castel dell'Ovo gegenüber - in einem Dekor, der gemalt sein könnte. Seine neoklassische Fassade und Innenräume im Libertystil wurden 1990 renoviert. Die Flucht der kleinen Salons stellt ein wahres Labyrinth dar; sie sind sehr elegant in Grau- und Blautönen eingerichtet, die den wundervollen Marmor und die Stuckdecken besonders gut zur Geltung bringen. In den mit bedruckten Stoffen aufgelockerten Gästezimmern die gleiche Ausstattung mit gutem Komfort; die an der Fassade gelegenen Zimmer haben Blick auf die Bucht. Ein gutes Haus, das sowohl die Intimität eines kleinen Hotels als auch den Komfort eines Luxushotels bietet.

Anreise (Karte Nr. 19): direkt am Meer, zwischen Castell dell Ovo, dem Hafen Santa Lucia u. Palazzo Reale.

KAMPANIEN

Hotel Excelsior

80121 Napoli
Via Partenope, 48
Tel. (081) 764 01 11 - Fax (081) 764 97 43 - Sig. Vincenzo Pagano

Kategorie ★★★★ **Ganzj.** geöffn. **136 Zimmer** m. Klimaanl., m. Tel., Bad od. Dusche, WC, Kabel-TV, Minibar, Safe; Aufzug **Preise** EZ u. DZ: 370000 L, 470000L; Suiten: 700-800-110000 L - Frühst. inkl., von 7.00 bis 10.30 Uhr **Kreditkarten** akzeptiert **Verschiedenes** Hunde nicht erlaubt - Garage (32000 L) **Umgebung** Neapel: Archäologisches Museum, Museum Capodimonte, Villa Floridiana, Kartause von San Martino; Veranstaltungen: Estate di Napoli (Konzerte, Opern, Theater) - Pompeji - Ercolano - Cuma - Solfatara in Pozzuoli - Capri - Ischia - Amalfische Küste bis Salerno - Paestum **Restaurant** von 12.30 bis 15.30 u. von 19.00 bis 23.30 Uhr - Karte: 60-90000 L - Spezialitäten: Regionale Küche - Fisch.

Die unlängst im Zentrum durchgeführten Renovierungsarbeiten machen aus Neapel endlich eine offene Stadt. Seine Denkmäler, wie das Museum Copodimonte, das über zahlreiche Schätze der italienischen Kunst verfügt, sind endlich zugänglich. Das berühmte neapolitanische Luxushotel ist ein Gedicht der Belle Epoque, ganz aus Stuck und Spiegeln, und hat den veralteten Charme der großen Hotels aus dem frühen 20. Jahrhundert. Wenn die Salons auch noch immer über ihren Flamboyantstil verfügen, so kann man sich über den Geschmack, der in den Zimmern herrscht, streiten, und den großen Bädern täte eine kleine Renovierung sehr gut. Dennoch genießt man das Plüschige dieses in die Jahre gekommenen Palastes. Von den Zimmern aus blickt man auf die Bucht von Neapel und das Castel dell'Ovo. Bei schönem Wetter erblickt man sogar Capri und den majestätischen Vesuv. Lassen Sie sich im Restaurant von den wundervollen regionalen Gerichten verwöhnen, die Pasta und Fisch aufs Glücklichste miteinander verbinden.

Anreise (Karte Nr. 21): am Meer, zwischen Castel dell Ovo, dem Hafen Santa Lucia u. Palazzo Reale.

KAMPANIEN

Grand Hotel Parker's

80121 Napoli
Corso Vittorio Emanuele, 135
Tel. (081) 761 24 74 - Fax (081) 663 527
Sig. Italico Rota

Kategorie ★★★★ **Ganzj.** geöffn. **83 Zimmer** m. Klimaanl., Tel., Bad od. Dusche, WC, Kabel-TV, Minibar, Safe; Aufzug **Preise** EZ u. DZ: 210-260000 L, 310-365000 L; Suiten: 750-1500000 L - Frühst. inkl., von 7.00 bis 10.00 Uhr **Kreditkarten** akzeptiert **Verschiedenes** Hunde nicht erlaubt - Garage (20000 L) **Umgebung** Neapel: Archäologisches Museum, Museum Capodimonte, Villa Floridiana, Kartause von San Martino; Veranstaltungen: L'Estate di Napoli (Konzerte, Opern, Theater) - Pompeji - Ercolano - Cuma - Solfatara in Pozzuoli - Capri - Ischia - Amalfische Küste bis Salerno - Paestum **Restaurant** von 12.30 bis 14.30 u. von 19.30 bis 23.30 Uhr - So geschl. - Karte: 60-90000 L - Spezialitäten: Regionale Küche - Fisch.

Schick und elegant. Das sind die Adjektive, die das *Grand Hotel Parker's* seit 120 Jahren für sich in Anspruch nimmt. Ein großes Foyer mit Täfelungen, Marmor und Klubsesseln kultivieren ein eher angelsächsisches Ambiente - das trifft auch zu für die Bar Napoleone, in der sich die Gäste abends zum Aperitif an der Piano-Bar treffen. Die klassischen, sehr komfortablen Zimmer haben je nach Etage einen besonderen Stil, der von Louis-seize bis Charles-dix reicht. Auf einem kleinen Hügel der Innenstadt gelegen, überragt es die Bucht. Diese berühmte Aussicht ist besonders schön von Bellevue aus, dem gastronomischen Restaurant des Hotels, in dem man bei Kerzenschein in raffinierter Atmosphäre zu Abend ißt. Außerdem besitzt das Hotel eine schöne Bibliothek mit alten, sehr interessanten Werken.

Anreise (Karte Nr. 21): im Zentrum.

KAMPANIEN

Hotel Paradiso

80122 Napoli
Via Catullo, 11
Tel. (081) 761 4161 - Fax (081) 761 3449
Sig. Vincenzo di Donato

Kategorie ★★★★ **Ganzj.** geöffn. **72 Zimmer** m. Klimaanl., Tel., Bad od. Dusche, WC, Kabel-TV, Minibar **Preise** EZ u. DZ: 160-180000 L, 240-280000 L; Suiten: 350-400000 L - Frühst. inkl., von 7.00 bis 10.30 Uhr - HP: 160-180000 L (pro Pers., mind. 2 Üb.) **Kreditkarten** akzeptiert **Verschiedenes** Hunde nicht erlaubt - Garage in unm. Nähe (25000 L) **Umgebung** Neapel: Archäologisches Museum, Museum Capodimonte, Villa Floridiana, Kartause von San Martino; Veranstaltungen: Estate di Napoli (Konzerte, Opern, Theater) - Pompeji - Ercolano - Cuma - Solfatara in Pozzuoli - Capri - Ischia - Amalfische Küste bis Salerno - Paestum **Restaurant** von 12.30 bis 14.45 u. von 19.15 bis 22.30 Uhr - Menü u. Karte: 45000 L - Spezialitäten: Italienische Küche und neapolitanische Spezialitäten.

Wer sich vom ermüdenden Getöse des neapolitanischen Lebens etwas zurückziehen möchte, für den ist das Hotel Paradiso ideal gelegen. Niedergelassen auf dem Hügel Posillipo, einem luftigen Wohnviertel Neapels, das nur zehn Gehminuten vom historischen Zentrum entfernt liegt, bietet es einen eindrucksvollen Blick über die Stadt, die Bucht, den Vesuv und die Inseln Ischia und Capri. Das Hotel ist entschieden modern; seine Hauptvorteile sind der Komfort, die Ruhe und der Ausblick. Im Panoramarestaurant werden Sie Bekanntschaft machen mit einer lokalen Küche, die vorwiegend Fischgerichte anbietet.

Anreise (Karte Nr. 21): Posillipo-Hügel.

KAMPANIEN

Villa Brunella

Isola di Capri
80073 Capri (Napoli)
Via Tragara, 24
Tel. (081) 837 01 22 - Fax (081) 837 04 30 - Sig. Ruggiero

Kategorie ★★★★ **Geschlossen** vom 7. November bis 18. März **8 Zimmer** u. 12 Suiten m. Klimaanl., Tel., Bad, WC, Kabel-TV, Minibar **Preise** DZ: 370000 L; Suiten: 470000 L - Frühst. inkl., von 8.30 bis 12.00 Uhr **Kreditkarten** Amex, Visa, Eurocard, MasterCard **Verschiedenes** Hunde nicht erlaubt - Schwimmb. **Umgebung** Kartause von San Giacomo - Villa Jovis - Punta Tragara (Faraglioni) - Anacapri - Villa San Michele - Grotta di Matromaria - Grotta Azzura - Villa Malaparte - Monte Solara - Neapel - Pompeji - Ercolano - Cuma - Solfatara in Pozzuoli - Ischia - Amalfische Küste - Paestum **Restaurant** von 12.30 bis 15.30 u. von 19.30 bis 23.00 Uhr - Menüs: 37-42000 L - Karte - Spezialitäten: Ravioli alla Caprese - Frutti di mare - Linguine al cartoccio.

Die Villa liegt in der Nähe der Straße, die zur Villa Tibero führt. Die Terrassen hoch über dem Meer sind durch die Bucht vor starken Brisen geschützt. Zur Mittagszeit wird dort ein schmackhaftes Buffet aufgefahren. Die großen und behaglichen Zimmer verfügen nicht alle über die gleiche Aussicht: die mit Blick aufs Meer sind selbstverständlich angenehmer als die zum kleinen Hof. Anzumerken ist, daß das Hotel keinen Fahrstuhl besitzt und die unten gelegenen Zimmer einiges Treppensteigen erforderlich machen. Familiäre Atmosphäre.

Anreise (Karte Nr. 19): Überfahrten ab Neapel (70 Min.) oder ab Sorrento (35 Min.); auf Capri von der Piazzetta Rtg. Villa Tiberio über die Via Camerelle u. die Via Tragara.

KAMPANIEN

Europa Palace Hotel

Isola di Capri
80071 Anacapri (Napoli)
Tel. (081) 837 38 00 - Fax (081) 837 31 91
A. Cacace und Sig. Mantegazza

Kategorie ★★★★ **Geschlossen** von November bis März **90 Zimmer** m. Klimaanl., Tel., Bad, WC u. TV, davon 4 m. eig. Pool **Preise** EZ u. DZ: 215-260000 L, 370-530000 L; 650-830000 L (m. eig. Pool) - Frühst. inkl., von 7.00 bis 12.00 Uhr - HP: + 50000 L (pro Pers.) **Kreditkarten** akzeptiert **Verschiedenes** Hunde nicht erlaubt - Schwimmb. **Umgebung** Villa Axel Munthe - Kartause von San Giacomo - Villa Jovis - Punta Tragara (Faraglioni) - Villa San Michele - Grotta di Matromaria - Grotta Azzura - Villa Malaparte - Monte Solaro - Neapel - Pompeji - Ercolano - Cuma - La solfatara in Pozzuoli - Ischia - Amalfische Küste - Paestum **Restaurant** ab 12.00 u. ab 19.30 Uhr - Menüs: 60-70000 L - Karte - Spezialitäten: Tagliolini al limone - Ravioli caprese - Risotto al melone - Spigola del golfo farcita al salmone- Torta di mandorla, torta di limone emandorle.

In Anacapri, dem ursprünglichsten Teil der Insel gelegen, läßt das *Europa Palace Hotel* seine Gäste von seiner Erfahrung profitieren, die es besitzt, seit die Familie das *Mariantonia* eröffnet hat; letzteres ist auf der ganzen Insel für seine gute Küche und Gastfreundlichkeit bekannt. Zu diesen grundlegenden Vorzügen hat man dem Europa noch maßvollen Luxus hinzugefügt. So verfügt das Hotel unter anderem über zahlreiche Suiten mit eigenem Garten und Schwimmbad, aber auch über sehr komfortable Zimmer mit Terrasse, auf der man frühstücken und die wohltuende Seeluft genießen kann. Im Restaurant des Hotels wird die Familientradition fortgesetzt, d.h. die Gerichte sind schmackhaft mediterran. Schätzten nicht schon Augustus und Tiberius das regenerierende Klima der Insel?

Anreise (Karte Nr. 19): Überfahrten ab Neapel (zw. 40Min. u. 70) od. Sorrent (35 Min.); auf Capri Taxi im Hafen oder Privatbus.

KAMPANIEN

Hotel Luna

Isola di Capri - 80073 Capri (Napoli)
Viale Matteotti, 3
Tel. (081) 837 04 33 - Fax (081) 837 74 59 - Sig. Vuotto
E-mail: luna@capri.it - Web: http://www.capri.it/it/hotels/luna/home.htlm

Kategorie ★★★ **Geschlossen** von November bis März **48 Zimmer** m. Klimaanl.,Tel., Bad, WC, Kabel-TV, Safe, Minibar; Aufzug **Preise** EZ u. DZ: 180-220000 L, 250-475000 L - Frühst. inkl., von 7.30 bis 11.30 Uhr - HP: 180-295000 L (pro Pers.) **Kreditkarten** akzeptiert **Verschiedenes** Hunde nicht erlaubt - Schwimmb. **Umgebung** Kartause San Giacomo - Villa Jovis - Punta Tragara (Faraglioni) - Anacapri - Villa San Michele - Grotta di Matromaria - Grotta Azzura - Villa Malaparte - Monte Solara - Neapel - Pompeji - Ercolano - Cuma - Solfatara in Pozzuoli - Ischia - Amalfische Küste - Paestum **Restaurant** von 12.30 bis 14.30 u. von 19.30 bis 21.30 Uhr - Menü: 60000 L - Karte - Neapolitanische Spezialitäten.

Dieses komfortable Hotel erfreut sich einer außergewöhnlichen Lage. Die Zimmer sind groß, aber ohne eigenen Stil, die Ausstattung wirkt etwas überladen. Dafür genießt man aber die Terrassen, den großen blühenden Garten und den Pool. All das in unmittelbarer Nähe des Kartäuserklosters. Obwohl nur einige Meter vom Zentrum entfernt, ist dies der ideale Ort für einen ruhigen Aufenthalt.

***Anreise** (Karte Nr. 19): Überfahrten ab Neapel (70 Min.) oder ab Sorrento (35 Min.); auf Capri von der Piazzetta Rtg. Villa Tiberio über die Via Camerelle u. die Via Tragara.*

KAMPANIEN

Hotel Punta Tragara

Isola di Capri
80073 Capri (Napoli)
Via Tragara, 57
Tel. (081) 837 08 44 - Fax (081) 837 77 90 - Sig. Ceglia

Kategorie ★★★★ **Geschlossen** von November bis März **Kinder** unter 12 J. nicht erwünscht **47 Zimmer** m. Klimaanl., Tel., Bad od. Dusche, WC, TV, Minibar; Aufzug **Preise** DZ: 380-520000 L; Suiten: 530-800000 L - Frühst. inkl., von 7.00 bis 11.00 Uhr - HP u. VP: + 60 000 L, + 100 000 L (pro Pers.) **Kreditkarten** akzeptiert **Verschiedenes** Hunde nicht erlaubt - 2 Schwimmb. **Umgebung** Kartause von San Giacomo - Villa Jovis - Punta Tragara (Faraglioni) - Anacapri - Villa San Michele - Grotta di Matromaria - Grotta Azzura - Villa Malaparte - Monte Solara - Neapel - Pompeji - Ercolano - Cuma - Solfatara in Pozzuoli - Ischia - Amalfische Küste - Paestum **Restaurant** von 13.00 bis 15.30 u. von 20.00 bis 22.30 Uhr - Menü: 75 000 L - Karte - Spezialitäten: Mittelmeerküche.

Diese ockerfarbenen, von Le Corbusier konzipierten Häuser hoch über dem Meer in den Fels gebaut sind ungewöhnlich für Capri. Heute ist *Punta Tragara* ein Luxushotel mit mehr Suiten als Zimmern. Möbel, Gemälde, Teppiche und Tapisserien sind zwar im ganzen Hotel verteilt, wirken aber ein wenig altmodisch und schaffen keine besonders behagliche Atmosphäre. Die beiden Restaurants sind angenehm; im *La Bussola* speist man im Freien mit einem überwältigenden Ausblick. Im tropischen Garten mit riesigen Kakteen und Bougainvilleen stehen den Gästen zwei sehr schöne Meerwasser-Pools zur Verfügung, einer davon ist auf 35° C erwärmt. Empfang und Service sind die eines Grandhotels.

Anreise *(Karte Nr. 19): Überfahrten ab Neapel (70 Min.) oder ab Sorrento (35 Min.); auf Capri von der Piazzetta Rtg. Villa Tiberio über die Via Camerelle u. die Via Tragara.*

KAMPANIEN

Albergo Villa Sarah

Isola di Capri - 80073 Capri (Napoli)
Via Tiberio, 3/A
Tel. (081) 837 06 89/837 78 17 - Fax (081) 837 72 15
Sig. de Martino Domenico

Kategorie ★★★ **Geschlossen** von November bis Ostern **20 Zimmer** m. Tel., Bad od. Dusche, Kabel-TV, WC **Preise** EZ u. DZ: 120-170000 L, 180-2800000 L - Frühst. inkl.: von 8.00 bis 10.00 Uhr **Kreditkarten** Amex, Visa, Eurocard, MasterCard **Verschiedenes** Hunde nicht erlaubt **Umgebung** Kartause von San Giacomo - Villa Jovis - Punta Tragara (Faraglioni) - Grotta di Matromaria - Grotta Azzura - Anacapri - Villa San Michele - Villa Malaparte - Monte Solara - Neapel - Pompeji - Ercolano - Cuma - Solfatara in Pozzuoli - Ischia - Amalfische Küste - Paestum **Kein Restaurant** im Hotel (siehe unsere Restaurantauswahl S. 441-442).

Eine der typischen Villen in erhöhter Lage auf Capri. Villa Sarah besitzt als Verlängerung ihres Gartens den traditionellen Weinberg und den obligatorischen Obstgarten, dem die guten Frühstücks-Konfitüren zu verdanken sind. Diese Gegend in der Nähe des Zentrums ist dennoch sehr ruhig; das heißt, man kann das Bad in der Menge im Sommer dosieren. Die Atmosphäre ist sehr angenehm, und es ist eine Freude, sich im Garten oder auf der Sonnenterrasse des Hauses aufzuhalten. Alle Zimmer bieten Standardkomfort. Aufgrund ihrer Schönheit ist die Insel Capri schick und teuer. *Villa Sarah* macht es möglich, unter guten Bedingungen und zu vernünftigen Preisen von ihr zu profitieren.

Anreise (Karte Nr. 19): Überfahrten ab Neapel (70 Min.) od. Sorrent (35 Min.); auf Capri: ab Piazetta Rtg. Villa Tiberio über Via Camerelle u. Via Tragara; von der Piazetta aus gelangt man zur Via Tiberio.

KAMPANIEN

Pensione Quattro Stagioni

Isola di Capri
80073 Marina Piccola (Napoli)
Tel. (081) 837 00 41
Sig.ra Salvia

Kategorie ★ **Geschlossen** von November bis 14. März **12 Zimmer** (6 m. Bad od. Dusche, 4 m. WC.) **Preise** DZ: 140-160000 L (pro Pers.) - HP: 120000 L - Frühst. inkl., von 8.00 bis 10.00 Uhr **Kreditkarten** Visa, Eurocard, MasterCard **Verschiedenes** Hunde nicht erlaubt **Umgebung** Naher Strand - Kartause von San Giacomo - Villa Jovis - Punta Tragara (Faraglioni) - Anacapri - Villa San Michele - Grotta di Matromaria - Grotta Azzura - Villa Malaparte - Monte Solara - Neapel - Pompeji - Ercolano - Cuma - Solfatara in Pozzuoli - Ischia - Amalfische Küste - Paestum **Restaurant** ab 20.00 Uhr - Menü - Spezialitäten: Pasta alle zucchine - Pollo caprese.

Nach und nach gehen in Italien die berühmten *pensione* verloren, in denen der Reisende von einer gastfreundlichen Familie aufgenommen wird. Das überfeinerte Capri kann damit aber noch dienen. Die Lage von *Pensione Quattro Stazione* ist besonders gut (denn nach Marina Piccola kommt man zum Baden oder zum Abendessen in den Straßenrestaurants mit Blick aufs Meer); es ist eines dieser Häuser voller Blumen, die oberhalb der Bucht zwischen dem Mont Solaro und dem Mont Castiglione liegen. Heute hat jedes Zimmer sein eigenes Bad. Die Tradition der *pensione* verpflichtet jedoch zu Halbpension. Das muß man unter Berücksichtigung der günstigen Preise in Kauf nehmen. Die Promenade, die das Zentrum Capris mit Marina Piccola über die Augustus-Gärten mit wundervollem Ausblick verbindet, ist besonders reizvoll.

Anreise (Karte Nr. 19): Überfahrten ab Neapel (70 Min.) od. Sorrent (35 Min.); auf Capri: ab Piazetta Rtg. Villa Tiberio über Via Camerelle u. Via Tragara.

KAMPANIEN

Park Hotel Miramare

Isola d'Ischia
80070 Sant'Angelo (Napoli)
Tel. (081) 999 219 - Fax (081) 999 325 - Sig.ra Calise
E-mail: miramare@metis.it - Web: http://www.ischiaonline.it/hotels/miramare

Kategorie ★★★★ **Geschlossen** vom 1. Oktober bis 30. März **50 Zimmer** m. Tel., Bad od. Dusche, WC., TV, Minibar **Preise** EZ u. DZ: 203000 L, 316000 L - Frühst.: 18 000 L, von 7.30 bis 10.00 Uhr - HP u. VP: 215000 L, 205000 L (pro Pers. im DZ) **Kreditkarten** Diners, Visa, Eurocard, MasterCard **Verschiedenes** Hunde erlaubt - Thermen "Giardini Aphrodite" **Umgebung** Inselrundfahrt (32 km) - Castello - Aussichtspunkt Cartaromana - Ausflug zum Monte Epomeo (788 m) ab Fontana (1 Std.) - Kirche u. Poseidongarten in Forio - Lacco Amono - Lido S. Montano - Capri - Neapel - Pompeji - Ercolano - Cuma - Solfatara in Pozzuoli - Ischia - Amalfische Küste - Paestum **Restaurant** von 13.00 bis 14.00 u. von 19.30 bis 21.00 Uhr - Menü: 75000 L - Regionale Spezialitäten.

Schon die kurze Fahrt mit der Fähre nach Ischia ist ein Vergnügen. Mit Blick auf den majestätischen Vesuv durchquert man den herrlichen Golf von Neapel und fährt der Halbinsel Pozzuoli und der Insel Procida entlang. Das *Hotel Miramare* befindet sich in Sant'Angelo (einem der wenigen unbeschädigten Orte der Insel) und liegt hoch über dem Meer, nur ein paar Schritte vom kleinen Hafen und seiner hübschen *piazetta* entfernt. Das Hotel verfügt über eine angenehme Atmosphäre und eine solide Tradition. Die komfortablen und angenehmen Zimmer - einige mit Balkon - bieten einen außergewöhnlichen Panoramablick. Auf der Terrasse werden typische Gerichte der Insel serviert, die selbstverständlich viel Fisch umfassen. Eine private, blumengesäumte Allee führt zum Aphrodite/Apollon-Thermalgarten. Hier, am Hang, gibt es zwölf Schwimmbäder mit unterschiedlichen Temperaturen.

Anreise (Karte Nr. 19): südl. von Neapel die A 3 bis Castellammare di Stabia, dann die S 145 - Fähre tägl. ab Neapel (70 Min.) u. Pozzuoli (40 Min.).

KAMPANIEN

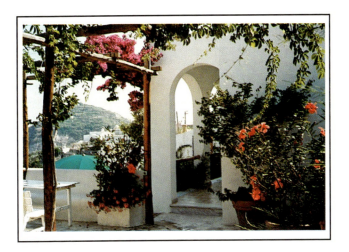

Pensione Casa Sofia

Isola d'Ischia
80070 Sant' Angelo (Napoli)
Via Sant'Angelo, 29 B
Tel. (081) 999 310 - Fax (081) 999 859 - Sig.ra Brener-Baricelli

Ganzj. geöffn. **8 Zimmer** u. 2 Appart. m. Dusche, WC **Preise** m. HP: 110000 L (pro Pers.) - Frühst. inkl., ab 8.00 Uhr **Kreditkarten** nicht akzeptiert **Verschiedenes** Kleine Hunde erlaubt - 2 Thermalschwimmb. **Umgebung** Inselrundfahrt (32 km) - Castello - Aussichtspunkt Cartaromana - Ausflug zum Mont Epomeo (788 m) ab Fontana (1 Std.) - Kirche u. Poseidongarten in Forio - Lacco Ameno - Lido S. Montano - Capri - Napoli - Pompei - Ercolano - Cuma - Solfatara in Pozzuoli - Ischia - Amalfische Küste - Paestum **Restaurant** ab 18.30 Uhr u. im Sommer, 19.30 Uhr - Menü - Regionale Spezialitäten.

Signora Dolly Bremer-Baricelli machte aus ihrem schönen großen Haus mit beeindruckender Aussicht aufs Meer eine charmante Adresse für diejenigen, die eine heitere familiäre Atmosphäre mögen. Alle Zimmer sind hübsch hergerichtet. Von der Terrasse, auf der das (reichhaltige) Frühstück eingenommen wird, hat man einen Blick auf die Bucht von Sant'Angelo. Dieser alte Fischerhafen ist das einzige Dorf auf Ischia, das noch heute über jenen Charme verfügt, der einst auf der ganzen Insel verbreitet war. Gleich neben *Casa Sofia* können Sie die Thermalbäder des Aphrodite-Gartens genießen (man geht von einem Bad zum nächsten, und in jedem sollte man mindestens zehn Minuten verweilen). Wer nach Ischia kommt, darf diese stimulierenden Bäder in keinem Fall verpassen! Frau Bremer-Baricelli, sie ist Deutsche, serviert das Abendessen um 18.30 Uhr. Hoffen wir, daß die Gäste, die es nicht gewohnt sind, zu so früher Stunden zu dinieren, sich später zu Tisch begeben können.

Anreise *(Karte Nr. 19): südl. von Neapel über die A 3 bis Castellammare di Stabia, dann S 145 - Fähre tägl. ab Neapel (70 Min.) u. Pozzuoli (40 Min.).*

KAMPANIEN

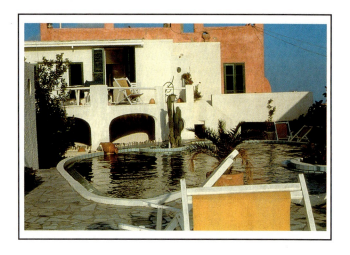

Pensione Casa Garibaldi

Isola d'Ischia
Via Sant'Angelo, 52
80070 Sant'Angelo (Napoli)
Tel. (081) 99 94 20 - Fax (081) 99 94 20 - Sig. Di Iorio

1998

Geschlossen von Dezember bis Ostern **20 Zimmer** m. Dusche u. WC **Preise** EZ: 53000 L, DZ: 95000 L, Suite: 115000 L. - Frühst.: 7000 L, von 8.00 bis 10.00 Uhr **Kreditkarten** Nicht akzeptiert **Verschiedenes** Hunde erlaubt - Schwimmb. **Umgebung** Inselrundfahrt (32 km) - Castello - Aussichtspunkt Cartaromana - Ausflug zum Mont Epomeo (788 m) ab Fontana (1 Std.) - Kirche u. Poseidongarten in Forio - Lacco Ameno - Lido S. Montano - Capri - Napoli - Pompei - Ercolano - Cuma - Solfatara in Pozzuoli - Ischia - Amalfische Küste - Paestum **Kein Restaurant** im Hotel (siehe unsere Restaurantauswahl S. 442).

Das Fischerdorf Sant'Angelo, 300 Meter vom Pier entfernt, ist nur zu Fuß erreichbar (Garagenangebot und Gepäckträger gleich bei der Ankunft). Von diesem schlichten, weißen, von Feigenbäumen umgebenen Haus aus überblickt man den Strand und das malerische Fischerdorf. Die Gästezimmer wurden in den kleinen Häusern eingerichtet, die über terrassierte Dächer miteinander verbunden sind. Auf der höchsten dieser Terrassen befindet sich das Schwimmbad. Obwohl sehr einfach, ist *Casa Garibaldi* ein Ort, an dem man sich sehr wohl fühlt. Der Empfang ist sympathisch, der Ausblick einzigartig, und die Zimmer haben trotz ihrer Kargheit alle eine Dusche. Ein Restaurant steht nicht zur Verfügung, dafür aber eine große Küche, wo sich jeder jederzeit etwas zubereiten kann.

Anreise (Karte Nr. 19): südl. von Neapel über die A 3 bis Castellamare di Stabia, dann S 145 - Überfahrten tägl. ab Neapel (70 Min.) u. Pozzuoli (40 Min.).

KAMPANIEN

La Villarosa

Isola d'Ischia
80077 Porto d'Ischia (Napoli)
Via Giacinto Gigante, 5
Tel. (081) 99 13 16 - Fax (081) 99 24 25 - Sig. Pepe

Kategorie ★★★★ **Geschlossen** von November bis 21. März **33 Zimmer** (10 m. Klimaanl.) u. 4 Suiten m. Tel., Bad, WC., Satelliten-TV, Minibar; Aufzug **Preise** EZ u. DZ: 110-160000 L, 1780-240000 L- Frühst. inkl., von 7.00 bis 10.00 Uhr - HP u. VP: 120-175000 L, 135-190000 L **Kreditkarten** Amex, Visa, Eurocard, MasterCard **Verschiedenes** Kleine Hunde erlaubt - Schwimmb. - Thermen - Hydrotherapie - priv. Minibus (Inselrundfahrt) **Umgebung** Inselrundfahrt (32 km) - Castello - Aussichtspunkt Cartaromana - Ausflug zum Monte Epomeo ab Fontana - Kirche u. Poseidongarten in Forio - Lacco Ameno - Lido S. Montano - Capri - Neapel - Pompeji - Ercolano - Cuma - Solfatara in Pozzuoli - Amalfische Küste - Paestum **Restaurant** für Hotelgäste von 13.00 bis 14.00 u. von 19.30 bis 21.00 Uhr - Menüs: 40-60000 L.

Verborgen inmitten eines üppigen tropischen Gartens gelegen, gehört *Villarosa* zu jenen magischen Orten, deren Charme einen ganz langsam gefangennimmt und der einem dann beim Verlassen unsägliche Qual bereitet. Kein offen zur Schau gestellter Luxus, wohl aber bester Geschmack: Schlichtheit und Raffinesse im Detail. Ein eleganter Salon öffnet sich zum Garten und zu einem Thermalbad hin. Die Zimmer (davon zehn mit Terrasse oder Balkon) besitzen den diskreten Charme alter Landhäuser. Auf dem Dach der Villa wurde das Restaurant eingerichtet, an das sich eine von Glyzinien geschmückte Terrasse anschließt, auf der im Sommer gespeist wird. Im Souterrain des Hotels wurde eine Thermalanlage installiert.

Anreise *(Karte Nr. 19): Überfahrten ab Neapel - Molo Berebello (75 Min. mit der Fähre, 20 Min. per Schnellboot), Tel. (081) 551 32 36.*

KAMPANIEN

La Bagattella Hotel

Isola d'Ischia
80075 Forio d'Ischia (Napoli)
Spiaggia di San Francesco - Via Tommaso Cigliano
Tel. (081) 98 60 72 - Fax (081) 98 96 37 - Sig.ra Lauro

Kategorie ★★★★ **Geschlossen** von November bis März **56 Zimmer** m. Klimaanl., Tel., Bad, WC, TV **Preise** HP u. VP: 140-160000 L, 160-190000 L (pro Pers. min. 3 Üb.) - Frühst. inkl., von 7.30 bis 9.30 Uhr **Kreditkarten** Visa, Eurocard, MasterCard **Verschiendenes** Hunde nicht erlaubt - Schwimmb. - Hydrotherapie - Parkpl. **Umgebung** Inselrundfahrt (32 km) - Castello - Aussichtspunkt Cartaromana - Ausflug zum Monte Epomeo (788 m) ab Fontana (1 Std.) - Kirche u. Poseidongarten in Forio - Lacco Ameno - Lido S. Montano - Capri - Neapel - Pompeji - Ercolano - Cuma - Solfatara in Pozzuoli - Ischia - Amalfische Küste - Paestum **Restaurant** für Hotelgäste von 13.00 bis 14.00 u. von 19.00 bis 20.30 Uhr - Menü: 103 000 L - Spezialitäten: Fisch.

Dieses Hotel im maurischen Zuckerbäckerstil liegt versteckt in einem Garten voller Oleander und üppiger Bougainvilleen, nur fünf Minuten zu Fuß von einem schönen Sandstrand entfernt. Es wurde kürzlich von Grund auf modernisiert und um einen Flügel erweitert, der einfache und zweckmäßige Zimmer und Mini-Appartements beherbergt, die sich alle zum Garten hin öffnen. Die Zimmer in der maurischen Villa sind dagegen sehr luxuriös. Die Ausstattung grenzt bisweilen an Kitsch, ist aber nie zu aufdringlich. Einige Zimmer besitzen einen blumenbewachsenen Balkon. Im hinteren Teil des Gartens liegt das von großen Hibisken und Palmen geschützte Thermalbad. Das Restaurant geht auf diesen Garten hinaus.

Anreise *(Karte Nr. 19): Überfahrten ab Neapel - Molo Berebello (75 Min. mit der Fähre, 20 Min. per Schnellboot); Tel. (081) 551 32 36, 10 km von Porto d'Ischia entf. Taxis an den Landungsbrücken.*

KAMPANIEN

Albergo Terme San Montano

Isola d'Ischia
80076 Lacco Ameno (Napoli)
Tel. (081) 99 40 33 - Fax (081) 98 02 42
Sig. Farace

Kategorie ★★★★ **Geschlossen** Anfang November bis Ende März **65 Zimmer** u. 2 Suiten m. Tel., Bad, WC, Satelliten-TV, Minibar **Preise** EZ u. DZ: 180-260000 L, 360-540000 L; Suiten: + 100000 L (pro Pers.) - Frühst. inkl., von 7.30 bis 10.30 Uhr - HP u. VP: 220-310000 L, 270-360000 L **Kreditkarten** akzeptiert **Verschiedenes** Kleine Hunde im Zimmer erlaubt - 2 Schwimmb. - Tennis - Thermen - Sauna - Privatstrand - Wasserski - Beauty center - Minibar - Parkpl. **Umgebung** Inselrundfahrt (32 km) - Castello - Aussichtspunkt Cartaromana - Ausflug zum Monte Epomeo (788 m) ab Fontana (1 Std.) - Kirche u. Poseidongarten in Forio - Lacco Ameno - Lido S. Montano - Capri - Neapel - Pompeji - Ercolano - Cuma - Solfatara in Pozzuoli - Ischia - amalfische Küste - Paestum **Restaurant** von 13.00 bis 15.00 u. von 20.00 bis 22.00 Uhr - Menü - Karte.

Dieses Hotel erfreut sich der schönsten Lage auf der Insel: vom höchsten Punkt eines Hügels aus geht der Blick über das offene Land, über das Meer mit den Inseln Vivara und Procida, und in der Ferne erahnt man die Silhouette des Vesuvs. In der einzigartigen Atmosphäre dieses Hotels vergißt man schnell die sehr moderne Erscheinung des Hauses, so sehr bezaubern Luxus und Komfort. Die Zimmer sind Bootskabinen nachempfunden, die Aussicht ist prachtvoll; einige haben einen Balkon, andere einen eigenen Garten. Im terrassierten Park liegen zwei Pools und ein Tennisplatz. Ein Pendelbus bringt Sie zum Privatstrand. Dieses Hotel könnte durch eine persönlichere Note noch hinzugewinnen. Die gehobenen Preise sind jedoch gerechtfertigt.

Anreise (Karte Nr. 19): Überfahrten ab Neapel - Molo Berebello (75 Min. mit der Fähre, 20 Min. per Schnellboot); Tel. (081) 551 32 36, 6 km von Porto d'Ischia entfernt.

KAMPANIEN

Hotel Residence Punta Chiarito

Isola d'Ischia
80074 Sorgeto - Panza d'Ischia (Napoli)
Tel. (081) 908 102 - Fax (081) 909 277
Sig. Impagliazzo

Ganzj. geöffn. **8 Zimmer** u. 7 Studios (m. Klimaanl.) m. Tel., Dusche, WC, TV, Minibar **Preise** DZ: 190-210000 L; Studio: 1200-1500000 L (f. 1 Woche) - Frühst. inkl., von 8.00 bis 10.00 Uhr - HP: 110-140000 L (pro Pers.) **Kreditkarten** Visa, Eurocard, MasterCard **Verschiedenes** Hunde erlaubt - Thermalbad- Sauna - Parkpl. **Umgebung** Inselrundfahrt (32 km) - Castello - Aussichtspunkt Cartaromana - Ausflug zum Monte Epomeo (788 m) ab Fontana (1 Std.) - Kirche u. Poseidongarten in Forio - Lacco Ameno - Lido S. Montano - Capri - Neapel - Pompeji - Ercolano - Cuma - Solfatara in Pozzuoli - Ischia - Amalfische Küste bis Salerno - Paestum **Restaurant** von 12.45 bis 14.15 u. von 20.00 bis 21.30 Uhr - Karte.

Wenn Sie nach zu vielen Besichtigungen und Ausflügen eine Pause einlegen und nichts als das Meer sehen möchten, sollten Sie nicht zögern, im *Punta Chiarito* haltzumachen. In diesem auf einer felsigen Anhöhe direkt am Meer gelegenen Hotel werden Sie sich rasch erholen können. Ein Thermalschwimmbad gleich am Hotel; eine (steile) Treppe führt zum Strand, wo man dank des besonders warmen Meeres auch im Winter baden kann. Von den modernen und schlichten, aber komfortablen Gästezimmern blickt man direkt aufs Meer. Am schönsten gelegen sind die mit Blick auf die Halbinsel Sant'Angelo. Wenn Sie mit der Familie reisen, sind Zimmer mit Kochnischen vorhanden. Und wenn im Sommer im Innern der Insel der Betrieb zunimmt, ist und bleibt *Punta Chiarito* das ganze Jahr über ein Ort der Ruhe.

Anreise (Karte Nr. 19): Überfahrt ab Neapel-Molo Beverello (75 Min. mit der Fähre, 40 Min. mit dem Schnellboot); Tel. (081) 551 32 36 nach Forio, Panza, Sorgeto.

K A M P A N I E N

Giacaranda

Cenito 84071 Santa Maria de Castellabate (Salerno)
Tel. (0974) 96 61 30 - Fax (0974) 96 08 00
Sig.ra Cavaliere

Ganzj. geöffn. (außer 24., 25., 26. Dezember) **4 Zimmer** u. **8 Appart.** m. Bad, Satelliten TV **Preise** HP: 156000 L (1 Pers.), 280000 L (2 Pers.), Appart.: 280000 L (2 Pers.), 560000 L (4 Pers.) - Frühst. inkl., von 9.00 bis 11.30 Uhr **Kreditkarten** Akzeptiert **Verschiedenes** Hunde erlaubt - Tennis - Parkpl. im Hotel **Umgebung** Amalfi - Neapel - Pompeji - Paestum - Velia - Capri - Padula **Restaurant** von 13.00 bis 15.00 u. von 19.30 bis 22.00 Uhr - Vegetarisches Menü. Spezialitäten: Mediterrane Küche.

Das Hinterland vom Golf von Salerno bietet besonders reizvolle Etappen wie die griechischen Tempel von Paestum (die, wenn man in der Gegend ist, sich unbedingt bei Sonnenuntergang ansehen sollte) und die monumentale Porta Rossa de Velia, zwar weniger aufgesucht, aber als einziges Beispiel griechischer Rundbogen-Kunst bekannt ... Diese Präzisionen sollen dazu beitragen, *Giacaranda,* auf halbem Weg dieser beiden Sehenswürdigkeiten gelegen, besser einordnen zu können. Es ist ein schönes Anwesen, das stets darauf bedacht ist, den Gästen die Zeit so angenehm wie möglich zu gestalten. Zimmer und Appartements sind gepflegt: gute Betten, komfortable Bäder, antikes Mobiliar und hübsche Wäsche schaffen einen schlicht-raffinierten Rahmen. Die typisch italienische Küche ist gepflegt: hausgemachte Spaghetti und Ravioli, viele regionale Gerichte, ohne die berühmte Pizza zu vergessen, die im Prinzip am letzten hier verbrachten Abend serviert wird. Auch erhalten Sie wertvolle Tips für Besichtigungen, Wanderungen und wo man am besten schwimmt. Ein Haus, in das man gern zurückkehrt.

Anreise (Karte Nr. 20): 120 km südl. von Neapel. Über die A 3 (Salerno/Reggio), Ausf. Battipàglia, dann SS 18 (Rtg. Agropoli) bis Santa Maria de Castellabate.

KAMPANIEN

Palazzo Belmonte

84072 Santa Maria di Castellabate (Salerno)
Tel. (0974) 96 02 11 - Fax (0974) 96 11 50
Sig.ra Wilkinson

Geschlossen von November bis April **20 Suiten** m. Tel., Bad, WC, Kochnische **Preise** 250-510000 L (f. 2 Pers.); 515-815000 L (f. 4 Pers.) - Frühst. inkl. **Kreditkarten** Visa, Eurocard, MasterCard **Verschiedenes** Kleine Hunde erlaubt - Schwimmb. - Privatstrand - Parkpl. **Umgebung** Amalfi - Neapel - Paestum - Capri - Padula Vietri **Restaurant** von 13.00 bis 14.30 u. von 20.00 bis 22.30 Uhr - Menü - Regionale Spezialitäten.

In den Sommermonaten öffnet Prinz Belmonte seinen im 17. Jahrhundert errichteten und in einem kleinen Fischerdorf gelegenen Palast, in dem einst die Könige Spaniens und Italiens als Gäste weilten. Der Prinz und seine Familie bewohnen den linken Flügel des Schlosses; in einem anderen Teil dieses herrlichen, historischen Gebäudes wurden einige Suiten eingerichtet. Die Ausstattung ist nicht gerade als prachtvoll zu bezeichnen, aber überall herrscht - mit hellen Farben und Bambusmöbeln - ein raffiniertes Urlaubs-Ambiente. Von einigen Suiten blickt man auf den hübschen Hof, in dem es nach chilenischem Jasmin duftet, andere gehen auf den Garten mit Pinien, Magnolien, Hibisken und Oleander, und die restlichen haben eine Terrasse mit Blick aufs Meer: bei klarem Wetter kann man von hier aus Capri erblicken. Schwimmbad, Privatstrand - und etwas weiter Neapel, Pompeji und die Küste von Amalfi. Kultur *und* farniente!

Anreise (Karte Nr. 20): 90 km südl. von Neapel über die A 3, Ausf. Battipàglia, dann Rtg. Paestum, Agropoli u. Castellabate.

KAMPANIEN

Grand Hotel Excelsior Vittoria

80067 Sorrento (Napoli)
Piazza Tasso, 34
Tel. (081) 807 10 44 - Fax (081) 877 12 06 - Sig. Fiorentino
E-mail: exvitt@exvitt.it - Web: http://www:exvitt.it

Kategorie ★★★★ **Ganzj.** geöffn. **106 Zimmer** m. Klimaanl., Tel. Bad u. Dusche, WC, TV, Safe, Minibar **Preise** EZ u. DZ: 315000 L, 392-536000 L; Suite: 717-1191000 L - Frühst. inkl., von 7.30 bis 9.30 Uhr - HP: 369-401000 L (pro Pers., mind. 3 Üb.) **Kreditkarten** akzeptiert **Verschiedenes** Hunde erlaubt (Zuschlag) - Schwimmb. - Parkpl. **Umgebung** Villa Comunale, Aussichtspunkt in Sorrento - Halbinsel von Sorrento: Positano, Grotta di Smeraldo, Amalfi, Ravello, Salerno - Capri **Restaurant** von 12.30 bis 14.00 u. von 19.30 bis 22.00 Uhr - Menü: 705000 L - Karte - Neapolitanische Spezialitäten.

Dieses Palasthotel, das auf einem Felsen über dem Golf von Neapel thront, zählt zu den renommiertesten Adressen in Sorrent. Der Garten, in dem sich duftende Blumen, Rosensträuche und Kletterpflanzen harmonisch vermischen, die Terrasse mit dem endlosen Meerblick und der von Zwergpalmen und türkisblauen Blumen überbordende Wintergarten sind eine reine Freude. Im Innern beeindrucken Stuckfrise und bemalte Decken im Liberty-Stil. Die großen behaglichen Zimmer und die Salons sind mit schönen alten Möbeln eingerichtet. Das Hotel hat schon eine Reihe illustrer Gäste beherbergt - zum ßeispiel. Goethe, Wagner und Verdi. Das berühmteste und meistverlangte Zimmer ist jedoch das des großen Caruso.

Anreise (Karte Nr. 20): 48 km südl. von Neapel über die A 3 bis Castellammare di Stabia, dann S 145.

KAMPANIEN

Hotel Bellevue Syrene

80067 Sorrento (Napoli)
Piazza della Vittoria, 5
Tel. (081) 878 10 24 - Fax (081) 878 39 63
Sig. Russo

Kategorie ★★★ **Ganzj.** geöffn. **73 Zimmer** m. Klimaanl., Tel., Bad od. Dusche, WC, TV, Minibar, Safe; Aufzug **Preise** EZ u. DZ: 150-250000 L, 250-400000 L; Suiten: 470000 L - Frühst. inkl., von 7.00 bis 10.00 Uhr - HP: + 50000 L (pro Pers.) **Kreditkarten** akzeptiert **Verschiedenes** Hunde erlaubt (außer im Restaurant) - Privatstrand - Parkpl. **Umgebung** Villa Comunale, Aussichtspunkt in Sorrento - Halbinsel von Sorrento: Positano, Grotta di Smeraldo, Amalfi, Ravello, Salerno - Capri **Restaurant** von 19.00 bis 21.00 Uhr - Menü: 70000 L - Karte - Spezialitäten: Spaghetti con cozze - Gnocchi.

Dort, wo seinerzeit eine römische Villa stand, in der schon Tiberius und Virgilius zu Gast waren, befindet sich heute, direkt am Meer, ein schönes Gebäude aus dem 18. Jahrhundert. Die Räume sind nicht alle gleichermaßen reizvoll: an das neu eingerichtete Restaurant schließen sich zwei kleine Salons an, deren Fresken und Mosaike an die Vergangenheit des Hauses erinnern. Um zum Privatstrand zu gelangen, steht den Gästen ein Fahrstuhl zur Verfügung. Man sollte jedoch auch einmal den Weg über die Treppe und die überwölbte Passage nehmen; ebenso wie die Säulen im Garten sind das Überreste der römischen Villa. Verlangen Sie, falls möglich, das Zimmer Nr. 4 mit eigenem Balkon und Blick aufs Meer.

Anreise (Karte Nr. 20): 48 km südl. von Neapel über die A 3 bis Castellammare di Stabia, dann S 145.

KAMPANIEN

Hotel Capo La Gala

80069 Vico Equense (Napoli)
Via Luigi Serio, 7
Tel. (081) 801 57 58 - Fax (081) 879 87 47
Sig.ra Savarese

Kategorie ★★★★ **Geschlossen** von November bis März **18 Zimmer** (9 DZ m Klimaanl.) m. Tel., Bad u. Dusche, WC, TV, Minibar; Aufzug **Preise** EZ u. DZ: 170000 L, 250000 L - Frühst. inkl., von 8.00 bis 10.30 Uhr - HP u. VP: 175-220000 L - 215-260000 L (pro Pers.) **Kreditkarten** akzeptiert **Verschiedenes** Kleine Hunde erlaubt - Schwimmb. - Sauna - Parkpl. **Umgebung** Neapel - Pompeji - Ercolano - Cuma - Solfatara in Pozzuoli - Halbinsel von Sorrento - Paestum - Capri **Restaurant** von 13.00 bis 14.30 u. von 20.00 bis 21.30 Uhr - Menü: 60000 L - Karte - Spezialitäten: Pesce - Frutti di mare.

Das *Capo La Gala*, vom Vater des jetzigen Besitzers in den Fels gehauen, geht mit seinen Terrassen und kleinen Treppen so sehr in der umliegenden Natur auf, daß man es vom Meer aus nicht sieht. Die wenigen Zimmer sind alle gleich gestaltet; sie verfügen jeweils über einen Balkon mit Meerblick und wurden nach den verschiedenen Winden benannt. Die Atmosphäre ist die eines Privathauses. Die Entspannung im Swimmingpool mit schwefelhaltigem Wasser ist perfekt. Die Küche basiert auf frischem Fisch und frischem Gemüse.

Anreise *(Karte Nr. 20): 39 km südl. von Neapel über die A 3 bis Castellammare di Stabia, dann S 145 Rtg. Sorrento.*

KAMPANIEN

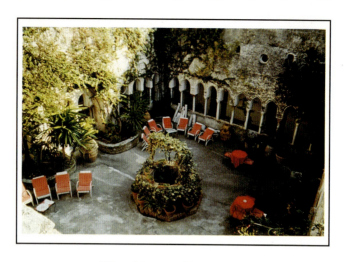

Hotel Luna Convento

84011 Amalfi (Salerno)
Via P. Comite, 19
Tel. (089) 871 002 - Fax (089) 87 13 33
Sig. Milone

Kategorie ★★★★ **Ganzj.** geöffn. **48 Zimmer** m. Klimaanl., Tel., Dusche, WC, TV **Preise** EZ u. DZ: 180-230000 L, 230-280000 L; Suiten: 330-380000 L - Frühst.: 20000 L, von 7.30 bis 10.00 Uhr **Kreditkarten** akzeptiert **Verschiedenes** Hunde nicht erlaubt - Schwimmb. - Privatstrand - Parkpl. **Umgebung** Sorrento - Halbinsel von Sorrento: Positano, Grotta di Smeraldo, Ravello, Salerno - Paestum - Capri - Neapel - Pompeji - Ercolano - Cuma - Solfatara in Pozzuoli - Ischia **Restaurant** von 12.30 bis 14.30 u. von 19.30 bis 21.30 Uhr - Menü: 70000 L - Karte - Spezialitäten: Cannelloni del Convento - Crespoline - Risotto pescatore - Gamberoni alla griglia.

Das *Luna Convento* überragt einen sarazenischen Turm, der die Seefahrt des Golfes überwacht, klammert sich an die Felsen und ist ein ehemaliges, für seinen herrlichen byzantinischen Kreuzgang berühmtes Franziskanerkloster. Dieses prachtvolle Hotel ist seit mehreren Generationen im Familienbesitz, wurde in den fünfziger Jahren umgebaut und erhielt ein neues Gebäude, in dem weitere Gästezimmer eingerichtet wurden. Der Komfort der Zimmer ist unterschiedlich; die des Stammhauses verfügen selbstverständlich noch über den Charme vergangener Zeiten. Das Haus hat einige Erinnerungen berühmter Gäste aufbewahrt, so Ibsens Korrespondenz mit Signora Barbano, der Inhaberin des Hotels. Auch wenn einige Verbesserungen wünschenswert erscheinen, ist dies ein reizvolles Haus.

Anreise (Karte Nr. 20): 25 km westl. von Salerno über die A 3, Ausf. Vietri sul Mare, dann S 163 über die Küstenstraße.

KAMPANIEN

Hotel Santa Caterina

84011 Amalfi (Salerno)
Via S.S. Amalfitana, 9
Tel. (089) 87 10 12 - Fax (089) 87 13 51

Kategorie ★★★★★ **Ganzj.** geöffn. **68 Zimmer** m. Klimaanl., Tel., Bad, WC, TV, Minibar **Preise** EZ u. DZ: 350-400000 L, 390-560000 L; Suiten: 680-1100000 L Frühst. inkl., 7.30 bis 10.00 Uhr - HP u. VP: + 75000 L, + 140000 L (pro Pers., mind. 2 Üb.) **Kreditkarten** akzeptiert **Verschiedenes** Hunde nicht erlaubt - Schwimmb. - Privatstrand - Parkpl. - Garage (25000 L) **Umgebung** Sorrento - Halbinsel von Sorrento: Positano, Grotta di Smeraldo, Ravello, Salerno - Paestum - Capri - Neapel - Pompeji - Ercolano - Cuma - La solfatara à Pozzuoli - Ischia **Restaurant** von 13.00 bis 15.00 u. von 20.00 bis 22.00 Uhr - Menü: 65 000 L - Karte - Spezialitäten: Linguine al limone - Limoni farciti Santa Caterina - Crespoline all'amalfitana - Penne alla saracena.

Seit drei Generationen ist das *Santa Caterina* im Besitz einer Familie, die Gäste sehr gut und gern bewirtet. Das sorgfältigst ausgesuchte, meist alte Mobiliar verleiht jedem Zimmer eine persönliche Note. Die Bäder haben den Vorteil, sehr modern zu sein; einige verfügen sogar über einen Whirlpool. Das Meer oder das Salzwasser-Schwimmbad erreicht man per Fahrstuhl. Kleiner Tip: verlangen Sie ein Zimmer im *Chalet*, dem kleinen Haus etwas abseits vom Hotel, das versteckt hinter den Zitronenbäumen des Gartens liegt.

__Anreise__ (Karte Nr. 20): 25 km westl. von Salerno über A 3, Ausf. Vietri sul Mare, dann S 163 der Küste entlang.

KAMPANIEN

Hotel Belvedere

84010 Conca dei Marini (Salerno)
Tel. (089) 83 12 82 - Fax (089) 83 14 39
Sig. Lucibello

Kategorie ★★★★ **Geschlossen** von November bis März **36 Zimmer** m. Tel., Bad u. WC; Aufzug **Preise** EZ u. DZ: 105-135000 L, 160-210000 L; Suiten: 210-290000 L - Frühst.: 15 000 L, von 7.00 bis 10.00 Uhr - HP u. VP: 170-210000 L, 190-240000 L **Kreditkarten** akzeptiert **Verschiedenes** Hunde erlaubt - Schwimmb. - Zugang zum Meer - Parkpl. - Privatbus zum Bahnhof von Salerno (100000 L) u. zum Flugplatz von Neapel (150000 L) **Umgebung** Sorrento - Halbinsel von Sorrento: Positano, Grotta di Smeraldo, Ravello, Salerno - Paestum - Capri - Neapel - Pompeji - Ercolano - Cuma - Solfatara in Pozzuoli - Ischia **Restaurant** m. Klimaanl. - von 12.30 bis 14.00 u. von 19.30 bis 21.00 Uhr - Menü: 50000 L - Karte - Spezialitäten: Crespolini al formaggio - Timballo di maccheroni - Fusilli Belvedere.

Man sollte sich weder von der Fassade des *Belvedere* noch von seiner Lage direkt an der Straße beeinflussen lassen. Es wurde derart an den Felsen gebaut, daß es wirklich "über dem Meer" liegt. Diese einzigartige Lage läßt die gesamte amalfische Küste überblicken. Die modernen und sehr komfortablen Zimmer verfügen alle über einen Balkon oder eine Terrasse mit Meerblick. Ein Fahrstuhl bringt Sie zum Swimmingpool, der zwischen den Felsen liegt. Von dort hat man auch einen Zugang zum Meer. Das *Belvedere* ist ein Hotel mit vollendeten Professionalismus, die Küche ist exzellent, der Service perfekt und sehr freundlich. Der zurückhaltende, aber freundliche Empfang des Besitzers, Signore Lucibello, verleiht diesem Hotel das gewisse Etwas, das nur die echten Hotels mit Charme haben.

Anreise (Karte Nr. 20): 65 km südöstl. von Neapel über A 3, Ausf. Castellammare di Stabia, dann N 336, Rtg. Amalfi. (Transfert, 1-4 Pers., ab Bahnhof Salerno 110000 L, ab Flugplatz Neapel 160000 L).

KAMPANIEN

Hotel San Pietro

84017 Positano (Salerno)
Tel. (089) 87 54 55 - Fax (089) 81 14 49
Sig. Attanasio

Kategorie ★★★★ **Geschlossen** von November bis März **60 Zimmer** m. Klimaanl., Tel., Bad, WC, Minibar **Preise** EZ u. DZ: 620-700000 L, 640-720000 L, 3 Pers.: 720000 L - Frühst. inkl., 7.00 bis 11.30 Uhr **Kreditkarten** akzeptiert **Verschiedenes** Hunde nicht erlaubt - Schwimmb. - Tennis - Privatstrand - Wasserski u. Windsurfing - Parkpl. **Umgebung** Sorrento - Halbinsel von Sorrento: Grotta di Smeraldo, Ravello, Salerno - Paestum - Capri - Neapel - Pompeji - Ercolano - Cuma - Solfatara in Pozzuoli - Ischia **Restaurant** von 13.00 bis 15.00 u. von 20.00 bis 21.30 Uhr - Menü: 80000 L - Karte - Spezialitäten: Neapolitanische u. internationale Küche.

Vom Meer aus betrachtet gleicht das *San Pietro* einer grünen, von Terrasse zu Terrasse den Monte Littari hinunterstürzenden Kaskade. Mit einem phantastischen Ausblick gesegnet, ist das Hotel eine Art verrückter Laune: Bougainvilleen und wilder Wein bahnen sich einen Weg bis in die Salons. Die Zimmer mit ihren Bädern, die an Hollywood erinnern, stechen sich gegenseitig hinsichtlich Pracht und Komfort aus. Sie besitzen alle einen mit Fayencen ausgelegten Balkon mit Blick aufs Meer. Ein in den Fels gehauener Fahrstuhl bringt die Gäste zum Privatstrand: der liegt 88 Meter tiefer und hat eine Snackbar; einen Tennisplatz gibt es in der Bucht nebenan. Die Küche ist exzellent und der Empfang bemerkenswert. Aus Sicherheitsgründen empfängt das Hotel keine Kinder unter 12 Jahren.

Anreise (Karte Nr. 20): 57 km südöstl. von Neapel über die A 3 bis Castellammare di Stabia, dann S 145 bis Meta u. S 163 nach Positano.

KAMPANIEN

Le Sirenuse

84010 Positano (Salerno)
Via C. Colombo, 30
Tel. (089) 87 50 66 - Fax (089) 81 17 98
Sig. Sersale

Kategorie ★★★★★ **Ganzj.** geöffn. **60 Zimmer** m. Klimaanl., Tel., Bad, Dusche, WC, TV, Minibar **Preise** EZ u. DZ: 360-700000 L, 400-740000 L; Suiten: 690-850000 L - Frühst. inkl., von 7.00 bis 11.00 Uhr - HP u. VP: + 85000 L + 135000 L (pro Pers., mind. 3 Üb.) **Kreditkarten** akzeptiert **Verschiedenes** Hunde außer im Rest. u. am Pool erlaubt - beheizt. Schwimmb. - Parkpl. **Umgebung** Sorrento - Halbinsel von Sorrento: Positano, Grotta di Smeraldo, Ravello, Salerno - Paestum - Capri - Neapel - Pompeji - Ercolano - Cuma - Solfatara in Pozzuoli - Ischia **Restaurant** von 13.00 bis 14.30 u. von 20.00 bis 22.00 Uhr - Karte - Spezialitäten: Pasta - Pesce.

Hinter der dunkelroten Fassade des *Sirenuse* verbirgt sich eines der besten Hotels der amalfischen Küste. Der ursprüngliche, sich zur Bucht von Positano hin öffnende Palast aus dem 18. Jahrhundert wurde im Laufe der Zeit vergrößert. Das erklärt die heute unregelmäßige, aber charmante Architektur des Hotels mit vielen Terrassen und Winkeln. Eingerichtet ist es mit sehr schönem venezianischem und neapolitanischem Möbiliar. Die Zimmer sind außerordentlich behaglich. Einige im ältesten Teil des Hauses besitzen noch den Original-Kachelboden. Am Swimmingpool stehen Tische für das Mittag- und Abendessen. Die Küche entspricht der Qualität des Hauses. Liebenswürdiger und effizienter Service.

Anreise (Karte Nr. 20): 57 km südöstl. von Neapel über die A 3 bis Castellammare di Stabia, dann S 145 bis Meta u. S 163 nach Positano.

KAMPANIEN

Hotel Poseidon

84017 Positano (Salerno)
Via Pasitea, 148
Tel. (089) 81 11 11 - Fax (089) 87 58 33
Famiglia Aonzo

Kategorie ★★★★ **Geschlossen** von Mitte November bis Mitte März **45 Zimmer** u. 3 Suiten m. Klimaanl., Tel., Bad, WC, TV, Minibar; Aufzug **Preise** DZ: 270-390000 L; Suiten: 370-600000 L - Frühst. inkl., von 8.00 bis 11.00 Uhr - HP: + 65000 L (pro Pers.) **Kreditkarten** akzeptiert
Verschiedenes Hunde erlaubt - Schwimmb., Fitneß-Center (40-80000 L), Parkpl. (35000 L)
Umgebung Sorrento - Halbinsel von Sorrento: Positano, Grotta di Smeraldo, Ravello, Salerno
Restaurant von 13.00 bis 14.30 u. von 20.00 bis 22.00 Uhr - Karte.

Wie die Familie Aonzo berichtet, sollte hier in den fünfziger Jahren ein kleines Ferienhaus entstehen. Daraus wurde dann aber ein sympathisches Hotel, das trotz seiner vier Sterne schlicht und sehr gastfreundlich geblieben ist. Deshalb fühlt man sich hier besonders wohl. Diese Atmosphäre und der aufmerksame Service sind nicht zuletzt darauf zurückzuführen, daß das Hotel verhältnismäßig klein ist. Wie alle Häuser des Dorfes klammert sich auch dieses an jenen Hügel an, der die Bucht überragt. Von dieser außergewöhnlichen Lage profitieren die Zimmer mit ihren Terrassen; sie sind elegant, geräumig und verfügen über jeglichen Komfort, den ihre Sterne versprechen. Die große Panoramaterrasse wurde wie ein großer Innenraum ausgestattet: in der wärmsten Jahreszeit ist hier unter Bougainvilleen das Restaurant untergebracht, etwas weiter das Schwimmbad und das Solarium. Vor kurzem richtete das Hotel ein "Center des Wohlbefindens" ein.

Anreise (Karte Nr. 20): 57 km südl. von Neapel über die A 3, Ausf. Castellammare di Stabia, Rtg. Sorrent, Positano.

KAMPANIEN

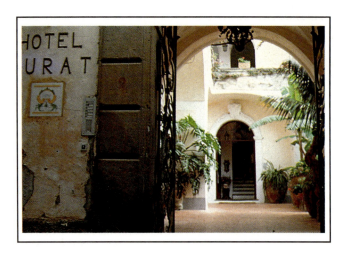

Hotel Palazzo Murat

84017 Positano (Salerno)
Via dei Mulini, 23
Tel. (089) 875 177 - Fax (089) 811 419 - Famiglia Attanasio
E-mail: htm@starnet.it - Web: http://www.starnet.it/murat/welcome.html

Kategorie ★★★★ **Geschlossen** vom 9. Januar bis Ostern **30 Zimmer** m. Klimaanl., Tel., Bad, WC, Satelliten-TV, Minibar **Preise** EZ u. DZ: 230-250000 L, 290-390000 L - Frühst. inkl., von 8.00 bis 11.00 Uhr **Kreditkarten** akzeptiert **Verschiedenes** Hunde erlaubt **Umgebung** Sorrento - Halbinsel von Sorrento: Positano, Grotta di Smeraldo, Ravello, Salerno - Paestum - Capri - Neapel - Pompeji - Ercolano - Cuma - Solfatara in Pozzuoli - Ischia **Restaurant** nur f. Hausgäste (abends) - Karte (siehe unsere Restaurantauswahl S. 443).

Dieser als Sommerresidenz für Joachim Murat (Marschall von Frankreich, König von Neapel) errichtete Palazzo ist erst seit einigen Jahren ein Hotel. Die Hauptstrukturen des Barockbaus blieben erhalten, u.a. ein bezaubernder Patio, in dem bisweilen Kammermusik-Konzerte stattfinden. Die schönsten (und die teuersten) Zimmer liegen im älteren Teil des Hauses; die von 1 bis 5 haben einen Balkon mit Aussicht auf die Bucht von Positano. Aber auch die meisten Zimmer des neueren Gebäudeteils besitzen fast alle einen Balkon mit Meerblick. Einige klimatisierte Zimmer gibt es auch. Das Hotel kann mit dem Auto nicht direkt erreicht werden, aber es gibt einen Parkplatz auf der Piazza dei Mulini, 50 Meter vom Hotel entfernt.

Anreise (Karte Nr. 20): 57 km südöstl. von Neapel über die A 3, Ausf. Castellammare di Stabia, Rtg. Sorrento, Positano; in der Altstadt.

KAMPANIEN

Albergo Casa Albertina

84017 Positano (Salerno)
Via Tavolozza, 3
Tel. (089) 87 51 43 - Fax (089) 81 15 40 - Sig. L. Cinque
E-mail: alcaal@starnet.it

Ganzj. geöffn. **21 Zimmer** m. Klimaanl., Tel., Bad, Dusche, WC, Minibar; Aufzug **Preise** EZ u. DZ m. HP: 150-240000 L, 150-170000 L (pro Pers.); Suiten: 170-240000 L (pro Pers., mind. 3. Üb.) - Frühst. inkl., von 7.30 bis 12.00 Uhr **Kreditkarten** akzeptiert **Verschiedenes** Hunde erlaubt - Parkpl. (30000 L) **Umgebung** Sorrento - Halbinsel von Sorrento: Positano, Grotta di Smeraldo, Ravello, Salerno - Paestum - Capri - Neapel - Pompeji - Ercolano - Cuma - Solfatara in Pozzuoli - Ischia **Restaurant** von 20.00 bis 21.30 Uhr - Karte - Spezialitäten: Risotto alla pescatore - Penne all'impazzata - Zuppa di pesce - Pesce alla griglia.

Steigt man einige Stufen der kleinen, abschüssigen Gasse herunter, entdeckt man die *Casa Albertina*. Diese alte Dorfhaus-*Albergo* wird von dem Sohn eines Fischers geführt, der zuvor im *Sirenuse* angestellt war. Das Haus ist, mit Ausnahme der wundervollen Holztüren aus dem 17. Jahrhundert, fast ausschließlich im Stil der sechziger Jahre eingerichtet. Geschirr, Sitzmöbel, Nippes - alles wurde von Handwerkern speziell angefertigt und verleiht dem Ganzen eine eigenwillige Atmosphäre. Die meisten Zimmer verfügen über einen Balkon mit Meerblick, ideal zum Frühstücken. Der Empfang in diesem einfachen Haus voller Charme ist besonders freundlich. Das Hotel kann per Auto nicht errreicht werden, Gepäckträger stehen zur Verfügung.

Anreise (Karte Nr. 20): 57 km südöstl. von Neapel über die A 3 bis Castellammare di Stabia, dann S 145 bis Meta u. S 163 nach Positano.

KAMPANIEN

Grand Hotel Tritone

84010 Praiano (Salerno)
Via Campo, 5
Tel. (089) 87 43 33 - Fax (089) 87 43 74 - Sig. Gagliano
E-mail: tritone@xcom.it - Web: http://www.xcom.it/tritone

Kategorie ★★★★ **Geschlossen** vom 16. Oktober bis 10. April **42 Zimmer** u. 14 Suiten m. Klimaanl., Tel., Bad od. Dusche, WC, Minibar, Satelliten-TV; Aufzug **Preise** EZ u. DZ: 180-250000L, 270-360000L; Suiten: 420-480000L - Frühst.: 18000 L, von 7.00 bis 10.30 Uhr - HP u. VP: 175-290000 L, 215-330000 L (pro Pers., mind. 3 Üb.) **Kreditkarten** akzeptiert **Verschiedenes** Hunde erlaubt - 2 Meerwasserschwimmb. - Privatstrand - Parkpl. **Umgebung** Halbinsel von Sorrento: Sorrento - Positano, Grotta di Smeraldo, Amalfi, Ravello, Salerno - Paestum - Capri - Neapel - Pompeji - Ercolano - Cuma - Solfatara in Pozzuoli - Ischia **Restaurant** von 13.00 bis 14.30 u. von 19.30 bis 21.30 Uhr - Menü: 60000 L - Karte - Spezialitäten: Risotto - Fisch.

Dieser weiße Neubau erfreut sich mit seinen verschiedenen, zum Meer hin abfallenden Terrassen einer außergewöhnlich schönen Lage. Persönlichkeiten aus Politik, Sport und Showbusineß haben hier Entspannung gesucht (Madonna scheint vom *Tritone* hingerissen gewesen zu sein). Der Privatstrand (über Fahrstuhl erreichbar), die beiden Meerwasser-Swimmingpools und der tadellose Service geben den Stars recht. Was die Mahlzeiten anbelangt, werden auch Sie überrascht sein: das Restaurant befindet sich in einer Grotte.

Anreise *(Karte Nr. 20): 65 km südöstl. von Neapel über die A 3, Ausf. Castellammare di Stabia, dann Rtg. Positano.*

KAMPANIEN

Hotel Palumbo - Palazzo Confalone

84010 Ravello (Salerno)
Via San Giovanni del Toro, 16
Tel. (089) 85 72 44 - Fax (089) 85 81 33
Sig. Vuilleumier

Kategorie ★★★★★ **Ganzj.** geöffn. **21 Zimmer** m. Klimaanl., Tel., Bad od. Dusche, WC, TV, Safe, Minibar **Preise** HP u. VP im Palazzo: 350-400000 L, 400-450000L; Dependance: 240-280000L, 270-310000L (pro Pers., mind. 3 Üb.) - Frühst. inkl., von 7.30 bis 10.30 Uhr **Kreditkarten** akzeptiert **Verschiedenes** Kleine Hunde erlaubt - Parkpl. (20 000 L) **Umgebung** Villa Rufolo u. Villa Cimbrone in Ravello - Halbinsel von Sorrento: Positano, Grotta di Smeraldo, Amalfi, Salerno - Paestum - Capri - Neapel - Pompeji - Ercolano - Cuma - Solfatara in Pozzuoli - Ischia **Restaurant** von 12.30 bis 14.30 u. von 20.00 bis 21.30 Uhr - Menü: 95000 L - Karte - Spezialitäten: Crespelle Palumbo - Ravioli alla menta - Filetto al Confalone.

Pasquale Palumbo, der im 19. Jahrhundert aus der Schweiz kam, richtete zunächst im Palast Episcopio ein Hotel ein, das rasch zum Treffpunkt der Aristokratie der Küste von Amalfi wurde. Später dann wurde das Hotel in den *Palazzo Gonfalone* verlegt, und der gute Ruf ließ nicht auf sich warten. Dieses prachtvolle Haus arabisch-normannischen Stils mit Kreuzbogen-Innenhof und Majolika-Fußboden bietet auf fünf Etagen ein zum Meer hin offenes Labyrinth. Die Innenausstattung mit alten Gemälden, wozu ein großes Bild der Schule Caravaggios in einem Alkoven des großen Salons zählt, ist prächtig. Jedes Gästezimmer verfügt über eine besondere Atmosphäre und entspricht den Namen wie *Suite blu, Torre, Romantica* ... Die Zimmer in der Dependance sind preiswerter. Ob aufs Meer oder die Berge, von hier ist der Ausblick von überall außergewöhnlich. Der Garten voller Lauben und Rosen ist hochromantisch.

Anreise (Karte Nr. 20): 65 km südöstl. von Neapel über die A 3, Ausf. Vietri sul mare, dann Rtg. Costiera amalfitana, Ravello.

KAMPANIEN

Hotel Caruso Belvedere

84010 Ravello (Salerno)
Piazza San Giovanni del Toro, 2
Tel. (089) 85 71 11 - Fax (089) 85 73 72
Sig. Caruso

Kategorie ★★★★ **Ganzj.** geöffn. **24 Zimmer** m. Tel., Bad od. Dusche, WC **Preise** HP u. VP: 250-344000 L, 330-420000 L (f. 2 Pers.) - Frühst. inkl., von 7.30 bis 10.00 Uhr **Kreditkarten** akzeptiert **Verschiedenes** Hunde erlaubt (Zuschlag) **Umgebung** Ravello: Villa Rufolo u. Villa Cimbrone - Halbinsel von Sorrento: Positano, Grotta di Smeraldo, Amalfi, Salerno - Paestum - Capri - Neapel - Pompeji - Ercolano - Cuma - Solfatara in Pozzuoli - Ischia **Restaurant** von 12.30 bis 14.30 u. von 19.30 bis 21.00 Uhr - im Febr. 14 Tage geschl. - Menü: 45000 L - Karte - Spezialitäten: Crespolini al formaggio - Spaghetti alla contadina - Soufflé al limone e cioccolato.

Das *Caruso* liegt an der kleinen Straße, die zum Kirchplatz S. Giovanni del Tore führt, aber in einem schönen, ruhigen Garten. Erst muß man das von zwei aus Stein gemeißelten Löwen bewachte und von Säulen und Pfeilern eingerahmte Tor durchschreiten, und dann erreicht man die Rezeption im ersten Stock. Der Palast hat seine Fresken und den Keramik-Fußboden mit geometrischen Motiven bewahren können. Zahlreiche Gemälde aus dem 19. Jahrhundert (Interieur- und Landschaftsmalerei) schmücken die Wände des großen Salons. Die Zimmer sind groß, und die meisten haben einen außergewöhnlichen Panoramablick. Der Inhaber des Hotels kümmert sich persönlich um seine Gäste. Die Preise sind recht annehmbar (Halbpension ist hier obligatorisch), und die Schönheit der Bucht von Salerno ist unvergeßlich.

Anreise (Karte Nr. 20): 65 km südöstl. von Neapel über die A 3, Ausf. Vietri sul mare, dann Rtg. Costiera amalfitana, Ravello; oder Ausf. Angri, Rtg. Valico di Chiunzi, Ravallo.

KAMPANIEN

Villa Cimbrone

84010 Ravello (Salerno)
Via Santa Chiara, 26
Tel. (089) 85 74 59/85 80 72 - Fax (089) 85 77 77
Famiglia Vuilleumier

Kategorie ★★★★ **Geöffn.** Ostern bis Ende Oktober **19 Zimmer** m. Tel., Bad od. Dusche, WC, Minibar **Preise** EZ u. DZ: 250000 L, 350-550000 L - Frühst. inkl., von 8.00 bis 10.00 Uhr **Kreditkarten** Amex, Visa, Eurocard, MasterCard **Verschiedenes** Hunde nicht erlaubt **Umgebung** Villa Rufolo u. Villa Cimbrone in Ravello - Halbinsel von Sorrento: Positano, Grotta di Smeraldo, Amalfi, Salerno - Paestum - Capri - Neapel - Pompeji - Ercolano - Cuma - Solfatara in Pozzuoli - Ischia **Kein Restaurant** im Hotel (siehe unsere Restaurantauswahl S. 442).

Die prachtvollen Gärten der *Villa Cimbrone* wie die der *Villa Rufolo* empfehlen wir allen Ravallo-Besuchern. Von ihrem Belvedere und ihren mit Statuen nach antikem Vorbild umsäumten Terrassen aus ist man von der Aussicht und der Gegend ganz und gar eingenommen, in der sogar Gott mit dem Teufel verhandeln soll. Selbstverständlich kann man hier auch wohnen. Aber selbst nach einigen Instandsetzungsarbeiten ist das Hotel nicht so prachtvoll wie seine Lage. Das Haus verfügt selbstverständlich über Fresken, Kamine und Majoliken, aber trotz der Preise ist sein Komfort veraltet.

Anreise (Karte Nr. 20): 65 km südöstl. von Neapel über die A 3, Ausf. Vietri sul mare, dann Rtg. Costiera amalfitana, Ravello; oder Ausf. Angri, Rtg. Valico di Chiunzi, Ravallo.

EMILIA - ROMAGNA

Hotel Corona d'Oro

40126 Bologna
Via Oberdan, 12
Tel. (051) 23 64 56 - Fax (051) 26 26 79 - Sig. Orsi
E-mail: hotcoro@tin.it

Kategorie ★★★★ **Geschlossen** August **35 Zimmer** m Klimaanl., Tel., Dusche, WC, Kabel-TV, Minibar **Preise** EZ u. DZ: 200-320000 L, 300-460000 L - Frühst. inkl. (Buffet), von 7.00 bis 11.00 Uhr **Kreditkarten** akzeptiert **Verschiedenes** Hunde erlaubt **Umgebung** Madonna di San Luca - San Michele in Bosco - Wanderweg um Bologna herum (1 Std., Hinweisschilder: giro sulle colline) - Schlösser-Straße: Bazzano, Monteveglio, S. Maria - Golfplatz in Chiesa Nuova di Monte San Pietro, (18-Lochpl. in Bologna) **Kein Restaurant** im Hotel (siehe unsere Restaurantauswahl S. 444-445).

Die Mischung verschiedener Stilrichtungen verleiht diesem 4-Sterne-Hotel eine angenehme und keinesfalls steife Atmosphäre. Das Bauwerk aus dem 13. Jahrhundert hat einige Veränderungen durchlaufen, und neben einer Jungfrau mit Kind aus dem 15. Jahrhundert kann man Stuckverzierungen im Liberty-Stil der Jahrhundertwende bewundern. Das kürzlich renovierte Hotel hat das, was bislang seinen Ruf ausmachte, nun noch verbessert: Komfort, Service und Ruhe. Es verfügt über eine ausgezeichnete Lage im historischen Zentrum von Bologna.

Anreise (Karte Nr. 10): A14, Ausf. Bologna-Arcoveggio, Rtg. Stazione Centrale, über die Porta Galliera in die Stadt u. Via dell'Indipendenza bis zur Metropolitana, dann links Rtg. Palazzo Ancivescovile u. links in die Via Oberdan.

EMILIA - ROMAGNA

Hotel Commercianti

40124 Bologna
Via de' Pignattari, 11
Tel. (051) 23 30 52 - Fax (051) 22 47 33 - Sig. ra Orsi
Web: http://www.cnc.it/bologna - E-mail: hotcom@tin.it

Kategorie ★★★ **Geschlossen** Im Januar u. Februar **35 Zimmer** m. Klimaanl., Tel., Dusche, WC, TV, Safe, Minibar **Preise** EZ u. DZ: 145-200000 L, 210-300000 L - Frühst. inkl. (Buffet), von 7.00 bis 11.00 Uhr **Kreditkarten** akzeptiert **Verschiedenes** Kleine Hunde erlaubt - Parkpl. (30000 L) **Umgebung** Madonna di San Luca - San Michele in Bosco - Wanderweg um Bologna herum (1 Std., Hinweisschilder: giro sulle colline) - Schlösser-Straße: Bazzano, Monteveglio, S. Maria - Golfplatz in Chiesa Nuova di Monte San Pietro, (18-Lochpl. in Bologna) **Kein Restaurant** im Hotel (siehe unsere Restaurantauswahl S. 444-445).

Von den Vorzügen dieses Hotels gilt es, an erster Stelle die besondere Lage zu erwähnen: direkt neben der Kathedrale San Petronio und damit in der Fußgängerzone, ist es dennoch mit dem Auto zu erreichen und verfügt sogar über eine eigene Garage. Das Hotel hat einige architektonische Elemente des Gebäudes, das hier im 12. Jahrhundert als Sitz der Gemeinde diente, bewahrt. Ansonsten hat man sich für eine zeitgemäße und funktionelle Einrichtung entschieden: moderne Möbel in den klimatisierten Zimmern, komfortable Bäder. Die schönsten sind die Turmzimmer mit einem ungewöhnlichen Ausblick auf Kirchenfenster und Kapitelle der Kathedrale. Von den anderen Zimmern aus blickt man auf die Piazza Maggiore.

Anreise (Karte Nr. 10): A 14, Ausf. Bologna-Arcoveggio, Rtg. Stazione Centrale u. über Porta Galliera in die Stadt, Via dell'Indipendenza bis zur Piazza Maggiore; die Via de'Pignattari verläuft entlang der Basilica di San Petronio.

EMILIA - ROMAGNA

Hotel Orologio

40123 Bologna
Via IV Novembre, 10
Tel. (0532) 231 253 - Fax (0532) 260 552 - Sig.ra Orsi
Web: http://www.cnc.it/bologna - E-mail: hotcom@tin.it

Kategorie ★★★ **Ganzj.** geöffn. **32 Zimmer** m. Klimaanl., Tel., Bad od. Dusche, WC, Kabel-TV, Minibar, Safe **Preise** EZ u. DZ: 145-200000 L, 210-300000 L - Frühst. inkl. (Buffet), von 7.00 bis 11.00 Uhr **Kreditkarten** akzeptiert **Verschiedenes** Hunde erlaubt - Parkpl. (30000 L) **Umgebung** Bologna: Pinakothek, Nettuno (Platz u. Brunnen), Kirchen S. Petronio, S. Domenico, S. Francesco; Kinderbuchmesse im April - Madonne di San Luca - San Michele in Bosco - Rundwanderweg Bologna (1 Std., ausgeschildert) - Route der Schlösser: Bazzano, Monteveglio - S. Maria - Golfpl. in Chiesa Nuova di Monte San Pietro, Golfpl. (18 L) in Bologna **Kein Restaurant** im Hotel (siehe unsere Restaurantauswahl S. 444-445).

Dieses kleine Hotel, das gleich neben der Piazza Maggiore in einer besonders stark besuchten Stadt Italiens liegt, in der man zu Messezeiten nur schwierig ein Hotel findet, ist dies eine wertvolle Adresse. Wundervoll ist aber auch die Stadt, die touristische und gastronomische Aufenthalte lohnt. Das völlig renovierte Hotel verfügt heute über komfortable und persönlich gestaltete Zimmer. Von den meisten hat man einen schönen Blick auf die ältesten Überreste der Stadt. Dem Professionalismus der Familie Orsi, die einige der besten Hotels der Stadt leitet, hat man es zu verdanken, daß Empfang und Service stets sehr zufriedenstellend sind.

Anreise (Karte Nr. 10): A 14, Ausf. Bologna-Arcoveggio. Bei der "Tangenziale" Abfahrt Nr. 7, Rtg. Zentrum u. Piazzo Maggiore.

EMILIA - ROMAGNA

Locanda della Duchessina

44100 Ferrara
vicolo Voltino, 11
Tel. (0532) 20 21 21 - Fax (0532) 20 26 38
Sig.ra Evelina Bonzagni

Kategorie ★★★ **Geschlossen** im August **5 Zimmer** m. Klimaanl., Tel., Bad od. Dusche, WC, Kabel-TV, Minibar, Safe **Preise** EZ u. DZ: 140000 L, 180-220000 L, Suite: 270000L - Frühst. inkl., von 7.30 bis 10.00 Uhr **Kreditkarten** akzeptiert **Verschiedenes** Hunde erlaubt (15000 L) **Umgebung** in Ferrara: Duomo, Palazzo Ludovico il Moro, Castello Estense, Palazzo dei Diamanti; Veranstaltungen: Palio im Mai - Abtei von Pomposa (Konzerte in der Abtei von Pomposa Juli/Aug.) - Comacchio - Abtei San Bartolo - Cento u. Pieve di Cento **Kein Restaurant** im Hotel (siehe unsere Restaurantauswahl S. 445-446).

Ferrara bewahrt aus seiner geschichtsreichen Vergangenheit einen bedeutenden Kern im Renaissancestil. Er ist sehr interessant und lohnt einen Besuch. Die *Locanda della Duchessina*, die erst vor kurzem eröffnet wurde, ist eine Dependance der luxuriösen *Duchessa Isabella* und entschiedenen preiswerter als diese. Es handelt sich um ein kleines Gebäude mit Innenhof, das einige angenehme, funktionell eingerichtete Gästezimmer anbietet, die allerdings wie in der *Duchessa* in einem "Bonbonniere"-Stil gehalten sind, der unserem Geschmack nicht entspricht. Da die *Locanda della Duchessina* aber sehr ruhig unweit des Zentrums liegt und zudem Komfort bietet, ist sie dennoch ein gutes Quartier in einer Stadt, der ein Hotel mit Charme noch immer fehlt.

Anreise *(Karte Nr. 10): 47 km nordöstl. von Bologna über die A 13, Ausf. Ferrara-Nord.*

EMILIA - ROMAGNA

Locanda Borgonuovo

44100 Ferrara
via Cairoli, 29
Tel. (0532) 21 11 00 - Fax (0532) 24 80 00 - Sig.ra Adèle Ornandini
Web: http://www.4net.com/business/borgonuovo

Ganzj. geöffn. **4 Zimmer** m. Klimaanl., Tel., Dusche, WC, TV, Minibar **Preise** EZ u. DZ: 95000 L, 130-160000 L - zusätzl. Pers. 40000 L - Frühst. inkl., von 7.30 bis 10.00 Uhr **Kreditkarten** Amex, Visa, Eurocard, MasterCard **Verschiedenes** Hunde nicht erlaubt - Fahrräder **Umgebung** in Ferrara: Duomo, Palazzo Ludovico il Moro, Palazzo dei Diamanti; Veranstaltungen: Palio in Mai - Abtei von Pomposa (Konzerte in der Abtei von Pomposa im Juli/Aug.) - Comacchio - Abtei San Bartolo - Cento u. Pieve di Cento **Kein Restaurant** im Hotel (siehe unsere Restaurantauswahl S. 445-446).

Die inmitten der alten Stadt der Herzöge von Este gelegene *Locanda Borgunuova* ist intim wie ein kleiner Landgasthof. Sie entstand innerhalb einer Klosteranlage aus dem 15. Jahrhundert und ist insofern eine interessante Adresse, als diese Stadt kaum charmante Hotels besitzt und verhältnismäßig teuer ist - vor allem für Alleinreisende. Besonders groß sind die vier Zimmer des Hauses nicht. Sie sind schlicht eingerichtet, verfügen aber über den erforderlichen Komfort; eines hat sogar eine Kochnische und eignet sich somit für einen längeren Aufenthalt. In der warmen Jahreszeit wird das reichliche Frühstück im Innenhof der *Locanda* oder im Salon serviert, der mit den ebenso hilfsbereiten wie sympathischen Gastgebern geteilt wird. Auch kann man hier Fahrräder mieten, um auf diese Art das historische Zentrum kennenzulernen, das, wie so oft in Italien, ausschließlich aus Fußgängerzonen besteht. Ein angenehmer Ausgangspunkt zum Entdecken dieser schönen, verhältnismäßig unbekannten Stadt.

Anreise *(Karte Nr. 10): 47 km nordöstl. von Bologna über die A 13, Ausf. Ferrara-Nord. Im historischen Zentrum.*

EMILIA - ROMAGNA

Canalgrande Hotel

41100 Modena
Corso Canalgrande, 6
Tel. (059) 21 71 60 - Fax (059) 22 16 74

Kategorie ★★★★ **Ganzj.** geöffn. **79 Zimmer** m. Klimaanl., Tel., Bad od. Dusche, WC, TV, Minibar; Aufzug **Preise** EZ u. DZ: 189000 L, 275000 L, 333000 L (pro 3 Pers.); Suiten: 432000L - Frühst. inkl., von 7.00 bis 10.30 Uhr **Kreditkarten** akzeptiert **Verschiedenes** Hunde erlaubt - Parkpl. (15000 L) **Umgebung** Modena: Duomo, Museum del Duomo (Metope), Galleria Estense - romanische Kirchen San Cesario sul Panaro u. Pieve Trebbio bei Monteorsello - Abtei von Nonantola - Golf: 18- u. 9-Lochpl. in Colombaro di Formigine **Restaurant** von 12.30 bis 13.45 u. von 19.30 bis 21.45 Uhr - Di geschl. - Menüs: 35-45000 L - Karte - Spezialitäten: Paste modenesi - Verdure ai ferri - Dolci casalinghi.

Die ehemalige Patriziervilla *Canalgrande* ist heute ein Hotel im neoklassizistischen Stil. Ältere Teile lassen sich jedoch noch im Eingangsbereich ausmachen, wo Stuck und *cotto* die Halle und die umliegenden Salons schmücken. Bequeme moderne Sessel und alte Gemälde geben dem Ganzen eine persönliche Note. Die Zimmer und Bäder sind komfortabel. Das Hotel verfügt, obwohl mitten im Zentrum gelegen, über einen großen Garten mit hundertjährigen Bäumen, die einen reizenden Springbrunnen beschatten. Im *La Secchia Rapita*, dem im Souterrain gelegenen Restaurant, speist man unter schönen Backsteinbögen. Einziger Makel: die Beleuchtung ist zu hell.

Anreise (Karte Nr. 9): 39 km nordwestl. von Bologna über die A 1, Ausf. Modena-Süd, dann S 9 (über Emilia-Ost) bis zum Corso Canalgrande u. links; nahe der Kirche.

EMILIA - ROMAGNA

Villa Gaidello Club

41013 Castelfranco Emilia (Modena)
Via Gaidello, 22
Tel. (059) 92 68 06 - Fax (059) 92 66 20
Sig.ra Bini

Geschlossen im August - So abends u. Mo. **3 Appartements** m. Bad. u. Dusche, WC, TV, Minibar
Preise Appart. (1-5 Pers.): 150-310000 L - Frühst.: 8000 L, von 8.00 bis 10.00 Uhr **Kreditkarten** akzeptiert **Verschiedenes** Hunde nicht erlaubt - See im Hotelpark - Parkpl. **Umgebung** Kirche von Castelfranco ("Mariä Himmelfahrt" von Guido Reni) - romanische Kirchen von San Cesario sul Panaro u. von Pieve Trebbio bei Monteorsello - Abtei Nonantola - Modena - Bologna **Restaurant** ab 13.00 u. 20.00 Uhr - Menü: 70000 L - Regionale Spezialitäten.

Wenn Sie planen, sich eine zeitlang in Bologna oder Modena aufzuhalten und wenn Sie außerdem das Land lieben, dann entscheiden Sie sich möglicherweise dazu, einige Kilometer außerhalb der großen Städte bei Signora Bini zu wohnen, die auf ihrem Bauernhof nur drei Appartements für je zwei bis fünf Personen anbietet. Daß dem Namen "Club" hinzugefügt wurde, ist eigenartig, denn hier ist die Kunst des Empfangens und des Kochens - mit viel *fatto a casa* - ausgesprochen individuell. Bett und Tisch im voraus zu reservieren, ist für dieses Haus unumgänglich. Die Appartements schätzt man wegen ihres ländlichen Charmes, und Signora Binis Küche aufgrund ihrer Qualität und frischen Produkte: täglich frische Pasta, Gemüse und Früchte kommen aus dem eigenen Garten, und der eigene Weinberg gibt den guten Tropfen her.

Anreise (Karte Nr. 9): 13 km südöstl. von Modena. 26 km nordwestl. von Bologna über die S 9 (das Hotel liegt auf dem Land, 1 km von der Stadt entf.).

EMILIA - ROMAGNA

Hotel Al Vecchio Convento

47010 Portico di Romagna (Forli)
Via Roma, 7
Tel. (0543) 96 70 53/70 14 - Fax (0543) 96 71 57
Sig.ra Raggi

Kategorie ★★★ **Ganzj.** geöffn. **14 Zimmer** m. Tel. (9 m. Bad, WC, TV) **Preise** EZ u. DZ: 90000 L, 120000 L - Frühst.: 15000 L - jederzeit - HP: 120000 L (pro Pers., mind. 3 Üb.) **Kreditkarten** akzeptiert **Verschiedenes** Hunde nicht erlaubt - Parkpl. **Umgebung** Kirche von Polenta - Biblioteca Malatestiana in Cesena - Kloster Madona del Monte bei Cesena - Ravenna **Restaurant** von 12.30 bis 14.00 u. von 19.30 bis 22.00 Uhr - Mi außerh. der Saison geschl.- Menüs: 35-55000 L - Karte - Spezialitäten: Funghi tartufi - Cacciagione.

Dieses ehemalige Kloster, in dem sich heute das *Hotel Al Vecchio Convento* befindet, liegt neben dem Palazzo der Beatrice Portinari, Dantes Muse. Zur Aufwertung der Originalarchitektur des Gebäudes und zum Restaurieren der alten Möbel nutzte man die Kunst bzw. das Können der hiesigen Künstler und Handwerker. So gibt es Betten aus Holz und aus handgeschmiedetem Eisen, Sessel und Kommoden aus der damaligen Zeit. In der Küche, die reichlich Gemüse, Teigwaren oder Reis sowie köstliche Konfitüren und einen hausgemachten Likör (den *laurino*) anbietet, wird Tradition groß geschrieben. Und da auch die Gastfreundschaft hier eine Tradition ist, werden Sie den kleinen Umweg nicht bedauern, sondern im Gegenteil den ganzen Charme des alten Italiens genießen.

Anreise (Karte Nr. 10): 97 km südöstl. von Bologna über die A 14, Ausf. Forli - S 67 (Rtg. Florenz).

EMILIA - ROMAGNA

Hotel della Porta

47038 Santarcangelo di Romagna (Rimini)
Via Andrea Costa, 85
Tel. (0541) 62 21 52 - Fax (0541) 62 21 68

Kategorie ★★★ **Ganzj.** geöffn. **20 Zimmer** u. 2 Suiten m. Tel., Bad, WC, TV, Minibar **Preise** EZ u. DZ: 100-120000 L, 140-170000 L; Suiten: 240000 L - Frühst. inkl., von 7.00 bis 10.30 Uhr **Kreditkarten** Amex, Visa, Eurocard, MasterCard **Verschiedenes** Hunde erlaubt - Sauna (15000 L), Parkpl. **Umgebung** Santarcangelo: Völkerkunde-Museum, Rocco Malatestiana, Kirche San Michele - Verruchio - Longiano - Rimini - San Marino - Golf Amalia (9-Lochpl.) **Kein Restaurant** im Hotel (siehe unsere Restaurantauswahl S. 448).

Santarcangelo liegt einige Kilometer von Rimini entfernt, in der Region des Montefeltro, zwischen der Romagna und den Marken. Diese Region und Wiege der Malatesta hat bemerkenswerte Renaissance-Denkmäler aufbewahrt wie auch die Erinnerung der sündhaften Liebe der Francesca und des Paolo aus Dantes *Göttlicher Komödie*. Das Hotel umfaßt zwei Häuser des alten Dorfes. Der sehr große Rezeptions-Salon mit großem Lichteinfall und moderner Ausstattung dient ebenfalls als Touristeninformation. Die Zimmer sind traditioneller gehalten: geräumig, mit einer Ecke zum Entspannen oder Arbeiten, und alle sind äußerst komfortabel. Die Einrichtung ist sehr gepflegt, aber unsere Lieblingszimmer sind die der Dependance: nach herkömmlicher Art möbliert, hübsche, mit Blumen bemalte Decken. Kein Restaurant im Hotel, aber Partnerschaft mit den besten Restaurants am Ort.

Anreise (Karte Nr. 11): 15 km westl. von Rimini; über die A 14, Ausf. Rimini-Nord, dann Rtg. Santarcangelo.

EMILIA - ROMAGNA

Hotel Verdi

43100 Parma
Viale Pasini, 18
Tel. (0521) 29 35 39 - Fax (0521) 29 35 59 - Sig. Dondi

Kategorie ★★★★ **Ganzj.** geöffn. **20 Zimmer** m. Klimaanl., Bad u. Dusche, WC, TV, Minibar, Safe; Aufzug **Preise** EZ u. DZ: 175-220000 L, 255-290000 L; Suiten: 285-330000 L - Frühst.: 15000 L, von 7.00 bis 12.00 Uhr - HP: + 35000 L (pro Pers., mind. 3 Üb.) **Kreditkarten** akzeptiert **Verschiedenes** Hunde nicht erlaubt - Garage, Parkpl. **Umgebung** Parma: Duomo, Farnèse-Theater - Camera del Correggio - Certosa di Parma - Verdi-Theater in Busseto - Verdi-Haus in Roncole - Villa Verdi in Sant'Agata - Mantoue - Sabbioneta **Restaurant** "Santa Croce" von 12.00 bis 14.00 u. von 20.00 bis 22.00 Uhr - Sa mittags u. So geschl. - Menü u. Karte: 50-60000 L - Regionale Spezialitäten.

Parma, nicht so bekannt wie viele andere italienische Städte, ist dennoch ein wahres Schmuckstück im Herzen Norditaliens. Die berühmten Maler Parmas (u.a. Correggio und Parmigianio) hinterließen in den Kirchen und Palästen der Stadt bewundernswerte Werke. Parma ist aber auch eine Hochburg der italienischen Küche und verfügt über mehr gute Restaurants als Hotels. Im *Verdi* läßt es sich allerdings gut wohnen. Es liegt in unmittelbarer Nähe des herzoglichen Palastes und war ursprünglich ein kleines Gebäude im Libertystil. Erst kürzlich restauriert, ist es heute ein charmantes und sympathisches Haus, das sich zum Kennenlernen der Stadt (der, nebenbei gesagt, die Kartause sehr fehlt!) gut eignet. Im Restaurant *Santa Croce*, das zum Hotel gehört und ein paar Schritte weiter liegt, sollten Sie die berühmten *culatello*, aber auch die hausgemachten *tortellini* und *lasagne* kosten. Einziger Nachteil: die Straße, an der das Hotel liegt, ist belebt. Kürzlich erhielten die Zimmer allerdings einen guten, effizienten Schallschutz.

Anreise (Karte Nr. 9): 13 km südöstl. von Modena - 96 km nordwestl. von Bologna über die S 9.

EMILIA - ROMAGNA

Locanda del Lupo

43019 Soragna (Parma)
Via Garibaldi, 64
Tel. (0524) 59 71 00 - Fax (0524) 59 70 66 - Sig. E. Dioni
E-mail: locanda@polaris.it

Kategorie ★★★★ **Geschlossen** vom 10. bis 25. August **46 Zimmer** m. Klimaanl., Tel., Bad od. Dusche, WC, Satelliten-TV **Preise** EZ u. DZ: 140000 L, 200000 L; Suiten: 270000 L - Frühst. inkl., von 7.30 bis 10.00 Uhr - HP: 140-160000 L (pro Pers.) **Kreditkarten** akzeptiert **Verschiedenes** Hunde im Zimmer nicht erlaubt - Parkpl. **Umgebung** Verdi-Theater in Busseto - Verdi-Haus in Roncole - Villa Verdi in Sant'Agata - Kirche von Fidenza - Schloß Fontanellato - Abtei Chiaravelle della Colomba - Golf la Rocca in Sala Barganza (18-Lochpl.) **Restaurant** von 12.00 bis 14.00 u. von 19.30 bis 22.00 Uhr - Menü: 55000 L - Karte - Spezialitäten: Salami tipici - Formaggi di Parma - Tortelli di ricotta.

Obwohl Gastlichkeit in der Emilia Romagna eine große Tradition hat, gibt es in dieser Region mehr gute Restaurants als Hotels. Das traf auch auf das *Locanda del Lupo* zu, ein in der Gegend geschätztes und von der französischen Gastronomiekritik gelobtes Restaurant. Kürzlich hat es sich jedoch vergrößert und kann nun 46 Zimmer vorweisen. Diese und die Salons sind sehr schlicht gestaltet, was allerdings Schönheit und Komfort nicht ausschließt. Unbedingt kosten müssen Sie die Küche des Roberto Schwartz, der es versteht, die alten Rezepte aus den Archiven des Prinzen Meli Lupi und früheren Hausherrn zuzubereiten. Guter Weinkeller und sehr sympathischer Empfang.

Anreise (Karte Nr. 9): 33 km nordwestl. von Parma über die A 1, Ausf. Fidenza.

EMILIA - ROMAGNA

Hotel Bisanzio

48100 Ravenna
Via Salara, 30
Tel. (0544) 21 71 11 - Fax (0544) 32 539
Sig. Fabbri

Kategorie ★★★★ **Ganzj.** geöffn. außer Januar **38 Zimmer** m. Klimaanl., Tel., Bad, WC, Kabel-TV, Minibar; Aufzug **Preise** EZ u. DZ: 140000 L, 160-210000 L - Frühst. inkl., von 7.00 bis 10.00 Uhr **Kreditkarten** akzeptiert **Verschiedenes** Kleine Hunde erlaubt **Umgebung** Ravenna: Basilika von Sant'Apollinare in Classe (Mosaike) - Mausoleum Galla Placidia, Kathedrale Sant' Apollinare Nuovo, Basilika Sant'Apollinare in Classe Cervia - Milano Maritimo 20 km südlich von Ravenna an der Adriatischen Küste - im Sommer Festival klassischer Musik - Golf Adriatic (18-Lochpl.) **Kein Restaurant** im Hotel (siehe unsere Restaurantauswahl S. 446-447).

Lassen Sie sich nicht von der tristen Fassade des *Bisanzio* abschrecken: kaum hat man die Eingangstür durchschritten, befindet man sich im hübschen Rezeptions-Salon, der angenehm und behaglich mit Möbeln der zwanziger Jahre eingerichtet ist. Die Zimmer sind zwar klein, aber ansprechend und geschmackvoll gestaltet, die Bäder modern und gut durchdacht. Ein Hotel mit viel Professionalismus im positiven Sinn, und seinen ländlichen Charme büßt es darum keinesfalls ein. Das *Bisanzio* ist ideal im historischen Zentrum Ravennas gelegen, hinter der Kathedrale San Vitale und dem Galla Placidia-Mausoleum mit seinen berühmten Mosaiken. Die Altstadt läßt sich vom Hotel aus zu Fuß erkunden. Verlangen Sie möglichst ein Zimmer zum Garten hinaus, die Via Salara ist nämlich ziemlich belebt.

__Anreise__ (Karte Nr. 10): 74 km östl. von Bologna über die A 14, Ausf. Ravenna, von Rimini kommend Ausf. Cervia Cesena.

EMILIA - ROMAGNA

Il Palazzo

Via Baccagnano, 110
48013 Brisighella (Ravenna)
Tel. und Fax (0546) 803 38
Sig. Matarese

Ganzj. geöffn. **4 Zimmer** m. Dusche **Preise** DZ: 80000 L - Frühst. inkl., von 8.30 bis 10.00 Uhr **Kreditkarten** Nicht akzeptiert **Verschiedenes** Hunde nicht erlaubt - Parkpl. **Umgebung** Brisighella: La Rocca, Sanktuar von Monticino, Terme - Pieve del Tho (Kirche S. Giovanni in Ottovano) - Park Carnè - Park della Vena del Gesso (La Tanaccia) - Modigliona - Faenza (Museum) - Ravenna - Rimini - Riolo Terme - Golf (18-Lochpl.) **Restaurant** von 12.30 bis 20.00 Uhr - Menü: 25000 L - Spezialitäten: Biologische Küche.

Brisighella, ein charmantes mittelalterliches Dorf an den Ausläufern des Appeningebirges, ist auch ein kleiner Badeort. Die Adria mit ihren Stränden ist nicht weit, weshalb sich ein Ausflug ins nahe Rimini anbietet: die obligatorische Besichtigung des Tempels Malatestino wegen seiner grandiosen Architektur, erbaut von Leon Battista Alberti, und wegen seiner wunderbaren, von Sigismond de Piero della Francesca entworfenen Fassade. Die berühmten Mosaiken von Ravenna sind auch nicht weit. Wenn Sie sich in dieser Gegend aufhalten, empfehlen wir Ihnen dieses ganz einfache Gasthaus, in dem der Besitzer und Architekt rustikal-moderne Zimmer mit Blick auf die Weinberge und die Obstgärten des Anwesens anbietet. Wenn Sie Ihre Mahlzeiten hier einzunehmen gedenken, sollten Sie wissen, daß alle Spezialitäten von der Hausherrin mit Bio-Produkten zubereitet werden.

Anreise (Karte Nr. 10): 6 km von Faenza. A 14, Ausf. Faenza A Brisighella, Rtg. Terme/Modigliona. «Il Palazzo» liegt links hinter dem Hotel Terme.

EMILIA - ROMAGNA

Relais Torre Pratesi

Cavina 48013 Brisighella (Ravenna)
Via Cavina, 11
Tel. (0546) 845 45 - Fax (0546) 845 58
Sig. und Sig.ra Raccagni

Kategorie ★★★★ **Ganzj.** geöffn. **3 Zimmer** u. 4 Suiten m. Klimaanl., Tel., Bad od. Dusche, WC, TV, Minibar; Safe **Preise** DZ: 200000 L; Suiten: 250000 L - Frühst. inkl., bis 14.00 Uhr - HP: 150-175000 L (pro Pers.) **Kreditkarten** akzeptiert **Verschiedenes** Hunde erlaubt - Golf-Club la Torre, Manneggio Villa Corte - Thermal-Schwimmbad Riolo Terme **Umgebung** Faenza (Keramikmuseum) - Brisighella - Kirche San Giovanni in Ottavo (Pieve del Tho genannt) - Riolo Terme - Bagnacavallo u. Kirche San Pietro in Sylvis - Ravenna **Restaurant** von 20.00 bis 22.00 Uhr - Menü u. Karte: 50-70000 L - Regionale Spezialitäten.

Mitten auf dem Land der für ihren Wein, ihr Öl und vor allem ihre Trüffeln berühmten Emilia Romagna wurde 1510 das massive *Torre Pratesi* errichtet, das die umgebenden Talmulden überragt. Im 19. Jahrhundert kam dann noch ein Bauernhof dazu. Die hervorragend durchgeführte Renovierung wurde von der Kunstakademie beaufsichtigt, und die Räume behielten ihre ursprüngliche Größe. Das schlicht-elegante Mobiliar wertet die Materialien Stein und Holz auf, und der hier verbreitete modernste Komfort beeinträchtigt die Authentizität der Räumlichkeiten nicht im geringsten. Die hausgemachten Speisen werden mit Zutaten aus der eigenen Produktion zubereitet. Für alle, die dieses unverdorbene und bis Florenz herrlich anzuschauende Lamone-Tal genießen möchten, ist dies ein zauberhafter Ort.

Anreise (Karte Nr. 9): 28 km südl. von Faenza über die A 14, Ausf. Faenza, S 302 (Brisighella-Firenze) bis Fognano, dann 4 km Rtg. Valletta.

EMILIA - ROMAGNA

Hotel Posta

42100 Reggio Nell'Emilia
Piazza Del Monte, 2
Tel. (0522) 43 29 44 - Fax (0522) 45 26 02
Sig. Salomon

Kategorie ★★★★ **Ganzj.** geöffn. **43 Zimmer** m. Klimaanl., Tel., Bad od. Dusche, WC, TV, Minibar, Aufzug **Preise** EZ u. DZ: 210000 L, 270000 L; Suiten: 310000 L; Apart. 390000 L - Frühst. inkl., von 7.00 bis 10.30 Uhr **Kreditkarten** akzeptiert **Verschiedenes** Hunde erlaubt - Parkpl. (20 000 L) **Umgebung** Kirche San Faustino in Rubiera - Kirche Novallara - Schloß Scandiano - Schloß Canossa - Parma - Golf Matilde di Canossa (18-Lochpl.) in Reggio **Kein Restaurant** im Hotel (siehe unsere Restaurantauswahl S. 448).

Dieser ehemalige Palast liegt ideal im historischen Stadtkern, an der Piazza Del Monte. Die eher strenge mittelalterliche Fassade verbirgt eine gepflegte Einrichtung im Rokoko-Stil. Für die Gestaltung wurden Stuckelemente verwendet, die ehedem die Wände einer berühmten Patisserie - Treffpunkt der Honoratioren der Stadt - schmückten. Die Zimmer sind mit viel Originalität eingerichtet und verfügen über jenen Komfort, den man in einem Hotel dieser Klasse erwartet.

Anreise (Karte Nr. 9): 27 km südöstl. von Parma über die A 1, Ausf. Reggio Nell'Emilia.

EMILIA - ROMAGNA

Albergo delle Notarie

42100 Reggio Nell'Emilia
Via Pallazuolo, 5
Tel. (0522) 45 35 00 - Fax (0522) 45 37 37
Dr. Stefano Zamichelli

Kategorie ★★★★ **Geschlossen** im August **34 Zimmer** m. Klimaanl., Tel., Bad od. Dusche, WC, Kabel-TV, Minibar; Aufzug **Preise** EZ u. DZ: 190-200000 L, 230-245000 L; Suite (3-4 Pers.): 270-350000 L - Frühst.: 20000 L, von 7.00 bis 10.00 Uhr **Kreditkarten** akzeptiert **Verschiedenes** Hunde erlaubt - Parkpl. (20000 L) **Umgebung** Kirche San Faustino in Rubiera - Kirche Novallara - Schloß Scandiano - Schloß Canossa - Parma - Golf Matilde di Canossa (18-Lochpl.) in Reggio **Restaurant** von 12.30 bis 14.30 u. von 19.30 bis 22.30 Uhr - So, von Juni bis Sept., Sa u. So geschl. - Menüs: 45000 L - Karte - Regionale Spezialitäten.

Wenn die kleine Stadt der Emilia Romagna auch nicht über den Glanz ihrer Nachbarinnen Parma und Modena verfügt, so ist sie dennoch ein angenehmer Ort zum Haltmachen. Die Basiliken San Prospero und della Ghiara, die unweit des Hotels liegen, bezeugen Reggios künstlerische Bedeutung in der Vergangenheit. Im alten, eher farbenfrohen Viertel dieser Stadt spiegelt die *Albergo delle Notarie* eher die diskrete Eleganz von Reggio wider. Erst kürzlich wurde sie in einem schlichten Stil renoviert und hat heute sehr guten Komfort. Die Größe sowie die modernen oder Stilmöbel schaffen dieses elegant-raffinierte Ambiente. Ein weiterer großer Vorteil des Hauses: ein ausgezeichnetes Restaurant, in dem jene Pasta sowie Fleisch- und Wurstwaren aufgetischt werden, die den kulinarischen Ruf dieser italienischen Provinz ausmachen.

Anreise (Karte Nr. 9): 27 km südöstl. von Parma über die A 1, Ausf. Reggio Nell'Emilia.

EMILIA - ROMAGNA

Albergo Casa Matilda

42030 Puianello (Reggio Emilia)
Via A. Negri, 11
Tel. (0522) 88 90 06 - Fax (0522) 88 90 06
Famiglia Bertolini

Kategorie ★★★★ **Ganzj.** geöffn. **7 Zimmer** m. Tel., Bad, WC, TV, Minibar **Preise** EZ u. DZ: 200000 L, 250000 L; Suiten: 300-400000 L - Frühst. inkl., ab 7.30 Uhr **Kreditkarten** Amex, Visa, Eurocard, MasterCard **Verschiedenes** Hunde nicht erlaubt - Schwimmb. **Umgebung** Parma - Reggio Emilia (Kirche Madonna della Ghiara, Galleria Parmigiana) - Rocca de Novellara - Schloß Scandiano - Schloß Canossa über Quattro Castella, San Polo d'Enza u. Ciano d'Enza - Golf Matilde di Canossa (18-Lochpl.) in Reggio - Lok. Veranstaltung (Juni): Rekonstitution der Krönung von Mathilde, Contessa der Toskana **Kein Restaurant** im Hotel.

Die freundliche kleine Herberge *Casa Matilda* befindet sich in einer ländlichen Gegend, in der die Gastronomie stets groß geschrieben wurde und die zum Ausruhen nicht besser liegen könnte: umgeben von Hügeln des Appeningebirges und inmitten eines kleinen Parks voller Blumen. Die persönlich gestalteten Zimmer sind geräumig und freundlich. In den großen und sorgfältig eingerichteten Gesellschaftsräumen fühlt man sich wie zu Hause. Außerdem lädt die ansprechende Besitzerin zu romantischen Spaziergängen ein. Erkundigen Sie sich bei Ihrer Gastgeberin nach "Matilde": Sie werden feststellen, daß sie alles über die gleichnamige deutsche Königin und die Geheimnisse der Region weiß!

Anreise (Karte Nr. 9): 35 km südwestl. von Parma u. 10 km von Reggio Emilia. A 1, Ausf. Reggio Emilia, dann Rtg. Puianello-Quattro Castella.

LATIUM - ABRUZZEN

Hotel Castello Miramare

04023 Formia (Latina)
Via Pagnano
Tel. (0771) 70 01 38 - Fax (0771) 70 01 39
Sig.ra Celletti

Kategorie ★★★★ **Ganzj.** geöffn. **10 Zimmer** m. Klimaanl., Tel., Bad od. Dusche, WC, TV, Minibar, Safe **Preise** EZ u. DZ: 100-120000 L, 130-160000 L - Frühst.: 16000 L, von 7.30 bis 12.00 Uhr - HP u. VP: 130-160000 L, 150-180000 L (pro Pers., mind. 3 Üb.) **Kreditkarten** akzeptiert **Verschiedenes** Hunde erlaubt - Parkpl. **Umgebung** Grab von Cicero (2 km auf der Via Appia Richtung Rom) - Kirche San Pietro in Minturno - Kloster Montecassino - Isola di Ponza (2.20 Std.) **Restaurant** von 12.30 bis 15.00 u. von 19.30 bis 21.30 Uhr - Menü: 65000 L - Karte - Spezialitäten: Tonnarelli all'aragosta e funghi - Cocktail di astice alla catalana.

Wenn Sie auf dem Weg nach Süditalien sind, ist das *Castello Miramara* ein empfehlenswertes Quartier. Die Stadt Formia ist zugegebenermaßen nicht sehr interessant, es sei denn für Latinisten, die sich am Grab Ciceros zwei Kilometer weiter an der *Via Appia* verneigen möchten. Das Schloß verfügt über einige hübsche, auf herkömmliche Art eingerichtete Zimmer mit gutem Komfort sowie über wundervolle Gärten und zahlreiche Salons, in denen es Empfänge stattfinden. Das sollte man wissen. Es wird jedoch alles getan, um die anderen Gäste in ihrer Ruhe nicht zu stören. Und zwar mit größter Liebenswürdigkeit und Aufmerksamkeit.

Anreise (Karte Nr. 19): 76 km südöstl. von Latina über die A 2, Ausf. Cassino, dann S 630 Rtg. Formia u. SS 7.

LATIUM - ABRUZZEN

Hotel Cernia

Isola di Ponza
Chiaia di Luna 04027 Ponza (Latina)
Via Panoramica
Tel. (0771) 804 12/80 99 51 - Fax (0771) 80 99 54 - Sig. Greca

Geschlossen vom 16. Oktober bis Mai **60 Zimmer** (40 m. Klimaanl.), Tel., Bad od. Dusche, WC, TV, Minibar **Preise** EZ u. DZ: 150-190000 L, 220-330000 L - Frühst. inkl., von 8.30 bis 10.30 Uhr **Kreditkarten** akzeptiert **Verschiedenes** Hunde erlaubt - Schwimmb. - Tennis - Privatbus **Umgebung** Strand von Chiaia di Luna (5 Min.) - Unterwasserfischen **Restaurant** von 13.00 bis 14.30 u. von 20.00 bis 21.30 Uhr - Menüs: 60-70000 L - Karte - Regionale Spezialitäten.

Das *Cernia* liegt nur fünf Minuten zu Fuß vom sehr schönen Strand von Chiaia di Luna entfernt; zum Hafen, wo sich das Hotelrestaurant *Gennarino a Mare* befindet, ist es auch nicht weit. Das Hotel ist weiträumig, die Zimmer sind zahlreich. Einige bieten neben Meerblick auch eine große Terrasse. Verlangen Sie die Zimmer 201, 202, 203 oder 204. Bastrollos, Schaukelstuhl und große weiße Sofas in den Salons schaffen eine angenehme Ferienatmosphäre. Und wenn es auch zum Strand nicht weit ist, hat der große schattige Hotelpool seinen Reiz.

Anreise (Karte Nr. 18): Überfahrten per Boot ab Rom, Neapel, Anzio, San Felice Circeo, Terracina, Formia (1.30-2.30 Std.) - Auto im Sommer auf der Insel bei einem Aufenthalt von mindestens 14 Tagen erlaubt.

LATIUM - ABRUZZEN

Hotel le Dune

04016 Sabaudia (Latina)
Lungomare
Tel. (0773) 511 511 - Fax (0773) 55 643
Sig. Zanotti

Geschlossen vom 1. November bis 31. März **78 Zimmer** m. Klimaanl., Tel., Bad od. Dusche, WC, TV, 10 m. Minibar **Preise** EZ u. DZ: 130-165000 L, 190-270000 L; Suiten: 450-550000 L - Frühst. (Buffet): 20000 L, von 7.30 bis 12.00 Uhr - HP u. VP: 165-230000 L, 190-265000 L (pro Pers., mind. 3 Üb.) **Kreditkarten** akzeptiert **Verschiedenes** Hunde nicht erlaubt - Schwimmb. - Tennis (16000 L) - Sauna - Parkpl. **Umgebung** Strände **Restaurant** von 13.00 bis 14.30 u. von 19.30 bis 22.00 Uhr - Menüs u. Karte: 50-70000 L - Spezialitäten: Pesce, risotto alla crema di scampi, ravioli con ripieno di scamorza e melanzane, spigola al cartoccio.

Sabaudia, die Sommerfrische der römischen Intelligenzia, verfügt über reichlich Charme und ist 100 Kilometer von Rom entfernt. In einem Nationalpark gelegen, breitet sich diese Halbinsel im Schatten des majestätischen Vorgebirges Circeo aus. Und wenn der Morgennebel verschwunden ist, kann man vom Balkon aus die Insel Ponza erblicken. Die großen und komfortablen Zimmer gehen ausnahmslos aufs Meer, von dem das Hotel lediglich durch sein Schwimmbad und seinen Privatstrand getrennt ist. Das Restaurant bietet «kreative» (und oft zufriedenstellende) Speisen (meist Fischgerichte). Sollten Sie sich nach einem Aufenthalt in Rom auszuruhen wünschen, ist diese Adresse mit frischer Prise genau das richtige - allerdings nur im Juni oder September, denn im Juli/August geht es hier sehr lebendig zu.

Anreise (Karte Nr. 18): 20 km südl. von Latina, der Küstenstraße entlang, 2 km von Sabaudia entfernt.

LATIUM - ABRUZZEN

Hotel Punta Rossa

04017 San Felice Circeo (Latina)
Via delle Batterie, 37
Tel. (0773) 54 80 85 - Fax (0773) 54 80 75 - Sig. und Sig.ra Battaglia
E-mail: punta-rossa@panservice.it - Web: www.italyhotel.com/lazio/punta-rossa

Kategorie ★★★★ **Ganzj.** geöffn. **36 Zimmer**, 4 Suiten u. 20 Mini-Appartements m. Klimaanl., Tel., Bad, WC, TV, Video, Minibar **Preise** DZ: 220-450000 L; Suiten: 420-520000 L - Frühst. inkl., von 8.00 bis 11.00 Uhr - HP (ausschließl. während der Saison): 275000 L (pro Pers.) **Kreditkarten** akzeptiert **Verschiedenes** Hunde erlaubt - Schwimmb. - Sauna (20000 L) - Privatstrand - Healthcenter - Parkpl. **Umgebung** Piazza del Municipio u. Duomo de Terracina - Abtei von Fossonova - Jupiter Anxur-Tempel - Circeo-Nationalpark **Restaurant** von 13.00 bis 14.30 u. von 20.00 bis 22.30 Uhr - Menü: 65000 L - Spezialitäten: Pesce - Frutti di mare.

Das *Punta Rossa* liegt in einem drei Hektar großen, zum Meer hin abfallenden Park. In der geschützten Landschaft der Halbinsel San Felice Circeo ist dies eine einzigartige Lage. Das moderne Hotel wirkt wie zufällig an den Fels gebaut, wie ein kleines Dorf, von üppigem Grün bedeckt. Die geräumigen, aber einfach eingerichteten Zimmer sind angenehm. Sie gehen alle aufs Meer hinaus, und die meisten haben eine Terrasse. Die verstreut im Park liegenden Mini-Appartements für vier oder sechs Personen werden wöchentlich vermietet. Außer über ein Healthcenter verfügt das Hotel auch über ein schönes Meerwasser-Schwimmbad, einen Privatstrand und einen kleinen Hafen; erreichbar über blühende Wege. Exzellentes Fischrestaurant im Hotel.

Anreise (Karte Nr. 18): 106 km südöstl. von Rom über die A 1, Ausf. N 148, Rtg. Latina, dann Terracina.

LATIUM - ABRUZZEN

Parkhotel Fiorelle

04029 Sperlonga (Latina)
Via Fiorelle, 12
Tel. (0771) 540 92 - Fax (0771) 540 92
Sig. Di Mille

Kategorie ★★★ **Geschlossen** von Oktober bis Ostern **33 Zimmer** m. Tel., Bad od. Dusche, Safe, WC **Preise** EZ u. DZ: 125000 L, 145000 L - Frühst.: 10000 L, von 8.00 bis 9.30 Uhr - HP u. VP: 95-125000 L, 100-135000 L (pro Pers.) **Kreditkarten** Visa, MasterCard **Verschiedenes** Hunde erlaubt - Schwimmb. - Privatstrand - Parkpl. **Umgebung** National-Museum der Archeologie u. Tiberius-Grotte in Sperlonga - Piazza del Municipio u. Duomo Terracina - Abtei Fossanova **Restaurant** nur f. Hausgäste - von 13.00 bis 14.00 u. von 20.00 bis 21.00 Uhr - Menü: 35000 L - Karte - Spezialitäten: Regionale Küche - Fisch.

Die Stammgäste, die sich hier Jahr für Jahr ein Stelldichein geben, beäugen jeden Neuankömmling mit einem gewissen Argwohn. Nur keine Störung der extremen Ruhe, über die die Besitzer im Interesse ihrer Gäste besonders wachen. Man kann ganz sicher sein, daß hier wirklich nur Hotelgäste in den Genuß des Swimmingpools, des Privatstrandes und der Bar kommen. Der Garten, Objekt ständiger Pflege, blüht das ganze Jahr über und trägt viel zur sanften und angenehmen Atmosphäre des Hotels bei. In der Küche werden vorwiegend Produkte aus dem eigenen Gemüsegarten verwendet. Gipfel der Aufmerksamkeit: die Menüs werden am Abend zuvor angekündigt, damit jeder seine Zustimmung geben kann.

Anreise (Karte Nr. 19): 57 km südöstl. von Latina über die S 148 bis Terracina, dann S 213 nach Sperlonga.

LATIUM - ABRUZZEN

Hotel Borgo Paraelios

Valle Collicchia
02040 Poggio Mirteto Scalo (Rieti)
Tel. (0765) 26 267 - Fax (0765) 26 268
Sig. Salabe

Kategorie ★★★★★ Geschlossen von November bis Februar **13 Zimmer** u. 2 Suiten m. Klimaanl., Tel., Bad u. Dusche, WC, TV **Preise** EZ u. DZ: 350000 L, 450000 L - Frühst. inkl., von 8.00 bis 10.30 Uhr - HP: 690000 L (f. 2 Pers.) **Kreditkarten** akzeptiert **Verschiedenes** Hunde erlaubt (Zuschlag) - 1 Frei- u. 1 bedeckt. Schwimmb. - Tennis - Sauna - Pendelbus Bahnhof/Flugplatz - Parkplatz **Umgebung** Rom - Golf ad Olgiata (18- u. 9-Lochpl.) in Rom **Restaurant** von 13.00 bis 15.00 u. von 20.00 bis 22.30 Uhr - Menüs: 110-130000 L - Karte.

Das *Borgo Paraelios* ist ein erstaunliches Hotel: wenige Zimmer, aber eine ganze Reihe großer und kleiner Salons. Eine Insel feinen Geschmacks inmitten der ruhigen Landschaft um Rom. Die prachtvolle Ausstattung dieses schönen Privathauses mag man dem Luxus der Paläste vorziehen. Wo man sich hinwendet: Möbel und Gemälde von außergewöhnlicher Schönheit, selbst in den Zimmern, die allesamt im Erdgeschoß und zum Garten hin liegen. Im schön gestalteten Billardsaal spielen die Gäste unter der Aufsicht römischer Kaiser, die auch bei den besten Schlägen aus Marmor bleiben. Ein Ort voller Ruhe und Luxus und ein Fest für die Sinne.

Anreise (Karte Nr. 14): 40 km nördl. von Rom über die A 1, Ausf. Fiano Romano - S 4 bis Passo Corese, S 313, Poggio Mirteto, Rtg. Stimigliano; Hotel ausgeschildert.

LATIUM - ABRUZZEN

Hotel Lord Byron

00197 Roma
Via G. de Notaris, 5
Tel. (06) 322 04 04 - Fax (06) 322 04 05
Sig. Ottaviani - Sig.ra Savona

Kategorie ★★★★★ **Ganzj.** geöffn. **37 Zimmer** m. Klimaanl., Tel., Bad, WC, TV, Minibar, Safe; Aufzug **Preise** DZ: 400-620000 L; Suiten: 800-1000000 L - Frühst. inkl., ab 7.00 Uhr **Kreditkarten** akzeptiert **Verschiedenes** Kleine Hunde erlaubt (Zuschlag) - Parkpl. **Umgebung** An der Straße der Castelli Romani: Villa u. Gärten Aldobrandini in Frascati - Tusculum - Kloster von Grottaferrata - Piazza della Repubblica (Bernini) in Ariccia - Tivoli (per Bus ab Bahnhof): Villa d'Este (Licht- u. Tonaufführ. im Sommer) u. Villa Adriana (6 km vor Tivoli) - Palestrina - Anagni - Golf ad Olgiata (9- u. 18-Lochpl.) in Rom **Restaurant** von 12.30 bis 15.00 u. von 20.00 bis 22.30 Uhr - So u. 2 Wochen im August geschl. - Karte - Spezialitäten: Jahreszeiten-Küche.

Von dem im Herzen von Rom gelegenen *Lord Byron* überblickt man die Gärten der Villa Borghese. Dem Besitzer, Amedeo Ottaviani, ist es gelungen, seinem Hotel die geruhsame Atmosphäre eines Privathauses zu geben. Das ständige Bemühen um Perfektion zeigt sich in vielen Details: tiefe weiße Sessel mit den Hotelinitialen, luxuriöse Teppiche, prachtvolle Blumenarrangements, weiß lackierte Decken (das Hotel gehört zur Gruppe "Relais et Châteaux"). Das edel ausgestattete Restaurant *Relais Le Jardin* zählt zu den meistgeschätzten Küchen Roms. Nehmen Sie auch einen Drink an der Bar: Gestaltung und Atmosphäre angenehm.

Anreise (Karte Nr. 14): in der Nähe der Galleria Nazionale d'Arte Moderna - nördl. der Gärten der Villa Borghese.

LATIUM - ABRUZZEN

Hotel Giulio Cesare

00192 Roma
Via degli Scipioni, 287
Tel. (06) 321 07 51 - Fax (06) 321 17 36 - Sig. Pandolfi
E-mail: giulioce@uni.net - Web: http://www.travel.it/roma/guilioce/guilioce.html

Kategorie ★★★★ **Ganzj.** geöffn. **90 Zimmer** m. Klimaanl., Tel., Bad, WC, TV, Minibar **Preise** EZ u. DZ: 310000 L, 410000 L - Frühst. inkl., von 7.00 bis 10.30 Uhr (Buffet) **Kreditkarten** akzeptiert **Verschiedenes** Hunde nicht erlaubt - Parkpl. **Umgebung** An der Straße der Castelli Romani: Villa u. Gärten Aldobrandini in Frascati - Tusculum - Kloster von Grottaferrata - Piazza della Repubblica (Bernini) in Ariccia - Tivoli (per Bus ab Bahnhof): Villa d'Este (Licht- u. Tonaufführ. im Sommer) u. Villa Adriana (6 km vor Tivoli) - Palestrina - Anagni - Golf ad Olgiata (9- u. 18-Lochpl.) in Rom **Kein Restaurant** im Hotel (siehe unsere Restaurantauswahl S. 448-452).

In diesem Hotel, das einst die Residenz der Gräfin Solari war, herrscht eine elegante Atmosphäre. Die Teppiche, Wandbespannungen und alten Möbel schaffen ein Ambiente von Behaglichkeit und Wohlbefinden, das man auch in den Zimmern empfindet. Sobald das Wetter es zuläßt, wird das Frühstück im Garten serviert, der zum Verweilen einlädt und viel zum Charme dieses Hauses beiträgt.

Anreise (Karte Nr. 14): in der Nähe der Piazza del Popolo.

LATIUM - ABRUZZEN

Hotel d'Inghilterra

00187 Roma
Via Bocca di Leone, 14
Tel. (06) 69 981 - Fax (06) 699 222 43 - Sig. Franco Ensoli
E-mail: reservation@charminghotels.it - Web: http://www.charminghotels.it

Kategorie ★★★★ **Ganzj.** geöffn. **102 Zimmer** m. Klimaanl., Tel., Bad, WC, TV, Minibar; Aufzug
Preise EZ u. DZ: 340-375000 L, 460-540000 L; Suiten: 690-1600000 L - Frühst.: 30000 L, von 7.30 bis 10.30 Uhr **Kreditkarten** akzeptiert **Verschiedenes** Hunde nicht erlaubt - Parkpl. m. Service
Umgebung An der Straße der Castelli Romani: Villa u. Gärten Aldobrandini in Frascati - Tusculum - Kloster von Grottaferrata - Piazza della Repubblica Bernini in Ariccia - Tivoli (per Bus ab Bahnhof): Villa d'Este (Licht- u. Tonaufführ. im Sommer) u. Villa Adriana (6 km vor Tivoli) - Palestrina - Anagni - Golf ad Olgiata (9- u. 18-Lochpl.) in Rom **Restaurant** von 12.30 bis 15.30 u. von 19.30 bis 22.30 Uhr - Menüs: 60-80000 L - Karte.

Schon Anatole France, Franz Liszt und Mendelssohn waren zu Gast im *Hotel d'Inghilterra*, das, kürzlich sehr geschmackvoll restauriert, auch heute noch Berühmtheiten aus aller Welt empfängt. Das Hotel befindet sich in einer Fußgängerstraße in der Nähe der Piazza di Spagna. Die Eingangshalle besticht durch schwarzen und weißen Marmor; die Stuckpfeiler zieren weiße Palmen. Alte und moderne Möbel, Orientteppiche und neapolitanische Gouachen schmücken den bezaubernden Salon. Die Zimmer sind alle makellos, um aber in den Genuß eines Frühstücks über den Dächern von Rom zu kommen, muß man ein Zimmer der letzten Etage mit Terrrasse reservieren. Empfang und Service sind tadellos. Leichte Gerichte werden auch auf den Zimmern serviert.

Anreise (Karte Nr. 14): in der Nähe der Piazza di Spagna.

LATIUM - ABRUZZEN

Hotel Raphaël

00186 Roma
Largo Febo, 2
Tel. (06) 68 28 31 - Fax (06) 68 78 993
Sig. Vannoni

Kategorie ★★★★ **Ganzj.** geöffn. **73 Zimmer** m. Klimaanl., Tel., Bad, WC, TV, (9 m. Terrasse); Aufzug **Preise** EZ u. DZ: 335-395000 L, 495-6950000 L; Suiten: 660-760000 L - Frühst.: 231000 L, von 7.00 bis 10.30 Uhr **Kreditkarten** akzeptiert **Verschiedenes** Hunde erlaubt - Sauna - Fitneßcenter **Umgebung** An der Straße der Castelli Romani: Villa u. Gärten Aldobrandini in Frascati - Tusculum - Kloster von Grottaferrata - Piazza della Repubblica (Bernini) in Ariccia - Tivoli (per Bus ab Bahnhof): Villa d'Este (Licht- u. Tonaufführ. im Sommer) u. Villa Adriana (6 km vor Tivoli) - Palestrina - Anagni - Golf ad Olgiata (9- u. 18-Lochpl.) in Rom **Restaurant** "Relais Picasso", von 12.30 bis 14.30 u. von 19.30 bis 23.00 Uhr - Karte.

Das *Raphaël* zählt zu den bekanntesten Hotels Roms, denn seine Salons und seine Zimmer wurden regelmäßig von internationalen Persönlichkeiten aufgesucht. Seine Lage, nahe der Piazza Navona, ist ideal. Dennoch haben nicht alle Zimmer, die immerhin sehr komfortabel sind, renovierte Bäder, was einige Kunden bedauern. Die "Luxus"-Zimmer hingegen wurden erneuert, mit besonders gutem Mobiliar eingerichtet und von einem venezianischen Künstler bewundernswert dekoriert. Wissenswert ist, daß das Hotel günstige Wochenend-Preise mehrere Monate im Jahr anbietet. Im *Café Picasso* kann man - außer am Wochenende, dann nur Snack-Service - zu Mittag und zu Abend essen. Außerdem organisiert das Hotel im Sommer Diners auf der herrlichen Panoramaterrasse (reservieren).

Anreise (Karte Nr. 14): neben der Piazza Navona.

LATIUM - ABRUZZEN

Hotel Sole Al Pantheon

00186 Roma
Piazza della Rotonda, 63
Tel. (06) 678 04 41 - Fax (06) 699 406 89
Sig. Giraudini

Kategorie ★★★★ **Ganzj.** geöffn. **26 Zimmer** m. Klimaanl., Tel., Bad od. Dusche, WC, TV, Minibar; Aufzug **Preise** EZ u. DZ: 350000 L, 485000 L; Suiten: 580-670000 L - Frühst. inkl., von 7.00 bis 11.00 Uhr **Kreditkarten** akzeptiert **Verschiedenes** Hunde nicht erlaubt - Parkpl. m. Service (35000 L) **Umgebung** An der Straße der Castelli Romani: Villa u. Gärten Aldobrandini in Frascati - Tusculum - Kloster von Grottaferrata - Piazza della Repubblica (Bernini) in Ariccia - Tivoli (per Bus ab Bahnhof): Villa d'Este (Licht- u. Tonaufführ. im Sommer) u. Villa Adriana (6 km vor Tivoli) - Palestrina - Anagni - Golf ad Olgiata (9- u. 18-Lochpl.) in Rom **Kein Restaurant** im Hotel (siehe unsere Restaurantauswahl S. 448-452).

Dieses Hotel liegt sehr günstig an der Piazza della Rotonda, dem Pantheon gegenüber. Es wurde kürzlich vollständig renoviert, der Charme eines alten Palazzo blieb jedoch erhalten. Es gibt nicht mehr als 26 Zimmer, aber alle sind sehr behaglich. Besonderen Wert wurde auf die Ausstattung der Bäder gelegt. Alle Badewannen verfügen über Massagedüsen - eine wahre Wohltat nach einem langen Tag auf den Straßen Roms. Jedes Zimmer trägt den Namen einer Persönlichkeit, die hier genächtigt hat, namentlich Jean-Paul Sartre, der zu den Stammgästen gehörte.

Anreise (Karte Nr. 14): Dem Pantheon gegenüber.

LATIUM - ABRUZZEN

Hotel Carriage

00187 Roma
Via delle Carrozze, 36
Tel. (06) 699 01 24 - Fax (06) 678 82 79
Sig. Del Sole

Kategorie ★★★ **Ganzj.** geöffn. **24 Zimmer** m. Klimaanl., Tel., Bad u. Dusche, WC, TV, Minibar; Aufzug **Preise** EZ u. DZ: 215000 L, 270000 L - f. 3 Pers.: 330000 L; Suiten: 440000L - Frühst. inkl., von 7.00 bis 11.00 Uhr **Kreditkarten** akzeptiert **Verschiedenes** Hunde nicht erlaubt - Dachgarten **Umgebung** An der Straße der Castelli Romani: Villa u. Gärten Aldobrandini in Frascati - Tusculum - Kloster von Grottaferrata - Piazza della Repubblica (Bernini) in Ariccia - Tivoli (per Bus ab Bahnhof): Villa d'Este (Licht- u. Tonaufführ. im Sommer) u. Villa Adriana (6 km vor Tivoli) - Palestrina - Anagni - Golf ad Olgiata (9- u. 18-Lochpl.) in Rom **Kein Restaurant** im Hotel (siehe unsere Restaurantauswahl S. 448-452).

Das *Carriage* ist ein kleines Hotel und liegt in der Nähe der Piazza di Spagna, im Herzen jenes Viertels, in dem sich die Luxusboutiquen der Hauptstadt angesiedelt haben. Empfangshalle, Salon und Frühstücksraum sind geschmackvoll im Stil des 18. Jahrhunderts eingerichtet. Die Zimmer sind komfortabel, klimatisiert und somit vom Straßenlärm abgeschirmt. Wählen Sie, falls Sie frühzeitig reservieren, die Zimmer 501 oder 601, die auf die Terrasse hinausgehen und einen schönen Ausblick auf die Ewige Stadt bieten. Sollte das nicht gelingen, können Sie in jedem Fall auf der Terrasse frühstücken. In den Suiten finden vier Personen Platz. Das *Carriage* ist das einzige Hotel in Rom, das trotz mehrerer Aufforderungen, uns seine derzeitigen Preise mitzuteilen, leider nicht reagiert hat.

Anreise (Karte Nr. 14): in der Nähe der Piazza di Spagna.

LATIUM - ABRUZZEN

Mecenate Palace Hotel

00185 Roma
Via Carlo Alberto, 3
Tel. (0)6-44 70 20 24 - Fax (0)6-44 61 354
Sig.ra Capuzzo

Kategorie ★★★★ **Ganzj.** geöffn. **62 Zimmer** m. Klimaanl. (5 Nichtraucher-Zi) m. Tel., Bad, WC, Kabel-TV, Minibar, Safe; Aufzug **Preise** EZ u. DZ: 380000 L, 500000 L; Suiten: 1000000 L - Frühst. inkl., von 7.00 bis 10.00 Uhr **Kreditkarten** akzeptiert **Verschiedenes** Hunde erlaubt - Garage (40000 L) **Umgebung** An der Straße der Castelli Romani: Villa u. Gärten Aldobrandini in Frascati - Tusculum - Kloster von Grottaferrata - Piazza della Repubblica (Bernini) in Ariccia - Tivoli (per Bus ab Bahnhof): Villa d'Este (Licht- u. Tonaufführ. im Sommer) u. Villa Adriana (6 km vor Tivoli) - Palestrina - Anagni - Golf ad Olgiata (9- u. 18-Lochpl.) in Rom **Restaurant** von 12.00 bis 14.30 u. von 19.30 bis 23. Uhr - Karte: 50000 L.

Die langwährende Renovierung des *Mecenate*, in der Nähe des Bahnhofs Termini und gegenüber der Kirche Santa Maria Maggiore gelegen, ist nun abgeschlossen und hat aus ihm ein wahres Luxushotel gemacht. Die Inhaberin wollte dem Hotel, vor allem aber den drei Suiten (die die Namen der römischen Dichter *Horace*, *Virgilio* und *Propersio* tragen) einen "privaten" Touch verleihen. So kann man mit dem Wasserkocher den Tee selbst zubereiten und sich im Zimmer entspannen, bevor man zum Abendessen ausgeht. Die Einrichtung ist elegant-gepflegt, die dazu passenden Marmorbäder sind groß. Von der Hälfte der Zimmer blickt man auf die Kirche, ebenso vom gut hergerichteten Dachgarten "La Terrazza dei Papi" aus, auf dem das Frühstück bei schönem Wetter besonders angenehm ist. Eine bemerkenswerte Adresse, die diesem Viertel fehlte.

Anreise (Karte Nr. 14): in der Nähe des Bahnhofs (Stazione Termini). Via Carlo Alberto führt zur Piazza Santa Maria Maggiore.

LATIUM - ABRUZZEN

Hotel Gregoriana

00187 Roma
Via Gregoriana, 18
Tel. (06) 679 42 69 - Fax (06) 678 42 58
Sig. Panier-Bagat

Kategorie ★★★ **Ganzj.** geöffn. **19 Zimmer** m. Klimaanl., Tel., Bad od. Dusche, TV, Minibar, Aufzug **Preise** EZ u. DZ: 200000 L, 320000 L - Frühst. inkl., von 7.00 bis 11.00 Uhr **Kreditkarten** nicht akzeptiert **Verschiedenes** Hunde erlaubt (Zuschlag) **Umgebung** An der Straße der Castelli Romani: Villa u. Gärten Aldobrandini in Frascati - Tusculum - Kloster von Grottaferrata - Piazza della Repubblica (Bernini) in Ariccia - Tivoli (per Bus ab Bahnhof): Villa d'Este (Licht- u. Tonaufführ. im Sommer) u. Villa Adriana (6 km vor Tivoli) - Palestrina - Anagni - Golf ad Olgiata (9- u. 18-Lochpl.) in Rom **Kein Restaurant** im Hotel (siehe unsere Restaurantauswahl S. 448-452).

Das Hotel ist ideal in der Via Gregoriana oberhalb der Treppen der Piazza di Spagna gelegen, nahe der Kirche Trinita dei Monti. Dennoch ist die Straße ruhig, was zur intimen Atmosphäre des *Gregoriana* beiträgt. Die Einrichtung, eine Mischung aus Artdeco, Liberty und Exotik, trifft nicht genau unseren Geschmack, aber es mangelt weder an Komfort noch Ruhe, und einige Zimmer haben einen hübschen Ausblick auf die Dächer von Rom. Was aber dieses Hotel mit Charme besonders kennzeichnet, ist der liebenswürdige Empfang und die große Disponibilität. Von Anfang an fühlt man sich als privilegierter Gast. Das erklärt die Treue der Kundschaft, aber auch die Notwendigkeit, im voraus zu reservieren.

Anreise (Karte Nr. 14): oberhalb der Treppen der Piazza di Spagna.

LATIUM - ABRUZZEN

Hotel Locarno

00186 Roma
Via della Penna, 22
Tel. (06) 36 10 841 - Fax (06) 32 15 249
Sig.ra Celli

Kategorie ★★★ **Ganzj.** geöffn. **42 Zimmer** m. Klimaanl., Tel., Bad u. Dusche, WC, Kabel-TV, Safe, Minibar; Aufzug **Preise** EZ u. DZ: 195000 L, 290-320000 L; Suiten: 360000 L; Appart. 1750000 L (pro Woche) - Frühst. inkl., von 7.00 bis 11.00 Uhr **Kreditkarten** akzeptiert **Verschiedenes** Hunde nicht erlaubt - Fahrräder kostenlos **Umgebung** An der Straße der Castelli Romani: Villa u. Gärten Aldobrandini in Frascati - Tusculum - Kloster von Grottaferrata - Piazza della Repubblica (Bernini) in Ariccia - Tivoli (per Bus ab Bahnhof): Villa d'Este (Licht- u. Tonaufführ. im Sommer) u. Villa Adriana (6 km vor Tivoli) - Palestrina - Anagni - Golf ad Olgiata (9- u. 18-Lochpl.) in Rom **Kein Restaurant** im Hotel (siehe unsere Restaurantauswahl S. 448-452).

Das *Locarno* liegt nur ein paar Schritte von der Piazza del Popolo entfernt und verfügt über hübsche Zimmer mit komfortablen Bädern, welche allerdings recht klein sind. Die durch große weiße Sonnenschirme geschützte Terrasse im Innenhof, der charmante Empfang, die moderaten Preise und die günstige Lage im Herzen der Stadt machen aus dem *Locarno* eines der angenehmen Hotels der Stadt.

Anreise (Karte Nr. 14): in der Nähe der Piazza del Popolo.

LATIUM - ABRUZZEN

Hotel Teatro di Pompeo

00186 Roma
Largo del Pallaro, 8
Tel. (06) 872 812 - Fax (06) 880 55 31
Sig. Mignoni

Kategorie ★★★ **Ganzj.** geöffn. **12 Zimmer** m. Klimaanl., Tel., Bad od. Dusche, WC, TV, Minibar **Preise** EZ u. DZ: 200000 L, 260000 L - Frühst. inkl., von 7.00 bis 10.00 Uhr **Kreditkarten** akzeptiert **Verschiedenes** Hunde nicht erlaubt **Umgebung** An der Straße der Castelli Romani: Villa u. Gärten Aldobrandini in Frascati - Tusculum - Kloster von Grottaferrata - Piazza della Repubblica (Bernini) in Ariccia - Tivoli (per Bus ab Bahnhof): Villa d'Este (Licht- u. Tonaufführ. im Sommer) u. Villa Adriana (6 km vor Tivoli) - Palestrina - Anagni - Golf ad Olgiata (9- u. 18-Lochpl.) in Rom **Kein Restaurant** im Hotel (siehe unsere Restaurantauswahl S. 448-452).

Wenn Sie ein ruhiges und dennoch zentral gelegenes Hotel in Rom suchen, dann ist dieses genau das richtige. Das *Teatro di Pompeo* befindet sich mitten in der Stadt am Campo dei Fiori in unmittelbarer Nähe der Piazza Navona an einem kleinen ruhigen Platz. Alle Zimmer liegen unter dem Dach, und von der Hälfte blickt man auf den Platz. Die Ausstattung ist zwar schlicht, aber aufgrund der Größe ist dies ein Ort voller Wärme mit dem Charme der früheren *pensione* (allerdings mit mehr Komfort). Die Küche des danebenliegenden, aber nicht zum Hotel gehörenden Restaurant *Constanza* ist sehr zufriedenstellend, und die Dekoration umfaßt die Ruinen des antiken Theaters des Pompeius, das 55 v. Chr. eingeweiht wurde. Diskreter und effizienter Service.

Anreise (Karte Nr. 14): in der Nähe der Piazza Campo dei Fiori u. der Kirche S. Andrea delle Valle.

LATIUM - ABRUZZEN

Hotel Sant' Anselmo

00153 Roma
Piazza Sant' Anselmo, 2
Tel. (06) 575 08 45 - Fax (06) 574 35 47 - Fax (06) 578 36 04
Sig. Piroli

Kategorie ★★★ **Ganzj.** geöffn. **45 Zimmer** m. Tel., Bad od. Dusche, WC, TV **Preise** EZ u. DZ: 160-175000 L, 230-2550000 L - Frühst. inkl., von 7.00 bis 10.30 Uhr **Kreditkarten** akzeptiert **Verschiedenes** Hunde nicht erlaubt **Umgebung** An der Straße der Castelli Romani: Villa u. Gärten Aldobrandini in Frascati - Tusculum - Kloster von Grottaferrata - Piazza della Repubblica (Bernini) in Ariccia - Tivoli (per Bus ab Bahnhof): Villa d'Este (Licht- u. Tonaufführ. im Sommer) u. Villa Adriana (6 km vor Tivoli) - Palestrina - Anagni - Golf ad Olgiata (9- u. 18-Lochpl.) in Rom **Kein Restaurant** im Hotel (siehe unsere Restaurantauswahl S. 448-452).

Bereits in der Antike für seine große Ruhe geschätzt, ist der Aventino-Hügel (auf dem die Römer einst Thermen errichteten) in der Römer Hitze noch immer sehr erholsam. Drei alte Patrizierhäuser, die diese grünen, schattigen Alleen säumen, beherbergen drei Hotels: das *S. Anselmo*, die *Villa S. Pio* und das *Aventino*. Eine einzige Reservierungsnummer verteilt die Kunden auf die drei Häuser - die beiden ersten sind vorzuziehen. Die Zimmer sind klein, nicht ohne Charme und komfortabel. Die oben gelegenen Räume mit Blick auf den Süden der Stadt sind besonders angenehm. Das Frühstück ist nicht berauschend, dafür wird es aber in einem kleinen frischen Garten serviert. Eine für Rom aufgrund der Ruhe und der Preise bemerkenswerte Adresse.

Anreise (Karte Nr. 14): in der Nähe der Caracalla-Thermen.

LATIUM - ABRUZZEN

Hotel Villa del Parco

00161 Roma
Via Nomentana, 110
Tel. (06) 442 377 73 - Fax (06) 442 375 72
Famiglia Bernardini

Kategorie ★★★ **Ganzj.** geöffn. **31 Zimmer** m. Klimaanl., Tel., Bad od. Dusche, WC, TV, Safe, Minibar; Aufzug - 2 Zi. m. Eingang f. Behinderte **Preise** EZ u. DZ: 165000 (Wochenenden)-200000 L, 215 (Wochenenden)-246000 L; f. 3 Pers.: 257 (Wochenenden)-290000 L - Frühst. inkl., von 7.00 bis 10.30 Uhr **Kreditkarten** akzeptiert **Verschiedenes** Hunde erlaubt - Parpl. **Umgebung** An der Straße der Castelli Romani: Villa und Gärten Aldobrandini in Frascati - Tusculum - Kloster von Grottaferrata - Piazza della Repubblica (Bernini) in Ariccia - Tivoli (per Bus ab Bahnhof): Villa d'Este (Licht- und Tonaufführ. im Sommer) und Villa Adriana (6 km vor Tivoli) - Palestrina - Anagni - Golf ad Olgiata (9- und 18-Lochpl.) in Rom **Kein Restaurant** im Hotel (siehe unsere Restaurantauswahl S. 448-452).

Dieses um die Jahrhundertwende erbaute Haus liegt in einer ruhigen Wohngegend etwas abseits des historischen Zentrums. Zur Via Veneto sind es 20 Gehminuten. Das Rosa der Fassade ist im Laufe der Jahre in Würde verblaßt. Ein kleiner Garten und die Nähe zum Park spenden Frische und Schatten. Eine Flucht von Salons (von denen einige im Souterrain den unerwarteten Charme eines Londoner «basement» haben), eine intime kleine Bar und einige Tische unter Bäumen für einen Tee oder Imbiß - all das macht aus der Villa sicherlich bald *Ihre* Adresse in Rom. Zu empfehlen sind - wegen ihres hübschen Anstrichs - die Zimmer Nr. 8 oder 18 und das kleine, sehr gemütliche Nr. 23. Aber es gibt Gästezimmer jeder Preisklasse, und die billigeren sind manchmal die charmanteren (Nr. 25, 26).

Anreise (Karte Nr. 14): nördl. von Rom, in der Nähe der Piazza Bologna.

LATIUM - ABRUZZEN

Pensione Scalinata di Spagna

00187 Roma
Piazza Trinita dei Monti, 17
Tel. (06) 69 94 08 96 - Fax (06) 69 94 05 98
Sig. Bellia

Kategorie ★★★ **Ganzj.** geöffn. **15 Zimmer** m. Klimaanl., Tel., Bad od. Dusche, WC, TV, Safe, Minibar **Preise** EZ u. DZ: 350000 L, 380000 L; Suiten f. 3 Pers.: 450000 L, f. 4-5 Pers.: 650000 L - Frühst. inkl., von 7.30 bis 10.00 Uhr **Kreditkarten** akzeptiert **Verschiedenes** Hunde erlaubt **Umgebung** An der Straße der Castelli Romani: Villa und Gärten Aldobrandini in Frascati - Tusculum - Kloster von Grottaferrata - Piazza della Repubblica (Bernini) in Ariccia - Tivoli (per Bus ab Bahnhof): Villa d'Este (Licht- und Tonaufführ. im Sommer) und Villa Adriana (6 km vor Tivoli) - Palestrina - Anagni - Golf ad Olgiata (9- und 18-Lochpl.) in Rom **Kein Restaurant** im Hotel (siehe unsere Restaurantauswahl S. 448-452).

Dieses kleine Hotel, das in der Nähe des Luxushotels *Hassler Medici* oberhalb der berühmten Treppen der Piazza di Spagna und der Straßen mit den schicken Läden liegt, braucht seinen berühmten Nachbarn hinsichtlich der Lage keineswegs zu beneiden. *Pensione Scalinata* ist intim und elegant. Die Zimmer verfügen über eine komfortable Einrichtung, die erforderliche Klimaanlage und eine geschmackvolle Dekoration. Von der Terrasse aus blickt man auf die Dächer (viele mit Terrasse) der Ewigen Stadt. Der Empfang ist höflich, der Service aufmerksam. Eine der besten "kleinen" Adressen für einen Aufenthalt in Rom.

Anreise (Karte Nr. 14): oberhalb der Treppen der Piazza di Spagna.

LATIUM - ABRUZZEN

Hotel Ristorante Adriano

Via di Villa Adriana, 194
Villa Adriana 00010 Tivoli (Roma)
Tel. (0774) 38 22 35 / 53 5028 - (0774) 53 51 22
Famiglia Cinessi

Ganzj. geöffn. **7 Zimmer** u. 3 Suiten m. Klimaanl., Tel., Bad od. Dusche, WC, TV u. Minibar **Preise** DZ: 160-260000 L, Suiten: 260000 L - Frühst. inkl., von 8.30 bis 10.00 Uhr **Kreditkarten** akzeptiert **Verschiedenes** Hunde nicht erlaubt - Tennis - Parkpl. **Umgebung** Tivoli: Duomo, Villa Adriana, Villa d'Este, Villa Gregoriana - Rom **Restaurant** von 12.30 bis 20.00 Uhr - Karte: 70-80000 L.

Für den, der Rom besucht, ist Villa Hadriana ein Must. Und deshalb empfehlen wir, einen oder mehrere Abende im *Adriano* gleich neben der Villa Hadriana zu verbringen und bei der Gelegenheit auch Villa d'Este und Villa Gregoriana zu besuchen, die nur sechs Kilometer weiter in Tivoli liegen. Sie werden weder das Schauspiel der Gärten voller Springbrunnen und Kaskaden bedauern, die schon Fragonard, Corot und auch Maurice Ravel inspirierten, noch das Hotel, das komfortabel und gastronomisch ist. Das Gebäude in schönem fuchsrot ist von einem großen Rasen umgeben, dem die Palmen und Zypressen des Parks Schatten spenden. Die Zimmer liegen im Obergeschoß, sind luxuriös, haben viel Komfort und teilweise Ausblick auf die Mauern der berühmten Nachbarin. Das Restaurant ist mit seinen weißen Wänden und dem Mobiliar aus dem 19. Jahrhundert sehr elegant. Um die hervorragende Küche kümmert sich Gabriella, Patrizia bereitet ausschließlich die Süßspeisen zu und Umbertos Empfang ist sehr zuvorkommend. Ein lohnender «Seitensprung» von Rom aus.

Anreise (Karte Nr. 14): 36 km von Rom, 6 km vor Tivoli.

LATIUM - ABRUZZEN

Villa La Floridiana

03012 Anagni (Frosinone)
Via Casilina, Km 63,700
Tel. (0775) 76 99 60 - Fax (0775) 76 99 60
Sig.ra Camerini

Kategorie ★★★★ **Geschlossen** im August **9 Zimmer** m. Klimaanl., Tel, Bad od. Dusche, WC, TV - Eingang f. Behinderte **Preise** EZ u. DZ: 110000 L, 160000 L; Suiten: 150000 L - Frühst inkl., von 7.00 bis 10.00 Uhr - HP u. VP: 140000 L, 180000 L **Kreditkarten** akzeptiert **Verschiedenes** Hunde erlaubt - Parkpl. **Umgebung** Anagni: Kathedrale, Palazzo Bonifaccio VIII, Palazzo comunale, Casa Barnekow - Rom - Palestrina - Alatri - Ferentino - Abtei von Casamari - Parco Naturele La Selva di Paliano - Monasterio de Subiaco **Restaurant** von 12.00 bis 15.00 u. von 19.30 bis 22.30 Uhr - So abends u. Mo mittags geschl. - Menüs: 60000 L - Regionale Spezialitäten.

Entdecken Sie ca. 50 Kilometer vor Rom an der Autostrada del Sole Anagni, Alatri und Ferentino: kleine, mittelalterliche Städte an den Hängen der Ernici-Berge, die weiterhin in einer zeitlosen Atmosphäre leben. Anagni, ehemalige Sommerresidenz der Kaiser und Päpste (drei von ihnen wurden hier geboren) besitzt eine wunderbare romanische Kathedrale. Wir entdeckten sie dank der kürzlichen Eröffnung der *Villa La Floridiana*. Dieses ehemalige Landhaus hat seinen Charme von früher erhalten: rosa Verputz und grüne Fensterläden der Fassade des durch eine schattige Terrasse verlängerten Hauses. Das Interieur ist freundlich und schlicht und hübsch mit regionalen Möbeln ausgestattet. Die Zimmer sind geräumig und komfortabel, der Service ist nett und aufmerksam. Das Hotel informiert Sie über die Öffnungszeiten zur Besichtigung der Denkmäler der Stadt - da nicht sehr touristisch, werden die Zeiten nicht strikt eingehalten.

Anreise (Karte Nr. 14): 50 km südöstl. von Rom. Über die A 2, Ausf. Anagni.

LATIUM - ABRUZZEN

Villa Vignola

Vignola 66054 Vasto (Chieti)
Corso Vannucci, 97
Tel. (0873) 31 00 50 - Fax (0873) 31 00 60
Sig. Mazzetti

Kategorie ★★★★ **Ganzj.** geöffn. **5 Zimmer** m. Klimaanl., Tel., Bad u. Dusche, WC, TV, Minibar
Preise EZ u. DZ: 160000 L, 280000 L - Frühst. inkl., von 7.30 bis 10.30 Uhr **Kreditkarten** akzeptiert
Verschiedenes Hunde erlaubt (Zuschlag) - Parkpl. **Umgebung** Vasto **Restaurant** von 12.30 bis 14.30
u. von 19.30 bis 22.30 Uhr - Menü: 65 000 L - Karte - Spezialitäten: Fisch.

Die erst vor einigen Jahren eröffnete *Villa Vignola* ist quasi noch ein Geheimtip und ein Hotel für einige wenige, d.h. für Kenner. Und das im doppelten Sinn, denn es gibt nur fünf Zimmer und vielleicht ein Dutzend Tische. Von den Terrassen und den Zimmern aus geht der Blick aufs Meer durch Bäume hindurch, die hier fast den Strand erreichen. Alles in diesem Haus erinnert an ein Ferienhaus am Meer. Der Salon und die wenigen Zimmer mit der geschmackvollen Einrichtung tragen sicherlich viel dazu bei. Ein Haus, das zum Entspannen und Verweilen einlädt.

Anreise (Karte Nr. 16): 74 km südl. von Pescara über die A 14, Ausf. Vasto, dann Rtg. Porto di Vasto (6 km nördl. von Vasto).

LATIUM - ABRUZZEN

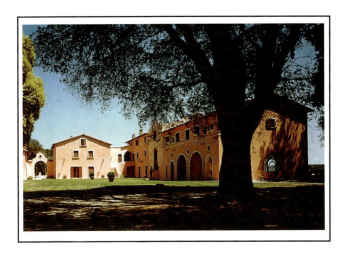

Il Voltone

Voltone 01010 Farnese (Viterbo)
Tel. (0761) 42 25 40 - Fax (0761) 42 25 40
Sig. ras Parenti

Geschlossen vom 15. November bis 28. März **30 Zimmer** m. Tel., Bad, WC **Preise** EZ u. DZ: 100-115000 L, 140-170000 L; Suiten: 200-230000 L - Frühst. inkl., von 8.00 bis 10.00 Uhr - HP u. VP: 105-150000 L, 135-180000 L (pro Pers.) **Kreditkarten** Visa, Eurocard, MasterCard **Verschiedenes** Hunde erlaubt - Schwimmb. - Parkpl. **Umgebung** Etruskisches Land: Viterbo, Tarquinia, Ortebello, Cerveteri, Véio - Isola Bizantina - Lago di Bolsena - Golf "Le Querce" (18-Lochpl.) in Viterbo **Restaurant** von 13.00 bis 20.00 Uhr - Menüs: 40-45000 L - Spezialitäten: Regionale Küche, Wildschwein in der Saison.

Zwischen dem lateinischen Rom und der florentinischen Toskana empfehlen wir einen Aufenthalt im schönen Etruskerland. Denn *Il Voltone* ist eine seltene Adresse. Es ist eine große landwirtschaftliche Besitzung, liegt isoliert in einem kleinen Ort aus dem 17. Jahrhundert, wurde grundlegend renoviert und mit viel Geschick zu einem "Hotel" umfunktioniert, das aber eigentlich mehr ein Gästehaus ist. Die Pastellfarben in Gelb, Ocker und Rosa verleihen dem Haus große Behaglichkeit. Die alten Möbel und Teppiche tragen dazu bei, daß man meint, sich in einem Privathaus zu befinden. Die Zimmer sind komfortabel und persönlich gestaltet. Auch gibt es hier die Möglichkeit, Ausritte oder Touren per Mountainbike zu unternehmen. Vom superben Schwimmbad aus blickt man aufs Tal. Die Umgebung, die Wiege der allmächtigen Familie Farnese, ist reich an historischen Sehenswürdigkeiten. Bessere Führer als die Parentis gibt es nicht, denn alles Wissenswerte erfahren Sie von ihnen. Ein außergewöhnlicher Ort voller Ruhe.

Anreise (Karte Nr. 13): 45 km nördl. von Viterbo, A 1 (Rom-Florenz), Ausf. Orte, dann Viterbo, Capodimento, Valentano, Voltone.

LATIUM - ABRUZZEN

Hotel Al Gallo

01017 Tuscània (Viterbo)
Via del Gallo, 22
Tel. (0761) 44 33 88 - Fax (0761) 44 36 28
Sig. José Pettiti

Kategorie ★★★ **Ganzj.** geöffn. **10 Zimmer** m. Tel., Bad od. Dusche, WC, TV **Preise** EZ u. DZ: 116-132000 L, 166000 L - Frühst.: 12000 L, von 7.30 bis 10.00 Uhr - HP u. VP: 140-164000 L, 198000 L (pro Pers., mind. 2 Üb.) **Kreditkarten** akzeptiert **Verschiedenes** Hunde nicht erlaubt - Parkpl. **Umgebung** Etruskisches Land: Viterbo, Tarquinia, Ortebello, Cerveteri, Véio - Golf "Le Querce", (18-Lochpl.) in Viterbo **Restaurant** von 12.00 bis 14.00 u. von 19.00 bis 22.00 Uhr - Menüs: 50-80000 L - Karte - Spezialitäten: ventaglio di proscuitto d'ola al peperone con carciofi e peperoni arrostiti - Ravioli di aneth e tartufo nero all'olio di canino - Involti di manzo alla brace con basilico ed alloro - Sfogliatina di ricotta e miele.

Die zwischen der Toskana und dem Latium gelegene kleine Stadt Tuscània zählt zu den mysteriösesten der etruskischen Städten. In ihrer Umgebung finden sich zahlreiche Nekropolen, Grabhügel und Galerien. Die Stadt verfügt aber auch über Denkmäler aus dem frühen Mittelalter: die Basiliken San Pietro und Santa Maria Maggiore sind Kleinode paläolitisch-christlicher und romanischer Kunst. *Il Gallo* ist das einzige Hotel von Tuscània. Es ist schlicht, gepflegt, komfortabel. Trotz des grasgrünen Teppichbodens sind die Zimmer mit ihrem hellem Mobiliar und den Tapeten mit Blumenmuster geschmackvoll ausgestattet. Wir empfehlen insbesondere die Zimmer 7, 8, oder 9, von denen aus man den unteren Teil der Stadt überblickt. Zimmer 6 hat einen Balkon. Das Restaurant von *Al Gallo* ist berühmt. Jeden Monat bietet es ein abwechslungsreiches Jahreszeiten-Menü an. Raffinierte Küche, in der Trüffeln einen besonderen Platz einnehmen.

Anreise (Karte Nr. 13): 20 km von Viterbo, A 1, Ausf. Orte; A12, Ausf. Civitavecchia.

LIGURIEN

Hotel Cenobio dei Dogi

16032 Camogli (Genova)
Via Nicolo Cuneo, 34
Tel. (0185) 72 41 - Fax (0185) 77 27 96 - Sig. Siri
E-mail: cenobio@promix.it - Web: http://www.cenobio.it

Kategorie ★★★★ **Ganzj.** geöffn. **107 Zimmer** m. Klimaanl., Tel., Bad od. Dusche, TV, Minibar; Aufzug **Preise** EZ u. DZ: 160-220000 L, 300-490000 L; Suiten: 500-605000 L - Frühst. inkl., von 7.30 bis 10.15 Uhr - HP u. VP: + 60000 L, + 120000 L (pro Pers., mind. 3 Üb.) **Kreditkarten** Amex, Visa, Eurocard, MasterCard **Verschiedenes** Hunde erlaubt (15000 L) - Schwimmb. - Solarium - Tennis (25000 L) - Privatstrand - Parkpl. **Umgebung** Ruta u. Portofino Vetta (Monte di Portofino) - Stündl. Bootstouren zur Abtei San Fruttuoso di Capodimonte, Punta della Chiata, Calla del'Oro - Golf von Rapallo (18-Loch-Golfpl.) **Restaurant** von 12.45 bis 14.15 u. von 20.00 bis 21.30 Uhr - Karte - Spezialitäten: Fisch.

Diese schöne, große Villa, die am Ende der Bucht des hübschen kleinen Badeortes Camogli liegt und ein Zwilling von Portofino ist, befand sich lange im Besitz einer Familie der Republik Genua, die mehrere Dogen zählte. In den fünfziger Jahren zu einem Hotel umgewandelt, verlangte die Geschichte vom neuen Besitzer diesen Namen. Heute zählt das Cenobio dei Dogi zwar zu den Luxushotels der ligurischen Riviera, uns aber fehlt ein gewisser Charme, den es nicht zu schaffen wußte. Auch die Qualität der Zimmer ist unterschiedlich. Um unter Berücksichtigung der Preise mit diesem Hotel wirklich zufrieden zu sein, muß man ein Zimmer mit Meerblick nehmen. Die anderen sind banaler. Die Anlagen entsprechen dennoch denen eines Grand Hotels: wundervolle Blumengärten, Privatstrand direkt am Hotel und Schwimmbad von absoluter Ruhe, auch mitten im Sommer.

Anreise (Karte Nr. 8): 26 km östl. von Genua über die A 12, Ausf. Recco, dann S 333 bis Recco, Camogli über die Küstenstraße.

LIGURIEN

Albergo da Giovanni

15032 San Fruttuoso - Camogli (Genova)
Casale Portale, 23
Tel. (0185) 77 00 47
Famiglia Bozzo

Geschlossen von Oktober bis Mai (außer am Wochenende) **7 Zimmer** m. Dusche außerh. des Zi.
Preise EZ u. DZ: 100-120000 L, 130-150000 L - HP u. VP: 100000 L, 130000 L (pro Pers.)
Kreditkarten nicht akzeptiert **Verschiedenes** Hunde nicht erlaubt **Verschiedenes** Abtei San Fruttuoso - Camogli - Portofino **Restaurant** von 13.00 bis 14.30 u. von 20.00 bis 21.45 Uhr - Menü - Karte - Spezialitäten: Fisch.

Wenn man in Camogli und Portofino ist, nimmt man gewöhnlich das Schiff nach San Fruttuoso. Und dann - welch' angenehme Überraschung! In einer winzigen Bucht, von Bäumen umgeben, die bis ans Meer reichen, steht die Abtei mit dem Kampanile und dem Andrea Doria-Turm. Die Geschichte dieses magischen Ortes geht bis zu den Römern zurück, aber die große Kirche stammt aus dem 13. Jahrhundert. Im Laufe der Zeit mehrmals umgebaut, wurde ihre Restaurierung erst vor kurzem abgeschlossen. Man muß wissen, daß man in San Fruttuoso durchaus wohnen kann - an einem Ort, der aufgrund seiner besonderen Lage vor touristischer Begehrlichkeit vollkommen geschützt ist. Eine der ersten Familien, die sich hier niedergelassen haben, verfügt über ein Haus mit sieben Zimmern. Der Komfort ist dürftig und der Service inexistent, aber es gibt ein gutes Restaurant mit stets frischen Fischen. Was aber vor allem zählt, ist der Zauber dieses Ortes, wenn das letzte Schiff die Bucht verlassen hat ...

Anreise (Karte Nr. 8): 26 km östl. von Genua über die A 12, Ausf. Recco, S 333 bis Recco, dann am Meer entlang bis Camogli. In Camogli das Schiff nach San Fruttuoso (Auskunft: 185/77 10 66).

L I G U R I E N

Albergo Splendido

16034 Portofino (Genova)
Viale Baratta, 16
Tel. (0185) 26 95 51 - Fax (0185) 26 96 14 - Sig. Saccani
E-mail: spendido@pn.itnet.it

Kategorie ★★★★★ **Geschlossen** vom 3. Januar bis 19. März **69 Zimmer** m. Klimaanl., Tel., Bad, WC, TV u. Minibar; Aufzug **Preise** HP: 600-720000 L (1 Pers.) - 1190-1600000 L (2 Pers.); Suiten: 1820-2500000 L (2 Pers.) - VP: + 105000 L - Frühst. inkl., von 7.30 bis 10.30 Uhr **Kreditkarten** akzeptiert **Verschiedenes** Hunde im Zimmer erlaubt - Schwimmb. - Sauna - Tennis (40000 L) - Parkpl. (35000 L) **Umgebung** Fortezza di San Giorgio in Portofino - Fußweg Portofino-Rappallo (8 km über die Felsen, im Sommer nicht zu empfehlen) - Abtei San Fruttuoso - Golf von Rapallo (18-Lochpl.) **Restaurant** von 13.00 bis 14.30 u. von 20.00 bis 21.45 Uhr - Karte - Regionale Spezialitäten.

Das *Splendido*, das aus dem bewaldeten Hang von Portofino hervorragt, ist Teil der Landschaft dieses berühmten kleinen Hafens, der auf wunderbare Art erhalten blieb. Für Juli/August empfehlen wir diese Adresse weniger. Welch' ein ein Pläsier, wenn man hier durch die duftenden Gärten voller Pflanzen und Blumen spaziert und das Kommen und Gehen der Segelschiffe im Hafen beobachten kann. Das *Splendido* ist ein romantisches Luxushotel. Die Salons sind frisch und komfortabel. Eine wunderschöne Terrasse dient im Sommer als Restaurant. Der Garten voller Alleen und Wege, die zum Dorf und zum Strand hinunterführen, bieten viele Plätze mit einzigartigem Ausblick. Die von uns bevorzugten Zimmer sind die mit Balkon im Grünen, auch wenn es nicht die frisch renovierten sind. Das *Splendido* ist gewiß teuer, aber es ist ein Paradies.

Anreise (Karte Nr. 8): 36 km östl. von Genua über die A 12, Ausf. Rapallo, S 227 über die Küstenstraße bis Portofino.

LIGURIEN

Hotel Piccolo

16034 Portofino (Genova)
Via Duca degli Abruzzi, 31
Tel. (0185) 269 015 - Fax (0185) 269 621 - Sig. Bologna

Kategorie ★★★★ **Geschlossen** vom 4. November bis 26. Dezember **22 Zimmer** m. Tel., Dusche, WC, TV, Minibar; Aufzug **Peise** EZ u. DZ: 110-200000 L, 180-320000 L; Suiten: 320-400000 L - Frühst. inkl., von 7.30 bis 10.00 Uhr - HP u. VP: 200000 L, 240000 L (pro Pers.) **Kreditkarten** akzeptiert **Verschiedenes** Hunde erlaubt - Parkpl. (klein) u. Garage (10000 L) **Umgebung** Fortezza di San Giorgio in Portofino - Fußweg Portofino-Rappallo (8 km über die Felsen, im Sommer nicht zu empfehlen) - Abtei San Fruttuoso - Golf von Rapallo (18-Lochpl.) **Restaurant** von 12.30 bis 14.00 u. von 19.30 bis 21.00 Uhr - Menü u. Karte: 40000 L.

Das *Piccolo* liegt in jener letzten Kurve, von wo aus man endlich die ersten Häuser des berühmten kleinen Hafens erblickt (da Sie aber keinen Anlieger-*Pass* besitzen, werden Sie am Ausgang von Santa Margherita auf die frei werdenden Parkplätze von Portofino warten). In diesem kürzlich schön renovierten Hotel wurde der zur Verfügung stehende Raum bestmöglich genutzt. Das brachte eine kleine, aber freundliche Rezeption hervor (Ihr Auto können Sie ein paar Meter weiter parken). In den Gästezimmern, die an Schiffskabinen erinnern, läßt es sich angenehm wohnen; sie verfügen alle über eine Sitzecke und einen kleinen, ideenreich gestalteten Duschraum, in dem es an nichts mangelt. Einige Zimmer verfügen über eine Terrasse; die in den oberen Stockwerken haben Meerblick. Zum Baden in der kleinen Bucht mit eigenen Liegestühlen braucht man nur über die Straße zu gehen. Ein nicht unbedeutender Pluspunkt angesichts des nicht leichten Zugangs zu den Stränden. Sympathischer Empfang.

Anreise (Karte Nr. 8): 36 km östl. von Genua über die A 12, Ausf. Rapallo, S 227 über die Küstenstraße bis Portofino.

LIGURIEN

Hotel Nazionale

16038 Portofino (Genova)
Via Roma, 8
Tel. (0185) 26 95 75 - Fax (0185) 26 95 78
Sig. Briola

Kategorie ★★★★ **Geschlossen** von Dezember bis 14. März **12 Zimmer** m. Klimaanl., Tel., Bad od. Dusche, WC, TV, Minibar **Preise** DZ: 300000 L; Suite: 400-500000 L - Frühst.: 25000 L, von 7.30 bis 12.00 Uhr **Kreditkarten** Visa, Eurocard, MasterCard **Verschiedenes** Hunde erlaubt **Umgebung** Fortezza di San Giorgio in Portofino - Fußweg Portofino-Rappallo (8 km über die Felsen, im Sommer nicht zu empfehlen) - Abtei San Fruttuoso di Camogli - Golf von Rapallo (18-Lochpl.) **Kein Restaurant** im Hotel (siehe unsere Restaurantauswahl S. 454-455).

Wenn Sie kein Ereignis in Portofino verpassen möchten, dann müssen Sie im *Nazionale* wohnen. Das Hotel liegt am Hafen, in einem jener Fischerhäuser in Rosa, Ocker, Gelb oder Orange, die dem Dorf seinen Charme verleihen. Nur: das "Spektakel" findet sowohl am Tag als auch nachts statt. Das Hotel wurde vor einigen Jahren renoviert, wobei auf Komfort, aber nicht auf die Dekoration Wert gelegt wurde. Die Zimmer sind also komfortabel, haben aber keine Klimaanlage, um so im Sommer dem Lärm zu entgehen. Der Empfang ist nicht gerade überfreundlich, aber hier gibt es nur wenige Hotels, und der Ort ist begehrt.

Anreise (Karte Nr. 8): 36 km östl. von Genua über die A 12, Ausf. Rapallo, dann S 227 über die Küstenstraße bis Portofino (Parkplatz am Ortseingang, 300 m vom Hotel entf.).

LIGURIEN

Imperiale Palace Hotel

16038 Santa Margherita Ligure (Genova)
Via Pagana, 19
Tel. (0185) 28 89 91 - Fax (0185) 28 42 23 - Mura
E-mail: info@hotelimperialecom - Web: http://www.hotelimperiale.com

Kategorie ★★★★★ **Geschlossen** von Dezember bis März **102 Zimmer** m. Klimaanl., Tel., Bad od. Dusche, WC, TV, Minibar; Aufzug **Preise** EZ u. DZ: 220-310000 L, 340-560000 L - Frühst. inkl., von 7.30 bis 10.30 Uhr - HP u. VP: + 80-100000 L, + 140-160000 L (pro Pers.) **Kreditkarten** akzeptiert **Verschiedenes** Hunde erlaubt - Schwimmb. - Parkpl. u. Garage **Umgebung** Fußweg Portofino-Rappallo (8 km über die Felsen, im Sommer nicht zu empfehlen) - Abtei San Fruttuoso - Golf von Rapallo (18-Lochpl.) **Restaurant** von 13.00 bis 14.30 u. von 20.00 bis 22.30 Uhr - Menü: 110000L - Karte.

Das *Imperiale Palace Hotel* erstrahlt seit kurzem wieder in seiner früheren Pracht. Das war sich dieses historische Hotel auch schuldig. Der 1889 errichtete Palast gehörte einer reichen korsischen Familie, bevor er um 1910 zu einem Grandhotel wurde. Seitdem wurde hier Geschichte geschrieben, denn hier wurde 1922 der Rappalovertrag unterzeichnet, Eva Braun übernachtete hier, und der Portier, das Gedächtnis des Hotels, erinnert sich noch an alle mehr oder minder turbulenten Aufenthalte gewisser Stars … Die Zimmer sind geräumig und klassisch-luxuriös. Die Fassadenzimmer haben einen sehr schönen Blick aufs Meer. Die Salons und Speisesäle sind prächtig. Ein Grill sorgt im Sommer für ein Mittagessen am Pool, der oberhalb des Privatstrandes liegt. Abends Kerzenlicht-Diner und Tanz auf der großen Terrasse. Ein wahrer Palast.

Anreise (Karte Nr. 8): 36 km östl. von Genua über A 12, Ausf. Rapallo, dann S 227 über die Küstenstraße bis Portofino. (Parkplatz am Ortseingang, 300 m vom Hotel entfernt.)

LIGURIEN

Grand Hotel Villa Balbi

16039 Sestri Levante (La Spezia)
Viale Rimembranza, 1
Tel. (0185) 42 941 - Fax (0185) 48 24 59
Sig. Rossignotti

Kategorie ★★★★ **Geschlossen** von Oktober bis Dezember **99 Zimmer** m. Klimaanl. (auf Wunsch), Tel., Bad, TV, Minibar; Aufzug **Preise** EZ u. DZ: 110-200000 L, 280-320000 L; Suiten: 350-450000 L - Frühst. inkl., von 7.30 bis 10.00 Uhr - HP u. VP: 190-250000 L, 220-280000 L (pro Pers., mind. 3 Üb.) **Kreditkarten** akzeptiert **Verschiedenes** Hunde nicht erlaubt - Beheizt. Schwimmb. (35-40000 L) u. Privatstrand (30000 L) - Parkpl. (15000 L) **Umgebung** Sestri Levante: Kirche San Nicolo, Museum Rizzi - Küstenstraße von Sestri Levante nach Monterosso al Mare - Cinqueterre - Golf von Rapallo (18-Lochpl.) **Restaurant** von 12.30 bis 14.00 u. von 19.30 bis 21.00 Uhr - Menüs: 65-75000 L - Karte - Regionale Spezialitäten.

*V*illa Balbi* zählt zu jenen historischen Häusern, die für die Fürsten gebaut und, in Ermangelung eines Königs, anschließend zu luxuriösen Sommerresidenzen umgestaltet wurden. Die Ausstattung änderte sich im Laufe der Jahrhunderte, die Kundschaft ebenfalls - wenn man dies aufgrund der zahlreichen Mercedes beurteilen will, die sich im Park eine Spur zu breit machen -, aber die Salons mit Blick auf die Palmen der *passagiata* und die Kiefern im Garten haben ihr Mysterium bewahrt. Die großen Zimmer verfügen über das obligatorische alte Mobiliar, der Service ist der eines Grandhotels. Obwohl *Villa Albi* im Zentrum von Sestri Levante liegt, trennt einen nur die Straße vom Privatstrand, wo Kabinen, Sonnenschirme und Liegestühle Sie erwarten. Kinder scheinen den Swimmingpool vorzuziehen. Ein idealer Urlaubsort für diejenigen, die ihn sich leisten können.

Anreise (Karte Nr. 8): 50 km östl. von Genua über die A 12, Ausf. Sestri Levante.

LIGURIEN

Hotel Helvetia

16039 Sestri Levante (Genova)
Via Cappuccini, 43
Tel. (0185) 41 175 - Fax (0185) 45 72 16
Sig. Pernigotti

Kategorie ★★★ **Geschlossen** von November bis Februar **24 Zimmer** m. Klimaanl., Tel., Bad od. Dusche, WC, Kabel-TV, Minibar, Safe; Aufzug **Preise** EZ u. DZ: 160000 L, 210000 L; Suiten: 230000 L - Frühst. inkl., von 7.30 bis 10.30 Uhr (Buffet) **Kreditkarten** Visa, Eurocard, MasterCard **Verschiedenes** Hunde erlaubt (20000 L) - Privatstrand - Parkpl. (15000 L) **Umgebung** Sestri Levante: Park des Hotels dei Castelli (Besichtig. bei Sonnenuntergang) - Kirche San Nicolo, Museum Rizzi - Küstenstraße von Sestri Levante nach Monterosso al Mare - Cinqueterre - Golf von Rapallo (18-Lochpl.) **Kein Restaurant** im Hotel (siehe unsere Restaurantauswahl S. 455).

In diesem hübschen Badeort der ligurischen Riviera ist das *Helvetia* unser Lieblingshotel. Es liegt geschützt in der kleinen *Bucht der Stille* und wird seit Jahren mit liebevoller Sorgfalt von der Familie Pernigotti geführt. Vor kurzem wurden alle Gästezimmer renoviert; sie sind hell und freundlich, haben gut eingerichtete Bäder und Blick entweder aufs Meer oder auf den Garten. Diesen Ausblick nicht zu genießen, wäre schade, aber auch in den Salons und auf der Terrasse hat man einen «Logenplatz». Morgens ist es hier besonders angenehm. Nehmen Sie dem Meer gegenüber Platz und genießen Sie das reichhaltige, bis 10 Uhr servierte Frühstücksbuffet. Wenn Sie im Meer baden möchten, können Sie dies tun, ohne einen weiten Weg zurückzulegen: es liegt Ihnen zu Füßen. Der Empfang des Signore Perginotti ist besonders liebenswürdig. Auch deshalb ist es immer wieder eine Freude, im *Helvetia* zu wohnen.

Anreise (Karte Nr. 8): 50 km östl. von Genua über die A 12, Ausf. Sestri Levante. Obwohl die Straße zur Fußgängerzone gehört, kann man zum Abladen des Gepäcks mit dem Auto vorfahren.

LIGURIEN

Hotel Miramare

16039 Sestri Levante (Genova)
Via Cappellini, 9
Tel. (0185) 48 08 55 - Fax (0185) 41 055
Sig. Carmagnini

Kategorie ★★★★ **Ganzj.** von März bis Oktober **43 Zimmer** m. Klimaanl., Tel., Bab od. Dusche, WC, Kabel-TV, Minibar; Aufzug **Preise** EZ u. DZ: 130-250000 L, 190-300000 L; Suiten: 310-380000 L - Frühst.: 20000 L, von 7.30 bis 10.00 Uhr **Kreditkarten** Visa, Eurocard, MasterCard **Verschiedenes** Hunde nicht erlaubt - Privatstrand in der Bucht der Stille- Parkpl. (18000 L) u. geschlossene Boxen **Umgebung** Sestri Levante: Park des Hotels dei Castelli (Besichtig. bei Sonnenuntergang) - Kirche San Nicolo, Museum Rizzi - Küstenstraße von Sestri Levante nach Monterosso al Mare - Cinqueterre - Golf von Rapallo (18-Lochpl.) **Restaurant** von 12.30 bis 14.00 u. von 19.30 bis 21.00 Uhr - Menüs: 60-70000 L - Karte - Spezialitäten: Pangotti in salsa - Noci - Cima alla genovese.

Das *Miramare* wurde renoviert und ist heute ein Luxushotel, was man bemerken soll, sobald man es betritt. Die Rezeption ist freundlich und geschäftig. Im Erdgeschoß befinden sich die allen zugänglichen Räume wie Salons und Restaurants, aber auch Boutiquen und Säle zum Abhalten von Seminaren. Alles ist hell und clean. Die Gästezimmer mit moderner Ausstattung, die vorwiegend als Appartements eingerichtet wurden, können kombiniert werden und bis zu sechs Personen beherbergen. Die angenehmsten sind die mit Meerblick. Auch in diesem Hotel führen eine große Terrasse und ein Garten direkt zum Strand der *Bucht der Stille*. *Miramare* ist ein komfortables Hotel, das durch die unumgängliche Renovierung leider ein wenig von seinem ehemaligen Charme eingebüßt hat.

Anreise (Karte Nr. 8): 50 km östl. von Genua über die A 12, Ausf. Sestri Levante. Obwohl die Straße zur Fußgängerzone gehört, kann zum Abladen des Gepäcks mit dem Auto vorfahren.

LIGURIEN

Baia Beniamin

18036 Grimaldi Inferiore - Ventimiglia (Imperia)
Corso Europa, 63
Tel. (0184) 380 02/380 27 - Fax (0184) 380 02/380 27
Sig. Brunelli

Geschlossen im November **5 Zimmer** m. Tel., Dusche, WC, TV **Preise** DZ: 400000 L - Frühst. inkl. (wird jederzeit serviert) **Kreditkarten** akzeptiert **Verschiedenes** Hunde nicht erlaubt - Parkpl. **Umgebung** Menton (Museum Jean-Cocteau, exotischer Garten) ; Garten der Villa Hambury; Fürstentum Monaco - San Remo (Fr großer Markt) - Golf von San Remo, (18-Lochpl.) **Restaurant** von 12.30 bis 14.00 u. von 20.00 bis 21.30 Uhr - Mo geschl. - Menü: 65-110000 L - Karte - Spezialitäten: Agnolotti di nasello - Taglioni ai crostacei e fiori di zucchine - Branzino con funghi porcini - Medaglioni di pescatrice di timo - Piccata di branzino con petali di melone all'aceto balsamico.

B*aia Beniamin* liegt eingebettet von Oleander, Geranien, Eukalyptusbäumen und Palmen auf den Felsen, die zum kleinen Strand nur wenige Hundert Meter vom Hafen von Menton hinunterführen. Carlo Brunelli ist in erster Linie ein begnadeter Koch. Das bedeutet, daß hier vor allem der Feinschmecker in einem der fünf über dem Restaurant eingerichteten Zimmer wohnt. In der delikaten Küche werden vorwiegend Fischgerichte kreiert, und wer das Mittagsmenü "affaire" bestellt, erhält einen Eindruck vom Talent des Chefkochs. Die eleganten und komfortablen Zimmer gehen auf eine große Terrasse. Wir ziehen Nr. 5 wegen der beiden Türen vor. Auch hier steht ein Privatstrand mit Liegestühlen zur Verfügung. Eine Gourmet-Adresse zum Entdecken von Menton, der letzten Perle der französischen Riviera.

Anreise (Karte Nr. 7): 3 km von Menton, 8 km von Ventimiglia, an der unteren Steiluferstraße.

LIGURIEN

Royal Hotel

18038 San Remo (Imperia)
Corso Imperatrice, 80
Tel. (0184) 53 91 - Fax (0184) 66 14 45
Sig. W. Mayer

Kategorie ★★★★★ **Geschlossen** vom 7. Oktober bis 19. Dezember **142 Zimmer** m. Klimaanl., Tel., Bad, WC, TV, Minibar; Aufzug **Preise** EZ u. DZ: 180-315000 L, 320-525000 L; Suiten: 510-9900000 L - Frühst. inkl., von 7.30 bis 10.15 Uhr (bis 15.00 Uhr im Zi.) - HP u. VP: 222-375000 L, 263-440000 L (pro Pers., mind. 3 Üb.) **Kreditkarten** akzeptiert **Verschiedenes** Hunde erlaubt (22000 L) - Schwimmb. - Tennis (25000 L) - Minigolf - Fitneßcenter - Sauna - Parkpl. (17-30000 L) **Umgebung** in San Remo das Casino und der große Samstagsmarkt - Bussana Vecchia - Taggia (Kirche San Domenico) - Golf von San Remo (18-Lochpl.) **Restaurant** von 12.30 bis 14.30 u. von 19.30 bis 21.30 Uhr - Menü: 95000 L - Karte - Spezialitäten: Risotto - Ravioli di nasello salsa all' astice - Agnello Royal - Branzino ai carciofi.

Das malerische historische Zentrum der Stadt liegt oberhalb, in Pigna. San Remo (nach dem Namen des heiligen Romolo benannt) wurde im 19. Jahrhundert zu einem internationalen Badeort und begann von da an, sich zum Meer hin auszubreiten. Aus dieser Zeit stammt das prachtvolle *Casino Municipal* im Libertystil und auch das *Royal Hotel*, das den einstigen Luxus an der *Riviera di Ponente* erlebte. Die letzte Renovierung wurde von dem Architekten Luigi Vietti vorgenomen. Die Säle und die riesigen Salons öffnen sich zum Park hin, die Gästezimmer sind luxuriös gestaltet. Service und Empfang entsprechen dem Stil des Hauses. Die Preise sind zwar immer noch recht hoch, beweisen aber, daß San Remo ein wenig der Vergangenheit angehört. Das Hinterland ist wunderschön.

Anreise (Karte Nr. 7): 56 km von Nizza über die A 10, Ausf. Sanremo Westl., dann Rtg. Zentrum über Via Aurelia.

LIGURIEN

Hotel Punta Est

17024 Finale Ligure (Savona)
Via Aurelia, 1
Tel. (019) 60 06 11 - Fax (019) 60 06 11
Sig. Podesta

Kategorie ★★★★ **Geschlossen** von Oktober bis März **40 Zimmer** m. Tel., Bad od. Dusche u. WC (30 m. TV., 30 m. Minibar); Aufzug **Preise** EZ u. DZ: 150-250000 L, 300-360000 L; Suiten: 400-800000 L - Frühst.: 25000 L, von 8.00 bis 10.00 Uhr - HP u. VP: 170-290000 L (pro Pers., mind. 3 Üb.) **Kreditkarten** Amex, Visa, Eurocard, MasterCard **Verschiedenes** Hunde nicht erlaubt - Schwimmb. - Parkpl. - Strand m. reserv. Plätzen **Umgebung** Kloster von Finale Pia - prähistorische Grotten bei Toirano - Noli - Golf von Garlenda (18-Lochpl.) **Restaurant** von 13.00 bis 14.00 u. von 20.00 bis 21.00 Uhr - Menüs: 50-75000 L - Karte - Spezialitäten: Branzino al sale, pennette al profumo di mare.

Das *Punta Est* liegt oberhalb des Strandes auf einem kleinen Vorgebirge. Das Hotel besteht aus zwei Gebäuden: einer Villa aus dem 18. Jahrhundert und einem modernen Bau. Sie versinken in einem Garten aus Spalieren großer Pinien, Palmen, Bougainvilleen und Hibisken. Die Zimmer sind sehr komfortabel und verfügen alle über Meerblick. Der Swimmingpool sowie reservierte Plätze auf dem gegenüberliegenden Strand bewahren Sie im Sommer vor dem "Kontakt mit der Menge". Die große Panoramaterrasse mit Pianobar ist auch abends sehr angenehm.

Anreise (Karte Nr. 8): 30 km südl. von Savona über die A 10, Ausf. Finale Ligure.

LIGURIEN

La Meridiana

17033 Garlenda (Savona)
Via ai Castelli, 11
Tel. (0182) 58 02 71 - Fax (0182) 58 01 50 - Sig. und Sig.ra Segre
E-mail: meridiana@ab.infocomm.it.

Kategorie ★★★★ **Geschlossen** Anfang November bis Mitte März **32 Zimmer** m. Tel., Bad, WC, Kabel-TV, Minibar, Safe; Aufzug; Eingang f. Behinderte **Preise** DZ: 350-400000 L, Appart.: 450-550000 L - Frühst.: 28000 L - HP: 300-360000 L (pro Pers., mind. 3 Üb.) **Kreditkarten** akzeptiert **Verschiedenes** Kleine Hunde im Zi. erlaubt (25000 L) - Schwimmb. von Juni bis Sept. geöffn.- Mountainbikes - Sauna (20000 L) - Golf von Garlenda - Parkpl. **Umgebung** Römische Überreste u. Baptisterium in Albenga - Golf von Garlenda (18-Lochpl.) **Restaurant** (im Sommer mittags am Schwimmbad) - von 12.30 bis 14.00 u. von 20.00 bis 22.00 Uhr -Menüs: 90000 L - Karte - Regionale Spezialitäten.

Lassen Sie sich von der wenig einladenden Umgebung und der Straße, die zum *Meridiana* führt, nicht entmutigen. Die Landschaft am Zielpunkt ist viel freundlicher. Das Hotel liegt an einem Golfplatz, der zunehmend von einer französischen Klientel aufgesucht wird. Die Atmosphäre ist die eines luxuriösen Ferienhauses, das sich weit auf das offene Land, den Garten und zum Schwimmbad hin öffnet. Gleiches gilt für die gemütlichen, komfortablen Zimmer. Das Restaurant *Il Rosmarino* ist eine der guten Adressen der Region. Der junge dynamische Direktor, Sig. Segre, wacht darüber, daß seine feine Küche mit den besten regionalen Produkten zubereitet wird. Ein idealer Ort für ein erholsames Wochenende.

Anreise (Karte Nr. 7): 100 km östl. von Nizza (Frankreich) über die A 10, Ausf. Albenga, dann SS 453 nach Westen u. Rtg. Garlenda.

LIGURIEN

Hotel Porto Roca

19016 Monterosso Al Mare (La Spezia)
Via Corone, 1
Tel. (0187) 81 75 02 - Fax (0187) 81 76 92
Sig.ra Guerina Arpe

Kategorie ★★★★ **Geschlossen** von Dezember bis März **43 Zimmer** m. Klimaanl., Tel., Dusche, WC, TV, Minibar **Preise** EZ u. DZ: 20000 L, 250-350000 L - Frühst. inkl., von 7.30 bis 10.00 Uhr - HP u. VP: 180-220000, 210-250000 L (pro Pers., mind. 3 Üb.) **Kreditkarten** Amex, Visa, Eurocard, MasterCard **Verschiedenes** Hunde erlaubt (15-20000 L) - Privatstrand während der Hochsaison - bewachter Parkpl. im Dorf **Umgebung** Cinqueterre zwischen La Spezia u. Levanto: Riomaggiore, Manarola, Corniglia, Vernazza u. Monterosso al Mare - Golf Marigola (9-Lochpl.) in Lerici **Restaurant** von 12.30 bis 13.30 u. von 20.00 bis 21.00 Uhr - Menüs:60-70000 L - Karte - Spezialitäten: Sfogliatelle Porto Roca - Stracceti "paradiso - Branzino al sale - Crostate di frutta fresca.

Monterosso ist ein Dorf, das es, was den Charme betrifft, mit seinen Nachbarn im Cinqueterre aufnehmen kann. Es ist auch das einzige, das ein Hotel vom Rang des *Porto Roca* vorweisen kann. Dieses verfügt über 43 Zimmer und beherrscht, dank seiner Lage in den Klippen, die Bucht von Porticciolo und den Strand von Fegina. In der Inneneinrichtung vermischen sich nonchalant verschiedene Stilrichtungen (vom Mittelalter bis zu Gemälden des 18. Jahrhunderts) zu liebenswürdigem Kitsch. Für ein Sonnenbad stehen die Hotelterrasse und natürlich der Strand zur Verfügung. Im Sommer parkt man seinen Wagen auf dem Tag und Nacht bewachten Dorfparkplatz; ein Minibus bringt das Gepäck zum Hotel.

Anreise (Karte Nr. 9): 32 km nordwestl. von La Spezia über die SS 370 am Meer entlang.

LOMBARDEI

Agnello d'Oro

24129 Bergamo Alta
Via Gombito, 22
Tel. (035) 24 98 83 - Fax (035) 23 56 12
Sig. Capozzi

Kategorie ★★★ **Ganzj.** geöffn. **20 Zimmer** m. Tel., Bad od. Dusche, WC, TV; Aufzug **Preise** EZ u. DZ: 70000 L, 120000 L - Frühst.: 10000 L, von 7.30 bis 10.00 Uhr **Kreditkarten** akzeptiert **Verschiedenes** Hunde erlaubt **Umgebung** Bergame: Piazza Vecchia, S. Maria Maggiore, Kapelle Colleoni, Galleria Carrara; Veranstaltungen: Internationales Klavierfestival Arturo Benedetti, im Herbst Festival (Oper, neue Theaterstücke) im Theater Donizetti - Abtei Pontida - Kirche von Treviglio u. von Rivolto d'Adda - Sanctuaire della Madonna di Caravaggio in Caravaggio - Albenza Golf (9-Lochpl.) in Almenno San Bartolomeo - Rossera Golf (9-Lochpl.) in Chiuduno **Restaurant** von 12.30 bis 14.30 u. von 19.30 bis 22.00 Uhr - Mo u. So abends geschl. - Menü: 55-65000 L - Karte - Regionale Spezialitäten.

Dieser kleine Gasthof liegt an einem kleinen Platz im oberen Teil der Stadt. *Agnello d'Oro* ist ein typisches Restaurant mit glänzenden Kupfergegenständen an den Wänden und derben Holztischen (mit rotweiß karierten Decken) und -stühlen. Aufgetischt werden hier ausgezeichnete Spezialitäten der Lombardei, und wenn Sie das *risotto al profumo del bosco* bestellen, können Sie den Teller als Souvenir mitnehmen. Die Zimmer wurden unlängst renoviert. Sie sind schlicht, verfügen aber über ausreichend Komfort zum Wohnen in einer Stadt, die aufgrund ihrer Kulturgüter und ihrer Historie zu einer der interessantesten der Lombardei zählt. Sollte bei Ihrer Ankunft die Rezeption nicht besetzt sein, brauchen Sie nur die Glocke zu läuten. Dann kommt der Chef aus der Küche.

Anreise (Karte Nr. 3): 47 km nordöstl. von Mailand - Flugplatz di Orio al Serio 4 km entf.

LOMBARDEI

I Due Roccoli

25049 Iseo (Brescia)
via Silvio Bonomelli, 54
Tel. (030) 98 22 977 - Fax (030) 98 22 980
Sig. Agoni

Kategorie ★★★ **Geschlossen** vom 1. November bis 15. März **13 Zimmer** m. Tel, Bad od. Dusche, WC, TV, Safe, Minibar **Preise** EZ u. DZ: 140-150000 L, 180-210000 L; Suiten: 220-250000 L - Frühst.: 16000 L, von 7.30 bis 10.00 Uhr **Kreditkarten** akzeptiert **Verschiedenes** Kleine Hunde erlaubt - Schwimmb. - Tennis - Parkpl. **Umgebung** Lokaler Markt Di u. Fr - Iseo-See - Val Camonica - Abtei von Rodengo - Kirche S. Pietro de Lamosa in Provaglio d'Iseo - Brescia - Bergamo - Sirmione - Franciacorta Golf (18-Lochpl.) **Restaurant** von 12.00 bis 14.00 u. von 19.30 bis 22.00 Uhr - Menüs: 45-65000 L - Karte - Spezialitäten: Fagotino di ricotta - Code di gamberi - Pesce del lago.

Dank des milden Klimas entwickelte sich der See von Iseo zu einer touristischen Gegend, in der kleine Badeorte entstanden, die die Ufer des Sees nutzen. Die mediterrane Vegetation und die Wälder, die sich ins Wasser zu stürzen scheinen, verleihen der Landschaft etwas alpenähnliches, obwohl man sich auf einer Höhe von nur 185 Metern befindet. Die Ferienbauten, die hier entstanden, sind nicht immer gelungen; wer Ursprüngliches bevorzugt, sollte sich deshalb vom Seeufer etwas entfernen. *I Due Roccoli* befindet sich in hoher Lage mit Blick auf den See. Der alten Villa wurde ein Gebäude hinzugefügt, in dem sich die komfortablen und ländlich-hübschen Gästezimmer befinden. Sollten Sie die Wahl haben, empfehlen wir die mit Seeblick. Ein Quartier, das zwar etwas abseits, aber nicht zu weit entfernt von den Sehenswürdigkeiten der Lombardei liegt.

Anreise (Karte Nr. 3): 25 km nördl. von Brescia, A 4 Mailand/Venedig, Ausf. Rovato, Rtg. Isepo-See, dann Polaveno (4 km von Iseo entf.).

LOMBARDEI

Cappuccini

25033 Cologne Franciacorta (Brescia)
via Cappucini, 54
Tel. (030) 715 72 54 - Fax (030) 715 72 57
Sig. Massimo Pelizzari

Kategorie ★★★ **Geschlossen** vom 1. bis 20. Januar u. vom 1. bis 20. August - Mi geschl. **7 Zimmer** m. Klimaanl., Tel, Bad, WC, Kabel-TV, Minibar **Preise** EZ u. DZ: 160000 L, 250000 L; Suiten: 300000 L - Frühst. 25000 L, von 9.30 bis 11.00 Uhr **Kreditkarten** akzeptiert **Verschiedenes** Hunde nicht erlaubt - Parkpl. **Umgebung** Iseo-See - Val Camonica - Abtei von Rodengo - Kirche S. Pietro de Lamosa in Provaglio d'Iseo - Brescia - Bergamo - Sirmione - Golf Franciacorta (18 Lochpl.) **Restaurant** von 12.30 bis 14.30 u. von 19.30 bis 22.00 Uhr - Mi geschl. - Menüs: 580000 L - Karte - Spezialitäten: Manzo all' olio - Stracotto con polenta - Pesce.

Schlichte Eleganz und Raffinement sind die Eigenschaften, die dieses ehemalige Kloster kennzeichnen, das respektvoll zu einem gastlichen Hotel umgestaltet wurde. In diese schöne Gegend, die reich an Hügeln und Weinbergen ist und zwischen der Lombardei und Venetien liegt, "wagen" sich nur wenige Touristen. Die Landschaft ist heiter, und die Gebäude ganz aus Stein, deren Fassaden Markisen schmücken, sind schlicht. Die für Klosterbauten typischen langen Flure und Gewölbepassagen führen zu den Gästezimmern, die trotz der auf beeindruckende Art minimalistischen Einrichtung sehr komfortabel sind. Die größten, mit Blick auf die Landschaft, haben ein Mezzanin und einen kleinen Salon mit Kamin. Dank mehrerer Speiseräume fühlt man sich als Hotelgast durch die Empfänge, die hier hin und wieder stattfinden, nicht gestört. Regionale Rezepte und einheimische Produkte werden Sie vom guten Leben im Franciacorta überzeugen.

Anreise (Karte Nr. 3): 27 km westl. von Brescia über die Nationalstraße Rtg. Bergamo.

LOMBARDEI

L'Albereta
Ristorante g. Marchesi

Erbusco (Brescia)
Via Vittorio Emanuele, 11
Tel. (030) 776 05 50 - Fax (030) 776 05 73 - Sig. ra Moretti de Rosa
E-mail: alberta@terramoretti.it

Kategorie ★★★★ **Geschlossen** 3 Wochen im Januar **44 Zimmer** m. Klimaanl., Tel, Bad, WC, TV, Minibar
Preise EZ u. DZ: Ab 180000 L, Ab 295000 L; Suiten: Ab 550000 L - Frühst.: 20-45000 L, von 7.30 bis 10.30 Uhr - HP u. VP: 210000 L, 240000 L (pro Pers., mind. 3 Üb.) **Kreditkarten** akzeptiert **Verschiedenes** Hunde nicht erlaubt - Schwimmb. - Tennis - Sauna - Parkpl. **Umgebung** Iseo-See - Val Camonica - Abtei von Rodengo - Kirche S. Pietro de Lamosa in Provaglio d'Iseo - Brescia - Bergamo - Sirmione - Golf Franciacorta (18 Lochpl.) **Restaurant** *Gualtiero Marchesi* von 12.30 bis 14.00 u. von 19.30 bis 22.00 Uhr - So abends u. Mo geschl. - Menüs: 100-160000 L - Karte - Spezialitäten: eine klassisch-moderne Küche.

Das *Albereta* ist zweifellos das Landhotel der Lombardei mit dem größten Ansehen, denn Gualtieri Marchesis Küche, in der traditionelle Spezialitäten auf eine neue, einfallsreiche Art interpretiert werden, und sein Weinkeller, in dem vorwiegend italienische und französische Weine lagern, sind berühmt. Wer hier wohnt, wird auch die Bellavista-Hügel mögen, die die grünen Weinberge des Franciacorta prägen. Vom großzügigen Restaurant aus, das unter einer großen Säulenhalle liegt, hat man einen weiten Blick auf den Park, der die schöne Villa aus dem 18. Jahrhundert und ihre Dependancen umgibt. Komfort und Raffinement in den Gästezimmern und edles Essen; für die restliche Zeit eines traumhaften Wochenendes stehen den Gästen eine Bibliothek, ein Billardsaal und bei schönem Wetter ein Schwimmbad sowie ein Tennisplatz zur Verfügung.

Anreise *(Karte Nr. 3): 20 km westl. von Brescia über die A 4 (Mailand/Venedig), Ausf. Rovato.*

LOMBARDEI

Hotel Villa del Sogno

Lago di Garda
25083 Fasano di Gardone Riviera (Brescia)
Via Zanardelli, 107
Tel. (0)365 29 01 81 - Fax (0)365 29 02 30 - Famiglia Calderan
E-mail : sogno@mail.gsnet.it Web : http://www.gsnet.it/sogno

Kategorie ★★★★ **Geschlossen** vom 21. Oktober bis März **31 Zimmer** m. Tel, Bad, WC, TV, Minibar; Aufzug **Preise** EZ u. DZ: 190-260000 L, 320-460000 L; Suiten: 420-500000 L - Frühst. inkl. (Buffet), von 7.30 bis 10.00 Uhr - HP u. VP: 190-2700000 L, 210-260000 L (pro Pers., mind. 3 Üb.) **Kreditkarten** akzeptiert **Verschiedenes** Hunde nicht erlaubt - Schwimmb. - Sauna - Hydromassage - Solarium - Tennis - Parkpl. **Umgebung** Botanischer Garten von Gardone di Sotto - Vittoriale degli Italiani (Residenz von d'Annunzio) - Aussichtspunkt San Michele - Verona - Golf von Bogliaco (9 Lochpl.), Golf von Solan (27 Lochpl.) **Restaurant** von 12.30 bis 14.30 u. von 19.30 bis 21.30 Uhr - Menü: 90000 L - Karte - Spezialitäten: Trota del Garda - Ossibuchi alla Gardesana - Spaghetti alla Trota.

Die Fassade dieser Villa aus der Jahrhundertwende ist eine Sinfonie aus Ocker und sanftem Gelb; die malerische Terrasse scheint einem Traum entsprungen. Etwas abseits des Gardasees in einem wunderschönen, üppig wuchernen Garten gelegen, ist dies ein elegantes, geschmackvolles, im Libertystil eingerichtetes Hotel. Die Zimmer sind vollkommen, jenes mit der kleinen Loggia übertrifft die anderen noch. Empfehlenswert: die sehr nette Hotelbar.

Anreise (Karte Nr. 3): 130 km östl. von Mailand - 36 km nordöstl. von Brescia über die "S 45 bis" auf dem linken Seeufer (2 km weiter im kleinen Ort Fasano).

LOMBARDEI

Grand Hotel Fasano

Lago di Garda
25083 Fasano di Gardone Riviera (Brescia)
Corso Zanardelli, 160
Tel. (0365) 290 220 - Fax (0365) 210 54/290 221 - Sig.ra Mayr
Web: http://www.grand-hotel.fasano.it

Kategorie ★★★★ **Geschlossen** von November bis Ostern **87 Zimmer** m. Tel., Bad od. Dusche, WC; Aufzug **Preise** DZ: 198-451000 L - Frühst.: 25000 L, von 7.30 bis 10.30 Uhr - HP: +13000 L (pro Pers.) **Kreditkarten** nicht akzeptiert **Verschiedenes** Hunde erlaubt (10000 L) - Schwimmb. - Privatstrand - Tennis (25000 L) - Parkpl. (10000 L) **Umgebung** Villa Martinengo in Barbarano - Botanischer Garten von Gardone di Sotto - Vittoriale degli Italiani (Residenz von d'Annunzio) - Aussichtspunkt San Michele - Verona - Golf von Bogliaco (9 Lochpl.) **Restaurant** von 12.30 bis 14.30 u. von 19.30 bis 21.30 Uhr - Menü: 65000 L - Karte - Internationale Spezialitäten.

Das *Grand Hotel Fasano* war einst ein Jagdhaus der österreichischen kaiserlichen Familie. Die Tatsache, daß die Hotelbesitzerin deutschstämmig ist, erklärt vielleicht die besondere Beliebtheit des Hauses bei deutschen Touristen. Die Einrichtung ist etwas überladen, das Hotel aber trotzdem sehr angenehm. Die Zimmer sind allesamt nett, wir empfehlen dennoch die des älteren Gebäudeteils. Der Garten liegt direkt am See und ist eine sehr gelungene Mischung aus Blumen, Grün und Palmen.

Anreise (Karte Nr. 3): 130 km östl. von Mailand - 36 km nordöstl. von Brescia über die "S 45 bis" auf dem linken Seeufer (der kleine Ort Fasano liegt 1 km weiter).

L O M B A R D E I

Villa Fiordaliso

Lago di Garda
25083 Gardone Riviera (Brescia)
Corso Zanardelli, 132
Tel. (0365) 20 158 - Fax (0365) 29 00 11 - Sig. Tosetti

Kategorie ★★★★ **Geschlossen** vom 2. Januar bis 28. Februar **6 Zimmer** u. 1 Suite m. Klimaanl., Tel., Bad, WC, TV, Minibar **Preise** DZ: 300-800000 L - HP: 205-400000 L (pro Pers.) - Frühst. inkl., von 8.00 bis 10.00 Uhr **Kreditkarten** akzeptiert **Verschiedenes** Hunde nicht erlaubt - Parkpl. - priv. Bootssteg **Umgebung** Villa Martinengo in Barbarano - Botanischer Garten von Gardone di Sotto - Vittoriale degli Italiani (Residenz von d'Annunzio) - Aussichtspunkt San Michele - Verona - Golf von Bogliaco (9 Lochpl.) **Restaurant** von 12.30 bis 14.30 u. von 19.30 bis 22.00 Uhr - Mo u. Di mittags geschl. - Menüs: 85-120000 L - Karte - Spezialitäten: Jahreszeiten- und regionale Küche.

Die vier Etagen der *Villa Fiordaliso* erheben sich direkt über dem See. Hier herrscht architektonischer Ekklektizismus, denn Renaissance-Loggias und neoklassizistische Fenster venezianischen Stils wechseln einander ab. Gabriele d'Annunzio war hier zu Gast (bevor er sich ganz in der Nähe niederließ), und von 1943 bis 1945 war dies der Wohnsitz von Claretta Petacci, der Gefährtin Mussolinis. 1985 wurde das Hotel restauriert, und es wurde viel Wert darauf gelegt, seinen Charme zu bewahren. Alle Zimmer sind komfortabel, einige verfügen über eine Terrasse mit Blick zum See. Das rosa Zimmer besitzt ein prachtvolles altes Bad ganz aus Carrara-Marmor. Das gastronomische Restaurant ist sehr empfehlenswert - auch wenn man nicht im Hotel wohnt.

Anreise (Karte Nr. 3): 130 km östl. von Mailand - 35 km nordöstl. von Brescia über die "S 45 bis" auf dem linken Seeufer (1 km von Gardone Riviera).

LOMBARDEI

Hotel Baia d'Oro

Lago di Garda
25084 Gargnano (Brescia)
Via Gamberera, 13
Tel. (0365) 71 171 - Fax (0365) 72 568 - Sig. Terzi

Kategorie ★★★ **Geschlossen** von November bis März **12 Zimmer** m. Klimaanl., Tel., Dusche, WC, TV, Minibar **Preise** HP: 160-240000 L (2 Pers.) - Frühst. inkl., von 8.00 bis 10.00 Uhr **Kreditkarten** nicht akzeptiert **Verschiedenes** Hunde erlaubt - Garage (15000 L) - Parkpl. **Umgebung** Villa Feltrinelli - Idro-See - Sanctuario de la Madonne di Monte Castello in Tignale - Pieve di Tremosine - Verona - Golf von Bogliaco (9 Lochpl.) **Restaurant** von 19.00 bis 20.30 Uhr - Karte - Spezialitäten: Regionale - Pesce del lago e di mare.

Das *Baia d'Oro*, ehemals ein kleines Fischerhaus, liegt direkt am Gardasee. Über einen Steg erreicht man das Hotel auch per Boot. Auf der pittoresken Terrasse direkt am Wasser genießt man am Tage wie auch abends eine der besten Küchen der Region. Das Hotel empfiehlt seinen Gästen deshalb Halbpension. Die meisten der Gästezimmer, von denen vier zur Straße gehen, haben einen kleinen Balkon, auf dem es sich bei prächtigem Ausblick gut frühstücken läßt. An den Wänden des Restaurants kann man Dankesbriefe illustrer Größen lesen; der schönste trägt die Unterschrift Winston Churchills.

Anreise (Karte Nr. 3): 46 km nordwestl. von Brescia über die "S 45 bis" auf dem linken Seeufer.

L O M B A R D E I

Villa Giulia

Lago di Garda
25084 Gargnano (Brescia)
Tel. (0)36 71 022/71 289 - Fax (0365) 72 774
Famiglia Bombardelli

Kategorie ★★★ **Geschlossen** vom 11. Oktober bis 7. April **22 Zimmer** m. Tel., Dusche, WC, Kabel-TV, Safe, Minibar **Preise** EZ u. DZ: 120-140000 L, 260-300000 L - Frühst. inkl., von 7.30 bis 11.00 Uhr **Kreditkarten** Visa, Amex, Diners, MasterCard **Verschiedenes** Kleine Hunde erlaubt (10000 L) - Garage (13000 L) **Umgebung** Villa Feltrinelli - Idro-See - Sanctuario de la Madonne di Monte Castello in Tignale - Pieve di Tremosine - Verona -Golf von Bogliaco (9 Lochpl.) **Restaurant** von 12.30 bis 13.30 u. von 19.30 bis 20.30 Uhr - Karte - Regionale Spezialitäten.

Erfolg ist oft auf Leidenschaft und Hartnäckigkeit zurückzuführen, zwei Eigenschaften, die Rina Bombardelli dazu brachten, aus der Familienpension ein Hotel mit Charme zu machen. Die äußerst gut gelegene Villa im neugotischen Stil (1900) liegt direkt am See, und der Blick auf den Gardasee und Monte Baldo - je nach Jahreszeit grün oder mit Schnee bedeckt - ist wunderbar. Die Atmosphäre des Hauses kann man als ausgesprochen anheimelnd bezeichnen: Lehn- und Clubsessel schaffen im Salon mit Bar mehrere ungestörte Sitzecken. Ähnlich ist die Stimmung in dem von zwei schönen Murano-Lampen erhellten Restaurant. Im Sommer wird das Restaurant auf die Veranda verlegt, die vor der Terrasse im Erdgeschoß liegt. Von den gut ausgestatteten Zimmern blickt man entweder auf den Garten oder den See. Schwimmbad und Solarium liegen ein wenig abseits. Eine sympathische Adresse.

Anreise (Karte Nr. 3): 46 km nordwestl. von Brescia über die "S 45bis" am linken Seeufer.

LOMBARDEI

Hotel Laurin

Lago di Garda
25087 Salò (Brescia)
Viale Landi, 9
Tel. (0365) 220 22 - Fax (0365) 223 82 - Sig. Rossi

Kategorie ★★★★ **Geschlossen** von Dezember bis Januar **36 Zimmer** (18 m. Klimaanl.), Tel., Bad od. Dusche, WC, TV, Minibar **Preise** EZ u. DZ: 135-150000 L, 230-300000 L; Suiten: 230-380000 L - HP: 195-250000 L (pro Pers., mind. 3 Üb.) - Frühst. inkl., von 8.00 bis 10.00 Uhr **Kreditkarten** akzeptiert **Verschiedenes** Kleine Hunde erlaubt - Schwimmb. - Parkpl. **Umgebung** Villa Martinengo in Barbarano - Bot. Garten Gardone di Sotto - Vittoriale degli Italiani (Residenz von d'Annunzio) - Belvedere San Michele - Verona - Golf von Bogliaco (9 Lochpl.) **Restaurant** von 12.30 bis 14.30 u. von 20.00 bis 21.30 Uhr - Menü u. Karte: 80000 L - Spezialitäten: Fisch.

Im 19. Jahrhundert war der Gardasee eine berühmte Sommerfrische und hat aus dieser Zeit bemerkenswerte Häuser erhalten. Mit Salo, einem der wenigen Dörfer, die die Pracht dieser Vergangenheit bewahrt haben, ist ein trauriges Kapitel der italienischen Geschichte verbunden, denn es war die letzte, wenn auch ephemere Hochburg der Getreuen Mussolinis. Das *Laurin* zählt zu den Kleinoden des Ortes. Es ist eine schön erhaltene Villa im Libertystil, die Salons sind mit romantischen und sinnenfreudigen Fresken dekoriert. Die geschmackvoll eingerichteten Zimmer mit Parkettboden entsprechen voll und ganz der Eleganz des Hauses. Die meisten Zimmer liegen zum See und laden zum Träumen ein. Freundlicher Empfang. Der Spaziergang dem Seeufer entlang zum Dorf ist ein Must, ebenso der Besuch von *Vittoriale*, dem ehemaligen Palais und heutigen Museum des Dichters Gabriel d'Annunzio.

Anreise (Karte Nr. 3): 130 km östl. von Mailand - 35 km nordöstl. von Brescia über die S 45 auf dem linken Seeufer (1 km von Gardone Riviera).

LOMBARDEI

Villa Cortine Palace Hotel

Lago di Garda
25019 Sirmione (Brescia)
Via Grotte, 12
Tel. (030) 99 05 890 - Fax (030) 91 63 90 - Sig. Cappelletto

Kategorie ★★★★★ **Geschlossen** vom 26. Oktober bis Anfang April **49 Zimmer** m. Klimaanl., Tel., Bad, WC, TV; Aufzug **Preise** DZ: 480-620000 L; Junior Suite: 700-940000 L, Suite: 800-1100000 L - Frühst. inkl., von 7.30 bis 10.30 Uhr - HP u. VP: 315-355000 L, 385-445000 L (pro Pers., während d. Hauptsaison obligat., mind 5 Üb.) **Kreditkarten** akzeptiert **Verschiedenes** Hunde erlaubt (50000 L) - Beheizt. Schwimmb.- Tennis - Privatstrand - Parkpl. **Umgebung** Schloß Scaliger - Grotte Catulle - Brescia - Verona - Garda Golfplatz (18-Lochpl.) in Soiano **Restaurant** von 12.30 bis 14.15 u. von 19.30 bis 21.15 Uhr - Menüs: 90-110000 L - Karte - Regionale Spezialitäten.

Graf Koseritz, der aus dem Zweiten Weltkrieg nicht zurückkehrte, erbaute diese schöne Villa im neoklassizistischen Stil. Ein reicher Mailänder Industrieller setzte sie später instand und machte aus ihr ein Grandhotel. Kannelierte Säulen mit korinthischen Kapitellen, Marmor, vergoldetes Holz und Fresken schmücken diese alte Villa. Ein Gebäude jüngeren Datums ergänzt zwar die Hotelstruktur, schadet aber etwas dem Gesamtbild. Der hier verbreitete Luxus wirkt ein wenig zur Schau gestellt, der Komfort und die Serviceleistungen sind dennoch gut und entsprechen dem, was man von diesem Haus erwartet. Außerdem ist die Lage außergewöhnlich schön: der Park mit seinen Zierbrunnen und den Balkons am See bestätigen, wovon bereits Catull überzeugt war, denn der schrieb, Sirmione sei das Juwel dieser Halbinsel.

Anreise (Karte Nr. 3): 127 km östl. von Mailand - 40 km östl. von Brescia über die A 4, Ausf. Sirmione - San Martino di Battaglia; am Seeufer.

Albergo Terminus

Lago di Como
22100 Como - Lungo Lario Trieste, 14
Tel. (031) 329 111 - Fax (031) 302 550 - Dr. Passera
E-mail: larioterminus@galactica.it

Kategorie ★★★★ **Ganzj.** geöffn. **38 Zimmer** m. Klimaanl., Tel., Bad od. Dusche, WC, Kabel-TV, Minibar; Aufzug **Preise** EZ u. DZ: 170-210000 L, 200-300000 L; Suiten: 420-550000 L - Frühst.: 25000 L, von 7.15 bis 10.30 Uhr **Kreditkarten** akzeptiert **Verschiedenes** Hunde erlaubt - Sauna - Parkpl. u. Garage (22000 L) **Umgebung** Menaggio - Villa Carlotta in Tremezzo - Bellagio: Gärten der Villa Serbelloni und Villa Melzi - Golf Villa d'Este, (18-Lochpl.) in Montorfano **Restaurant** *Bar delle Terme*, von 12.30 bis 15.00 u. von 19.30 bis 22.30 Uhr - Di geschl. - Karte - Italienische Spezialitäten.

An den Kais des Comer Hafens berühren sich die großen Villen beinahe. Den kleinen französischen Garten, der zwischen *Albergo Terminus* und der Straße liegt und aus Kieselsteinen und Rasen besteht, kann man jedoch nicht übersehen. Das Hotel hat seine Stuckdecken, seine Holztäfelungen und seine Floral-Dekoration des Libertystils bewahrt, aber auch die phantasiereiche Aufteilung im Innern mit einer großen Halle und Galerien, um die herum die Salons angelegt wie auch das Veranda-Restaurant, das im Sommer die Terrasse einschließt wird. Alle Gästezimmer haben guten Komfort, aber die mit Seeblick sind die schönsten. Besonders erwähnenswert ist die Suite *Torretta* mit Terrasse und Panoramablick auf Como.

Anreise (Karte Nr. 2): 48 km von Mailand; am Hafen.

LOMBARDEI

Hotel Villa Flori

Lago di Como
22100 Como - Via Cernobbio, 12
Tel. (031) 573 105 - Fax (031) 570 379 - Famiglia Passera
E-mail: larioterminus@galactica.it

Geschlossen vom 15. Dezember bis 15. Januar **45 Zimmer** m. Tel., Bad od. Dusche, WC, TV, Minibar; Aufzug **Preise** EZ u. DZ: 170-240000 L, 200-300000 L; Suiten: 380-450000 L - Frühst. (Buffet): 25000 L, von 7.15 bis 11.00 Uhr **Kreditkarten** akzeptiert **Verschiedenes** Hunde erlaubt (außer im Restaurant) - Parkpl. (20000L) **Umgebung** Menaggio - Villa Carlotta in Tremezzo - Bellagio: Gärten der Villa Serbelloni und Villa Melzi - Golf Villa d'Este in Montorfano (18-Lochpl.) **Restaurant** "Raimondi", von 12.30 bis 14.30 u. von 19.30 bis 21.00 Uhr - Menüs: 65-85000 L - Karte - Regionale Spezialitäten.

Die Geschichte von *Villa Flori* beginnt wie ein Märchen. Sie war das Hochzeitsgeschenk des Marchese Raimondi an seine Tochter, die Garibaldi heiraten sollte, blieb aber lange unbewohnt, weil der General auf Guiseppa wegen ihrer nicht fehlerlosen Vergangenheit schließlich verzichtete. Heute ist *Villa Flori* ein angenehmes Comer Hotel. Die Salons und das Restaurant sind üppig in angenehmen Pastelltönen eingerichtet. Die Gästezimmer, meist mit großem Salon und Balkon, gehen ausnahmslos auf den See. Dank der Seidenstoffe, des dicken Teppichbodens und der großen, modernen Bäder fühlt man sich sehr wohl in ihnen. Da Mailand nicht weit entfernt ist, finden hier Empfänge und Seminare statt, aber alles ist so eingerichtet, daß die Hotelgäste hierdurch nicht gestört werden.

Anreise (Karte Nr. 2): 48 km von Mailand; 3 km von Como, Straße nach Cernobbio.

LOMBARDEI

Grand Hotel Villa Serbelloni

Lago di Como - 22021 Bellagio (Como) - Via Roma, 1
Tel. (031) 95 02 16 - Fax (031) 95 15 29 - Sig. Spinelli
E mail: g.h.villaserbelloni@po.bes.it - Web: http://www.fromitaly.it/bellagio/h5/serb

Kategorie ★★★★★ **Geschlossen** von November bis März **85 Zimmer** (60 m. Klimaanl.) m. Tel., Bad, WC, TV, Minibar; Aufzug **Preise** EZ u. DZ: 320-450000 L, 460-710000 L, Suite 900-1100000 L - Frühst. inkl., von 7.30 bis 10.30 Uhr - HP u. VP: + 85000 L, + 160000 L (pro Pers., min. 3 Üb.) **Kreditkarten** akzeptiert **Verschiedenes** Hunde erlaubt - Schwimmb. - Tennis (20000L) - Squash - privater Anleger - Wassersport - Fineßcenter - Garage (25000 L) - Parkpl. **Umgebung** Villa Melzi - Comer-See: Gärten der Villa Trotti, Grüne Grotte in Lezzeno, Careno, Villa Pliniana in Riva di Faggetto - Golf von Grandola (18-Lochpl.) **Restaurant** von 12.30 bis 14.30 u. von 20.00 bis 22.00 Uhr - Menü: 95000 L - Karte - Spezialitäten: Pasta della casa - Pesce del lago.

Das Serbollini zählt zu den historischen Villen, die zu Beginn des 19. Jahrhunderts in diesem wunderschönen Teil des Sees errichtet wurden, um den Wunsch der aristokratischen Familien der Lombardei nach Größe zu befriedigen. Dazu zählen *Villa d'Este* in Cernobbio. *Villa Carlotta* in Tremezzo, *Villa Olmo* in Como und *Villa Ricordi* in Cadenabbia, wo Verdi einen Teil der Traviata komponierte. In dem wundervollen englischen Garten, in dem unglaublich viele Pflanzenarten gedeihen und der die Ufer des Sees überragt, zeigt *Villa Serbelloni* ihre imposante Fassade im Libertystil. Stuck und Säulen verleihen den Salons noch immer viel Pracht. Die meisten Zimmer verfügen nach wie vor über ihre Größe, ihre bemalten Decken und ihr Mobiliar von einst. Paläste besitzen oft Gästezimmer, die weniger repräsentativ sind und keine besondere Lage haben. Wenn Sie sich also verwöhnen und im *Serbollini* wohnen möchten, sollten Sie eines der Zimmer mit Seeblick reservieren, um das Panorama zu genießen, das bereits Flaubert und Liszt begeisterte.

Anreise (Karte Nr. 2): 31 km nördl. von Como über die S 583, am rechten Seeufer.

LOMBARDEI

Hotel Florence

Lago di Como
22021 Bellagio (Como)
Piazza Mazzimi
Tel. (031) 950 342 - Fax (031) 951 722 - Sig. und Sig.ra Ketzlar

Kategorie ★★★ **Geschlossen** Oktober bis April **32 Zimmer** m. Tel., Bad od. Dusche, WC, Kabel-TV, Haartockner **Preise** EZ u. DZ: 170000 L, 225000 L; Suiten: 310000 L, - Frühst. inkl., von 7.30 bis 10.15 Uhr - HP: 155-160000 L (pro Pers.) **Kreditkarten** Visa, Eurocard, MasterCard **Verschiedenes** Hunde erlaubt (außer im Restaurant) **Umgebung** Gärten der Villa Serbelloni - Villa Melzi - Comer-See: Gärten der Villa Trotti, Grüne Grotte in Lezzeno, Careno, Villa Pliniana in Riva di Faggetto - Golf von Grandola (18 Lochpl.) **Restaurant** von 12.30 bis 14.30 u. von 19.30 bis 21.30 Uhr - Karte - Spezialitäten: Stracci di pasta agli spinaci e pecorino - Cappellacci.

Unter den Arkaden, die den Hafen begrenzen, und direkt neben dem *Serbelloni* entdeckt man dieses kleine Hotel, das jenen Touristen Erfrischungen serviert, die auf das Boot warten. Restaurant und Zimmer befinden sich in den oberen Stockwerken. Heute sind alle Gästezimmer hübsch eingerichtet und verfügen über einen Ausblick auf den See und das Leben und Treiben im Hafen. Das Restaurant mit Kamin strahlt eine gesellige Atmosphäre aus, und der Empfang der Hotelbesitzer ist sehr freundlich. Weniger luxuriös als sein Nachbar, das *Serbelloni*, aber auch nicht so teuer, ist das *Hotel Florence* eine durchaus charmante Adresse mit nicht wenigen Vorzügen.

Anreise (Karte Nr. 2): 31 km nördl. von Como über die S 583, am rechten Seeufer.

LOMBARDEI

Grand Hotel Villa d'Este

Lago di Como
22012 Cernobbio (Como) - Via Regina, 40
Tel. (031) 348 1 - Fax (031) 348 844 - Sig. Ceccherelli
E-mail: info@villadeste.it - Web: http://www.villadeste.it

Kategorie ★★★★★ **Geschlossen** von November bis 22. Februar **156 Zimmer** m. Klimaanl., Tel., Bad, WC, Kabel-TV, Minibar; Aufzug **Preise** EZ u. DZ: 625000 L, 925000 L; Suiten: 1105000 L - Frühst. inkl. **Kreditkarten** akzeptiert **Verschiedenes** Hunde erlaubt - 2 Schwimmb. - Sauna - Squash - Fitneßcenter - Tennis - Garage - Parkpl. **Umgebung** Ossuchio und Park der Villa Arconati in Punta di Balbianello - Mennagio - Villa Carlotta in Tremezzo - Bellagio: Gärten der Villa Serbelloni u. Villa Melzi - Golf Villa d'Este (18-Lochpl.) in Montorfano **Restaurant** von 12.00 bis 14.30 u. von 19.30 bis 22.00 Uhr - Karte - Internationale Spezialitäten.

Die Berühmtheiten, die in der Villa d'Este wohnten, haben von jeher Schlagzeilen in jener Presse gemacht, die auf derartiges spezialisiert ist. Sie wurde im 16. Jahrhundert erbaut und schon damals vom internationalen «Jet-set» aufgesucht. Der Napoleon-Salon hat seine Seidenstoffe bewahrt, und eine Canova zugesprochene Statue erinnert an den Besuch des berühmten Bildhauers. Jedes Zimmer ist einzigartig: persönliche Gestaltung mit viel Seide und altem Mobiliar. Vor allem aber sind es die Gärten, die unvergeßlich sind: Ruinen, Säulen, Rocailles und Bassins setzen eine außergewöhnliche Vegetation in Szene. Um den anspruchsvollen Gästen die Langeweile zu vertreiben, stellt das Hotel eine Reihe sportlicher Anlagen zur Verfügung: einen großen, auf dem See schwimmenden Swimmingpool, jegliche Wassersportarten, einen Golfplatz in Montofano, ein Healthcenter. Nach dem hervorragenden Abendessen (mit Tanz, falls Sie es wünschen) können Sie den Abend im privaten Nachtclub fortsetzen und beenden.

Anreise (Karte Nr. 2): 5 km nördl. von Como über die S 340, am linken Seeufer.

LOMBARDEI

Grand Hotel Imperiale

Lago di Como
22010 Moltrasio (Como)
Via Durini
Tel. (031) 346 111 - Fax (031) 346 120

Kategorie ★★★★ **Ganzj.** geöffn. **92 Zimmer** m. Klimaanl., Tel., Bad, WC, Kabel-TV, Safe, Minibar; Aufzug **Preise** EZ u. DZ: 160-210000 L, 230-320000 L; Suiten: 330-420000 L - Frühst. inkl. - HP u. VP: 180-195000 L, 180-235000 L (pro Pers., mind. 3 Üb.) **Kreditkarten** akzeptiert **Verschiedenes** Hunde erlaubt - Beheizt. Schwimmb. - Künstlicher Strand - Tennis - Squash - Garage (15000 L) **Umgebung** Ossuchio und Park der Villa Arconati in Punta di Balbianello - Mennago - Villa Carlotta in Tremezzo - Bellagio: Gärten der Villa Serbelloni u. Villa Melzi - Golf Villa d'Este (18-Lochpl.) in Montorfano **Restaurants** von 12.00 bis 14.30 u. von 19.30 bis 22.00 Uhr - Karte - Italienische Spezialitäten.

Wenn Sie vor der Einfriedung der *Villa d'Este* lediglich zu träumen vermögen, sollten Sie bis Moltrasio weiterfahren - es sind nur ein paar Kilometer. Denn hier wurde eine schöne Villa, deren Gebäude teils im Park und teils am Seeufer liegen, vollkommen umgestaltet. Im hinteren Teil entstand ein kleines Gebäude, das mit dem Stammhaus durch ein großes Atrium im Designstil verbunden ist und in dem sich die Rezeption befindet. Verbindungsgänge aus Metall führen zu den moderneren Gästezimmern. Wenn denen auch nichts vorzuwerfen ist, so empfehlen wir trotzdem die der *Villa Stucchi* mit Blick auf den Garten, und denjenigen, die es sich leisten können, das zum See hin offene *Romantica*. Die Salons mit bequemen Sofas und Zimmerpflanzen wirken sehr einladend. Von einem der beiden Restaurants blickt man auf das Schwimmbad und den künstlich angelegten Seestrand. Die Preise sind zwar interessant, aber man sollte wissen, daß das Hotel über mehrere Säle zum Abhalten von Seminaren verfügt, die dem Charme des Hauses Abbruch tun könnten.

Anreise (Karte Nr. 2): 7 km nördl. von Como.

LOMBARDEI

San Giorgio Hotel

Lago di Como
Tremezzo 22016 Lenno (Como) - Via Regina, 81
Tel. (0344) 40 415 - Fax (0344) 41 591
Sig.ra Cappelletti

Kategorie ★★★ **Geschlossen** von Oktober bis März **26 Zimmer** m. Tel., Bad od. Dusche, WC **Preise** HP u. VP: 130-160000 L (pro Pers., mind. 3 Üb.) - Frühst.: 20000 L, von 8.00 bis 11.00 Uhr **Kreditkarten** Amex, Visa, Eurocard, MasterCard **Verschiedenes** Hunde nicht erlaubt - Tennis (20000 L) - Parkpl. **Umgebung** Menaggio - Villa Carlotta in Tremezzo - Bellagio: Gärten der Villa Serbelloni und Villa Melzi - Golf (18 Lochpl.) in Grandola u. Uniti **Restaurant** für Hotelgäste: von 12.30 bis 13.30 u. von 19.30 bis 20.30 Uhr - Menü.

Das *San Giorgio* ist ein Familienunternehmen. Der Großvater der jetzigen Besitzerin ließ das große, weiße Gebäude errrichten, das sich mit dem kleinen, älteren Haus nebenan verbindet. Schon damals als Hotel konzipiert, war es leicht, im Laufe der Jahre den Komfort zu verbessern. Das Restaurant und der große Salon, beide mit Möbeln aus dem Familienbesitz eingerichtet (Sessel, Stühle, Sekretär aus dem 18./19. Jahrhundert) gehen direkt auf die Loggia und den Garten hinaus. Die Zimmer, mit Blick auf die Berge und die Bucht von Tremezzina, verfügen alle über einen Balkon. Sie sind groß und mit zweckmäßigen Bädern ausgestattet. Der sanft zum Seeufer abfallende Garten war früher ein Olivenhain. Heute blühen hier im Frühjahr Glyzinien und Magnolien, im Herbst füllt sich die Luft mit ölhaltigen Düften. Nur wenige Kilometer von den Bootsanlegern nach Tremezzo, Cadenabbio oder Menaggio (Überfahrten ans andere Ufer), ist dies der ideale Ausgangspunkt für eine Reise zu den italienischen Seen.

Anreise (Karte Nr. 2): 27 km nördl. von Como über die S 340, am linken Seeufer.

LOMBARDEI

Grand Hotel Victoria

Lago di Como
22017 Menaggio (Como)
Tel. (0344) 32 003 - Fax (0344) 32 992
Sig. Proserpio und Sig. Palano

Kategorie ★★★★ **Ganzj.** geöffn. **53 Zimmer** m. Tel., Bad od. Dusche, WC, Kabel-TV, Minibar; Aufzug
Preise EZ u. DZ: 145-175000 L, 220-260000 L; Suiten: 370000 L - Frühst.: 25000 L (Buffet), von 7.30 bis 11.00 Uhr - HP: + 55000 L (pro Pers.) **Kreditkarten** akzeptiert **Verschiedenes** Hunde erlaubt - Schwimmb. - Parkpl. **Umgebung** Panoramastraße von Menaggio nach Lugano - Villa Carlotta in Tremezzo - Lugano - Golf (18 Lochpl.) in Grandola u. Uniti **Restaurant** von 12.30 bis 14.00 u. von 19.30 bis 22.00 Uhr - Menü: 60000 L - Karte - Internationale Spezialitäten.

Inmitten eines wundervollen Parks liegt das *Grand Hotel Victoria* dem Comer See gegenüber. Der 1886 im Stil der Jahrhundertwende erbaute Palast bietet mit großen Salons, Parkettböden und Stuckdecken eine ruhige und harmonische Atmosphäre. Die Mahlzeiten werden bei schönem Wetter auf der Terrasse serviert, die dem See gegenüberliegt und von einem großen, gestreiften Zeltdach Sonnenschutz erhält. Die neu gestalteten Zimmer haben das an Komfort hinzugewonnen, was sie möglicherweise an persönlichem Stil eingebüßt haben. Für ein Zimmer mit Ausblick werden zusätzliche 15000 L pro Tag verlangt. Angenehmer Empfang.

Anreise (Karte Nr. 2): 35 km nördl. von Como über die S 340, am linken Seeufer.

LOMBARDEI

Hotel Stella d'Italia

Lago di Lugano
San Mamete 22010 Valsolda (Como)
Piazza Roma, 1
Tel. (0344) 68 139 - Fax (0344) 68 729 - Sig. Ortelli

Kategorie ★★★ **Geschlossen** von November bis März. **35 Zimmer** m. Tel., Dusche od. Bad, WC, Kabel-TV; Aufzug **Preise** EZ u. DZ: 85000 L, 165-195000 L - Frühst. inkl., von 7.30 bis 10.00 Uhr - HP: 110-130000 L (pro Pers., mind. 3 Üb.) **Kreditkarten** akzeptiert **Verschiedenes** Kleine Hunde erlaubt - Privatstrand - Garage (10000 L) **Umgebung** Villa Favorita - Panoramastraße von Menaggio nach Lugano - Lugano - Villa Carlotta in Tremezzo - Golf in Grandola (18-Lochpl.) und Uniti **Restaurant** von 12.30 bis 14.00 u. von 19.30 bis 21.00 Uhr - Menü: 35000 L - Karte - Spezialitäten: Pesce del lago - Pasta.

San Mamete ist eines dieser hübschen kleinen Dörfchen am Luganer See. Das *Stella d'Italia*, seit drei Generationen im Besitz der Familie Ortelli, besteht aus einem Haupt- und einem Nebengebäude. Die Zimmer sind renoviert, die angenehmsten haben große Flügeltüren zum See. Der Garten direkt am Ufer ist phantastisch. Eine eindrucksvolle Laube aus Rosen und wildem Wein lädt zum Frühstücken ein, der kleine Strand zum Baden oder Sonnen. Die Umgebung und das Panorama sind superbe, die Preise moderat, und der Empfang ist sympathisch.

Anreise (Karte Nr. 2): 42 km nördl. von Como über die A 9, Ausf. Lugano-Süd, dann S 340, am nördlichen Seeufer.

LOMBARDEI

Villa Giulia Al Terrazzo

Lago di Como
23868 Valmadrera (Lecco)
Via Parè, 73
Tel. (0341) 58 31 06 - Fax (0341) 20 11 18

Kategorie ★★★ **Ganzj.** geöffn. **12 Zimmer** m. Tel., Dusche, WC, TV (10 m. Minibar) **Preise** EZ u. DZ: 105000 L, 185000 L; Suiten: 225000 L - Frühst. (Buffet): 18000 L, von 7.00 bis 10.30 Uhr - HP u. VP: 160000 L, 180000 L (pro Pers., mind. 3 Üb.) **Kreditkarten** akzeptiert **Verschiedenes** Hunde erlaubt - Parkpl. **Umgebung** Lecco (auf den Spuren von Manzoni, Villa Manzoni); Gärten der Villa Monastero Mornico; von Lecco bis Como über Erba (Basilik San Pietro al Monte) **Restaurant** 12.30 u. 19.30 Uhr - Menüs: 70-90000 L - Karte - Spezialitäten: insalata di gamberi e asparagi mimosa - Tagliolini freschi con gamberi aromatizzati al curry - Prosciutto d'anatra con finocchio e acquadelle - Croccantino stelato all' anice - Crema di vaniglia dorata

Ein gutes, nicht überlaufenes Haus am Ufer des Comer Sees. *Villa Guilia* stammt aus dem späten 18. Jahrhundert, liegt am Comer See, der hier Lago di Lecco heißt, und ist vor allem wegen ihres Restaurants bekannt. Wenn man mit der Küche des Hauses auf der großen Terrasse mit Blick auf den See Bekanntschaft macht, ist man eigentlich schon sehr zufrieden. Die behaglichen, komfortablen Zimmer erlauben allerdings, dieses Pläsier noch zu erhöhen, denn die Servicequalität und die liebenswürdige Betreuung sind sehr angenehm. Eine wirklich sympathische Ausweichadresse, aber auch ein idealer Aufenthaltsort für diejenigen die die italienischen Seen näher kennenlernen möchten.

Anreise (Karte Nr. 2): 56 km nördl. von Mailand über die Schnellstraße Rtg. Lecco.

LOMBARDEI

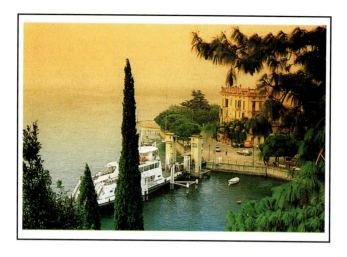

Hotel Olivedo

Lago di Como
Piazza Martiri de la Liberta', 4
22050 Varenna (Lecco)
Tel. (0341) 83 01 15 - Fax (0341) 83 01 15 - Sig.ra Laura Colombo

1998

Kategorie ★★ **Geschlossen** von Oktober bis 15. Dezember **15 Zimmer** (6 m. Bad od. Dusche) **Preise** 90-105000 L (ohne Bad), 100-150000 L (m. Bad) - Frühst. inkl., von 8.30 bis 10.30 Uhr - HP: 85-90000 L (ohne Bad) u. 100-110000 L (m. Bad) pro Pers. **Kreditkarten** Visa, Eurocard, MasterCard **Verschiedenes** Hunde erlaubt - Parkpl. **Umgebung** Varenna: Gärten derVilla Monastero Mornico, (April-Oktober) - Lecco (Villa Manzoni) - Comer-See **Restaurant** von 12.30 bis 14.00, von 19.30 bis 21.00 - Menü: 40000 L. Spezialitäten: Pesce di lago, antipasti i dolci fatti in casa.

Am schönsten ist es, in Varenna mit der Fähre anzukommen; die nimmt man in Menaggio oder Bellagio, überquert den See und entdeckt dann die kleinen, bunten Häuser, die bis ans Ufer reichen. Das Hotel liegt dem Pier gleich gegenüber. Auf der schattigen Terrasse warten einige Touristen auf die Fähre zwecks Rückfahrt. *Olivedo* ist ein edles Haus mit grünen Fensterläden, in dem alles einfach, aber sehr gepflegt ist. Man braucht nur einen Blick ins Restaurant mit seinen geschmackvoll gedeckten Tischen oder in das kleine, ganz und gar charmante Bistrot zu werfen. Die Zimmer sind tadellos, und Laura freut sich über ihre Wäsche-Spezialistinnen, die es noch verstehen, dieselbe zu stärken. Der Komfort der Zimmer ist allerdings unterschiedlich, denn nicht alle haben ein eigenes Bad, und das Mobiliar ist veraltet. Deshalb sollte man die mit Blick auf den See reservieren. Ein unprätentiöses, besonders sympathisches Hotel in einem von Touristen ein wenig vernachlässigten Dorf - was kein Nachteil ist.

Anreise (Karte Nr. 2): 50 km von Como.

LOMBARDEI

Villa Simplicitas e Solferino

22028 San Fedele d'Intelvi (Como)
Tel. (031) 83 11 32
C. Castelli

Kategorie ★★ **Geschlossen** von November bis März **10 Zimmer** m. Dusche, WC **Preise** HP u. VP: 115-150000 L (pro Pers.) **Kreditkarten** nicht akzeptiert **Verschiedenes** Hunde erlaubt (Zuschlag) - Parkpl. **Umgebung** Cernobbio - Kirche von Sala Comacina - Isola Comacina - Val d'Intelvi: Lanzo d'Intelvi - Drahtseilbahn (verb. Aussichtspunkt di Lanzo mit Santa Margherita am Ufer des Luganer Sees - Lugano **Restaurant** von 12.30 bis 14.30 u. von 20.30 bis 22.00 Uhr - Menüs: 40-55 000 L - Karte - Regionale Spezialitäten.

Einer der schönsten Flecken in dieser Seenlandschaft, wo Berge und üppige Vegetation die Buchten des Comer Sees begrenzen, ist das Intelvi-Tal. Eine romantische Landschaft, die die Erinnerung an Manzonis *Die Verlobten* wachruft und an den jungen Visconti, der, von seiner Mutter begleitet, oft hierher kam ... Die *Villa Simplicitas* ist ein von Weiden und hundertjährigen Kastanien umgebenes großes Landhaus. Das Innere bietet bis ins kleinste Detail den Anblick eines Landsitzes aus dem frühen 19. Jahrhundert: Schäferidyllen, Thonet-Sessel, Deckchen auf den kleinen Tischen, Stiche - und dies mit der "Patina" des Authentischen. Die Zimmer sind hübsch mit Nußbaummöbeln eingerichtet, die Wände schön gestaltet. Die Küche, Obst und Gemüse aus eigenem Anbau verwendend, ist sehr gut. Die Mahlzeiten werden im Sommer in einem großen, offenen Restaurant, im Herbst im kleinen Speiseraum vor dem Kamin eingenommen.

***Anreise** (Karte Nr. 2): 30 km nördl. von Como über die S 340, auf dem linken Seeufer bis Argegno, dann links Rtg. San Fedele Intelvi.*

LOMBARDEI

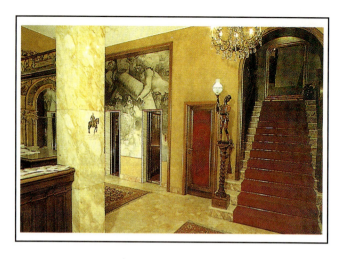

Albergo San Lorenzo

46100 Mantova
Piazza Concordia, 14
Tel. (0376) 22 05 00 - Fax (0376) 32 71 94 - Sig. Tosi
E-mail: hotel@hotelsanlorenzo.it - Web: http://www.hotelsanlorenzo.it

Kategorie ★★★★ **Ganzj.** geöffn. **39 Zimmer** m. Klimaanl., Tel., Bad od. Dusche, WC, Kabel-TV, Minibar; Aufzug **Preise** EZ u. DZ: 125-250000 L, 150-300000 L; Suiten: 150-3500000 L - Frühst. inkl., von 7.00 bis 10.00 Uhr **Kreditkarten** akzeptiert **Verschiedenes** Hunde nicht erlaubt - Garage (20000 L) **Umgebung** Mantova: Piazza Sordelo, Duomo, Palazzo Ducale, Piazza delle Erbe, S. Andrea - Sabbioneta - Verona **Kein Restaurant** im Hotel (siehe unsere Restaurantauswahl S. 459).

Mitten in der Fußgängerzone, nur ein paar Schritte vom Duomo und Palazzo Ducale entfernt, liegt die *Albergo San Lorenzo* geradezu ideal, um die ausgesprochen großbürgerliche Stadt Mantova zu besichtigen. Alte Möbel und Rokoko-Dekor, geräumige Zimmer und behagliche Salons charakterisieren dieses Hotel. Auf dem Dach wurde eine hübsche Terrasse eingerichtet, auf der man auch frühstücken kann. Der diskrete Service und die Tatsache, daß das Hotel über kein Restaurant verfügt, machen das *San Lorenzo* zu einem sehr erholsamen Ort. Die unleugbar schöne Stadt Mantova bietet zudem den Vorteil, von Touristen im Sommer wenig besucht zu werden.

Anreise (Karte Nr. 9): 62 km nordöstl. von Parma über die S 343.

LOMBARDEI

Il Leone

46030 Pomponesco (Mantova)
Piazza IV Martiri, 2
Tel. (0375) 86 077 - Fax (0375) 86 770
Famiglia Mori

Kategorie ★★★ **Geschlossen** vom 27. Dezember bis 26. Januar **8 Zimmer** (DZ m. Klimaanl.), Tel., Dusche, WC, Minibar **Preise** EZ u. DZ: 100000 L, 135000 L - Frühst.: 15000 L, von 8.00 bis 10.00 Uhr - HP u. VP: 135-145000 L, 155-165000 L (+ 15000 L im EZ) (pro Pers., mind. 3 Üb.) **Kreditkarten** akzeptiert **Verschiedenes** Kleine Hunde erlaubt - Schwimmb. **Umgebung** Kirche Viadana - Kirche Villa Pasquali - Sabbioneta - Mantova - Parma **Restaurant** von 12.00 bis 14.00 u. von 20.00 bis 22.00 Uhr - So abends und Mo geschl. - Karte - Spezialitäten: Salumeria - Ravioli al zucca - Tartufi - Risotto - Zabaione e semi-freddo.

In Pomponesco, am Ufer des Po, liegt dieser ehemalige Wohnsitz der Familie de Gonzague. Hinter seiner schlichten Fassade verbergen sich ein Patio und ein sehr angenehmer Pool. Die Salons beeindrucken durch das Mobiliar und die Höhe der Decken: eine verfügt über wundervolle Fresken. Die Zimmer in diesem bemerkenswerten Gasthaus sind groß und komfortabel; wählen sollten Sie die mit Blick aufs Schwimmbad. Das Frühstück ist reichhaltig, die Küche tadellos, das Risotto unvergeßlich. Der Weinkeller bietet eine große Auswahl internationaler Weine.

Anreise (Karte Nr. 9): 32 km nordöstl. von Parma über die S 62 bis Viadana, dann links Rtg. Pomponesco.

LOMBARDEI

Four Seasons Hotel

20121 Milano
Via Gesù, 8
Tel. (02) 77 088 - Fax (02) 77 08 5000
Sig. V. Finizzola

Kategorie ★★★★★ **Ganzj.** geöffn. **70 Zimmer** u. 28 Suiten m. Klimaanl., Tel., Bad, WC, Safe, Satelliten-TV, Minibar; Aufzug **Preise** EZ u. DZ: 726-869000 L, 852-995000 L; Suiten: 1094-5390000 L - Frühst.: 45000 L (Brunch), von 7.00 bis 10.30 Uhr **Kreditkarten** akzeptiert **Verschiedenes** Kleine Hunde erlaubt - Fitnessclub - Garage (75000 L) **Umgebung** Mailand: Dom, Museum La Brera, La Scala - Abtei Chiaravalle - Villa Reale in Monza - Abtei Viboldone - Comer-See - Piazza Ducale in Vigevano - Kartause von Pavia - Golf al Parco di Monza (9- und 18-Lochpl.) **Restaurant** *La Veranda*: von 11.30 bis 23.00 Uhr - Menü: 75000 L - Karte - *Il Teatro*: von 19.30 bis 23.30 Uhr - So u. 1.-20. August geschl. - Menü: 90000 L - Regionale Spezialitäten.

Eine superbe Oase in jenem Dreieck, das von Mode und Kultur beherrscht wird: Via Montenapoleone, Via della Spiga, Sant'Andrea. Das *Four Seasons* befindet sich in einem ehemaligen Franziskanerkloster aus dem 15. Jahrhundert, das glücklicherweise seinen Kreuzgang und seine Kolonnade sowie einige Fresken bewahren konnte. Alles ist sehr luxuriös und diskret. Die Zimmer sind geräumig und von eleganter Schlichtheit; Fortuny-Stoffe in bleichen Tönen, speziell für das Hotel entworfene Sykomore-Möbel, Badezimmer ganz aus Marmor. Alles ist komfortabel, gedämpft und sehr ruhig, denn die meisten Zimmer gehen auf den Kreuzgang. Der Roomservice ist rund um die Uhr gewährleistet: wenn Sie nach einem in der Scala verbrachten Abend im Zimmer zu dinieren wünschen, brauchen Sie nur auf die Klingel zu drücken. Außerdem: zwei Restaurants mit raffinierter, hervorragender Küche. Traumhaft.

Anreise *(Karte Nr. 2): Im Zentrum der Stadt.*

LOMBARDEI

Excelsior Hotel Gallia

20124 Milano
Piazza Duca d'Aosta, 9
Tel. (02) 67 851 - Fax (02) 66 713 239
Sig. Occhiolini

Kategorie ★★★★ **Ganzj.** geöffn. **237 Zimmer** m. Tel., Bad, WC, TV, Minibar **Preise** EZ u. DZ: 380-440000 L, 460-510000 L; Suiten: 700-1300000 L - Frühst.: 26-38000 L (Brunch), von 7.00 bis 10.30 Uhr **Kreditkarten** akzeptiert **Verschiedenes** Hunde nicht erlaubt - Parkpl. (40000 L) **Umgebung** Mailand: Dom, Museum La Brera, La Scala - Abtei von Chiaravalle - Villa Reale in Monza - Abtei von Viboldone - Comer-See - Piazza Ducale in Vigevano - Kartause von Pavia - Golf al Parco di Monza (9- und 18-Lochpl.) **Restaurant** von 12.30 bis 14.30 u. von 19.30 bis 22.30 Uhr - Menü: 80000 L - Karte.

Das *Excelsior Hotel Gallia* liegt dem Bahnhof gegenüber und gehört zu den Institutionen Mailands. In den dreißiger Jahren erbaut und kürzlich restauriert, strahlt seine Inneneinrichtung Luxus und Behaglichkeit aus. Die modernen Salons sind sehr geschmackvoll gestaltet. Den gleichen raffinierten Komfort findet man in den Zimmern vor, die im Stil der dreißiger, bzw. fünfziger Jahre oder sehr modern ausgestattet sind. Eine exzellente Küche (sie zählt zu den besonders guten Adressen Mailands!) und ein tadelloser Empfang erwarten die Gäste. Nachtschwärmern steht *Le Baboon* für ein letztes Glas bei ausgezeichneter Musik (Klavier) zur Verfügung. Ein großes klassisches Hotel in einer Stadt, in der es nicht leicht ist, eine Unterkunft zu finden.

Anreise (Karte Nr. 2): dem Bahnhof gegenüber.

LOMBARDEI

Grand Hotel Duomo

20121 Milano
Via San Raffaele, 1
Tel. (02) 88 33 - Fax (02) 864 620 27 - Sig. Gnoni
E-mail: hduomores@telemacus.it - Web: http://www.duomohotel.it

Kategorie ★★★★★ **Ganzj.** geöffn. **153 Zimmer** m. Klimaanl., Tel., Bad, WC, Kabel-TV, Minibar, Safe; Aufzug **Preise** EZ u. DZ: 340-410000 L, 480-570000 L; Suiten: 740-900000 L - Frühst. inkl., von 7.00 bis 11.00 Uhr **Kreditkarten** akzeptiert **Verschiedenes** Hunde erlaubt - Garage (Fuhrmann, 70000 L) **Umgebung** Veranstaltungen in Mailand: Eröffnung am 7. Dez. der Opernsaison in der Scala, Piccolo Teatro di Milano, Triennale von Mailand (Kunstgewerbe, moderne Architektur ...) - Abtei Chiaravalle - Villa Reale in Monza - Abtei Viboldone - Comer-See - Piazza Ducale in Vigevano - Kartause von Pavia - Golf al Parco di Monza (9- und 18-Lochpl.) **Restaurant** von 12.30 bis 14.30 u. von 19.30 bis 23.00 - Menü: 70-90000 L - Karte.

Das *Duomo* ist das traditionelle Grand Hotel Mailands. Seine Lage dem Dom gegenüber hat zu seiner Berühmtheit beigetragen. Wenn die Salons und die Rezeption noch immer den modernistischen Stil der fünfziger Jahre aufweisen, dem es im übrigen nicht an Klasse mangelt, so entspricht die Ausstattung der Zimmer den Anforderungen von heute. Sie sind geräumig und elegant, verfügen ausnahmslos über sehr guten Komfort und exzellenten Service. Die Suiten sind ihrerseits regelrechte Maisonnetten und bieten Aussicht auf den Dom. Im Winter werden das Frühstück und die anderen Mahlzeiten im großen Restaurant serviert: Arkadenfenster und Blick auf den Platz. Sobald das Wetter schön zu werden beginnt, kann man auf der Panoramaterrasse speisen, wo die Türme und gotischen Spitzen des marmornen Doms greifbar nahe sind.

Anreise *(Karte Nr. 2): Piazza del Duomo.*

LOMBARDEI

Hotel Pierre Milano

20123 Milano
Via de Amicis, 32
Tel. (02) 720 005 81 - Fax (02) 805 2157

Kategorie ★★★★★ **Geschlossen** im August **49 Zimmer** m. Tel., Bad, WC, Satelliten-TV, Minibar
Preise EZ u. DZ: 230-350000 L, 390-550000 L; Suiten: 7390-800000 L - Frühst.: 22-35000 L (Brunch), von 7.00 bis 10.30 Uhr **Kreditkarten** akzeptiert **Verschiedenes** Hunde auf Anfr. erlaubt - Parkplatz (Fuhrmann) **Umgebung** Veranstaltungen in Mailand: Eröffnung am 7. Dez. der Opernsaison in der Scala, Piccolo Teatro, Triennale von Mailand (Kunstgewerbe, moderne Architektur...), Flohmarkt Lungo i Navigli, am letzten So des Monats - Abtei Chiaravalle - Villa Reale in Monza - Abtei Viboldone - Comer-See - Piazza Ducale in Vigevano - Kartause von Pavia - Golf al Parco di Monza (9- und 18-Lochpl.) **Restaurant** *Petit Pierre* ; von 12.30 bis 14.30 u. von 19.30 bis 22.30 Uhr - Menü: 50-70000 L - Karte - Italienische Spezialitäten.

Wenn Sie im *Pierre Milano* wohnen, das in unmittelbarer Nähe des Ticinese-Viertels gleich hinter der Via Lanzone und der Via del Torchio mit zahlreichen Antiquitäten- und Kunsthandwerksgeschäften liegt, werden Sie diese große Stadt, die das Herzstück der italienischen Modernität ist, besonders schätzen lernen. Auch wenn ein Besuch der Gemäldegalerie Brera wegen Mantegnas *Beweinung Christi* unumgänglich ist, so ist der Besuch der Läden und Galerien, die die letzten Kreationen des italienischen Design anbieten, ein Must. Dieses Hotel ist ein Kondensat jenes Mailänder Geistes, in dem sich die Tradition mit modernem Dekor und überfeinertem technologischem Komfort verbindet. Die Zimmer sind höchst modern und funktionell. Auch der Service ist perfekt. Die Piano-Bar mit ihrem eleganten Ambiente ist abends ein beliebter Aperitif-Treffpunkt, aber auch für einen *dopo-cena*-Drink läßt man sich hier gerne nieder.

Anreise (Karte Nr. 2): Stadtviertel Ticinese.

LOMBARDEI

Hotel Diana Majestic

20129 Milano
Viale Piave, 42
Tel. (02) 29 51 34 04 - Fax (02) 20 10 72

Kategorie ★★★★ **Ganzj.** geöffn. **94 Zimmer** m. Tel., Bad, WC, TV, Minibar; Aufzug **Preise** EZ u. DZ: 291500-430000 L, 401500-560000 L - Frühst.: 31-46200 L **Kreditkarten** akzeptiert **Verschiedenes** Kleine Hunde erlaubt - Parkpl. **Umgebung** Milano: Duomo, Museum La Brera, La Scala - Abtei Chiaravalle - Villa Reale in Monza - Abtei Viboldone - Comer-See - Piazza Ducale in Vigevano - Kartause von Pavia - Golf al Parco di Monza (9- und 18-Lochpl.) **Restaurant** *La Veranda* im Sommer - von Mo bis Fr - von 13.00 bis 14.30 u. von 19.30 bis 23.00 Uhr (siehe unsere Restaurantauswahl S. 455-458).

Es erstaunt etwas, das *Diana Majestic* nicht öfter in den Listen guter Mailänder Hotels zu finden. Das in guter Lage am Ende des Corso Venezia gelegene Haus hat zu seiner alten Pracht zurückgefunden. Einfühlsam restauriert, sind Architektur und Liberty-Elemente erhalten geblieben: zu ebener Erde der kleine Rezeptions-Salon, mit Ledersesseln aus den dreißiger Jahren möbliert, gefolgt vom großen runden, mit Korbmöbeln eingerichteten Salon, der auf den Garten hinausgeht. Dieser Garten ist der letzte Überrest jener Landschaft, die früher bereits an der Porta Venezia begann. Im April bildet eine immense Glyzinie eine blühende Laube. Man bedauert, daß das Restaurant (noch) nicht von diesem superben Anblick profitiert. Die Statue der Jagdgöttin Diana erinnert daran, daß hier die erste öffentliche italienische Badeanstalt für Frauen, das "Dianabad", eröffnet wurde. In den Zimmern wurde die ursprüngliche Ausstattung bewahrt, Einrichtungen neueren Datums sollen nur den Komfort erhöhen. *Diana Majestic* ist *das* Hotel mit Charme in Mailand.

Anreise *(Karte Nr. 2): In der Nähe des Corso Venezia.*

LOMBARDEI

Hotel Spadari al Duomo

20123 Milano
Via Spadari, 11
Tel. (02) 720 023 71 - Fax (02) 861 184

Kategorie ★★★★ **Ganzj.** geöffn. **40 Zimmer** u. 2 Suiten, m. Klimaanl., Tel., Bad, WC, Kabel-TV, Minibar; Aufzug **Preise** EZ u. DZ: 320-360000 L, 360-420000 L - Frühst.: 25-30000 L **Kreditkarten** akzeptiert **Verschiedenes** Hunde nicht erlaubt - Parkplatz (Fuhrmann) **Umgebung** Veranstaltungen in Mailand: Eröffnung am 7. Dez. der Opernsaison in der Scala, Piccolo Teatro, Triennale von Mailand (Kunstgewerbe, moderne Architektur ...), Abtei Chiaravalle - Villa Reale in Monza - Abtei Viboldone - Comer-See - Piazza Ducale in Vigevano - Kartause von Pavia - Golf al Parco di Monza (9- und 18-Lochpl.) **Kein Restaurant** im Hotel (siehe unsere Restaurantauswahl S. 455-458).

Mit dem Dom als Nachbar und Erkennungszeichen wird die Anfahrt zum *Spadari* all die beruhigen, bei denen das Zentrum von Mailand Streß auslöst. Die Feinschmecker werden sich gleich in die benachbarten Läden von Speck - dem Mailänder Fauchon oder Käfer - begeben. Zuzüglich zu allen Vorteilen, die ein Vier-Sterne-Hotel bietet, besitzt dieses ein Ambiente, das den Besitzern, die leidenschaftlich moderne Kunst sammeln, zu verdanken ist. Alle Räumlichkeiten wurden derart umgestaltet, daß die Werke der jungen Künstler (Mailänder Schule), deren Fresken, Skulpturen und Bilder in den Empfangsräumen präsentiert werden, gut zur Wirkung kommen. Von Ugo La Pietrav im postmodernen Stil speziell entworfene Möbel und abstrakte Gemälde dekorieren auf unaufdringliche Art die Gästezimmer, die eine klassische Atmosphäre bewahrt haben. Die Bäder sind sehr modern. Von einer der Suiten im Obergeschoß blickt man auf die Spitzen des Doms. Eine Adresse für Liebhaber und Neugierige.

Anreise (Karte Nr. 2): In der Nähe des Doms.

LOMBARDEI

Hotel de la Ville

20121 Milano
Via Hoepli, 6
Tel. (02) 86 76 51 - Fax (02) 86 66 09 - Sig. Nardiotti
E-mail: de.la.ville@italyhotel.com

Kategorie ★★★★ **Ganzj.** geöffn. **109 Zimmer** m. Tel., Bad, WC, Kabel-TV, Minibar; Aufzug **Preise** EZ u. DZ: 350000 L, 460000 L; Suiten: 1000000 L - Frühst. inkl. **Kreditkarten** akzeptiert **Verschiedenes** Kleine Hunde erlaubt - Parkpl. (60000 L) **Umgebung** Mailand: Dom, Museum La Brera, La Scala - Abtei Chiaravalle - Villa Reale in Monza - Abtei Viboldone - Comer-See - Piazza Ducale in Vigevano - Kartause von Pavia - Golf al Parco di Monza (9- u. 18-Lochpl.) **Restaurant** *Le Canova* (siehe unsere Restaurantauswahl S. 455-458).

Das ideal im Geschäfts- und Einkaufsviertel, aber auch unweit des Domes und der Scala gelegene *Hotel de la Ville* ist eine elegante Adresse. Für die Ausstattung wurden ausschließlich Pastelltöne verwandt. In den Salons und im Rauchzimmer kommen die Farben Rosa und Blau besonders raffiniert zum Ausdruck. Die sehr komfortablen Zimmer verfügen ebenfalls über eine gepflegte Einrichtung, und ihre Wandbespannungen sind auf die Tagesdecken und die Vorhänge abgestimmt. Die geräumigeren Suiten bieten zudem einen Blick auf die Spitzen de Domes. Kein Restaurant im Hotel. Wenn Sie in der Nähe bleiben möchten, können Sie im nahegelegenen *Le Canova* dinieren.

Anreise *(Karte Nr. 2): Zwischen der Piazza S. Babila und der Piazza della Scala.*

LOMBARDEI

Antica Locanda dei Mercanti

Via San Tomaso, 6
20123 Milano
Tel. (02) 805 40 80 - Fax (02) 805 40 90
Sig.ra Paola Ora

Kategorie ★★★ **Ganzj.** geöffn. 10 Zimmer m. Tel., Dusche, WC, (3 m. TV) **Preise** EZ: 150000 L, DZ: 180000 L, Suite: 220-250000 L - Frühst.: 10000 L, von 7.00 bis 10.00 Uhr **Kreditkarten** Visa, Eurocard, MasterCard **Verschiedenes** Hunde nicht erlaubt **Umgebung** Mailand: Duomo, Teatro alla Scala, Pinacoteca di Brera, Piccolo Teatro di Milano - Abtei Chiaravalle - Villa Reale in Monza - Comer-See - Certosa di Pavia - Golf (9- und 18-Lochpl.) in Parco di Monza **Kein Restaurant** im Hotel (siehe unsere Restaurantauswahl S. 455-458).

Der Charme von Mailand hat auch mit dem Luxus dieser Stadt zu tun. Die Eröffnung dieses kleinen Hotels löst nicht etwa das Problem, eine hübsche Adresse zu finden, ohne sich zu ruinieren; es ist aber genau das, was den italienischen Städten sehr fehlt. *Antica Locanda* liegt im Viertel der Scala und nimmt den zweiten Stock eines alten Gebäudes ein. Man muß etwas aufpassen, denn es gibt keinerlei Aushängeschild, sondern nur den Namen an der Schelle des Hauses. Die zehn Gästezimmer sind hübsch gestaltet; die Bäder sind zwar klein, reichen aber aus, und die Ruhe ist vollkommen. Das Frühstück wird auf dem Zimmer serviert, denn es gibt nur eine kleine Rezeption, keinen Salon und ein Minimum an Service. Darüber beklagen wir uns aber nicht, sondern sind froh, endlich ein Hotel mit Charme zu einem annehmbaren Preis gefunden zu haben. Und aufgrund dieses Preis-Leistungsverhältnisses ist *Antica Locanda dei Mercanti* eine Adresse mit Seltenheitswert.

Anreise *(Karte Nr. 2): im Scala-Viertel. Parkplatz in der Nähe; Information im Hotel.*

LOMBARDEI

Hotel de la Ville

20052 Monza (Milano)
Viale Regina Margherita, 15
Tel. (039) 382 581 - Fax (039) 367 647
Sig. Nardi

Kategorie ★★★★ **Geschlossen** im August u. vom 24. Dezember bis 5. Januar **55 Zimmer** m. Klimaanl., Tel., Bad, WC, Kabel-TV, Safe, Minibar; Aufzug **Preise** EZ u. DZ: 240-270000 L, 350000 L - Frühst. 27000 L **Kreditkarten** akzeptiert **Verschiedenes** Hunde nicht erlaubt **Umgebung** in Monza, Dom, Villa Reale m. Park - Mailand - Golf al Parco di Monza (9- u. 18-Lochpl.) **Restaurant** "Derby Grill": von 19.30 bis 22.00 Uhr - Sa mittags u. So mittags geschl. - Karte: 60-90000 L.

Monza ist selbstverständlich wegen seines Grand-Prix des Formel-1-Rennens bekannt, aber auch für seinen kleinen neoklassischen Palast, der von Erzherzog Ferdinand von Österreich als Landsitz gebaut wurde, als er Gouverneur der Lombardei war. Eugène de Beauharnais ließ hier später einen herrlichen Park anlegen, der einen Besuch lohnt. Das *Hotel de la Ville* liegt genau der *Villa Reale* gegenüber. Es ist ein kleines Luxushotel, das von der Familie Nardi seit mehreren Generationen geführt wird. Eleganz, Raffinement und Komfort definieren auf treffende Art dieses Haus, in dem auf Gastfreundschaft ebenso großer Wert gelegt wird wie in einem Privathaus. Die Mahagonimöbel, die chinesischen Keramiken und die Beleuchtung schaffen eine plüschige, angelsächsische Atmosphäre. Der Service ist unaufdringlich, aber stets präsent. Ein Hotel mit Stil, das Beachtung verdient, weil es nur 15 Kilometer von Mailand entfernt liegt.

Anreise (Karte Nr. 2): 15 km nordöstl. von Mailand.

LOMBARDEI

Albergo Madonnina

Ligurno 20050 Cantello (Varese)
largo Lanfranco da Ligurno, 1
Tel. (0332) 417 731 - Fax (0332) 418 403
Famiglia Limido

Ganzj. geöffn. **14 Zimmer** m. Tel., Bad, WC, TV **Preise** EZ u. DZ: 118000 L, 157000 L - Frühst.: 16000 L - HP: 163000 L (pro Pers.) **Kreditkarten** akzeptiert **Verschiedenes** Hunde nicht erlaubt - Parkpl. **Umgebung** Comer-See; Lago Maggiore; Varese-See; Sanktuarium Sacro Monte und Monte Campo dei Fiori (Aussicht), Castiglione Olona (Chiesa di Villa, Stift, Baptisterium); Castelseprio (Fresken der Kirche S. Maria Foris Portas) **Restaurant** von 12.30 bis 14.00 u. von 19.30 bis 21.30 Uhr - Mo geschl. - Menüs: 55-75000 L - Regionale Spezialitäten.

Cantello ist ein kleines Dorf auf dem Land und liegt zwischen dem Comer See und dem Lago Maggiore einige Kilometer von Varese entfernt. *Albergo Madonnina* verdankt ihr Renommee hauptsächlich dem Restaurant, insbesondere aber ihren Spargel-Frühjahrsmenüs. In anderen Jahreszeiten werden Gerichte "nach Themen" angeboten, die anderen lokalen Produkten eine besondere Ehre erweisen. Diese ehemalige, von üppiger Vegetation bewachsene und umgebene Postwechselstation bietet aber auch einige Gästezimmer an. Die befinden sich u.a. im Stammhaus, das wir aus dem Grund bevorzugen, weil sich in der Dependance auch der Speiseraum für Empfänge befindet. Die Einrichtung ist schlicht und elegant und läßt die Architektur des Hauses zur Geltung kommen; den überall verbreiteten gepflegten Komfort schätzt man vor allem in den Bädern. Eine raffinierte Feinschmecker-Adresse in einer Gegend, die viele Sehenswürdigkeiten bietet.

Anreise (Karte Nr. 2): 9 km von Varese.

LOMBARDEI

Albergo del Sole

20076 Maleo
Via Trabattoni, 22
Tel. (0377) 58 142 - Fax (0377) 45 80 58
Sig. Colombani

Kategorie ★★★★ **Geschlossen** im Januar u. August - So abends u. Mo **8 Zimmer** m. Tel., Bad od. Dusche, WC, TV, Minibar **Preise** EZ u. DZ: 160000 L, 2600000 L; Appart. (4 Pers.): 360000 L - Frühst. inkl. - VP: 280000 L (pro Pers., mind. 3 Üb.) **Kreditkarten** akzeptiert **Verschiedenes** Hunde erlaubt - Parkpl. **Umgebung** Cremona - Piacenza - Kartause von Pavia **Restaurant** von 12.15 bis 14.15 u. von 20.15 bis 21.45 Uhr - So abends u. Mo geschl. geschl. - Menü: 60-90000 L - Karte - Spezialitäten: Spaghetti con pomodori, olive e cappri - Fegato di vitello all'uva - Pesce.

Wo die Adda- und die Po-Ebene sich vereinen, etwa 60 Kilometer von Mailand entfernt, liegt der bekannte Ort Maleo. Bisher war es üblich, in der *Albergo Del Sole* einzukehren, um sich von der ausgezeichneten lombardischen Küche des Franco Colombani verwöhnen zu lassen. Und hinterher machte man sich auf die Suche nach einer Unterkunft. Um nun auch Gäste zufriedenzustellen, die die Gaumenfreuden gerne noch etwas verlängern möchten, haben Silvano und Franco einige Zimmer eingerichtet und so die Tradition dieser alten Postkutschenstation wiederaufgenommen. Die Zimmer sind von schlichter Eleganz und komfortabel. Ein gastronomisches Must und ein angenehmes Wochenendquartier für jene, die Cremone oder die Kartause von Pavia besichtigen möchten.

Anreise (Karte Nr. 9): 60 km nördl. von Mailand über die A 1, Ausf. Piacenza-Nord, Rtg. Codogno, dann 5 km bis Maleo.

LOMBARDEI

Hotel Colonne

Via Fincarà, 37
Sacro Monte 21100 Varese
Tel. (0332) 224 633- Fax (0332) 821 593

1998

Kategorie ★★★★ **Ganzj.** geöffn. (außer im Januar) **10 Zimmer** m. Tel., Bad, WC, Satelliten TV, Minibar **Preise** EZ: 130-150000 L, DZ: 200000 L - Frühst.: inkl., von 7.30 bis 10.00 Uhr **Kreditkarten** Visa, Eurocard, MasterCard **Verschiedenes** Hunde nicht erlaubt **Umgebung** Santuario von Santa Maria del Monte - Monte Campo dei Fiori (Panorama) - Varese-See - Lugano-See - Castiglione Olona **Restaurant** von 12.30 bis 14.30 u. von 19.45 bis 22.00 Uhr - Di geschl. - Menü - Karte.

Das *Colonne* liegt auf dem Sacro Monte, der mit dem Monte Campo dei Fiori Varese und den See überragt. Selbstverständlich gelangt man mit dem Auto dorthin, aber die hübsche Promenade, die an den 14 Kapellen vorbeiführt, alle im 17. Jahrhundert errichtet und mit Fresken und Skulpturen Lombardischer Künstler dekoriert, darf man um keinen Preis verpassen. Aber zurück zum Hotel, das ein sehr angenehmes Haus ist und alle «Charme»-Kriterien erfüllt: «Eine elegante, raffinierte Gestaltung, höchst komfortable und gepflegte Zimmer, alle mit schönem Ausblick, ein exzellentes Restaurant, freundlicher Empfang und zuvorkommendes Personal ... Ein einziger Nachteil: Hotel und Restaurant sind dienstags geschlossen.» Das schrieb uns ein Leserpaar. Als wir dann im *Colonne* wohnten, konnten wir ihm nur zustimmen.

Anreise *(Karte Nr. 2): 56 km nordwestl. von Mailand. Ab Varese: Viale Aguggiari Rtg. Sacro Monte.*

LOMBARDEI

Il Sole di Ranco

Lago Maggiore
21020 Ranco (Varese)
Piazza Venezia, 5
Tel. (0331) 97 65 07 - Fax (0331) 97 66 20 - Famiglia Brovelli

Kategorie ★★★★ **Geschlossen** vom 1. Dezember bis 31. Januar **14 Appartements** m. Klimaanl. Tel., Bad od. Dusche, WC, TV, Safe, Minibar **Preise** EZ u. DZ: 330000 L, 350000 L; Appart.: 500-700000 L - Frühst. inkl., von 7.30 bis 11.00 Uhr - HP: 285-315000 L (pro Pers., mind. 3 Üb.) **Kreditkarten** akzeptiert **Verschiedenes** Hunde nicht erlaubt - Parkpl. **Umgebung** Santuario de Santa Caterina del Sasso in Laveno - Arcumeggia - Stresa - Borromées - Inseln - Villa Bozzolo - Villa Taranto - Casalzuigno - Rocca di Angera **Restaurant** von 12.30 bis 14.00 u. von 19.45 bis 21.30 Uhr - Menüs: 85-135000 L - Karte - Spezialitäten: Kreative regionale Küche.

Seit drei Generationen ist das *Il Sole di Ranco* als eines der besten Restaurants der Lombardei bekannt. Es liegt auf dem lombardischen Ufer des Lago Maggiore (weniger touristisch als die Piemonteser Seite) und hat sich nun um acht Suiten vergrößert, die zweigeschossig mit Balkon oder Terrasse zum See hin liegen. Mobiliar und ausgezeichnete Gestaltung im italienischen Design-Stil, was hohen Komfort und eine gewisse Behaglichkeit (dank großer Sorgfalt bei der Auswahl der Dekostoffe) nicht ausschließt. Die Küche ist außergewöhnlich. Carluccio Brovelli ist, unterstützt von seinen beiden Söhnen, der Koch der Familie. Auch die Konfitüren und die liebenswürdige Betreuung seiner Frau Itala schätzen die Gäste sehr.

Anreise (Karte Nr. 2): 67 km nordwestl. von Mailand über die A 8, Ausf. Sesto Calende, dann S 33 u. S 629 Rtg. Laveno, auf dem rechten Seeufer.

MARKEN

Hotel Fortino Napoleonico

60020 Portonovo (Ancona)
Via Poggio
Tel. (071) 80 14 50 - Fax (071) 80 14 54
Sig. Roscioni

Kategorie ★★★★ **Ganzj.** geöffn. **30 Zimmer** m. Klimaanl., Tel., Bad od. Dusche WC, TV, Minibar **Preise** EZ u. DZ: 270-300000 L; Suiten: 400000 L - Frühst. inkl., von 7.30 bis 10.30 Uhr - HP u. VP: 170-210000 L, 200-240000 L (pro Pers., mind. 3 Üb.) **Kreditkarten** akzeptiert **Verschiedenes** Hunde erlaubt - Schwimmb. - Tennis (15000 L) - Health-Center - Privatstrand - Parkpl. **Umgebung** Kloster Santa Maria di Portonovo - Ancona - Golf Club Conero (27-Lochpl.) in Sirolo **Restaurant** von 13.00 bis 14.30 u. von 20.00 bis 22.00 Uhr - Menü: 60-70000 L - Karte - Spezialitäten: Fisch.

Dieses "Napoleonische Fort", 1808 von Eugène de Beauharnais an der Bucht von Portonovo errichtet, ist ein einzigartiges Hotel. Der Rundgang dieser ehemaligen Militäranlage wurde in eine begrünte Terrasse umgewandelt, auf der heute Lorbeerbäume und duftende Pflanzen wachsen. Die Waffenkammern beherbergen verschiedene Salons und Speisesäle, die - wie es sich gehört - im Empire-Stil eingerichtet sind. Eine ganz besondere Sorgfalt kam der Ausstattung der Zimmer zu, in denen alte Möbel mit Modernem harmonieren. Die Küche basiert auf Meeresprodukten, ist einfallsreich und köstlich.

__Anreise__ (Karte Nr. 11): 14 km südl. von Ancona über die A 14, Ausf. Ancona-Süd, dann Rtg. Camerano.

MARKEN

Hotel Emilia

60020 Portonovo (Ancona)
Poggio di Portonovo, 149
Tel. (071) 80 11 45 - Fax (071) 80 13 30
Sig. Fiorini

Kategorie ★★★★ **Ganzj.** geöffn. **27 Zimmer**, 3 Suiten m. Klimaanl., Tel., Bad od. Dusche WC, TV, Minibar **Preise** DZ: 200-300000 L; Suiten: 250-400000 L - Frühst. inkl. - HP u. VP: 170-210000 L, 200-240000 L (pro Pers., mind. 3 Üb.) **Kreditkarten** akzeptiert **Verschiedenes** Hunde nicht erlaubt - Schwimmb. - Tennis - Parkpl. **Umgebung** Kloster Santa Maria di Portonovo - Ancona - Golf Club Conero (27-Lochpl.) in Sirolo **Restaurant** Eingang f. Behinderte - von 12.45 bis 14.00 u. von 20.00 bis 22.00 Uhr - Menüs: 70 000 L - Karte - Spezialitäten: Fisch - Pasta fatta in casa e verdure.

Ein gepflegter Rasen erstreckt sich vom Hotel bis zu den steil zum Meer hin abfallenden Klippen. In den Dachnischen nisten Schwalben, die Sie frühmorgens wecken. Die Zimmer, fast alle identisch, liegen zum Meer hin. Eine große Ruhe geht von diesem Familienbesitz aus, dem man den Namen jener Großmutter gegeben hat, die damals schon viel für den Schutz ihrer Region getan hat. Heute setzen Vater und Sohn, die sich Hotel und Restaurant teilen, diese Tradition fort.

Anreise (Karte Nr. 11) 14 km südl. von Ancona über die A 14, Ausf. Ancona-Süd, dann Rtg. Camerano.

M A R K E N

Hotel Monte Conero

Badia di San Pietro
60020 Sirolo (Ancona)
Tel. (071) 93 30 592 - Fax (071) 93 30 365

Kategorie ★★★ **Geschlossen** vom 16. November bis 14. März **47 Zimmer** m. Bad od. Dusche, WC **Preise** HP u. VP: 105-135000 L (pro Pers., mind. 2 Üb.), 130-175000 L - Frühst. inkl., von 8.00 bis 9.45 Uhr **Kreditkarten** akzeptiert **Verschiedenes** Kleine Hunde erlaubt - Schwimmb. - Tennis (15000 L) - Parkpl. **Umgebung** Kloster Santa Maria di Portonovo - Ancona - Golf Club Conero (27-Lochpl.) in Sirolo **Restaurant** von 13.00 bis 15.00 u. von 20.00 bis 22.00 Uhr - Karte - Spezialitäten: Regionale Küche - Fisch.

Auf dem Gipfel des gleichnamigen Regionalparks überragt dieses ehemalige Karmeliterkloster aus dem 12. Jahrhundert das Meer und das Dorf Sirolo. Die Besitzer haben, vom Kloster ausgehend, ein Hotel modernen Komforts mit einem Panoramarestaurant geschaffen. Die Zimmer sind einfach, aber gut ausgestattet und liegen zum Meer hin, die über dem Restaurant haben eine eigene Terrasse. Durch die Nähe zu den schönen, geschützten Stränden von Sirolo (vier Kilometer) wird das Hotel im Sommer sehr stark von italienischen Touristen frequentiert. Der Sommer ist also nicht unbedingt die ruhigste Jahreszeit, um diesen schönen Flecken zu genießen. Man registriert dann leider auch die Atmosphäre eines standardisierten Tourismus. Zum Hotel gehört ein schöner großer Pool.

Anreise (Karte Nr. 11): 26 km südöstl. von Ancona über die Küstenstraße bis Fonte d'Olio, Rtg. Sirolo, dann Rtg. Badia di San Pietro bis Monte Conero.

MARKEN

Hotel Vittoria

61100 Pesaro
Piazzale della Libertà, 2
Tel. (0721) 34 343 - Fax (0721) 65 204
Sig. Marcucci Pinoli

Kategorie ★★★★ **Ganzj.** geöffn. **30 Zimmer** m. Klimaanl., Tel., Bad, WC, TV; Aufzug **Preise** EZ u. DZ: 100-220000 L, 120-280000 L; Suiten: 200-450000 L - Frühst.: 25000 L (Buffet), von 7.30 bis 10.30 Uhr **Kreditkarten** akzeptiert **Verschiedenes** Hunde nicht erlaubt - Schwimmb., Sauna - Garage **Umgebung** Pesaro: Piazza del Popolo (palazzo Ducale), Rossini-Haus - Villa Caprile - Villa Imperiale - Colle San Bartolo - Gradara - Urbino **Restaurant** von 13.00 bis 15.00 u. von 20.00 bis 22.00 Uhr - Menüs: 30-45000L - Karte - Spezialitäten: Fisch.

Die Stadt Pesaro wie ihre Nachbarin Rimini sind Badeorte, die den Gipfel ihres Ruhmes zu Beginn dieses Jahrhunderts erlebten. Da zu touristisch, zieht man es heute vor, Pesaro im August wegen seines Rossini-Opernfestival aufzusuchen, an dem die Stars des Belkanto teilnehmen. Viele von ihnen wohnen dann im *Vittoria*, einem der besten, direkt am Meer gelegenen Hotels der Stadt. Der Salon mit Stuck und Säulen im Stil von 1900 geht auf eine große Loggia, in der das Restaurant untergebracht ist. Im Sommer brauchen nur die großen Fenster geöffnet zu werden, um draußen mit Blick aufs Meer zu speisen. Die Zimmer sind von schlichter Eleganz, und der Komfort, auch in den Bädern, ist perfekt. Die Inhaber des Hotels besitzen in der Umgebung mehrere Häuser, so daß Sie die Möglichkeit haben, mal hier und mal dort einzukehren.

Anreise (Karte Nr. 11): zwischen Bologna u. Rom über die A 14.

MARKEN

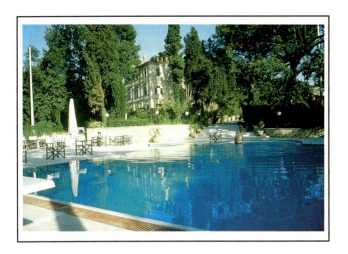

Villa Serena

61100 Pesaro
Via San Nicola, 6/3
Tel. (0)721-55 211 - Fax (0)721-55 927
Sig. Pinto

Kategorie ★★★ **Geschlossen** vom 2. bis 20. Januar **10 Zimmer** m. Klimaanl., Bad od. Dusche, WC, TV **Preise** DZ: 130-170000 L; Suiten: 190-260000 L - Frühst.: 15000 L, von 7.30 bis 10.30 Uhr - HP u. VP: 110-160000 L, 130-190000 L (pro Pers., mind. 3 Üb.) **Kreditkarten** akzeptiert **Verschiedenes** Kleine Hunde erlaubt - Schwimmb. - Parkpl. **Umgebung** Pesaro: Piazza del Popolo (palazzo Ducale), Rossini-Haus - Musei Civici (Pinakothek u. Keramikmuseum) - Villa Caprile - Villa Imperiale - Colle San Bartolo - Gradara - Urbino **Restaurant** von 13.30 bis 15.00 u. von 20.30 bis 22.00 Uhr - Menü: 65000 L - Karte - Spezialitäten: salmone marinato con rucola - Filetto di branzino - Carre di vitello in crosta.

Wenn das Rossini-Festival oder andere Veranstaltungen Sie nach Pesaro führen, und wenn Sie weder die betriebsame Stadt noch die populäre Adriaküste besonders mögen, dann bleibt Ihnen nichts anderes übrig, als Zuflucht in den Bergen zu suchen, die die Stadt umgeben. Der denkmalgeschützte Sommersitz der Grafen Pinto de Franca ist seit den sechziger Jahren ein Hotel und liegt nur vier Kilometer vom Meer, und drei vom Stadtzentrum entfernt. 1600 erbaut, mit Fresken des 17. Jahrhunderts und alten Gemälden dekoriert und einem Mobiliar der Familie Pinto ausgestattet, die das Hotel noch immer führt, ist diese Villa ideal für Ruhesuchende. Vom Schwimmbad aus, das von Orangen- und Zitronenbäumen umgebenen ist, überblickt man die umbrische Ebene. Vor einer gewissen Strenge darf man jedoch keine Angst haben. Gästezimmer und Bäder sind sehr schlicht. Der mittlere Teil des Hauses, mit drei Zimmern und einem Salon, kann zu einem Appartement mit separatem Eingang umgestellt werden.

Anreise (Karte Nr. 11): zwischen Bologna und Rom über die A 14.

MARKEN

Hotel Bonconte

61029 Urbino
Via della Mura, 28
Tel. (0722) 2463 - Fax (0722) 4782
Sig. Marcucci. Pinoli

Kategorie ★★★★ **Ganzj.** geöffn. **23 Zimmer** m. Klimaanl., Tel., Bad od. Dusche, WC, Kabel-TV Minibar **Preise** EZ u. DZ: 140000 L, 20000 L; Suiten: 330000 L - Frühst.: 28000 L, von 7.30 bis 10.30 Uhr **Kreditkarten** akzeptiert **Verschiedenes** Hunde erlaubt (8-10000 L) - Parkpl. **Umgebung** Urbino Palazzo Ducale, Galleria delle Marche, S. Giovanni Battista - Urbania - Sant'Angelo in Vado - Schlösser und Dörfer von Montefeltro: Sassocoruaro, Macerata, Feltria - Pesaro (Vereinbarung mit dem "Victoria Club" für die Strandbenutzung) **Restaurant** von 20.00 bis 22.30 Uhr - So geschl. - Menü: 28000 L - Spezialitäten: Antipasti vegetali, passatelli in brodo, ravioli agli asparagi, agnello flietto G. Cesare.

Die kleine Stadt Urbino hat es verstanden, ihre Authentizität zu bewahren. Das ehemalige Herzogtum scheint seit der Pracht des Federico de Montefeltro unverändert. Dieser Herzog wollte es nämlich zu einem bevorzugten Ort für eine neue Gesellschaft mit feinen Manieren, humanistischer Bildung und ritterlichen Tugenden machen und sollte genau dem entsprechen, was Baldassare Castiglione in seinem *Il cortegiano* beschreibt. Am Rand dieses rosa Städtchens liegt das *Bonconte* nur ein paar Schritte vom Renaissancepalast der Herzöge entfernt. Der Hauptvorteil dieser Villa ist der Blick auf jene herrlichen Hügel der Marken, die den Hintergrund der Bilder von Piero della Francesca erleuchten. Das läßt die Enge einiger Zimmer vergessen, die dennoch über Komfort verfügen. Außer diesem haben wir in Urbino kein Hotel mit Charme ausfindig machen können.

Anreise (Karte Nr. 11): 36 km südwestl. von Pesaro über die A 14, Ausf. Pesaro-Urbino, dann die S 423.

UMBRIEN

Locanda della Posta

06100 Perugia
Corso Vanucci, 97
Tel. (075) 57 28 925 - Fax (075) 57 32 562
Sig. Bernardini

Kategorie ★★★★ **Ganzj.** geöffn. **40 Zimmer** m. Klimaanl., Tel., Bad od. Dusche, WC, TV, Minibar; Aufzug **Preise** EZ u. DZ: 150-187000 L, 200-295000 L; Suiten: 300-350000 L - Frühst. inkl., von 7.30 bis 10.30 Uhr **Kreditkarten** akzeptiert **Verschiedenes** Hunde erlaubt **Umgebung** Perugia: Piazza IV Novembre, Palazzo dei Priori und Galeria Nationale, Oratorio S. Bernardino, Via Bagliona - Torgiano - Assisi - Bettona - Kirche Madonna dei Miracoli in Castel Rigone bei Passignano - Etruskische Grabkammer in Ponte San Giovanni (N 75) - Spello - Spoleto - Golf ad Ellera in Perugia (18-Lochpl.) **Kein Restaurant** im Hotel (siehe unsere Restaurantauswahl S. 460-461).

Die erst kürzlich eröffnete *Locanda della Posta* liegt mitten in der Altstadt: im historischen Zentrum Perugias, an einem der schönsten und bekanntesten Corso Italiens. Die Zimmer in diesem vollständig restaurierten früheren Palast sind sehr behaglich und gut eingerichtet. Die Ausstattung ist geschmackvoll und stilsicher. In den Salons kann man noch die alten Fresken bewundern. Sympathischer Empfang.

Anreise (Karte Nr. 14): in der Altstadt.

UMBRIEN

Castello dell'Oscano - Villa Ada - La Macina

Cenerente 06134 Perugia
Tel. (075) 69 01 25 - Fax (075) 69 06 66 - Sig. Bussolati
E-mail: oscavo@krenet.it - Web: www.assind.perugia.it/oscavo

Geschlossen vom 15. Januar bis 15. Februar **22 Zimmer** m. Klimaanl. Tel., Dusche, WC, TV, Minibar **Preise** DZ: 170-200000 L; Suiten: 300-350000 L - Frühst. inkl., von 7.00 bis 10.00 Uhr **Kreditkarten** akzeptiert **Verschiedenes** Hunde erlaubt - Schwimmb. - Parkpl. **Umgebung** Perugia: Piazza IV Novembre, Palazzo dei Priori und Galeria Nationale, Oratorio S. Bernardino, Via Bagliona - Torgiano - Assisi - Bettona - Kirche Madonna dei Miracoli in Castel Rigone bei Passignano - Etruskische Grabkammer in Ponte San Giovanni (N 75) - Spello - Spoleto - Golf ad Ellera in Perugia (18-Lochpl.) **Restaurant** für Hotelgäste - ab 20.30 Uhr - Di geschl. - Menü: 50000 L.

Nur einige Kilometer vom schönen Perugia ragen die Türme, Zinnen und Pechnasen des *Castello dell'Oscano* aus den Zedern, Mammutbäumer und Zypressen hervor. Dieses historische Schloß verfügt über eine interessante Bibliothek und große getäfelte Salons. Im Hinblick auf die Maxime Ciceros, nach der ein Zimmer ohne Bücher wie ein Körper ohne Seele sei, finden Sie auf Ihrem Nachttisch ein Buch mit Texten von Goldini, Majakowski und Maupassant vor. Das *Castello* ist aber auch für Empfänge und Seminare ausgestattet, weshalb Sie möglicherweise die Ruhe der *Villa Ada* vorziehen, eines im 19. Jahrhundert im Park errichteten Hauses. Elegant-schlichte Einrichtung, komfortable Zimmer und die Möglichkeit, sein Frühstück und die anderen Mahlzeiten im *Turandot*, dem Restaurant des Schlosses, einzunehmen. Für einen längeren Aufenthalt wählen Sie vielleicht ein schlichtes Appartement in der *Macina*.

Anreise (Karte Nr. 14) 8 km von Perugia. Über die SS Florenz-Rom, Ausf. Madonna alta, rechts bis zum Stadion, dann Bahnubergang, Sta Lucia, San Marco.

UMBRIEN

Villa Aureli

1998

06071 Castel di Piano Umbro (Perugia)
Via Cirenei, 70
Tel. (075) 57 36 707 - Fax (075) 514 94 08
Dott. L. di Serego Alighieri

Ganzj. geöffn. **2 Appartments** (4-6 Pers.) m. Küche, Salon, 2 Zi., Tel., Bad, TV **Preise** 1 Woche: 1270-1790000 L (4 Pers.) - 1370-1980000 L (6 Pers.) **Kreditkarten** Nicht akzeptiert **Verschiedenes** Hunde nicht erlaubt - Schwimmb. - Parkpl. **Umgebung** Perugia - Assisi - Spello - Collegio del Cambio - Montefalco - Golf ad Ellera in Perugia (18-Lochpl.).

Unsere Ankunft in der *Villa Aurelia* war besonders reizvoll, eine zeitlose Szene, so wie Visconti sie etwa gefilmt hätte. Umgeben von seinen Enkelkindern, aus ganz Europa gekommen, um den Großvater zu sehen, ging der alte Graf di Sergho Alighieri im wundervollen Garten spazieren. Einer der Enkel zeigte uns die Villa, denn der Onkel war gerade abwesend. Einfach wundervoll! Das Gebäude stammt aus dem 16. Jahrhundert, die Inneneinrichtung entspricht der schönsten Dekoration des 18. Jahrhunderts, der Zeit, da die Alighieris die Villa kauften. Der derzeitige Besitzer hat sich vorgenommen, mit Hilfe von Unterlagen alle Dekorelemente zu bewahren und die italienischen Barockgärten wieder anlegen zu lassen ... Die Villa ist groß, und es wurden zwei wunderschöne Appartements eingerichtet, die komfortabel, elegant und von der Vergangenheit geprägt sind. Das größte und schönste liegt im zweiten Stock. Es muß wohl nicht besonders erwähnt werden, daß Sie mit dem Herrn Grafen früh genug Kontakt aufnehmen müssen, um die Einzelheiten Ihres Aufenthalts zu besprechen. Ein schönes Experiment.

Anreise *(Karte Nr. 14): 10 km von Perugia, Ausf. Madonna Alta, Statale 220, Rtg. Città della Pieve.*

U M B R I E N

Relais Le Tre Vaselle

06089 Torgiano (Perugia)
Via G. Garibaldi, 48
Tel. (075) 98 80 447 - Fax (075) 98 80 214
G. Margheritini

Kategorie ★★★★★ **Ganzj.** geöffn. **48 Zimmer** u. 6 Suiten m. Tel., Bad u. Dusche, WC, Minibar **Preise** EZ u. DZ: 195-200000 L, 295-330000 L; Suiten: 400000 L - Frühst. inkl., von 7.30 bis 10.00 Uhr - HP u. VP: + 65000 L, + 130000 L (pro Pers., min. 3 Üb.) **Kreditkarten** akzeptiert **Verschiedenes** Hunde nicht erlaubt - Schwimmb. - Fitneßcenter - Parkpl. **Umgebung** Weinmuseum und Keramiksammlung in Torgiano - Perugia - Bettona - Assisi - Golf ad Ellena (9-Lochpl.) in Perugia **Restaurant** von 12.30 bis 14.30 u. von 20.00 bis 22.00 Uhr - Menüs: 65-75000 L - Karte - Spezialitäten: Quaglie su letto di insalatina di campo e chicchi d'uva, fondente di coniglio nostrano alle erbe aromatiche, umbricelli al tartufo nero di norcia.

Wenn Sie Ländliches, Traditionelles, Raffinement und eine gute Küche mögen, dann sollten Sie im *Tre Vaselle* nur acht Kilometer von Perugia entfernt wohnen. Das Hotel verfügt über eine schöne Steinfassade, vor der sich eine superbe Terrasse hinzieht; hier nimmt man in den Sommermonaten das Frühstück und die anderen Mahlzeiten ein. Für die kühlere Jahreszeit finden sich im Restaurant und in den Salons Kamine, die eine intime Atmosphäre schaffen. Die Gästezimmer sind schlicht und elegant, der Service ist diskret und höflich. Und die Lage ist wunderschön. Das reizvolle, befestigte Dorf Torgiano ist für seinen *lungarotti* bekannt; das Weinmuseum zeigt interessante Sammlungen zu diesem Thema. Auch woanders kann man die lokale Produktion kennen- und schätzenlernen, so in der *Osteria del Museo*, wo man Olivenöl, exzellente Lagen (grands crus) und Honig der *Azienda Lungarotti* zu kosten vermag. Wer besonders interessiert ist, kann die Weinberge und -keller des Gutes besichtigen.

Anreise (Karte Nr. 14): 16 km von Perugia über die SS 3bis, Rtg. Todi.

UMBRIEN

La Bondanzina

06089 Torgiano (Perugia)
Tel. (075) 98 80 447 - Fax (075) 98 80 214
G. Margheritini

Kategorie ★★★★★ **Ganzj.** geöffn. **4 Zimmer** u. 1 Suite m. Klimaanl., Tel., Dusche u. 1 m. Bad, WC, Minibar **Preise** EZ u. DZ: 200000 L, 295-330000 L; Suite: 400000 L - Frühst. inkl., von 7.00 bis 10.30 Uhr - HP: + 70000 L (pro Pers., mind. 3 Üb.) **Kreditkarten** akzeptiert **Verschiedenes** Hunde nicht erlaubt - Sauna (30000 L), Schwimmb. des Hotels *Le Tre Vaselle* **Umgebung** Weinmuseum und Keramiksammlung in Torgiano - Perugia - Bettona - Assisi - Golf ad Ellena (18-Lochpl.) in Perugia **Restaurant** des Hotels *Le Tre Vaselle*.

Das *Bondanzina*, das ebenfalls in Torgiano liegt und den Namen seiner ehemaligen Besitzer trägt, ist ein Haus aus dem 19. Jahrhundert. Die gleiche Leitung, der gleich gute Service und das gleiche Raffinement wie im *Tre Vaselle* mit der Ausnahme, daß es hier nur wenige, aber besonders edle Gästezimmer gibt: zwei kleine Einzelzimmer, zwei Doppelzimmer und eine Suite. Die edlen alten Möbel und vor allem der Panoramablick bieten ein erstaunliches Dekor voller Poesie. Die Hauptmahlzeiten werden im Stammhaus eingenommen, das Frühstück kann man Ihnen auf Wunsch auf dem Zimmer servieren. Ein Haus mit viel Charme.

Anreise (Karte Nr. 14): 16 km von Perugia über die SS 3bis, Rtg. Todi.

UMBRIEN

Hotel Subasio

06081 Assisi (Perugia)
Frate Elia, 2
Tel. (075) 81 22 06 - Fax (075) 81 66 91
Sig. Elisei

Kategorie ★★★★ **Ganzj.** geöffn. **70 Zimmer** m. Klimaanl., Tel., Bad od. Dusche, WC, TV, Minibar
Preise EZ u. DZ: 180000 L, 260000 L; Suiten: 300000 L - Frühst.: 15000 L, von 7.00 bis 10.00 Uhr - HP: 180000 L, (pro Pers.) **Kreditkarten** akzeptiert **Verschiedenes** Hunde erlaubt - Parkpl. (20000 L)
Umgebung Assisi: Basilika S. Francesco, Santa Chiara, Duomo - Ermitage Eremo delle Carceri - Basilika Convento San Damiano - Basilika Santa Maria degli Angeli - Kirche Santa Maria di Rivortoto - Perugia - Kloster San Benedetto - Spello - Golf ad Ellena (18-Lochpl.) in Perugia
Restaurant von 12.00 bis 14.00 u. von 19.00 bis 21.00 Uhr - Menü: 40000 L - Karte - Spezialitäten: Pollo in porchetta - Spaghetti alla Subasio.

Der erste Eindruck nach dem Überschreiten der Schwelle des berühmten *Subasio*, das schon viele Berühmtheiten beherbergt hat, ist denn doch ein gewisses Erstaunen angesichts des veralteten Stils des Hotels. Es wurde jedoch eine Renovierung in Angriff genommen, wie es zu ihrer Zeit schon Signora Violante, die Seele dieses großen Hotels mit einzigartiger Lage an der Basilika des heiligen Franz von Assisi, getan hat. Sollte der überladene Stil der Zimmer Ihr Geschmack nicht sein, müssen Sie unbedingt im alten gewölbten Restaurant oder auf der von Linden beschatteten Terrasse speisen: phantastischer Blick auf das umbrische Tal.

Anreise (Karte Nr. 14): 25 km östl. von Perugia über die S 75, dann S 147b nach Assisi; neben der Basilika San Francesco.

U M B R I E N

Hotel Umbra

06081 Assisi (Perugia)
Via degli Archi, 6
Tel. (075) 81 22 40 - Fax (075) 81 36 53
Sig. Laudenzi

Kategorie ★★★ **Geschlossen** vom 16. Januar bis 14. März **25 Zimmer** (16 m. Klimaanl.) m. Tel., Bad od. Dusche, WC, 24 m. TV, Minibar **Preise** EZ u. DZ: 95-110000 L, 130-150000 L; Suiten: 150-170000 L - Frühst.: 15000 L, von 8.00 bis 10.00 Uhr **Kreditkarten** akzeptiert **Verschiedenes** Hunde nicht erlaubt - Parkpl. (20000 L) **Umgebung** Assisi: Basilika S. Francesco, Santa Chiara, Duomo - Ermitage Eremo delle Carceri - Basilika Convento San Damiano - Basilika von Santa Maria degli Angeli - Kirche Santa Maria di Rivortoto - Perugia - Kloster San Benedetto - Spello - Golf ad Ellena (18-Lochpl.) in Perugia **Restaurant** von 12.30 bis 14.00 u. von 20.00 bis 21.15 Uhr - So. geschl. - Karte - Spezialitäten: Delizia di cappelletti - Crespelle all' Umbra - Friccò - Piccione alla ghiotta - Zabaione al cioccolato.

Ein zentral, aber dennoch ruhig gelegenes Hotel in der Fußgängerzone des historischen Zentrums von Assisi. Auf einer Seite überragt das Haus den unteren Teil der Stadt und das Tal. Die Zimmer, die wir Ihnen empfehlen, haben diesen Ausblick, selbst wenn auch alle anderen - kleine Appartements mit Sitzecke und Balkon - angenehm sind. Das Restaurant vergrößert sich im Sommer auf die Laube der Terrasse. Küche und Landwein werden Ihnen weltliche Genüsse bereiten, auch dann, wenn die Schönheit und einsiedlerische Armut des heiligen Franz Sie zuvor beeindruckt hat.

Anreise (Karte Nr. 14): 25 km östl. von Perugia über die S 75, dann S 147 bis Assisi; im Zentrum.

U M B R I E N

Le Silve di Armenzano ★★★★

Armenzano 06081 Assisi (Perugia)
Tel. (075) 801 90 00 - Fax (075) 801 90 05
Sig.ra Taddia

Kategorie ★★★★ **Geschlossen** vom 20. Oktober bis 1. April **15 Zimmer** m. Tel., Bad od. Dusche, WC, TV, Minibar **Preise** EZ u. DZ: 140000 L, 280000 L - Frühst. inkl., von 8.00 bis 10.00 Uhr - HP: 180000 L **Kreditkarten** akzeptiert **Verschiedenes** Hunde nicht erlaubt - Schwimmb.- Tennis - Sauna - Minigolf - Parkpl. **Umgebung** Assisi: Basilika San Francesco, Santa Chiara, Duomo - Ermitage Eremo delle Carceri - Basilika Convento San Damiano - Basilika von Santa Maria degli Angeli - Kirche Santa Maria di Rivortoto - Perugia - Kloster San Benedetto - Spello - Golf ad Ellena (18-Lochpl.) in Perugia **Restaurant** Menüs: 40-50000 L - Karte - Regionale Spezialitäten.

Eine Atmosphäre der Ruhe und Geborgenheit empfängt Sie in Armenzano. Dennoch ist diese restaurierte und zu einem Hotel umgewandelte mittelalterliche Bergsiedlung nur 13 Kilometer von Assisi entfernt. In einer grandiosen, wilden Berglandschaft gelegen, hat das *Silve di Armenzano* seinen rustikalen Charme bewahrt, verfügt aber über komfortable, geschmackvoll eingerichtete Zimmer. Erwähnenswert: neben Swimmingpool und Tennisplatz stellt das Hotel auch Pferde zum Ausreiten bereit, außerdem geländegängige Mopeds.

__Anreise__ (Karte Nr. 14): 32 km östl. von Perugia, Rtg. Assisi über die S 75 - am Ortsausgang von Assisi sofort rechts, Rtg. Armenzano (12 km).

UMBRIEN

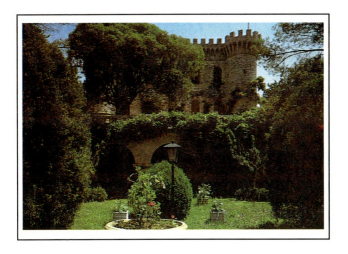

Castel San Gregorio

San Gregorio 06081 Assisi (Perugia)
Via San Gregorio, 16 a
Tel. (075) 803 80 09 - Fax (075) 803 89 04
Sig. Bianchi

Ganzj. geöffn. - Mo geschl. **12 Zimmer** m. Tel., Bad od. Dusche, WC **Preise** DZ: 150000 L - Frühst. inkl., von 8.00 bis 10.00 Uhr - HP und VP: 115000 L, 145000 L (pro Pers., mind. 3 Üb.) **Kreditkarten** akzeptiert **Verschiedenes** Kleine Hunde erlaubt - Parkpl. **Umgebung** Assisi: Basilika San Francesco, Santa Chiara, Duomo - Ermitage Eremo delle Carceri - Basilika Convento San Damiano - Basilika Santa Maria degli Angeli - Kirche Santa Maria di Rivortoto - Perugia - Kloster San Benedetto - Spello - Golf ad Ellena (18-Lochpl.) in Perugia **Restaurant** von 13.00 bis 13.30 u. von 20.00 bis 21.30 Uhr - Mo geschl. - Menü: 40000 L - Spezialitäten: Tartufo - Agnello.

Das *Castel San Gregorio* ähnelt einem Miniaturschloß, hat aber trotzdem vier Türme mit Wachtturm und Zinnen. Das Innere ist allerdings sehr intim. Die Räume sind nicht sehr groß, die Decken nicht sehr hoch, aber geschmückt mit feinen, geometrisch angeordneten Balken, die dank indirekter, sehr subtiler Beleuchtung ein warmes Ambiente schaffen. Im Restaurant ("magischer Ort" genannt), ganz aus rohem Stein, herrscht die gleiche Atmosphäre. Die Gästezimmer sind komfortabel und raffiniert. Eine edle Adresse auf dem Land, zwischen Assisi und Perugia.

Anreise (Karte Nr. 14): 13 km nordwestl. von Assisi über die S 174, dann Rtg. Petrignano d'Assisi.

U M B R I E N

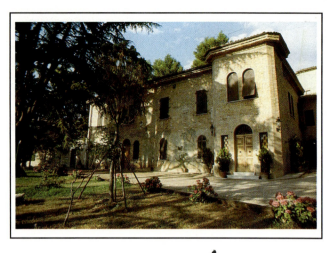

Casa Giulia

Via S.S.Flaminia, km 140,100
06039 Bovara di Trevi (Perugia)
Tel. (0742) 78 257 - Fax (0742) 38 16 32
Sig.ra Petrucci

Ganzj. geöffn. **7 Zimmer** u. 1 Suite (4 Pers.) m. Bad od. Dusche, WC u. 2 Appart. (2-4 Pers.) - 1 Zi. f. Behinderte **Preise** DZ: 160000 L, f. 4 Pers. 290000 L, Appart. 100-120000 L (pro Pers.) - Frühst. inkl., von 8.30 bis 10.30 - HP: 110000 L (pro Pers.) - Abendessen **Kreditkarten** Nicht akzeptiert **Verschiedenes** Hunde nicht erlaubt - Schwimmb. - Parkpl. **Umgebung** Assisi - Perugia - Abtei von Sassovino - Montefalco - Spello - Tempietto del Clitunno - Fonti del Clitunno - Spoleto.

Dieses Haus, das Giulia von der Großmutter erbte, ist heute ein angenehmes Landgasthaus für Reisende, die Umbrien entdecken möchten. Entfernt von den Verkehrsverbindungen der Großstädte dieser Region, bietet es nach den Besichtigungen angenehme Ruhe. Der alte Backsteinbau, in dem die meisten Zimmer untergebracht sind, erhielt einen Anbau, in dem zwei kleine Appartements eingerichtet wurden. Die Zimmer des Stammhauses haben die Möbel aus dem Familienbesitz bewahrt, und die der dritten Etage einige Fresken aus dem 17. Jahrhundert, Landschaften der Gegend darstellend. Am schönsten Platz des Gartens, dem große Pinien angenehmen Schatten spenden, liegt das Schwimmbad; von hier aus ist der Blick auf die Kornfelder und den Kirchturm besonders hübsch. Sonnenhungrigen steht dort ein Snackservice zur Verfügung. Die Landschaft ist lieblich, und wenn Sie sich fragen, warum alle Bauernhöfe von großen Tonkrügen umgeben sind, sollten Sie wissen, daß in dieser Gegend das meiste Olivenöl Italiens produziert wird.

Anreise (Karte Nr. 14): auf der S 75 Perugia-Spoleto (hinter Trevi und Campello).

U M B R I E N

Relais Il Canalicchio

06050 Canalicchio (Perugia)
Via della Piazza, 13
Tel. (075) 87 07 325 - Fax (075) 87 07 296
Sig. Orfeo Vassallo

Ganzj. Geöffn. **35 Zimmer** m. Klimaanl., Tel., Bad od. Dusche, WC, TV, Minibar **Preise** EZ u. DZ: 150-230000 L, 190-270000 L; Suiten: 290-370000 L - Frühst. inkl., von 8.00 bis 10.30 Uhr - HP u. VP: + 50000 L, + 90000 L (pro Pers., mind. 2 Üb.) **Kreditkarten** akzeptiert **Verschiedenes** Kleine Hunde erlaubt - Schwimmb., Sauna, Mountainbikes - Parkpl. **Umgebung** Perugia; Assisi; Todi **Restaurant** von 12.00 bis 14.30 u. von 20.00 bis 22.30 Uhr - Menüs: 50000 L - Regionale Spezialitäten.

Canalicchio, unweit von Assisi, ist eine kleine, befestigte, bereits im 9. Jahrhundert erwähnte Anlage mit Wachtturm und Kapelle; sie ragt aus dem von 50 Hektar Land umgebenen Wald hervor. Dieses edle Ländliche wurde bewahrt. Die robusten Wände aus umbrischem Quaderstein und die *cotto*-Fußböden stellen das Raffinement und die Eleganz dieses Hotels dar. Die "aristokratischen" Zimmer, die *Comtessa di Oxford* oder *Duci di Buckingham* heißen, verfügen über den Charme und den anheimelnden Komfort angelsächsicher Herrenhäuser: Betthäupter aus Schmiedeeisen, bzw. gobelinbezogen, auf die gestreiften Stoffe abgestimmte Tapeten, niedrige Sessel in der Sitzecke und ein kleiner Schreibtisch am Fenster, um so den Ausblick auf die grünen Hügel zu genießen, die denen der benachbarten Toskana in nichts nachstehen. Das Restaurant in einer kleinen Straße des Dorfes bietet vorwiegend hiesige Spezialitäten an und verwendet Produkte von der Hacienda. Ein sehr angenehmer, erholsamer Ort mit allen Vorteilen des Landes (Reiten, Angeln, Wanderungen, Jagd).

Anreise *(Karte Nr. 14): 50 km von Perugia. A 1, Ausf. Ripabianca-Foligno, Rtg. Casalata, Canalicchio.*

UMBRIEN

Hotel Tiferno

06012 Citta di Castello (Perugia)
Piazza R. Sanzio, 13
Tel. (075) 85 50 331 - Fax (075) 85 21 196
Sig. Mauro Alcherigi und Sig. Luigi Neri

Ganzj. geöffn. **38 Zimmer** m. Klimaanl., Tel., Bad od. Dusche, WC, Kabel-TV, Minibar **Preise** EZ u. DZ: 98-115000 L, 160-190000 L; Suite: 250000 L - Frühst. inkl. (Buffet), von 7.30 bis 10.00 Uhr - HP u. VP: 120-145000 L, 150-180000 L (pro Pers., mind. 3 Üb.) **Kreditkarten** akzeptiert **Verschiedenes** Hunde nicht erlaubt - Garage (20000 L) **Restaurant** von 12.30 bis 14.30 u. von 19.30 bis 22.00 Uhr - Mo geschl. - Menüs: 35-50000 L - Regionale Spezialitäten.

Das Hotel liegt inmitten des alten und freundlichen kleinen, umbrischen Dorfes, welches stolz darauf ist, daß der junge Raffael eine zeitlang hier gelebt hat. Wenn auch die meisten Gemälde, die der Meister hier schuf, in anderen Museen ausgestellt sind, so darf man sich unter keinen Umständen die beidseitig bemalte *Standarte* mit der *Schöpfung Evas* und der *Dreiheiligkeit* entgehen lassen, die sich in der interessanten Pinakothek der Gemeinde befindet. Nach Perugia besitzt sie im übrigen die bedeutendsten Malereien Umbriens. Das *Tiferno,* nach der römischen Bezeichnung der Stadt benannt, wurde kürzlich renoviert und die ursprüngliche Architektur dieses ehemaligen Klosters bewahrt, ebenso das Kreuzgewölbe und die großen Kamine in den Gesellschaftsräumen. Die Gästezimmer sind modern und entsprechen den Kriterien modernen, funktionellen Komforts (weshalb sie ein wenig unpersönlich wirken). Ein Grand Hotel von schlichter Eleganz. Ein gutes Quartier zum Kennenlernen Umbriens.

Anreise (Karte Nr. 10): 50 km von Perugia.

UMBRIEN

Villa di Monte Solare

Colle San Paolo - Tavernelle di Panicale
06136 Fontignano (Perugia)
Via Montali, 7
Tel. (075) 83 23 76/83 55 818 - Fax (075) 83 554 62 - Sig. und Sig.ra Strunk

Ganzj. geöffn. **10 Zimmer** u. 5 Suiten m. Dusche, WC **Preise** DZ: 200000-240000 L (pro Pers.); Suiten 240-280000 L - DZ m HP: 135-155000 L (pro Pers.); Suite m. HP: 155-190000 L - Frühst. inkl., von 8.00 bis 10.30 Uhr **Kreditkarten** akzeptiert **Verschiedenes** Hunde erlaubt - 2 Schwimmb. - Tennis - Parkpl. **Umgebung** Perugia - Assisi - Bettona - Kirche Madonna dei Miracoli in Castel Rigone bei Passignano - Lago Trasimeno- Circolo Golf di Perugia (18-Lochpl.) **Restaurant** ab 13.00 u. ab 20.00 Uhr - Menü - Regionale Spezialitäten.

Verzweifeln Sie nicht bei der Anreise zur *Villa di Monte Solare*: der Weg ist zwar lang und unbefestigt, aber befahrbar, und die umbrische Landschaft mit Weinbergen und Olivenhainen ist sehr schön. Es erwartet Sie hier ein schönes Patrizierhaus aus dem 18. Jahrhundert, restauriert von einem jungen Paar, das bemüht war, die dem Haus eigene Prägung zu erhalten; der Boden ist aus altem *cotto*, die Möbel stammen aus derselben Epoche, und das Frühstückszimmer schmücken Fresken. Die Zimmer sind alle sehr charmant und verfügen über eigene Bäder. Der italienische Garten wurde neu angelegt und etwas abseits ein Swimmingpool gebaut. Der landwirtschaftliche Betrieb produziert Olivenöl, Wein und noch viele andere Erzeugnisse der ausgesprochen guten Küche.

Anreise (Karte Nr. 13): 25 km südwestl. von Perugia, die SS 220b Rtg. Città delle Pieve, vor Tavernelle in Colle San Paolo links den Weg bis Monte Solare.

UMBRIEN

Villa Montegranelli Hotel

Monteluiano
06024 Gùbbio (Perugia)
Tel. (075) 92 20 185 - Fax (075) 92 73 372
Sig. Mongelli

Kategorie ★★★ **Ganzj.** geöffn. **21 Zimmer** m. Tel., Bad od. Dusche, WC, TV, Minibar; Aufzug - Eingang f. Behinderte **Preise** EZ u. DZ: 140000 L, 1750000 L; Suiten: 250000 L - Frühst.: 12500 L, von 7.30 bis 10.30 Uhr - HP u. VP 150000 L, 180000 L (pro Pers.) **Kreditkarten** akzeptiert **Verschiedenes** Hunde erlaubt - Garage - Parkpl. **Umgebung** Gùbbio: S. Francesco, Piazza della Signoria, Palazzo dei Consoli (Pinacoteca), Dom, Palazzo Ducale, Via dei Consoli, Via Baldassini - Perugia, Assisi **Restaurant** von 12.30 bis 14.30 u. von 19.30 bis 21.30 Uhr - Menüs: 50-65000 L - Karte - Spezialitäten: Caciotti tusa al coccio con tartufo, filetto con salsa ghiotta di fegatelli.

Ein langer, von Zypressen bepflanzter Weg steigt langsam zu jenem Hügel hoch, auf dem sich dieses imposante Steinhaus erhebt, das bis zum 18. Jahrhundert die Sommerresidenz eines italienischen Aristokraten war. Vom Garten aus blickt man auf das Dorf Gubbio und weiter auf die Ausläufer des Appeningebirges. Bei der Restaurierung wurden die Original-Strukturen weitgehend bewahrt. Die Gästezimmer liegen im zweiten Stock, dort, wo einst das Korn aufbewahrt wurde. Sie sind auf eine nette Art ländlich und recht komfortabel. Die schickeren, größeren und nicht so "schmucken" Suiten liegen in der Beletage. Das schlicht gehaltene Restaurant ist mit seinem Gewölbe und seinen Bruchsteinen besonders stilvoll. Ausgezeichnete regionale Spezialitäten kennzeichnen die bodenständige Jahreszeiten-Küche, die donnerstags und freitags vorwiegend Fischgerichte anbietet. Die Weinkarte ist beachtlich. Ein gutes Haus.

Anreise (Karte Nr. 14): 35 km nordwestl. von Perugia, 4 km von Gubbio.

U M B R I E N

Hotel da Sauro

Lago Trasimeno
06060 Isola Maggiore (Perugia)
Tel. (075) 82 61 68 - Fax (075) 82 51 30
Sig. Sauro

Kategorie ★★★ **Geschlossen** vom 8. November bis 1. Dezember u. vom 10. Januar bis 1. März
10 Zimmer m. Tel., Bad od. Dusche, WC **Preise** EZ u. DZ: 60000 L, 80-90000 L; Appart. (f. 2-4 Pers.): 120-150000 L - Frühst. inkl., von 7.00 bis 10.00 Uhr - HP u. VP 65-70000 L, 75-80000 L (pro Pers., mind. 3. Üb.) **Kreditkarten** Diners, Visa, Eurocard, MasterCard **Verschiedenes** Hunde erlaubt **Umgebung** Isola Maggiore, Chiesa del Salvatore - Perugia - Assisi - Città del Castello - Spello **Restaurant** von 12.00 bis 14.00 u. von 19.00 bis 20.30 Uhr - Menüs: 20-28000 L - Karte - Spezialitäten: Regionale Küche - Fisch.

Sie haben beschlossen, Umbrien kennenzulernen. Nehmen Sie sich also die Zeit, die kleinen Inseln des Tramino-Sees aufzusuchen. Der Strand ist auf lokalen Tourismus beschränkt, was einen Teil seines Charmes ausmacht. Das *da Sauro* ist ein sehr schlichter Dorfgasthof, dessen Komfort für einen kürzeren Aufenthalt durchaus ausreicht. Man ißt hier gut, selbstverständlich viel Fisch, aber es werden auch all die Vorspeisen und Teiggerichte angeboten, die einem in Italien so sehr gefallen. Ungezwungener Empfang und Service.

Anreise (Karte Nr. 13): 20 km westl. von Perugia. Regelmäßiger Schiffsverkehr: von Passignano u. Tuoro (Navaccia) zur Isola Maggiore (ca. 15 Min.).

UMBRIEN

Hotel Villa Pambuffetti

06036 Montefalco (Perugia)
Via della Vittoria, 20
Tel. (0742) 379 417 - Fax (0742) 379 245 - Sig.ra Angelucci

Kategorie ★★★★ **Ganzj.** geöffn. **15 Zimmer** m. Klimaanl., Tel., Bad, WC, TV, Safe, Minibar **Preise** EZ u. DZ: 170000 L, 250000 L; Suiten: 340000 L - Frühst. inkl. - HP: 175-220000 L (pro Pers.) **Kreditkarten** akzeptiert **Verschiedenes** Hunde nicht erlaubt - Schwimmb. - Parkpl. **Umgebung** Montefalco: Pinacoteca di San Francesco, Kirche von San Agostino, Palazzo comunale - Bevagna - Spello - Assisi - Perugia - Bettona - Spoleto - Todi - Orvieto **Restaurant** von 20.00 bis 21.00 Uhr - Menü: 60000 L - Regionale Spezialitäten.

Montefalco ist eine kleine malerische, befestigte Stadt aus dem Mittelalter mit einer Panorama-Lage, die ihr die Bezeichnung "Terrasse von Umbrien" einbrachte: der Blick, den man vom Turm des Palazzo Comunale hat, lohnt sich allemal. Das gleiche gilt für die gotische Kirche San Francisco mit schönen Fresken von Benozzo Gozzoli und Perugino (die derzeit restauriert werden) sowie einigen bedeutenden Werken der Umbrischen Schule. *Villa Pambuffetti*, ein ehemaliger Landsitz, noch immer im Besitz der ursprünglichen Familie, ist eine Privatresidenz, die Gäste empfängt. Das Haus wurde im Innern vollkommen umgestaltet. Die geräumigen Zimmer sind unterschiedlich, und jedes verfügt über schöne alte Möbel - das erstaunlichste liegt in dem kleinen Turm und hat sechs Fenster, von denen man einen Panoramablick auf das ganze Tal hat. Das Restaurant serviert gute regionale Spezialitäten und verfügt über eine exzellente Weinkarte, wozu auch die Spezialität von Montefalco zählt: der "Sagrantino". Eine elegante, raffinierte Adresse in d'Annunzios *Città morta*.

Anreise (Karte Nr. 14): 41 km südöstl. von Perugia RTG. Foligno, dann Montefalco.

UMBRIEN

La Locanda della Rocca

1998

Viale Roma, 4
06060 Paciano
Tel. (075) 83 02 36 - Fax (075) 83 01 55
Sig. und Sig.ra Buitoni

Ganzj. geöffn. (außer vom 15. Januar bis 15. Februar) **7 Zimmer** u. 1 Suite (4 Pers.) m. Bad od. Dusche, WC, TV, 4 m. Minibar **Preise** DZ: 150-170000 L, Suite: 420-450000 L - Frühst. inkl., von 8.30 bis 10.30 Uhr - HP: 120000 L (pro Pers. im DZ, mind. 3 Üb.) **Kreditkarten** akzeptiert **Verschiedenes** Hunde erlaubt (außer im Restaurant) - Parkpl. **Umgebung** «Museo Aperto» Castiglione del Lago, Città della Pieve, Paciano, Panicale - Trasimen-See **Restaurant** Di geschl. - Karte: 40-700000 L.

Paciano ist ein friedliches, mittelalterliches Dorf, das von seinen Einwohnern besonders liebevoll gepflegt wird, was sich an der bewundernswert erhaltenen Stadtmauer mit den sechs Türmen und den sechs Toren zeigt, die die Gassen und die Häuser mit Balkonen voller Blumen umgeben. Unter anderem liegt die *Locanda* im *torrione*, der im 17. Jahrhundert erbaut wurde, um das Rastella-Tor zu verteidigen. Zu ebener Erde an der Terrasse befindet sich der schöne, gewölbte Speiseraum mit großen Bögen, die bis tief in die Wand reichen, um dort die Weine zu lagern. Auf der Zwischenetage dann der sehr komfortabel gestaltete Salon mit tiefen Sofas und vielen Zimmerpflanzen. Die Zimmer liegen darüber. Außer der großen Suite im *torrione* mit Balkon und Loggia sind die Zimmer eher klein, aber mit korrektem Komfort. Die meisten haben Aussicht auf das Amphitheater. Paciano organisiert mit einigen anderen, am Trasimenosee gelegenen Dörfern Rundfahrten zum Kennenlernen der Kunstschätze, die dem großen Tourismus noch unbekannt sind. Caterinas Empfang ist charmant.

Anreise (Karte Nr. 13): über die A 1, Ausf. Valdichiana (aus Florenz kommend) od. Chiusi/Chiancano Terme (aus Rom kommend), Rtg. Lago Trasimeno.

UMBRIEN

Residenza Vecchio Molino

06042 Pissignano - Campello sul Clitunno (Perugia)
Via del Tempio, 34
Tel. (0743) 52 11 22 / 27 56 64 - Fax (0743) 27 50 97
Sig.ra Rapanelli

Kategorie ★★★★ **Geschlossen** von November bis März **13 Zimmer** m. Klimaanl., Tel., Bad, WC, Minibar **Preise** EZ u. DZ: 142000 L, 195000 L; Suite: 235000 L. - Frühst.inkl., von 7.30 bis 11.30 Uhr **Kreditkarten** akzeptiert **Verschiedenes** Hunde nicht erlaubt - Parkpl. **Umgebung** Fonti del Clitunno - Tempietto del Clitunno - Ponte delle Torri - Kirche San Pietro - Basilika San Salvatore - Kirche San Ponziano - Monteluco und das Kloster von San Francesco - Trevi - Spoleto - Spello - Orvieto - Golf Soiano (9-Lochpl.) **Kein Restaurant** im Hotel (siehe unsere Restaurantauswahl in Campello sul Clitunno u. Spoleto S. 461).

Der kleine christliche Tempel, der das *Vecchio Molino* überragt, erinnert an das kulturelle und künstlerische Erbe des freundlichen Clitunno-Tals. Diese ehemalige Mühle wurde in ein sehr angenehmes Hotel umgewandelt. Das Mühlwerk aus dem 15. Jahrhundert besteht noch, und im Innern der Mühle sieht man auch heute noch das rauschende Flußwasser. Die schlichte weiße Ausstattung bringt die alten Strukturen des Gebäudes schön zur Geltung. Die Zimmer sind groß und wunderbar eingerichtet, alle sind unterschiedlich, und einige verfügen sogar über einen Salon. Auf jeder Etage stehen Lese- oder Ruheecken zur Verfügung. Das *Vecchio Molino* ist bei Cinephilen sehr beliebt, die regelmäßig zum Festival von Gian Carlo Menotti anreisen.

***Anreise** (Karte Nr. 14): 50 km südöstl. von Perugia über die SS 75 bis Foligno, dann S 3.*

UMBRIEN

Hotel Gattapone

06049 Spoleto (Perugia)
Via del Ponte, 6
Tel. (0743) 223 447 - Fax (0743) 223 448 - Sig. Hanke
E-mail: gattapone@mail.caribusiness.it - Web: http://www.caribusiness.it/gattapone

Kategorie ★★★★ **Ganzj.** geöffn. **16 Zimmer** m. Klimaanl., Tel., Bad od. Dusche, WC, TV, Minibar
Preise EZ u. DZ: 140000 L, 170000 L; Suiten: 270000 L - Frühst.: 15000 L, von 7.30 bis 10.30 Uhr
Kreditkarten akzeptiert **Verschiedenes** Hunde erlaubt **Umgebung** Spoleto: Dom, Arco di Druso, Festival dei Due Mondi (Juni u. Juli) - Fonti del Clitunno - Tempietto del Clitunno - Ponte delle Torri - Kirche San Pietro - Basilika San Salvatore - Kirche San Ponziano - Monteluco und das Kloster San Francesco Trevi - Spello - Orvieto - Golf Soiano (9-Lochpl.) **Kein Restaurant** im Hotel (siehe unsere Restaurantauswahl S. 461).

Das *Hotel Gattapone*, etwas außerhalb des Dorfes ist der Geheimtip der Besucher des Musikfestivals von Spoleto. An einen Steilhang angelehnt, von dem man das ganze Tessino-Tal überblickt (direkt gegenüber eines Aquädukts, das Lucrezia Borgia, die Herzogin von Spoleto, so geliebt hat), ist das *Gattapone* vollständig in die Landschaft integriert. Seine Inneneinrichtung ist gelungen und verbindet Komfort mit Harmonie. Die Zimmer sind geschmackvoll gestaltet, modern und bieten einen Panoramablick, was ihnen Ruhe und auch eine gewisse Heiterkeit verleiht. Einige verdienten allerdings komfortablere Betten. Professor Hanke, der Hotelbesitzer, weiß, was Gastfreudschaft bedeutet und sorgt dafür, daß die Hotelgäste sich wie geladene Gäste fühlen.

Anreise (Karte Nr. 14): 65 km südöstl. von Perugia über die SS 3bis Rtg. Terni bis Acquasparta, dann S 418 nach Spoleto.

UMBRIEN

Palazzo Dragoni

06049 Spoleto (Perugia)
Via del Duomo, 13
Tel. (0743) 22 22 20 - Fax (0743) 22 22 25

Ganzj. geöffn. **15 Zimmer** m. Tel., Bad od. Dusche, WC, TV, Minibar; Aufzug **Preise** EZ u. DZ: 200000 L; Suite: 250000 L - Frühst.: 15000 L, von 7.30 bis 10.30 Uhr **Kreditkarten** Visa, Eurocard, MasterCard **Verschiedenes** Kleine Hunde erlaubt **Umgebung** Spoleto: Dom, Arco di Druso, Festival dei Due Mondi (Juni u. Juli) - Fonti del Clitunno - Tempietto del Clitunno - Ponte delle Torri - Kirche San Pietro - Basilika San Salvatore - Kirche San Ponziano - Monteluco und das Kloster von San Francesco Trevi - Spello - Orvieto - Golf Soiano (9-Lochpl.) **Kein Restaurant** im Hotel (siehe unsere Restaurantauswahl S. 461).

Diese *residenza d'epoqua* aus dem 14. Jahrhundert liegt in unmittelbarer Nähe des Doms und öffnet heute seine Toren, um Sie in dem einst für die Familie Dragoni errichteten Palast zu empfangen. Die Salons und die Gästezimmer liegen in der Beletage, also im ersten Stock. Tische mit tief herabfallenden Decken, Sessel, Sofas und einige alte Möbelstücke stellen die elegante Einrichtung des Palastes dar. Die Zimmer sind groß, einige haben zudem einen richtigen Salon. Es gibt zwei Speiseräume: das Frühstück wird in der Salon-Galerie mit Bogenfenstern und weitem Blick auf den mittelalterlichen Teil des Dorfes gereicht; im anderen, der mit seinem Dekor aus Stein und Gewölbe intimer ist, finden ausschließlich Privatdiners statt. Ihre Ruhe wird aber keineswegs beeinträchtigt, denn die drei Drachen mit grünen Köpfen wachen seit bereits mehreren Jahrhunderten über das Haus.

Anreise (Karte Nr. 14): 65 km südöstl. von Perugia über die SS 3bis, Rtg. Terni bis Acquasparta, dann S 418 bis Spoleto.

U M B R I E N

Hotel Eremo delle Grazie

Monteluco
04960 Spoleto (Perugia)
Tel. (0743) 49 624 - Fax (0743) 49 650
Professore Lalli

Ganzj. geöffn. **11 Zimmer** m. Tel., Bad od. Dusche, WC **Preise** EZ u. DZ: 300000 L, 350000 L; Suiten: 450-500000 L - Frühst. inkl., von 7.30 bis 10.30 Uhr **Kreditkarten** Visa, Eurocard, MasterCard **Verschiedenes** Hunde erlaubt - Schwimmb. **Umgebung** Spoleto: Dom, Arco di Druso, Festival dei Due Mondi (Juni u. Juli) - Fonti del Clitunno - Tempietto del Clitunno - Ponte delle Torri - Kirche San Pietro - Basilika San Salvatore - Kirche San Ponziano - Monteluco und das Kloster von San Francesco Trevi - Spello - Orvieto - Golf Soiano (9-Lochpl.) **Restaurant** auf Reserv. - Mo geschl. - Karte.

Bevor das *Eremo* zu einem Hotel umgestellt wurde, war es eine *residenzia d'epoca*, was der Besitzer, Pio Lalli, nachdrücklich erwähnt. Das *Eremo delle Grazie* könnte man aber auch *residenzia historica* nennen, denn es wurde vom Stammhaus des Ordens von Monteluco erbaut, weshalb die umliegenden Wälder den Anachoreten als Unterschlupf diente. Ferner kann es illustre Besucher wie Michelangelo und Papst Pius VI. vorweisen. Es ist aber auch eine *residenza museo*, denn es verfügt noch immer über interessante Erinnerungen wie etwa die Bibliothek von Kardinal Cybo, der hier lebte. Obwohl die Zellen-Zimmer mit dem nötigen Komfort ausgestattet wurden, haben sie eine gewisse klösterliche Atmosphäre bewahrt. Freundlicher sind die mit altem Mobiliar eingerichteten Salons, die auf eine Terrasse mit eindrucksvollem Ausblick gehen.

Anreise (Karte Nr. 14): 65 km südöstl. von Perugia über die SS 3bis, Rtg. Terni bis Acquasparta, dann S 418 nach Spoleto. 3 km südöstl. von Spoleto.

UMBRIEN

Hotel Palazzo Bocci

06038 Spello (Perugia)
via Cavour, 17
Tel. (0742) 30 10 21 - Fax (0742) 30 14 64 - Sig. Fabrizio Buono
E-mail: bocci@bcsnet.it

Kategorie ★★★★ **Ganzj.** geöffn. **23 Zimmer** m. Klimaanl., Tel., Bad od. Dusche, WC, Kabel-TV, Safe, Minibar; Aufzug **Preise** EZ u. DZ: 105-130000 L, 200-240000 L; Suiten: 260-320000 L - Frühst. inkl., von 7.30 bis 10.00 Uhr - HP u. VP: + 40000 L, + 80000 L (pro Pers., mind. 3 Üb.)
Kreditkarten akzeptiert **Verschiedenes** Hunde nicht erlaubt **Umgebung** Spello: Kirche Santa Maria Maggiore (cappella Baglioni), Palazzo Comunale, Porta Venere, Belvedere; Chiesa Tonda (2 km) - Assisi - Perugia - Trevi - Bevagna - Montefalco - Fonti del Clitunno - Tempietto del Clitunno - Spoleto
Restaurant *Il Molino*: von 12.30 bis 15.00 u. von 19.30 bis 22.00 Uhr - Menüs: 40-60000 L - Karte - Spezialitäten: Pinturicchio - Tagliatelle alla molinara - Oca alla fratina - Funghi porcini - Tartufo.

Fresken, Stuck, Rundgemälde, Balken und Gewölbe aus Stein - *Palazzo Bocci* bietet seinen Gästen den ganzen Kontext und die Atmosphäre eines echten kleinen Palastes. Das Mobiliar ist klassischer und nicht so prachtvoll wie die Dekoration. Die Gästezimmer sind geräumig und verfügen über den Komfort eines neuen, guten Hotels. Im Sommer wird das Frühstück auf der Terrasse serviert, von wo aus man auf die kleinen Straßen und Dächer der Altstadt blickt. Das Restaurant, das bereits vor der Eröffnung des Hotels für seine gute Küche und seinen Weinkeller bekannt war, ist ein weiterer Pluspunkt des *Palazzo Bocci*.

***Anreise** (Karte Nr. 14): 31 km südöstl. von Perugia.*

UMBRIEN

Hotel La Bastaglia

06100 Spello (Perugia)
Piazza Vallegloria, 7
Tel. (0742) 65 12 77 - Fax (0742) 30 11 59
Sig. L. Fancelli

Kategorie ★★★ **Ganzj.** geöffn. (außer Januar) **19 Zimmer** u. 7 Suiten (Klimaanl. u. Minibar), m. Tel., Bad od. Dusche, WC, TV **Preise** DZ: 140000 L; Suiten: 180000 L - Frühst.inkl., von 8.00 bis 10.00 Uhr - HP u. VP: 100-120000 L, 130-150000 L (pro Pers., mind. 3 Üb.) **Kreditkarten** akzeptiert **Verschiedenes** Hunde nicht erlaubt - Parkpl. **Umgebung** Spello: Kirche Santa Maria Maggiore (cappella Baglioni), Palazzo Comunale, Porta Venere, Belvedere; Chiesa Tonda (2 km) - Assisi - Perugia - Trevi - Bevagna - Montefalco - Fonti del Clitunno - Tempietto del Clitunno - Spoleto **Restaurant** von 13.00 bis 14.30 u. von 20.00 bis 22.00 Uhr - Mi u. Jan geschl. - Menü: 40000 L - Karte - Regionale Spezialitäten.

Wenn man Umbrien bereist, darf man Spello nicht vergessen, eine alte römische Stadt an den Hängen des Subasio-Berges. Die kleine Stadt betritt man erst hinter der Umwallung an der Porta Consolare oder an der Porta Venere, die beide aus der Zeit Augustus' stammen. Das kleine, charmante, im historischen Zentrum gelegene *La Bastiglia* ist eine ehemalige Mühle. Die superbe Terrasse liegt vor dem Salon und bietet einen Ausblick auf das Tal und die Olivenbäume. Das Restaurant mit seinen weißen Tischdecken, Balken und rustikalen Möbeln ist besonders ansprechend. Die Küche privilegiert die alten, umbrischen Spezialitäten, welche mit sorgfältig ausgewählten regionalen Produkten zubereitet werden. Die Zimmer sind hell und komfortabel. Es ist ratsam, die in den oberen Stockwerken mit Blick aufs Land zu wählen (die Suiten verfügen über einen eigenen Garten und einen separaten Eingang). Charmanter Empfang, angemessene Preise, warum also nicht länger in Umbrien verweilen?

Anreise *(Karte Nr. 14): 31 km südöstl. von Perugia.*

UMBRIEN

San Valentino Country House

06059 Todi (Perugia)
Vocabolo San Valentino, 38/A
Tel. (075) 894 41 03 - Fax (075) 894 41 03
Sig.ra Bastianini

Kategorie ★★★★ **Geschlossen** 1. November bis 15. März **10 Zimmer** m. Tel., Bad od. Dusche, WC, TV, 3 m. Minibar **Preise** EZ u. DZ: 100-120000 L, 200-250000 L; Suite: 300-400000 L - Frühst. inkl., von 8.30 bis 11.30 Uhr **Kreditkarten** akzeptiert **Verschiedenes** Hunde erlaubt (10000 L) - Schwimmb. - Tennis - Parkpl. **Umgebung** Todi: Kirche S. Maria della Consolazione (1 km Rtg. Orvieto) - Orvieto - Perugia - Spoleto - Assisi - Gubbio - Golf ad Ellera (9-Lochpl.) in Perugia **Kein Restaurant** im Hotel (siehe unsere Restaurantauswahl S. 461-462) - Imbiß im Sommer am Schwimmb.

Das *San Valentino Country House* zählt für uns zu den schönsten Adressen Umbriens. Das Hotel befindet sich in einem ehemaligen Kloster aus dem 13. Jahrhundert. Die Innenarchitektur auf mehreren Ebenen, die aus Bögen, Gebälk und Bruchstein besteht, wurde gut erhalten. Das alte Mobiliar harmoniert mit all dem. Einige der geräumigen, eleganten Gästezimmer haben ein Mezzanin und eine kleine Terrasse. Gelegen ist das *San Valentino* auf einem bewaldeten Hügel; sein Garten bietet wundervolle schattige Ecken, und von der Terrasse aus ist der Blick auf Todi und das Tal einnehmend. Marina kümmert sich auf eine besonders freundliche und unkomplizierte Art um das Wohlergehen ihrer Gäste. Ein Hotel, in das man gerne zurückkehrt.

Anreise (Karte Nr. 14): 30 km südl. von Perugia über SS 3bis, Ausf. Todi, 1 km vom Zentrum.

U M B R I E N

Hotel Fonte Cesia

06059 Todi (Perugia)
Via Lorenzo Leonj, 3
Tel. (075) 894 37 37 - Fax (075) 894 46 77 - Sig. Felice
E-mail: f.cesia@full-service.it - Web: http://www.full-service.it

Kategorie ★★★★ **Ganzj.** geöffn. **32 Zimmer** u. 5 Suiten m. Klimaanl., Tel., Bad od. Dusche, WC, Kabel-TV, Minibar **Preise** EZ u. DZ: 155000 L, 240000 L; Suiten: 310000 L - Frühst. inkl., von 8.00 bis 10.00 Uhr - HP u. VP: 195-205000 L, 225-235000L (pro Pers., mind. 3 Üb) **Kreditkarten** akzeptiert **Verschiedenes** Hunde auf Anfrage erlaubt **Umgebung** Todi: Kirche S. Maria della Consolazione - Orvieto - Perugia - Assisi - Spoleto - Gubbio - Golf ad Eller, (9-Lochpl.) in Perugia **Restaurant** von 13.00 bis 14.30 u. von 20.00. bis 21.30 Uhr - Menü - Karte - Regionale Spezialitäten.

Die alte etruskische, oberhalb des Tiber-Tals gelegene Stadt Todi hat in all ihren kleinen Straßen die Erinnerung an ihre Blüte im Mittelalter bewahrt (ihr bekanntester Bürger war der Dichter Jacopone da Todi, der das berühmte *Stabat Mater* verfaßte). In diesem historischen Umfeld wurde vor kurzem das Hotel *Fonte Cesia* eröffnet. Es liegt in einem der wundervollen Paläste aus dem 17. Jahrhundert und hat es verstanden, Tradition, Eleganz und modernen Komfort harmonisch miteinander zu verbinden. Die gut erhaltene Architektur dieses Hauses (insbesondere die gewölbten Backsteindecken) muß lobend erwähnt werden. Das *Fonte Cesia* ist ein intimes, sehr geschmackvolles Hotel mit komfortablen, gut möblierten Zimmern - einige verfügen über *Trompel'oeil*-Malereien. Im Restaurant werden vorwiegend umbrische Spezialitäten angeboten, um Sie, falls erforderlich, von der besonderen Lebensart dieser Region zu überzeugen.

Anreise (Karte Nr. 14): 45 km südl. von Perugia über die SS 3bis Ausf. Todi.

U M B R I E N

Poggio d'Asproli

1998

06059 Todi (Perugia)
Frazione Asproli N.7
Tel. (075) 885 33 85 - Fax (075) 885 33 85
Sig.ra Maria Claudia Pagliari

Ganzj. geöffn. **6 Zimmer** u. 1 Suite m. Tel., Dusche, WC **Preise** DZ: 200000 L, Suite: 290-360000 L (2 u. 4 Pers.) - Frühst. inkl., von 8.00 bis 10.00 Uhr **Kreditkarten** akzeptiert **Verschiedenes** Hunde nicht erlaubt - Schwimmb. - Parkpl. **Umgebung** Todi: Kirche von S. Maria della Consolazione (1 km) Rtg. Orvieto - Orvieto - Perugia - Spoleto - Assisi - Gübbio - Golf ad Ellera in Perugia (18-Lochpl.) **Restaurant** ab 20.30 - Menü: 40000 L - Karte.

Den Eingang dieses Anwesens muß man nicht lange suchen, denn dank einer Skulptur, die der Herr des Hauses schuf, ist er gut sichtbar; weitere seiner Werke zieren den Garten. Die Architektur des Hauses, einst ein Gehöft, ist rustikal, während die Gestaltung im Innern ausgesprochen elegant ist. Es gibt zwar Natursteinbögen und -wände sowie Balkendecken, aber das Mobiliar, die Wahl der Stoffe und der Farben und die alten Accessoires schaffen eine ausgesprochen raffinierte Atmosphäre. Oft liegen die Räume auf verschiedenen Ebenen, was viele kleine Ecken schafft, in denen man gern etwas trinkt, liest, schreibt ... In der warmen Jahreszeit wird draußen auf der angenehmen Terrasse mit Aussicht gespeist. Das Schwimmbad, die Zimmer und erst recht die Suiten sind wunderschön. *Poggio d'Asproli* ist weder ein Hotel noch ein Landgasthaus, sondern, wie es in der Broschüre steht, eine *residenza de campagna*.

Anreise *(Karte Nr. 14): In Todi Rtg. Orvieto und links Rtg. Izzalini.*

UMBRIEN

Hotel Ristorante La Badia

La Badia 05019 Orvieto (Terni)
Tel. (0763) 30 19 59 / 30 18 76 - Fax (0763) 30 53 96
Sig.ra Fiumi

Kategorie ★★★★ **Geschlossen** im Januar u. Februar **17 Zimmer** u. 7 Suiten m. Tel., Bad od. Dusche, WC, 10 m. TV **Preise** EZ u. DZ: 186-201000 L, 240-270000 L; Suiten: 394-477000 L - Frühst.: 18000 L, von 7.30 bis 10.00 Uhr - HP (währ. d. Sais. obligat.) u. VP: 223-326000 L, 293-396000 L **Kreditkarten** Amex, Visa, Eurocard, MasterCard **Verschiedenes** Hunde nicht erlaubt - Schwimmb. - 2 Tennispl. - Parkpl. **Umgebung** Orvieto: Dom, Palazzo del Popolo - Kirche S. Cristina in Bolsena - Bolsena-See - Region der Etrusker von San Lorenzo Nuovo bis Chiusi: Grotta di Castro, Pitigliano, Sorano, Sovana, Chiusi - Todi - Golf (9-Lochpl.) in Viterbo **Restaurant** von 12.30 bis 14.30 u. von 19.30 bis 21.30 Uhr - Mi geschl.- Menü: 70000 L - Karte - Spezialitäten: Panicetti - Coccinillo - Scaloppe Badia.

Dieses ehemalige, auf einem Hügel gelegene Kloster, das einen herrlichen Ausblick auf die umbrische Landschaft und die alte Stadt Orvieto bietet, ist ein prachtvolles Quartier auf dem Land. Das Hotel mit seinen perfekt eingerichteten Zimmern und Suiten, seinem guten Restaurant, seinem Schwimmbad und seinem Tennisplatz offeriert viel Komfort und verfügt über alles, was man sich auf einem Landgasthof, nur fünf Kilometer vom historischen Zentrum, wünschen kann. Der Empfang ist sehr liebenswürdig.

Anreise (Karte Nr. 13): 86 km südl. von Perugia über die SS 3bis (bis zum Ortsausgang von Todi), dann S 448; der Ausschilderung Piazza Duomo folgen. Im Weiler La Badia, 5 km südl. von Orvieto.

UMBRIEN

Villa Ciconia

Ciconia 05019 Orvieto Scalo (Terni)
Via dei Tigli, 69
Tel. (0)763 30 55 82 - Fax (0)763 30 20 77
Sig. Falcone

Kategorie ★★★★ **Geschlossen** 2 Wochen im Februar **10 Zimmer** m. Tel., Bad od. Dusche, WC, TV, Fön, Minibar (Klimaanl. auf Wunsch: 20000 L) **Preise** EZ u. DZ: 135000 L, 170-240000 L - Frühst. 15000 L, von 7.30 bis 10.30 Uhr - HP u. VP: + 35000 L, + 70000 L (pro Pers., min. 3 Üb.) **Kreditkarten** akzeptiert **Verschiedenes** Hunde nicht erlaubt - Parkpl. **Umgebung** Orvieto: Dom, Palazzo del Popolo, Kirche S. Cristina in Bolsena - Markt Do u. Sa; Bolsena-See - Etruskisches Land von San Lorenzo Nuovo nach Chiusi: grotta di Castro, Pitigliano, Sorano, Chiusi - Todi - Golf (9-Lochpl.) in Viterbo **Restaurant** von 13.00 bis 15.00 u. von 20.00 bis 22.00 Uhr - Mo geschl. - Menüs u. Karte: 45-55000 L - Spezialitäten: Piatti al tartuffo, Porcini, trota al cartoccio, carni alla griglia, carpaccio.

Orvieto ist nicht nur seines Weines wegen bekannt. Die Überlieferung will, daß sich bereits Signorelli für das Ausmalen des Doms zum Teil mit Wein bezahlen ließ. Wenn Sie in die Weinbar am Domplatz Nr. 2 einkehren, werden Sie einige gute Lagen entdecken. *Villa Ciconia* liegt nur ein paar Kilometer weiter mitten auf dem Land. Es ist ein superbes Haus aus grauem Stein des 15. Jahrhunderts, das einem Schüler Michelangelos zugesprochen wird; er soll ebenfalls die allegorischen Sujets und die Landschaften in jenem Raum gemalt haben, in dem sich heute das Restaurant befindet. Altes Mobiliar und traditionelle Werkstoffe findet man in den großen, komfortablen Gästezimmern vor, die Blick auf den Park haben. Zahlreich sind sie nicht, dafür gibt es aber drei Restaurants.

Anreise (Karte Nr. 13): 86 km südl. von Perugia. In der Höhe von Orvieto Scalo die Autobahnunterführung Rtg. Todi-Perugia, dann sofort links Rtg. Arezzo bis Kilometermarke 35. 200 weiter.

U M B R I E N

Fattoria di Titignano

06039 Titignano-Orvieto (Terni)
Tel. (0763) 30 83 22/(075) 894 76 78 - Fax (075) 89 47 679
Famiglia Corsini

1998

Ganzj. geöffn. **17 Zimmer** m. Dusche u. WC **Preise** DZ: 100-120000 L - Frühst. inkl., von 8.30 bis 10.30 Uhr - HP: 170000 L, VP: 180000 L (pro Pers.) **Kreditkarten** Nicht akzeptiert **Verschiedenes** Hunde erlaubt - Schwimmb., Mountainbike - Parkpl. **Umgebung** Grotte Della Piana - La Roccaia - Corbara-See - Orvieto - Bolsena-See und Etruskisches Land **Gemeins. Essen** auf Best.

Nach Titignano zu fahren bedeutet, in die Vergangenheit zurückzukehren. Das Anwesen, das noch immer zweitausend Hektar Land besitzt, erlebte die Jahrhunderte in einem unveränderten Umfeld und bewahrte all seine Gebäude, die ein richtiges kleines Dorf bilden. Lassen Sie sich nicht irritieren von den Feldern und Wäldern, durch die man fahren muß, wenn man die Straße verlassen hat, denn Titignano ist ein wenig das Ende der Welt. Das Herrenhaus liegt am kleinen Platz. Und hier muß man wohnen, wenn man von der majestätischen Innenarchitektur profitieren möchte. Auch der Komfort ist hier am besten. Der ansprechende Salon führt zu einer Loggia, in der man sich entspannen kann, im Speiseraum werden Sie einen imposanten Kamin entdecken. Die anderen Zimmer liegen in Gebäuden mit Blick sowohl auf den Platz als auch aufs Tal, einige besitzen allerdings außer der Tür keine Öffnungen. Unterhalb, aber Wiesen und Hügel des kleines Sees Corbara überragend, liegt das Schwimmbad; der Blick von hier auf eine der schönsten Landschaften Umbriens ist unvergeßlich.

Anreise (Karte Nr. 14): A 1, (Rom-Florenz), Ausf. Orvieto, Rtg. Arezzo-Prodo. Danach die Straße Nr. 79, nach Titignano rechts.

PIEMONT - AOSTATAL

Villa La Meridiana - Cascina Reine

1998

Altavilla, 9
12051 Alba (Cuneo)
Tel. (0173) 44 01 12 - Fax (0173) 44 01 12 - Sig.ra Giuliana Pionzo

Ganzj. geöffn. **5 Zimmer** u. 2 Appart. m. Küche, Bad od. Dusche, WC, (TV u. Tel. auf Wunsch) **Preise** DZ: 100-120000 L, Appart.: 130000 L (2 Pers. - zusätzl. Pers.: + 20000 L) - Frühst. inkl., von 8.00 bis 10.00 Uhr **Kreditkarten** Nicht akzeptiert **Verschiedenes** Hunde erlaubt - Parkpl. **Umgebung** Alba: im April Weinfeste, im Oktober Trüffelfeste - Panoramastraße von Langhe nach Ceva - Barbaresco u. Muskatellerstraße von Astinach Canelli - Asti: Kathedrale, S. Secondo, pallio de Asti im September - Sanktuar von Crea - Abtei Vezollano - Golf "Le Chocciole" (18 Lochpl.) **Kein Restaurant** im Hotel (siehe unsere Restaurant auswahl S. 464).

Lassen Sie sich verleiten von den mit Wein bedeckten Hügeln des Piemont, die den berühmten Spumante d'Asti oder die zu Recht geschätzten Weine wie Barolo oder Barbaresco hergeben. Asti und Alba sind reizende mittelalterliche Kleinstädte, die im friedlichen Rhythmus der Jahreszeiten und von der Landwirtschaft leben, was hier regelmäßig gefeiert wird. *La Meridiana*, auf den Anhöhen der Stadt errichtet, ist eine Villa im Libertystil, der später ein Flügel für die reizvollen Gästezimmer hinzugefügt wurde. Einige Möbel aus dem Familienbesitz tragen zum Charme bei, während die Bäder von besonders komfortabler Modernität sind. Der Garten ist freundlich und derart angelegt, daß man Blick auf die Weinberge, die Pappeln und auch auf die Türme des historischen Zentrums hat. Die Küche, die zum Vorbereiten des Frühstücks dient, steht Ihnen zur Verfügung, wenn Sie abends einmal nicht ausgehen möchten. Dennoch sollten Sie die Piemonteser Gerichte genießen, die nicht ganz dem entsprechen, was man sich unter italienischer Küche vorstellt.

Anreise (Karte Nr. 7): 62 km von Turin.

PIEMONT - AOSTATAL

La Luna e i Falo'

Regione Aie, 37
14053 Canelli (Asti)
Tel. (0141) 83 16 43 - Fax (0141) 83 16 43
Sig. Carnero

1998

Ganzj. geöffn. (auf Reserv.) **5 Zimmer** m. Bad od. Dusche, WC, TV **Preise** DZ: 140000 L - Frühst. inkl., bis 10.00 Uhr **Kreditkarten** Nicht akzeptiert **Verschiedenes** Hunde erlaubt - Parkpl. **Umgebung** Alba: im April Weinfeste, im Oktober Trüffelfeste - Panoramastraße von Langhe nach Ceva - Barbaresco u. Muskatellerstraße von Astinach Canelli - Asti: Kathedrale, S. Secondo, pallio de Asti im September - Sanktuar von Crea - Abtei von Vezollano - Golf "Le Chocciole" (18 Lochpl.) **Restaurant** (auf Reserv.) - ab 19.30 Uhr - Menüs: 45000 L u. 75000 L (Wein inkl.). Spezialitäten: Monferrina, lungana.

Weil Franco Carnero Cesare Pavese sehr bewunderte, benannte er sein Haus nach dem Titel des Meisterwerks dieses berühmten italienischen Schriftstellers: «La Luna e i falo» (Junger Mond). Denn Paveses Heimat ist hier, in den Hügeln des Piemont, wo jedes Jahr im Juni bei Vollmond die Lichter brennen und den Beginn der Ernte ankündigen. Ein wunderbares und ergreifendes Schauspiel, das Sie von der großen, den Weinberg überragenden Terrasse aus verfolgen können. Die Inneneinrichtung ist freundlich und erstaunlich aufgrund der zahlreichen imposanten Möbel und einer ebenso großen wie abwechslungsreichen Gemäldesammlung. Auch die Zimmer sind komfortabel und üppig. Die Küche, die bereits in Turin von sich reden machte, bevor die Carneros endgültig nach Canelli umzogen, kann sich sehen lassen. Die an Traditionen, Kultur und Gastronomie reiche Region verspricht einen interessanten Urlaub.

Anreise (Karte Nr. 7): 26 km von Asti. Ab Canelli Rtg. «Castello Gancia», Aie.

PIEMONT - AOSTATAL

Villa Sassi-El Toulà

10132 Torino Sassi
Via Traforo di Pino, 47
Tel. (011) 89 80 556 - Fax (011) 89 80 095
Sig.ra Aonzo

Kategorie ★★★★ **Geschlossen** im August **17 Zimmer** m. Klimaanl., Tel., Bad, WC, TV; Aufzug **Preise** EZ u. DZ: 270000 L, 400000 L - Frühst.: 20000 L, von 7.00 bis 10.30 Uhr - HP u. VP: 270-320000 L, 350-400000 L (pro Pers., mind. 3 Üb.) **Kreditkarten** akzeptiert **Verschiedenes** Hunde nicht erlaubt - Parkpl. **Umgebung** Turin: Palazzo Madama, Ägyptisches Museum, Galleria Sabauda, Santuario della Consolata, Galleria d'Arte moderna - Basilika Superga - Villa Reale di Stupinigi - Kathedrale Chieri - Kirche Sant'Antonio di Ranverso - Abtei Sacra di San Michele - Golfplatz I Roveri in la Mandria **Restaurant** von 12.30 bis 14.30 u. von 20.00 bis 22.30 Uhr - So geschl. - Karte: 110000 L - Internationale und Piemonteser Spezialitäten.

Diese Villa aus dem 17. Jahrhundert, die einst auf dem Land lag, befindet sich heute unweit des Zentrums von Turin. Dem Park, von dem sie umgeben ist, ist es zu verdanken, daß sie nach wie vor viel Ruhe bietet. Von der ursprünglichen Innenarchitektur wurde die Holztreppe in der Rezeption bewahrt, ferner eine schöne Wandmalerei sowie zwei große Barockleuchter. Die Gästezimmer sind individuell gestaltet und bieten besten Komfort. Das Restaurant, das jüngeren Datums ist, verfügt über das Qualitätslabel *El Toulà*. Seine großen Glasflächen gehen zum Garten und bieten einen weiten Blick auf den Park. Das angrenzende Bauernhaus liefert die frischen Produkte der edlen Piemonteser Küche, die ebenso kulinarisch wie originell ist.

Anreise (Karte Nr. 7): Ausf. Turin-West, der Ausschilderung folgen.

PIEMONT - AOSTATAL

Hotel Victoria

10123 Torino
Via Nino Costa, 4
Tel. (011) 56 11 909 - Fax (011) 56 11 806
Sig. Vallinotto

Kategorie ★★★ **Ganzj.** geöffn. **100 Zimmer** m. Klimaanl., Tel., Bad od. Dusche, WC, TV, Minibar; Aufzug **Preise** EZ u. DZ: 160-190000 L, 230-260000 L; Suiten: 300000 L - Frühst. inkl. (Buffet), von 7.30 bis 11.00 Uhr **Kreditkarten** akzeptiert **Verschiedenes** Hunde nicht erlaubt **Umgebung** Turin: Palazzo Madama, Ägyptisches Museum, Galleria Sabauda, Santuario della Consolata, Galleria d'Arte moderna - Basilika Superga - Villa Reale di Stupinigi - Kathedrale Chieri - Kirche Sant'Antonio di Ranverso - Abtei Sacra di San Michele - Golfplatz I Roveri in la Mandria **Kein Restaurant** im Hotel (siehe unsere Restaurantauswahl S. 462-463).

Hier ein inmitten der Stadt verborgenes Hotel, das entdeckt werden will. Das moderne Gebäude liegt im Einkaufszentrum in der Nähe der Piazza San Carlo, des Doms und des Bahnhofs. Die originelle Ausstattung verbindet Funktionelles mit Artdeco, Phantasie mit Humor. Die Zimmer sind durchweg bewundernswert, und man hat die Qual bei der Wahl: "Rückkehr aus Ägypten", die romatischeren mit Jouy-Stoffen oder jene, die an New Orleans erinnern. Sie sind allesamt sehr ruhig, da sie entweder zur Fußgängerzone oder auf einen Garten der Handelskammer gehen. Das Frühstückszimmer hat den Charme eines Wintergartens. Vom sehr freundlichen Salon aus blickt man auf einen grünen Innenhof. Es gibt also mindestens drei gute Gründe, das *Victoria* (mit dem Komfort eines Vier-Sterne-Hotels) zu wählen: die Ruhe, die Ausstattung und ein hervorragendes Preis-Leistungsverhältnis.

Anreise (Karte Nr. 8): im Stadtzentrum, in der Nähe der Piazza San Carlo u. des Bahnhofs.

PIEMONT - AOSTATAL

Castello San Giuseppe

Castello San Giuseppe 10010 Chiaverano d'Ivrea (Torino)
Tel. (0125) 42 43 70 - Fax (0125) 64 12 78
Sig. und Sig.ra Naghiero

Kategorie ★★★★ **Ganzj**. geöffn. **16 Zimmer** m. Tel., Bad, WC, TV **Preise** EZ u. DZ: 135000 L, 185000 L; Suiten: 295000 L - Frühst. inkl., von 7.30 bis 10.00 Uhr - HP: 145000 L (pro Pers., mind. 3 Üb.) **Kreditkarten** akzeptiert **Verschiedenes** Kleine Hunde erlaubt - Parkpl. **Umgebung** Sirio u. San Michele-See - Parco Nazionale Gran Paradiso - Turin **Restaurant** von 20.00 bis 23.30 Uhr - So geschl. - Menü: 50000 L - Karte.

Das nur drei Kilometer vom Zentrum der Stadt Ivrea entfernte *Castello San Giuseppe* erhebt sich wie ein Wächter auf seinem Hügel, der von den Seen Sirio, San Michele und di Campagna umgeben ist. Ursprünglich war es ein Kloster, dann das Refugium des Liebespaares Arrigo Boito und Eleonora Duse, und erst danach wurde es zu einem Landhotel umgestaltet. Das Haus verfügt über den Charme seiner gut erhaltenen Architektur und der alten oder Stilmöbel, die für die Einrichtung ausfindig gemacht wurden. Das Hotel bietet guten Komfort mit Freizeitanlagen wie Hallenbad und Sauna. In dem Garten mit üppiger tropischer Vegetation zu verweilen, bevor man aufbricht, um die Umgebung von Ivrea kennenzulernen, ist sehr angenehm. Der Karneval der Stadt (im Februar) ist wegen seiner Orangenschlacht einer der berühmtesten Italiens.

Anreise (Karte Nr. 7): 40 km nördl. von Turin über die A 5, Ausf. Ivrea, Rtg. Lago Sirio.

PIEMONT - AOSTATAL

Il Capricorno

10050 La Sauze d'Oulx (Torino)
Le Clotes
Tel. (0122) 850 273 - Fax (0122) 850 273
Sig. und Sig.ra Sacchi

Kategorie ★★★★ **Geschlossen** vom 26. April bis 14. Juni u. vom 16. September bis 30. November - **7 Zimmer** m. Tel., Bad, WC, TV **Preise** EZ u. DZ: 190000 L, 260000 L - Frühst. inkl., von 8.00 bis 10.30 Uhr - HP: 200000 L (pro Pers., mind. 3 Üb.) **Kreditkarten** Visa, Eurocard, MasterCard **Verschiedenes** Hunde nicht erlaubt - Parkpl. im Sommer **Umgebung** Bergwanderungen - Ski, Abfahrten ab Hotel - Tennis - Bardonecchia - Sestriere - Briançon - Golf in Sestriere (18-Lochpl.) **Restaurant** von 12.30 bis 14.30 u. von 19.30 bis 21.00 Uhr - Karte - Spezialitäten: Antipasti di Mariarosa - Scottata rucola e Parmigiano - Tacchino su zucchini - Gnocchi alla menta - Ravioli alla crema di zucchini - Portofoglio alla Capricorno - Maltagliati al ragù di verdure.

Sauze d'Oulx ist ein Bergdorf, das in 1500 Meter Höhe in der Nähe des französisch-italienischen Grenzübergangs Clavière-Montgenèvre liegt. Das hübsche Chalet *Capricorno*, noch 300 Meter höher mitten in den Bergen, zählt nicht mehr als acht Zimmer, aber alle haben kleine, zweckmäßige Bäder. Deshalb vermag die Gastgeberin Mariarosa auch ihre Gäste zu verwöhnen: ihre Küche ist unglaublich delikat. Das *Capricorno* ist sowohl im Sommer wie im Winter angenehm und liegt für Wanderer und Skifahrer gleichermaßen günstig: nur wenige Kilometer von Bardonecchia und Sestriere und 30 Kilometer von Briançon entfernt. Reservierung unumgänglich.

Anreise (Karte Nr. 6): 81 km westl. von Turin über die AE 70 - 40 km nordöstl. von Briançon über den Col de Montgenèvre bis Oulx, dann Rtg. Sauze-d'Oulx (Les Clotes: im Winter per Sessellift, im Sommer über die Straße).

PIEMONT - AOSTATAL

Hotel Principi di Piemonte

Via Sauze di Cesana
10058 Sestriere (Torino)
Tel. (0122) 7941 - Fax (0122) 70270
Sig. Clemente

Kategorie ★★★★ **Geschlossen** vom 16. April bis 16. Juni u. vom 24. August bis 19. Dezember **94 Zimmer** m. Tel., Bad, WC, TV, Minibar **Preise** Nach Vereinbarung - Frühst.: 15000 L, von 7.00 bis 11.30 Uhr **Kreditkarten** akzeptiert **Verschiedenes** Kleine Hunde erlaubt - Sauna - Schönheitssalon - Garage (20000 L)- Parkpl. **Umgebung** Ski, Abfahrten ab Hotel - Golf von Sestriere (18-Lochpl.) **Restaurant** von 12.30 bis 14.00 u. von 19.30 bis 21.00 Uhr - Menüs: 45-55000 L - Karte - Spezialitäten: Piemonteser Küche.

Das *Principi di Piemonte*, inmitten der berühmten Türme der Stadt, galt früher als das traditionelle Grandhotel von Sestriere. Aus den Türmen wurden Clubs, und auch das *Principi* hat einige Veränderungen durchgemacht, um sich der neuen Kundschaft anzupassen. Die Zimmer bieten viel Komfort, und die Suiten sind luxuriös. Zusätzlich zu Salons und Speisesälen verfügt das Hotel über Boutiquen, einen Friseur und eine Diskothek. Alles ist auf sportlichen Skiurlaub und angenehme Apres-Ski-Abende angelegt. Diejenigen jedoch, die das Hotel vor ein paar Jahren kannten und die vom Hotel *Suvretta* in Sankt Moritz inspirierte Atmosphäre schätzten, werden mit leichtem Bedauern und einer gewissen Wehmut daran zurückdenken.

Anreise (Karte Nr. 6): 32 km nordöstl. von Briançon über den Col de Montgenèvre bis Cesana Torinese, dann die S 23; 93 km westl. von Turin über die Autobahn E 70.

PIEMONT - AOSTATAL

Locanda del Sant' Uffizio

14030 Cioccaro di Penango (Asti)
Tel. (0141) 91 62 92 - Fax (0141) 91 60 68
Sig. Beppe

Kategorie ★★★★ **Geschlossen** vom 6. bis 16. Januar u. vom 9. bis 20. August **35 Zimmer** u. 5 Nebenzi. m. Tel., Bad od. Dusche, WC, TV, Minibar **Preise** EZ m. HP: 360000 L; DZ m. HP u. VP: 260000 L, 320000 L (pro Pers., mind. 3 Üb.) - Frühst. inkl., von 7.30 bis 10.30 Uhr **Kreditkarten** Diners, Visa, Eurocard, MasterCard **Verschiedenes** Kleine Hunde auf den Zimmern erlaubt - Schwimmb. - Tennis - Parkpl. **Umgebung** Asti - Abtei Vezzolano in Albrugnano - Santuario von Crea in den Hügeln des Monferrato - Golf von Margara (18-Lochpl.) **Restaurant** von 12.30 bis 13.30 u. von 19.30 bis 21.00 Uhr - Menü: 100000 L - Karte - Spezialitäten: Funghi tartufi - Gnocchi de fonduta - Cinghiale di bosco - Lasagne con verdurini del orto - Anatra stufata al miele e rhum.

Das *Locanda del Sant'Uffizio* ist ein altes Kloster aus dem 15. Jahrhundert, das inmitten von Weinbergen in den Hügeln des Monferrato liegt. Die kleine Kapelle, die wunderschönen behaglichen Zimmer, die absolute Ruhe, die Schönheit der Landschaft und die Gebäude aus roten Ziegeln machen es für uns zu einem der besonders liebenswerten Hotels dieses Führers. Das Frühstück wird in einem entzückend gestalteten Raum eingenommen, bei schönem Wetter direkt am Swimmingpool. Das Restaurant serviert eine außerordentlich gute Piemonteser Küche, die von exzellenten Weinen begleitet wird. Die Mahlzeiten sind zudem sehr reichhaltig. Lassen Sie sich dieses Kleinod nicht entgehen!

Anreise (Karte Nr. 7): 64 km östl. von Turin - 21 km nördl. von Asti über die S 457 Rtg. Moncalvo (3 km vor Moncalvo).

PIEMONT - AOSTATAL

Albergo del Castello

12060 Verduno (Cuneo)
Via Umberto I, 9
Tel. (0172) 47 01 25 - Fax (0172) 47 02 98
Sig.ra Elisa Burlotto

Kategorie ★★ **Geschlossen** von Dezember bis Februar **13 Zimmer** m. Dusche, WC (5 m. Tel.) **Preise** DZ: 160-200000 L; Suite: + 120000 L - Frühst. inkl., von 8.00 bis 11.00 Uhr - HP + 120000 L (2 Pers., mind. 3 Üb.) **Kreditkarten** akzeptiert **Verschiedenes** Hunde nicht erlaubt - Parkpl. **Umgebung** Torino - Asti - Bra - Alba - Abtei von Vezzolano **Restaurant** ab 20.00 Uhr - Menü: 70000 L - Spezialitäten: Givra (stracotto di vacca) - agnolotti al plin - carne di verduno - Risotti albarolo - Anatra von insalata - Panna cotta.

Dieses kleine Schloß, das nach Zeichnungen von Juvarra, einem Architekten des 18. Jahrhunderts, errichtet wurde, war ab 1847 im Besitz der Savoias, einer königlichen Familie. Es liegt in einer für seinen Wein (*Barolo* und *Barbera*) berühmten Gegend, baut noch immer Wein an und besitzt einen bemerkenswerten Weinkeller. Dank der mit viel Gespür im Innern vorgenommenen Renovierung bewahrte das Schloß Ursprüngliches: Fresken, eindrucksvolle alte Möbel und einige Gemälde aus dem Besitz der Familie Savoia. Die Gästezimmer des Stammhauses sind klösterlich schlicht. Die des Nebengebäudes, das luxuriösere rosa und blaue, sind mit hübschen Fresken dekoriert. Vom reizenden Garten aus können Sie die Piemonteser Landschaft betrachten, der es an Charme nicht mangelt.

Anreise (Karte Nr. 7): 50 km südl. von Turin. A 21, Ausf. Asti-Est; A 6, Ausf. Marene.

PIEMONT - AOSTATAL

Hotel Pironi

Lago Maggiore
28822 Cannobio (Verbania)
Via Marconi, 35
Tel. (0323) 70 624/70 871 - Fax (0323) 721 84 - Famiglia Albertella

Kategorie ★★★ **Geschlossen** von November bis Mitte März **12 Zimmer** m. Tel., Bad od. Dusche, WC, TV, Safe, Minibar; Aufzug **Preise** HP u. VP: 115-125000 L, 170-200000 L - Frühst. inkl. (Buffet) **Kreditkarten** Amex, Visa, Eurocard, MasterCard **Verschiedenes** Hunde nicht erlaubt - **Umgebung** Santuario della Pietà - Cannobina-Tal (Orrido S. Anna) - Vigezzo-Tal - Stresa - Borromäische Inseln - Verbania, Villa Taranto - Ascona - Locarno - Lugano **Kein Restaurant** im Hotel (siehe unsere Restaurantauswahl S. 464).

Das letzte Dorf am westlichen Ufer des Lago Maggiore, dem heitersten Teil des Sees, ist Cannobio. Das *Pironi* liegt in einem Stadtpalais des historischen Zentrums der kleinen Stadt. Eine besonders sorgsame Restaurierung wurde bei den Arkaden, Treppen, der Loggia und den Fresken aus dem 15. Jahrhundert angewandt. Das heißt aber nicht, daß es dem Hotel an modernem Komfort mangelt. Die Zimmer liegen auf drei Stockwerken mit Fahrstuhl, sind hübsch rustikal möbliert und auf das Gebälk des Hauses gut abgestimmt; einige Zimmer haben einen Blick auf den See, zwei besitzen Terrassen. Der vollkommen mit Fresken bemalte Speiseraum ist ein Juwel. Der einzige kleine Nachteil ist die Anfahrt. Bei der Reservierung wird man Ihnen jedoch den besten Weg angeben, und falls Sie möchten, geht man Ihnen beim Tragen des Gepäcks zur Hand. Der Empfang ist sehr nett und das Preis-Leistungsverhältnis für Italien erfreulich.

Anreise (Karte Nr. 2): 117 km nordwestl. von Mailand über die A 8 (Milano/Laghi), Ausf. Verbania, Rtg. Locarno.

PIEMONT - AOSTATAL

Hotel Ghiffa

Lago Maggiore
28823 Ghiffa (Novara)
Corso Belvedere, 88
Tel. (0323) 59 285- Fax (0323) 59 585 - Sig. Valerio Cattaneo

Kategorie ★★★ **Geschlossen** vom 20. Oktober bis 1. April **39 Zimmer** (32 m. Klimaanl.) m. Tel., Bad od. Dusche, WC, Kabel-TV; Aufzug **Preise** EZ u. DZ: 180000 L, 255000 L - Frühst. inkl., von 7.30 bis 9.45 Uhr - HP (pro Pers. , mind. 3 Üb) 190000 L u. VP (pro Pers. mind. 3 Üb) 210000 L **Kreditkarten** akzeptiert **Verschiedenes** Hunde nicht erlaubt - Schwimmb. - Garage (20000 L) - Parkpl. **Umgebung** Stresa - Borromäische Inseln - Locarno - Ascona - Golfpl. Pian di Sole **Restaurant** von 12.30 bis 14.00 u. von 19.30 bis 21.30 Uhr - Menü: 50000 L - Spezialitäten: Filetti di pesce persico alle erbe - Bianco di rombo al finocchio selvatino - Cannelloni alla nizarda - Torta Daverina.

An dem "reichen Ufer" des Lago Maggiore mit üppiger Vegetation gelegen, das von Künstlerhand zu Gärten, Lauben und Parks gestaltet wurde, ist das *Ghiffa* ein ruhiger, romantischer Ferienort. Das Hotel befindet sich direkt am See und hat seine Salons und ein wenig Glanz aus seiner aristokratischen Vergangenheit bewahrt. Wenn die Gästezimmer auch von einer etwas kalten Modernität sind, so wird man durch den Blick auf den See und die Berge entlohnt. Ein Schwimmbad und ein kleiner Privatstrand sind (auch wenn vom Baden in den Alpenseen abgeraten wird) im Sommer sehr willkommen. Die Küche ist fein; der Ausblick, den das Restaurant bietet, ist reizvoll. Ein erfrischendes Quartier vor dem unumgänglichen Besuch der malerischen Borromäischen Inseln.

Anreise (Karte Nr. 2): 102 km nordwestl. von Mailand über die A 8, Ausf. Gravellona Toce, Rtg. Verbania/Lago Maggiore, Locarno.

PIEMONT - AOSTATAL

Hotel Verbano

Lago Maggiore
Isole Borromee 28049 Stresa (Novara)
Isola dei Pescatori
Tel. (0323) 30 408/32 534 - Fax (0323) 33 129 - Sig. Zacchera

Kategorie ★★★ **Geschlossen** vom 1. März bis 6. Januar **12 Zimmer** m. Tel. Bad od. Dusche, WC
Preise EZ u. DZ: 140-160000 L, 200-230000 L - Frühst. inkl. - HP u. VP: 160-180000 L, 200-230000 L
(pro Pers.) **Kreditkarten** akzeptiert **Verschiedenes** Hunde erlaubt - Boote **Umgebung** Isola Bella:
Palazzo Borromeo und seine Gärten - Botanischer Garten der Isola Madre - Golf der Borromäischen
Inseln (18-Lochpl.) in Stresa **Restaurant** von 12.00 bis 14.30 u. von 19.00 bis 21.30 Uhr - Menüs: 45-
70000 L - Karte - Spezialitäten: Antipasti - Pesce del lago.

Die Borromäischen Inseln des Lago Maggiore muß man ganz einfach besuchen. Schiffe für eine Inselrundfahrt liegen im Hafen von Stresa. Diese wundervollen Inseln voller Charme mit ihren Villen und den bis zur Landungsbrücke reichenden Gärten laden zu einem Aufenthalt ein. Isola dei Pescatori ist eine der kleinsten der Borromäischen Inseln. Das *Verbano*, in dem Toscanini sich gerne aufhielt und arbeitete, ist auch nicht gerade groß. Großer Luxus wird hier auch nicht geboten, aber viel Charme und Gästezimmer mit knirschenden Fußböden. Eingerichtet sind die Zimmer mit dem Mobiliar aus dem Familienbesitz, das etwas veraltet wirkt, aber der Blick auf den See (von den meisten Zimmern aus) ist wunderschön. Wem dann noch immer Romantik fehlt, muß bis zum Abendessen bei Kerzenschein warten.

Anreise (Karte Nr. 2): nordwestl. von Mailand über die A 8, Rtg. Lago Maggiore; in Stresa oder Pallanza das Schiff zu den Borromäischen Inseln bis zur Isola dei Pescatori nehmen.

PIEMONT - AOSTATAL

Hotel Villa Crespi

Lago d'Orta
28016 Orta San Giulio (Novara)
Via Generale Fava, 8
Tel. (0322) 91 19 02 - Fax (0322) 91 19 19 - Famiglia Bacchetta

Kategorie ★★★★ **Ganzj.** geöffn. **12 Zimmer** u. 7 Suiten m. Klimaanl., Tel. Bad, WC, TV, Minibar - Aufzug **Preise** EZ u. DZ: 280000 L, 380000 L; Suiten: 420-780000 L - Frühst. inkl., von 7.00 bis 10.30 Uhr - HP u. VP: 290-330000 L, 330-380000 L (pro Pers., im DZ, mind. 3 Üb.) **Kreditkarten** akzeptiert **Verschiedenes** Kleine Hunde erlaubt - Sauna (25000 L) - Parkpl. **Umgebung** Orta San Guilio - Sacro Monte - Isola di San Guilio - Stiftung Calderana in Vacciago - Golfpl. Gignese **Restaurant** von 12.00 bis 14.30 u. von 19.30 bis 22.00 Uhr - Menüs: 90-110000 L - Spezialitäten: Millefoglie di patate, Spugnole e fegato grasso in salsa "caline", raviolini del' Plin in cesto di parmigiano, carré di agnello in crosta di sale, gratin di frutta di stagione.

Am Ufer des ausgesprochen romantischen Lago d'Orta werden Sie ein ungewöhnliches maurisches Minarett entdecken: eine luxuriöse Hommage des Baumwoll-Industriellen Benigno Crespi an den Orient. Die Villa (1880) wurde inmitten eines herrlichen Parks voller schattenspendender Lärchen errichtet. In den Salons und Zimmern gelingt es dem klassischen Mobiliar, die etwas überladene orientalische Dekoration auszugleichen. Die Gästezimmer sind sehr romantisch mit imposanten Baldachinbetten und schönen Samtstoffen ausgestattet. Die geräumigen Marmorbäder bieten modernsten Komfort und verfügen über Kingzise-Whirlpools. *Villa Crespi* ist ein Familienbetrieb, und der Inhaber ist auch der Küchenchef des regionaltypischen, aber raffinierten Restaurants, das in der ganzen Gegend bekannt ist.

__Anreise__ (Karte Nr. 2): 20 km westl. von Stresa u. des Lago Maggiore.

PIEMONT - AOSTATAL

Hotel San Rocco

Lago d'Orta
28016 Orta San Giulio (Novara)
Via Gippini, 11
Tel. (0322) 91 19 77 - Fax (0322) 91 19 64 - Sig. Bacchetta

Kategorie ★★★★ **Ganzj.** geöffn. **74 Zimmer** m. Tel. Bad, WC, TV, Minibar - Aufzug **Preise** EZ u. DZ: 180-250000 L, 250-360000 L; Suiten: 350-400000 L - Frühst. inkl., von 7.00 bis 10.00 Uhr - HP u. VP: + 60000 L + 110000 L (pro Pers., mind. 3 Üb.) **Kreditkarten** akzeptiert **Verschiedenes** Hunde nicht erlaubt - Sauna (26000 L) - Fitneßcenter - Garage (15000 L) - Parkpl. **Umgebung** Orta San Giulio; Markt: Mi; Sacro Monte; Isola di San Giulio; Calderana-Stiftung in Vacciago - Golfpl. Gignese **Restaurant** von 12.30 bis 14.00 u. ab 20.00 Uhr - Menü: 72000 L - Spezialitäten: Bacetti san Rocco, boconcini tartufati, salmone marinato al timo, code di gamberi con frutti tropicali, zabaglione al frutti di bosco.

Gegenüber der romantischen Landschaft der Insel San Giulio wurde das *San Rocco* auf den Fundamenten eines Klosters aus dem 17. Jahrhundert errichtet und verfügt über eine wundervolle Lage. Das am See und am Klostergang gelegene Hotel hat seine ursprüngliche, muschelartige Form bewahrt, im Innern ist die Struktur allerdings modern und effizient. Alle Zimmer haben eine schöne Aussicht, sind von schlichter Eleganz und sehr komfortabel. Sobald das Wetter es erlaubt, kann man sich draußen mit Blick auf den See ausruhen oder im Schwimmbad entspannen. Auch stellt das Hotel zum Entdecken der Insel ein Boot zur Verfügung. Die Küche ist auf delikate Art traditionell.

Anreise (Karte Nr. 2): 20 km westl. von Stresa u. des Lago Maggiore.

PIEMONT - AOSTATAL

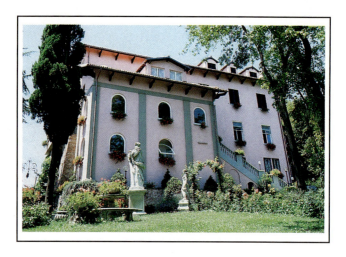

Castello di San Giorgio

15020 San Giorgio Monferrato (Alessandria)
Via Cavalli d'Olivola, 3
Tel. (0142) 80 62 03 - Fax (0142) 80 65 05 - Sig. Grossi

Kategorie ★★★★ **Geschlossen** vom 1. bis 20. August u. vom 27. Dezember bis 10. Januar
10 Zimmer u. 1 Suite m. Tel., Bad, WC, TV, Minibar **Preise** EZ u. DZ: 150000 L, 220000 L; Suiten: 320000 L - Frühst.: 25000 L, von 8.00 bis 11.00 Uhr - HP u. VP: 220000 L, 280000 L (pro Pers.)
Kreditkarten akzeptiert **Verschiedenes** Hunde erlaubt - Parkpl. **Umgebung** Marengo (Villa Marengo) - Asti - Abtei von Vezzolano in Albugnano **Restaurant** von 12.00 bis 14.30 u. von 19.30 bis 21.30 Uhr - Mo geschl. - Menü: 85000 L - Karte - Spezialitäten: Agnolotti alla monferrina - Pesce - Funghi - Tartufi.

Dieses um ein bemerkenswertes Restaurant ergänzte Hotel ist im Bauernhof sowie in den Pferdeställen des Schlosses von Monferrat untergebracht. Das Schloß ist ein enormes Bauwerk, das im 14. Jahrhundert für Gonzales von Mantua errichtet wurde und inmitten eines wunderschönen Parks liegt, der auch heute noch durch seine Originalmauern begrenzt wird. Die alten Gebäude sind herrlich restauriert und zum Teil mit alten Möbeln aus dem Schloß eingerichtet. Die geschmackvollen Zimmer sind luxuriös, und die Aussicht auf die weite Piemonteser Ebene und ihre Hügel ist beeindruckend. Der Direktor, Signore Grossi, ist neben seinen Qualitäten als Hotelier auch ein Experte französischer Gastronomie. Seine Frau ist es jedoch, die über Töpfe und Pfannen herrscht, und das mit erstaunlichen Ergebnissen: im *San Giorgio* ist die Küche von höchster Güte! Und da auch alles andere stimmt, empfehlen wir dringend einen Abstecher.

Anreise (Karte Nr. 8): 26 km nordwestl. von Alessandria über die A 26, Ausf. Casale-Süd, nach 6 km Abzweigung Alessandria - Asti, Straße rechts nach San Giorgio Monferrato.

PIEMONT - AOSTATAL

Hotel Hermitage

11021 Breuil-Cervinia (Aosta)
Tel. (0166) 94 89 98 - Fax (0166) 94 90 32

Kategorie ★★★★ **Geschlossen** im Mai, Juni, Oktober u. November **36 Zimmer** u. 4 Suiten, m. Tel., Bad, WC, Satelliten-TV, Minibar, Safe; Aufzug **Preise:** EZ u. DZ 200-300000 L, 300-400000 L; Suiten: 500-900000 L - Frühst. inkl. , von 7.30 bis 11.00 Uhr - HP: 200-280000 L (DZ), ab 400000 L (Suiten) (pro Pers.) **Kreditkarten** akzeptiert **Verschiedenes** Hunde nicht erlaubt - Schwimmb. - Sauna - Fitneßcenter - Garage (25000 L) - Parkpl. **Umgebung** Ski - Plateau Rosà und Furggen per Seilschwebebahn - Golf in Cervino (9-Lochpl.) **Restaurant** von 13.00 bis 14.00 u. von 20.00 bis 22.00 Uhr - Menüs: 70-90000 L - Karte - Spezialitäten: Französiche Küche.

Ein Aufenthalt im *Hermitage* bedeutet nicht nur, daß man etwas Besonderes in 3000 Meter Höhe auf den Pisten von Cervinia sucht oder daß es Spaß macht, in der Schweiz bis Zermatt skizulaufen, sondern auch, daß man all das genießen kann, was das Hotel bietet. Exzellenter Komfort eines Luxushotels, moderne, behagliche, für die Berge typische Ausstattung der geräumigen Gästezimmer und auch der neuen, romantischen Dachzimmer, angenehmes Après-Ski im Schwimmbad, Fitneß- oder Beauty-Center. Außerdem die gute Hotelküche, die für ihre alten Familienrezepte berühmt und wo alles wirklich hausgemacht ist, einschließlich des Frühstücksgebäcks und der Konfitüren. In der ruhigen Zeit, d.h. Dezember, Januar und April, bietet das *Hermitage* Aufenthalte (fünf Tage) zu interessanten Preisen an, um in einem Hotel mit Charme von einem der schönsten Skigebiete Europas zu profitieren.

Anreise (Karte Nr. 1): 50 km nordöstl. von Aosta über die A 5, Ausf. Aosta-Ovest, dann RR 47.

PIEMONT - AOSTATAL

Les Neiges d'Antan

11021 Breuil-Cervinia (Aosta)
Frazione Cret Perrères
Tel. (0166) 94 87 75 - Fax (0166) 94 88 52
Sig. und Sig.ra Bich

Kategorie ★★★ **Geschlossen** vom 17. September bis 5. Dezember u. vom 3. Mai bis 29. Juni
28 Zimmer m. Tel., Bad od. Dusche, WC, TV, Safe **Preise** EZ u. DZ: 120000 L, 210000 L; Suiten f. 4 Pers.: 360000 L - Frühst. inkl., von 7.30 bis 10.00 Uhr - HP und VP: 90000 L, 160000 L (pro Pers., mind. 3 Üb.) **Kreditkarten** Visa, Eurocard, MasterCard **Verschiedenes** Hunde im Zimmer erlaubt - Parkpl. **Umgebung** Ski, Abfahrt ab Hotel - Plateau Rosà und Furggen per Seilschwebebahn - Golf in Cervino (9-Lochpl.) **Restaurant** von 12.30 bis 14.00 u. von 19.30 bis 21.30 Uhr - Menü: 50000 L - Karte - Regionale Spezialitäten.

Mitten in den Bergen und dem Matterhorn gegenüber liegt das *Neiges d'Antan:* ein wahres Hotel mit Charme, in dem die liebenswürdige Sorgfalt einer ganzen Familie zu spüren ist. Die Gestaltung ist einfach, aber sehr freundlich und persönlich: eine getäfelte Bar, Wände mit Erinnerungsfotos, ein großer moderner Salon, in dem man Bücher, Zeitungen und Zeitschriften vorfindet und der auch als Musikzimmer dient. Was hier den Luxus ausmacht, ist viel Qualität, verbunden mit großer Einfachheit: die exzellente Küche wird von Signora Bich beaufsichtigt, der auch die selbstgemachten Frühstückskonfitüren zu verdanken sind. Signore Bich stellt mit Hilfe seines Sohnes und Kellermeisters die "Önothek" zusammen. In den Zimmern ist ebenfalls alles sehr geschmackvoll gestaltet, gibt es viel Komfort. Ein wertvolles Hotel, geführt von wertvollen Menschen.

Anreise (Karte Nr. 1): 49 km nordöstl. von Aosta über die A 5, Ausf. Saint-Vincent - Châtillon, dann S 406 (4 km vor Cervinia).

PIEMONT - AOSTATAL

Villa Anna Maria

11020 Champoluc (Aosta)
5, rue Croues
Tel. (0125) 30 71 28 - Fax (0125) 30 79 84
Sig. Miki Origone und Sig. Jean-Noël Origone

Kategorie ★★★ **Ganzj.** geöffn. **20 Zimmer** m. Tel., 14 m. Bad od. Dusche, WC, TV **Preise** HP u. VP: 125000 L, 135000 L (pro Pers., mind. 3 Üb) - Frühst.: 10000 L, von 8.15 bis 11.00 Uhr **Kreditkarten** Visa, Eurocard, MasterCard **Verschiedenes** Kleine Hunde erlaubt **Umgebung** Ayas und seine Weiler: Antagnod, Perriax - Saint-Jacques: Ausgangspunkt für Hochgebirgstouren - Schloß Verrès - Kirche von Arnad **Restaurant** von 12.45 bis 14.00 u. von 19.45 bis 21.00 Uhr - 15. September bis 1. Dezember u. 20. April bis 20 Juni geschl. - Menüs: 30-40000 L - Karte - Spezialitäten: Aosta-Tal-Fondue - Zuppa Valpellinentze.

Dieses charmante Chalet ist eine unserer bevorzugten Adressen. Hinter Tannen versteckt, im Sommer mit Blumen umgeben, im Winter in Schnee eingehüllt, ist das *Anna Maria* eine Adresse für Ruhesuchende und jene, die Orte mit einer eigenen Atmosphäre schätzen. Das mit Holz getäfelte und mit Kupfergeschirr geschmückte Restaurant ist von rustikaler, natürlicher Schönheit. Die Küche ist einfach, aber raffiniert. Die Zimmer haben niedrige Decken, sind etwas dunkel und erinnern an Berghütten. Der Empfang ist von echter Herzlichkeit.

Anreise *(Karte Nr. 1): 63 km östl. von Aosta über die A 5, Ausf. Verrès, dann SR 45 (Ayas-Tal) nach Champoluc.*

PIEMONT - AOSTATAL

Hotel Bellevue

11012 Cogne (Aosta)
Via Gran Paradiso, 22
Tel. (0165) 74 825 - Fax (0165) 74 91 92
Sigg. Jeantet und Roullet

Kategorie ★★★★ **Geschlossen** vom 27. September bis 23. Dezember **32 Zimmer** u. 3 Chalets m. Tel., Dusche od. Bad, WC, TV u. Minibar **Preise** DZ: 180-500000 L - Frühst. inkl., von 7.45 bis 10.00 Uhr - HP u. VP: 120-280000 L + 30000 L (pro Pers., mind. 3 Üb.) **Kreditkarten** akzeptiert **Verschiedenes** Hunde nicht erlaubt - Hallenbad - Whirlpool - türkisches Bad - Sauna - Kochkurse - Weinproben - Mountainbikes - Garage - Parkpl. **Umgebung** Alpengarten von Valnontey - Ausflüge in den Parco Nazionale Gran Paradiso **Restaurant** von 12.30 bis 13.30 u. von 19.30 bis 21.00 Uhr - Menüs: 50-80000 L - Karte - Spezialitäten: Favô - carbonada con polenta - Crema di Cogne.

Das *Bellevue* liegt im Nationalpark Gran Paradiso in einer Wiese, die sich ins Unendliche auszudehnen scheint, und ist doch nur einen Steinwurf vom Zentrum von Cogne entfernt. Der Empfang ist sehr nett, die Einrichtung mit hellen Möbeln und in Pastelltönen einfach und freundlich. Das sympathische Personal ist in Trachten gekleidet. Die Küche hat Qualität und wird mit ausgesuchten Produkten der Region zubereitet. Die Zimmer verfügen alle über einen prachtvollen Ausblick. Das Hotel wurde kürzlich mit modernen Fitneß-Einrichtungen versehen und bietet Musik- oder Kinoabende an.

Anreise (Karte Nr. 1): 27 km südl. von Aosta über die Autobahn des Mont-Blanc, Ausf. Aosta-Ovest, dann RR 47.

PIEMONT - AOSTATAL

Hotel Herbetet

Valnontey 11012 Cogne (Aosta)
Tel. (0165) 74 180 - Fax (0165) 74 180
Sig. Carlo Cavagnet

Kategorie ★★ **Geschlossen** vom 1. Oktober bis 10. Mai **22 Zimmer** m. Bad od. Dusche, WC **Preise** EZ u. DZ: 35-40000 L, 64-84000 L - Frühst.: 8000 L, von 7.30 bis 9.30 Uhr - HP u. VP: 63-90000 L, 72-100000 L (pro Pers.) **Kreditkarten** akzeptiert **Verschiedenes** Hunde nicht erlaubt - Parkpl. **Umgebung** Alpengarten von Valnontey - Ausflüge in den Parco Nazionale Gran Paradiso **Restaurant** von 12.30 bis 13.00 u. von 19.30 bis 20.00 Uhr - Do außerh. der Saison geschl. - Menü: 26000 L (Getränke inkl.) - Karte - Spezialitäten: Fondue alla valdotena - Sosa.

Für Liebhaber des Gebirges ist Cogne gewiß ein strategisch interessanter Ort. In einer Höhe von 1535 Metern befindet man sich hier am Fuß des Hochgebirges. Bergtouren im Sommer, Langlaufski im Winter - hier ist das Gebirge jederzeit interessant. Der Hauptvorteil des *Herbetet* ist zweifellos die Aussicht, die es bietet. Zimmer, Balkone und Terrassen liegen dem majestätischen Grand Paradis gegenüber. Da das Hotel vom Dorf etwas abgelegen ist, werden Sie (hin und wieder) vom Zimmer aus Steinböcke beobachten können, die der Nationalpark besonders schützt. Im Innern ist alles sehr schlicht und komfortabel, auch wenn der rustikale Stil hier und da ein wenig übertrieben wirkt. Ideal für diejenigen, die für einige Tage nichts als Berge sehen möchten.

Anreise *(Karte Nr. 1): 27 km südl. von Aosta über die S 26 bis Sarre, dann S 507.*

PIEMONT - AOSTATAL

Hotel Petit Dahu

11012 Valnontey (Aosta)
Tel. (0)165-74 146 - Fax (0)165-74 146
Sig. und Sig.ra Cesare - Ivana Charruaz

Kategorie ★★ **Geschlossen** im Mai, Oktober u. November **8 Zimmer** m. Tel., Dusche, WC, 3 m. TV
Preise HP: 80-120000 L (pro Pers., mind. 3 Üb.) - Frühst. inkl., von 8.00 bis 10.00 Uhr **Kreditkarten**
Visa, Eurocard, MasterCard **Verschiedenes** Hunde nicht erlaubt - Parkpl. **Umgebung** Alpengarten von
Valnontey - Ausflüge in den Parco Nazionale Gran Paradiso **Restaurant** 19.30 Uhr - Menü: 42000 L -
Spezialitäten: carbonade, fondutte, raclette.

Wenn der Luxus, den Cogne bietet, für Sie nicht wichtig ist, sollten Sie sich in diesen Weiler des Nationalparks Grand Paradis begeben, der bis heute ausschließlich über Hotels verfügt und ganz auf "Rustikal" setzt. Auf der rechten Seite des Dorfes bilden zwei durch einen Laufsteg miteinander verbundene Häuser das *Petit Dahu*. Es ist ein Miniaturhotel mit kleinen Zimmern, kleinem Garten und kleinem Restaurant. Deshalb ist es aber nicht minder gepflegt, sympathisch und freundlich. Der Chef des Hauses betätigt sich auch als Bergführer für diejenigen, die sich ins Tal begeben oder der hiesigen Fauna beggegnen möchten, denn in dieser geschützten Gegend leben recht zutrauliche Murmeltiere, Gemsen und Steinböcke. Wenn Sie sich nach den Ausflügen nach Vittorio Sella, Roccia Viva oder Becca di Gay stärken möchten, wird Ivana Ihnen gute lokale Gerichte wie Fondues oder Raclettes auftischen. Einmal pro Woche findet eine Abendveranstaltung mit einem Festmenü statt, das bei Kerzenlicht eingenommen wird. Ein schlichtes, gastfreundliches Haus.

Anreise (Karte Nr. 1): 27 km südl. von Aosta über die S 26 bis Sarre, dann S 507.

PIEMONT - AOSTATAL

La Grange

Entrèves 11013 Courmayeur (Aosta)
Strada La Brenva
Tel. (0165) 86 97 33 - Fax (0165) 86 97 44
Bruna Berthod

Kategorie ★★★ **Geschlossen** von Oktober bis November u. von Mai bis Juni **23 Zimmer** m. Tel., Bad, WC, TV, Minibar **Preise** EZ u. DZ: 100-150000 L, 150-200000 L; Suiten f. 4 Pers.: 300-400000 L - Frühst. inkl., von 8.00 bis 10.30 Uhr **Kreditkarten** akzeptiert **Verschiedenes** Hunde erlaubt (5000 L) - Sauna (15000 L) - Parkpl. **Umgebung** Wasserfälle und Rutor-See bei Thuile - Col du Géant und Aiguille du Midi per Seilbahn - Seilbahn des Chécrouit - Val Veny und Val Ferret - Golfplatz (18-Loch) in Chamonix - Golf von Plainpincieux (9-Lochpl.) **Kein Restaurant** im Hotel (siehe unsere Restaurantauswahl S. 465-466).

Trotz seines Charmes und seiner Beliebtheit ist dieses kleine Hotel ein Geheimtip geglieben. Es liegt versteckt in diesem vormals hintersten Winkel des Aostatals, am Fuße des Brevagletschers und des Mont Blanc. Heute führt die Tunnelstrecke, die Mayerhofen mit Chamonix verbindet, dort entlang. Aber zum Glück liegt Entrèves doch etwas abseits und ist darum ein authentisches Bergdorf geblieben. Das Innere dieser hervorragend restaurierten Scheune ist sehr gemütlich: alte Möbel, allerlei Gegenstände und Kupferstiche schmücken den Salon und das Frühstückszimmer. Die Zimmer sind in gleicher Weise behaglich und kuschelig. Der einzige Nachteil, und dies insbesondere für ein Berghotel im Winter: kein Restaurant. Die Besitzer haben sich allerdings mit den ortsansässigen Restaurants arrangiert.

Anreise (Karte Nr. 1): 42 km westl. von Aosta über die S 26, Courmayeur, Mont-Blanc-Tunnel, Entrèves (20 km von Chamonix per Tunnel).

PIEMONT - AOSTATAL

Hotel La Brenva

Entrèves 11013 Courmayeur (Aosta)
Tel. (0)165-869 780 - Fax (0)165-869 726
Sig. Egidio Biondi

Kategorie ★★★ **Geschlossen** im Mai **14 Zimmer** m. Tel., Dusche, WC, TV **Preise** DZ: 110-200000 L; Suiten (4 Pers.): 210-260000 L - Frühst. inkl., von 8.00 bis 10.00 Uhr **Kreditkarten** Visa, Amex, Diners, Eurocard, MasterCard **Verschiedenes** Hunde erlaubt - Parkpl. **Umgebung** Ski - Wasserfälle und Ruitor-See bei Thuile - Col du Géant und Aiguille du Midi per Seilbahn - Seilbahn des Chécrouit - Val Veny und Val Ferret - Golf (18-Lochpl.) in Chamonix - Golf von Plainpincieux (9-Lochpl.) **Restaurant** von 12.00 bis 14.00 u. von 19.30 bis 21.00 Uhr - Mo geschl. - Menüs: 50-70000 L - Karte - Aostatal-Küche.

Das an den mächtigen Mont Blanc angelehnte Entrèves bietet sowohl die Annehmlichkeiten eines Wintersportortes als auch die Ruhe eines kleinen Dorfes in den Alpen. Der Gasthof hat im übrigen mit seinen dicken Steinmauern, Kaminen und Balken die behagliche Atmosphäre eines Chalets bewahrt. Die vollständig holzverkleideten Gästezimmer besitzen Balkone mit Blick auf den titanenhaften Mont Blanc. Die maßvolle und komfortable Rustikalität des Hauses ist ideal für den Abend zum Kräftesammeln, um so mehr, als der Herr des Hauses ein begnadeter Koch ist. Hier werden Sie regionale Spezialitäten, unter anderem das auf besondere Art geschmorte Fleisch, entdecken. Ein Wink für Gourmets.

Anreise (Karte Nr. 1): 20 km von Chamonix über den Tunnel. 42 km westl. von Aosta über die S 26, Courmayeur, Tunnel-Straße des Mont-Blanc, Entrèves.

PIEMONT - AOSTATAL

Hotel Lo Scoiattolo

11020 Gressoney-la-Trinité (Aosta)
Tel. (0125) 366 313 - Fax. (0125) 366 220
Sig.ra Bethaz

Kategorie ★★★ **Geschlossen** von Oktober bis November u. vom 1. Mai bis 24. Juni **14 Zimmer** m. Tel., Bad, WC, TV **Preise** HP: 70-140000 L (pro Pers.) - Frühst.: 15000 L, von 8.00 bis 10.00 Uhr **Kreditkarten** Visa, Eurocard, MasterCard **Verschiedenes** Hunde nicht erlaubt - Garage **Umgebung** Ski: 500 m zu den Skilifts **Restaurant** nur für Hotelgäste: ab 13.00 Uhr u. ab 19.30 Uhr - Menü - Regionale Spezialitäten.

Gressoney-la-Trinité ist das letzte Dorf des Aosta-Tals am Monte Rosa. Hauptsächlich von italienischen Familien und fanatischen Bergfans frequentiert, ist die Atmosphäre im Dorf eine ganz andere als in den mondäneren Wintersportorten. Das angenehmste der Hotels ist dieses kleine, vor nur fünf Jahren eröffnete und von Silvana und ihren beiden Töchtern geführte *Lo Scoiattolo*. Die Zimmer sind groß und gut eingerichtet. Die hellen Holztäfelungen schaffen eine echte Bergatmosphäre. Signora Bethaz, die bisweilen eine etwas schroffe Art hat, wacht jedoch mit viel Aufmerksamkeit und Sorge über einen einwandfreien Ablauf im Hotel und in der Küche. Eine interessante Adresse für Ferien mit kleinem Geldbeutel.

Anreise (Karte Nr. 1): 100 km östl. von Aosta über die A 5, Ausf. Pont-Saint-Martin, dann S 505.

APULIEN

Hotel dei Trulli

70011 Alberobello (Bari)
Via Cadore, 28
Tel. (080) 932 35 55 - Fax (080) 932 35 60
Sig. Farace

Kategorie ★★★★ **Ganzj.** geöffn. **19 Suiten** m. Klimaanl., Tel., Bad od. Dusche, WC, TV, Minibar **Preise** EZ m. HP: 170-200000 L, u. DZ m. HP 140-170000 L (pro Pers., mind. 3 Üb.) **Kreditkarten** akzeptiert **Verschiedenes** Hunde erlaubt - Schwimmb. - Parkpl. **Umgebung** Zona Trulli (Trullo Sovrano) - Locorotondo - Martina Franca - Castel del Monte **Restaurant** von 12.30 bis 14.30 u. von 19.30 bis 22.30 Uhr - Menü: 60000 L - Karte - Spezialitäten: Orecchiette alla barese - Purè di fave con cicoria - Agnello Alberobellese.

Alberobello könnte man die Hauptstadt der *trulli* nennen. Wenn deren Stil auch vermuten läßt, daß hier Disneyland als Vorbild diente, sind die ungewöhnlichen kleinen Siedlungen doch authentische alte Bauten und typisch für diese Region. Das vollständig aus *trulli* bestehende Hotel ist jedoch neueren Datums, erlaubt aber trotzdem eine exzellente Einführung in das "trullische" Leben. Jedes *trulli* verfügt über eine Laube, ein oder zwei Zimmer und einen kleinen Salon mit Kamin. Alle sind behaglich, charmant und klimatisiert. Das Restaurant befindet sich im Hauptgebäude. Das Hotel besitzt außerdem einen Swimmingpool, der zwar nicht ausgenommen schön, aber an heißen Sommertagen doch sehr zu schätzen ist.

Anreise (Karte Nr. 22): 55 km südöstl. von Bari über die S 100 bis Casamàssima, dann die S 172 bis Putignano u. Alberobello.

APULIEN

Il Melograno

70043 Monopoli (Bari)
Contrada Torricella, 345
Tel. (080) 690 90 30 - Fax (080) 74 79 08
Sig. Guerra

Kategorie ★★★★★ **Geschlossen** vom 7. Januar bis 4. April **37 Zimmer** m. Klimaanl., Tel., Bad u. Dusche, WC, Kabel-TV, Minibar **Preise** EZ u. DZ: 240-360000 L, 360-600000 L; Suiten: 670-930000 L - Frühst. inkl., von 7.30 bis 11.30 Uhr - HP u. VP: 240-360000 L, 280-400000 L (pro Pers., mind. 3 Üb.) **Kreditkarten** akzeptiert **Verschiedenes** Hunde nicht erlaubt - Schwimmb. - Tennis - Health Center m. Schwimmb. u. Sauna - Parkpl. **Umgebung** Ruinen von Egnazia - Polignano a Mare: Matrice-Kirche, Grotte Palazzese, Grotte der Tauben u. der Seehunde - Zona Trulli in Alberobello - Castel del Monte **Restaurant** von 12.30 bis 14.30 u. von 20.00 bis 22.30 Uhr -Menü: 80000 L - Karte - Spezialitäten: Salmone affumicato in casa - Agnello al forno.

Dieser ehemalige befestigte Pachthof aus dem 16. Jahrhundert ist eine frische, grüne Oase in der überhitzten Landschaft Apuliens. Er ist von einem Labyrinth weißer Gebäude umgeben, die sich mit Oliven- und Zitronenbäumen, Bougainvilleen und Granatapfelbäumen vermischen. Ehedem ein Ferienhaus, wurde es zu einem geschmackvollen Hotel umgewandelt und besitzt noch heute die persönliche Note, die dem Haus so lange innewohnte. Die Zimmer sind von ausgewähltem Geschmack: alte Möbel und Gemälde, schöne Stoffe und der traditionelle *cotto*-Boden. Die Salons scheinen in die Orangerie überzugehen. Am anderen Ende des Gartens liegt das Veranda-Restaurant. Liebenswürdiger Empfang. Seminare, die hier stattfinden, können bisweilen die anderen Gäste "stören".

Anreise *(Karte Nr. 22): 50 km südl. von Bari, 3 km von Monopoli über die Straße nach Alberobello.*

APULIEN

Villa Cenci

72014 Cisternino (Brindisi)
(Via per Ceglie Messapica)
Tel. (080) 71 82 08 - Fax (080) 71 82 08
Sig.ra Bianco

Kategorie ★★★ **Geschlossen** von Oktober bis April **25 Zimmer** m. Bad, Dusche, WC **Preise** DZ: 120-160000 L - Frühst.: 10000 L, von 8.30 bis 10.30 Uhr **Kreditkarten** Visa, Eurocard, MasterCard **Verschiedenes** Hunde erlaubt - Schwimmb. - Parkpl. **Umgebung** Zona Trulli in Alberobello - Grotten von Castellana - Nationalmuseum von Taranto - Golf (18-Lochpl.) in Riva dei Tessali, Castellaneta - Taranto - Castel del Monte **Restaurant** von 13.00 bis 14.30 u. von 20.00 bis 22.00 Uhr - Menü: 30000 L - Regionale Spezialitäten.

Abseits der Touristenströme dieser vielbesuchten Gegend nimmt Sie dieser große landwirtschaftliche Betrieb gegen eine bescheidene Summe gern auf. Die Ruhe dieses schönen weißen Hauses inmitten der Weinberge umfängt einen, sobald man die loorbeergesäumte Allee betritt. Das Haus ist umgeben von *trulli*, jenen für Apulien typischen konischen Bauten, die hier einfache, frische und geschmackvolle Zimmer anbieten. Andere, weniger "trullische" Zimmer und einige zweckmäßige kleine Appartements liegen in der Villa. Das Hotel wird von zahlreichen italienischen und englischen Stammgästen besucht. Vom Swimmingpool aus hat man einen hübschen Blick auf die Landschaft. Weine, Früchte und Gemüse, die die Gerichte begleiten, sind aus hauseigener Produktion.

Anreise *(Karte Nr. 22): 74 km südöstl. von Bari über die SS 16, Küstenstraße bis Fasano, dann die S 172 bis Laureto (Rtg. Cisternino).*

A P U L I E N

Masseria Marzalossa

72015 Fasano (Brindisi)
C. da Pezze Vicine, 65
Tel. (080) 71 37 80 / 79 11 62 - Fax (080) 71 37 80
Sig. Mario Guarini

Geschlossen Von Oktober bis Ende Februar **6 Zimmer** u. 1 Suite m. Bad, WC, TV, Minibar **Preise** EZ u. DZ: 180-220000 L, 260-280000 L - Frühst. inkl., von 8.30 bis 9.30 Uhr - HP: 150-170000 L (pro Pers., mind. 3 Üb. im DZ), 200-250000 L (pro Pers. mind. 3 Üb. in Suite) **Kreditkarten** Visa, Eurocard, MasterCard **Verschiedenes** Hunde nicht erlaubt - Schwimmb. - Fahrräder - Parkpl. **Umgebung** Ruinen von Egnazia - Alberobello - Lcorotondo - Martina Franca - Taranto - Grotte von Castellana **Restaurant** von 20.00 bis 21.00 Uhr - Menüs: 50-60000 L - Regionale Spezialitäten.

Ein außergewöhnlicher Ort unweit vom schönen Ostuni und des inmitten eines Olivenhains gelegenen "trullischen" Fasano. *Masseria Marzalossa* ist ein befestigtes Bauernhaus aus dem 17. Jahrhundert, das mit Feingefühl und Geschmack restauriert wurde. Das Anwesen verfügt über mehrere Innenhöfe. In einem befindet sich die reizvolle Orangerie, im anderen, im Schatten der Zitronenbäume, das phantastische, mit Säulen umgebene Schwimmbad. *Masseria* verfügt nur über einige Appartements in einem alten, eleganten Stil. Dieser ehemalige Besitz einer Kleriker-Familie bewahrte aus der Vergangenheit zahlreiche Zeugnisse, was ihm eine gewisse mysteriöse Atmosphäre verleiht. Die Küche des Hauses ist lokal und edel, verwendet werden eigene Produkte. So gibt es ein bemerkenswert gutes Olivenöl und, zum Frühstück, köstliche Konfitüren. Auch wenn die isolierte Lage zum Charme des Hauses beiträgt, stellen die Hausbesitzer ihren Gästen alles zur Verfügung. So steht u.a. ein Boot bereit.

Anreise *(Karte Nr. 22): 60 km südöstl. von Bari, über die SS 379, Ausf. Bari-Nord, Rtg. Brindisi, Ausf. Fasano (2 km), SS 16 bis Ostuni.*

APULIEN

Masseria San Domenico

72010 Savelletri di Fasano (Brindisi)
Tel. (080) 955 79 90 - Fax (080) 955 79 78
Sig. Gianni Chervatin

Geschlossen vom 6. Januar bis 21. März **31 Zimmer** u. 1 Suite m. Klimaanl., Bad od. Dusche, WC, Kabel-TV, Minibar **Preise** EZ u. DZ: 150-210000 L, 320-420000 L; Suite: auf Anfr. - Frühst.: 15000 L, von 7.30 bis 10.30 Uhr - HP u. VP: + 45000 L + 75000 L (pro Pers., mind. 3 Üb.) **Kreditkarten** akzeptiert **Verschiedenes** Hunde nicht erlaubt - Schwimmb. - Fahrräder - Golfpractice - Sauna - Parkpl. **Umgebung** Ruinen von Egnazia bei Monopoli - Grotte Castellana - Zona Trulli in Alberobello - Golf (18-Lochpl.) in Riva dei Tessali, Castellaneta -Taranto **Restaurant** von 12.30 bis 14.00 u. von 19.30 bis 22.00 Uhr - Menüs: 75-110000 L - Regionale Spezialitäten.

Die *Masseria San Domenico* ist eines der schönsten Exemplare der befestigten Bauernhöfe in dieser Region Puliens. Um sich vom 15. bis 17. Jahrhundert vor den Piraten zu schützen, bauten die Großgrundbesitzer ihre *masserie à torre* - mit Umwallung, Wassergraben und Wache. Dieser auf bewundernswerte Art restaurierte, besonders gut möblierte Komplex ist spektakulär, vor allem jener Raum, der als Salon, Speise- und Billardsaal dient und ungewöhnliche Ausmaße besitzt. Die Zimmer und Appartements sind ebenfalls sehr geschmackvoll und bieten besten Komfort. Auch im Hinblick auf die Zerstreuung intra muros hat das Hotel einiges zu bieten. Die Umgebung ermöglicht einen ausgesprochen abwechslungsreichen Urlaub: Strand (800 m), Touren in die Berge von Murgia und Besichtigungen im historischen Hinterland.

Anreise (Karte Nr. 22): 60 km südöstl. von Bari über die Superstrada 379, Ausf. Torre Canne, Rtg. Savelettri.

APULIEN

Hotel Sierra Silvana

72010 Selva di Fasano (Brindisi)
Tel. (080) 933 13 22 - Fax (080) 933 12 07

Geschlossen vom 6. November bis 25. März **120 Zimmer** m. Klimaanl., Tel., Bad, WC **Preise** DZ: 130-170000 L - Frühst.: 11000 L, von 7.00 bis 10.00 Uhr - HP u. VP: 95-103000 L, 158-173000 L (pro Pers.) **Kreditkarten** akzeptiert **Verschiedenes** Hunde nicht erlaubt - Schwimmb. - Parkpl. **Umgebung** Ruinen von Egnazia bei Monopoli - Grotte Castellana - Zona Trulli in Alberobello - Golf (18-Lochpl.) in Riva dei Tessali, Castellaneta - Taranto **Restaurant** von 12.30 bis 14.00 u. von 19.30 bis 21.00 Uhr - Karte - Menü: 40000 L - Regionale Spezialitäten.

Das Hotel *Sierra Silvana* wurde um einen immensen *trulli* herum konstruiert. Wie bei vielen Ur-Siedlungen machte auch hier die Größe des *trulli* den sozialen Unterschied deutlich. Und dieser hier ist enorm; er beherbergt nämlich vier Zimmer, die schlicht und elegant hergerichtet und die begehrtesten des Hotels sind. Der Großteil der Zimmer befindet sich allerdings in den modernen Gebäuden: ruhige, komfortable Zimmer, viele mit Balkon zum Garten. Das bestens auf Gesellschaften und Empfänge eingestellte Hotel versteht es dennoch, für die Ruhe und Abgeschiedenheit seiner anderen Gäste zu sorgen. Etwa 50 Kilometer von Brindisi entfernt, kann dies eine interessante Adresse für einen Zwischenstopp auf dem Weg nach Griechenland sein.

Anreise *(Karte Nr. 22): 60 km südöstl. von Bari.*

APULIEN

Grand Hotel Masseria Santa Lucia

Ostuni Marina 72017 Ostuni (Brindisi)
Tel. (0831) 33 04 18 - Fax (0831) 33 40 90
Sig. Bartolo d'Amico

Kategorie ★★★★ **Ganzj.** geöffn. **88 Zimmer** u. 4 Suiten m. Klimaanl., Tel., Dusche, WC, Satelitten-TV, Minibar **Preise** EZ u. DZ: 150-260000 L, 190-300000 L; f. 3 Pers.: 230-370000 L - Frühst. inkl., von 7.30 bis 9.30 Uhr - HP u. VP: 125-215000 L, 140-240000 L (pro Pers., mind. 7 Üb.) **Kreditkarten** akzeptiert **Verschiedenes** Hunde nicht erlaubt - Schwimmb. - Tennis (20000 L) - Parkpl. **Umgebung** Ostuni, mittelalterliches Dorf - Carovigno - Ceglie Messapico - Martina Franca - Alberobello - Grotten von Castellana **Restaurant** von 12.30 bis 14.30 u. von 19.30 bis 22.00 Uhr - Karte - Menü: 50000 L - Regionale Spezialitäten.

Ostuni ist zweifellos einer der wundervollen Orte Apuliens. Die auf dem Hügel erbaute Stadt hat von der einstigen spanischen Herrschaft etwas Iberisches bewahrt. Unterhalb, 500 Meter vom Meer entfernt, hat die *Masseria Santa Lucia* versucht, den Charme vergangener Zeiten einzufangen. Wie eine kleine Hazienda konzipiert, umfaßt die Hotelanlage ein Schwimmbad und ein kleines, galloromanisches Theater, in dem im Sommer Konzerte und Aufführungen stattfinden. Wer nicht allergisch ist gegen einen entschieden modernen Designstil, welcher zuweilen ein wenig kalt wirkt, wird die Salons und die Gästezimmer durchaus geschmackvoll finden. Letztere haben eine Terrasse, die durch eine Hecke vor neugierigen Blicken geschützt ist. Verlangen Sie als erstes Zimmer zum Schwimmbad mit Blick aufs Meer. Die pharaonischen Projekte der Direktion lassen den Hotelkomplex, der bis zum Meer ausgebaut werden soll, gewissermaßen noch wie eine Baustelle erscheinen. Der Strand, der phantastisch sein könnte, ist noch nicht ganz so, wie man ihn sich wünscht.

Anreise (Karte Nr. 22): 25 km von Brindisi; 7 km von Ostuni.

A P U L I E N

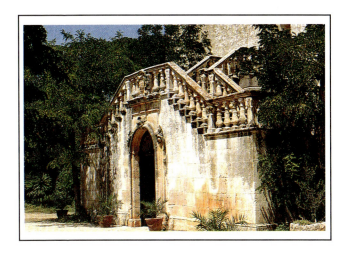

Lo Spagnulo

Rosa Marina 72017 Ostuni (Brindisi)
Tel. (0831) 35 02 09 - Fax (0831) 33 37 56
Prof. Livino Massari

Ganzj. geöffn. **35 Zimmer** m. Dusche **Preise** m. HP 420-800000 L, 80-140000 L (pro Pers., 1 Woche) **Kreditkarten** Amex, Visa, Eurocar, MasterCard **Verschiedenes** Kleine Hunde erlaubt - Tennis - Reitbahn (15000 L/Std.) - Bogenschießen - Fahrräder - Parkpl. **Umgebung** Ostuni, mittelalterliches Dorf - Carovigno - Ceglie Messapico **Restaurant** von 13.00 bis 14.30 u. von 20.00 bis 22.30 Uhr - Karte - Menü: 30000 L - Spezialitäten: Purè de fave e cicorie - Pasta e ceci - Arrosto misto alla brace - Coniglio alla cacciatora.

Ostuni inmitten Puliens ist ein Ort, der überrascht und begeistert. Seine Bewohner haben es sich zur Gewohnheit gemacht, jedes Jahr die Fassaden ihrer Häuser frisch zu tünchen, die dann in der Sonne leuchten und ihnen dieses ungezähmte andalusische Aussehen verleihen. Das *Lo Spagnulo* liegt vor den Toren des Dorfes und ist außergewöhnlich. 1600 wurde es von Don Savario Lopez erbaut, dem von der spanischen Krone ernannten "Gouverneur der Region", und ist eine richtige kleine Festung mit einer Kirche, einem gepflegten Garten mit herrlich blühenden Glyzinien und duftenden Orangenbäumen sowie einem zu einem Hotel umgestalteten Herrensitz. Das Haus hat es verstanden, das Rustikale seines ursprünglichen Stils zu bewahren: Steinwände, Balken, imposante Kamine, schmiedeeiserne Betten. Die reizvollsten Gästezimmer sind die hier befindlichen. Einzige Kritik: Livino Massari, der charmante, dem Landadel angehörende Inhaber, hat sich dazu entschlossen, hier ein populäres Restaurant zu eröffnen. Die Leute aus der Umgebung kommen zum Abendessen.

***Anreise** (Karte Nr. 22): 25 km von Brindisi; 4,5 km von Ostuni.*

APULIEN

Hotel Villa Ducale

74015 Martina Franca (Taranto)
Piazzetta Sant'Antonio
Tel. (080) 480 50 55 - Fax (080) 480 58 85
Sig. A. Sforza

Kategorie ★★★★ **Ganzj.** geöffn. **24 Zimmer** m. Klimaanl., Tel., Bad, WC, Minibar **Preise** EZ u. DZ: 95000 L, 140000 L; Suiten: 160000 L - Frühst. inkl., von 7.30 bis 11.30 Uhr **Kreditkarten** akzeptiert **Verschiedenes** Hunde erlaubt - Parkpl. **Umgebung** Martina Franca: Piazza Roma (palazzo ducal) - Zona Trulli in Alberobello - Locorotondo - Taranto - Castellana Grotte - Golf (18-Lochpl.) in Riva dei Tessali, Castellaneta-Taranto - Castel del Monte **Restaurant** von 12.30 bis 14.30 u. von 20.00 bis 22.00 Uhr - Karte - Menü: 40000 L - Spezialitäten: Lokale Küche.

Der herzogliche Palast von Martina Franca ist eine von Bernini entworfene Pracht. Die ganze Stadt ist architektonisch interessant, wenig touristisch, und man bleibt am besten einige Tage, um sie richtig auf sich einwirken zu lassen. Wie alle Hotels der Stadt hat sich auch *Villa Ducale* für Modernität entschieden. Das an sich uninteressante Gebäude bietet folgende Vorteile: die Nähe zur Altstadt und die Lage an einem öffentlichen Park und an einem Kloster aus dem 16. Jahrhundert. Aber einmal im Innern, vergißt man das Äußere. Die Einrichtung ist avantgardistisch und gestylt. Rezeption, Bar und Zimmer setzen auf "Design". Das Ganze ist recht uneinheitlich, aber sehr komfortabel. Wählen Sie die Eckzimmer (Nr. 105, 205, 305), sie sind heller, bisweilen aber trotz Doppelverglasung auch lauter.

Anreise (Karte Nr. 22): 74 km südöstl. von Bari über die S 100, Locorotondo u. Martina Franca.

SARDINIEN

Hotel Hieracon

Isola di San Pietro
09014 Carloforte (Cagliari)
Corso Cavour, 62
Tel. (0781) 85 40 28 - Fax (0781) 85 48 93 - Sig. Ferrando

Kategorie ★★★ **Ganzj.** geöffn. **17 Zimmer** u. 7 Suiten m. Klimaanl., Tel., Bad od. Dusche, WC, TV, Minibar **Preise** EZ u. DZ: 80000 L, 130000 L - f. 3 Pers.: 162000 L - Frühst.: 6000 L, von 8.30 bis 10.30 Uhr - HP u. VP: 105000 L, 130000 L (pro Pers., mind. 3 Üb.) **Kreditkarten** Amex, Visa, Diners, Eurocard, MasterCard **Verschiedenes** Kleine Hunde erlaubt **Umgebung** zum Strand 2 km - Spaziergänge auf der Insel - Bootsvermietung **Restaurant** von 12.30 bis 14.00 u. von 19.30 bis 21.30 Uhr - Menü: 30000 L - Karte - Spezialitäten: Sizilianische Küche.

San Pietro ist eine hübsche Insel mit felsiger Küste, kleinen Buchten und Stränden. Im Hafen liegt das im Libertystil erbaute Hotel *Hieracon*, ein schönes Gebäude, dessen Inneres mit hellen Kacheln und Pastelltönen harmonisch gestaltet ist. Wir empfehlen die Zimmer der ersten Etage mit Möbeln aus der Jahrhundertwende; die der anderen Stockwerke sind dunkler und weniger behaglich. Hinter dem Hotel liegt ein großer Garten mit Olivenbäumen und einer mächtigen Palme, die wohltuenden Schatten spendet. Vier kleine Appartements, die zu ebener Erde liegen, profitieren hiervon besonders. Das Restaurant mit den schwarzen Fliesen ist superbe, die gerundeten Linien der Empore lassen an die Brücken alter Passagierdampfer denken. Gute Küche mit den für die Insel typischen Gerichten. Dr. Ferrando empfängt seine Gäste besonders liebenswürdig.

Anreise (Karte Nr. 28): 77 km westl. von Cagliari über die SS 130 bis Portoscuro; Fährverbindung ab Porto Vesme (40 Min.).

SARDINIEN

Pensione Paola e Primo Maggio

Isola di San Pietro
Tacca Rossa
09014 Carloforte (Cagliari)
Tel. (0781) 85 00 98 - Sig. Ferraro

Kategorie ★★ **Geschlossen** von November bis 15. April **21 Zimmer** m. Dusche, WC **Preise** 60-120000 L - Frühst.: 5500 L, von 8.00 bis 11.00 Uhr - HP u. VP: 65-95000 L, 70-110000 L **Kreditkarten** Amex, Visa, Eurocard, MasterCard **Verschiedenes** Hunde nicht erlaubt **Umgebung** zum Strand 500 m - Spaziergänge auf d. Insel - Bootsvermietung **Restaurant** von 13.00 bis 14.30 u. von 19.00 bis 23.00 Uhr - Karte - Spezialitäten: Fisch.

Die *Pensione Paola* liegt drei Kilometer von Carloforte entfernt und bietet Zimmer mit Meerblick zu vernünftigen Preisen an. Das Restaurant im Hauptgebäude verfügt über eine große, schattige Terrasse und über eine gute, reichhaltige Küche mit vielen inseltypischen Gerichten. Zu empfehlen sind die modernen und behaglichen Zimmer Nr. 7, 8 und 9. Die im Erdgeschoß gelegenen gehen direkt auf den Garten hinaus. Sie sind genauso angenehm wie die drei anderen, die sich in einem nahen Bungalow befinden.

Anreise (Karte Nr. 28): 77 km westl. von Cagliari über die SS 130 bis Portoscuro; Fährverbindung ab Porto Vesme (40 Min.) - 3 km nördl. von Carloforte.

S A R D I N I E N

Club Ibisco Farm

Isola di Sant'Antioco
09017 Capo Sperone (Cagliari)
Tel. (0781) 80 90 18 / (0041) 91 52 59 39 - Fax (0781) 80 90 03
Sig.ra Naef

Geschlossen vom 19. Juni bis 18. September **8 Zimmer** m. Tel., Dusche, WC, Minibar **Preise** EZ u. DZ: 150-230000 L, 250-400000 L; Suiten: 350-600000 L; Appart.: 450-680000 L - Frühst. inkl., von 8.30 bis 10.00 Uhr - HP: 150-230000 L (pro Pers., mind. 7 Üb.) **Kreditkarten** Visa, Eurocard, MasterCard
Verschiedenes Hunde nicht erlaubt - Tennis (25000 L) - Reiten - Boot - Privatstrand (100 m) - Parkpl.
Umgebung Pfarrkirche, Museum in Sant'Antioco - Calasetta **Restaurant** ab 20.30 Uhr.

Der *Club Ibisco Farm* ist ein schön restaurierter alter Bauernhof auf einem 100 Hektar großen Besitz oberhalb des Meeres. Die Besitzer verliebten sich in diese noch wilde Insel und verbringen hier mehrere Monate im Jahr. Den Gästen steht ein schöner, 17 Meter langer Motorsegler ganz aus Holz zur Verfügung, ebenso Reitpferde, ein Fußball- und ein Tennisplatz. Die absolut delikaten Abendessen (mit Produkten und Weinen aus eigenem Anbau und der Ausbeute des täglichen Fischfangs) werden an einem langen Holztisch draußen für alle gemeinsam serviert. Von den verschiedenen Zimmern bevorzugen wir die Suite für drei, und das hellere und größere Appartement für vier Personen. Aber auch die anderen Zimmer sind behaglich und ruhig.

Anreise (Karte Nr. 28): 95 km westl. von Cagliari über die SS 136 bis Sant'Antioco, dann die Küstenstraße Rtg. Capo Sperone (1 km hinter dem Peonia Rosa); Flughafen Cagliari (Transfer per Hotelbus, 100000 L pro Pers.).

SARDINIEN

Is Morus Hotel

09010 Santa Margherita di Pula (Cagliari)
Tel. (070) 92 11 71 - Fax (070) 92 15 96
Sig. ra Ketzer

Kategorie ★★★★ **Geschlossen** von Februar bis März **83 Zimmer** m. Klimaanl., Tel., Bad od. Dusche, WC, TV, Minibar **Preise** HP: 190-340000 L (pro Pers.) - Frühst. inkl., von 7.30 bis 10.00 Uhr **Kreditkarten** akzeptiert **Verschiedenes** Hunde nicht erlaubt - Schwimmb. - Tennis - Minigolf - Parkpl. **Umgebung** Überreste der Totenstadt Nora (Karthager-Tempel, römisches Theater, Mosaikböden) - Golf Is Molas (18-Lochpl.) in S. Margherita di Pula **Restaurant** von 13.00 bis 14.30 u. von 20.00 bis 21.30 Uhr - Menüs: 60-80000 L - Karte - Spezialitäten: Regionale Küche - Fisch.

Nach Art der Costa Smeralda erlebt der Küstenstreifen im Süden Cagliaris seit einigen Jahren den Aufschwung seiner Seebäder. Das Luxushotel *Is Morus* in Santa Margherita di Pula erfreut sich einer zweifach guten Lage: der Kiefernwald, der es umgibt, grenzt direkt an das türkisfarbene Meer. Die 80 Zimmer liegen im Haupthaus und in einigen Villen, denen die schattenspendenden Bäume jene Kühle verleihen, die man in diesem Teil Sardiniens besonders schätzt. Das Hauptgebäude erinnert mit seiner niedrigen Bauweise und den weißen Wänden an spanische Villen.

Anreise (Karte Nr. 28): 35 km südwestl. von Cagliari über die Küstenstraße (S 195) bis Santa Margherita (6,5 km von Pula entf.).

S A R D I N I E N

Hotel Su Gologone

Sorgente Su Gologone
08025 Oliena (Nuoro)
Tel. (0784) 28 75 12 - Fax (0784) 28 76 68
Famiglia Palimodde

Kategorie ★★★★ **Geschlossen** vom 1. bis 30. November u. vom 1. Januar bis 31. März **65 Zimmer** m. Klimaanl., Tel., Bad, WC, TV, (20 m. Minibar) **Preise** EZ u. DZ: 105-170000 L, 170-220000 L, Suite + 90000 L - Frühst. inkl., von 8.00 bis 9.30 Uhr - HP u. VP: 145-175000 L, 175-220000 L (pro Pers., mind. 3 Üb.) **Kreditkarten** Amex, Visa, Eurocard, MasterCard, Diners **Verschiedenes** Hunde erlaubt - Tennis (15000 L) - Schwimmb. - Reiten - Parkpl. **Umgebung** Sorgente su Gologone - Kapelle von San Lussorio in Oliena **Restaurant** von 12.30 bis 15.00 u. von 20.00 bis 22.00 Uhr - Menü: 60000 L - Karte - Spezialitäten: Sardische Küche - Fisch.

Wenn auch die Hauptattraktion Sardiniens seine Küste ist, lohnt das Hinterland doch einen Abstecher. Das *Su Gologone* liegt 20 Kilometer von der Küste entfernt zwischen Dorgali und Oliena, am Fuß des Supramonte, eines phantastischen Felsengebirges. Es bietet alles, was man sich wünschen mag: zunächst das 1961 eröffnete Restaurant, das mit seiner exzellenten Küche schnell Berühmtheit erlangte und auch heute noch zahlreiche Gourmets anzieht; außerdem kann die von den Dorfbauten Olienas inspirierte Achitektur des Hauses als sehr gelungen bezeichnet werden. Auch das Innere zeugt von ausgezeichnetem Geschmack. Schöne alte Möbel und Bilder von Biasi, einem talentierten sardischen Maler, harmonieren mit alten Balken. Die Zimmer sind unterschiedlich gestaltet und sehr angenehm. Das Hotel organisiert Ausritte und Touren per Landrover in die Umgebung. Liebenswerter Empfang.

Anreise (Karte Nr. 28): 20 km südöstl. von Nuoro bis Oliena, dann Rtg. Dorgali; ausgeschildert.

SARDINIEN

Villa Las Tronas

07041 Alghero (Sassari)
Lungomare Valencia, 1
Tel. (0789) 98 18 18 - Fax (0789) 98 10 44

Kategorie ★★★★ **Ganzj.** geöffn. **29 Zimmer** m. Klimaanl., Tel., Bad od. Dusche, TV, Minibar, Safe; Aufzug **Preise** EZ u. DZ: 200-230000 L, 240-3600000 L - Frühst.: 15-22000 L, von 7.30 bis 10.30 Uhr; HP: 170-240000 L u. VP: 220-300000 L (pro Pers. im DZ) **Kreditkarten** akzeptiert **Verschiedenes** Hunde nicht erlaubt - Meerwasser-Schwimmb. - z. Hotel geh. Felsen - eig. Park - Fitneßcenter - Fahrräder - Privatstrand - Parkpl. **Umgebung** Kathedrale von Alghero - Kirche u. Kloster von San Francesco - Stätten von Palmavera - Porto Conte - Neptun-Grotte - altert. Totenstadt Anghelu Ruiu - Bosa-Straße - Antiquarium (Porto Torres) - Sanna-Museum (Sassari) - Kirche della Santissima Trinità di Saccargia 15 km von Sassarintf. **Restaurant** von 13.00 bis 14.30 u. von 20.00 bis 21.30 Uhr - Menüs: 60-70000 L - Karte - Spezialitäten: Sardische Küche - Fisch.

Dieses ehemalige Lustschloß italienischer Könige mit der eigenartigen, maurisch inspirierten Architektur ist heute ein Hotel mit barocker Atmosphäre. Letztere entsteht durch riesige, überladene Räume mit bemalten Decken und funkelnden Lüstern sowie mehreren farblich unterschiedlichen Salons. Das Hotel mit Park liegt auf einer kleinen Halbinsel oberhalb des Golfs von Alghero. Die Zimmer sind geräumig, mit hohen Decken und modernem Komfort, und haben Blick aufs Meer. Die Zimmer Nr. 110, 112, 114, 116, 118 und 216 sind wohl die angenehmsten: sie teilen sich eine sehr große Terrasse mit superbem Panoramablick. Vom Restaurant aus hat man den gleichen Ausblick. Ein schönes Schwimmbad und ein bei den Felsen angelegter Strand vervollständigen das Ganze. Ein geschultes Personal mit sicherem Auftreten trägt zur Eleganz dieses Ortes bei.

__Anreise__ (Karte Nr. 28): 35 km südwestl. von Sassari über die S 291 bis Alghero.

SARDINIEN

Hotel Li Capanni

Cannigione
07020 Arzachena (Sassari)
Tel. (0789) 86 041 - Fax (789) 86 200
Sig. Pagni

Kategorie ★★★ **Geschlossen** von Mai bis September **23 Zimmer** u. 2 Suiten m. Dusche, WC **Preise** HP: 135-235000 L - Frühst. inkl. **Kreditkarten** nicht akzeptiert **Verschiedenes** Hunde nicht erlaubt - Privatstrand - Parkpl. **Umgebung** "Grab der Riesen" in Caprichera u. altert. Totenstadt Li Muri - San Pantaleo - Golf Pevero (18-Lochpl.) in Porto Cervo **Restaurant** nur für Hausgäste: von 13.00 bis 14.00 u. von 20.30 bis 21.00 Uhr - Menüs: 30-35000 L - Regionale Spezialitäten.

Nach knapp zwei Kilometern auf einer unbefestigten Straße befinden wir uns plötzlich wie durch ein Wunder abseits jeglichen Trubels der Costa Smeralda, wo man trotz allem Wert auf Naturschutz legt und wo Campen verboten ist. Das *Li Capanni* versteht sich mehr als Club, denn als Hotel - nicht zuletzt, um seine Andersartigkeit zu betonen und die Ruhe des Ortes zu bewahren. Auf einem sehr schönen Anwesen, dem Archipel der Maddalena-Inseln direkt gegenüber und mit Blick aufs Meer liegen kleine ockerfarbene Häuser in einem vier Hektar großen Park, der sanft zum Meer hin abfällt und in einen hübschen Privatstrand mündet. Die Zimmer in diesen Häuschen sind einfach und behaglich, die Gemeinschaftseinrichtungen befinden sich im Hauptgebäude. Das Restaurant ist mit kleinen Tischen, blauen Holzstühlen und schöner Aussicht auf die Bucht ausgesprochen hübsch. Den gemütlichen Salon würde man eher in einem gepflegten Privathaus als in einem klassischen Hotel vermuten.

Anreise (Karte Nr. 28): 32 km nördl. von Olbia über die S 125 bis kurz vor Arzachena, dann die Küstenstraße Rtg. Palau (Sandweg) bis Cannigione; das Hotel liegt 1,5 km hinter Cannigione.

SARDINIEN

Hotel Don Diego

Costa Dorata
07020 Porto San Paolo (Sassari)
Tel. (0789) 40 006 - Fax (0789) 40 026

Kategorie ★★★★ **Ganzj.** geöffn. **50 Zimmer** u. 6 Suiten m. Klimaanl., Tel., Bad od. Dusche, WC, TV
Preise DZ: 300-500000 L - Frühst.: 25000 L, von 8.00 bis 10.00 Uhr - HP: 200-390000 L (pro Pers.)
Kreditkarten akzeptiert **Verschiedenes** Hunde nicht erlaubt - Meerwasser-Schwimmb. - Tennis - Privatstrand - Parkpl. **Umgebung** Kirche San Simplicio d'Olbia - Isola di Tavolara - Golf Punta Aldia
Restaurant von 12.30 bis 14.00 u. von 20.00 bis 21.30 Uhr - Menüs: 70-80000 L - Karte - Spezialitäten: Regionale Küche - Fisch.

Das Hotel *Don Diego* liegt südlich von Olbia. Es besteht aus mehreren kleinen Villen, die verstreut in einem Park inmitten von Bougainvilleen und Pinien liegen. Eine jede verfügt über sechs bis acht angenehm kühle Zimmer mit jeweils separatem Eingang. Die gesamte Anlage befindet sich dem Meer gegenüber. Der Empfang, die Bar, das Restaurant und die Salons sind in jenem Haus untergebracht, das besonders nah am Meer liegt. Außerdem gibt es einen Meerwasser-Swimmingpool und einen Sandstrand. Und direkt gegenüber ragt ein beeindruckender, ja faszinierender Wellenbrecher aus dem klaren Wasser hervor: die Insel Tavolara. Das *Don Diego* ist besonders für Familienurlaube zu empfehlen.

__Anreise__ (Karte Nr. 28): 16 km südöstl. von Olbia über die S 125 bis hinter Porto San Paolo, dann nach links die Küstenstraße (Costa Dorata).

SARDINIEN

Hotel Cala di Volpe

Porto Cervo
07020 Cala di Volpe (Sassari)
Tel. (0789) 97 6111 - Fax (0789) 97 6617
Sig. Paterlini

Kategorie ★★★★★ **Geschlossen** vom 19. Oktober bis 6. Februar **123 Zimmer** m. Klimaanl., Tel, Bad od. Dusche, WC, TV, Minibar **Preise** HP u. VP: 300-700000 L, 335-740000 L (pro Pers.) **Verschiedenes** Hunde nicht erlaubt - Schwimmb. - Fitneßcenter - Strand - Privathafen - Putting Green - Parkpl. **Umbgebung** Costa Smeralda - Kapelle San Lussorio in Oliena - "Grab der Riesen" in Caprichera und altert. Totenstadt Li Muri - Golf Pevero (18-Lochpl.) in Porto Cervo **Restaurant** auf Reserv. - von 13.00 bis 14.30 u. von 20.00 bis 22.00 Uhr - Spezialitäten: Fisch.

Vor fast 30 Jahren beschlossen der Prinz Karim Aga Khan und eine Gruppe internationaler Finanziers, die wilde hügelige Region der Callura unter dem Namen Costa Smeralda in luxuriösem Stil zu erschließen. Der Baustil ist ein Cocktail mediterraner Architekturen mit spanischen, maurischen und provenzalischen Elementen. Das berühmteste Hotel der Gegend, das *Cala di Volpe*, wurde von Jacques Couelle entworfen. An einer zauberhaften Bucht gelegen, nimmt es mit Türmen und Terrassen, Arkaden und granitgepflasterten Wegen in seinem Aufbau die Form eines mittelalterlichen Dorfes an. Die Innenausstattung mit viel modernem Komfort ist im gleichen Stil gehalten. Die außergewöhnliche Konzeption, das gigantische Schwimmbad, der Privathafen und der professionelle Service machen aus diesem Hotel einen einzigartigen Ort.

Anreise (Karte Nr. 28): 25 km nördl. von Olbia über die S 125, dann Rtg. Porto Cervo bis Abbiadori und rechts Rtg. Capriccioli bis Cala di Volpe.

SARDINIEN

Hotel Le Ginestre

07020 Porto Cervo (Sassari)
Tel. (0789) 92 030 - Fax (0789) 94 087
Sig. Costa

Kategorie ★★★★ **Geschlossen** von Oktober bis März **78 Zimmer** m. Klimaanl., Tel., Bad od. Dusche, WC, TV, Minibar **Preise** HP u. VP: 175-340000 L, + 45000 L (pro Pers.) - Frühst. inkl., von 8.00 bis 10.00 Uhr **Kreditkarten** akzeptiert **Verschiedenes** Hunde nicht erlaubt - Schwimmb. - Tennis (35000 L) - Privatstrand - Parkpl. **Umgebung** Costa Smeralda - Kapelle San Lussorio in Oliena - "Grab der Riesen" von Caprichera und altert. Totenstadt Li Muri - Golf von Pevero (18-Lochpl.) in Porto Cervo **Restaurant** von 13.00 bis 14.30 u. von 20.00 bis 22.00 Uhr - Karte - Spezialitäten: Fisch.

Neben den Schmuckstücken der Luxushotellerie findet man entlang der Costa Smeralda andere gute Hotels zu erschwinglicheren Preisen. Am Rand eines Kiefernhains liegt das *Ginestre* etwas oberhalb des Golfs von Pevero. Die Zimmer verteilen sich auf mehrere kleine Villen, die zusammen mit den verwinkelten Gäßchen an einen Weiler erinnern. Die Anlage befindet sich in einem Park mit typischer Mittelmeerflora in starken Farben. Wie überall in dieser Region erinnert die "neorealistische" Architektur mit ihren Fassaden in ausgewaschenem Ocker an toskanische Dörfer. Die meisten der hübsch eingerichteten Zimmer verfügen über einen Balkon. Ein abgerundeter Swimmingpool lädt zum Baden ein. Etwas abseits befindet sich unter einer großen Pergola das angenehme Restaurant. Wegen der zahlreichen Zimmer ist die Atmosphäre weniger intim als entspannt.

Anreise (Karte Nr. 28): 30 km nördl. von Olbia über die S 125, dann Rtg. Porto Cervo.

S A R D I N I E N

Hotel Romazzino

Porto Cervo
07020 Romazzino (Sassari)
Tel. (0789) 97 7111 - Fax (0789) 96 258

Kategorie ★★★★ **Geschlossen** vom 11. Oktober bis 22. April **91 Zimmer** m. Klimaanl., Tel., Bad, WC, TV, Minibar **Preise** HP u. VP: 580-1540000 L, 640-1620000 L (pro 2 Pers.) - Frühst. inkl., von 7.30 bis 11.00 Uhr **Kreditkarten** akzeptiert **Verschiedenes** Hunde nicht erlaubt - Schwimmb. - Tennis - Privatstrand - Parkpl. **Umgebung** Costa Smeralda - Kapelle San Lussorio in Oliena - "Grab der Riesen" von Caprichera u. altert. Totenstadt Li Muri - Golf von Pevero 18-Lochpl. (5 Min. vom Hotel) **Restaurant** von 13.00 bis 14.30 u. von 20.00 bis 22.30 Uhr - Menü.

Wenn sein berühmter Nachbar an ein mittelalterliches Dorf erinnert, so mutet das *Romazzino* mit seinen weißen Mauern, Bogenfenstern und roten Ziegeln eher wie ein andalusisches, wenn nicht gar mexikanisches Dorf an. Auf jeden Fall bietet die zauberhafte Silhouette, die sich über dem Meer erhebt, für den Ankommenden einen wundervollen Anblick. Das *Romazzino* ist ein ruhiges Hotel, das Erholung und Badefreuden bietet, ferner einen feinen Sandstrand und mittags ein köstliches Barbecue. Im Innern erinnern Bögen und Mauern, die zur Decke hin zusammenlaufen, an prächtige Höhlen oder imaginäre Paläste. Die Bar mit Wacholderstümpfen, die in den Fußboden eingelegt wurden, ist ausgefallen. Zu jedem der perfekt ausgestatteten Zimmer gehört eine eigene Terrasse. Ein traumhafter Ort, ganz auf das Meer und seine Freuden ausgerichtet.

Anreise *(Karte Nr. 28): 25 km nördl. von Olbia über die S125, dann Rtg. Porto Cervo bis Abbiadori u. rechts Rtg. Capriccioli bis Cala di Volpe - Das Romazzino liegt hinter Capriccioli .*

SARDINIEN

El Faro

Porto Conte
07041 Alghero (Sassari)
Tel. (079) 94 20 10 - Fax (079) 94 20 30
Sig. Sarno

Kategorie ★★★★ **Geschlossen** von November bis März **92 Zimmer** m. Klimaanl., Tel., Bad od. Dusche, WC, TV, Minibar **Preise** EZ u. DZ: 107-150-180000 L, 240-420000 L - Frühst. inkl., von 7.30 bis 10.00 Uhr - HP: 135-247000 L u. VP: + 45000L (pro Pers., mind. 3 Üb.) **Kreditkarten** akzeptiert **Verschiedenes** Hunde außer im Restaurant u. am Strand erlaubt- Schwimmb. - Tennis - Sauna (25000 L) **Umgebung** Neptun-Grotte - Panoramastraße nach Capo Caccia - Nuraghe Palmavera **Restaurant** von 13.00 bis 14.00 u. von 20.00 bis 21.30 Uhr - Menü: 70000 L - Karte - Spezialitäten: Langusten - Fisch.

El Faro ist traumhaft mit seinem Blick auf Cap Caccia, das die berühmten Neptungrotten beherbergt, auf einer kleinen Halbinsel neben einem alten Leuchtturm gelegen. Die Aussicht umfaßt den gesamten Golf mit seinen nahezu unbebauten Ufern. Das große Hotel vermittelt selbst mit seinen 92 Zimmern niemals eine anonyme Atmosphäre. Das ist dem besonderen Service und der schlichten, gepflegten Ausstattung im mediterranen Stil zu verdanken. Alle Zimmer verfügen über Balkon und Meerblick. Mit den weißen, mit Motiven aus der Seefahrt verzierten Wänden, den Holzmöbeln und hübschen Bädern sind sie ein Beispiel für guten Geschmack. Weiter unten liegt ein schöner, halbüberdachter Pool; noch etwas tiefer wurde zwischen den Felsen ein Strand angelegt. Ein luxuriöses, aber noch erschwingliches Hotel.

Anreise (Karte Nr. 28): 41 km südwestl. von Sassari über die S 291 bis Alghero, dann S 127 bis Porto Conte.

SIZILIEN

Villa Athena

92100 Agrigento
Via dei Templi
Tel. (0922) 59 62 88 - Fax (0922) 40 21 80
Sig. d'Alessandro

Kategorie ★★★ **Ganzj.** geöffn. **40 Zimmer** m. Klimaanl., Tel., Bad od. Dusche, WC, TV **Preise** DZ: 150000 L, 250-300000 L - Frühst. inkl., von 7.30 bis 10.00 Uhr - HP u. VP: 290000 L, 330000 L (f. 2 Pers., mind. 3 Üb.) **Kreditkarten** akzeptiert **Verschiedenes** Hunde nicht erlaubt - Schwimmb. - Parkpl. **Umgebung** Agrigento: Valle dei Templi, Geburtshaus von Pirandello - Naro - Palma di Montechiaro **Restaurant** von 12.30 bis 14.30 u. von 19.30 bis 22.00 Uhr - Menü: 40000 L - Karte - Spezialitäten: Involtini di pesce spada - Cavatelli Villa Athena - Frischer Fisch.

In Agrigent werden Sie Halt machen, um das Tal der Tempel zu besuchen, das von großer archäologischer Bedeutung ist. Sie werden schnell feststellen, daß es nur ein einziges mögliches Hotel gibt: die *Villa Athena*. Diese kürzlich renovierte (ehemals sehr luxuriöse) Villa aus dem 18. Jahrhundert erfreut sich einer außergewöhnlichen Lage gegenüber dem Konkordia-Tempel, dessen Anblick man besonders vom Zimmer 205 aus genießt. Der Pool ist sehr angenehm, bedauerlich ist jedoch, daß die Bar und das Restaurant nicht auf der Terrasse oder in dem schönen Garten untergebracht sind. Der Komfort der Zimmer und Bäder ist gut, die Aussicht auf den Tempel wunderbar. Vergessen Sie nicht, das Geburtshaus von Pirandello und sein Grab unter einer einsamen Pinie aufzusuchen. Für Sizilianer ist dieser Baum ein historisches Denkmal. Ihr umweltbedingter schlechter Zustand wird heftig diskutiert, weshalb einige sogar vorschlagen, sie zu mumifizieren.

Anreise (Karte Nr. 26): 2 km südl. von Agrigent (über die Südküste); folgen Sie der Ausschilderung zum Valle dei Templi.

SIZILIEN

Foresteria Baglio della Luna

92100 Agrigento
Contrada Maddalusa - Valle de' Templi
Tel. (0)922-51 10 61 - Fax (0)922-59 88 02
Sig. Alfieri

Kategorie ★★★★ **Ganzj.** geöffn. **24 Zimmer** m. Klimaanl., Tel., Bad od. Dusche, WC, TV, Minibar **Preise** EZ u. DZ: 235000 L, 380 000 L; Suite: 480-680000 L - Frühst. inkl., von 7.30 bis 10.30 Uhr - HP u. VP: + 60000 L + 90000 L (pro Pers., mind. 2 Üb.) **Kreditkarten** Amex, Visa, Eurocard, MasterCard **Verschiedenes** Kleine Hunde erlaubt - Parkpl. **Umgebung** Agrigento: Valle dei Templi, Geburtshaus von Pirandello - Naro - Palma di Montechiaro **Restaurant** von 13.00 bis 14.30 u. von 19.30 bis 22.30 Uhr - Menüs: 65-70000 L - Karte - Spezialitäten: Fisch.

Wenn Sie das Tal der Tempel besuchen möchten, den planlosen Städtebau Agrigentes aber nicht mögen, dann ist das *Foresteria* der richtige, abgelegene Ort für Sie. Dieser außerhalb der Stadt inmitten des archäologischen Gebietes befindliche Turm aus dem 13. Jahrhundert, der im 18. Jahrhundert zu einem Landhaus umgestaltet wurde, wirkt heute wie ein kleines, von einer dicken Mauer umgebenes Relais. Die kürzlich renovierten Räume sind noch ganz frisch mit ihren Gipswänden, und über die «Antiquitäten», mit denen das Hotel ausgestattet wurde, kann man geteilter Meinung sein. Dennoch ist Komfort durchaus vorhanden, außerdem die nach dem Besuch der heißen Täler ersehnte Klimaanlage. Vom Hotel aus erkennt man die auf den umliegenden Hügeln errichteten Tempel. Bei Sonnenuntergang ist dies besonders poetisch. Die Küche interpretiert auf eine gute, raffinierte Art sizilianische Gerichte.

Anreise (Karte Nr. 26): 2 km südl. von Agrigent (an der Südküste); Rtg. Valle dei Templi (ausgeschildert), dann SS 115, Rtg. Trapani.

SIZILIEN

Grand Hotel Villa Igiea

90142 Palermo
Via Belmonte, 43
Tel. (091) 54 37 44 - Fax (091) 54 76 54
Sig. Ternullo

Kategorie ★★★★★ **Ganzj.** geöffn. **115 Zimmer** m. Klimaanl., Tel., Bad, WC, Minibar; Aufzug **Preise** EZ u. DZ: 241000 L, 367000 L - Suiten: 800000 L - Frühst. inkl., von 7.00 bis 10.00 Uhr - HP u. VP: 247000 L, 283000 L (pro Pers.) **Kreditkarten** akzeptiert **Verschiedenes** Hunde in den Zimmern erlaubt - Schwimmb. - Tennis - Parkpl. **Umgebung** Palermo: Kirche von Martorana, Palazzo dei Normanni (cappella Palatina, mosaici), S. Giovanni degli Eremiti, S. Francesco d'Assisi, Oratorio de S. Lorenzo, Museo archeologico - Palazzo Abbatellis (affreco del Triomfo della Morte) - Dom u. Kloster von Monreale - Mondello u. der Monte Pellegrino - Villa Palagoniain in Bagheria - Solonte - Piana degli Albanesi **Restaurant** von 12.30 bis 14.30 u. von 19.30 bis 22.30 Uhr - Menü: 80000 L - Karte - Spezialitäten: Pennette alla lido - Spada al forno.

Die *Villa Igiea* ist ein herrliches Beispiel des Libertystils (1900) und gilt als das schönste Hotel im westlichen Sizilien. Seine Lage erlaubt es, dem geschäftigen Treiben Palermos zu entfliehen. Schwer, an diesem großen Hotel einen Makel zu finden. Sein ursprüngliches Mobiliar und seine Ausstattung wurden bewahrt, und den Gästen wird tadelloser Komfort und Service geboten. Die Bar, das Winter-Restaurant, die Veranda und die Salons sind von solcher Behaglichkeit, daß sich jene Einwohner von Palermo, die Stilvolles mögen, hier allabendlich treffen. Das Schwimmbad und die Gärten liegen oberhalb der Badebucht. Wenn Sie Palermo *richtig* besuchen wollen, führt an der *Villa Igiea* kein Weg vorbei.

Anreise (Karte Nr. 26): am Meer, nördl. vom Hafen, im Acquasanta-Viertel, über die Via dei Cantieri Navali.

SIZILIEN

Centrale Palace Hotel

90134 Palermo
Corso Vittorio Emanuele, 327
Tel. (091) 33 66 66 - Fax (091) 33 48 81
Sig. Schifano

Kategorie ★★★★ **Ganzj.** geöffn. **61 Zimmer** m. Klimaanl., Tel., Bad od. Dusche, WC, Minibar **Preise** EZ u. DZ: 200000 L, 295000 L - Frühst. inkl., von 7.00 bis 11.00 Uhr **Kreditkarten** akzeptiert **Verschiedenes** Hunde nicht erlaubt **Umgebung** Palermo: Kirche von Martorana, Palazzo dei Normanni (cappella Palatina, mosaici), S. Giovanni degli Eremiti, S. Francesco d'Assisi, Oratorio de S. Lorenzo, Museo archeologico - Palazzo Abbatellis (affreco del Triomfo della Morte) - Dom u. Kloster von Monreale - Mondello u. der Monte Pellegrino - Villa Palagoniain in Bagheria - Solonte - Piana degli Albanesi **Kein Restaurant** im Hotel (siehe unsere Restaurantauswahl S. 469-470).

Dieses kleine Hotel fehlte uns in Palermo. Das im historischen Zentrum gelegene *Centrale Palace* renovierte erst kürzlich seine Zimmer und wird demnächst bestimmt auch seine frühere Pracht zurückerlangen. Heute verfügt es über komfortable, traditionell-bürgerlich eingerichtete Zimmer, die immerhin über so moderne Einrichtungen wie eine Klimaanlage verfügen. Die Preise sind alles andere als überhöht. Ein Hotel, das man kennen, und dessen Entwicklung man verfolgen sollte.

***Anreise** (Karte Nr. 26): der Corso Vittorio Emanuele zweigt von der Piazza Independenza ab.*

S I Z I L I E N

Grand Hotel et des Palmes

90142 Palermo
Via Roma, 398
Tel. (0)91-58 39 33 - Fax (0)91-33 15 45

Kategorie ★★★★ **Ganzj.** geöffn. **183 Zimmer** u. 4 Suiten m. Klimaanl., Tel., Bad, WC, Minibar; Aufzug **Preise** EZ u. DZ: 180000 L, 240000 L; Suiten: 342000 L - Frühst. inkl., von 7.00 bis 10.00 Uhr **Kreditkarten** akzeptiert **Verschiedenes** Hunde erlaubt **Umgebung** Palermo: Kirche Martorana, Kirche Gesu, Palazzo dei Normanni (cappella Palatina, mosaici), S. Giovanni degli Eremiti, S. Francesco d'Assisi, Oratorio de S. Lorenzo, Museo archeologico - Palazzo Abbatellis (affreco del Triomfo della Morte); Botanischer Garten - Veranstaltungen: Fest der hl. Rosalie (11./15.) Juli Flohmarkt nahe der Kathedrale - Dom u. Kloster von Monreale - Mondello u. der Monte Pellegrino - Cefalu - Villa Palagoniain in Bagheria - Solonte - Piana degli Albanesi **Restaurant** von 12.30 bis 15.00 u. von 19.30 bis 23.00 Uhr - Menü: 80000 L - Karte.

Das inmitten der Stadt gelegene legendenumwobene *Grand Hotel et des Palmes* verfügt über den Charme der von Müdigkeit gezeichnetem Luxushotels des 19. Jahrhunderts. Aus diesem ehemaligen Palais entstand 1874 ein Grandhotel. Die berühmten Leute, die hier zu Gast waren, kann man gar nicht alle benennen, dennoch sollen erwähnt werden das Ehepaar Wagner (den *Parsifal* beendete der Komponist hier), Auguste Renoir, Maupassant, Lucky Luciano ... Die Salons haben den Glanz dieser Vergangenheit bewahrt; Ernesto Basile, ein großer Künstler des italienischen Libertystils, dekorierte das Foyer. Im Kaminsalon kann man noch heute die Marketerie-Decke, die Fresken, die bleigefaßten Fenster und die Goldverzierung bewundern. Die Zimmer sind schlichter, einige müßten sogar gründlich renoviert werden. Das *Palmetta*, das Restaurant des Hotels, bietet in einem prachtvollen Rahmen lokale Gerichte.

Anreise *(Karte Nr. 26): im Zentrum.*

SIZILIEN

Villa Lucia

96100 Siracusa
Traversa Mondello, 1 - Contrada Isola
Tel. (0336) 88 85 37- (0931) 721 007 - Fax (0931) 61 817
Sig.ra Maria Luisa Palermo

Ganzj. geöffn. **7 Zimmer** u. 7 kleine Appart. m. Tel., Bad od. Dusche, WC, 3 m. TV u. 5 m. Minibar (m. Klimaanl.: + 10000 L) **Preise** EZ u. DZ: 195000 L, 290000 L; Appart. (2-5 Pers.): 55000 L (pro Pers., mind. 2 Üb.) - Frühst.: inkl., von 8.00 bis 10.30 Uhr **Kreditkarten** Visa, Eurocard, MasterCard **Verschiedenes** Kleine Hunde nur in den Zi. erlaubt (Zuschlag) - Parkpl. **Umgebung** Siracusa: Museo archeologicoe - Ortygie - Neapolis - Schloß Euryale - zyanidhaltige Quelle (Zugang per Boot od. Straße) **Kein Restaurant** im Hotel (Siehe unsere Restaurantauswahl S. 470-471).

Diese wertvolle Adresse wurde uns von einer Leserin und Kollegin übermittelt. *Villa Lucia* ist ein alter Familienbesitz, den die Hausherrin, Gräfin Maria Luisa Palermo, nach und nach umgestaltet, um an diesem wunderbaren Ort Gäste zu empfangen. Eine Pinienallee führt zur Villa, deren blaßrosa Verputz den Charme des Interieur erraten läßt. Dieses Haus ist die Zweitresidenz der Familie: ohne protzigen Luxus, aber mit schönen alten, im Laufe der Generationen angesammelten Möbelstücken, Reiseerinnerungen, Gemälden der Familie ... Im üppigen, sehr angenehmen Park ist die Vegetation mediterran. Von unglaublicher Schönheit sind auch die Promenaden am Meer - direkt an der Villa, mit Blick auf die Insel Ortygia. Dank ihrer zahlreichen Bekanntschaften organisiert Maria Luisa auch Besichtigungen anderer prächtiger sizilianischer Privathäuser. Eine Adresse und eine Gastgeberin mit viel Charme.

Anreise *(Karte Nr. 27): südl. von Messina.*

SIZILIEN

Grand Hotel di Siracusa

96100 Siracusa
Via Mazzini, 12
Tel. (0)931-46 46 00 - Fax (0)931-46 46 11

Ganzj. geöffn. **7 Zimmer** u. 6 kleine Appart. m. Bad od. Dusche, WC, 5 m. Minibar, 3 m. TV **Preise** EZ u. DZ: 220000 L, 300000 L; Suiten: 370-470000 L - Frühst. inkl., von 7.30 bis 10.00 Uhr **Kreditkarten** nicht akzeptiert **Verschiedenes** Kleine Hunde in den Zimmern erlaubt (Zuschlag) - Parkpl. **Umgebung** Siracusa: Museo archeologicoe - Ortygie - Neapolis - Schloß Euryale - zyanidhaltige Quelle (Zugang per Boot od. Straße) **Restaurant** von 12.00 bis 14.30 u. von 20.00 bis 22.30 Uhr - Menü: 100000 L - Karte - Regionale Spezialitäten.

Nach einer langen, kostspieligen und vollständigen Renovierung, die vier Jahre währte, besitzt Syrakus heute ein Luxushotel, das seinem Ruf entspricht. Die Architekten entwarfen neue Räume, so ein Panorama-Terrassenrestaurant, nutzten das gesamte Erdgeschoß für die Empfangsräume, bewahrten aber so viel Ursprüngliches wie nur möglich. Dieser Instandsetzung ist es auch zu verdanken, daß die restlichen spanischen Befestigungsanlagen des Cinquecento heute in einem kleinen Museum des Hotels gezeigt werden können. Die beiden großen Salons sind mit altem sizilianischem Mobiliar eingerichtet, aber auch bedeutende Künstler arbeiteten an der Ausstattung. So schuf Carlo Moretti den Muranolüster für den Salon *Minerva*. Die große Rotunde, die abends am Hafen der Insel Ortigia erleuchtet, ist der Salon *Athena* - ganz aus Stuck und Fresken. Eine große, halbrunde Säulentreppe führt zu den Etagen mit den luxuriösen, komfortablen Zimmern mit Blick aufs Meer. Wunderschön ist auch der eingefriedigte Garten mit einem Panorama-Aufzug inmitten der Palmen und duften Pflanzen.

Anreise (Karte Nr. 27): auf der Insel Ortigia.

S I Z I L I E N

Museo Albergo L'Atelier sul Mare

98070 Castel di Tusa (Messina)
Via Cesare Battisti, 4
Tel. (0921) 33 42 95 - Fax (0921) 33 42 83 - Sig. Antonio Presti
Web: http://www.fiumararte.aessenet.com

Geschlossen von Dezember bis März **40 Zimmer** m. Tel., Bad od. Dusche, WC; Aufzug **Preise** EZ u. DZ: 80-105000 L, 120-160000 L - Künstlerzimmer: 200000 L - Frühst. inkl., von 7.30 bis 9.30 Uhr - HP u. VP: 95-104000 L, 100-165000 L (pro Pers., mind. 3 Üb.) **Kreditkarten** Amex, Visa, Eurocard, MasterCard **Verschiedenes** Hunde erlaubt (Zuschlag) - Schwimmb. - Privatstrand - Parkpl. **Umgebung** Halaesa - S. Stefano di Camastra (Terrakotta) - Cefalù **Restaurant** von 13.00 bis 15.00 u. von 20.30 bis 22.30 Uhr - Menüs: 30-40000 L - Karte - Spezialitäten: Fisch.

Die Straße von Messina nach Palermo führt an der wilden Küste des Tyrrhenischen Meeres entlang, wo Badeorte wie Castel di Tusa zahlreich sind. Das *Museo Albergo* liegt direkt am Meer und ist ein Gebäude mediterranen Stils mit mehreren Etagen und großen Terrassen. Das Interessanteste am Hotel ist jedoch die Konzeption der Ausstattung des Hauses, insbesondere der Zimmer, nämlich: Kunst im täglichen Leben. Jedes Zimmer, deren Gestaltung man einem zeitgenössischen Künstler anvertraute, ist ein "Ereignis"; wenn man hier wohnt, lebt man mit einem Werk, das zudem einzigartig ist. In der Rezeption, im Salon und sogar auf dem Strand (sofern die Gemeindeverwaltung sie nicht zerstören ließ) trifft man auf Bilder und Skulpturen. Auch wenn diese Kunst nicht jeden Geschmack trifft, sind hier alle Kriterien eines guten Hotels vereint: Komfort, guter Service und ein gutes Restaurant mit italienischen Spezialitäten und hoteleigenem Fischfang. Wir möchten darauf hinweisen, daß die Zimmer ausschließlich von den Hotelgästen besichtigt werden können.

Anreise (Karte Nr. 27): 90 km östl. von Palermo. A 20 bis Cefalù, dann die Küstenstraße Rtg. Messina.

S I Z I L I E N

San Domenico Palace Hotel

96039 Taormina (Messina)
Piazza San Domenico, 5
Tel. (0942) 23 701 - Fax (0942) 62 55 06
Sig. Menta

Kategorie ★★★★★ **Ganzj.** geöffn. **111 Zimmer** m. Klimaanl., Tel., Bad, WC, Kabel-TV, Minibar; Aufzug **Preise** DZ: 400-685000 L - Frühst. inkl., von 8.00 bis 10.00 Uhr - HP u. VP: 320-440000 L, 410-530000 L (pro Pers.) **Kreditkarten** akzeptiert **Verschiedenes** Hunde nicht erlaubt - Schwimmb. - Parkpl. (30000 L) **Umgebung** Taormina: Zona archeologica - Castello auf dem Monte Toro - Castelmola (Terrasse, Aussichtsp. des Cafés) - Forza d'Agro - Alcantara-Schlucht - Capo Shiso - Naxos - Strand von Mazzaro **Restaurant** von 12.00 bis 14.30 u. von 20.00 bis 22.30 Uhr - Menü: 100000 L - Karte - Spezialitäten: Sizilianische u. internationale Küche.

Das *San Domenico Palace*, in einem 1430 erbauten Kloster eingerichtet, ist zweifellos das schönste Hotel Siziliens. Frequentiert wird es von einer reichen internationalen Klientel. Um in den herrlichen, sehr gepflegten und das ganze Jahr über blühenden Garten zu gelangen, durchquert man den Kreuzgang und die zahlreichen langen Gänge mit Gemälden des 17. und 18. Jahrhunderts. Die luxuriösen Zimmer erinnern an Mönchszellen. Sie können hier traumhafte Tage (auch) am Schwimmbad verbringen und dabei die Aussicht auf das griechische Theater, das Meer und den Etna genießen. Ein Abendessen bei Kerzenlicht auf der Terrasse wird den Feinschmecker davon überzeugen, daß das *San Domenico* auch die beste Küche Taorminas bietet.

Anreise (Karte Nr. 27): 52 km südl. von Messina über die A 18, Ausf. Taormina-Nord; in der Nähe des Aussichtspunktes der Via Roma.

SIZILIEN

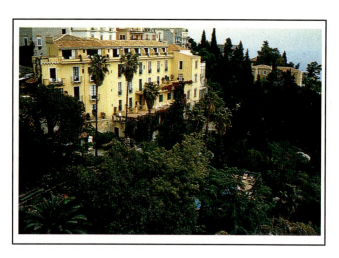

Hotel Villa Belvedere

98039 Taormina (Messina)
Via Bagnoli Croci, 79
Tel. (0942) 237 91 - Fax (0942) 62 58 30 - Sig. Pécaut
E-mail: hotbelve@cys.it

Kategorie ★★★ **Geschlossen** 11. Januar bis 3 Wochen vor Ostern u. 11. November bis 19. Dezember **48 Zimmer** (einige klimatisiert) m. Tel., Bad od. Dusche, WC **Preise** EZ u. DZ: 83-152000 L, 136-244000 L - Frühst. inkl., von 7.00 bis 12.00 Uhr **Kreditkarten** Visa, Eurocard, MasterCard **Verschiedenes** Hunde erlaubt - Schwimmb. - Parkpl. (6000 L) **Umgebung** Taormina: Zona archeologica - Castello auf dem Monte Toro - Castelmola (Terrasse, Aussichtsp. des Cafés) - Forza d'Agro - Alcantara-Schlucht - Capo Shiso - Naxos - Strand von Mazzaro **Kein Restaurant**, aber eine Snackbar, von 11.30 bis 18.00 Uhr (siehe unsere Restaurantauswahl S. 470).

Nur ein paar Schritte vom sehr schönen öffentlichen Park Taorminas erhebt sich das diskrete Hotel *Belvedere*. Abseits des hektischen Rummels, der die meisten Hotels Taorminas kennzeichnet, ist das *Belvedere* einfach geblieben, ohne daß das seinem Komfort und Charme Abbruch täte. Von einem jungen Mann französischer Herkunft hervorragend geführt, hält das Hotel drei Regeln ein, die seinen Erfolg bei einer Kundschaft ausmachen, welche sich aus Künstlern und Habitués zusammensetzt: Sauberkeit, gute Betten und Ruhe. Mehr würde man gar nicht verlangen, aber der Blick auf die Bucht von Taormina und der angenehme Swimmingpool unter riesigen Palmen bieten einen weiteren Reiz, der sich auf der Rechnung glücklicherweise nicht bemerkbar macht.

Anreise (Karte Nr. 27): 52 km südl. von Messina über die A 18, Ausf. Taormina; das Hotel liegt in der Nähe des Aussichtspunktes der Via Roma.

SIZILIEN

Romantik Hotel Villa Ducale

96039 Taormina (Messina)
Via Leonardo da Vinci, 60
Tel. (0942) 28 153 - Fax (0942) 28 710 - Sig. und Sig.ra Quartucci
E-mail: villaducale@tao.it

Kategorie ★★★ **Geschlossen** vom 10. Januar bis 20. Februar **13 Zimmer** m. Klimaanl., Tel., Bad od. Dusche, WC, Kabel-TV, Minibar, Fön, Safe **Preise** EZ u. DZ: 180-200000 L, 240-320000 L; Suite: 280-360000 L - Frühst. inkl., von 8.00 bis 11.00 Uhr **Kreditkarten** akzeptiert **Verschiedenes** Kleine Hunde erlaubt - Sauna - Tennis - Fitneßcenter (50 m) Sonderpr. f. Hotelgäste - Parkpl. **Umgebung** Taormina: Zona archeologica - Castello auf dem Monte Toro - Castelmola (Terrasse, Aussichtsp. des Cafés) - Forza d'Agro - Alcantara-Schlucht - Capo Shiso - Naxos - Strand von Mazzaro - Ausflüge zum Etna ab Taormina **Kein Restaurant** im Hotel (siehe unsere Restaurantauswahl S. 470).

Villa Ducale hat wirklich viel Charme. Erst vor kurzem wurde sie von dem Enkel einer alteingesessenen Familie aus Taormina als Hotel eröffnet, die diese zu Beginn des zwanzigsten Jahrhunderts von dem Großvater gebaute Patriziervilla über all die Jahre behielt. Das Hotel ist komfortabel und sehr elegant. Die Zimmer sind mit alten Möbeln geschmackvoll eingerichtet, und alle haben einen unglaublichen Blick aufs Meer, auf den Etna und das Tal, zudem eine eigene Terrasse mit Tischen und Stühlen. In der gut bestückten Bibliothek kann man alles über Sizilien und seine Geschichte nachlesen. Um keinen Preis das auf der Panoramaterrasse servierte Frühstück (Brunch) versäumen. Kostenloses Schwimmbad 50 Meter vom Hotel entfernt. Im Sommer gebührenfreier Pendelverkehr für Hotelgäste zum Strand. Freundlicher Empfang.

Anreise (Karte Nr. 27): 52 km südl. von Messina über die A 18, Ausf. Taormina.

SIZILIEN

Hotel Villa Paradiso

98039 Taormina (Messina)
Via Roma, 2
Tel. (0)942-239 21 22 - Fax (0)942-625 800
Sig. Salvatore Martorana

Kategorie ★★★★ **Ganzj.** geöffn. **25 Zimmer** u. 13 Suiten m. Klimaanl., Tel., Bad od. Dusche, WC, Satelliten-TV; Aufzug **Preise** EZ u. DZ: 115-150000 L, 160-250000 L; Suiten: 280-300000 L - Frühst. inkl., von 7.30 bis 10.00 Uhr - HP u. VP: + 30-35000 L + 60-70000 L **Kreditkarten** akzeptiert **Verschiedenes** Kleine Hunde erlaubt **Umgebung** Taormina: Zona archeologica - Castello auf dem Monte Toro - Castelmola (Terrasse, Aussichtsp. des Cafés) - Forza d'Agro - Alcantara-Schlucht - Capo Schiso - Etna - Naxos - Strand von Mazzaro - Golfpl. Il Picciolo (18 L.) **Restaurant** von 13.00 bis 14.00 u. von 20.00 bis 21.15 Uhr - Menü: 35000 L - Karte - Spezialitäten: Regionale Küche - Fisch.

Das vom Meer und dem majestätischen Etna umgebene Taormina ist ein reizvolles Kondensat Siziliens. *Villa Paradiso* ist das Werk einer englischen Abenteuerin, die sich im 19. Jahrhundert in dieses damals kleine Dorf und in ihren Arzt verliebt hatte. Und da sie ihre reizvolle Entdeckung mit anderen teilen wollte, ließ sie einen kleinen Jagdpavillon bauen. Das Hotel verfügt heute über die Atmosphäre einer Familienpension. Die Zimmer haben elegantes, bemaltes Mobiliar, die größeren Suiten einen weiten Blick aufs Meer. Die Salons sind miteinander verbunden und liegen entweder am Wintergarten, zu dem eine bedeckte Galerie führt, oder zum Meer hin. Von der mit Möbeln ausgestatteten Panoramterrasse ist der Blick auf die Bucht noch grandioser. Sobald das Wetter es erlaubt, bringt ein Privatbus die Hotelgäste nach Letojanni, wo das Hotel einen Privatstrand mit Liegen, Schwimmbad und einem Restaurant besitzt.

Anreise (Karte Nr. 27): 52 km südl. von Messina über die A 18, Ausf. Taormina.

SIZILIEN

Hotel Riis

98039 Taormina (Messina)
Via Pietro Rizzo,13
Tel. (0942) 248 74 - Fax (0942) 62 62 54
Sig. Sciglio

Kategorie ★★★ **Geschlossen** vom 1. November bis Mitte März **30 Zimmer** m. Klimaanl., Tel., Bad od. Dusche, WC, TV; Aufzug **Preise** EZ u. DZ: 170000 L, 220000 L; Suite: 270000 L - Frühst: 20000 L, von 7.30 bis 10.00 Uhr **Kreditkarten** akzeptiert **Verschiedenes** Hunde erlaubt - Schwimmb. - Parkpl. **Umgebung** Taormina: Zona archeologica - Castello auf dem Monte Toro - Castelmola (Terrasse, Aussichtsp. des Cafés) - Forza d'Agro - Alcantara-Schlucht - Capo Schiso - Etna - Naxos - Strand von Mazzaro - Golfpl. Il Picciolo (18 L.) **Restaurant** von 13.00 bis 14.00 u. von 20.00 bis 21.15 Uhr - Menü: 35000 L - Karte - Spezialitäten: Regionale Küche - Fisch.

Daß Taormina einen großen Umweg lohnt, muß man immer wieder sagen. Diese von Andromache gegründete Stadt war also erst griechisch, danach im Besitz der Römer, Sarazener und Christen und hat von all den Eroberern Überreste bewahrt. Das in einem Haus aus dem frühen 20. Jahrhundert unweit des Zentrums errichtete *Riis* hat den großen Vorteil, daß es einen atemberaubenden Ausblick auf den Etna und das Meer bietet. Die Barock-Dekoration der Salons und Gästezimmer ist zwar etwas überladen, verleiht diesem alten, vor nicht langer Zeit renovierten Hotel dennoch einen gewissen Charme. Die meisten Zimmer haben einen kleinen Balkon, auf dem diejenigen, die schon am Morgen starke Eindrücke lieben, das Frühstück mit Panoramablick einnehmen können. Der Speisesaal, der auf eine Terrasse geht, ist superbe. Im unterhalb gelegenen Schwimmbad können Sie sich nach einem Bummel durch das lebendige Zentrum entspannen.

Anreise *(Karte Nr. 27): 52 km südl. von Messina über die A 18, Ausf. Taormina.*

SIZILIEN

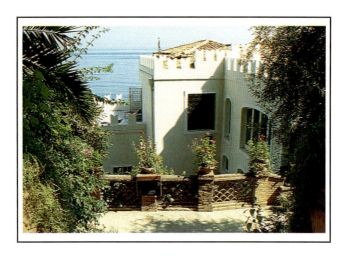

Hotel Villa Sant'Andrea

98030 Mazzaro - Taormina (Messina)
Via Nazionale, 137
Tel. (0942) 23 125 - Fax (0942) 24 838

Kategorie ★★★★ **Ganzj.** geöffn. **67 Zimmer** m. Klimaanl., Tel., Bad od. Dusche, WC, TV **Preise** EZ u. DZ: 165-365000 L, 310-530000 L, Suite: + 100000 L - Frühst. (Buffet) inkl., von 7.30 bis 10.00 Uhr - HP u. VP: 200-310000 L, 325-345000 L (pro Pers.) - **Kreditkarten** akzeptiert **Verschiedenes** Kleine Hunde erlaubt - Privatstrand - Parkpl. (50 m., 22000 L) **Umgebung** Taormina: Zona archeologica - Castello auf dem Monte Toro - Castelmola (Terrasse, Aussichtsp. des Cafés) - Forza d'Agro - Alcantara-Schlucht - Capo Schiso - Etna - Naxos - Strand von Mazzaro - Golfpl. Il Picciolo (18 L.) **Restaurant** von 13.00 bis 14.30 u. von 20.00 bis 22.30 Uhr - Menü: 65000 L - Karte - Spezialitäten: Tagliolini con scampi e pesto alla Sant'Andrea - Spigoletta creazione "Olivero" - Parfait alle mandorle.

Wo kann man die Vorzüge Taorminas genießen, ohne mit den Nachteilen in Berührung zu kommen? In der *Villa Sant'Andrea!* Am Meeresufer gelegen, abseits der Touristenstraßen des Ortes (in fünf Minuten mit der Seilbahn erreichbar), ist das Hotel im Gegensatz zu seinen Nachbarn in Mazzaro nicht der Versuchung erlegen, Ziel für Touristenbusse zu werden. Ihrer Ruhe in dieser Villa aus den fünfziger Jahren können Sie sich sicher sein. Die Zimmer (die meisten mit Seeblick), das Restaurant, der Privatstrand und die Terrassenbar sind ebenso geschmackvoll wie unaufdringlich.

Anreise (Karte Nr. 27): 52 km südl. von Messina über die A 18, Ausf. Taormina - das Hotel liegt 5,5 km nördl. von Taormina über die Küstenstraße.

SIZILIEN

Hotel Elimo Erice

91 016 Erice (Trapani)
Via Vittore Emanuele, 75
Tel. (0923) 86 93 77 / 86 94 86 - Fax (0923) 86 92 52
Sig. Tilotta

Ganzj. geöffn. **21 Zimmer** m. Tel., Bad od. Dusche, WC, TV, Aufzug **Preise** EZ u. DZ: 140000 L, 250000 L - Frühst. inkl., von 7.30 bis 10.00 Uhr - HP u. VP: 140000 L, 180000 L (pro Pers., mind. 3 Üb.) **Kreditkarten** akzeptiert **Verschiedenes** Hunde erlaubt - Parkpl. **Umgebung** Trapani - Egades Inseln (Favignana, Levanzano, Formica) **Restaurant** von 12.30 bis 14.30 u. von 19.30 bis 20.00 Uhr - Menü: 30-60000 L - Karte - Spezialitäten: Sizilianische Küche.

An der Westspitze Siziliens scheint das auf einem Felsen gelegene *Erice* über eine friedliche, ruhige Welt zu wachen. Das historische Zentrum ist ein Labyrinth aus engen Gassen, Renaissance-Palästen und mittelalterlichen Kirchen. Das Leben findet hinter den Fassaden, in den für Erice typischen Innenhöfen statt. Das Hotel ist in einem dieser alten Gebäude untergebracht. Obwohl es sorgfältig restauriert, komfortabel ausgestattet ist und sich von Farben, Materialien und Motiven vergangener Zeiten inspirieren ließ, wirkt es dennoch etwas standardisiert. Trotz allem ist es ein recht angenehmes Quartier in der schönen Stadt Erice, die bemerkenswerte Bauwerke aus der Vergangenheit vorweisen kann. Und der Spaziergang entlang der erhaltenen Stadtmauer, die wunderbare Ausblicke auf die Küste und das Meer bietet, ist ein Must. Vom Castello di Venere blickt man auf Trapani und die Inseln, und bei klarem Wetter vermag man Tunesien zu erkennen. In den Straßen der Stadt werden Sie alle mögliche Sprachen hören, denn in Erice hat das Internationale Wissenschafts-Zentrum "Ettore Majorana" seinen Sitz.

Anreise (Karte Nr. 26): 13 km nördl. von Trapani.

S I Z I L I E N

Club il Gattopardo

Isola di Lampedusa (Agrigento)
Tel. (0)922 97 00 51 - Fax (0)11 81 78 387
Reservierungen: (011) 81 24 089

Geschlossen von Mitte Oktober bis Ende Mai **11 Zimmer** u. 2 Suiten m. Tel., Bad, WC. **Preise** VP: 1800-2600000 L (pro Pers., 1 Woche; Transfer vom Flughafen, Boot u. Auto inkl.) **Kreditkarte** Amex, Visa **Verschiedenes** Hunde nicht erlaubt **Umgebung** Lampedusa-Insel **Restaurant** um 13.00 Uhr u. ab 20.30 Uhr - Menü - Karte - Regionale Spezialitäten.

Lampedusa ist die größte der Pelagi-Inseln, die zwischen der sizilianischen und der tunesischen Küste verstreut liegen. Seit der Bronzezeit besiedelt, blieb die Insel von der Antike bis 1843 unbewohnt. Roberto liebt das Tiefseetauchen, und in dem Wunsch, diese noch wilde Insel kennenzulernen, gründete er mit seiner Frau Annette dieses Club-Hotel. Der Zusatz "Club" darf nicht mißverstanden werden, denn das *Il Gattopardo* besitzt nicht mehr als 13 Zimmer in Häusern, die dem traditionellen Baustil der Insel vollkommen entsprechen: ockerfarbene Steine und weiße Kuppeln. Die behaglichen Zimmer sind im mediterranen Stil eingerichtet. Ein Motor- und ein Fischerboot stehen zur Verfügung, und drei Fahrzeuge erlauben es, die Insel zu erforschen. Abends kommt man dann in den Genuß von Annettes Diner - auch das von ihr zubereitete Frühstück ist köstlich. Eine Besonderheit: von Mai bis Juni kommen Meeresschildkröten nach Lampedusa, um nachts in warmen Sandgruben am Strand ihre Eier abzulegen. Die schönsten Monate sind September und Oktober: dann ist das Wasser noch warm und dann ist der Himmel voller Vögel auf ihrem Weg nach Afrika. Das Hotel nimmt keine Kinder unter 12 Jahren auf.

Anreise (Karte Nr. 26): Flughafen Palermo (Flugdauer: 30 Min.) - Flughafen Lampedusa, Tel. (0922) 97 02 99.

SIZILIEN

Hotel Carasco

Isole Eolie o Lipari
98055 Lipari (Messina)
Porto delle Genti
Tel. (090) 981 16 05 - Fax (090) 981 18 28 - Sig. Marco del Bono
E-mail: carasco@tin.it

Kategorie ★★★ **Geschlossen** von November bis März **98 Zimmer** m. Tel., Bad od. Dusche, WC
Preise HP u. VP: 85-170000 L, 100-185000 L (pro Pers.) - Frühst. inkl., von 7.30 bis 9.30 Uhr
Kreditkarten akzeptiert **Verschiedenes** Hunde nicht erlaubt - Schwimmb. - Tennis - Parkpl.
Umgebung Äolisches Museum in Lipari - Inseltour - Canneto - Acquacalda - Puntazze (Ausblick) - Ovattropani - Piano Conte - Aussichtspunkt von Quattrocchi - Liparische Inseln: Überfahrten tägl. ab Milazzo (50 Min. bis 2 Std.), ab Messina (15 Min. bis 2 Std.) **Restaurant** von 12.30 bis 14.00 u. von 20.00 bis 21.30 Uhr - Karte - Spezialitäten: Sizilianische u. internationale Küche.

Das Hotel *Carasco*, das von einem englisch-italienischen Paar geführt wird, bietet den Komfort eines großen, modernen Hotels. Die geräumigen Zimmer verfügen fast alle über eine Terrasse mit Seeblick. Der Strand beginnt direkt am Hotel. Lipari ist die bedeutendste und meistbesuchte Insel des Archipels.

Anreise *(Karte Nr. 27): Schnellboot ab Milazzo, aber auch Fähren; 400 m vom Ortskern.*

SIZILIEN

Hotel Villa Augustus

Isole Eolie o Lipari
98055 Lipari (Messina)
Vico Ausonia, 16
Tel. (090) 981 12 32 - Fax (090) 981 22 33 - Sig. Augusto D'Albora

Kategorie ★★★ **Geschlossen** von November bis Februar **35 Zimmer** m. Tel., Bad od. Dusche, WC **Preise** EZ u. DZ: 50-150000 L, 70-220000 L - Suiten: 250000 L - Frühst.: 10-20000 L, von 7.00 bis 11.30 Uhr - HP: 100-150000 L (pro Pers.) **Kreditkarten** Visa, Eurocard, MasterCard **Verschiedenes** Hunde erlaubt - Parkpl. **Umgebung** Äolisches Museum in Lipari - Inseltour - Canneto - Acquacalda - Puntazze (Ausblick) - Ovattropani - Piano Conte - Aussichtspunkt von Quattrocchi **Kein Restaurant** im Hotel (siehe unsere Restaurantauswahl S. 471).

Eines der angenehmen Hotels Liparis. Das *Augustus*, das wir seiner Einfachheit und seines Gartens wegen mögen, liegt in einer der kleinen Gassen, die von der Hauptstraße abzweigen. *Villa Augustus* ist kein Luxushotel, sondern eher eine Pension, zwar ohne Restaurant, doch mit recht geräumigen Zimmern, die alle mit einem Bad ausgestattet sind. Die Zimmer besitzen entweder einen Balkon oder eine Terrasse mit Blick auf das Meer oder das Schloß von Lipari. Es gibt einige gute kleine Restaurants am Ort.

***Anreise** (Karte Nr. 27): Schnellboot ab Milazzo, aber auch Fähren; 400 m vom Ortskern.*

SIZILIEN

Hotel Villa Meligunis

Isole Eolie o Lipari
98055 Lipari (Messina)
Via Marte, 7
Tel. (090) 98 12 426 - Fax (090) 98 80 149 - Sig. Guisina D'Ambra
E-mail: hmeligun@milazzo.mediaweb.it

Kategorie ★★★★ **Ganzj.** geöffn. **32 Zimmer** m. Klimaanl., Tel., Bad, WC, Kabel-TV, Minibar; Aufzug **Preise** EZ u. DZ: 160-245000 L, 220-340000 L; Suiten: + 7000 L - Frühst. inkl. - HP: 145-210000 L, 170-240000 L (pro Pers.) **Kreditkarten** akzeptiert **Verschiedenes** Hunde nicht erlaubt **Umgebung** Äolisches Museum in Lipari - Inseltour - Canneto - Acquacalda - Puntazze (Ausblick) - Ovattropani - Piano Conte - Aussichtspunkt von Quattrocchi **Restaurant** "Le Terrazze" von 12.30 bis 14.00 u. von 19.30 bis 20.00 Uhr - Menüs: 50-70000 L - Karte - Spezialitäten: Sizilianische Küche - Fisch.

Im Mittelmeer zählen die Äolischen Inseln zu den letzten Paradiesen mit verhältnismäßig unberühter Natur. Der Direktor der *Villa Meligunis* eröffnete dieses Hotel, um an jene Tradition anzuknüpfen, die nordeuropäische Persönlichkeiten in diesem milden Klima die Winter verbringen ließ. Der Name des Hotels ist von Bedeutung, er bezeichnet das antike Lipari (griechischen Ursprungs) und evoziert Milde: jene des Klimas, des Weins und der Farbe des Meeres. Es ist das alte Gebäude, das, um moderne Bauten mediterranen Stils erweitert, die Struktur des Hotels bestimmt. Die mit jeglichem Komfort versehenen Zimmer (inklusive Klimaanlage) sind geräumig (einige mit Salon) und schlicht ausgestattet. Das Restaurant bietet lokale Gerichte und viel Fisch an. Von der großen Terrasse aus hat man einen schönen Blick aufs Meer.

Anreise (Karte Nr. 27): Schnellboot ab Milazzo, aber auch Fähren (zwischen 50 Min. u. 2 Std.).

SIZILIEN

Hotel Raya

Isole Eolie o Lipari
San Pietro 98050 Isola Panarea (Messina)
Tel. (090) 98 30 13 - Fax (090) 98 31 03
Sig.ra Beltrami und Sig. Tilche

Kategorie ★★★★ **Geschlossen** vom 16. Oktober bis 9. April **36 Zimmer** m. Tel., Dusche, WC
Minibar **Preise** HP: 170-210000 L (EZ), 180-260000 L (DZ-Standard), 240-340000 L (DZ-Executives)
HP: 160-270000 L (pro Pers.) - Frühst. inkl., von 8.00 bis 11.30 Uhr **Kreditkarten** akzeptiert
Verschiedenes Hunde erlaubt **Umgebung** Bronzezeitliches Dorf an der Punta Milazzese - Basiluzzo
Restaurant von 20.30 bis 24.00 Uhr - Menü: 60000 L - Spezialitäten: Mittelmeer-Küche u
sizilianische Patisserien.

Es ist vollkommen unerwartet, auf dieser kleinen, wilden, sizilianischen Insel ein Hotel anzutreffen, das sehr "in" ist und von der lokalen Bevölkerung als Institution betrachtet wird. Vor etwa 20 Jahren entstanden, setzt sich die Anlage aus einer Reihe rosa und weißer Bungalows zusammen, die von den Höhen des Dorfes bis hinunter ans Meer verstreut liegen (kein Aufzug). Die mediterrane Architektur bildet den idealen Rahmen für eine Inneneinrichtung, die, edel und modern, mit primitiven, ozeanischen, afrikanischen und orientalischen Kunstobjekten angereichert ist. Die Salons und alle Zimmer verfügen über große Terrassen mit Blick auf den äolischen Archipel und Stromboli. Wir empfehlen die oberhalb und deshalb ruhiger gelegenen Bungalows. Auch werden Standard-Zimmer im Dorf angeboten: preiswerter und nur einige Minuten vom *Raya* entfernt. Stammgäste und ein "Szene"-Personal bevölkern das Hotel. Kleine Kinder sind nicht erwünscht.

Anreise (*Karte Nr. 27*): *Schnellboot ab Milazzo oder Neapel, Autos sind auf der Insel verboten.*

SIZILIEN

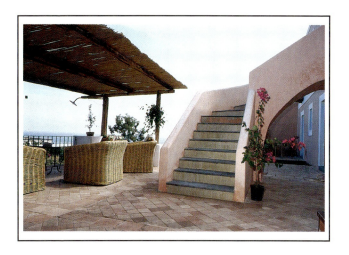

Hotel Signum

Isole Eolie o Lipari - Isola Salina 98050
Malfa (Messina), via Scalo, 15
Tel. (0)90-98 44 222 - Fax (0)90-98 44 102

Kategorie ★★★ **Ganzj.** geöffn. **16 Zimmer** m. Tel., Bad od. Dusche, WC **Preise** DZ: 150-270000 L, EZ + 35000 L - Frühst. inkl., von 8.00 bis 10.00 Uhr - HP: 115-175000 L (pro Pers.) **Kreditkarten** Diners, Visa, Eurocard, MasterCard **Verschiedenes** Hunde auf Anfr. erlaubt **Umgebung** Santa Marina (Ecomuseum), Malvoisie-Weinberge, Malfa; Valdichiesa-Tal (Sanktuarium N.-D. del Terzito); Reservat Monte Fossa delle Felci; Monte dei Porri u. Krater von Pollara **Restaurant** auf Reserv. - von 13.00 bis 14.30 u. von 20.30 bis 22.00 Uhr - von November bis Februar geschl. - Menüs: 25-50000 L - Spezialitäten: Regionale Küche - Fisch.

In dieses Hotel, das man über eine kleine Straße des Dorfes erreicht, die sich durch Weinberge mit Oleander und Feigenbäumen schlängelt, haben wir uns sofort verliebt. Das *Signum* ist ein altes, traditionelles, äolisches Haus. Von der Terrasse aus, dem wahren Herzen des Hotels, ist der Blick auf die Bucht von Malfa mit Stromboli in der Ferne unvergeßlich. Die Gästezimmer sind besonders individuell gestaltet und wirken, wie in einem bejahrten Familienhaus, etwas veraltet. Unsere Lieblingszimmer sind Nr. 11 (wegen der Terrasse), Nr. 16, aber auch die mit Blick auf den Garten mit schöner Weinlaube. Den Charme des Hauses machen aber auch die Gastgeber aus, d.h. Clara und ihr Mann Michele, der für die Küche verantwortlich ist und mit Produkten vom Bauernhof und stets frischem Fisch Gerichte höchster Güte zaubert. Clara, die Liebenswürdigkeit in Person, kümmert sich um Ihre Ausflüge auf andere Inseln, Bootstouren in die Bucht von Pollara (wo der Film *Il Postino* - der Briefträger - gedreht wurde). Der Abschied wird auch Ihnen schwer fallen.

Anreise (Karte Nr. 27): Schnellboot ab Milazzo, aber auch Fähren.

SIZILIEN

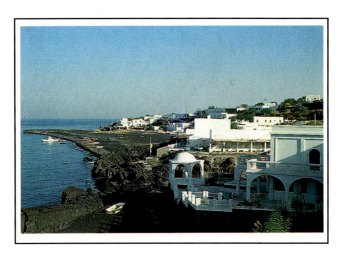

Hotel La Sciara Residence

Isole Eolie o Lipari
98050 Isola Stromboli (Messina)
Tel. (090) 98 60 05/98 61 21 - Fax (090) 98 62 84
Famiglia d'Eufemia, Sig.ra Raffaelli
E-mail: lasciara@milazzo,mediaweb.it - Web: milazzo.mediaweb.it/lasciara

Kategorie ★★★ **Geschlossen** von Oktober bis 17. Mai **62 Zimmer** m. Tel., Bad od. Dusche, WC
Preise HP: 100-215000 L (pro Pers., Hauptsaison: mind. 7 Üb.) - Frühst. inkl., von 7 30 bis 10.00 Uhr
Kreditkarten akzeptiert **Verschiedenes** Kleine Hunde erlaubt - Schwimmb. - Tennis - Privatstrand
Umgebung Vulkan - Bootstouren nach Sciara del Fuoco, Strombolicchio - Ginostra **Restaurant** von 13.00 bis 14.30 u. von 20.00 bis 21.30 Uhr - Menüs: 50-75000 L - Karte - Spezialitäten: Sizilianische Küche - Fisch.

Und sei es nur wegen des Hotels *La Sciara* - Stromboli muß sein! Der Garten ist eine wahre Pracht: viele Blumen, vorwiegend rote und orangefarbene Bougainvilleen, zeugen von der außergewöhnlichen Qualität der Vulkanerde. Die Zimmer sind geräumig, behaglich und mit alten Möbeln und Objekten verschiedenster Herkunft ausgestattet. Zum Hotel gehören außerdem fünf alte restaurierte Häuser, und jedes verfügt über mehrere Räume, ein oder zwei Badezimmer und eine Kochnische. Sie bieten den Vorteil, direkt aufs Meer hinauszugehen; einige von ihnen sind an den Service des Hotels angeschlossen, das nur einige Meter weiter auf der anderen Straßenseite liegt.

Anreise (Karte Nr. 27): Schnellboot ab Milazzo oder Neapel, Autos sind auf der Insel verboten; Piscita liegt am Ende der Straße im Norden der Insel.

SIZILIEN

La Sirenetta Park Hotel

Isole Eolie o Lipari - 98050 Isola Stromboli (Messina)
Via Marina, 33
Tel. (0)90-98 60 25 - Fax (0)90-98 61 24
Sig. Vito Russo

Kategorie ★★★ **Geschlossen** von November bis März **41 Zimmer** m. Tel., Bad od. Dusche, WC **Preise** EZ u. DZ: 100-140000 L, 160-260000 L; Suiten: 230-330000 L - Frühst inkl., von 7.30 bis 10.00 Uhr - HP u. VP: 130-190000 L, 160-220000 L (pro Pers.) **Kreditkarten** akzeptiert **Verschiedenes** Kleine Hunde erlaubt - Schwimmb. **Umgebung** Vulkan - Bootstouren nach Sciara del Fuoco, Strombolicchio - Ginostra **Restaurant** von 13.00 bis 14.30 u. von 20.00 bis 21.30 Uhr - Menüs: 40-60000 L - Karte - Spezialitäten: Regionale Küche - Fisch.

Strombolie? Für viele ist das der Film von Roberto Rossellini, den er hier mit Ingrid Bergmann drehte. Domenico, der Hotelbesitzer, erinnert sich noch gut an die Begegnung mit dem Regisseur bei den Vorbereitungen des berühmten Streifens. Da es damals auf der ganzen Insel kein einziges Hotel gab, vermietete Domenico sein eigenes Haus an Rossellini und fungierte als Produktionsassistent. Mit dem verdienten Geld ließ er dieses Hotel bauen, das dem dunklen Meer gegenüberliegt. Als Hommage an Odysseus nannte er es *La Sirenetta*. Es ist einfach, dem Strand gegenüber gut gelegen, hat einen Garten und Komfort, mit dem sich alle Vulkanologen, die hier wirkten, zufriedengegeben haben. Wählen Sie eines der Zimmer mit Terrasse oder Balkon mit Blick auf den Strombolicchio. Sie sollten wissen, daß wenn Sie den Krater besteigen wollen, der ein unvergeßliches Schauspiel bietet, einen Führer nehmen *müssen* (Dauer: drei Stunden). Der beste Zeitpunkt, oben anzukommen, ist der späte Nachmittag, des Sonnenuntergangs wegen.

Anreise (Karte Nr. 27): Schnellboot ab Milazzo, aber auch Fähren.

SIZILIEN

Les Sables Noirs

Isole Eolie o Lipari
98050 Isola Vulcano (Messina)
Porto Ponente
Tel. (090) 98 50 - Fax (090) 98 52 454 - C. Natale

Kategorie ★★★★ Geschlossen von Oktober bis Mai **62 Zimmer** m. Klimaanl., Tel., Bad od. Dusche, WC, TV, Minibar **Preise** HP u. VP: 160-255000 L, 195-300000 L (pro Pers.) - Frühst. inkl., von 7.30 bis 10.00 Uhr **Kreditkarten** akzeptiert **Verschiedenes** Kleine Hunde erlaubt - Schwimmb. - Tennis - Privatstrand - Parkpl. **Umgebung** Vulkan **Restaurant** von 13.00 bis 14.30 u. von 20.00 bis 22.30 Uhr - Menü: 65000 L - Karte - Spezialitäten: Mittelmeer-Küche - Fisch.

Auf dieser äolischen, dem römischen Gott Vulkan gewidmeten Insel, der südlichsten des Lipari-Archipels, ist man sowohl der Hölle als auch dem Paradies nahe. Die Hölle: der große Krater mit einem Durchmesser von 500 Metern, der ununterbrochen Asche, Dämpfe und Fumarolen aus seinem Innern spuckt. Das Paradies: die Küste mit mysteriösen Grotten, kleinen Buchten und Stränden, wo das Wasser türkisfarben, transparent und die Umgebung des Vulcano Piana grün ist. Am Fuß des Vulkans breitet Porto Ponente an den Stränden mit schwarzem Sand seine weißen Häuser aus. Und dort liegt unser kürzlich renoviertes Hotel, das nun ein Luxushotel ist: Komfort und ein wahrer Vier-Sterne-Service. Eine schöne Umgebung - Maquis, aber auch üppigere Vegetation - und ein beeindruckendes Meer mit den aus ihm herausragenden *faraglioni*, ferner Vulcanello. Das touristische Hauptinteresse der Insel ist dennoch der große Krater; wenn man sich in seiner Nähe befindet, ist der Blick auf die gesamte Inselgruppe, die sizilianische Küste und den Etna einzigartig.

***Anreise** (Karte Nr. 27): Hydrofoil-Boot ab Milazzo oder Neapel. Autos auf der Insel reglementiert.*

T O S K A N A

Albergo San Michele

52044 Cortona (Arezzo)
Via Guelfa, 15
Tel. (0575) 60 43 48 - Fax (0575) 63 01 47 - Dr Alunno
E-mail: sanmichele@ats.it - Web: http://www.cortona.net/sanmichele

Kategorie ★★★★ **Geschlossen** im Januar u. Februar **40 Zimmer** (30 m. Klimaanl.) m. Tel., Bad od. Dusche, WC, TV, 10 m. Minibar **Preise** EZ u. DZ: 110000 L, 170000 L; Suite: 200000 L; f. 3 Pers.: 220000 L; f. 4 Pers.: 220000 L - Frühst. inkl., von 7.30 bis 9.30 Uhr **Kreditkarten** akzeptiert **Verschiedenes** Hunde nicht erlaubt - Garage (20000 L) **Umgebung** Cortona: Kirche Madonna del Calcinaio, Muscum dell' Accademia etrusca - Arezzo - Val di Chiana: Abtei Farneta, Lucignano, Sinalunga - Lago Trasimeno - Perugia **Kein Restaurant** im Hotel (siehe unsere Restaurantauswahl S. 478).

Cortona liegt etwas abseits jener Straßen, die in der Ebene Arezzo mit Perugia, die Toskana und Umbrien verbinden. Seit ewigen Zeiten schon wacht Cortona über das Tal und strahlt auch heute noch die Atmosphäre eines befestigten Ortes aus. Man betritt die Stadt durch die Stadttore der mittelalterlichen Mauern und setzt seinen Weg über enge Gassen und Treppen fort; die schönen etruskischen Funde der Stadt kann man im Museo dell'Accademia bewundern. Die *Albergo San Michele* liegt in einem Palast aus der Renaissance, einer Epoche, die auch hier ihre Spuren hinterlassen hat (Kirche der Madonna del Calcinaio). Schlicht und gekonnt restauriert, bietet der Palazzo heute einen guten Komfort und schön eingerichtete Zimmer. Die charmantesten sind die mit Dachschrägen; die größten haben ein Mezzanin. Sympathischer Empfang.

Anreise (Karte Nr. 13): 28 km südl. von Arezzo über die SS 71.

TOSKANA

Hotel Il Falconiere

San Martino a Bolena 52044 (Arezzo)
Tel. (0575) 61 26 79 - Fax (0575) 61 29 27
Silvia und Riccardo Baracchi

Kategorie ★★★★ **Ganzj.** geöffn. **12 Zimmer** m. Klimaanl. Tel., Bad, WC, Safe, TV, Minibar; Aufzug - 1 Zi. f. Behinderte **Preise** DZ: 340000 L; Suiten: 540000 L - Frühst. inkl., von 7.00 bis 10.00 Uhr - HP: 240-340000 L (pro Pers., mind. 3 Üb.) **Kreditkarten** akzeptiert **Verschiedenes** Hunde nicht erlaubt - Schwimmb. - Parkpl. **Umgebung** Cortona: Kirche Madonna del Calcinaio, Museum dell' Accademia etrusca - Arezzo - Val di Chiana: Abtei Farneta, Lucignano, Sinalunga - Lago Trasimeno - Perugia **Restaurant** von 13.00 bis 14.00 u. von 20.00 bis 22.00 Uhr - Karte - Spezialitäten: Filetto cinghiale, budino di panna e formaggio con salsa di pere, tortino di cipollotti con fonduta di raviggiolo, pici alla cortenese, zuppa di fave e orzo, gnocchi alla ricottarombo con crema di asparagi, sfogliatina di mele e pinolo con cioccolato caldo.

Die prachtvolle Villa aus dem 17. Jahrhundert liegt Cortona gegenüber und wurde auf einem mit Olivenbäumen und Wein bepflanzten Hügel errichtet. Dieser Familienbesitz, der erst vor drei Jahren zu einem Hotel umgestaltet wurde, hat es verstanden, seinen Charme und Luxus von einst zu bewahren. Die großen, behaglichen Zimmer sind geschmackvoll mit klassischem Mobiliar eingerichtet. Überall Komfort und Eleganz, und deshalb fühlt man sich hier auch ausgesprochen wohl. Außer den drei Suiten (mit Swimming-Whirlpool), die zu ebener Erde liegen, empfehlen wir das kleine hübsche Zimmer, das im ehemaligen Taubenhaus eingerichtet wurde und von wo man die majestätische Silhouette der etruskischen Stadt erblickt. Und wenn auch Sie von Fra Angelicos "Ankündigung" (im Diözese-Museum) angetan sind, sollten Sie wissen, daß die mit Fresken ausgestattete Privatkapelle im Garten des Hotels zugänglich ist.

Anreise (Karte Nr. 13): 28 km südl. von Arezzo über die SS 71 - 3 km nördl. von Cortona.

T O S K A N A

Castello di Gargonza

Gargonza
52048 Monte San Savino (Arezzo)
Tel. (0575) 84 70 21 - Fax (0575) 84 70 54 - Sig. Fucini
E-mail: gargonza@teta.it - Web: www.gargonza.it

Kategorie ★ **Geschlossen** vom 10. Januar bis 28. Februar **40 Zimmer** m. Tel., Bad od. Dusche, WC
Preise 140-270000 L; Appart.: 770/2520000 L (pro Woche) - Frühst. inkl., von 8.00 bis 10.00 Uhr -
HP: 120-165000 L (pro Pers., mind. 2 Üb.) **Kreditkarten** akzeptiert **Verschiedenes** Kleine Hunde
erlaubt (Zuschlag) - Schwimmb. **Umgebung** Monte San Savino: Loggia dei Mercanti, Kirche u.
Palazzo; Keramik- u. Majolikaherstellung (Keramikmesse, 2. So im Sept.) - Kloster des hl. Franz von
Assisi in La Verna u. La Penna (1 283 m) - Arezzo **Restaurant** von 12.30 bis 14.30 u. von 19.30 bis
21.30 Uhr - Di geschl. - Menüs: 35-50000 L - Karte - Regionale Spezialitäten.

Wenn Sie unter Freunden oder mit der Familie reisen, und wenn Sie eine Woche Halt machen möchten, um die Gegend kennenzulernen, dann ist das *Castello di Gargonza* ideal für Sie. In diesem kleinen, wiederhergestellten Dorf in schöner Umgebung kann man Appartements mit der erforderlichen Ausstattung mieten. Die Aussicht ist zwar wunderbar, der Service jedoch inexistent. Bei der Ankunft erhalten Sie die Schlüssel und einen Plan, begleitet werden Sie nicht. Auch dürfen Sie kein schmuckes Inneres erwarten; hier ist alles zweckmäßig, der nötige Komfort ist vorhanden, einige Appartements haben sogar einen Kamin. Es gibt einige Gästezimmer, die auf traditionelle Art vermietet werden, ein Restaurant und ein Schwimmbad. In der Hotelanlage herrscht eine familiäre Atmosphäre.

Anreise *(Karte Nr. 13): 29 km südwestl. von Arezzo über die S 73 bis hinter Monte San Savino, dann Gargonza rechts.*

TOSKANA

Stoppiacce

52044 San Pietro a Dame (Arezzo)
Tel. (0575) 69 00 58 - Fax (0575) 69 00 58
Sig.und Sig.ra Campbell

Geschlossen von Dezember bis Januar **2 Zimmer** u. 1 Appart. m. Bad, WC **Preise** DZ: 180000 L, Appart.: 1200000-2200000 L (1 Woche) - Frühst. inkl., bis 10.00 Uhr **Kreditkarten** Nicht akzeptiert **Verschiedenes** Hunde nicht erlaubt - Schwimmb. - Parkpl. **Umgebung** Cortona: Kirche Madonna del Calcinaio, Museo dell' Accademia etrusca - Arezzo - Val di Chiana: Abtei Farneta - Lucignano - Sinalunga - Trasimeno-See - Perugia **Restaurant** (auf Reserv.) - ab 12.30, 20.00 Uhr - Menü: 25000 L (mittags), 60000 L (Wein inkl.).

Ab Cortone wird Sie eine reizvolle Straße - auf der man eine wilde und leuchtende Toskana voller grüner Hügel entdeckt, die das nahe Umbrien ankündigen - «zum Ende der Welt» führen, allerdings zu einer sehr britischen Welt. Ein englisches Paar bietet in dieser herrlichen Umgebung zwei Gästezimmer in einem alten, sorgfältig restaurierten Bauernhof an. Innen und außen ist hier alles gepflegt wie in einem *cottage*: adretter Garten und perfekt beschnittene Rosensträucher, ein mit Chintz und alten Porträts verschönter Salon, prachtvolle Bäder. Der Tisch des Restaurants ist auf raffinierte Art mit elegantem Porzellan und Besteck gedeckt und erwartet die Gäste, die ihr Menü auch selbst zusammenstellen können. Ein erstaunliches und sehr erholsames Haus, das zum Kennenlernen dieser Region sehr günstig liegt.

Anreise (Karte Nr. 13): 17 km von Cortona Rtg. Citta del Castello. Sollten Sie Schwierigkeiten haben, den Weg zu finden: ab Portole telefonieren.

Hotel Helvetia & Bristol

50123 Firenze
Via dei Pescioni, 2
Tel. (055) 28 78 14 - Fax (055) 28 83 53
Sig. Ensoli

Kategorie ★★★★★ **Ganzj.** geöffn. **52 Zimmer** m. Klimaanl., Tel., Bad, WC, Satelliten-TV, Minibar, Safe; Aufzug **Preise** EZ u. DZ: 346-500000 L, 462-594000 L; Suiten: 748-1540000 L - Frühst.: 34100-55000 L, von 7.00 bis 10.30 Uhr **Kreditkarten** akzeptiert **Verschiedenes** Hunde nicht erlaubt - Parkpl. **Umgebung** Fiesole - Kartause von Galluzzo - Florent. Villen u. Gärten (Tel. Palazzo Pitti: 055 21 48 56) - Abtei Vallombrosa Golf dell'Ugolino (18-Lochpl.) in Grassina **Restaurant** von 12.30 bis 14.30 u. von 19.30 bis 22.00 Uhr - Menüs: 80-120000 L - Karte - Spezialitäten: Alte toskanische u. Mittelmeer-Küche.

Das kürzlich renovierte *Helvetia & Bristol* ist zweifellos eines der besten Hotels seiner Kategorie in Florenz. Hier ist alles ausgezeichnet und von gutem Geschmack. Das große, schöne Gebäude, früher Treffpunkt der toskanischen Intelligentsia, hat heute zu seiner Vornehmheit zurückgefunden. Der große Eingangssalon gibt den Ton an: britische Behaglichkeit mit einem Anstrich von italienischem Luxus. Das kleine Restaurant ist stilvoll und elegant, und die auf der Glasveranda eingerichtete Bar hat den Charme grüner Wintergärten. Die Zimmer sind von exquisitem Geschmack: stoffbespannte Wände, Marmorbäder mit Whirlpool. Der Service ist sehr aufmerksam, und zum Frühstück kann man auch ausländische Tageszeitungen lesen. Das Personal entspricht dem Stil des Hotels: tadellos, geschult, aber immer mit italienischer Freundlichkeit und Lebendigkeit.

Anreise (Karte Nr. 10): im Zentrum - Piazza della Repubblica - Via Strozzi - Via dei Pescioni.

TOSKANA

Hotel Regency

50121 Firenze
Piazza Massimo d'Azeglio, 3
Tel. (055) 24 52 47 - Fax (055) 234 67 35
Sig. Panelli

Kategorie ★★★★★ **Ganzj.** geöffn. **35 Zimmer** m. Klimaanl., Tel., Bad, WC, Satelliten-TV, Safe, Minibar; Aufzug **Preise** EZ u. DZ: 330-400000 L, 400-620000 L - Frühst. inkl. **Kreditkarten** akzeptiert **Verschiedenes** Hunde erlaubt (Zuschlag) - Garage **Umgebung** Fiesole - Kartause von Galluzzo - Florent. Villen u. Gärten (Tel. Palazzo Pitti: 055 21 48 56) - Abtei Vallombrosa - Golf dell'Ugolino (18-Lochpl.) in Grassina **Restaurant** von 12.30 bis 14.30 u. von 19.30 bis 22.30 Uhr - So geschl. - Karte - Spezialitäten: Toskanische u. internationale Küche.

Der Komfort von heute und die Gastlichkeit von damals - das ist die Devise von Amedeo Ottaviani, dem Besitzer des *Regency*. Das an der Piazza d'Azeglio gelegene Hotel ist eine ehemalige Villa florentinischer Adeliger. Die englisch anmutende Ausstattung der Zimmer und Salons, die exzellenten, in einem getäfelten Restaurant servierten Gerichte und die sich zum Garten hin öffnende Glasfront charakterisieren dieses Haus. Zudem große Sorgfalt im Detail. Praktischer Vorteil: man kann leicht parken (Platz und angrenzende Straßen).

Anreise (Karte Nr. 10): im Zentrum, Santa Croce-Viertel über die Via Borgo Pinti - Flughafen Peretola (4 km).

T O S K A N A

Grand Hotel Villa Cora

50125 Firenze
Viale Machiavelli, 18-20
Tel. (055) 22 98 451 - Fax (055) 22 90 86
Sig. Zaccardi

Kategorie ★★★★★ **Ganzj.** geöffn. **48 Zimmer** m. Klimaanl., Tel., Bad od. Dusche, WC, TV, Safe, Minibar; Aufzug **Preise** EZ u. DZ: 335-440000 L, 470-820000 L; Suiten: 820-1320000 L - Frühst.: 24000 L, von 7.00 bis 11.00 Uhr - HP u. VP: + 65000 L + 130000 L **Kreditkarten** akzeptiert **Verschiedenes** Hunde erlaubt - Schwimmb. - Parkpl. **Umgebung** Fiesole - Kartause Galluzzo - Florent. Villen und Gärten (Tel. Palazzo Pitti: 055 214 856) - Abtei Vallombrosa - Golf dell'Ugolino (18-Lochpl.) in Grassina **Restaurant** von 12.00 bis 15.00 u. von 19.30 bis 23.00 Uhr - Karte.

1865 von Baron Oppenheim im neoklassizistischen Stil erbaut, war *Villa Cora* nacheinander im Besitz von Kaiserin Eugenie und der Baronin Van Meck, der Förderin Tschaikowskijs. Das Hotel liegt in einer Wohngegend und in einem sehr schönen Garten, fünf Minuten vom Zentrum entfernt. Die Eingangshalle und die Salons sind prächtig, wirken durch ihre Eleganz aber niemals erdrückend, sondern sind sehr behaglich. Das Restaurant unter der Kuppel war früher ein arabischer Salon und vermittelt den Eindruck, exzellente italienische Gerichte in einem marokkanischen Palast einzunehmen. Die geschmackvoll eingerichteten Zimmer sind sehr ansprechend. Wir würden aber immer die etwas bescheideneren (und "preiswerteren") bevorzugen. Diese befinden sich auf der letzten Etage und haben eine Terrasse mit Blick auf Florenz und die umliegenden Gärten. Regelmäßiger Pendelverkehr (Bus) zwischen Hotel und Stadtzentrum.

Anreise (Karte Nr. 10): nördl. von Florenz - Rtg. Forte Belvedere - Porta Romana.

TOSKANA

Hotel Brunelleschi

50122 Firenze
Piazza S. Elisabetta, 3
Tel. (055) 56 20 68 - Fax (055) 21 96 53 - Sig. Litta
E-mail: info@hotelbrunelleschi.it

Kategorie ★★★★ **Ganzj.** geöffn. **96 Zimmer** m. Klimaanl., Tel., Bad od. Dusche, WC, TV, Minibar; Aufzug **Preise** EZ u. DZ: 320000 L, 450000 L; Suiten: 700000 L - Frühst. inkl., von 7.00 bis 10.00 Uhr - HP u. VP: + 75000 L, + 120 000 L (pro Pers.) **Kreditkarten** akzeptiert **Verschiedenes** Hunde erlaubt - Parkpl. (50000 L) **Umgebung** Fiesole - Kartause von Galluzzo - Florent. Villen u. Gärten (Tel. Palazzo Pitti: 055 21 48 56) - Abtei Vallombrosa - Golf dell'Ugolino (18-Lochpl.) in Grassina **Restaurant** von 12.00 bis 14.00 u. von 19.30 bis 22.00 Uhr - So geschl - Menüs - Karte - Spezialitäten: Florentinische u. internationale Küche.

Das Hotel in diesem schönen Viertel um den Dom ist nach Plänen des renommierten italienischen Architekten Italo Gamberini entstanden. Bei der Konstruktion bezog er einen byzantinischen Turm aus dem 6. Jahrhundert und einige angrenzende alte Häuser mit ein. Die Gestaltung ist eher modern, umfaßt einige Liberty-Elemente und verwendet weiße Hölzer, die gut mit den Ziegeln des Turms harmonieren. Komfort und Service sind die eines Grandhotels, und das Restaurant ist renommiert. Die Zimmer gehen alle zur Fußgängerzone und sind ruhig. Die schönsten sind die der vierten Etage mit Blick auf den Dom und den Turm. Der eindrucksvolle Sonnenuntergang über Florenz, der den Glockenturm des Doms in greifbare Nähe rückt, darf selbstverständlich nicht versäumt werden.

Anreise (Karte Nr. 10): in der Nähe des Doms.

TOSKANA

Hotel J & J

50121 Firenze
Via di Mezzo, 20
Tel. (055) 234 50 05 - Fax (055) 24 02 82 - Sig. Cavagnari
E-mail: jandj@dada.it - Web: http://www.home.venere.it/home/firenze/jandj.htlm

Kategorie ★★★★ **Ganzj.** geöffn. **20 Zimmer** m. Klimaanl., Tel., Bad od. Dusche, WC, Satelliten-TV, Minibar **Preise** EZ u. DZ: 300000 L, 350-400000 L; Suiten: 500-600000 L - Frühst. inkl., von 7.30 bis 10.00 Uhr **Kreditkarten** akzeptiert **Verschiedenes** Hunde nicht erlaubt - Parkpl. (35000 L) **Umgebung** Kartause von Galluzzo - Florent. Villen u. Gärten (Tel. Palazzo Pitti: 055 21 48 56) - Abtei Vallombrosa - Golf dell'Ugolino (18-Lochpl.) in Grassina **Kein Restaurant** im Hotel (siehe unsere Restaurantauswahl S. 471-474).

Ein Palast aus dem 16. Jahrhundert beherbergt dieses Hotel im alten Viertel Santa Croce, in der Nähe des Doms und folglich im Zentrum. Überreste dieser Epoche blieben erhalten und wurden restauriert, so der Kreuzgang, die Fresken und die gewölbten Decken. In den komfortablen Zimmern entschied man sich dagegen für zeitgenössische Schlichtheit. Einige sind sehr groß, können drei oder sogar vier Personen beherbergen und haben jeweils eine kleine Sitzecke. Einige Einrichtungen mögen überraschen: z. B. die Badewanne in Zimmer 9, die aber so gut integriert ist, daß diese kleine Verrücktheit nicht stört. Das Hotel hat keinen Fahrstuhl (der Palast stammt immerhin aus dem 16. Jahrhundert), und die Treppen sind steil.

Anreise (Karte Nr. 10): im Zentrum, in der Nähe des Doms, von Santa Croce über die Via Borgo Pinti.

TOSKANA

Hotel Monna Lisa

50121 Firenze
Via Borgo Pinti, 27
Tel. (055) 247 97 51 - Fax (055) 247 97 55 - Sig. Cona
E-mail: monnalis@ats.it - Web: http://wwww.monnalisa.it

Kategorie ★★★★ **Ganzj.** geöffn. **30 Zimmer** m. Klimaanl., Tel., Bad, WC, Satelliten-TV, Minibar, Safe **Preise** EZ u. DZ: 190-250000 L, 280-400000 L - Frühst. inkl. (Buffet), von 7.30 bis 10.00 Uhr **Kreditkarten** akzeptiert **Verschiedenes** Hunde erlaubt - Parking (20000 L) **Umgebung** Kartause Galluzzo - Florent. Villen u. Gärten (Tel. Palazzo Pitti: 055 21 48 56) - Abtei Vallombrosa - Golf dell'Ugolino (18-Lochpl.) in Grassina **Kein Restaurant** im Hotel (siehe unsere Restaurantauswahl S. 471-474).

Das *Monna Lisa* ist eigentlich mehr eine Luxuspension als ein Vier-Sterne-Hotel, denn die Atmosphäre ist besonders freundlich und intim. Der kleine Garten (zu dem hin Sie ein Zimmer reservieren sollten) ist sehr entspannend und läßt vergessen, daß man sich mitten in Florenz befindet. Außerdem hat diese Künstlerfamilie ein besonderes Gespür für Dekoration und edles Mobiliar. Deshalb verfügt jedes Zimmer - aber auch die Rezeption und der Frühstücksraum - über echte Möbel und Radierungen. All das macht dieses kleine Hotel zu einem gastfreundlichen, eleganten und distinguierten Haus.

Anreise (Karte Nr. 10): im Zentrum, in der Nähe des Domes und von Santa Croce, über die Via Borgo Pinti.

T O S K A N A

Grand Hotel Minerva

50123 Firenze
Piazza Santa Maria Novella, 16
Tel. (055) 28 45 55 - Fax (055) 26 82 81 - Sig. Alessandro Augier
E-mail: hminerva@sole.it - Web: http://www.sole.it/hminerva

Kategorie ★★★★ **Ganzj.** geöffn. **94 Zimmer** m. Klimaanl., Tel., Bad od. Dusche, WC, TV, Minibar, Safe; Aufzug **Preise** EZ u. DZ: 290-350000 L, 390-480000 L; Suiten: 600-1200000 L - Frühst. inkl., von 7.00 bis 10.30 Uhr- HP: + 60000 L (pro Pers.) **Kreditkarten** akzeptiert **Verschiedenes** Hunde nicht erlaubt - Schwimmb. **Umgebung** Veranstaltungen in Florenz: Scoppio del Carro Ostersonntag morgens, Festa del Grillo Himmelfahrt, musikalischer Mai, Biennale der Antiquitäten (alle zwei Jahre),- Fiesole - Kartause Galluzzo - Florent. Villen u. Gärten (Tel. Palazzo Pitti: 055 21 48 56) - Abtei Vallombrosa - Golf dell'Ugolino (18-Lochpl.) in Grassina **Restaurant** von 12.00 bis 14.00 u. von 19.30 bis 23.00 Uhr - Menüs u. Karte - Florentiner Küche.

An der Piazza Santa Maria Novella befinden Sie sich im Herzen von Florenz. Hier, zwischen der berühmten Kirche aus vielfarbigem Marmor, die dem Platz ihren Namen gegeben hat, und der Loggia di San Paolo, die mit Medaillons von G. della Robbia geschmückt ist, liegt seit dem 19. Jahrhundert das *Minerva*. In diesem Gebäude war einst eine Ordensbruderschaft untergebracht, die dem benachbarten Kloster unterstellt war. Eine kürzlich vorgenommene, umfangreiche Renovierung haben dem Hotel ein ganz neues Aussehen verliehen. Die Architekten setzten auf Modernität: edle Werkstoffe, speziell für das Hotel entworfenes Mobiliar, höchster Komfort. Das Ambiente der Zimmer ist gedämpft, die größten besitzen ein Mezzanin. Viele haben einen Ausblick auf die Fassade oder den Kreuzgang von Santa Maria Novella. Die größte Überraschung ist das Schwimmbad auf dem Dach mit den Dom im Hintergrund.

Anreise (Karte Nr. 10): im Zentrum.

TOSKANA

Hotel Montebello Splendid

50123 Firenze
Via Montebello, 60
Tel. (055) 239 80 51 - Fax (055) 21 18 67
Sig. Lupi

Kategorie ★★★★ **Ganzj.** geöffn. **54 Zimmer** m. Klimaanl., Tel., Bad od. Dusche, WC, TV, Safe, Minibar; Aufzug **Preise** EZ u. DZ: 265-340000 L, 340-500000 L; Suite: 600000 L - Frühst. inkl., von 7.00 bis 11.00 Uhr - HP u. VP: + 50000 L + 100000 L (pro Pers., mind. 3 Üb.) **Kreditkarten** akzeptiert **Verschiedenes** Hunde erlaubt **Umgebung** Fiesole - Kartause Galluzzo - Florent. Villen u. Gärten (Tel. Palazzo Pitti: 055 21 48 56) - Abtei Vallombrosa - Golf dell'Ugolino (18-Lochpl.) in Grassina **Restaurant** von 13.00 bis 15.00 u. von 19.30 bis 23.00 Uhr - So geschl. - Menüs: 50-90000 L - Karte - Spezialitäten: Florentinische u. internationale Küche.

Dieses elegante, etwas pariserisch wirkende Hotel mit feiner Ausstattung liegt in einer Villa aus dem 14. Jahrhundert mitten in Florenz. In der Rezeption, den Salons und der Bar herrscht eine elegante Atmosphäre ausgesuchten Geschmacks: Fliesen und Mosaiksäulen aus Marmor, Stuckdecken, Sofas im Stil der Jahrhundertwende, Grünpflanzen in verschwenderischer Fülle. Die Zimmer sind ausnahmslos sehr komfortabel und verfügen über TV, Radio, Minibar und Bäder aus weißem Marmor. Die mit Blick zum Garten sind die ruhigsten, und die neuen "de Luxe"-Zimmer besitzen Bäder mit Hydromassage. Das Frühstück und die anderen Mahlzeiten werden auf der angenehmen Glasveranda serviert, die zum Garten hin gelegen ist.

Anreise (Karte Nr. 10): im Zentrum, Porta al Prato, in der Nähe des Teatro comunale.

TOSKANA

Hotel Lungarno

Borgo Sant' Jacopo, 14
50125 Firenze
Tel. (055) 27 26 1 - Fax (055) 26 84 37

Kategorie ★★★★ **Ganzj.** geöffn. 54 Zimmer u. 6 Appart. m. Klimaanl., Tel., Bad od. Dusche, WC, Satelliten TV, Minibar u. Safe - Aufzug **Preise** 300-400000 L - Frühst.: 25000 L, von 7.00 bis 11.00 Uhr **Kreditkarten** akzeptiert **Verschiedenes** Hunde nicht erlaubt **Umgebung** Fiesole - Kartause Galluzzo - Florent. Villen u. Gärten (Tel. Palazzo Pitti: 055 21 48 56) - Abtei Vallombrosa - Golf dell'Ugolino (18-Lochpl.) in Grassina **Kein Restaurant** im Hotel (siehe unsere Restaurantauswahl. S. 471-474).

Vom Ponte Vecchio aus ist der Blick auf den Arno einer der schönsten Ausblicke von ganz Florenz, vor allem, wenn sich bei Sonnenuntergang das Wasser des Flusses rot zu färben beginnt. Das und die Bauten der berühmten Brücke werden Sie vom Salon oder den Zimmern des *Lungarno* aus sehen. Die kürzlich durchgeführte Renovierung hat zwar eine luxuriösere Gestaltung geschaffen, aber sein elegantes, modernes Ambiente wurde bewahrt, und die interessanten, modernen Bilder hängen noch immer an den Wänden. Der Komfort und die Ruhe sind weitere Vorzüge. Wenn Sie eines der Zimmer mit Blick auf den Arno wünschen, empfehlen wir Ihnen, frühzeitig zu reservieren. Der Empfang ist sympathisch und professionell.

Anreise *(Karte Nr. 10): am Ponte Vecchio, an der Seite des Palazzo Pitti.*

T O S K A N A

Torre di Bellosguardo

50124 Firenze
Via Roti Michelozzi, 2
Tel. (055) 229 81 45 - Fax (055) 22 90 08
Sig. Franchetti

Kategorie ★★★★ **Ganzj.** geöffn. **10 Zimmer** u. 6 Suiten m. Tel., Bad, Dusche, WC; Aufzug **Preise** EZ u. DZ: 290-340000 L, 450000 L; Suiten: 490-650000 L - Frühst.: 30-40000 L, von 7.30 bis 10.00 Uhr **Kreditkarten** akzeptiert **Verschiedenes** Hunde erlaubt - Schwimmb. - Parkpl. **Umgebung** Kartause Galluzzo - Florent. Villen u. Gärten (Tel. Palazzo Pitti: 055 21 48 56) - Abtei Vallombrosa - Golf dell'Ugolino (18-Lochpl.) in Grassina **Restaurant** im Sommer mittags am Pool (siehe unsere Restaurantauswahl S. 471-474).

Das *Torre di Bellosguardo* liegt auf einem Hügel, etwas außerhalb des Zentrums, und bietet einen hübschen Ausblick auf die Stadt. Die Ruhe und Harmonie des Gartens mit dem Swimmingpool, dem majestätischen Palast und dem Turm aus dem 12. Jahrhundert beeindrucken. Dies ist ein Hotel höchsten Komforts mit zahlreichen Salons, wozu ein spektakulärer Wintersalon zählt, und 16 Zimmern von ungewöhnlicher Größe. Jedes hat seinen eigenen Charme: edle alte Möbel, ausgefallene Holzarbeiten, Fresken. Der Turm beherbergt eine Suite auf zwei Etagen mit einzigartigem Ausblick. Alle Zimmer sind phantastisch und besitzen heute gute Bäder. Dennoch müßten im Hotel ausgiebige Renovierungsarbeiten vorgenommen werden, um - ohne das abzuschaffen, was die Magie diese Ortes darstellt - den Komfort zu verbessern (z.B. jederzeit warmes Wasser und etwas mehr Personal für den Service). Da Sie nun auf eventuelle Unannehmlichkeiten vorbereitet sind, werden Sie die Schönheit der *Torre* vielleicht gelassener erleben.

Anreise (Karte Nr. 10): Rtg. Forte Belvedere - Porta Romana.

TOSKANA

Villa Belvedere

50124 Firenze
Via Benedetto Castelli, 3
Tel. (055) 22 25 01 - Fax (055) 22 31 63
Sig. und Sig.ra Ceschi - Perotto

Kategorie ★★★★ Geschlossen von Dezember bis Februar **26 Zimmer** m. Klimaanl., Tel., Bad od. Dusche, WC, Satelliten-TV, Safe; Aufzug **Preise** EZ u. DZ: 220-240000 L, 290-330000 L - Frühst. inkl., von 7.15 bis 10.00 Uhr **Kreditkarten** akzeptiert **Verschiedenes** Hunde nicht erlaubt - Schwimmb. - Tennis - Parkpl. **Umgebung** Fiesole - Kartause Galluzzo - Florent. Villen u. Gärten (Tel. Palazzo Pitti: 055 21 48 56) - Abtei Vallombrosa - Golf dell'Ugolino (18-Lochpl.) in Grassina **Kein Restaurant** im Hotel, aber auf Wunsch mittags u. abends Snacks (siehe unsere Restaurantauswahl S. 471-474).

Die Villa Belvedere liegt sehr ruhig oberhalb von Florenz in einem großen Garten mit Schwimmbad und Tennisplatz. Dies mag für Florenz unwichtig erscheinen, ist aber ein Vorteil, wenn man im Sommer mit Kindern unterwegs ist. Die moderne Veranda hat dem Haus leider etwas von seinem Charme genommen. Die in den beiden letzen Jahren von Grund auf renovierten Zimmer sind groß und komfortabel, und die meisten haben einen prachtvollen Blick auf Florenz, die Umgebung oder die Kartause. Jene der Fassadenseite besitzen außerdem eine große Terrasse. Kein Restaurant, aber eine Snackbar, die ausreicht, wenn man zu müde zum Ausgehen ist. (Kein Service am Swimmingpool). Der Empfang der Familie Ceschi-Perotto ist besonders herzlich.

Anreise (Karte Nr. 10): Rtg. Forte Belvedere - Porta Romana - Bushaltestelle (Zentrum) 300 m entfernt.

TOSKANA

Villa Carlotta

50125 Firenze
Via Michele di Lando, 3
Tel. (055) 233 61 34 - Fax (055) 233 61 47
Sig. Gheri

Kategorie ★★★★ **Ganzj.** geöffn. **32 Zimmer** m. Klimaanl., Tel., Bad od. Dusche, TV, Minibar; Aufzug
Preise EZ u. DZ: 135-270000 L, 190-380000 L - Frühst. inkl., von 7.15 bis 10.15 Uhr - HP u. VP: 160-235000 L, 180-265000 L (pro Pers.) **Kreditkarten** akzeptiert **Verschiedenes** Hunde erlaubt - Parkpl.
Umgebung Fiesole - Kartause Galluzzo - Florent. Villen u. Gärten (Tel. Palazzo Pitti: 055 21 48 56) - Abtei Vallombrosa - Golf dell'Ugolino (18-Lochpl.) in Grassina **Restaurant** von 12.30 bis 14.30 u. von 19.30 bis 21.30 Uhr - So geschl. - Karte - Spezialitäten: Toskanische u. internationale Küche.

*V*illa Carlotta liegt zwischen der Porta Romana und den Boboli-Gärten am Palazzo Pitti. Das bedeutet, daß Sie sich unweit vom historischen Zentrum in einem großen, ruhigen Garten entspannen können. Das Hotel ist komfortabel und gut ausgestattet, der Service effizient und sympathisch. Die Einrichtung besteht aus klassischen Stilmöbeln. Die Dekoration ist nicht mehr ganz frisch, aber die günstigen Preise scheinen dies zu berücksichtigen; die Leistungen, die hier geboten werden, können sich durchaus sehen lassen.

***Anreise** (Karte Nr. 10): Rtg. Forte Belvedere, Porta Romana.*

TOSKANA

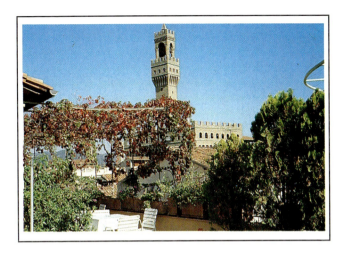

Hotel Hermitage

50122 Firenze
Piazza del Pesce - Vicolo Marzio, 1 (Ponte Vecchio)
Tel. (055) 28 72 16 - Fax (055) 21 22 08 - Sig. Scarcelli
E-mail: hermitage@italyhotel.com - Web: http://www.italyhotel.com/firenze/hermitage

Kategorie ★★★ **Ganzj.** geöffn. **29 Zimmer** m. Klimaanl., Tel., Bad od. Dusche, WC, Satelliten-TV; Aufzug **Preise** EZ u. DZ: 260000 L, 310000 L - Frühst. inkl., von 7.30 bis 9.30 Uhr **Kreditkarten** Visa, Eurocard, MasterCard **Verschiedenes** Kleine Hunde erlaubt **Umgebung** Fiesole - Kartause Galluzzo - Florent. Villen u. Gärten (Tel. Palazzo Pitti: 055 21 48 56) - Abtei Vallombrosa - Golf dell'Ugolino (18-Lochpl.) in Grassina **Kein Restaurant** im Hotel (siehe unsere Restaurantauswahl S. 471-474).

An einer Ecke des Ponte Vecchio liegt dieses kleine Hotel, das sich im vierten und fünften Stock eines Gebäudes niedergelassen hat. (Ein Schlüssel zum Fahrstuhl sorgt für die nötige Bewegungsfreiheit.) Die kürzlich umgestalteten Zimmer sind komfortabel, alle unterschiedlich und im Stil etwas altmodisch. Die Fenster sind doppelverglast und schützen vor dem Lärm der Straße. Die ruhigsten Zimmer liegen zum Hof (Nr. 13 und 14). Was uns veranlaßt hat, dieses Hotel zu empfehlen, ist das gute Preis-Leistungsverhältnis und nicht zuletzt die unvergeßliche Terrasse mit Blick auf den Ponte Vecchio und Palazzo Pitti zur einen, die Kuppel des Doms und die Dächer der Signoria zur anderen Seite. Wenn Sie allein reisen, sollten Sie unbedingt das Zimmer mit dieser Terrasse nehmen.

Anreise (Karte Nr. 10): im Zentrum; Rtg. Ponte Vecchio.

TOSKANA

Hotel Loggiato dei Serviti

50122 Firenze
Piazza della SS. Annunziata, 3
Tel. (055) 28 95 92 - Fax (055) 28 95 95 - Sig. Budini Gattai
E-mail: loggiato.dei.serviti.@italyhotel.com

Kategorie ★★★ **Ganzj.** geöffn. **25 Zimmer** u. 4 Appart. m. Klimaanl., Tel., Bad od. Dusche, WC, Minibar, TV, Minibar; Aufzug **Preise** EZ u. DZ: 210000 L, 310000 L; Suiten: 340-700000 L - Frühst. inkl., von 7.15 bis 10.00 Uhr **Kreditkarten** akzeptiert **Verschiedenes** Hunde erlaubt (Zuschlag) **Umgebung** Fiesole - Kartause von Galluzzo - Florent. Villen u. Gärten (Tel. Palazzo Pitti: 055 21 48 56) - Abtei Vallombrosa - Golf dell'Ugolino (18-Lochpl.) in Grassina **Kein Restaurant** im Hotel (siehe unsere Restaurantauswahl S. 471-474).

Eine unserer Lieblingsadressen in Florenz. Wunderschön der Piazza della SS. Annunziat, dem Ospedale degli Innocenti gegenüber gelegen, wurde es ebenso wie dieses von dem genialen toskanischen Renaissance-Künstler Brunelleschi entworfen. Das Hotel ist einfach und elegant gestaltet, wobei die damalige Aufteilung respektiert wurde. Salons und Zimmer sind schlicht und geschmackvoll, und die Auswahl fällt schwer. Einige liegen zum Platz mit dem Reiterbild Ferdinand I. von Medici und zur Säulenhalle von Brunelleschi hin, die mit Medaillons von Della Robbia geschmückt ist. Die anderen gehen zum Garten der Accademia, die der oberen Etage haben sogar Ausblick auf den Dom. Die Zimmer sind still, und es ist verblüffend, wie ruhig der Platz ist. Kein Terrassencafé, kein Souvenirgeschäft stört hier am Abend die heitere Ruhe - man hört nur die Schwalben.

Anreise (Karte Nr. 10): in der Nähe der Piazza del Duomo.

TOSKANA

Hotel Splendor

Via San Gallo, 30
50129 Firenze
Tel. (055) 48 34 27 - Fax (055) 46 12 76
Sig.und Sig.ra Masoero

1998

Kategorie ★★★ **Ganzj.** geöffn. **31 Zimmer** (28 m. Klimaanl.) Tel., (25 m. Bad od. Dusche, WC), Satelliten TV, Safe **Preise** EZ: 145000 L, 160000 L (ohne Bad), DZ: 220000 L, 3 Pers.: 280000 L - Frühst. inkl., von 7.30 bis 9.30 Uhr **Kreditkarten** Amex, Visa, Eurocard, MasterCard **Verschiedenes** Hunde nicht erlaubt - Parkpl. (30000L) **Umgebung** Fiesole - Kartause Galluzzo - Florent. Villen u. Gärten (Tel. Palazzo Pitti: 055 21 48 56) - Abtei Vallombrosa - Golf dell'Ugolino (18-Lochpl.) in Grassina **Kein Restaurant** im Hotel (siehe unsere Restaurantauswahl S. 471-474).

Das Gebäude aus dem 19. Jahrhundert, in dem sich das *Splendor* befindet, hat eine ideale Lage, d.h. in unmittelbarer Nähe des Klosters von San Marco, berühmt für sein Museum und seine Fresken von Fra Angelico. Aufgrund des freundlichen Empfangs und des elegant eingerichteten Salons mit Eichenparkett, tiefen Sesseln, alten Perserteppichen, angenehmer Beleuchtung und schönen Blumensträußen fühlt man sich hier gleich sehr wohl. Der Frühstücksraum ist besonders reizvoll mit seinen Wandmalereien und den großen Fenstertüren, die sich zur Blumenterrasse hin öffnen lassen (hier kann man ebenfalls frühstücken). Auch zum Lesen kann man sich hier niederlassen, und wer sich für die Geschichte von Florenz besonders interessiert, dem überreicht die Hotelbesitzerin einen kleinen, vom Hotel herausgegebenen Band mit Kurzgeschichten. Die Zimmer mit gutem Schallschutz sind ebenso geschmackvoll gestaltet wie der Rest des Hauses. Die gefragtesten Zimmer sind die mit Blick auf San Marco. Fürs Abendessen ist die nahe Trattoria Tito (112 Via San Gallo) eine gute Adresse.

Anreise *(Karte Nr. 10): nahe der Piazza San Marco.*

TOSKANA

Hotel Villa Azalee

50123 Firenze
Viale Fratelli Rosselli, 44
Tel. (055) 21 42 42 / 28 43 31 - Fax (055) 26 82 64 - Sig.ra Brizzi
E-mail: villaazalee@fi.flashnet.it

Kategorie ★★★ **Ganzj.** geöffn. **24 Zimmer** m. Klimaanl., Tel., Bad od. Dusche, WC, TV, Minibar
Preise EZ u. DZ: 166000 L, 250000 L; f. 3 Pers.: 336000 L - Frühst. inkl., von 7.30 bis 12.00 Uhr
Kreditkarten akzeptiert **Verschiedenes** Kleine Hunde erlaubt - Parkpl. vor dem Hotel **Umgebung**
Fiesole - Kartause Galluzzo - Florent. Villen u. Gärten (Tel. Palazzo Pitti: 055 21 48 56) - Abtei
Vallombrosa - Golf dell'Ugolino (18-Lochpl.) in Grassina **Kein Restaurant** im Hotel (siehe unsere
Restaurantauswahl S. 471-474).

Villa Azalée liegt in der Nähe der Stazione di Santa Maria Novella, dem Bahnhof von Florenz, in der Viali di circonvallazione, einer der Stichstraßen des Stadtringes. Aber sorgen Sie sich nicht wegen dieser scheinbar lärmintensiven Lage. Die vor kurzem erfolgte Restaurierung der Villa sichert den Gästen ein Maximum an Komfort. Die nicht sehr großen Zimmer sind mit viel Talent gestaltet. In ihrer Ausstattung sind sie modern, die wirklich sehr gelungene Einrichtung erinnert atmosphärisch an eine Privatvilla. Obwohl alle Zimmer klimatisiert sind, bevorzugen wir die mit Blick auf den Garten und sogar jene, die in einem kleinen Nebengebäude liegen. Der Speiseraum, in dem das Frühstück serviert wird, geht direkt auf den schönen Garten. Eine hübsche Adresse mit einem guten Preis-Leistungsverhältnis.

Anreise (Karte Nr. 10): in der Nähe des Bahnhofs.

T O S K A N A

Hotel Morandi alla Crocetta

50121 Firenze
Via Laura, 50
Tel. (055) 234 47 47 - Fax (055) 248 09 54
Sig.ra Doyle Antuono

Kategorie ★★★ **Ganzj.** geöffn. **10 Zimmer** m. Klimaanl., Tel., Dusche, WC, TV, Minibar **Preise** EZ u. DZ: 120000 L, 210000 L; f. 3 Pers.: 280000 L - Frühst.: 16000 L, von 8.00 bis 12.00 Uhr **Kreditkarten** akzeptiert **Verschiedenes** Kleine Hunde erlaubt **Umgebung** Fiesole - Kartause von Galluzzo - Florent. Villen u. Gärten (Tel. Palazzo Pitti: 055 21 48 56) - Abtei Vallombrosa - Golf dell'Ugolino (18-Lochpl.) in Grassina **Kein Restaurant** im Hotel (siehe unsere Restaurantauswahl S. 471-474).

Das kleine und angenehme Hotel *Morandi alla Crocetta* wird von der nicht minder angenehmen Katherine Doyle geführt, die vor vielen Jahren als kleines Mädchen das erste Mal nach Florenz kam. Die Pension befindet sich in einem Teil eines Renaissance-Klosters in einer der Gassen um die Piazza della SS. Annunziata. Das Innere strahlt angelsächsische Behaglichkeit aus, die Zimmer sind klimatisiert und verfügen allesamt über Bäder. Die Ausstattung der Zimmer mit altem Mobiliar und Sammelobjekten ist geschmackvoll. Zwei von ihnen besitzen außerdem eine schöne Terrasse zum Hof. Die Atmosphäre ist heiter-gelassen und sehr ruhig.

***Anreise** (Karte Nr. 10): im Zentrum, nahe der Piazza della SS. Annunziata.*

TOSKANA

Hotel Pensione Pendini

50123 Firenze
Via Strozzi, 2
Tel. (055) 21 11 70 - Fax (055) 28 18 07 - Sigg. Abolaffio
E-mail: pendini@dada.it - Web: http://www.tiac.net/users/pendini

Kategorie ★★★ **Ganzj.** geöffn. **42 Zimmer** m. Klimaanl., Tel., Bad od. Dusche, WC; Aufzug **Preise** EZ u. DZ: 130-160000 L, 180-230000 L - Frühst. inkl., von 7.30 bis 10.00 Uhr **Kreditkarten** akzeptiert **Verschiedenes** Kleine Hunde erlaubt **Umgebung** Fiesole - Kartause Galluzzo - Florent. Villen u. Gärten (Tel. Palazzo Pitti: 055 21 48 56) - Abtei Vallombrosa - Golf dell'Ugolino (18-Lochpl.) in Grassina **Kein Restaurant** im Hotel (siehe unsere Restaurantauswahl S. 471-474).

Wenn man die große Piazza della Repubblica überquert oder sich auf der Terrasse des *Gilli* oder des *Giubbe Rosse* entspannt, kann einem nicht der enorme Schriftzug entgehen, der seit 1879 das Gebäude schmückt, in dem die *Pensione Pendini* untergebracht ist. Der Eingang hingegen liegt in einer der Seitenstraßen. Ein Fahrstuhl bringt Sie auf die entsprechende Etage. Der erste Eindruck von Komfort trügt nicht. Die Zimmer verfügen alle über Bäder. Jene, die auf die verkehrsreiche Piazza della Repubblica hinausgehen, sollte man nicht wählen. Eine interessante Adresse im Hinblick auf Qualität und gemäßigte Preise.

***Anreise** (Karte Nr. 10): im Zentrum, an der Piazza della Repubblica, Eingang Via Strozzi.*

TOSKANA

Pensione Annalena

Via Romana, 34
50127 Firenze
Tel. (055) 22 24 02/22 24 39 - Fax (055) 22 24 03 - Sig.Salvestrini
E-mail: info@hotelannalena.it - Web: http://www.annalena.it

Kategorie ★★★ **Ganzj.** geöffn. (außer im Mai) **20 Zimmer** m. Tel., Bad od. Dusche, WC, Satelliten TV u. Safe **Preise** EZ: 150-170000 L, DZ: 180-230000 L - Frühst.: 15000 L, von 8.00 bis 10.00 Uhr **Kreditkarten** akzeptiert **Verschiedenes** Hunde erlaubt - Parkpl. (20000 L) **Umgebung** Fiesole - Kartause Galluzzo - Florent. Villen u. Gärten (Tel. Palazzo Pitti: 055 21 48 56) - Abtei Vallombrosa - Golf dell'Ugolino (18-Lochpl.) in Grassina **Kein Restaurant** im Hotel (siehe unsere Restaurantauswahl S. 471-474).

Bevor dieses Palais aus dem 15. Jahrhundert - zum Palazzo Pitti und den Boboli-Gärten sind es nur ein paar Schritte - in den Besitz der schönen Annalena überging, die sich wegen einer obskuren Liebesgeschichte aus dem weltlichen Leben zurückzog und ihren Palazzo den Dominikanern vermachte, wohnten hier die Orlandini und die Medici. Somit ein besonders geschichtsträchtiger Ort ... Der ehemalige Empfangssaal wurde umgestaltet zu einem Foyer, in dem noch einige Freskenelemente erhalten sind, mehreren Salons und zu einem Frühstücksraum. Die mit altem Mobiliar eingerichteten Zimmer sind eher klein, die Bäder winzig. Wir bevorzugen die an der Empore mit Blick auf die ehemaligen Gärten des Palastes (Nr. 19, 20 und 21), die heute eine Baumschule beherbergen; die an der Terrasse gelegenen Zimmer gefallen uns ebenfalls.

***Anreise** (Karte Nr. 10): nahe des Palazzo Pitti. In die Via Romana gelangt man über die Piazzale di Porta Romana.*

TOSKANA

Hotel Tornabuoni Beacci

50123 Firenze
Via dei Tornabuoni, 3
Tel. (055) 21 26 45 / 26 83 77 - Fax (055) 28 35 94 - Sig.ra Beacci
E-mail: beacci:tornabuani@italyhotel.com

Kategorie ★★★ Ganzj. geöffn. **29 Zimmer** m. Klimaanl., Tel., Bad, WC, Satelliten-TV, Minibar **Preise** EZ u. DZ: 190000 L, 260-300000 L - Frühst. (Buffet) inkl., von 7.00 bis 10.30 Uhr **Kreditkarten** akzeptiert **Verschiedenes** Hunde erlaubt (5000 L) **Umgebung** Fiesole - Kartause Galluzzo - Florent. Villen u. Gärten (Tel. Palazzo Pitti: 055 21 48 56) - Abtei Vallombrosa - Golf dell'Ugolino (18-Lochpl.) in Grassina **Restaurant** von 12.30 bis 14.30 u. von 19.30 bis 21.30 Uhr - Menü: 40000 L.

Dieses Hotel, das in einer der eleganten Straßen von Florenz liegt, ist in den beiden oberen Stockwerken eines alten Palazzo aus dem 14. Jahrhundert untergebracht. Es zählt zu den ältesten Hotels der Stadt; selbst Bismarck hat hier gewohnt. Heute nutzen viele Amerikaner die Zeit ihres Aufenthaltes in Florenz, um von der exzellenten Küche, den geräumigen Zimmern und der Atmosphäre dieser alten Familienpension Florentiner Art zu profitieren.

Anreise (Karte Nr. 10): im Zentrum, zwischen der Trinità-Kirche u. der Kirche Santa Maria Novella.

TOSKANA

Hotel David

50129 Firenze
Viale Michelangelo, 1
Tel. (0)55-681 16 95 - Fax (0)55-680 602
Sig. Cecioni

Kategorie ★★★ **Ganzj.** geöffn. **26 Zimmer** m. Klimaanl., Schallisol., Tel., Bad od. Dusche, WC., TV, Minibar **Preise** DZ: 230000 L - Frühst. inkl., von 7.30 bis 10.00 Uhr **Kreditkarten** akzeptiert **Verschiedenes** Hunde nicht erlaubt - Parkpl. **Umgebung** Veranstaltungen in Florenz: Scoppio del Carro Ostersonntag morgens, Festa del Grillo Himmelfahrt, musikalischer Mai, Biennale der Antiquitäten (alle zwei Jahre) - Fiesole - Kartause Galluzzo - Florent. Villen u. Gärten (Tel. Palazzo Pitti: 055 21 48 56) - Abtei Vallombrosa - Golf dell'Ugolino (18-Lochpl.) in Grassina **Kein Restaurant** im Hotel (siehe unsere Restaurantauswahl S. 471-474).

Diese kleine Villa, deren alter Teil vergrößert wurde, als sie zu einem Hotel umgebaut wurde, bietet viel Charme und Komfort. Giovanni Cecioni, der Inhaber, schuf hier das Ambiente eines Privathauses, indem er jedes Gästezimmer individuell gestaltete. Möbel aus dem Familienbesitz und bei den hiesigen Antiquitätenhändlern erworbene Stücke haben Teil an dieser intimen Atmosphäre. Das gilt auch für den Salon, in dem mehrere Sitzecken geschaffen wurden - zum Lesen, Schreiben, Kartenspielen ... Eine große Glasfront bringt viel Licht in den Raum und bietet einen weiten Blick auf das Grün des kleinen Gartens, in dem man sich ebenfalls aufhalten kann. Wer abends zum Essen nicht ausgehen möchte, kann den Service der Trattorien der Umgebung in Anspruch nehmen, mit denen das Hotel eine Vereinbarung getroffen hat.

Anreise (Karte Nr. 10): in der Nähe des Arno-Ufers (Lungarno).

TOSKANA

Residenza Johanna I

50129 Firenze
Via Bonifacio Lupi, 14
Tel. (0)55-48 18 96 - Fax (0)55-48 27 21
Sig.ra Gulmanelli und Sig.ra Arrighi

Ganzj. geöffn. **11 Zimmer** (9 m. Dusche od. Bad u. WC), TV; Aufzug **Preise** EZ u. DZ: 70000 L, 115-130000 L, 150000 L (3 Pers.) - Kein Frühst. **Kreditkarten** nicht akzeptiert **Verschiedenes** Hunde erlaubt - Garage (22000 L) **Umgebung** Veranstaltungen in Florenz: Scoppio del Carro Ostersonntag morgens, Festa del Grillo Himmelfahrt, musikalischer Mai, Biennale der Antiquitäten (alle zwei Jahre) - Fiesole - Kartause Galluzzo - Florent. Villen u. Gärten (Tel. Palazzo Pitti: 055 21 48 56) - Abtei Vallombrosa - Golf dell'Ugolino (18-Lochpl.) in Grassina **Kein Restaurant** im Hotel (siehe unsere Restaurantauswahl S. 471-474).

Eine ungewöhnliche Adresse. Im Herzen von Florenz haben vor kurzem zwei junge Frauen die Initiative ergriffen, das Stockwerk eines Gebäudes zu einer Hotelresidenz umzugestalten. Hierbei handelt es sich um eine richtige Wohnung mit zwei langen Fluren. Den Gästen werden einige kleine Zimmer angeboten, die praktisch alle ein Bad besitzen. Selbstverständlich gibt es hier weder Bar noch TV, noch Frühstücksraum (für den morgendlichen Kaffee oder Tee steht ein Wasserkocher zur Verfügung), aber eine Atmosphäre, die kein Hotel bieten kann. Die Einrichtung ist behaglich und sehr geschmackvoll. Der einzige Service, der geboten wird, ist ein Schlüsselbund. Aber man fühlt sich wie zu Hause. Angesichts dieser für Florenz außergewöhnlich niedrigen Preise kann man länger in dieser herrlichen Stadt verweilen.

Anreise (Karte Nr. 10): im Zentrum.

T O S K A N A

Residenza Johanna II

1998

Via delle cinque giornate, 12
50129 Firenze
Tel. (055) 41 33 77
Sig.ra Gulmanelli

Ganzj. geöffn. **6 Zimmer** m. Tel. (auf Wunsch), Dusche, WC, Satelliten TV **Preise** DZ: 130000 L - Frühst. inkl. **Kreditkarten** akzeptiert **Verschiedenes** Hunde erlaubt - Parkpl. **Umgebung** Fiesole - Kartause Galluzzo - Florent. Villen u. Gärten (Tel. Palazzo Pitti: 055 21 48 56) - Abtei Vallombrosa - Golf dell'Ugolino (18-Lochpl.) in Grassina **Kein Restaurant** im Hotel (siehe unsere Restaurantauswahl S. 471-474).

Die Inhaber der *Residenza Johanna* nutzten ihre von Erfolg gekrönten Erfahrungen und gaben ihr eine Zwillingsschwester. In Italien Zimmer in dieser Preisklasse zu finden, die gepflegt, komfortabel, meist groß und angenehm gestaltet sind (freundliche Stoffe mit Blumenmotiven, an den Wänden Reproduktionen italienischer Malerei) ist eine wahre Leistung - und man fragt sich warum. Vielleicht weil der Service den Hotelgästen überlassen wird. Zum Telefonieren erhalten Sie zum Beispiel ein Handy (nur für Inlandsgespräche), um das Frühstück kümmert sich jeder selbst, ein Wasserkocher wie auch Tee, Kaffee, Kakao und Biskuits gibt's in jedem Zimmer, und mit dem eigenen Schlüssel kann man sich jederzeit vollkommen frei bewegen. Die Zimmer des zweiten Stocks mit Blick auf den Garten (der als Parkplatz dient, aber kann man sich in Florenz darüber beklagen?) sind die angenehmsten. In der Bibliothek des Salons stehen Kunstbücher über Italien und Florenz zur Verfügung.

Anreise (Karte Nr. 10): 15 Min. vom Dom.

TOSKANA

Villa San Michele

50014 Firenze - Fiesole
Via Doccia, 4
Tel. (055) 59 451 - Fax (055) 59 87 34
Sig. Saccani

Kategorie ★★★★★ **Gehlossen** Dezember, Januar, Februar **41 Zimmer** m. Klimaanl., Tel., Bad, WC, Satelliten-TV, Safe, Minibar **Preise** EZ u. DZ m. HP: 720000 L, 1100-1430000 L; Suiten m. HP: 1940-2600000 L - Frühst. inkl. (Buffet), von 7.00 bis 10.30 Uhr **Kreditkarten** akzeptiert **Verschiedenes** Kleine Hunde erlaubt (außer im Restaurant u. am Pool) - Beheizt. Schwimmb. - Parkpl. **Umgebung** Fiesole - Kartause Galluzzo - Florent. Villen u. Gärten (Tel. Palazzo Pitti 055 21 48 56) - Abtei Vallombrosa - Golf dell' Ugolino (18-Lochpl.) in Grassina **Restaurant** von 13.00 bis 14.45 u. von 20.00 bis 21.45 Uhr - Menüs: 105-120000 L - Karte - Spezialitäten: Regionale u. internationale Küche.

Villa San Michele und *Villa d'Este* am Comer See sind zwei Monumente der internationalen Hotellerie. Selbstverständlich sind beide Luxushotels, aber mit dieser gewissen Magie, die der Schönheit innewohnt: Schönheit der Lage und Schönheit der Architektur. Der Entwurf der Fassade dieses ehemaligen Klosters in Fiesole wird Michelangelo zugeschrieben. Umgeben ist *Villa San Michele* von Terrassen und Gärten, die sich rosa färben, wenn abends die Sonne hinter dem Dom und den Dächern von Florenz verschwindet. Ein unvergeßliches Schauspiel. Ebenso unvergeßlich ist das Raffinement der Zimmer, der Küche, der Serviceleistungen.

Anreise (Karte Nr. 10): 8 km nördl. von Florenz. Bushaltestelle (für Florenz) 200 m vom Hotel entfernt.

TOSKANA

Pensione Bencistà

50014 Firenze - Fiesole
Via Benedetto da Maiano, 4
Tel. (055) 59 163 - Fax (055) 59 163
Sig. Simone Simoni

Kategorie ★★★ **Ganzj.** geöffn. **44 Zimmer** m. Tel., Bad od. Dusche, WC **Preise** HP u. VP: 115-135000 L, 130-150000 L (pro Pers.) - Frühst. inkl., von 8.00 bis 10.00 Uhr **Kreditkarten** nicht akzeptiert **Verschiedenes** Hunde außer im Restaurant erlaubt - Parkpl. **Umgebung** Fiesole - Kartause Galluzzo - Florent. Villen u. Gärten (Tel. Palazzo Pitti 055 21 48 56) - Abtei Vallombrosa - Golf dell'Ugolino (18-Lochpl.) in Grassina **Restaurant** von 13.00 bis 14.00 u. von 19.30 bis 20.30 Uhr - Menü - Spezialitäten: Traditionelle toskanische Küche.

Für Toskanaliebhaber eine charmante Adresse in den Hügeln von Fiesole. Diese echte Familienpension ist sehr sorgfältig eingerichtet: alte Möbel und Reiseandenken, Komfort und Einfachheit. Die Bibliothek voller Werke in englischer Sprache ist ein idealer Ort, um sich zurückzuziehen. Von der Terrasse aus überblickt man die Landschaft, der Garten blüht üppig und verströmt den Duft verschiedenster Bäume. Den Zimmern, deren Komfort sich von Jahr zu Jahr verbessert, fehlt es nicht an Charme, die teuersten sind die mit Bad. Die Hausmannskost ist Bestandteil der familiär-entspannten Atmosphäre. Ganzjährig geöffnet, werden hier Weihnachten und das Neue Jahr in toskanischer Tradition gefeiert.

***Anreise** (Karte Nr. 10): 8 km nördl. von Florenz - Bushaltestelle (für Florenz) 200 m vom Hotel entfernt.*

T O S K A N A

Hotel Villa Le Rondini

50139 Firenze - Trespiano
Via Bolognese Vecchia, 224
Tel. (055) 40 00 81 - Fax (055) 26 82 12
Sig.ra Reali

Kategorie ★★★★ **Ganzj.** geöffn. **43 Zimmer** m. Klimaanl., Tel., Bad, WC, Satelliten-TV, Minibar **Preise** EZ u. DZ: 225000 L, 290000 L; Suiten: 390000 L - Frühst. + 50000 L, von 7.30 bis 10.00 Uhr - HP u. VP: 190-230000 L (pro Pers.), 150-180000 L (pro Pers., im DZ) **Kreditkarten** akzeptiert **Verschiedenes** Hunde erlaubt (6000 L) - Schwimmb. - Tennis (15000 L) - Sauna - Parkpl. **Umgebung** Fiesole - Kartause Galluzzo - Florent. Villen u. Gärten (Tel. Palazzo Pitti 055 21 48 56) - Abtei Vallombrosa - Golf dell'Ugolino (18-Lochpl.) in Grassina **Restaurant** von 12.30 bis 14.30 u. von 19.30 bis 21.30 Uhr - Menüs: 45-80000 L - Karte - Spezialitäten: Italienische u. internationale Küche, Erzeugnisse vom Bauernhof.

Das Anwesen, zu dem man gelangt, nachdem man einen Olivenhain durchquert hat, ist wunderschön. Es ist ein traditionelles, komfortables Hotel, untergebracht in einem alten Haus, in dem nicht alles perfekt ist. Unter Berücksichtung der Preise ist dies dennoch eine gute Adresse, vor allem im Sommer aufgrund der umliegenden Felder. Wenn Sie wählen können, empfehlen wir Ihnen die Zimmer im Stammhaus, die ihren alten Stil bewahrt haben; die anderen Gästezimmer liegen in einer Dependance am Eingang des Besitzes. Sie verfügen über eine modernere Standardeinrichtung, komfortabel sind sie aber trotzdem. Nach Florenz gelangen Sie ohne weiteres: die Bushaltestelle befindet sich dem Haus gegenüber.

Anreise (Karte Nr. 10): 7 km nördl. von Florenz, Rtg. Fortessa da Bano bis zur Piazza della Libertà über Bolognese. Bus Nr. 25 vor dem Hoteleingang.

TOSKANA

Fattoria Il Milione

50100 Firenze - Giogoli
Via di Giogoli, 14
Tel. (0)55-20 48 713 - Fax (0)55-20 48 046 - Jessica Guscelli

Ganzj. geöffn. **6 Appartements** m. Küche, Bad **Preise** Appart.: 150000 L (2 Pers.), 300000 L (4 Pers.) **Kreditkarten** nicht akzeptiert **Verschiedenes** Hunde auf Anfr. erlaubt - Schwimmb. - Parkpl. **Umgebung** Veranstaltungen in Florenz: Scoppio del Carro Ostersonntag morgens, Festa del Grillo Himmelfahrt, musikalischer Mai, Biennale der Antiquitäten (alle zwei Jahre) - Fiesole - Kartause Galluzzo - Florent. Villen u. Gärten (Tel. Palazzo Pitti 055 21 48 56) - Abtei Vallombrosa - Golf dell'Ugolino (18-Lochpl.) in Grassina **Gästetisch** auf Res.- Menüs: 50000 L (Wein, Kaffee, Grappa inkl.) - Bodenständige Küche.

Brandimantes *Il Milione* bedeutet eine gewisse Lebensart. Deshalb wäre es schade, hier lediglich seinen Koffer abzustellen, um die Umgebung kennenzulernen. Denn hier erwartet man Sie und freut sich darauf, mit Ihnen die Emotionen und die Harmonie dieser in der Welt einzigartigen Gegend, der "Tochter der Natur und des Menschen", zu teilen. Hier lebt man im Rhythmus der Jahreszeiten und der Landarbeit, hier wird geerntet, gemäht, gepflückt. Das Land ist immer schön: silbrig im grauen Winterlicht, farbig, wenn die großen orangenfarbenen Netze die Stämme der Olivenbäume vor der Ernte umgeben, rötlich, wenn die Sonne in Florenz untergeht. Nach dem Vorbild Brandimantes (ein berühmter Florentiner Juwelier) und Jessicas mit ihren sieben Kindern muß die Natur auch am großen Gästetisch zelebriert werden. Wie kam es zum Namen dieses Hauses? Zum Errichten dieses Bauernhofs bat Brandimante seine Freunde um *un millione* und bot als Gegenleistung ein Goldschmiedestück an.

Anreise *(Karte Nr. 10): A 1, Ausf. Florenz-Certosa, Rtg. Florenz, dann links Rtg. Scandicci.*

TOSKANA

Hotel Paggeria Medicea

50040 Artimino - Carmignano (Firenze)
Viale Papa Giovanni XXIII, 3
Tel. (055) 871 80 81 - Fax (055) 871 80 80
Sig. Gualtieri

Kategorie ★★★★ **Ganzj.** geöffn. **37 Zimmer** m. Klimaanl. u. 31 Appart. m. Tel., Bad, WC, Satelliten-TV, Minibar - Eingang f. Behinderte **Preise** EZ u. DZ: 130-150000 L, 220-260000 L - Frühst. inkl., von 7.30 bis 10.30 Uhr - HP: + 50000 L (pro Pers., mind. 3 Üb.) **Kreditkarten** akzeptiert **Verschiedenes** Hunde erlaubt - 2 Tennisplätze - Schwimmb.- Parkpl. **Umgebung** Artimino: etruskische Kirche u. Totenstadt Pian di Rosello - Villa dell'Artimino - Etruskergrab Montefortini in Comeana - Gärten der Villa der Medici in Poggio a Caiano - Prato - Pistoïa - Florenz - Golf dell'Ugolino (18-Lochpl.) in Grassina **Restaurant** von 12.30 bis 14.00 u. von 19.30 bis 22.00 Uhr - Mi u. Do geschl. - Menü - Karte - Spezialitäten: Crêpe alla fiorentina - Ribollita - Arrosti misti toscani.

Das *Paggeria* liegt an einem sehr geschichtsträchtigen Ort (Etruskertempel und –museum, romanische Kirche, Ruinen aus dem Mittelalter und der Renaissance) und bietet die Leistungen eines Luxushotels: komfortable, gut eingerichtete Zimmer, Wagen mit Chauffeur, Tourismusbüro, Tennis usw. Eine hübsche Terrasse läßt auf die umliegenden Hügel und die *Villa Medicea* blicken. Angenehmer Empfang und gute Küche - vor den Toren von Florenz eine erfreuliche Adresse.

Anreise (Karte Nr. 10): 22 km nördl. von Florenz über die A 1, Ausf. Florenz-Signa; über die A 11, Ausf. Prato.

T O S K A N A

Residenza San Niccolo d'Olmeto

Le Valli 50066 Incisa Valdarno (Firenze)
Tel. (055) 24 09 51 - Fax (055) 24 02 82
Sig.ra Valenti Cavagnari

Geschlossen von November bis März **6 Appartments** m. Küche, Dusche, WC, 2 m. TV **Preise** 1 Woche: 850000 L (2-3 Pers.); zusätzl. Pers. :100-150000 L **Kreditkarten** akzeptiert **Verschiedenes** Hunde nicht erlaubt - Schwimmb. - Parkpl. **Umgebung** Florenz - Valdarno (Florenz/Arezzo) **Kein Restaurant** im Hotel.

Nur 18 Kilometer von Florenz in einer Landschaft, die nicht den lieblichen Reiz der schönsten toskanischen Hügel besitzt und unweit der Autobahn werden Sie überrascht sein, inmitten der Obst- und Olivenplantagen plötzlich das ehemalige Kloster *San Niccolo* zu entdecken. Von der Familie Cavagnari (die bereits im Hotel *J & J* von Florenz gezeigt hat, was sie kann) hervorragend restauriert, ist das Ergebnis zugleich ländlich und elegant. Die Appartements liegen in den Gebäuden nahe des Kreuzgangs und der romanischen Kapelle. Mit gut ausgestatteter Kochnische, funktionellen Duschen und gepflegter Gestaltung verfügen alle über guten Komfort. Der mit Terrakottaplatten ausgelegte Boden und die modernen Möbel, die einige alte, ausgesuchte Stücke hervorheben, gefielen uns sehr. Die in der ehemaligen Orangerie eingerichteten Gästezimmer möglichst nicht nehmen. Wenn die Zitronen- und Mandarinenbäume blühen, die die Terrasse überwuchern, dann duftet es an diesem friedlichen Ort besonders angenehm.

Anreise (Karte Nr. 10): 18 km von Florenz über die A 1, Ausf. Incisa Valdarno, SS 69 bis Burchio, dann Le Valli.

T O S K A N A

Salvadonica

Val di Pesa - 50024 Mercatale (Firenze)
Via Grevigiana, 82
Tel. (055) 821 80 39 - Fax (055) 821 80 43
Sig. Baccetti

Geschlossen vom 16. November bis März **5 Zimmer** u. 10 Appart. m. Tel., Bad u. Dusche, WC, TV; Eingang f. Behinderte **Preise** EZ u. DZ: 110000 L, 150-170000 L - Appart.: erfragen - Frühst. inkl., von 8.00 bis 10.00 Uhr **Kreditkarten** akzeptiert **Verschiedenes** Hunde nicht erlaubt - Schwimmb. m. Whirlpool - Tennis - Parkpl. **Umgebung** Florenz - Kartause Galluzzo - Impruneta - Siena - Golf dell'Ugolino (18-Lochpl.) in Grassina **Kein Restaurant** im Hotel (siehe unsere Restaurantauswahl in San Casciano u. in Val di Pesa S. 476).

Ursprünglich bestand das *Salvadonica* aus zwei toskanischen Bauernhöfen aus dem 14. Jahrhundert. Heute ist das Hotel dank des unfehlbaren Geschmacks seines Besitzers eine der besten Adressen der Region. Das Rustikale der Originalbauten wurde erhalten, die Renovierung erfolgte mit alten Materialien, und für die Ausstattung wurden bemalte Bauernmöbel gewählt. Darüber hinaus bietet das Hotel modernen Komfort. Das *Salvadonica* verfügt über luxuriöse Ferienwohnungen: hauptsächlich kleine Appartments mit Kochnischen, vorgesehen für 3-4 Personen (wöchentliches Mieten wird empfohlen). Das Frühstück wird an der gemeinsamen Tafel eingenommen, die Zimmerreinigung erfolgt täglich. Auf dem bewirtschafteten Besitz können Sie Wein und Olivenöl kaufen. Zum Abendessen fahren Sie am besten nach San Casciano oder in die nähere Umgebung.

Anreise (Karte Nr. 10): 20 km von Florenz über die A 1, Ausf. Florenz-Certosa, dann Autobahn Siena, Ausf. San Casciano; in San Casciano links hinter Mercatale.

T O S K A N A

Castello di Montegufoni

50020 Montagnana (Firenze)
Via Montegufoni, 20
Tel. (0571) 67.11.31 - Fax (0571) 67.15.14
Sig. Posarelli

Geschlossen vom 2. November bis 25. März **25 Appart.** m. Dusche, WC (Münztelefon) **Preise** Appart.: f. 2 Pers.: 160000 L (900000 L pro Woche); f. 4 Pers.: 250000 L (1200000 L pro Woche); f. 6 Pers.: 300000 L (16000000 L pro Woche) **Kreditkarten** nicht akzeptiert **Verschiedenes** Hunde nicht erlaubt - 2 Schwimmb. - Parkpl. **Umgebung** Florenz - Kartause Galluzzo - Impruneta - Siena - Golf dell'Ugolino (18-Lochpl.) in Grassina **Kein Restaurant** im Hotel, aber Abendessen auf Best. in *La Taverne* (Mo, Mi u. Fr).

Wohnen Sie während Ihres Toskana-Aufenthaltes in Florenz oder, noch besser, mieten Sie 15 Kilometer von Florenz entfernt ein Appartement im Schloß *Montegufoni*. Hier wird dem Toskana-Reisenden all das geboten, was er besonders mag: üppige Gärten, hochgewachsene dunkle Zypressen, Terrakottagefäße mit überbordenen Blumen und verblichener Putz der Fassaden, der den toskanischen Häusern diese einzigartigen Farbtöne verleiht. Die gut ausgestatteten Appartements können bis zu sechs Personen beherbergen. Obwohl man hier vollkommen unabhängig ist, kann man sich auf Wunsch morgens fürs Frühstück das frische Brot kommen lassen, und hin und wieder werden auch Abendessen angeboten. Damit die Gäste sich nicht gegenseitig behindern, gibt es hier zwei Schwimmbäder. Ideal, um Erwachsene und Kinder auf einer kulturellen Reise zu "versöhnen".

Anreise (Karte Nr. 10): 15 km westl. von Florenz über die Superstrada Rtg. Livorno-Pisa, Ausf. Ginestra, Rtg. Montespertoli. In Ginestra auf die Hinweise Rtg. Montespertoli achten, rechts einbiegen. Nach 4 km, in Baccaiano, links. Das Schloß liegt 1 km weiter links.

TOSKANA

Fattoria La Loggia 🌲

50020 Montefiridolfi - San Casciano (Firenze)
Via Collina, 40
Tel. (055) 82 44 288 - Fax (055) 82 44 283
Sig. Baruffaldi

Ganzj. geöffn. **3 Zimmer** u. 11 Appart. (f. 2-6 Pers.) m. Zi., Küche., Salon, Bad, WC **Preise** Zi.: 150-200000 L - Appart: 200-250000 L (1 Üb. 2 Pers.) **Verschiedenes** Hunde erlaubt - Schwimmb. - Mountainbikes - Reiten **Umgebung** Kartause Galluzzo - Impruneta - Florenz - Pisa - Siena - Volterra - San Gimignano - Golf dell'Ugolino (18-Lochpl.) in Grassina **Restaurant** auf Reserv. - von 20.00 bis 23.00 Uhr - Menüs: 45-55000 L - Spezialitäten: Toskanische Küche mit Erzeugnissen vom Bauernhof.

Wie fängt man es an, bei einer Reise durch die toskanische Landschaft nicht davon zu träumen, einen dieser schönen Höfe am Hang eines kleinen Hügels mit Blick auf die bestellten Felder im Tal zu besitzen? Nun, in *Fattoria La Loggia* können Sie weiterträumen, denn dieser landwirtschaftliche Betrieb hat einige seiner kleinen Dependancen sehr respektvoll restauriert und mit toskanischem Geschmack eingerichtet. Jede kann nun bis zu sechs Personen aufnehmen. Hier lebt man nach seinem eigenen Rhythmus wie im eigenen Landhaus. *La Loggia* beherbergt seit kurzem ein Museum der Modernen Kunst und ein Kulturzentrum, das zahlreiche Künstler empfängt.

***Anreise** (Karte Nr. 10): 21 km südl. von Florenz über die A1, Ausf. Florenz-Certosa; dann die SS Florenz-Siena, Ausf. Bargino.*

TOSKANA

Villa Le Barone

50020 Panzano in Chianti (Firenze)
Via S. Leolino, 19
Tel. (055) 85 26 21 - Fax (055) 85 22 77
Sig.ra Buonamici

Kategorie ★★★ **Geschlossen** von November bis März **27 Zimmer** m. Tel., Bad od. Dusche, WC. **Preise** HP: 195-225000 L (pro Pers.) - Frühst. inkl., von 8.00 bis 10.00 Uhr **Kreditkarten** akzeptiert **Verschiedenes** Hunde nicht erlaubt - Schwimmb. - Tennis **Umgebung** Greve-Tal über die S 222 - Chianti-Classico-Weinberge von Greve in Gaiole - Florenz - Siena - Golf dell'Ugolino (18-Lochpl.) in Grassina **Restaurant** von 13.00 bis 14.00 u. von 19.30 bis 21.00 Uhr - Menü: 60000 L - Toskanische Spezialitäten.

V*illa Le Barone* war und ist ein Anwesen berühmter Persönlichkeiten - gestern gehörte sie den Della Robbias, heute ist sie im Besitz der *duchessa Visconti*. Von der alten Bausubstanz ist lediglich die Fassade erhalten geblieben, denn das Innere wurde zu einem intimen, gastfreundlichen Haus umgestaltet. Hier hat man wirklich nicht den Eindruck, sich in einem Hotel zu befinden. Weder im Salon mit seiner Lese-Ecke und dem Kamin noch in den schicken und frischen Gästezimmern mit alten Betten und bunt bedruckten Stoffen. Auch nicht im Schwimmbad mit Rasen und schattigen Ecken, um sich vor der Hitze des Florentiner Sommers zu schützen. Zum Tennisplatz muß man sich zumindest wegen der Aussicht auf Olivenbäume und die Weinberge des *Chianti Classico* begeben.

Anreise *(Karte Nr. 10): 33 km südl. von Florenz über S 222 bis Panzano in Chianti, über Greve in Chianti.*

TOSKANA

Fattoria di Petrognano

Petrognano
Pomino 50060 Rufina (Firenze)
Tel. (055) 831 88 12/831 88 67 - Fax (055) 242 918 - Sig.ra Galeotti-Ottieri

Geschlossen von November bis April **7 Zimmer** u. 5 Appart. (2-8 Pers.) m. Tel. Bad od. Dusche, WC
Preise DZ: 10000 L, Appart. 600000-1200000 L (1 Woche) - Frühst. inkl., von 8.30 bis 10.00 Uhr
Kreditkarten Nicht akzeptiert **Verschiedenes** Hunde erlaubt - Schwimmb., Tennis - Parkpl.
Umgebung Mugello-Tal: Kloster Santa Maria di Rosano, Vicchio, San Piero a Sieve, Scarperia, Kloster von Bosco ai Frati, Kloster Monte Senario in Bivigliano - Golf ad Scarperia und Poppi (9-Lochpl.)
Restaurant von 13.00 bis 14.00 und von 20.00 bis 21.00 Uhr - Menü: 20000 L - Regionale Spezialitäten.

Das schöne Anwesen gehörte einst den Bischöfen von Fiesole, die seit der Renaissance diesen berühmten Weinberg besonders herausstellten. Die Hauptresidenz, ursprünglich das Kloster, hat seine noblen Proportionen, seine alten Böden, seine riesigen Kamin usw. bewahrt. Mehrere Bauernhöfe, die zur *Fattoria* gehörten, wurden restauriert, so auch die *Locanda Patricino,* wo die einfach eingerichteten Gästezimmer mit Familienfotos untergebracht sind, von denen man dennoch ausnahmslos einen einnehmenden Blick auf die Hügellandschaft hat. Von dem Zimmer mit Dachschrägen ist der Panoramablick besonders eindrucksvoll. Die Appartements sind für längere Aufenthalte einer mehrköpfigen Familie zu empfehlen. Die Mahlzeiten werden in einem rustikalen Raum serviert, wo man nett am großen Tisch sitzt, um die Spezialitäten de Hauses (u.a. Gegrilltes von den hier gezüchteten Rindern) mit anderen zu teilen und den exzellenten Pomino zu trinken, der direkt aus den Weinfässern abgefüllt wird. Eine angenehme Art, in einer alten, toskanischen Familie Gastfreundschaft zu erleben.

Anreise (Karte Nr. 10): 30 km von Florenz. N 67 Rtg. Forli bis Pontassieve, Rufina u. Castiglione-Pomino.

TOSKANA

Villa Rucellai - Fattoria di Canneto

50047 Prato (Firenze)
Via di Canneto, 16
Tel. (0574) 46 03 92 - Fax (0574) 46 03 92
Famiglia Piqué-Rucellai

Ganzj. geöffn. **12 Zimmer** m. Bad od. Dusche, WC **Preise** DZ: 120-150000 L - Frühst. inkl., ab 8.00 Uhr **Kreditkarten** nicht akzeptiert **Verschiedenes** Hunde nicht erlaubt **Umgebung** Prato: Dom, Palazzo Pretorio, Castello dell'Imperatore - Medici-Villa in Poggio, Caiano - Florenz - Golf (18-Lochpl.) in Pievaccia, Monsummano Terme **Kein Restaurant** im Hotel (siehe unsere Restaurantauswahl S. 474).

In diese reizende toskanische Renaissance-Villa muß man sich verlieben! Sie kam im 18. Jahrhundert in den Besitz der Familie Rucellai aus Florenz und gehört ihr bis heute. Es ist die charmante Signora Piqué-Rucellai, die Ihnen am Abend ein Glas Wein auf der Terrasse ihres Gartens reichen wird. Die Villa ist zum Teil als Hotel eingerichtet und wird besucht von internationalen Künstlern auf der Durchreise - wegen des Theaters oder des Museums für moderne Kunst in Prato. Man versteht sie gut: die Salons und Gärten suggerieren Feste und Pracht, und das Hotel hat so viel Charme und so viel Schönheit zu bieten, daß man den rudimentären Komfort der Zimmer und Bäder vergißt. Der quasi inexistente Service wird durch die Freundlichkeit der Gastgeber wettgemacht. Es gibt kein Restaurant, aber einen angenehmen gemeinsamen Frühstückstisch. Ein kleiner Vorbehalt: der ziemlich nahe Eisenbahnverkehr kann im Sommer nachts stören.

Anreise (Karte Nr. 10): 15 km östl. von Florenz, 45 km östl. von Lucas über die A 11, Ausf. Prato-Ost oder A1 Ausf. Calenzano/Sesto Fiorentino, Rtg. Bahnhof, rechts die Via Machiavelli, links die Via Lambruschini; 4 km lang den Gleisen folgen.

T O S K A N A

Villa Rigacci

50066 Vaggio - Reggello (Firenze)
Via Manzoni, 76
Tel. (055) 865 67 18 / 865 65 62 - Fax (055) 865 65 37
Famiglia Pierazzi

Kategorie ★★★★ **Ganzj.** geöffn. **25 Zimmer** m. Klimaanl., Tel., Bad od. Dusche, WC, TV, Minibar **Preise** EZ: 150000 L, 200-260000 L; Suite: 320000 L - Frühst. inkl., von 7.30 bis 10.30 Uhr - HP u. VP: 160-200000 L, 190-230000 L **Kreditkarten** akzeptiert **Verschiedenes** Hunde erlaubt - Schwimmb. - Parkpl. **Umgebung** Abtei Vallombrosa - Kirche Montemignaio - Castello Pretorio in Poppi - Florenz - Siena **Restaurant** von 12.00 bis 14.30 u. von 20.00 bis 22.00 Uhr - Menü: 60000 L - Karte - Spezialitäten: Französische u. toskanische Küche.

Dieses Bauernhaus stammt aus dem 15. Jahrhundert und ist ganz von wildem Wein bedeckt. Heute kümmert sich um dieses Anwesen, ein Haus mit "echter Persönlichkeit", die Familie Pierazzi. Der Gast empfindet hier als sehr angenehm den Kamin, die umfangreiche Bibliothek, die alten, beim Trödler ausfindig gemachten Möbel, kurz die Atmosphäre, die man im Urlaub sucht. Die mit hübschen Stoffen aufgelockerten Gästezimmer sind unterschiedlich gestaltet und so, daß man sich gerne in ihnen aufhält. Selbstverständlich ist auch der gewünschte Komfort vorhanden. Im Sommer sind der Garten und das Schwimmbad gute Alternativen zu touristischen Ausflügen. Das Abendessen in der Alten Presse mit italienischen und toskanischen Spezialitäten wird Sie voll und ganz zufriedenstellen.

Anreise (Karte Nr. 10): 30 km südöstl. von Florenz über die A 1, Ausf. Incisa (Nr. 24), Rtg. Mantassino, dann Vaggio.

TOSKANA

La Callaiola

Strada di Magliano, 3
50021 Barberino Val d'Elsa (Firenze)
Tel. (055) 80 76 598 - Fax (055) 80 76 598
Sig.ra J. Münchenbach

1998

Ganzj. geöffn. (auf Reserv.) **2 Zimmer** (4 Pers.) m. Bad u. WC **Preise** 70000 L (pro Pers.) - Frühst. inkl. **Kreditkarten** Nicht akzeptiert **Verschiedenes** Hunde nicht erlaubt - Parkpl. **Umgebung** Siena - Monteriggioni - Colle di Val d'Elsa - Florenz - San Gimignano - Certaldo - Castellina in Chianti - Volterra **Kein Restaurant** im Hotel (siehe unsere Restaurantauswahl. S. 476-477).

La *Callaiola* ist ein Bauernhof, der von einer sympathischen Deutschen betrieben wird, die hier biologische Produkte anbaut. Mit ihrem Gatten, der Italiener ist, restaurierte sie dieses solide Haus aus dem 18. Jahrhundert, ließ ihm aber sein Rustikales. Das Haus, dessen Fassaden mit Blumen verschönt sind, ist von einem Rasen umgeben, an den sich Olivenhaine und Sonnenblumenfelder anschließen. *La Callaiola* ist ein richtiges Landgasthaus, was bedeutet, daß man mit den Gastgebern unter einem Dach wohnt und ein wenig deren Intimität teilt. Man kann hier aber auch recht unabhängig sein, die Küche und den Kühlschrank benutzen, das Essen teilen oder nicht usw. Das Haus selbst ist sehr angenehm und duftet nach all den Blumensträußen, die Jocelyne zusammenstellt. Die Gästezimmer, in die man über den Salon der Familie gelangt, sind schlicht, aber charmant mit einer Art "Inszenierung", was alles noch hübscher macht. Die Atmosphäre ist informell und das "Zusammenleben" keineswegs lästig.

Anreise *(Karte Nr. 13): 33 km südl. von Florenz über die A 1, Ausf. Firenze-Certosa; Rtg. Siena, Ausf. Tavarnelle.*

TOSKANA

Il Paretaio 🌳

San Filippo 50021 Barberino Val d'Elsa (Firenze)
Via Ponzano, 26 - San Filippo
Tel. (055) 80 59 218 - Fax (055) 80 59 231
Sig.ra de Marchi

Ganzj. geöffn. **6 Zimmer** m. Bad od. Dusche, WC **Preise** DZ: 120-160000 L - Frühst. inkl. - HP: 80-120000 L (pro Pers., mind. 2 Üb.) **Kreditkarten** nicht akzeptiert **Verschiedenes** Hunde erlaubt - Reiten (25-30000 L) - Schwimmb. - Parkpl. **Umgebung** Siena - Monteriggioni - Abbadia Isola - Colle di Val d'Elsa - Florenz - San Gimignano - Certaldo - Castellina in Chianti - Volterra - Golf dell' Ugolino (18-Lochpl.) in Grassina **Restaurant** ab 20.00 Uhr - Menü - Regionale Spezialitäten.

Glücklich sind jene Reiter, die das *Paretaio* entdecken können, diesen großen Besitz mitten in der Toskana, von 200 Hektar Wald, Weinbergen und Olivenhainen umgeben. Die jungen Besitzer und Pferdenarren sind selbst exzellente Reiter und bieten verschiedene Pauschalen vom Wochenende bis zu einer Woche an: Perfektionierung für Kinder und Erwachsene in der Reithalle, Dressurkurse, Ausritte und Tagesausflüge. Haus und Einrichtung sind rustikal, die Zimmer groß und hübsch. Die Atmosphäre ist ausgesprochen freundlich und locker, besonders abends, wenn alle sich an der großen gemeinsamen Tafel zum Einnehmen der ausgezeichneten Gerichte versammeln, bei denen der hervorragende Chianti dann "fließt". Dies ist eine Adresse ausschließlich für Reiter, denn man muß schon pferdebegeistert sein, um in der Einfachheit des *Paretaio* auch dessen ganze "Philosophie" und Qualität zu erkennen.

Anreise (Karte Nr. 13): 33 km südl. von Florenz über die A 1, Ausf. Florenz-Certosa; Rtg. Siena, Ausf. Tavarnelle; Barberino Val d'Elsa hinter sich lassen, nach 2 km die Straße rechts Rtg. S. Filippo.

T O S K A N A

Fattoria Casa Sola

Cortine 50021 Barberino Val d'Elsa (Firenze)
Tel. (055) 807 50 28 - Fax (055) 805 91 94
Sig.Gambaro

Ganzj. geöffn. **6 Appartments** m. 2-4 Zi. (f. 2-8 Pers.) m. Küche, Salon, Bad, WC **Preise** 75000-230000 L (pro Pers., 1 Üb.) **Kreditkarten** Visa, Eurocard, MasterCard **Verschiedenes** Hunde nicht erlaubt - Schwimmb. - Parkpl. **Umgebung** Siena - Monteriggioni - Colle di Val d'Elsa - Florenz - San Gimignano - Certaldo - Castellina in Chiant - Volterra **Kein Restaurant** im hotel (siehe unsere Restaurantauswahl. in Colle Val d'Elsa S. 476).

Das auf einem Hügel errichtete Haus ist imposant und hat schöne Proportionen. Der Garten ist verwildert, das Schwimmbad im Olivenhain sehr angenehm, und die Bank unter dem Nußbäumen lädt zum Träumen ein. In diesem Teil des Anwesens wurde nur ein einziges Appartement eingerichtet. Die anderen (auch Maisonnette-Appartements) liegen etwas weiter am Zypressenwald, in den alten, von Rosensträuchern bewachsenen Häusern, wo einst die Bauern des Gutes wohnten. Die gut durchdachte Einrichtung ist sowohl einfach als auch luxuriös: komfortable Bäder, funktionelle Küchen, in denen man Lust bekommt, die regionalen Produkte zuzubereiten, altes Mobiliar, bequeme Sofas, raffinierte Dekoration. Nahe der Superstrada eine hervorragende Adresse zwischen Siena und Florenz, um das toskanische Land voll zu genießen.

Anreise (Karte Nr. 13): 30 km südl. von Florenz über die A 1, Ausf. Firenze-Certosa; Rtg. Siena, Ausf. San Donato in Poggio, dann Rtg. Cortine.

T O S K A N A

Villa Villoresi

50019 Sesto Fiorentino (Firenze)
Via Ciampi, 2 - Colonnata
Tel. (055) 44 32 12 - Fax (055) 44 20 63
Sig.ra Villoresi de Loche

Kategorie ★★★★ **Ganzj.** geöffn. **28 Zimmer** m. Tel., Bad, WC, 10 m. TV; Eingang f. Behinderte **Preise** EZ u. DZ: 170-240000 L, 260-360000 L; Suiten: 460000 L - Frühst. inkl., von 7.00 bis 10.30 Uhr - HP u. VP: + 55000 L (pro Pers., mind. 3 Üb.) **Kreditkarten** akzeptiert. **Verschiedenes** Hunde erlaubt - Schwimmb. - Parkpl. **Umgebung** Sesto: Dom, S. Maria dei Carceri in Sesto - Castello dell'Imperatore in Prato - Florenz - Golf dell'Ugolino (18-Lochpl.) in Grassina **Restaurant** von 12.00 bis 14.30 u. von 20.00 bis 22.00 Uhr - Mo geschl. (außer für Hotelgäste) - Menüs: 50-55000 L - Karte - Spezialitäten: Penne al coccio - Fagiano alla foglia di vite.

Der moderne Städtebau hat die Florenz umgebende Landschaft erreicht. Deshalb ist nun diese Sommerresidenz im Renaissancestil von weniger interessanten Bauten umgeben. Das Haus selbst, mit seinen Freskodecken, seinen naiven, bzw. allegorischen Rundgemälden, seinen Porträts der Vorfahren ist aber nach wie vor anziehend. Von der längsten Loggia der ganzen Toskana aus blickt man auf den Garten und das Schwimmbad, einige Gästezimmer sind so groß wie in Schlössern, und die Ankunft über die *galleria* wird Sie beeindrucken. Signora Villoresi tut alles, damit Ihr Aufenthalt auch in kultureller Hinsicht interessant ist. Korrekter Komfort. Ein Haus, an dem alles echt ist.

Anreise (Karte Nr. 10): 10 km nordwestl. von Florenz, Rtg. Prato-Calenzano.

TOSKANA

Tenuta Bossi

Via dello Stracchino, 32
50065 Pontassieve (Firenze)
Tel. (055) 831 78 30 - Fax (055) 836 40 08
Sig.ra Gondi

Ganzj. geöffn. **4 Appartments** m. 3-5 Zi. (f. 5-10 Pers.) m. Küche, Salon, Bad, WC **Preise** 780-1450000 L (1 Woche) **Kreditkarten** Nicht akzeptiert **Verschiedenes** Hunde erlaubt - Parkpl. **Umgebung** Florenz - Mugello-Tal - Siena - Golf ad Ugolino (18-Lochpl.) **Kein Restaurant** im Hotel (siehe unsere Restaurantauswahl in Florenz S. 471-474).

Seit 1592 betreibt die Familie Gondi dieses große, vor den Toren von Florenz gelegene Weingut des Chianti Rufina, das zudem einen sehr guten Weißwein produziert. Das Schloß, die Kapelle und mehrere Gehöfte teilen sich die 320 Hektar Wald, Olivenhaine und Weinberge. Die Bauernhäuser sind es, die renoviert und in denen Appartements eingerichtet wurden. Das Mobiliar ist ländlich-komfortabel, jedes Appartement hat einen freundlichen Salon mit Kamin und einer kleinen eigenen Terrasse. Die Vegetation der Umgebung ist üppig, und die Gärten, obwohl nicht überfeinert, besitzen immerhin Rosensträucher, vor allem aber Charme. Der Empfang der Tochter des Herrn Grafen ist reizend, und sein Sohn, der sich um die Weinberge kümmert, wird Ihnen bei der Wahl des Tischweines gute Ratschläge erteilen. *Tenuta* produziert außerdem ein gutes Olivenöl und einen *vino santo*, den Sie mit dem knusprigen Gebäck, der Spezialität dieser Gegend, kosten sollten.

Anreise (Karte Nr. 10): 18 km östl. von Florenz.

TOSKANA

Villa Campestri

50039 Vicchio di Mugello (Firenze)
Via di Campestri, 19
Tel. (055) 84 90 107 - Fax (055) 84 90 108
Sig. Pasquali

Kategorie ★★★ **Geschlossen** 15. November bis 1. März **15 Zimmer** u. 6 Suiten m. Tel., Bad od. Dusche, WC, Satelliten-TV, Minibar **Preise** DZ:210-260000 L; Suiten: 310-380000 L - Frühst. inkl., von 8.00 bis 10.00 Uhr - HP: + 60000 L (pro Pers., mind. 3 Üb.) **Kreditkarten** Amex, Visa, Eurocard u. MasterCard **Verschiedenes** Hunde auf Anfrage erlaubt - Schwimmb. - Reiten - Parkplatz **Umgebung** Florenz - Mugello-Tal: Vespignano, Borgo S. Lorenzo, S. Piero a Sieve, Scarperia, Convento Bosco ai Frati, Novoli, Castello del Trebbio, Pratolino, Convento de Monte Senario in Bivigliano, Sesto Fiorentino **Restaurant** von 20.00 bis 21.30 Uhr - Menü: 70000 L.

Der Familie Medici gehörte lange Zeit auch *Villa Campestri*. Heute ist sie im Besitz von Sandra Cesari und Poalo Pasquali, die auch die zum Anwesen gehörenden 160 Hektar Land bewirtschaften. Dieses schöne, mit viel Respekt vor der Vergangenheit renovierte Haus überragt das Tal von Mugello. Die Besitzer richteten in der Villa Gästezimmer ein und in der für Familien vorgesehen Dependance einige Suiten. Altes Florentiner Mobiliar, gepflegte Ausstattung, perfekte Bäder. Ferner gibt man sich Mühe, Ihnen auch alle anderen positiven Dinge der Toskana nahezubringen: zum Beispiel die Küche, in der die natürlichen Produkte der *fattoria* verarbeitet werden. Die Wiesen, die Zypressen, die unendlich weite Landschaft und das Florentiner Licht sind ebenfalls Teil der angenehmen Stunden, die Sie in der *Villa Campestri* verbringen werden.

Anreise (Karte Nr. 10): 35 km nordöstl. von Florenz. Auf der A 1 Rtg. Bologna, Ausf. Barberino di Mugello, Rtg. Borgo San Lorenzo u. Vicchio. 3 km von Vicchio entfernt.

T O S K A N A

Osteria del Vicario

Via Rivellino, 3
50052 Certaldo Alto (Firenze)
Tel. (0571) 66 82 28 - Fax (0571) 66 82 28
Sig. Claudio Boretti

Ganzj. geöffn. (außer im Januar) **11 Zimmer** m. Dusche, WC, Satelliten TV **Preise** EZ: 80000 L, DZ: 100000 L - Frühst. inkl., von 8.00 bis 10.30 Uhr - HP: 90000 L (pro Pers., mind. 3 Üb.) **Kreditkarten** akzeptiert **Verschiedenes** Hunde nicht erlaubt **Umgebung** Collegiata d'Empoli - Vinci und Anchiano - Castelfiorentino - San Gimignano - Montelupo Fiorentino - Abtei Badia di San Salvatore in Settimo **Restaurant** von 12.30 bis 14:00, von 19.30 bis 21.00 Uhr - Mi geschl. - Menüs: 40-60000 L - Spezialitäten: carpaccio, bisteca.

Seien Sie nicht enttäuscht, wenn Sie in Certaldo eintreffen, denn sein historisches Zentrum befindet sich in der Oberstadt. Hier, in den Straßen dieses reizvollen kleinen Dorfes, lebte Boccaccio (auch wenn es in der Broschüre anders steht, wurde der Autor des *Dekameron* in Paris geboren). Die *Osteria del Vicario* liegt in einem ehemaligen Kloster, das an den Palazzo Pretorio grenzt. Es ist ein reizendes Landgasthaus, das sich in erster Linie um sein Restaurant kümmert. Das Ganze hat wirklich viel Charme, ganz gleich, ob man sich im Kreuzgang aufhält, in der Laube oder auf der Terrasse, von wo man die Korn- und Sonnenblumenfelder des Val d'Elsa überblickt. Die regionale Küche ist gepflegt, und der Chef bietet eine gute Auswahl toskanischer Weine an. Die Gästezimmer, nicht sehr groß, aber hübsch, sind auf drei Gebäude aufgeteilt. Eher als für einen Aufenthalt eignet sich die *Osteria* für einen Stopp, um zum Beispiel die kleinen Kirchen des Val d'Elsa und des Val d'Adorno zu besichtigen, die oft unbekannte Schätze bergen.

Anreise (Karte Nr. 13): 40 km südl. von Florenz.

TOSKANA

Park Hotel

53100 Siena
Via di Marciano, 18
Tel. (0577) 44 803 - Fax (0577) 490 20
Sig. Cadirni

Kategorie ★★★★ **Ganzj.** geöffn. **69 Zimmer** u. 4 Suiten m. Klimaanl., Kabel-Tel., Bad, WC, TV, Safe, Minibar; Aufzug **Preise** EZ u. DZ: 250-320000 L, 320-430000 L; Suiten: 650-750-900000 L - Frühst. 26000-40000 L, von 7.30 bis 10.30 Uhr **Kreditkarten** akzeptiert **Verschiedenes** Hunde erlaubt - Schwimmb. - Tennis - Golfpractice (6 L.) - Parkpl. **Umgebung** Siena: Palio (2. Juli u. 16. August) - Abtei Sant'Antimo - Abtei Monte Oliveto Maggiore und Rückkehr über die Kammstraße Asciano-Siena - Convento dell'Osservanza - Rosia: Abtei Torri - Abtei San Galgano **Restaurant** von 12.30 bis 14.45 u. von 19.30 bis 22.00 Uhr - Karte: 80000 L - Spezialitäten: Toskanische Jahreszeiten-Küche.

Das frühere Schloß von Marciano wurde am Gipfel eines Passes oberhalb von Siena erbaut und erfreut sich eines wirklich außergewöhnlichen Ausblicks auf das toskanische Umland und das historische Zentrum von Siena. Eine massive und imposante Konstruktion, die wir Peruzzi zu verdanken haben. Eine Reihe stilsicher und herrlich gestalteter Salons geht auf den schönen Innenhof, der eine Nachbildung der berühmten Piazza del Campo ist. Das Restaurant, in einer der Galerien des Schlosses eingerichtet, liegt wie auch die "Veranda" zum italienischen Garten hin. Die Zimmer sind komfortabel; wir bevorzugen die der ersten Etage. Ein sehr schönes Hotel mit Preisen, die auf eine Klientel gut verdienender Geschäftsleute und Kongreßteilnehmer ausgerichtet sind.

Anreise (Karte Nr. 13): 68 km südl. von Florenz, Ausf. Siena-Nord, Via Fiorentina bis Perticcio, dann rechts Via di Marciano, 5 km nordwestl. des Zentrums.

TOSKANA

Hotel Certosa di Maggiano

53100 Siena
Strada di Certosa, 82
Tel. (0577) 28 81 80 - Fax (0577) 28 81 89
Sig.ra Grossi

Kategorie ★★★★ **Ganzj.** geöffn. **6 Zimmer** u. 12 Suiten m. Klimaanl., Tel., Bad, WC, TV, Minibar, Safe **Preise** EZ u. DZ: 500-700000 L, 700-680000 L; Suiten: 900-1300000 L - Frühst. inkl., von 7.15 bis 11.00 Uhr - HP u. VP: + 120000 L + 210000 L (pro Pers.) **Kreditkarten** akzeptiert **Verschiedenes** Kleine Hunde erlaubt (50000 L) - Beheizt. Schwimmb. - Tennis - Parkpl. **Umgebung** Siena: Palio (2. Juli u. 16. August) - Abtei Sant'Antimo - Abtei Monte Oliveto Maggiore und Rückkehr über die Kammstraße: Asciano-Siena - Convento dell'Osservanza - Rosia: Abtei Torri - Abtei San Galgano **Restaurant** von 13.00 bis 14.30 u. von 20.00 bis 22.00 Uhr - Menüs: 80-140000 L - Karte.

Was wäre schöner als ein Kartäuserkloster mit seinem Gewölbe, seinen Spitzbögen, seinen Säulen mit Kapitellen und der friedlichen Stimmung, die seinen Kreuzgang noch immer kennzeichnet. Das *Certosa di Maggiano* oberhalb Sienas stammt aus dem Jahr 1316 und mußte gründlich und lange renoviert werden, bevor es aus seinen Ruinen auferstand. Heute ist es ein Hotel und bietet in einem grandiosen Rahmen Gästezimmer an, die einen allerdings weniger begeistern als die Umgebung. Die Gemeinschaftsräume sind jedoch durchweg schön. Die Fußböden sind aus *pietra serena*, ferner gibt es Rohrstühle und farblich abgestimmte Tischdecken. Die Atmosphäre ist ländlich. Der Salon, mit einer eindrucksvollen Kaiserporträt-Galerie, ist imposant. Für die Sommermonate wurde ein Schwimmbad gebaut. Der Ausblick geht auf den sechs Hektar großen Weinberg und die Hügel von Siena.

Anreise (Karte Nr. 13): 68 km südl. von Florenz, Ausf. Siena-Süd, Zentrum, Porta Romana, dann rechts Via Certosa.

TOSKANA

Grand Hotel Villa Patrizia

53100 Siena
Via Fiorentina, 58
Tel. (0577) 50 431 - Fax (0577) 50 431
Sig. Brogi

Kategorie ★★★★ **Ganzj.** geöffn. **33 Zimmer** m. Klimaanl., Tel., Bad, WC, TV, Minibar, Aufzug **Preise** EZ u. DZ: 290000 L, 370000 L - Frühst. inkl., von 7.00 bis 10.00 Uhr - HP u. VP: + 50000 L + 75000 L **Kreditkarten** akzeptiert **Verschiedenes** Hunde erlaubt - Schwimmb. - Tennis - Parkpl. **Umgebung** Siena: Palio (2. Juli u. 16. August) - Abtei Sant'Antimo - Abtei Monte Oliveto Maggiore und Rückkehr über die Kammstraße: Asciano-Siena - Convento dell'Osservanza - Rosia: Abtei Torri - Abtei San Galgano **Restaurant** von 12.30 bis 14.00 u. von 19.30 bis 21.30 Uhr - Menü: 50000 L - Karte - Spezialitäten: Ribollita - Pici alla senese.

V*illa Patrizia* liegt außerhalb der Mauern Sienas. Von ihrer Originalarchitektur wurde das meiste bewahrt, aber für die Innenräume entschied man sich für eine schlichte, moderne Einrichtung, die dennoch üppig und elegant ist. Unter den mit Balken versehenen Decken sind die Wände hell, die großen Ledersessel der Salons groß, die Decken weiß und die Fauteuils des Restaurants aus Rohr. Ungewöhnliche Treppen führen zu den Gästezimmern, die von der gleichen schlichten Eleganz sind. Einige Bäder sind zwar nicht sehr groß, dafür aber perfekt ausgestattet. Auch der Garten mit Baumgruppen, Blumen, Schwimmbad und Tennisplatz ist sehr gepflegt. Höflicher, aufmerksamer Service und alles, was man von einem guten Hotel erwarten darf.

Anreise *(Karte Nr. 13): 68 km von Florenz, Ausf. Siena-Nord, dann Via Fiorentina bis zur Kreuzung Viale Cavon und Via Achille Sclavo; 5 km nordwestl. vom Zentrum.*

TOSKANA

Hotel Villa Scacciapensieri

53100 Siena
Via di Scacciapensieri, 10
Tel. (0577) 41 441 - Fax (577) 27 08 54
Famiglia Nardi

Kategorie ★★★★ **Geschlossen** vom 4. Januar bis 14. März **32 Zimmer** m. Klimaanl., Tel., Bad, WC, TV, Minibar; Aufzug **Preise** EZ u. DZ: 170-210000 L, 270-3600000 L; Suiten: 380-400000 L - Frühst. inkl., von 7.30 bis 10.00 Uhr - HP u. VP: 230000 L, 280000 L (pro Pers., mind. 3 Üb.) **Kreditkarten** akzeptiert **Verschiedenes** Hunde erlaubt - Schwimmb. - Tennis - Hotelbus für Hin- Rückfahrt Siena - Parkpl. **Umgebung** Siena: Palio (2. Juli u. 16. August) - Abtei Sant'Antimo - Abtei Monte Oliveto Maggiore und Rückkehr über die Kammstraße: Asciano-Siena - Convento dell'Osservanza - Rosia: Abtei Torri - Abtei San Galgano **Restaurant** von 12.30 bis 14.00 u. von 19.30 bis 21.00 Uhr - Mi geschl. - Menüs: 50-70000 L - Karte - Spezialitäten: Toskanische Küche - Pici alla senese.

Dieser alte Gasthof, der seit langem von ein und derselben Familie mit der gleichen Liebe zum Metier geführt wird, liegt nur einige Kilometer von Siena entfernt. Ein italienischer Garten mit Blumenbeeten, die von Buchsbaum umgeben sind, schmückt die lange, ockerfarbene Fassade der Villa. Charme früherer Zeiten und komfortable Zimmer, liebenswürdiger Empfang und Tradition kennzeichnen dieses gute, alte Haus. *Altri tempi*, andere Zeiten, heißt das Restaurant des Hotels und faßt so die ganze Atmosphäre der *Villa Scacciapensieri* zusammen.

Anreise (Karte Nr. 13): Autobahn Florenz/Siena, Ausf. Siena-Nord; stazione ferrovaria (Bahnhof) 3 km nördl. vom Zentrum.

Hotel Antica Torre

53100 Siena
Via di Fiera Vecchia, 7
Tel. und Fax (0577) 22 22 55
Sig.ra Landolfo

Kategorie ★★★ **Ganzj.** geöffn. **8 Zimmer** m. Tel., Dusche, WC, 2 m. TV **Preise** EZ u. DZ: 130000 L, 160000 L - Frühst.: 12000 L, von 8.00 bis 10.30 Uhr **Kreditkarten** akzeptiert **Verschiedenes** Hunde nicht erlaubt **Umgebung** Siena: Palio (2. Juli u. 16. August) - Abtei Sant'Antimo - Abtei Monte Oliveto Maggiore und Rückkehr über die Kammstraße: Asciano-Siena - Convento dell'Osservanza - Rosia: Abtei Torri - Abtei San Galgano **Kein Restaurant** im Hotel (siehe unsere Restaurantauswahl S. 474-475).

Einige der besten Hotels der Toskana befinden sich außerhalb der Stadtmauer Sienas - selbstverständlich mit entsprechend hohen Preisen. Deshalb waren wir im historischen Zentrum auf der Suche nach einem Hotel mit Charme zu annehmbaren Preisen. Das *Antica Torre* ist dermaßen klein und dermaßen diskret, daß es wirklich nicht leicht war, es ausfindig zu machen. Es ist eine echte "casa torre" aus dem 16. Jahrhundert und liegt in einer der ruhigsten Straße Sienas. Uns hat es begeistert! Eine kleine zentrale Treppe (an der schöne Porträts des 19. Jh. hängen) führt zu jeweils zwei Zimmern pro Etage. Die Ausstattung ist sehr ansprechend: Sinter-Bodenbelag, schmiedeeiserne Betten, einige Radierungen, alte Möbel sowie kleine Duschräume, in denen es wirklich an nichts fehlt. Im Untergeschoß wird in einem ehemaligen kleinen Laden das Frühstück eingenommen. Ein wahres Puppenhaus.

Anreise (Karte Nr. 13): SS Florenz-Siena, Abfahrt Siena-Süd, dann Rtg. Stadtzentrum (Porta Romana).

TOSKANA

Hotel Santa Caterina

53100 Siena
Via Enea Silvio Piccolomini, 7
Tel. (0577) 22 11 05 - Fax (0577) 27 10 87
Sig.ra Minuti Stasi

Kategorie ★★★ **Ganzj.** geöffn. **19 Zimmer** m. Klimaanl., Tel., Bad, WC, Minibar **Preise** EZ u. DZ: 120-160000 L, 160-220000 L, f. 3 Pers.: 220-270000 L, f. 4 Pers.: 225-300000 L (außerh. der Saison vom 3. Nov. bis 22. Dez.) - Frühst. (Buffet) inkl., von 8.00 bis 10.00 Uhr **Kreditkarten** akzeptiert **Verschiedenes** Hunde erlaubt - Parkpl. (6 Plätze - 15000 L) **Umgebung** Siena: Palio (2. Juli u. 16. August) - Abtei Sant'Antimo - Abtei Monte Oliveto Maggiore und Rückkehr über die Kammstraße: Asciano-Siena - Convento dell'Osservanza - Rosia: Abtei Torri - Abtei San Galgano **Kein Restaurant** im Hotel (siehe unsere Restaurantauswahl S. 474-475).

Das *Santa Caterina* liegt in einem alten Haus im Zentrum Sienas, nur einige Kilometer von der Porta Romana entfernt. Weder die Fassade noch die Lage an einer Straßenkreuzung sind besonders einladend. Aber Doppelverglasung und Klimaanlage halten den Straßenlärm ab. Wenn Sie die Wahl haben, sollten Sie ein Zimmer zum Garten hin nehmen. Die Zimmer sind behaglich eingerichtet und mit modernen Bädern ausgestattet. Der Charme dieses Hauses liegt jedoch hauptsächlich in seinem wundervollen blühenden Garten, von dem aus der Blick aufs Tal und auf die rosa Dächer von Siena besonders schön ist.

Anreise (Karte Nr. 13): SS Florenz-Siena, Abfahrt Siena-Süd, dann Rtg. Zentrum bis zur Porta Romana über die Via E.S. Piccolomini.

TOSKANA

Palazzo Squarcialupi

Via Ferruccio, 26
53011 Castellina in Chianti (Siena)
Tel. (0577) 74 11 86 - Fax (0577) 74 03 86 - Sig.ra targioni
E-mail: h.squarcialupi@agora.stm.it - Web: http://chiantinews.it/market/hotsqua.htm

1998

Kategorie ★★★ **Ganzj.** geöffn. **15 Zimmer** u. 2 Suiten m. Klimaanl., Bad od. Dusche, WC, Satelliten TV u. Minibar - Aufzug **Preise** DZ: 170-220000 L, Suite: 270000 L - Frühst. inkl. (Buffet), von 7.30 bis 10.30 Uhr **Kreditkarten** Visa, Eurocard, MasterCard **Verschiedenes** Kleine Hunde erlaubt - Schwimmb. **Umgebung** Weinberge des Chianti Classico (S 222) von Impruneta bis Siena - Castello di Meleto - Castello di Brolio (Cappella S. Jacopo u. Palazzo padronale) - Siena **Kein Restaurant** im Hotel (siehe unsere Restaurantauswahl S. 476).

In der Hauptstraße des mittelalterlichen Dorfes Castellina liegt das imposante Renaissance-Palais *Squarcialupi;* die Restaurierung seiner noblen Etagen und die Einrichtung des reizenden Hotels wurde erst vor kurzem abgeschlossen. In einem Teil des Erdgeschosses befindet sich die *cantina enoteca,* denn La Castellina widmet sich nach wie vor der Weinzubereitung des Chianti, den man in der freundlichen Bar kosten kann. Die Gestaltung der Zimmer und Appartements ist schlicht und elegant. Balken, Holzverkleidung, Panoramabilder und altes Mobiliar passen gut zu den modernen Bildern und hübschen Blumensträußen. Alle Zimmer, die ja noch ganz neu sind, bieten guten Komfort. Von der Terrasse des Hotels und einigen Zimmern aus kann man die Schönheit des Horizonts, die Farben und das Licht dieser vielgepriesenen toskanischen Landschaft bewundern. Ein reizvolles, erdverbundenes Haus.

Anreise (Karte Nr. 13): 21 km nördl. von Siena über die S 222.

T O S K A N A

Hotel Salivolpi

53011 Castellina in Chianti (Siena)
Via Fiorentina, 13
Tel. (0577) 74 04 84 - Fax (0577) 74 09 98

Kategorie ★★★ **Ganzj.** geöffn. **19 Zimmer** m. Tel., Bad od. Dusche, WC **Preise** DZ: 150000 L - Frühst. inkl., von 8.00 bis 10.00 Uhr **Kreditkarte** Amex, Visa, Eurocard, MasterCard **Verschiedenes** Hunde nicht erlaubt - Schwimmb. - Parkpl. **Umgebung** Weinberge des Chianti Classico (S 222) von Impruneta bis Siena - Castello di Meleto - Castello di Brolio (Cappella S. Jacopo u. Palazzo padronale) - Siena **Kein Restaurant** im Hotel (siehe unsere Restaurantauswahl S. 476).

Das *Salivolpi* setzt sich aus einem alten und zwei neueren Gebäuden zusammen, die seit einigen Jahren als Hotel dienen. An einer kleinen Straße gelegen, die Castellina mit San Donato verbindet, ist das Hotel dennoch sehr ruhig. Und vom Garten oder von der Terrasse aus hat man einen Panoramablick über jene Landschaft, die den berühmten Gallo-Nero-Wein hervorbringt. Die Zimmer, besonders die im älteren Teil, sind charmant mit ihren Mansarden und den hübschen alten Möbeln aus der Gegend. Viel Komfort, angenehmer Empfang und ein wie von der Vorsehung bestimmter Swimmingpool - und all das zu günstigen Preisen. Eine interessante Adresse für alle, die das Chianti kennenlernen möchten.

Anreise (Karte Nr. 13): 21 km nördl. von Siena über die SS 222, die nordwestl. Abfahrt zur Stadt nehmen.

TOSKANA

Tenuta di Ricavo

Ricavo 53011 Castellina in Chianti (Siena)
Tel. (0)57 74 02 21 - Fax (0)577 74 10 14
Famiglia Lobrano
E-mail: ricavo@chiantinet.it

Kategorie ★★★★ **Geschlossen** 15. November bis 15. März **23 Zimmer** m. Tel., Bad, WC, Minibar, Safe u. Satelliten TV **Preise** DZ: 320-405000 L; Suiten: 450000 L - Frühst. inkl., von 7.15 bis 10.00 Uhr **Kreditkarten** Visa, Eurocard u. MasterCard **Verschiedenes** Hunde nicht erlaubt - 2 Schwimmbäder - Tischtennis - Parkpl. (12000 L) **Umgebung** Weinberge des Chianti Classico (S 222) von Impruneta bis Siena - Castello di Meleto - Castello di Brolio (Cappella S. Jacopo u. Palazzo padronale) - Siena **Restaurant** *La Pecora Nera* von 19.30 bis 20.00 u. von 21.45 bis 22.00 Uhr - Di u. Mi geschl. - Karte: 60-90000 L - Spezialitäten: Toskanische Küche - Sehr guter Weinkeller (toskanische Weine).

Eine der schönsten Restaurierungen des Chianti stellt das *Tenuta di Ricavo* dar. In diesem Anwesen wurde ein Dorf wiederaufgebaut, in dem das Bauernhaus und die einstigen Stallungen die Salons, das Restaurant und die behaglichen Gästezimmer beherbergen. Mit Geranien bepflanzte Blumentöpfe stehen am Eingang der Bungalows. Hier ist man wirklich darauf bedacht, alles so zu gestalten, daß Sie sich in Ihrem Ferienquartier tatsächlich wohl fühlen. Die Küche ist ausgezeichnet (wir raten Ihnen zumindest zur Halbpension), das Wasser im Schwimmbad je nach Saison kühl oder warm und die Kiefern, die nach Harz duften und in denen die Zikaden zirpen, lassen erraten, warum seit langem soviel Inspiration von dieser Gegend ausgeht. Dies ist die wahre Toskana.

Anreise (Karte Nr. 13): 25 km nördl. von Siena. Auf der Schnellstraße Ausf. San Donato in Poggio, dann Rtg. Castellina in Chianti, nach 8 km die kleine Straße links, Tenuta di Rivaco 1 km weiter.

Hotel Villa Casalecchi

53011 Castellina in Chianti (Siena)
Tel. (0577) 74 02 40 - Fax (0577) 74 08 05
Sig.ra Lecchini-Giovannoni

Kategorie ★★★★ **Geschlossen** vom 16. November bis 31. März **19 Zimmer** m. Klimaanl., Tel., Bad, WC **Preise** EZ u. DZ: 160-180000 L - 200-280000 L - Frühst. inkl., von 8.00 bis 10.30 Uhr - HP u. VP: 240-270000 L, 280-310000 L (pro Pers.) **Kreditkarten** akzeptiert **Verschiedenes** Hunde erlaubt - Schwimmb. - Tennis - Parkpl. **Umgebung** Weinberge des Chianti Classico (S 222) von Impruneta bis Siena - Castello di Meleto - Castello di Brolio (Cappella S. Jacopo u. Palazzo padronale) - Siena **Restaurant** von 12.30 bis 14.30 u. von 19.30 bis 21.30 Uhr - Mi geschl. - Menüs: 65-85000 L - Karte - Regionale Spezialitäten.

Hier befinden Sie sich im Herzen des Chianti Classico, der edlen toskanischen Weingegend. *Villa Casalecchi* zählt zu jenen Häusern mit ländlichem Ambiente, die dem Reisenden die Türen öffnen und die berühmte Gastfreundschaft der Toskana anbieten. Die verhältnismäßig wenigen Zimmer erklären die hier herrschende ruhige, heitere Atmosphäre: Wohlbefinden, gute Küche, ein großer Garten voller Düfte für milde Abende. Ein gutes Haus, das seit bereits langer Zeit seine Vorzüge unter Beweis gestellt hat.

Anreise (Karte Nr. 13): 21 km nördl. von Siena über die S 222, Ausf. im Nordosten der Stadt.

TOSKANA

Albergo Fattoria Casafrassi

53011 Castellina in Chianti (Siena)
Via Chiantigiana, 40
Tel. (0577) 74 06 21 - Fax (0577) 74 10 47
Sig. Kehren - Sig. Vidali

Kategorie ★★★★ **Geschlossen** vom 3. November bis 31. März **22 Zimmer** m. Tel., Bad od. Dusche, WC; Aufzug **Preise** EZ u. DZ: 160-180000 L, 240-300000 L - Frühst. inkl., von 8.00 bis 10.00 Uhr **Kreditkarten** akzeptiert **Verschiedenes** Hunde erlaubt (8 000 L) - Schwimmb. - Tennis - Parkpl. **Umgebung** Florenz - Weinberge des Chianti Classico (S 222) von Impruneta bis Siena - Castello di Meleto - Castello di Brolio (Cappella S. Jacopo u. Palazzo padronale) - Siena **Restaurant** von 13.30 bis 14.30 u. von 19.30 bis 21.00 Uhr - Menü: 45000 L - Karte - Regionale Spezialitäten.

Casafrassi ist eine Villa aus dem 18. Jahrhundert, die an jener schönen Straße liegt, die durch die Weinberge des Chianti Classico führt und "Chiantigiana" heißt. Das Haus wurde in dem Bemühen restauriert, den ursprünglichen Stil und den Geist des Hauses wiederherzustellen. Heute ist es ein gutes Hotel. Fast alle Zimmer liegen in der Villa selbst, sind behaglich, groß und mit alten Möbeln eingerichtet. Die Küche des Restaurants ist gut und bietet vorwiegend regionale Spezialitäten. An der Grenze des Parks liegen mitten im Grünen das Schwimmbad und der Tennisplatz. Eine schöne Adresse für einen langen Aufenthalt. Da die Hoteldirektion wechseln soll, werden wir wachsan bleiben!

Anreise (Karte Nr. 13): 10 km nördl. von Siena über die SS 222, die nordwestliche Abfahrt zur Stadt nehmen, Casafrassi liegt südl. von Castellina.

TOSKANA

Hotel Belvedere di San Leonino

San Leonino 53011 Castellina in Chianti (Siena)
Tel. (0577) 74 08 87 - Fax (0577) 74 09 24
Sig.ra Orlandi

Kategorie ★★★ **Ganzj.** geöffn. **28 Zimmer** m. Tel., Bad od. Dusche, WC **Preise** DZ: 165-170000 L - Frühst. inkl., von 8.00 bis 10.00 Uhr **Kreditkarten** Amex, Visa, Eurocard, MasterCard **Verschiedenes** Hunde nicht erlaubt - Schwimmb. - Parkpl. **Umgebung** Florenz - Weinberge des Chianti Classico (S 222) von Impruneta bis Siena - Castello di Meleto - Castello di Brolio (Cappella S. Jacopo u. Palazzo padronale) - Siena **Restaurant** ab 19.30 Uhr - Menüs: 28-35000 L - Karte - Spezialitäten: Bruschette toscane - Farfallette confiori di zucca - Lombo di maiale al forno con fonduta di gorgonzola pecorino e funghi - Semi freddo di ricotta e frutti di bosco.

Wir bemühen uns seit Jahren, hübsche Hotels in der Gegend zwischen Florenz und Siena ausfindig zu machen. Denn zum einen ist die Region des Chianti wunderschön, zum anderen ist sie auch gut erschlossen, und eine Autobahn und eine Schnellstraße verbinden die beiden Städte. Außerdem sind die Preise niedriger als in der Stadt. Das *San Leonino* ist eines dieser preisgünstigen Hotels. Der freundliche Gasthof liegt isoliert in einer sehr schönen Landschaft. Die Zimmer verteilen sich auf mehrere Gebäude. Sie sind geräumig, einfach möbliert und sehr sauber. Salon und Speiseraum liegen zu ebener Erde und sind moderner ausgestattet. Gegenüber erstreckt sich der Garten mit einem Swimmingpool und weitem Panoramablick über das Tal. Eine angenehme Art, die Toskana abseits jeglicher hektischen touristischen Betriebsamkeit kennenzulernen.

Anreise (Karte Nr. 13): 10 km nördl. von Siena über die SS 222, die nordwestl. Abfahrt zur Stadt nehmen; 8 km südl. von Castellina, in Quercegrossa links hinter San Leonino.

Castello di Spaltenna

53013 Gaiole in Chianti (Siena)
Tel. (0577) 74 94 83 - Fax (0577) 74 92 69
M. Bartoli
E-mail : castellospalterna@chiantinet.it - Web : http://www.chiantinet.it/castellospalternna

Kategorie ★★★★ **Geschlossen** vom 20. November bis 20. März **26 Zimmer** m. Klimaanl., Tel., Bad, WC, TV, Minibar **Preise** EZ u. DZ: 265000 L, 310-395000 L; Suite: 455000 L - Frühst. inkl. **Kreditkarten** akzeptiert **Verschiedenes** Hunde erlaubt (Zuschlag: 10000 L) - Schwimmbad - Parkpl. **Umgebung** Siena - Chianti-Classico-Weine (S 222) von Gaiole nach Siena **Restaurant** von 12.30 bis 14.30 u. von 19.30 bis 21.30 Uhr - Mo u. Di mittags geschl. - Karte - Spezialitäten: Stinco di vitello al forno - Torta di ricotta e finoli.

Das *Castello di Spaltenna* hat eine neue Direktion erhalten. Bei der Renovierung und dem Umbau dieses ehemaligen Klosters, das zwischen dem 10. und 13. Jahrhundert entstand, wurde großes Können bewiesen. Deshalb verfügt es noch immer über seine majestätische Würde. Aufgrund seiner bewundernswerten Lage wurde alles daran gesetzt, daß man von den meisten Zimmern und den Gesellschaftsräumen aus diesen Panoramablick über Wälder und Weinberge des Chianti hat. Auch die beeindruckende Innenarchitektur, stets großzügig nach außen geöffnet, konnte bewahrt werden. Die Küche wurde Sabina Busch anvertraut, die lange Zeit eines der besten Restaurants von Florenz führte. Ruhe, Komfort und Gastronomie tragen nicht unbedeutend zum Gelingen eines Aufenthaltes im *Castello di Spaltenna* bei.

Anreise (Karte Nr. 13): 28 km nordöstl. von Siena über die S 408.

T O S K A N A

Castello di Tornano

1998

Tornano 53013 Gaiole in Chiati (Siena)
Tel. (0577) 74 60 67 - (055) 80 918 - Fax (0577) 74 60 94
Mmes Selvolini

Geschlossen von November bis April **10 Appartments** (f. 2-7 Pers.) m. Zi., Küche, Bad od. Dusche, WC **Preise** 1 Woche (1 Zi.): 750-1200000 L, (2 Zi.): 1150-2300000 L, "La Torre" (2 Zi.): 1950-3700000 L - Frühst.: 10000 L, ab 9.00 Uhr **Kreditkarten** Amex, Visa, Eurocard, MasterCard **Verschiedenes** Kleine Hunde (auf Anfr.) erlaubt - Schwimmb. - Tennis (10000 L), Reiten (25000 L) - Parkpl. **Umgebung** Monteriggioni - Florenz - Siena - San Gimignano - Arezzo **Restaurant** von 12.00 bis 19.00 Uhr - Di u. Mi geschl. (mittags) - Menü: 30000 L - Spezialitäten: regionale Küche.

Castello di Tornano ist ein heute denkmalgeschütztes Schloß aus dem 12. Jahrhundert. Seine Lage auf einem mit Wein und Eichen bewachsenen Hügel ist einzigartig: es überragt die ganze Landschaft. Die landwirtschaftliche Nutzung wurde übernommen von zwei sympathischen Schwestern, die auch den Turm des Anwesens zu einem komfortablen Appartement mit riesigen Räumen umgestaltet haben; Licht erhalten diese Räume von kleinen Fenstern, und man erreicht sie über eine kleine Wendeltreppe, die bis zur Panoramaterrasse hinaufklettert. Weitere, einfachere Zimmer liegen in den alten Bauernhäusern. Umgeben ist das Schloß von einer von Zypressen eingefaßten großen Wiese voller Blumen. Für das Schwimmbad hatte man die gute Idee, es in den ehemaligen Wassergräben anzulegen. Im Restaurant, nur 500 Meter weiter, kann man die Produkte des *Castello* genießen.

Anreise (Karte Nr. 13): 19 km von Siena. A 1, Ausf. Valdarno, dann SS 408 Rtg. Siena. Ab Siena Rtg. Gaiole in Chianti bis Lecchi. Ab Lecchi Tornano-Ristorante Guarnelotto ausgeschildert.

T O S K A N A

Residence San Sano

San Sano 53010 Lecchi in Chianti (Siena)
Tel. (0)577 74 61 30 - Fax (0)577 74 61 56
Sig. und Sig.ra Matarazzo
E-mail: hotelsansano@chiantinet.it

Kategorie ★★★★ **Geschlossen** vom 4. November bis 14. März **14 Zimmer** m. Klimaanl., Tel., Dusche, WC, Minibar **Preise** DZ: 180-220000 L - Frühst. inkl., von 8.00 bis 10.00 Uhr **Kreditkarten** akzeptiert **Verschiedenes** Hunde auf Anfrage erlaubt - Schwimmb. - Parkpl. **Umgebung** Monteriggioni - Florenz - Siena - San Gimignano **Restaurant** ab 19.30 Uhr - Di geschl.- Menü: 30000 L - Regionale Spezialitäten.

Um diese alte Festung zu restaurieren und Toskanaliebhabern im Herzen des Chianti elf Gästezimmer anzubieten, kehrten Giancarlo und Heidi aus Deutschland zurück. Die Restaurierung ist vollkommen, die Gestaltung sehr geschmackvoll. Polierte Möbel, rosa Fliesen, Deckenbalken und Steinbögen schaffen eine schlichte Atmosphäre großer Authentizität. Alle Zimmer haben moderne, komfortable Bäder und tragen charakterisierende Namen. Das charmanteste ist das "Zimmer mit Nestern" (die Nester blieben erhalten, wurden aber auf eine ausgeklügelte Art isoliert). Das "Zimmer mit Aussicht" hat Blick auf die grünen Täler und Weinberge. Im sympathischen Speiseraum werden abends die Gerichte einer guten regionalen Küche serviert, und im Sommer erwartet Sie auf der Terrasse das köstliche Frühstück.

Anreise (Karte Nr. 13): 20 km nördl. von Siena über die SS 408, links Rtg. Lecchi, dann San Sano.

T O S K A N A

Castello di Uzzano

Via Uzzano, 5
50022 Greve in Chianti (Firenze)
Tel. (055) 85 40 32 / 33 - Fax (055) 85 43 75
Sig.ra de Jacobert

1998

Ganzj. geöffn. (außerh. der Saison So geschl.) **6 Appartments** m. Tel., Bad od. Dusche, WC, TV, Küche
Preise 500-2500000 L (1 Woche) - Frühst.: 18000 L, von 8.30 bis 10.30 Uhr **Kreditkarten** akzeptiert
Verschiedenes Hunde erlaubt - Mountainbikes - Parkpl. **Umgebung** Florenz - Siena - Chianti - Classico-Weine (S 222) von Gaiole nach Siena - Castello di Meleto - Castello di Brolio (Cappella S. Jacopo u. Palazzo padronale) - Siena **Kein Restaurant** im Hotel.

Das *Castello di Uzzano* ist ein Besitz mit 500 Hektar Land, davon 60 Hektar Weinberge. Das Schloß wurde an einem romanisch-etruskischem Ort erbaut und um das Jahr 1000 erstmals erwähnt. Während der Renaissance wurde es nach Entwürfen Orcagnas erweitert, und zwischen dem 16. und 17. Jahrhundert zu einem Landhaus umgebaut. Seit 1984 gehört es nun neuen Eigentümern, die das Land bewirtschaften und dem Schloß mit einer sorgfältigen Restaurierung seinen ganzen Charme und seine Seele zurückgegeben haben. Um den Innenhof herum wurden sechs Appartements mit jeglichem Komfort eingerichtet. Die Möbel, Gemälde, alten Stiche und Kamine schaffen eine gemütliche Atmosphäre. Im Park und im Labyrinthgarten ganz im Stil des 17. Jahrhunderts ist es den Hotelgästen gestattet, hier (außer sonntags) lustzuwandeln. Und vor der Abreise können Sie im *Castello* Weine und Olivenöl einkaufen.

Anreise (Karte Nr. 10): 22 km südl. von Firenze über die A 1 Roma/Firenze, Ausf. Incisa-Valdarno; über die A 1 Milano/Bologna, Ausf. Firenze-Certosa.

TOSKANA

Hotel Monteriggioni

53035 Monteriggioni (Siena)
Tel. (0577) 30 50 09 - Fax (0577) 30 50 11
Sig.ra Gozzi

Kategorie ★★★★ **Geschlossen** vom 15. Januar bis 15. Februar **12 Zimmer** m. Klimaanl. Tel., Dusche, WC, TV, Minibar; Aufzug **Preise** EZ u. DZ: 200000 L, 310000 L - Frühst. inkl., von 8.00 bis 10.00 Uhr **Kreditkarten** Amex, Visa, Eurocard u. MasterCard **Verschiedenes** Hunde nicht erlaubt - Schwimmb. **Umgebung** Siena - Abbadia Isola - Colle Val d'Elsa (Oberstadt); Basilica dell' Osservanza u. Kartause von Pontignano; San Gimignano; Volterra **Kein Restaurant** im Hotel.

Wie eine Fata Morgana erscheinen einem an der *superstrada*, die Florenz mit Siena verbindet, die Türme von Monteriggione. Die Schönheit der Mauern und der gekappten Türme fordert einen unmittelbar dazu auf, die Straße zu verlassen und sich dies von nahem anzusehen - vor allem bei Sonnenuntergang. Ob man an der Porta Romea o Franca oder an der Porta San Giovanni ankommt, spielt keine Rolle, denn man ist in jedem Fall unmittelbar von diesem winzigen Dorf eingenommen, in dem sich noch die alten Militärkonstruktionen befinden; in ihnen wurden die Soldaten untergebracht, als Monteriggioni noch eine Siener Garnison war (18. Jh.). Wenn man das Personal des kürzlich eröffneten Hotels mitzählt, hat das Dorf 80 Einwohner. Das der Umgebung angepaßte Hotel ist sehr geschmackvoll und von diskretem Luxus, die unterschiedlichen Gästezimmer sind sehr komfortabel. Was die Aussicht angeht, so bevorzugen wir den Garten, in dem das Frühstück serviert wird, sobald das Wetter es erlaubt. Gleich gegenüber eine der besten Gaststätten der Region: das *Il Pozzo* läßt rasch vergessen, daß das Hotel über kein Restaurant verfügt.

Anreise (Karte Nr. 13): 12 km nördl. von Siena (vierspurige Straße), Abfahrt Monteriggioni.

TOSKANA

La Chiusa

53040 Montefollonico (Siena)
Via della Madonnina, 88
Tel. (0577) 66 96 68 - Fax (0577) 66 95 93
Sig.ra Masotti und Sig. Lucherini

Geschlossen vom 10. Januar bis 20. März u. 11. November bis 27. Dezember **6 Zimmer** u. 6 Appart. m. Tel., Bad, WC, TV, Minibar **Preise** DZ: 300000 L - Suiten: 490-630000 L - Frühst.: 25000 L, von 8.30 bis 10.30 Uhr **Kreditkarten** akzeptiert **Verschiedenes** Hunde erlaubt **Umgebung** Montepulciano - Monticchiello - Montalcino - Terme in Bagno Vignoli - Val d'Orcia-Dörfer (Castiglione d'Orcia, Rocca d'Orcia, Ripa d'Orcia, Campiglia d'Orcia) - Pienza - Collegiale San Quirico d'Orcia - Museo Nazionale Etrusco à Siusi - Chianciano Terme - Siena **Restaurant** von 12.30 bis 15.00 u. von 20.00 bis 22.00 Uhr - Di geschl. - Menü: 140000 L - Karte - Spezialitäten: Collo d'oca ripieno - Pappardelle Dania - Coniglio marinato al romarino - Piccione al vinsanto.

Das *Chiusa* ist in erster Linie das sehr gastfreundliche Haus von Dania, und erst danach ein renommiertes Restaurant mit Hotel. Der Charme dieser liebenswerten jungen Frau und ihre Hingabe an ihr Metier machen den Ruf dieses traumhaften Ortes aus. Für sie ist es natürlich, Sie wie Freunde willkommen zu heißen. Die delikaten Gerichte werden mit Zutaten vom eigenen Bauernhof und Gemüsegarten zubereitet. Die Zimmer und Appartements sind sehr behaglich und gepflegt. Das Frühstück ist reichhaltig: hausgemachte Konfitüre und Gebäck, frische Säfte. Wenn man dann noch einen Sonnenuntergang über dem Val di Chiana und dem Val d'Orcia miterlebt, ist es fast sicher, daß man an diesen Ort zurückkehrt.

Anreise (Karte Nr. 13): 60 km südl. von Siena über die A 1, Ausf. Val di Chiana - Bettole, Torrita di Siena Montefollonico.

TOSKANA

La Saracina

53026 Pienza (Siena)
Strada Statale, 146 (km 29,7)
Tel. (0578) 74 80 22 - Fax (0578) 74 80 18
Sig. ra Vessi Chelli

Ganzj. geöffn. **2 Zimmer** u. 3 Suiten u. 1 Appart. m. Tel., Bad, WC, TV **Preise** DZ: 300000 L; Suiten: 350000 L; Appart.: 330000 L - Frühst. inkl. **Kreditkarten** akzeptiert **Verschiedenes** Hunde nicht erlaubt - Schwimmb. - Tennis - Parkpl. **Umgebung** Pienza: Kathedrale, Palazzo Piccolomini - Montepulciano - Monticchiello - Montalcino - Terme in Bagno Vignoni - Val d'Orcia-Dörfer (Collegiale San Quirico d'Orcia, Castiglione d'Orcia, Rocca d'Orcia, Ripa d'Orcia, Campiglia d'Orcia) - Abtei Sant'Anna Camprena - Spedaletto - Chiusi - Cetona - Chianciano **Kein Restaurant** im Hotel (siehe unsere Restaurantauswahl S. 477-478).

Es ist schon seltsam, daß eine der schönsten toskanischen Landschaften seit der Renaissance intakt geblieben und kein Touristen-Mekka geworden ist. Pienza ist das Werk von Papst Pius II. Piccolimini, der zusammen mit dem Architekten B. Rossellino die ideale Stadt schaffen wollte. Mehrere Paläste und die Kathedrale waren bereits errichtet, als durch den plötzlichen Tod der beiden Protagonisten der Bau unterbrochen wurde. Zum Glück hat später niemand versucht, die Idylle dieser kleinen Stadt zu zerstören, die Zeffirelli dann als Kulisse für Romeo und Julia diente. Das Hotel, auf das wir schon lange gewartet haben, wurde also endlich eröffnet. Das *Saracina* ist ein ehemaliger landwirtschaftlicher Betrieb, verfügt über sehr behagliche Salons und nur über fünf mit alten Möbeln und großen Bädern ausgestattete Zimmer. Alle sind mit exquisitem Geschmack eingerichtet. Das moderne Appartement kann auch wochenweise gemietet werden. Gefrühstückt wird auf der Veranda.

Anreise (Karte Nr. 13): 52 km südöstl. von Siena über die SS 2 bis San Quirico, dann Pienza.

TOSKANA

Relais Il Chiostro di Pienza

53026 Pienza (Siena)
Corso Rossellino, 26
Tel. (0578) 74 84 00/42 - Fax (0578) 74 84 40
Sig.ra Bonifacci

Kategorie ★★★ **Ganzj.** geöffn. **37 Zimmer** m. Tel., Bad, WC, TV, Minibar - 2 Zi. f. Behinderte **Preise** EZ u. DZ: 160000 L, 220000 L; Suiten: 280000 L - Frühst. inkl. **Kreditkarten** akzeptiert **Verschiedenes** Hunde nicht erlaubt - Schwimmb. **Umgebung** Pienza: Kathedrale, Palazzo Piccolomini - Montepulciano - Monticchiello - Montalcino - Terme in Bagno Vignoni - Val d'Orcia-Dörfer (Stiftskirche San Quirico d'Orcia, Castiglione d'Orcia, Rocca d'Orcia, Ripa d'Orcia, Campiglia d'Orcia) - Abtei Sant'Anna Camprena - Spedaletto - Chiusi - Cetona - Chianciano **Restaurant** von 12.30 bis 14.30 u. von 19.00 bis 21.00 Uhr - Mo. geschl. - Menü - Karte - Regionale Spezialitäten.

Pienza fehlte ein Hotel mit Charme - ein Grund, weshalb das *Relais Il Chiostro di Pienza* unlängst eröffnet wurde. Es befindet sich in einem ehemaligen Kloster aus dem 15. Jahrhundert im historischen Zentrum. Die Restaurierung der Bögen, Balken, Fresken und des Kreuzgangs des Klosters ist mit einem einzigen Adjektiv zu beschreiben: superbe. Die Zimmer sind geräumig, die Möbel und allgemeine Ausstattung schlicht. An diesem Ort ist alles ruhig und friedlich. Das Hotel beabsichtigt, ein Restaurant zu eröffnen - das auf der Terrasse servierte Frühstück ist bereits sehr angenehm. Dieses Hotel ist besonders geeignet, um die wunderbare kleine Renaissance-Stadt Pienza wie auch die zahlreichen mittelalterlichen und etruskisch-römischen Orte der Umgebung zu entdecken.

Anreise (Karte Nr. 13): 52 km südöstl. von Siena über die S 2 bis San Quirico, dann Pienza.

T O S K A N A

L'Olmo

53020 Monticchiello di Pienza (Siena)
Tel. (0578) 755 133 - Fax (0578) 755 124 - Sig.ra Lindo
Web: http://www.nautilus.mp.com/olmo

Geschlossen von November bis Februar **5 Suiten** u. 1 EZ m. Tel., Bad, WC, TV, Minibar u. Safe **Preise** EZ: 200-2400000 L, Suite: 320000 L - Frühst. inkl., von 8.30 bis 10.30 Uhr- HP: +55000 L (pro Pers.) **Kreditkarten** Visa, Eurocard, MasterCard **Verschiedenes** Hunde nicht erlaubt - Beheizt. Schwimmb. - Parkpl. **Umgebung** Pienza - Montepulciano - Montalcino - Terme in Bagno Vignoni - Val d'Orcia-Dörfer (Stiftskirche San Quirico d'Orcia, Castiglione d'Orcia, Rocca d'Orcia, Ripa d'Orcia, Campiglia d'Orcia) - Abtei Sant'Anna Camprena - Spedaletto - Chiusi - Cetona - Chianciano **Restaurant** nur f. Hausgäste - Menü: 55000 L.

L'Olmo ist ein besonders raffiniertes Landgasthaus, das ausschließlich Suiten mit einem diskreten, aber effizienten Service anbietet. Das Haus selbst fand nach einer traditionsbewußten Restaurierung die ganze Noblesse seiner sorgfältig bearbeiteten Natursteine wieder. Wenn die Decken im Innern auch Balken zeigen, so ist die Größe der Räume doch entschieden modern. Die Gestaltung mit altem Mobiliar, Kunsthandwerk, schönen Stoffen und traditionellen Fußböden ist sehr elegant. Alle Suiten sind unterschiedlich angesichts ihrer Größe und ihrer Ausstattung. Zwei mit eigener Terrasse liegen ebenerdig am Garten. Von denen des Obergeschosses besitzt die größte zwei Räume für drei Personen, andere haben für die kühlere Jahreszeit einen Kamin, und die letzte ist mit einem Glasdach ausgestattet, das einen Panoramablick über das Val d'Oricia erlaubt. Die Gesellschaftsräume verfügen über den gleichen geschmackvollen Luxus. Wenn Sie bei Kerzenlicht dinieren möchten, müssen Sie vorher reservieren. Schwimmbad und Garten, beide wunderbar, scheinen Teil der umgebenden Landschaft zu sein.

Anreise (Karte Nr. 13): 52 km südöstl. von Siena. Über die A 1, Ausf. Valdichiana, Rtg. Torina di Siena, Pienza e monticchiello 110.

T O S K A N A

Castello di Ripa d'Orcia

Ripa d'Orcia 53023 Castiglione d'Orcia (Siena)
Tel. (0)577 89 73 76 - Fax (0)577 89 80 38 - Famiglia Aluffi
E-mail: ripa.dorcia@comune.siena.it - Web: http://www.nautilus-mp.com:ripa

Kategorie ★★★ **Geschlossen** vom 7. Januar bis 1. März **6 Zimmer** u. 7 App. m. Bad od. Dusche, WC **Preise** 140-160000 L - Frühst. inkl. - Appart.: 750-850000 L (f. 2 Pers., 7 Üb.); 1200-127000 L (f. 4 Pers., 7 Üb.) - **Kreditkarten** nicht akzeptiert **Verschiedenes** Hunde nicht erlaubt - Parkpl. **Umgebung** Val d'Orcia: Pienza - Montepulciano - Monticchiello - Montalcino u. Abtei Sant'Antimo - Terme in Bagno Vignoni - Val d'Orcia-Dörfer (Stiftskirche San Quirico d'Orcia, Castiglione d'Orcia, Rocca d'Orcia, Ripa d'Orcia, Campiglia d'Orcia) - Abtei Sant'Anna Camprena - Spedaletto - Chiusi - Cetona - Chianciano **Restaurant** von 19.30 bis 20.30 Uhr - Mo geschl. - Karte: 35-50000 L - Regionale Spezialitäten.

Ripa d'Orcia ist ein schöner, alter Weiler und seit dem Mittelalter praktisch unverändert. Um zum Schloß zu gelangen, muß man in San Quirico fünf Kilometer durchs Land fahren. Der Weg ist in schlechtem Zustand, dafür aber sehr schön! Das *Castello* ragt dann hinter Zypressen hervor. Eine intelligente Restaurierung belebt erneut die von den einstigen Bewohnern verlassenen Häuser, in denen man Zimmer und Appartements mieten kann, ferner gibt es ein Restaurant und einen herrlichen Versammlungsraum. Leider entspricht der Komfort nicht der Schönheit dieses Ortes. Wenn auch alles vorhanden ist, so ist die Ausstattung der Appartements doch nur spärlich, weshalb es ratsam ist, die hübscheren und komfortableren Zimmer zu wählen. In Ripa d'Orcia, inmitten wilder und geschützter Natur gelegen, sollte man in jedem Fall einen ausgedehnten Spaziergang machen.

Anreise (Karte Nr. 13): 45 km südl. von Siena (Rtg. Lago di Bolsena u. Viterbo) über die S 2 bis San Quirico u. Ripa d'Orcia. A 1: Ausf. Val di Chiana oder Chiusi-Chanciano, dann Rtg. Pienza.

TOSKANA

Cantina Il Borgo

Rocca d'Orcia 53023 Castiglione d'Orcia (Siena)
Tel. (0577) 88 72 80 - Fax (0577) 88 72 80
Sig. Tanganelli

Geschlossen vom 15. Januar bis 15. Februar **3 Zimmer** m. Klimaanl., Dusche, WC (WC f. Behinderte), TV **Preise** 110-130000 L - Frühst. inkl., von 8.30 bis 10.00 Uhr **Kreditkarten** Amex, Visa, Eurocard, MasterCard **Verschiedenes** Hunde erlaubt **Umgebung** Val d'Orcia: Pienza - Montepulciano - Monticchiello - Montalcino u. Abtei Sant'Antimo - Terme in Bagno Vignoni - Val d'Orcia-Dörfer (Stiftskirche San Quirico d'Orcia, Castiglione d'Orcia, Rocca d'Orcia, Ripa d'Orcia, Campiglia d'Orcia) - Abtei Sant'Anna Camprena - Spedaletto - Chiusi - Cetona - Chianciano **Restaurant** von 12.30 bis 14.30 u. von 19.00 bis 21.30 Uhr - Mo geschl.- Karte 40000 L.

Schon von weitem erkennt man die imposante Festung Rocca di Tentennano, die das Val d'Orcia überragt. Dieser mittelalterliche Marktflecken ist sehr diskret unterhalb gelegen, so als würde er sich vor den Augen neugieriger Touristen schützen wollen. Das Dorf scheint seit Jahrhunderten eingeschlafen, und nur die Telefonzelle (von der man ohne weiteres ins Ausland anrufen kann) holt einen in die Wirklichkeit zurück. Das Restaurant von *Cantina Il Borgo* befindet sich auf einem Platz in einem dieser kargen Häuser bzw. einer alten Remise, gegenüber eines wunderschönen achteckigen Brunnens, der bereits in Schriften des 12. Jahrhunderts erwähnt wird. Der auf seinen Besitz stolze und in seine Gegend verliebte Eigentümer wird Ihnen den ganzen Charme dieser Region nahelegen: ihren Wein, ihre Küche und auch die zahlreichen Wanderwege des Val d'Orcia. Zur Freude der Gäste wurden drei, vom Restaurant unabhängige und gepflegte Zimmer eingerichtet.

Anreise (Karte Nr. 13): 50 km südl. von Siena (Rtg. Lago di Bolsena u. Viterbo) über die S 2 Rtg. Castiglione d'Orcia u. Rocca. A 1: Ausf. Val di Chiana oder Chiusi-Chanciano, Rtg. Pienza.

TOSKANA

Castello di Modanella

1998

Modanella 53040 Serre di Rapolano (Siena)
Tel. (0577) 70 46 04 - Fax (0577) 70 47 40
Sig.ra Cerretti

Ganzj. geöffn. **32 Appartments** m. Bad, WC, TV **Preise** 1 Woche 710-1095000 L (2 Zi.), 945-1480000 L (3 Zi.), 1275-1990000 L (4 Zi.), 1445-2235000 L (5 Zi.). **Kreditkarten** akzeptiert **Verschiedenes** Hunde erlaubt - 2 Schwimmb., Tennis, Tischtennis - Parkpl. **Umgebung** Terme in Rapalano - Bagno Vignoni - Petriolo - Abtei Monte Oliveto Maggiore und Rückkehr über die Kammstraße: Asciano-Siena - Abtei Sant'Antimo - Montalcino - Pienza - Lucignano - Arezo **Kein Restaurant** im Hotel (siehe unsere Restaurantauswahl. in Aciano u. in Montalcino S. 477).

Die Sinter- und Marmorbrüche der Gegend um Serre di Rapolano muß man hinter sich lassen und zuversichtlich weiterfahren, denn unmittelbar hinter der Eisenbahnstrecke werden Sie das Schloß *Modanella,* ein großes Weingut, mit seinen verstreut gelegenen Gehöften entdecken. Um all diese Appartements anbieten zu können, wurden sämtliche Ställe, Schuppen Silos und sogar die ehemalige Schule umgebaut. Die Gestaltung ist geschmackvoll und sehr schlicht und verbindet auf eine angenehme Art Rustikales mit Komfort: weiße Wände, Möbel aus hellem Holz und komfortable Betten, gut ausgestattete Küchen und schöne Bäder - selbstverständlich aus Sinter. Im Schloß selbst, das derzeit restauriert wird, stehen noch keine Gästezimmer zur Verfügung. Diese Adresse ist besonders interessant, und man sollte sich beeilen, sie kennenzulernen, denn die Projekte für die Zukunft (zusätzliche Appartements, ein Restaurant und ein weiteres Schwimmbad) könnten aus ihm eine Art Ferienclub machen.

Anreise (Karte Nr. 13): 35 km von Siena; 30 km von Arezzo; ab Siena Straße E78 326 bis Rapolano Terme, vor Serre di Rapolano rechts nach Modanella.

TOSKANA

Relais La Suvera

La Suvera
53030 Pievescola di Casole d'Elsa (Siena)
Tel. (0577) 96 03 00 /1/2/3 - Fax (0577) 96 02 20
Sig. Buso

Kategorie ★★★★ **Geschlossen** von November bis März **16 Zimmer** u. 19 Suiten m. Tel., Bad, WC, Satelliten-TV **Preise** DZ: 370-500000 L; Suiten: 470-700000 L - Frühst. inkl. - HP: + 80000 L **Kreditkarten** akzeptiert **Verschiedenes** Hunde erlaubt - Schwimmb. - Sauna - Tennis - Parkpl. **Umgebung** Colle di Val d'Elsa - Abbadia Isola - Monteriggioni - Florenz - San Gimignano - Siena - Golf dell'Ugolino (18-Lochpl.) in Grassina **Restaurant** von 13.00 bis 16.00 u. von 19.00 bis 23.00 Uhr - Menü - Karte: 70-80000 L - Regionale Spezialitäten.

Wie soll man das *Suvera* beschreiben, ohne dabei in Superlative zu verfallen? Die päpstliche Villa aus dem 16. Jahrhundert gehörte auch mehreren großen italienischen Familien, u.a. den Borghese. Es wurde vor einigen Jahrzehnten von Lucchino Visconti gekauft, der es später an den jetzigen Besitzer, Marquis Ricci, abtrat. Heute ist das *Suvera* ein Luxushotel von außergewöhnlichem Komfort und großer Originalität und zugleich der prächtige Wohnsitz eines begeisterten Sammlers. Drei Hauptgebäude wurden als Hotel eingerichtet: Das *Olivera* und das *Scuderie* bieten schöne Zimmer von großem Luxus, und in der päpstlichen Villa haben der Marquis und seine Gattin Suiten gestaltet, die jeweils die vollkommene Nachbildung einer Epoche oder einer historischen Persönlichkeit darstellen. Ein Sammlertraum zwar, aber zur Freude des Reisenden. Der Service ist tadellos, die Küche ausgezeichnet, und die Gärten sind wundervoll.

Anreise (Karte Nr. 13): 61 km südl. von Florenz über die SS Firenze-Siena, Abfahrt Colle di Val d'Elsa-Süd, dann Rtg. Grosseto; Pievescola liegt 15 km weiter.

T O S K A N A

Hotel Villa San Lucchese

50036 Poggibonsi (Siena)
Via S. Lucchese, 5
Tel. (0577) 93 42 31 - Fax (0577) 93 47 29 - Sig. Ninci
E-mail: villasanlucchese@etr.it - Web: http://www.etr.it.hotel-villa-san-lucchese

Kategorie ★★★★ **Ganzj.** geöffn. **36 Zimmer** m. Klimaanl., Tel., Bad od. Dusche, WC, TV, Minibar; Aufzug **Preise** EZ u. DZ: 100-180000 L, 200-300000 L; Suiten: 250-300000 L - Frühst. inkl., von 7.30 bis 10.00 Uhr - HP u. VP: + 40000 L + 80000 L (pro Pers.) **Kreditkarten** akzeptiert **Verschiedenes** Hunde nicht erlaubt - Schwimmb. - Tennis - Parkpl. **Umgebung** Florenz - Siena - San Gimignano - Colle Val d'Elsa - Volterra - Monteriggioni - Chianti-Straße **Restaurant** von 12.30 bis 14.00 u. von 19.30 bis 22.00 Uhr - Di geschl. - Menü: 50000 L - Karte - Regionale Spezialitäten.

Zwischen den beiden bedeutendsten Städten der Toskana, also Florenz und Siena, ist Poggibonsi ideal gelegen. Das an das Kloster San Lucchese grenzende Hotel überragt die lebendige Stadt. Es ist eine noble Villa aus dem 15. Jahrhundert, die vor kurzem umgebaut und zu einem sehr komfortablen Hotel umgestellt wurde. Die geräumigen und hellen Zimmer sind klassisch gestaltet. Das Restaurant im Erdgeschoß geht auf eine sehr große Terrasse, von wo man die Ebene des Val d'Este überblickt. Im Garten, der an einen mit herrlichen hundertjährigen Bäumen bepflanzten Hain grenzt, begrüßt man das Schwimmbad - besonders im heißen toskanischen Sommer. Im Hotel finden hin und wieder Empfänge statt, aber alles ist derart gut organisiert, daß sich die anderen Gäste hierdurch nicht gestört fühlen.

Anreise (Karte Nr. 13): 19 km nördl. von Siena. Superstrada 4 Corsie, Ausf. Poggibonsi. A1, Ausf. Florenz Certosa.

TOSKANA

Hotel Borgo Pretale

Borgo Pretale
53018 Sovicille (Siena)
Tel. (0577) 34 54 01 - Fax (0577) 34 56 25
Sig. Ricardini

Kategorie ★★★★ **Geschlossen** vom 1. November bis 31. März **35 Zimmer** m. Tel., Bad, WC, TV, Minibar **Preise** DZ: 160-175000 L (pro Pers.); Suite: + 32000 L - Frühst. inkl., von 7.30 bis 10.00 Uhr - HP: + 65000 L (pro Pers., mind. 3 Üb.) **Kreditkarten** akzeptiert **Verschiedenes** Hunde nicht erlaubt - Schwimmb.- Tennis - Fitneßcenter - Sauna - Mountainbikes - Golfpractice - Parkpl. **Umgebung** Villa Cetinale in Sovicille - Rosia: Abtei Tori - Abtei San Galgano - Siena - Abtei Monte Oliveto Maggiore und Rückkehr über die Kammstraße: Asciano-Siena - Siena **Restaurant** von 19.30 bis 21.30 Uhr - Menü: 65000 L - Karte - Spezialitäten: Toskanische u. italienische Küche.

Das *Borgo Pretale* liegt 18 Kilometer von Siena entfernt in einem ursprünglichen Dorf in den typisch toskanischen Farben. Seine 900jährige Geschichte steht ihm gut zu Gesicht, und kürzlich wurde es zu einem Hotel umgewandelt. Insgesamt stehen 25 prachtvolle Zimmer zur Verfügung. Die Gestaltung umfaßt großen Komfort und beweist exquisiten Geschmack, der Service ist aufmerksam. Im Sommer sind Club-House, Schwimmbad und Tennis besonders für jene angenehm, die gerade die Quattrocento-Pilgerung hinter sich gebracht haben. *Borgo Pretale* liegt im Herzen der historischen Toskana.

Anreise (Karte Nr. 13): 18 km südöstl. von Siena über die SS 73, Rtg. Rosia, dann ausgeschildert.

T O S K A N A

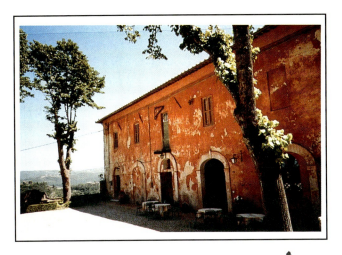

Azienda Agricola Montestigliano

1998

53010 Rosia (Siena)
Tel. (0577) 34 21 89 - Fax (0577) 34 21 00
Sig. Donati

Ganzj. geöffn. **10 Appartments** (2-8 Pers.) u. 1 Villa (12 Pers.) m. Küche, Dusche, WC, Tel. **Preise** 1 Woche: 630-1351000 L (2-3 Pers.), 966-1890000 L (6-8 Pers.), 1778-3892000 L (12 Pers.) - Frühst.: 12,000 L, von 8.30 bis 10.00 Uhr **Kreditkarten** Nicht akzeptiert **Verschiedenes** Kleine Hunde erlaubt - 2 Schwimmb. - Parkpl. **Umgebung** Montagnala: Kirche S. Giovanni in Rosia - Abtei Torri - Abtei San Galgano - Monteriggioni - Abbadia Isola - Siena **Gemeins. Abendessen** (nur f. Hausgäste, auf Best.) - ab 20.00 Uhr - Menü: 40000 L. Spezialitäten: regionale Küche.

Nur 16 Kilometer vor bzw. hinter Siena entdeckt man das Anwesen *Montestigliano,* das seit über 50 Jahren von der Familie Donati verwaltet wird. Die verschiedenen landwirtschaftlichen Gebäudeteile bilden ein richtiges kleines Dorf oberhalb der die weite Merse-Ebene bedeckenden Olivenhaine. Die noblen und die Bauernhäuser wurden traditionsgemäß restauriert und in ländlichem Stil möbliert. Sie alle bieten echten Komfort: gut ausgestattete Küchen (alle mit Waschmaschine, die der Villa außerdem mit Spülmaschine), und jedes hat eine Terrasse oder einen kleinen Garten. Auf Wunsch können Sie Frühstück und Abendessen in einem Flügel des großen Hauses einnehmen (wo sich auch die Büros dieses auf Getreideanbau spezialisierten Betriebes befinden), oder noch besser auf der schattigen Terrasse. Zwei Schwimmbäder sorgen dafür, daß das Zusammenwohnen nicht etwa "eng" wird. Der italienisch-englische Empfang ist sympathisch, und Susan Pennington erteilt gern gute Tips für Wanderungen in der Montagnola.

Anreise (Karte Nr. 13): 15 km südl. von Siena über die SS 73 bis Rosia. Die Azienda liegt 5 km hinter Torri, Stigliano und Montestigliano.

TOSKANA

Relais Fattoria Vignale

53017 Radda in Chianti (Siena)
Via Pianigiani, 9
Tel. (0577) 73 83 00 - Fax (0577) 73 85 92
Sig.ra Kummer

Kategorie ★★★★ **Geschlossen** vom 5. Januar bis 21. März **34 Zimmer** m. Klimaanl., Tel., Bad, WC, Minibar; Aufzug **Preise** EZ u. DZ: 180-200000 L, 270-350000 L - Frühst. inkl. (Buffet), von 7.30 bis 10.30 Uhr **Kreditkarten** akzeptiert **Verschiedenes** Hunde nicht erlaubt - Schwimmb. - Parkpl. **Umgebung** Siena - Chianti-Classico-Weine (N 222) - Florenz - Golf dell'Ugolino (18-Lochpl.) in Grassina **Restaurant** von 13.00 bis 14.30 u. von 19.30 bis 21.00 Uhr - Menüs: 60-90000 L - Karte - Spezialitäten: Toskanische u. Jahreszeiten-Küche.

Dieses Haus, das einst reichen Grundbesitzern gehörte, wurde 1983 aufgekauft und restauriert. Die zurückhaltende, gut aufeinander abgestimmte Gestaltung der Räume macht sich in diesem Haus außerordentlich gut und zeugt von großem Respekt vor der Vergangenheit: die Kellergewölbe, in denen das Frühstück serviert wird, der riesige Kamin in einem der Salons, die bemalten Wände der Bibliothek, die Strenge der Zimmereinrichtung. Weinkenner sollten es sich nicht nehmen lassen, hier Halt zu machen: das Hotel produziert einen ausgezeichneten Wein und stellt seinen Gästen eine Bibliothek zu dem Thema und eine *Önothek* zur Verfügung.

Anreise (Karte Nr. 13): 30 km nördl. von Siena über die SS 222 bis Castellina in Chianti, dann SS 429.

TOSKANA

Podere Terreno

Volpaia - 53 017 Radda in Chianti (Siena)
Tel. (0)577 73 83 12 - Fax (0)577 73 83 12/73 84 00
Sig.ra Haniez-Melosi
E-mail: podereterreno@chiantinet.it

Ganzj. geöffn. **7 Zimmer** m. Dusche, WC **Preise** EZ u. DZ m. HP: 140000 L, 150000 L (pro Pers., mind. 2 Üb.) - Frühst. inkl., von 8.30 bis 10.30 Uhr **Verschiedenes** Hunde erlaubt - Parkpl. **Kreditkarten** Amex, Visa, Eurocard, MasterCard **Umgebung** Siena - Chianti-Classico-Weine (N 222) - San Gimignano - Florenz - Golf dell'Ugolino (18-Lochpl.) in Grassina **Restaurant** ab 20.00 Uhr - Menü - Spezialitäten: Toskanische u. mediterrane Küche.

Volpaia und Radda gehören zu den hübschen Dörfern in der Region des Chianti Classico, die sich durch Eichen- und Kastanienwälder, Weinberge und Olivenhaine auszeichnet. Der Bauernhof ist von einem 50 Hektar großen Besitz umgeben, der einen guten "AOC"-Wein und exzellentes Olivenöl produziert. Das schöne Steinhaus ist einladend, die ehemalige traditionelle toskanische Küche wurde in einen großen Salon umgewandelt. Das große Sofa vor dem Kamin, rustikale alte Möbel und die Sammelobjekte von Marie-Sylvie, einer Französin, und ihrem Mann Roberto schaffen eine gemütliche und gesellige Atmosphäre. Gleiches gilt auch für die behaglichen, geschmackvoll eingerichteten Zimmer. Bei unserer Ankunft war Marie-Sylvie gerade damit beschäftigt, die Frühstückskonfitüren zuzubereiten, während Roberto den Braten für das Abendessen beaufsichtigte. Die von hauseigenen Weinen begleiteten Gerichte werden an der großen gemeinsamen Tafel eingenommen. Man kann sich in die Bibliothek oder den Billardraum zurückziehen, die im Keller des Bauernhauses untergebracht sind, aber auch in den Schatten der Gartenlaube.

Anreise (Karte Nr. 13): 30 km nördl. von Siena, 5 km von Radda, dann Rtg. Volpaia.

TOSKANA

Albergo Vescine

Vescine - 53017 Radda in Chianti (Siena)
Tel. (0577) 74 11 44 - Fax (0577) 74 02 63
Sig.ra Fleig
E-mail: vescine@chiantinet.it

Geschlossen 15. November bis Februar **25 Zimmer** m. Tel., Bad od. Dusche, WC, TV, Minibar **Preise** 260-270000 L (DZ), 350-370000 L (Suite) - Frühst. inkl., von 8.00 bis 10.30 Uhr **Verschiedenes** Hunde erlaubt (10000 L) - Tennis - Schwimmb. - Parkpl. **Kreditkarten** Amex, Visa, Eurocard, MasterCard **Umgebung** Siena - Chianti-Classico-Weine (N 222) - Impruneta (Winzerfest, Pferdemarktfest, Keramikherstellung: wundervolle Vasen) - San Gimignano - Florenz - Golf dell'Ugolino (18-Lochpl.) in Grassina **Kein Restaurant** im Hotel.

Wenn Sie Ruhe suchen und Abgeschiedenheit Sie nicht stört, ist Vescine der ideale Ort für Sie. Im Herzen des Chianti bietet dieser mit 75 Hektar Wald umgebene Weiler, der zu einem Relais auf dem Land umgestellt wurde, einen einzigartigen Rahmen und ist sehr angenehm für einen Zwischenstopp in der Toskana. Die vollkommen restaurierten und renovierten Gebäudeteile sind durch hübsche, kleine, gepflasterte Straßen voller Blumen miteinander verbunden. Die junge Direktorin hat es verstanden, die sanfte Toskana mit deutschem, effizientem Komfort zu verbinden. Die Zimmer sind schlicht und sehr funktionell. Die Zurückgezogenheit dieses Ortes wird jedoch durch viele Annehmlichkeiten (vom Schwimmbad bis zur *Vinothek* mit zahlreichen Lagen der Region) aufgewogen. Der Empfang ist allerdings etwas unpersönlich.

Anreise (Karte Nr. 13): 30 km nördl. von Siena über die SS 222 bis Panzanao in Chianti, Rtg. Radda in Chinati. Vor Radda links Rtg. Volpaia.

T O S K A N A

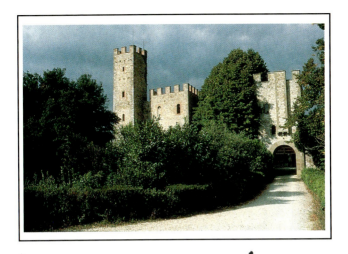

Castello di Montalto

1998

Montalto 53019 Castelnuovo Berardenga (Siena)
Tel. (0577) 35 56 75 - Fax (0577) 35 56 82 - Sig.ra Diana Coda-Nunziante
E-mail: montaldo@iol.it

Geschlossen vom 7. November bis 27. Dezember u. vom 7. Januar bis 14. März **7 Appartements** (2-6 Pers.) m. 1-3 Zi., Küche, Salon, Bad, WC (4 Appart. m. Tel., 1 Appart. m. TV) **Preise** 1 Woche: 2800-3300000 L (im Schloß), 770-2100000 L (im Dorf), 850-1000000 L (auf dem Bauernhof, 2 km) **Kreditkarten** Visa, Eurocard, MasterCard **Verschiedenes** Hunde nicht erlaubt - Schwimmb., Tennis, Fahrräder - Parkpl. **Umgebung** Castello delle Quattro Torri - Castello di Brolio und Weinberge von Chianti (Meleto) - Gaiole - Badia a Coltibu ono - Radda und Castellina in Chianti **Kein Restaurant** im Hotel (siehe unsere Restaurantauswahl S. 476).

Das *Castello di Montalto* ist ein kleines, befestigtes Dorf für sich; sein Turm und seine authentischen, schönen Fassaden mit Mauerzinnen sind gut erhalten. Die Atmosphäre ist distinguiert, und geführt wird es von der amerikanischen Gattin des Besitzers, eines italienischen Grafen, der die Nebengebäude des Anwesens zu komfortablen Appartements umgebaut hat. Im Schloß selbst befindet sich das größte Appartement mit Zugang zum Terrassendach des Turmes. Ferner besteht die Möglichkeit, ein vollkommen unabhängiges Bauernhaus zu mieten; das ist rustikaler, liegt zwei Kilometer vom Schloß entfernt und ist gut ausgestattet (Telefon, Garage). Die Gestaltung ist je nach Haus unterschiedlich, aber auch die einfachen sind angenehm. Die meisten besitzen einen Kamin und einen kleinen Garten, in dem man frühstücken kann. Auf dem Bauernhof Öl, Honig, Eier und frisches Gemüse einzukaufen, ist sehr angenehm. Der Empfang ist diskret und freundlich. Wer die Natur liebt, wird hier wunschlos glücklich sein.

Anreise (Karte Nr. 13): 20 km südöstl. von Siena über die SS Siena-Perugia Rtg. Arezzo. An der Kreuzung Rtg. Bucine/Ambra; nach 3 km links den Weg nach Montalto (ca. 3 km).

TOSKANA

Hotel Villa Arceno

53010 San Gusmè - Castelnuovo Berardenga (Siena)
Tel. (0577) 35 92 92 - Fax (0577) 35 92 76
Sig. Mancini

Kategorie ★★★★ **Geschlossen** von November bis Februar **16 Zimmer** m. Tel., Bad, WC, TV, Minibar; Aufzug **Preise** EZ u. DZ: 297000 L, 484000 L; Suiten: 650000 L - Frühst. inkl., von 7.30 bis 10.30 Uhr - HP u. VP: 340000 L, 490000 L (pro Pers.) **Kreditkarten** akzeptiert **Verschiedenes** Hunde nicht erlaubt - Schwimmb. - Tennis - Mountainbikes - Parkpl. **Umgebung** Siena - Arezzo - Monte San Savino - Abtei am Monte Oliveto u. Kammstaße von Asciano nach Siena **Restaurant** von 13.00 bis 14.30 u. von 20.00 bis 22.00 Uhr - Menü: ab 90000 L - Karte - Regionale Spezialitäten.

Aus Siena herauszufinden und nach Castelnuovo Berardenga zu gelangen, ist kein Problem, und man genießt dabeidas Licht und eine Landschaft wie auf Sienaer Gemälden. Den Weiler San Gusmè am Ortsausgang zu finden, schafft man gerade noch, aber dann die *Villa Arceno* ausfindig zu machen, ist nicht leicht. Deshalb sucht man am besten gar nicht erst nach dem Haus, sondern nach einem großen Torbogen mit der Inschrift *Arceno*. Durchfahren Sie das Tor und folgen Sie der Straße durch Wald, Weinberge und Olivenhaine, und wenn Sie nicht irgendwann wenden, weil Sie meinen, sich verfahren zu haben, kommen Sie unweigerlich an. Das schöne Haus aus dem 17. Jahrhundert war einst der Jagdsitz einer reichen italienischen Familie; es liegt auf einem tausend Hektar großen Besitz, zu dem 19 Bauernhöfe gehören! Die Villa wurde zu einem wunderschöne Hotel umgebaut, und auch die Bauernhöfe wurden zur Freude der Gäste sorgfältig restauriert. Der Empfang ist höchst freundlich.

Anreise (Karte Nr. 13): 25 km östl. von Siena über die A 1, Ausf. Valdichiana oder Monte San Savino, Rtg. Monte San Savino bis Castelnuovo Berardenga, Ortsteil San Gusmé.

Hotel Relais Borgo San Felice

San Felice
53019 Castelnuovo Berardenga (Siena)
Tel. (0577) 35 92 60 - Fax (0577) 35 90 89
Sig. Righi

Kategorie ★★★★ **Geschlossen** von November bis Februar **38 Zimmer** u. 12 Suiten m. Klimaanl., Tel., Bad, WC, TV, Minibar **Preise** EZ u. DZ: 305000 L, 450000 L; Suite: 650000 L - Frühst. inkl., von 7.30 bis 10.30 Uhr - HP u. VP: 340-440000 L, 510-530000 L **Kreditkarten** akzeptiert **Verschiedenes** Hunde nicht erlaubt - Schwimmb. - Tennis - Parkpl. **Umgebung** Castello delle quattro torri dei Due Ponti - Castello di Brolio - Chianti-Weinstraße über Meleto, Gaiole, Badia a Coltibuoni, Radda u. Castellina in Chianti **Restaurant** von 12.30 bis 14.00 u. von 19.30 bis 21.30 Uhr - Menüs: 80-150000 L - Karte - Regionale Spezialitäten.

Eine Postkartenidylle: der kleine Platz vor der Kappelle, die Gäßchen mit dem Kopfsteinpflaster, gesäumt von blumengeschmückten kleinen Häusern, kleine Gärten, Steintreppen, Fassaden, an denen wilder Wein emporrankt ... Das ist *Borgo San Felice*, ein toskanisches Dorf aus dem Mittelalter, das vollständig restauriert wurde und heue ein charmantes Luxushotel ist. Man hat wahrhaftig den Eindruck, sich in einem Dorf zu befinden, denn die landwirtschaftlichen Aktivitäten sind hier noch immer rege. Die Inneneinrichtung der Häuser ist überaus geschmackvoll: schöne Räume in Ockertönen, hübsche Möbel und viel Komfort. Das angenehme Schwimmbad, der geschulte Service und Empfang und eine exzellente Küche machen das *Borgo San Felice* zu einem Hotel, das wir mit sehr gutem Gewissen empfehlen können.

Anreise (Karte Nr. 13): 17 km östl. von Siena - in Siena SS Siena-Perugia, Rtg. Arezzo, nach 7 km links, Rtg. Montaperti.

TOSKANA

Hotel L'Antico Pozzo

53037 San Gimignano (Siena)
Via San Matteo, 87
Tel. (0577) 94 20 14 - Fax (0577) 94 21 17 - Sig. Marro und Sig. Caponi
E-mail: antpozzo@tin.it - Web: http://www.web.tin.it/antpozzo

Kategorie ★★★ **Ganzj.** geöffn. **18 Zimmer** m. Klimaanl., Tel., Bad u. Dusche, Satelliten-TV, Minibar, Safe, Aufzug **Preise** EZ u. DZ: 145000 L, 190000 L; Suiten: 240000 L - Frühst. inkl. **Kreditkarten** akzeptiert **Verschiedenes** Hunde nicht erlaubt **Umgebung** San Gimignano: Stiftskirche, Piazza del duomo, Piazza della Cisterna - Etruskische Grabstätte von Pieve di Cellole - Kloster S. Vivaldo - Certaldo - Pinakothek, Capella della Visitazione (Fresken von B. Gozzoli) in Castelfiorentino - Florenz - Siena - Volterra - Golf Castelfalfi (18-Lochpl.) **Kein Restaurant** im Hotel (siehe unsere Restaurantauswahl S. 478).

Im Zentrum von San Gimignano haben zwei junge Leute mit Geschmack und Talent ein sehr schönes Gebäude aus dem 15. Jahrhundert zu neuem Leben erweckt. Ihre Fähigkeiten haben sie bei der Restaurierung des Hauses bewiesen, bei der die ursprüngliche Architektur bewahrt wurde und bis hin zu den Fresken und dem alten Brunnen im Hausinnern alles erhalten blieb. Der gute Geschmack findet sich auch in der perfekten Ausstattung des Hauses mit schönen alten Möbeln und hübschen Stoffen, die eine elegante, stilvolle Atmosphäre schaffen. Wir empfehlen die Zimmer zum Hof, in denen man garantiert ruhige Nächte verbringt, obwohl die meisten Touristen abends San Gimignano verlassen. Oder Sie verlangen das Fresken-Zimmer, das jedoch leider Blick auf die Feuerleiter hat - aber Sicherheit muß sein. Salon und Frühstückszimmer sind ebenfalls sehr einladend.

Anreise (Karte Nr. 13): 38 km nordöstl. von Siena, im Zentrum; zum Parkplatz an der Porta San Matteo: 100 m.

TOSKANA

Hotel La Cisterna

53037 San Gimignano (Siena)
Piazza della Cisterna, 24
Tel. (0577) 94 03 28 - Fax (0577) 94 20 80 - Sig. Salvestrini
E-mail: lacisterna@id.it

Kategorie ★★★ **Geschlossen** vom 11. Januar bis 9. März **47 Zimmer** u. 2 Suiten m. Tel., Bad od. Dusche, WC, Satelliten-TV, Safe **Preise** EZ u. DZ: 113000 L, 146-186000 L; Suiten: 211000 L - Frühst. inkl., von 7.30 bis 10.00 Uhr - HP u. VP: 115-135000 L, 150-170000 L (pro Pers.) **Kreditkarten** akzeptiert **Verschiedenes** Hunde nicht erlaubt - Parkpl. (15000 L) **Umgebung** San Gimignano: Stiftskirche, Piazza del duomo, Piazza de la Cisterna - Etruskische Grabstätte von Pieve di Cellole - Kloster S. Vivaldo - Certaldo - Pinakothek, Capella della Visitazione (Fresken von B. Gozzoli) in Castelfiorentino - Florenz - Siena - Volterra - Golf Castelfalfi (18-Lochpl.) **Restaurant** von 12.30 bis 14.30 u. von 19.30 bis 21.30 Uhr - Di u. Mi mittags geschl. - Menüs: 55-75000 L - Spezialitäten: Pasta fatta in casa.

Das *Cisterna* ist ein altes, schönes Hotel, liegt im Herzen der Stadt und trägt den Namen des Brunnens, der mit den Türmen zu den Sehenswürdigkeiten San Gimignanos zählt. Von dem alten Palast ist einiges erhalten geblieben, so der wunderbare Salon, dessen Architektur das schönste aller Dekors ist. Die eleganten Florentiner Möbel, die eine gediegene und komfortable Atmosphäre schaffen, sind aufs ganze Hotel verteilt. Vergessen darf man aber nicht *La Terrasse*, das Restaurant von *La Cisterna*, das sowohl für seine gute Küche als auch für seinen Panoramablick über das ganze Tal berühmt ist. Ein Hotel mit Qualitäten in einem kleinen Ort, der einige der besten Adressen der Toskana vorweisen kann.

Anreise (Karte Nr. 13): 38 km nordöstl. von Siena, im Zentrum.

TOSKANA

Hotel Bel Soggiorno

53037 San Gimignano (Siena)
Via San Giovanni, 91
Tel. (0)577 94 03 75/94 31 49 - Fax (0)577 94 03 75/94 31 49 - Sig. Gigli
E-mail: pescille@iol.it - Web: http://web.tin.it.san-gimignano

Kategorie ★★★ **Geschlossen** Vom 11. Januar bis 9. Februar **21 Zimmer** m. Klimaanl., Tel., Bad, WC, TV, 6 m. Minibar; Aufzug **Preise** DZ: 150000 L; Suiten: 200000 L - Frühst.: 12500 L, von 8.00 bis 10.00 Uhr - HP u. VP: ab 115000 L, ab 150000 L (pro Pers.) **Kreditkarten** akzeptiert **Verschiedenes** Hunde nicht erlaubt - Parkpl. - Garage (15000 L) **Umgebung** San Gimignano: Stiftskirche, Piazza del duomo, Piazza de la Cisterna - Etruskische Grabstätte von Pieve di Cellole - Kloster S. Vivaldo - Certaldo - Pinakothek, Capella della Visitazione (Fresken von B. Gozzoli) in Castelfiorentino - Florenz - Siena - Volterra - Golf Castelfalfi (18-Lochpl.) **Restaurant** m. Klimaanl., von 12.15 bis 14.30 u. von 19.30 bis 21.30 Uhr - Vom 10. Januar bis 10. Februar geschl. - Menü: 45-80000 L - Karte - Spezialitäten: Traditionelle Küche.

Dieses wunderbare Haus aus dem 13. Jahrhundert liegt mitten in San Gimignano und wird seit fünf Generationen von der Familie geführt, die sich auch um *Le Pescille* kümmert. Der Empfang ist sehr freundlich, aber die Zimmer variieren stark: einige gehen zur Straße, andere bieten einen wundervollen Balkon mit Blick über das offene Land (Nr. 1, 2 und 6). Auch vom Restaurant aus hat man diesen außergewöhnlichen Ausblick, und nebenbei speist man dort auch sehr gut: seine exzellente traditionelle Küche hat nämlich den Ruf des *Bel Soggiorno* begründet.

Anreise (Karte Nr. 13): 38 km nordöstl. von Siena, im Zentrum. Parkplätze 200 m entf. (15000 L).

T O S K A N A

La Collegiata

Strada 53037 San Gimignano (Siena)
Tel. (0577) 94 32 01 - Fax (0577) 94 05 66
Sig. Bonomi

Geschlossen im Januar **22 Zimmer** m. Klimaanl., Tel., Bad od. Dusche, Satelliten-TV, Minibar, Safe; Aufzug **Preise** DZ: 550-650000 L; Suiten: 670-750000 L - Frühst. inkl., von 7.30 bis 10.30 Uhr **Kreditkarten** akzeptiert **Verschiedenes** Kleine Hunde erlaubt - Schwimmb. - Parkpl. **Umgebung** San Gimignano: Stiftskirche, Piazza del duomo, Piazza de la Cisterna - Etruskische Grabstätte von Pieve di Cellole - Kloster S. Vivaldo - Certaldo - Pinakothek, Capella della Visitazione (Fresken von B. Gozzoli) in Castelfiorentino - Florenz - Siena - Volterra - Golf Castelfalfi (18-Lochpl.) **Restaurant** von 12.30 bis 14.00 u. von 19.30 bis 22.00 Uhr - Menü u. Karte - Kreative toskanische Küche.

Dieses ehemalige Franziskanerkloster wurde 1587 auf Wunsch der Bewohner von San Gimignano erbaut. Es ist ein sehr schönes Bauwerk aus *pierra serena* und rotem Backstein und erhebt sich vor einem Hintergrund aus Zypressen. Der italienische Garten und das von einem Rasen umgebene große Schwimmbad laden dazu ein, die Natur zu genießen. Am Kreuzgang, der den gleichen Brunnen wie die Piazza della Sisterna besitzt, wurden die Rezeption und die Salons untergebracht. Die gewählten Möbel und Stoffe verleihen diesen Räumen viel Eleganz. Das Restaurant liegt in der ehemaligen Kapelle, was beim Genießen der regionalen Jahreszeiten-Spezialitäten eine beinahe andächtige Stimmung schafft. Im Turm befindet sich eine Suite mit einem 190°-Blick, aber wegen ihres enormen Jacuzzi im Hauptraum ist es nicht dieses Zimmer, das wir bevorzugen. Die anderen Gästezimmer sind nicht so aufreizend, sondern hübsch, groß und komfortabel. Guter Service.

Anreise (Karte Nr. 13): 38 km nordöstl. von Siena, im Zentrum. Parkplatz an der Porta San Matteo, 100 m weiter.

TOSKANA

Villa San Paolo

53037 San Gimignano (Siena)
Tel. (0577) 95 51 00 - Fax (0577) 95 51 13
Sig.ra Sabatini-Volpini und Sig. Squarcia
E-mail: sanpaolo@vol.it - Web: http://web;tin.it/san-gimignano

Kategorie ★★★★ **Geschlossen** vom 10. Januar bis 10. Februar **18 Zimmer** m. Klimaanl., Tel., Bad, WC, Satelliten-TV, Minibar, Aufzug; Eingang f. Behinderte **Preise** EZ u. DZ: 100-195000 L, 180-320000 L - Frühst. inkl., von 7.30 bis 10.30 Uhr **Kreditkarten** akzeptiert - Hunde nicht erlaubt - Schwimmb. - Tennis - Tischtennis - Parkpl. **Umgebung** San Gimignano: Stiftskirche, Piazza del duomo, Piazza de la Cisterna - Etruskische Grabstätte von Pieve di Cellole - Kloster S. Vivaldo - Certaldo - Pinakothek, Capella della Visitazione (Fresken von B. Gozzoli) in Castelfiorentino - Florenz - Siena - Volterra - Golf Castelfalfi (18-Lochpl.) **Restaurant** *Leonetto* des Hotels *Le Renaie* S. 278 - Menü u. Karte.

Die Besitzer des benachbarten Hotels *Le Renaie* haben aus dieser schönen Villa ein angenehmes kleines Hotel in der Umgebung von San Gimignano gemacht. Die wenigen Zimmer sind klimatisiert und bieten einen tadellosen Komfort. Die Gestaltung ist freundlich und einladend, und man fühlt sich an einen Wintergarten erinnert. Im großen Garten mit Pinien und Olivenbäumen liegt ein wunderschönes Schwimmbad. Von dort hat man einen unvergeßlichen Ausblick auf die Landschaft und die Türme von San Gimigniano. Kein Restaurant im Hotel, aber die Möglichkeit, im *Leonetto*, dem Restaurant des *Renaie*, zu speisen.

Anreise (Karte Nr. 13): 38 km nordöstl. von Siena; 5 km nördl. von San Gimignano, an der Straße nach Certaldo.

T O S K A N A

Hotel Le Renaie

53037 San Gimignano - Pancole (Siena)
Tel. (0577) 95 50 44 - Fax (0577) 95 51 26
Sig. Sabatini

Kategorie ★★★ **Geschlossen** vom 5. November bis 5. Dezember **25 Zimmer** m. Tel., Bad, WC, Satelliten-TV, Safe, Minibar **Preise** EZ u. DZ: 100000 L, 130-180000 L - Frühst.: 15000 L, von 8.00 bis 10.00 Uhr - HP: 125-140000 L (pro Pers., mind. 3 Üb.) **Kreditkarten** akzeptiert **Verschiedenes** Hunde erlaubt - Schwimmb. (15. Mai bis 15. September) - Tennis - Parkpl. **Umgebung** San Gimignano: Stiftskirche, Piazza del duomo, Piazza de la Cisterna - Etruskische Grabstätte von Pieve di Cellole - Kloster S. Vivaldo - Certaldo - Pinakothek, Capella della Visitazione (Fresken von B. Gozzoli) in Castelfiorentino - Florenz - Siena - Volterra - Golf Castelfalfi (18-Lochpl.) **Restaurant** von 12.30 bis 14.30 u. von 19.30 bis 22.00 Uhr - Di geschl. - Menüs: 30-60000 L - Karte - Spezialitäten: Coniglio alla vernaccia - Piatti al tartufi - Piatti agli asparagi e ai funghi.

Auf dem Land, aber ganz in der Nähe von San Gimignano, steht dieses Haus neueren Datums, das jedoch mit Materialien und in den Farben der traditionellen toskanischen Bauten errichtet wurde: Backstein, Ziegel, Terrakotta und Holz bilden ein harmonisches, blaßrosa und eierschalfarbenes Ganzes. Der moderne Salon hat einen großen Kamin und eine nette kleine Bar und öffnet sich auf eine Galerie; inmitten von Blumen und Pflanzen kann man dort aufs angenehmste frühstücken oder den Apéritif einnehmen. Die Zimmer sind hübsch und behaglich, aber Sie sollten versuchen, eines von jenen zu bekommen, die außerdem eine Terrasse mit Ausblick haben.

Anreise *(Karte Nr. 13): 38 km nordöstl. von Siena; 6 km nordwestl. von San Gimignano bis Pieve di Cellole, dann Pancole.*

T O S K A N A

Il Casale del Cotone

Il Cotone
53037 San Gimignano (Siena)
Tel. (0)577-94 32 36 - Fax (0)577-94 32 36

Ganzj. geöffn. **6 Zimmer** u. 3 Appart. m. Dusche, WC, Satelliten-TV, Minibar **Preise** EZ u. DZ: 120000 L, 140000 L; Suiten: 160000 L - Frühst.: 10000 L, von 8.00 bis 10.30 Uhr - HP: 210-260000 L **Kreditkarten** Amex, Visa, Eurocard, MasterCard **Verschiedenes** Hunde erlaubt - Mountainbikes - Parkpl. **Umgebung** San Gimignano: Stiftskirche, Piazza del duomo, Piazza de la Cisterna - Etruskische Grabstätte von Pieve di Cellole - Kloster S. Vivaldo - Certaldo - Pinakothek, Capella della Visitazione (Fresken von B. Gozzoli) in Castelfiorentino - Florenz - Siena - Volterra - Golf Castelfalfi (18-Lochpl.) **Kein Restaurant** im Hotel.

Diese gute, neue Adresse in San Gimignano sollte man sich nicht entgehen lassen - auch dann nicht, wenn es ihrer viele gibt. Die kleine, zwischen Siena, Florenz und Pisa gelegene Stadt ist ein guter Ausgangspunkt zum Kennenlernen der berühmten Region. *Il Casale del Cotone* ist ein von 30 Hektar Weinbergen und Olivenhainen umgebenes Bauernhaus aus dem 18. Jahrhundert. Kürzlich wurden einige Gästezimmer für zwei oder drei Personen eingerichtet, ferner zwei Mini-Appartements mit einem separaten Eingang für Familien. Die Ausstattung mit einigen alten Möbelstücken ist ländlich, die ganz neuen Duschen haben jeglichen Komfort. Je nach Jahreszeit können Sie das Frühstück entweder im Jagdzimmer oder im Garten einnehmen. Die Gastgeber legen großen Wert auf eine gute Betreuung - mit einem Bar-Service praktisch rund um die Uhr - und servieren Ihnen auf Wunsch auch kleine Gerichte. San Gimignano liegt aber nur zwei Kilometer weiter, und der Abend ist wirklich die beste Zeit zum Entdecken dieses kleinen "Wallfahrtsortes".

***Anreise** (Karte Nr. 13): 2 km von San Gimignano, Rtg. Certaldo.*

TOSKANA

Il Casolare di Libbiano

Libbiano 53037 San Gimignano (Siena)
Tel. (0577) 94 60 02 - Fax (0577) 94 60 02
Sig. Bucciarelli und Sig.ra Mateos

Geschlossen von November bis März **5 Zimmer** m. Dusche, WC u. 1 Suite m. Bad, WC, Salon, Terrasse **Preise** DZ: 220000 L; Suiten: 290000 L - Frühst. inkl., von 8.30 bis 10.00 Uhr - HP: 270000 L (in DZ, 2 Pers.), 340000 L (Suite, 2 Pers.) **Kreditkarten** Visa, Eurocard, MasterCard **Verschiedenes** Hunde erlaubt - Schwimmb. - Mountainbikes - Parkpl. **Umgebung** San Gimignano: Stiftskirche, Piazza del duomo, Piazza de la Cisterna - Etruskische Grabstätte von Pieve di Cellole - Kloster S. Vivaldo - Certaldo - Pinakothek, Capella della Visitazione (Fresken von B. Gozzoli) in Castelfiorentino - Florenz - Siena - Volterra - Golf Castelfalfi (18-Lochpl.) **Restaurant** ab 20.00 Uhr - Karte - Regionale Spezialitäten.

San Gimignano verläßt man über die Straße von Certaldo und fährt solange durch die Landschaft des Val d'Elsa, bis man den kleinen Hügel mit der Kirche von Cellole erblickt. Nach einigen Kilometern erreicht man in Libbiano das *Casolare*. Dem dynamischen Gastgeber-Paar ist es zu verdanken, daß dieses alte Bauernhaus heute ein freundliches, komfortables und authentisches Haus mit besonders aufmerksamem Empfang ist. Und wenn die Gastgeber von dieser Gegend sprechen, deren Vorzüge sie mit Ihnen teilen möchten, ist viel Wärme zu spüren. Küche, Wein und Kultur sind hier von großem Interesse, aber auch die herrlichen, vom organisierten Tourismus noch bewahrten Abteien von San Antimo und San Galgano.

Anreise (Karte Nr. 13): 8 km von San Gimignano, Rtg. Gambassi, Weg nach Libbiano links.

TOSKANA

Hotel Pescille

53037 San Gimignano - Pescille (Siena)
Tel. (0)577-94 01 86- Fax (0)577-94 31 65
Fratelli Gigli
E-mail: pescille@iol.it - Web: http://web.tin.it/san-gimignano

Kategorie ★★★ **Geschlossen** im Januar u. Februar **40 Zimmer** m. Tel., Bad, WC, 7 m. Satelliten-TV u. Minibar **Preise** DZ: 190-230000 L; Suite: 190-230000 L - Frühst: 15000 L, von 8.00 bis 9.30 Uhr **Kreditkarten** akzeptiert **Verschiedenes** Hunde nicht erlaubt - Schwimmb. - Tennis (10000 L) - Parkpl. **Umgebung** San Gimignano: Stiftskirche, Piazza del duomo, Piazza dela Cisterna - Etruskische Grabstätte von Pieve di Cellole - Kloster S. Vivaldo - Certaldo - Pinakothek, Capella della Visitazione (Fresken von B. Gozzoli) in Castelfiorentino - Florenz - Siena - Volterra - Golf Castelfalfi (18-Lochpl.) **Kein Restaurant** im Hotel (siehe unsere Restaurantauswahl S. 478).

Die Türme San Gimignanos zählen zu den bedeutendsten Sehenswürdigkeiten der Toskana. Das ein wenig abgelegene *Pescille* ist ein ehemaliges rustikales Bauernhaus, das seit mehreren Jahren als Hotel dient, aber vor kurzem renoviert wurde und alle Annehmlichkeiten besitzt, mit denen ein Hotel im Zentrum nicht dienen kann: Garten, Schwimmbad, Tennis. Der Ort ist angenehm, kühl und entspannend. In dem Labyrinth der kleinen Gärten kann man sich von den Ausflügen, die man tagsüber unternimmt, angenehm ausruhen. Die Gästezimmer bieten jeglichen wünschenswerten Komfort. Die Einrichtung ist, mit altem und modernem Mobiliar, schlicht-elegant. Ein angenehmes Landgasthaus.

Anreise (Karte Nr. 13): 38 km nordöstl. von Siena; 6 km von San Gimignano, Rtg. Castel San Gimignano-Volterra (3,5 km).

TOSKANA

Casanova di Pescille

Pescille 53037 San Gimignano (Siena)
Tel. (0577) 94 19 02 - Fax (0577) 94 19 02
Sig.ra Cappellini - Sig.Fianciullini

Ganzj. geöffn. **8 Zimmer** u. 1 Appart. (2 Pers. m. Küche) m. Dusche, Satelliten TV **Preise** DZ: 110000 L, Appart: 150000 L - Frühst. inkl. **Kreditkarten** Visa, Eurocard, MasterCard **Verschiedenes** Hunde erlaubt - Parkpl. **Umgebung** San Gimignano: Stiftskirche, Piazza del duomo, Piazza dela Cisterna - Etruskische Grabstätte von Pieve di Cellole - Kloster S. Vivaldo - Certaldo - Pinakothek, Capella della Visitazione (Fresken von B. Gozzoli) in Castelfiorentino - Florenz - Siena - Volterra - Golf Castelfalfi (18-Lochpl.) **Kein Restaurant** im Hotel (siehe unsere Restaurantauswahl S. 478).

Für lange Aufenthalte, für nicht gerade prall gefüllte Geldbörsen und für junge Leute ist diese Adresse nur zwei Kilometer von San Gimignano genau richtig. Die Eigentümer dieses Bauernhofs, der außer gutem Olivenöl auch den Vernaccia, den «kleinen» Weißwein von San Gimignano produziert, haben einige Gästezimmer eingerichtet. Das Haus ist einfach und hat einen netten, gepflegten Garten, in dem Hortensien in riesigen Töpfen blühen. Die Gestaltung des Erdgeschosses entspricht ganz und gar nicht unserem Geschmack, die Zimmer hingegen sind schlicht, aber hübsch eingerichtet; besonders groß sind sie nicht, aber der Komfort ist ausreichend. In dem kleinen Haus mit Kochnische ist man vollkommen unabhängig. Der Pluspunkt: die wunderbare Aussicht auf die 13 Türme von San Gimignano von den Zimmern aus, aber erst recht von der Terrasse voller Bambusgewächse. Und was will man mehr, wenn einem zudem von der Gastgeberin ein Glas Weißwein serviert wird?

Anreise (Karte Nr. 13): 38 km nordöstl. von Siena; 5 km nördl. von San Gimignano, auf der Straße nach Volterra: nach 2 km links.

TOSKANA

Azienda Piccolomini Bandini 🌳

Lucignanello Bandini 53020 SanGiovanni d'Asso (Siena)
Tel. (0577) 82 30 68 - Fax (0577) 82 30 82

Ganzj. geöffn. **5 Häuser** m. Küche, Salon, 2-4 Zi., Bad u. TV **Preise** 1 Woche: "Casa Severino" (f. 2-4 Pers.) 1400-1600000 L; "Amadeo" (f. 4-6 Pers.); "Clementina" (f. 2-4 Pers.); "Remo" (f. 2-4 Pers.) 1800-2000000 L; "Sarageto" (f. 7 Pers.) 4500-5000000 L **Kreditkarten** Diners, Visa, Eurocard, MasterCard **Verschiedenes** Hunde erlaubt **Umgebung** Val d'Orcia: Pienza, Montepulciano, Montichiello, Montalcino (Keller Brunello), Abtei Sant'Antimo, Terme in Bagno Vignoni, Collegiata San Quirico d'Orcia, Castiglione d'Orcia, Rocca d'Orcia, Campiglia d'Orcia - Abtei Sant'Anna Camprena - Abtei Monte Oliveto Maggiore.

Wenn Sie von toskanischen Häusern, Licht und von den typischen Siena-Landschaften träumen, dann sollten Sie sich einem Aufenthalt im Weiler Lucignano d'Asso gönnen, wo die reizende Simonetta Lippi mit ihrer charmanten Schwester fünf Häuser sehr geschmackvoll eingerichtet hat. Sie alle haben luxuriöse, sehr komfortable Haushalts- und sanitäre Einrichtungen und viel Charme. Signora Lippi erzählte uns, daß ein Gast, der einige Tage in der "Casa Severino" (es ist das kleinste Haus, aber auch das mit der schönsten Aussicht) verbringen wollte, neun Jahre geblieben ist. Das größte, "Casa Sarageto", ist sehr beeindruckend mit seinem großen Balkon und seinem ausgefallenen Mobiliar, seinen superben Zimmern, seinem Garten und seinem eigenen Schwimmbad. Was die Verpflegung betrifft, so gibt es einen kleinen, sehr "typischen" Laden, der regionale Produkte anbietet, und man kann dort sogar zu Mittag essen. Wer derart angenehm wohnt, kann sich zudem ganz dem Hochgefühl hingeben, das die Natur und die Kunst der Toskana verleihen.

Anreise (Karte Nr. 13): 35 km südl. von Siena, Rtg. Montalcino-S., Quirico d'Orcia. Ab Torrenieri Rtg. S. Giovanni d'Asso. Auf halbem Weg rechts nach Lucignano d'Asso, dann Lucignanello Bandini.

T O S K A N A

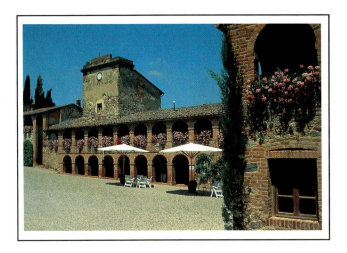

Locanda dell'Amorosa

L'Amorosa
53048 Sinalunga (Siena)
Tel. (0577) 67 94 97 - Fax (0577) 63 20 01
Sig. Citterio

Kategorie ★★★★ **Geschlossen** vom 7. Januar bis 5. März **12 Zimmer** u. 5 Suiten m. Klimaanl., Tel., Bad, WC, TV, Minibar **Preise** 360000 L, 420000 L, 490000 L; Suiten: 540000 L - Frühst. inkl., von 7.30 bis 10.00 Uhr **Kreditkarten** akzeptiert **Verschiedenes** Hunde in den Zimmern erlaubt - Parkpl. **Umgebung** Stiftskirche di San Martino u. Kirche von S. Croce de Sinalunga - Museo Civico, Palazzo Comunale, Kirche Madonna delle Averce in Lucignano - Monte San Savino (loggia) - Arezzo - Siena **Restaurant** von 12.30 bis 14.30 u. von 20.00 bis 21.30 Uhr - Mo u. Di mittags geschl. - Karte - Spezialitäten: Regionale "Nouvelle Cuisine" - sehr gute Auswahl italienischer Weine.

Nach einer Anreise durch die Ebene, in der Piero della Francesca geboren wurde, führt eine Zypressenallee zum Eingang der *Locanda*. Passieren Sie das Tor und erfreuen Sie sich am Anblick der alten Gebäude aus Ziegel und rosa Terrakotta aus Siena. Hier, an der Grenze zwischen Umbrien und der Toskana, befindet man sich in einem der schönsten Gasthäuser Italiens. Dieses Hauses, dem es selbstverständlich auch an Komfort nicht mangelt, kann vor allem Stil und Ruhe vorweisen. Die Küche ist ausgezeichnet, viele Produkte stammen aus der eigenen *fattoria*, und die Weine der Region sind mit Bedacht ausgewählt. Ein Haus, das Sie sich wirklich gönnen sollten.

Anreise (Karte Nr. 13): 50 km südöstl. von Siena über die SS 326; über die A 1, Ausf. Val di Chiana; 2 km südl. von Sinalunga im Ort L'Amorosa.

TOSKANA

La Frateria

53040 Cetona (Siena)
Convento San Francesco
Tel. (0578) 23 80 15 - Fax (0578) 23 92 20

Kategorie ★★★★ **Geschlossen** vom 7. Januar bis 15. Februar; auf Reserv. **7 Zimmer** m. Bad, WC
Preise EZ u. DZ: 230000 L, 320000 L; Suiten: 420000 L - Frühst. inkl., von 7.30 bis 10.00 Uhr
Kreditkarte Amex im Restaurant - Visa, Eurocard, MasterCard **Verschiedenes** Hunde nicht erlaubt -
Pakpl. **Umgebung** Montepulciano - Montichiello - Montalcino - Terme de Bagno Vignoli - Dörfer des
Val d'Orcia (Castiglione d'Orcia, Rocca d'Orcia, Ripa d'Orcia, Campiglia d'Orcia) - Pienza -
Stiftskirche San Quirico d'Orcia - Museo Nazionale Etrusco in Siusi - Chianciano Terme - Siena
Restaurant um 13.00 u. 20.00 Uhr - Di geschl. - Menü: 120000 L - Regionale Spezialitäten.

Vater der *Frateria* ist der Franziskanerpater Padre Eligio, der beschloß, ein verlassenes Kloster mit Hilfe einer Gemeinschaft von Jugendlichen in Schwierigkeiten ("Mondo X") zu restaurieren. Das Ergebnis ist bemerkenswert und Zeugnis eines erstaunlichen Einsatzes. Nach umfangreichen Arbeiten hat das Kloster nun wieder seine Kappellen und lorbeerbepflanzten Kreuzgänge, seine Meditationsräume und seit kurzem auch sein Refektorium. Der Garten versinkt in einem Meer von Klematis, Kamelien und Azaleen, die im Sommer Rosen und Kiwibäumen Platz machen. Außerdem wurde ein Restaurant eingerichtet. Die Küche bedient sich ausschließlich der Produkte des eigenen Bauernhofes und Gemüsegartens und bietet ausgezeichnete toskanische Spezialitäten. Die wenigen Zimmer sind sehr hübsch und verfügen über einen so gar nicht mönchischen Komfort. Was nicht weiter erstaunt, wenn man weiß, daß der Ordensgründer, der heilige Franz von Assisi, sehr lebensbejahend war.

Anreise (Karte Nr. 13): 89 km südl. von Siena, über die A 1, Ausf. Chiusi; Chianciano Terme, SS 428bis nach Sarteano, Rtg. Cetona.

TOSKANA

La Palazzina 🌳

Le Vigne 53040 Radicofani (Siena)
Tel. (0)578-55 771 - Fax (0)578-55 585
Sig.ra Innocenti

Geschlossen 2. Woche im November u. 3. Woche im März **10 Zimmer** m. Bad, WC **Preise** HP u. VP: 98-112000 L, 120-140000 L (pro Pers., mind. 3 Üb.) - Frühst. inkl., von 8.00 bis 10.00 Uhr **Kreditkarte** Amex, Visa, Eurocard, MasterCard **Verschiedenes** Hunde erlaubt (15000 L) - Schwimm. - Parkpl. **Umgebung** Montepulciano - Monticchiello - Montalcino - Terme de Bagno Vignoli - Dörfer des Val d'Orcia (Castiglione d'Orcia, Rocca d'Orcia, Ripa d'Orcia, Campiglia d'Orcia) - Pienza - Collegiale San Quirico d'Orcia - Museo Nazionale Etrusco in Siusi - Chianciano Terme - Siena **Restaurant** von 12.45 bis 13.30 u. von 20.00 bis 20.30 Uhr - Menüs: 38-48000 L - Spezialitäten: Zuppe e vellutate di stagioni - Pici - Gnochetti agli aromi - Tagliolini d'orticaarrosto alla cannella o alla mentta - Mousse al limone - Bianco mangiare alle mandorle.

In einer Ecke der Toskana stießen wir auf das, was man das Paradies auf Erden nennen könnte: eine in mildes Licht getauchte grüne Hügellandschaft. Auf den Kuppen einige von Zypressen geschützte Bauernhöfe und Villen, so *La Palazzina*. Um die schöne *fattoria* kümmern sich vor allem Frauen, eine Muter und eine Tochter, Bianca und Nicoletta; auch die wunderschönen Gästezimmer tragen Frauennamen. In einer ausgesprochen raffinierten Atmosphäre ist man hier der Natur sehr nah. Bei gedämpfter Barockmusik werden Sie die einfachen Gerichte aus eigener Produktion genießen. Dazu gehört auch der köstliche Hauswein, über den Urbano viel zu erzählen weiß. Ungeahnte Annehmlichkeiten in der Gegend von Siena - jener der Maler Ambrogio Lorenzetti und Simone Martini.

Anreise (Karte Nr. 13): 80 km südl. von Siena über die Via Cassia bis zur Umleitung Rtg. Radicofani. Dort erst Rtg. Sarteano, dann Rtg. Celle sul Rigo. 1,5 km weiter die Zypressenallee zur Palazzina.

TOSKANA

California Park Hotel

55042 Forte dei Marmi (Lucca)
ViaColombo, 32
Tel. (0)584-78 71 21 - Fax (0)584)-78 72 68
Sig. Mario Viacava

Kategorie ★★★★ **Geschlossen** im Oktober **44 Zimmer** m. Klimaanl., Tel., Bad od. Dusche, WC, Satelliten-TV, Safe; Aufzug **Preise** DZ: 280-520000 L; Suiten: 450-850000 L - Frühst. inkl., von 8.00 bis 10.00 Uhr - HP u. VP: 180-290000 L, 190-300000 L (pro Pers., mind. 3 Üb.) **Kreditkarten** akzeptiert **Verschiedenes** Hunde nicht erlaubt - Schwimmb. - Parkpl. **Umgebung** Dom von Carrara - Marmorbrüche: Cave di marmo di Colonnata, Cava dei Fantiscritti - Lucca - Pisa - Golf-Club Versiglialia (18-Lochpl.) **Restaurant** nur f. Hausgäste - von 12.30 bis 14.00 u. von 20.00 bis 21.30 Uhr - Menü u. Karte.

Ein bewaldeter Park schützt die drei Villen, aus denen sich das *California Park Hotel* zusammensetzt; es liegt im Wohnviertel dieses Badeortes, nur 300 Meter vom Strand entfernt. Es handelt sich um große moderne, das Schwimmbad umgebende Häuser mediterranen Stils. Die Einrichtung der hellen Gästezimmer ist zwar sehr zweckmäßig, aber angenehm. Die meisten haben einen Balkon, eine Terrasse oder liegen zu ebener Erde am Garten. Die Küche ist traditionell und gepflegt. Gespeist wird in einem Restaurant, das sich weit auf die Bäume und die Blumenbeete öffnet. Im wunderschönen Park wurden Tische und Liegestühle aufgestellt, damit man sich zurückziehen kann, wenn es am Schwimmbad zu lebhaft zugeht. Professioneller Empfang und Service.

Anreise (Karte Nr. 9): 35 km von Pisa über die A 12 (Genua/Livorno), Ausf. Versilia - Forte dei Marmi.

T O S K A N A

Hotel Byron

55042 Forte dei Marmi (Lucca)
Viale Morin, 46
Tel. (0)584-78 70 52 - Fax (0)584-78 71 52
Sig. Franco Nardini

Kategorie ★★★★★ **Ganzj.** geöffn. **24 Zimmer** u. 6 Suiten m. Klimaanl., Tel., Bad od. Dusche, WC, Satelliten-TV, Minibar; Aufzug **Preise** EZ u. DZ: 190-420000 L, 295-570000 L; Suiten: 505-990000 L - Frühst.: 40000 L, von 7.30 bis 10.00 Uhr - HP u. VP: 275-465000 L, 315-495000 L (pro Pers., mind. 3 Üb.) **Kreditkarten** akzeptiert **Verschiedenes** Hunde nicht erlaubt - Billard - Schwimmb. - Parkpl. **Umgebung** Dom von Carrara - Marmorbrüche: Cave di marmo di Colonnata, Cava dei Fantiscritti - Lucca - Pisa - Golf-Club Versiglia (18-Lochpl.) **Restaurant** von 13.00 bis 14.30 u. von 20.00 bis 21.30 Uhr - Menüs: 80000 L - Karte - Spezialitäten: Scampi in passatina di cannellini - Crêpes alla crema di asparagi - Risotto con zafferano - Scampi e zucchine - Pesce misto all'acqua pazza - Torta al limone.

Das *Byron*, dessen Terrassen nur einige Meter vom Meer entfernt liegen, besteht aus zwei Villen, die aus dem späten 19. Jahrhundert stammen. In einem ausgesprochenen Wohnviertel in Forte dei Marmi gelegen und von der Außenwelt durch viel Grün abgeschirmt, ist das *Byron* an diesem eher lebendigen Küstenstrich ein Hafen voller Ruhe und Annehmlichkeiten. Außerdem strahlt es die heitere, ruhige Atmosphäre der Häuser im Kolonialstil aus. Die Salons und Gästezimmer haben die Eleganz früherer Zeiten bewahrt, obwohl einiges zu erkennen gibt, daß das Haus unlängst zu einem Hotel umgestaltet wurde. Die Balkone gehen entweder aufs Meer oder auf einen großen Garten, in dem der ansehnliche Swimmingpool liegt. Ein angenehmer Urlaubsort für Reisende, die über die erforderlichen Mittel verfügen.

Anreise (Karte Nr. 9): 35 km von Pisa über die A 12 (Genua/Livorno), Ausf. Versilia - Forte dei Marmi.

Hotel Tirreno

55042 Forte dei Marmi (Lucca)
Viale Morin, 7
Tel. (0)584-78 74 44 - Fax (0)584-787 137
Sig.ra Daddi Baralla

Kategorie ★★★ **Geschlossen** von Oktober bis März **59 Zimmer** m. Tel., Bad od. Dusche u. WC **Preise** EZ u. DZ: 105000 L, 175000 L - Frühst.: 16000 L, von 7.30 bis 11.00 Uhr - HP u. VP: 145-190000 L, 160-200000 L (pro Pers., mind. 2 Üb.) **Kreditkarten** akzeptiert **Verschiedenes** Hunde nicht erlaubt **Umgebung** Dom von Carrara - Marmorbrüche: Cave di marmo di Colonnata, Cava dei Fantiscritti - Lucca - Pisa **Restaurant** von 13.00 bis 14.00 u. von 20.00 bis 21.00 Uhr - Menüs: 50-70000 L - Karte - Regionale Spezialitäten.

Das, was man von der Straße aus vom Hotel *Tirreno* sieht, kann einen schon verwirren: reinster Stil der siebziger mit allem, was sofort ins Auge springt. Die eigentliche Überraschung aber liegt im Garten: eine alte Sommervilla aus dem 19. Jahrhundert, die seit fast 20 Jahren als Hotel dient. Ein Aufenthalt im *Tirreno* kommt wirklich nur in diesem Nebengebäude in Frage, und zwar in einem der Zimmer mit Balkon und Blick auf den hübschen Garten (Nr. 57, 58 und 60). Das Hotel liegt im Zentrum, in unmittelbarer Nähe des Strandes. Feiner Empfang und toskanische Küche, die allerdings besser sein könnte.

Anreise (Karte Nr. 9): 35 km von Pisa über die A 12 (Genua/Livorno), Ausf. Versilia - Forte dei Marmi.

TOSKANA

Hotel Plaza e de Russie

55049 Viareggio (Lucca)
Piazza d'Azeglio, 1
Tel. (0584) 44 449 - Fax (0584) 44 031
Sig. Gian Piero Guarnori

Kategorie ★★★★**Ganzj.** geöffn. **52 Zimmer** m. Klimaanl., Tel., Bad od. Dusche, WC, Satelliten-TV, Minibar; Aufzug **Preise** EZ u. DZ: 160-240000 L, 240-360000 L; Suiten: 380-450000 L - Frühst.: 15000 L, von 7.00 bis 11.00 Uhr - HP u. VP: 160-235000 L, 190-275000 L (pro Pers., mind. 3 Üb.) **Kreditkarten** akzeptiert **Verschiedenes** Hunde nicht erlaubt - Parkpl. **Umgebung** Dom von Carrara - Marmorbrüche: Cave di marmo di Colonnata, Cava dei Fantiscritti - Lucca - Pisa - Golf-Club Versiglia (18-Lochpl.) **Restaurant** von 12.30 bis 14.30 u. von 19.00 bis 22.30 Uhr - Menüs: 60-75000 L - Karte - Spezialitäten: Sparnocchi in pllata di finocchio - Stracci neri ai frutti di mare - Filetto di branzino al limone candito.

Das 1871 erbaute *Plaza e de Russie* war das erste Hotel Viareggios, eines kleinen Ferienortes, dem es trotz einem florierenden Tourismus gelungen ist, einiges von dem Charme zu bewahren, über den es zu Beginn des Jahrhunderts verfügt haben muß. Das Hotel, nur ein paar Schritte vom Meer und den Stränden entfernt, wurde vollkommen renoviert und mit zusätzlichem Marmor und weiteren Lüstern geschmückt. Die Zimmer sind jedoch schlicht und elegant und haben noch immer den Parkettboden von einst. Die im ersten Stock möglichst nicht nehmen, denn das Hotel geht auf die bis spät abends laute Promenade. Das Restaurant, in dem Sie alle möglichen Fischgerichte probieren können, verfügt über eine Terrasse mit bemerkenswertem Ausblick. Ein strategisch interessantes Quartier zum Besichtigen von Pisa, Lucca und der Region, ohne dabei auf die Annehmlichkeiten des Meeres zu verzichten.

Anreise (Karte Nr. 9): 25 km von Pisa über die A 12 (Genua/Livorno), Ausf. Viareggio.

TOSKANA

Azienda Costa d'Orsola

Orsola
54027 Pontremoli (Massa Carrara)
Tel. (0187) 83 33 32 - Fax (0187) 83 33 32
Sig. ra Bezzi

Geschlossen vom 3. November bis 15. März **14 Zimmer** m. Tel., Dusche **Preise** DZ: 95-110000 L - Frühst. inkl. - HP: 75-90000 L (pro Pers., mind. 2 Üb) **Kreditkarten** Diners, Visa, Eurocard, MasterCard **Verschiedenes** Kleine Hunde erlaubt - Schwimmb. - Tennis - Parkpl. **Umgebung** La Spezia u. Cinqueterra; Val Lunigiana; Aula, Villafranca in Lunigiana; Etrusk. Apennin: Berceto, Cassio, Bardone, Fornovo di Taro Collechio, Parma **Restaurant** von 20.00 bis 21.00 Uhr - mittags außer So geschlossen - Menüs: 40-50000 L - Karte - Regionale Spezialitäten.

Von der Straße, die die Toskana mit Ligurien verbindet (von Parma bis La Spezia), sollten Sie von der Gastfreundschaft dieses oberhalb von Pontremoli gelegenen Weilers profitieren. *Costa d'Orsola* ist ein großes altes Bauernhaus, das erst vor kurzem zu einem Hotel umgestaltet wurde. Die verschiedenen Gebäudeteile sind untereinander mit mehreren Treppen verbunden. Die schlichten, aber hübsch eingerichteten Zimmer bieten einen phantastischen Blick auf das Etruskische Apenningebirge und das Lunigiana-Tal. Dank der mit Produkten des Bauernhofs gereichten Hausmannskost werden Sie regionale Spezialitäten wie die köstliche *Testaroli*-Pasta kennenlernen. Alles sehr authentisch und ideal für Wanderungen und somit ein besonderer Tip für Naturfreunde.

Anreise (Karte Nr. 9): 35 km von La Spezia. A 15 (La Spezia/Parma), Ausf. Pontremoli, hinter der Mautstelle rechts u. sofort links Rtg. Costa d'Orsola.

T O S K A N A

Il Frassinello

56040 Montecatini Val di Cecina (Pisa)
Tel. (0588) 300 80 - Fax (0588) 300 80
Sig.ra Elga Sclubach Giudici

Geschlossen von Oktober bis Ostern **4 Zimmer** u. 4 Appart. m. Bad u. Dusche **Preise** DZ: 140000 L (2 Pers.) - Frühst.: 10000 L, von 8.00 bis 10.00 Uhr **Kreditkarten** nicht akzeptiert **Verschiedenes** Hunde erlaubt - Parkpl. **Umgebung** Volterra - San Gimignano - Lucca - Vada - Siena - Marina di Cecina (am Meer) - Pisa **Kein Restaurant** im Hotel.

Il Frassinello ist ein besonders reizvolles Landgasthaus in dieser Region, die von wenigen Touristen aufgesucht wird. Hier, knapp 50 Kilometer von den berühmtesten Orten entfernt, werden Sie eine besonders authentische Toskana entdecken (auch wenn die Gastgeberin deutscher Abstammung ist). Dieses isoliert gelegene Bauernhaus empfängt seine Gäste in einem sympathisch-ländlichen Rahmen, dem es dennoch nicht an Komfort mangelt. Zudem ist es ungewöhnlich, denn hier befindet sich die größte Damhirschzucht Europas. Das bedeutet, daß Sie mit einer grandiosen und unverdorbenen Natur Bekanntschaft machen werden. Dennoch ist die Zivilisation nicht weit; auf den Rat der Gastgeberin hin können Sie in Restaurants in Querceto *(Locanda del Sole)*, in Saline di Volterra *(Al Vecchio Molino)*, in Cecina *(Scacciapensieri)* und in Volterra *(La Biscandola, da Nicola)* einkehren. Sollten Sie es vorziehen, im *Frassinello* zu bleiben, können Sie hier auf Vorbestellung zu Abend essen.

Anreise (Karte Nr. 12): 60 km nordwestl. von Siena über die SS (Rtg. Florenz), Ausf. Colle di Val d'Elsa-Süd, Rtg. Volterra, dann Monticatini Val di Cecina.

TOSKANA

Casetta delle Selve

56 010 Pugnano
San Giuliano Terme (Pisa)
Tel. (050) 85 03 59 - Fax (050) 85 03 59
Sig ra Nicla Menchi

Geschlossen von November bis März **6 Zimmer** m. Bad od. Dusche u. WC **Preise** DZ: 105-114000 L - Frühst.: 13000 L, ab 9.00 Uhr **Kreditkarte** Euroscheck **Verschiedenes** Hunde erlaubt - Parkpl. **Umgebung** Santa Maria del Giudice - Pisa - Lucca **Kein Restaurant** im Hotel (siehe unsere Restaurantauswahl S. 479).

Das *Cassetta della Selve* ist zwar von bescheidenem Äußeren, aber es wird Sie dank seiner schöne Lage und der völlig ungezwungenen Atmosphäre bezaubern. Die liebenswürdige Nicla wird Ihnen (bisweilen mit einem *Viva la Libertà*-Schrei!) das Frühstück auf der Terrasse servieren, wo Sie die Aussicht aufs Meer, nach Korsika und Gorgona bewundern können. Die Zimmer sind mit viel Liebe und jedes in einem anderen Farbton eingerichtet. Die Besitzerin, Hotelier aus Notwendigkeit und Künstlerin aus Leidenschaft (ihre Gemälde schmücken die Wände), hat im Haus alles selbst gemacht - von den Lampen bis hin zu den Kissenbezügen. Ideal für Abstecher nach Pisa und Lucca.

***Anreise** (Karte Nr. 9): 10 km von Lucca, SS 12 Rtg. San Giuliano Terme - in Pugnano kleine Straße (nur zur Hälfte geteert) links ausgeschildert.*

T O S K A N A

Hotel Villa di Corliano

Rigoli 56010 San Giuliano Terme (Pisa)
Via Statale, 50
Tel. (050) 81 81 93 - Fax (050) 81 83 41
Sig. Agostini della Seta

Kategorie ★★★ **Ganzj.** geöffn. **18 Zimmer** m. Tel., 8 m. Bad, WC **Preise** DZ: 107-160000 L; Suite f. 4 Pers.: 2607000 L - Frühst.: 18000 L, von 8.00 bis 10.00 Uhr **Kreditkarten** Visa, Eurocard, MasterCard **Verschiedenes** Hunde erlaubt **Umgebung** Santa Maria del Giudice - Pisa - Lucca **Restaurant** Spezialitäten: Fisch.

V*illa di Corliano* ist ein Juwel in einem schönen Schrein. Dieses Bauwerk eleganter, maßvoller Architektur liegt in einem großen, natürlich belassenen Park. Eine ansehnliche Wiese erstreckt sich vor dem Haus, das sich von den Wäldern und Hügeln im Hintergrund abhebt. Das Innere ist so, wie es immer war mit seinen Lüstern, Fresken und altem Mobiliar, aber zu allem hat man keinen Zugang - einiges bleibt pures Dekor. Die Gästezimmer sind schlichter, der Schloßherr ist jedoch manchmal etwas schwierig. Der Ort ist einzigartig und die Preise sind realistisch, d.h. sie berücksichtigen das tatsächliche Angebot. In diesem Haus sollte man wohnen, bevor es "unter Berücksichtigung seines Alters" restauriert und neu eingerichtet wird. Das Restaurant von *Villa di Corliano* ist empfehlenswert.

Anreise (Karte Nr. 9): 8 km von Pisa über die SS 12bis Rtg. San Guiliano Terme, dann S 12 Rtg. Nordwesten bis Rigoli.

T O S K A N A

Albergo Villa Nencini

56048 Volterra (Pisa)
Borgo San Stefano, 55
Tel. (0588) 86 386 - Fax (0588) 80 601
Sig. Nencini

Ganzj. geöffn. **34 Zimmer** u. 1 Suite m. Tel., 11 m. Dusche u. WC, TV auf Wunsch, 21 m.Tel., Bad, WC, Satelliten TV; Eingang f. Behinderte **Preise** EZ u. DZ: 90000 L, 120000 L - Frühst.: 10000 L, von 7.00 bis 11.00 Uhr **Kreditkarten** Visa, Eurocard, MasterCard **Verschiedenes** Hunde nicht erlaubt - Schwimmb. **Umgebung** San Gimignano - Lucignano - Siena - Florenz - Pisa **Kein Restaurant** im Hotel (siehe unsere Restaurantauswahl S. 479).

Im Herzen einer Toskana, die ganz anders ist als die um Florenz und im Chianti, aber genauso schön und noch unberührter, sollten Sie sich bis nach Volterra wagen, der antiken etruskischen Stadt, die übrigens im "Museo etrusco Guarnacci" eine eindrucksvolle Sammlung von Begräbnisurnen ausstellt. Aus dem Mittelalter gibt es noch die Befestigungsanlagen zu bewundern sowie die Piazza di Priori, eine der schönsten mittelalterlichen Plätze Italiens. *Villa Nencini* liegt außerhalb der Mauern, am Rand des Ortes, weshalb die Aussicht auf die Stadt von hier besonders eindruckvoll ist. Das Haus ist alt, eher unauffällig, aber einladend. Dank umfangreicher Bauarbeiten wurde ein weiterer Flügel mit moderneren und komfortableren Zimmern geschaffen. Die im Haus selbst sind besonders authentisch und traditionell. Ein hübscher Garten und ein Swimmingpool mit sehr schönem Panorama.

Anreise (Karte Nr. 12): 60 km nordwestl. von Siena, SS 272 oder A 1, Ausf. Colle di Val d'Elsa.

T O S K A N A

Hotel Grotta Giusti

51015 Monsummano Terme (Pistoia)
Via Grotta Giusti, 17
Tel. (0572) 51 165/6 - Fax (0572) 51 269
Sig. Giovanetti

Kategorie ★★★★ **Geschlossen** von Dezember bis Februar **70 Zimmer** m. Klimaanl., Tel., Bad, WC, TV; Aufzug **Preise** EZ u. DZ: 105-170000 L, 250-270000 L - Frühst. inkl., von 7.30 bis 10.00 Uhr - HP: 205-225000 L (1 Pers.), 160-180000 L (pro Pers. im DZ), VP: 215-235000 L (1 Pers.), 170-190000 L (pro Pers. im DZ, 3 Üb. mind.) **Kreditkarten** akzeptiert **Verschiedenes** Kleine Hunde erlaubt - Schwimmb. - Tennis - Thermalbad - Fitneßcenter - Parkpl. **Umgebung** Montecatini - Serra Pistoiese - Pistoia - Villa Mansi bei Segromigno Monte - Lucca - Golf von Pievaccia (18-Lochpl.) **Restaurant** von 12.30 bis 14.00 u. von 19.30 bis 21.00 Uhr - Menü: 55000 L - Karte - Regionale Spezialitäten.

Der ehemalige Wohnsitz des reichen Dichters Giusti wurde um eine überwältigende Grotte herum gebaut, in der ein Bach fließt, dessen Wasser warm und blau ist. Verdi war oft zu Gast in diesem Haus, das heute ein Hotel mit angeschlossenem Fitneßcenter ist. Die Empfangsräume haben zum Teil die ursprüngliche Ausstattung bewahrt, die Zimmer sind jedoch zweckmäßig eingerichtet, und die im alten Gebäude mit Blick auf den Park sind bei weitem die angenehmsten. Erwähnenswert ist, daß alle Zimmer mit heißem Thermalwasser versorgt werden, und deshalb sollte man auch ein Zimmer mit Bad reservieren. Der schöne Park bietet ein Schwimmbad, einen Tennisplatz und einen Fitneß-Parcours. Ein idealer Ort zum Ausspannen.

Anreise (Karte Nr. 9): 37 km von Florenz, 13 km westl. von Pistoia über die A 11, Ausf. Montecatini, SS 435 nach Monsummano Terme.

TOSKANA

Grand Hotel e La Pace

51016 Montecatini Terme (Pistoia)
Viale della Toretta, 1
Tel. (0572) 758 01 - Fax (0572) 784 51
Sig. Tongiorgi

Kategorie ★★★★★ **Geschlossen** von November bis März **136 Zimmer** u. 14 Appart. m. Klimaanl., Tel., Bad, WC, TV, Minibar; Aufzug **Preise** EZ u. DZ: 280-320000 L, 450-490000 L - Frühst.: 30000 L, von 7.30 bis 10.30 Uhr **Kreditkarten** akzeptiert **Verschiedenes** Hunde erlaubt (Zuschlag) - Beheizt. Schwimmb. - Sauna - Tennis - Health-Center - Parkpl. **Umgebung** Pescia - Kirche von Castelvecchio - Collodi - Lucca - Pistoia - Golf von Pievaccia u. Monsummano Terme (18-Lochpl.) **Restaurant** von 12.30 bis 14.00 u. von 20.00 bis 21.30 Uhr - Karte - Regionale Spezialitäten.

Die kürzlich unternommene Restaurierung des *La Pace* hat der seit 1870 gebotenen Pracht dieses Palastes zum Glück keinen Abbruch getan. Geblieben sind die prächtigen Salons mit den dicken Teppichen, das große stilvolle Restaurant mit den halbkreisförmigen Doppelfenstern, die mehr als behaglichen Zimmer in harmonischen Pastelltönen - und die warme, gemütliche Atmosphäre des Ganzen. In dem wundervollen, zwei Hektar großen Park liegen das beheizte Schwimmbad und der Tennisplatz, die das Programm des hoteleigenen Health-Centers (Schlamm- und Ozonbäder, Sauna, Massagen und Algenkosmetik) abrunden.

Anreise (Karte Nr. 9): 49 km von Florenz; 15 km westl. von Pistoia über die A 11, Ausf. Montecatini.

TOSKANA

Villa Lucia 🌳

51010 Montevettolini (Pistoia)
Via dei Bronzoli, 144
Tel. (0572) 61 77 90 - Fax (0572) 62 88 17
Sig.ra Vallera

Geschlossen vom 15. November bis 15. April **7 Zimmer** (einige m. Klimaanl.) 1 m. Bad, 6 m. Dusche u. WC, 3 m. TV **Preise** EZ u. DZ: 150000 L, 225000 L; Suiten: 320000 L - Frühst. inkl. **Kreditkarten** nicht akzeptiert **Verschiedenes** Hunde nicht erlaubt - Kleines Schwimmb. **Umbebung** Florenz - Montecatini - Serra Pistoiese - Pistoia - Villa Mansi bei Segromigno Monte - Lucca - Golf von Pievaccia (18-Lochpl.) **Restaurant** auf Reserv., nur f. Hausgäste, um 20.30 Uhr - Menü: 30000 L.

Für Lucia war es Liebe auf den ersten Blick bei diesem ehemaligen Bauernhaus. Deshalb entschied sie sich, künftig in Europa zu leben. Die in Connecticut geborene Amerikanerin italienischer Abstammung führte lange ein italienisches Restaurant in den Vereinigten Staaten. Die Gäste der *Villa Lucia*, die schmucke Zimmer anbietet, sind international. Entspannte, natürliche Atmosphäre. Nicht selten sitzen die Gäste beim Aperitif oder gemeinsamen Abendessen (morgens bestellen) zusammen und profitieren von der bemerkenswerten kulinarischen Erfahrung der Gastgeberin. Die Sprachbarrieren verschwinden meist nach einem Glas Wein, oft wird sogar Freundschaft geschlossen, und wenn man das Haus mit Bedauern verläßt, verspricht man, zu schreiben und sich wiederzusehen ...

Anreise (Karte Nr. 9): 40 km von Florenz; 13 km westl. von Pistoia über die A 11, Ausf. Montecatini, SS 435 bis Monsummano Terme, dann die kleine Straße nach Montevettolini.

TOSKANA

Il Convento

51030 Pontenuovo (Pistoia)
Via San Quirico, 33
Tel. (0573) 45 26 51 / 2 - Fax (0573) 45 35 78
Sig. Petrini

Ganzj. geöffn. **24 Zimmer** m. Tel., Bad, WC, TV **Preise** EZ u. DZ: 120000 L, 150000 L - Frühst.: 13000 L, von 7.30 bis 9.30 Uhr - HP u. VP: 120000 L, 140000 L (pro Pers., mind. 3 Üb.) **Kreditkarten** Visa, Eurocard, MasterCard **Verschiedenes** Hunde nicht erlaubt - Schwimmb. - Parkpl. **Umgebung** Pistoia - Ausflüge ab Maresca zum Lago Scaffaiolo u. zum Corno alle Scale (1 945 m) - Florenz - Lucca - Golf dell'Ugolino (18-Lochpl.) in Grassina **Restaurant** von 12.30 bis 14.30 u. von 19.30 bis 22.00 Uhr - Mo u. von Jan. bis Ostern geschl. - Menüs: 45-55000 L - Karte - Regionale Spezialitäten.

Dieses ehemalige Franziskanerkloster besitzt heute außer seinem Namen auch noch eine kleine Kappelle - und reichlich Ruhe. Das Hotel wird von einem großen, blühenden Garten umgeben. Das etwas altmodische *Convento* ist nicht ohne Charme, und wenn es auch eine Modernisierung vertragen könnte, ist es doch ein angenehmer Ausgangspunkt für Touren nach Pistoia und in die nördliche Toskana mit den prächtigen florentinischen Renaissance-Villen. Den Gästen steht ein schön angelegtes Schwimmbad oberhalb des Gartens zur Verfügung. Die Küche des Restaurants ist traditionell und toskanisch.

Anreise (Karte Nr. 9): 40 km von Florenz; 5 km östl. von Pistoia nach Pontenuovo.

T O S K A N A

Rifugio Prategiano

58026 Montieri (Grosseto)
Via Prategiano, 45
Tel. (0566) 99 77 03 - Fax (0566) 99 78 91
Sig. Paradisi

Kategorie ★★★ **Ganzj.** geöffn. **24 Zimmer** m. Tel., Dusche, WC, TV **Preise** EZ u. DZ: 88-150000 L, 140-214000 L - Frühst. inkl. - HP: 90-129000 L (pro Pers., mind. 3 Üb.) **Kreditkarten** akzeptiert **Verschiedenes** Hunde erlaubt - Schwimmb. (vom 1. Juni bis 31. August geöffn.) - Tennis - Reiten - Parkpl. **Umgebung** romanische u. etruskische Ruinen von Roselle - Vetulonia - Montepescali - Naturpark von Maremma - Volterra **Restaurant** um 13.00 u. 20.00 Uhr - Menüs - Spezialitäten: Tortelloni - Cinghiale - Acqua Cotta.

Das *Rifugio Prategiano* liegt in der tiefsten Toskana in einer wenig bekannten Gegend mitten im Wald. Hier haben wir die Atmosphäre eines Berggasthofs mit einfacher, sehr rustikaler Ausstattung. Das Hotel wird überwiegend von Reitern frequentiert. Reitkurse und Ausritte für Kinder und Anfänger werden organisiert, aber "Fortgeschrittene" können frei über die Hügel und durch die Wälder der Toskana bis zu den einsamen Stränden von Punta Ala und nach Volterra reiten. Der äußere Rahmen ist perfekt, und der sympathische Besitzer sehr um die Sicherheit seiner Gäste bemüht. Eine sehr interessante Adresse für jene, die einen "abenteuerlichen" Urlaub verleben möchten.

Anreise (Karte Nr. 13): 50 km südwestl. von Siena über die SS 73 bis Bivio del Madonnino, 15 km auf der SS 441, dann rechts Rtg. Montieri.

TOSKANA

Hotel Il Pellicano

58018 Porto Ercole (Grosseto)
Tel. (0564) 83 38 01 - Fax (0564) 83 34 18
Sig. Fanciulli
E-mail: pellicano@ouverture.it - Web: http://www.ouverture.it./pellicano

Kategorie ★★★★ **Geschlossen** vom 3. November bis 3. April **41 Zimmer** m. Klimaanl, Tel., Bad, WC, Minibar, TV **Preise** DZ: 315-920000 L; Suiten: 672-1845000 L - Frühst. inkl., von 7.30 bis 10.30 Uhr **Kreditkarten** akzeptiert **Verschiedenes** Hunde nicht erlaubt - Meerwasser-Schwimmb. - Tennis - Privatstrand - Surfbretter - Parkpl. **Umgebung** Inseln Giannuti u. Giglio - Kiefernwald von Tombolo di Feniglia - Savona - Sorano - Pitigliano **Restaurant** von 13.00 bis 14.30 u. von 20.00 bis 22.00 Uhr - Menüs: 110-140000 L - Karte - Spezialitäten: Risotto al tartoufo - Fettuccine con scampi e zucchine - Spaghetti alla Tiffany.

Das Goldene Buch des Pellicano kann sich sehen lassen. Seit es 1975 in Anwesenheit von Charlie Chaplin eröffnet wurde, haben viele berühmte Leute hier gewohnt. Das *Pellicano* liegt in einer mit Zypressen bewachsenen Talmulde oberhalb der Bucht von Argentaro und besteht aus mehreren, nebeneinander gelegenen, aber separaten Villen. Es ist zwar ein Luxushotel, hat aber das Ambiente eines Privathauses. Salons mit Kamin und Bibliothek. Im Sommer wird das Restaurant auf die Terrasse verlegt, von wo aus man hinter Kiefernzweigen das Meer erblickt. Das große, im ausgehöhlten Felsen direkt an den Klippen gelegene Schwimmbad erreicht man über einen Aufzug. Exzellenter Service für eine schicke, anspruchsvolle Kundschaft.

__Anreise__ (Karte Nr. 13): 55 km südl. von Grosseto über die SS 51, die Küstenstraße (über den Pinienhain Tombolo di Feniglia) bis Porto Ercole, dann Strada Panoramica bis Lo Sbarcatello.

TOSKANA

Hotel Cala del Porto

58040 Punta Ala (Grosseto)
Via Cala del Pozzo
Tel. (0564) 92 24 55 - Fax (0564) 92 07 16
E-mail: cala.puntaala@bcedit.it

Kategorie ★★★★ **Geschlossen** von Oktober bis April **36 Zimmer** u. 5 Appart. m. Klimaanl., Tel., Bad, WC, TV, Minibar **Preise** EZ u. DZ: 245-496000 L, 400-800000 L; Appart.: 480-1000000 L - Frühst.: 30000 L - HP u. VP: 205-440000 L, 255-490000 L (pro Pers, mind. 3 Üb.) **Kreditkarten** akzeptiert **Verschiedenes** Hunde nicht erlaubt - Schwimmb. - Tennis (35000 L) -Privatstrand - Parkpl. **Umgebung** Kiefernwald von Tombolo - Massa Maritima - Volterra - Naturpark von Maremma - Golf von Punta Ala (18-Lochpl.) **Restaurant** von 13.00 bis 15.00 u. von 19.30 bis 21.30 Uhr - Menüs: 55-85000 L - Karte - Spezialitäten: Mittelmeerküche.

Ein modernes, sehr komfortables Hotel direkt am Meer, mit einem schönen blühenden Garten und einem Swimmingpool, die den Jachthafen und das Meer überragen. Die Zimmer sind geschmackvoll eingerichtet und verfügen jeweils über einen Balkon mit Blick auf die Insel Elba. Auf der hüschen Terrasse wird Kulinarisches mit toskanischer Inspiration serviert.

Anreise (Karte Nr. 12): 41 km von Grosseto über die SS 327, am Meer entlang bis Punta Ala.

TOSKANA

Piccolo Hotel Alleluja

58040 Punta Ala (Grosseto)
Via del Porto
Tel. (0564) 92 20 50 - Fax (0564) 92 07 34
E-mail: alleluja.puntaala@boedit.it

Kategorie ★★★★ **Ganzj.** geöffn. **38 Zimmer** m. Klimaanl., Tel., Bad, WC, Safe, Minibar; Aufzug
Preise EZ u. DZ: 260-600000 L, 340-840000 L - Frühst.: 30000 L, von 7.30 bis 10.30 Uhr - HP u. VP: 220-470000 L, 270-520000 L (pro Pers., mind. 3 Üb., obligat. im Juli u. Aug.) **Kreditkarten** akzeptiert
Verschiedenes Hunde nicht erlaubt - Schwimmb. - Tennis - Privatstrand - Parkpl. **Umgebung** Kiefernwald von Tombolo - Massa Maritima - Volterra - Naturpark von Maremma - Golf von Punta Ala (18-Lochpl.) **Restaurant** von 13.00 bis 14.30 u. von 19.30 bis 21.30 Uhr - Menüs: 75-85000 L - Karte - Spezialitäten: Regionale u. internationale Küche - Fisch.

Dieses Hotel ist neueren Datums, seine Architektur respektiert jedoch den regionalen Baustil, z.B. die rosa verputzten Wände, das Ziegeldach und die offenliegenden Balken. Ein luftiger Raum öffnet sich zum Park mit dem tadellos geschnittenen Rasen hin. Zurückhaltende, schlichte Gestaltung der Aufenthaltsräume und der Zimmer, die entweder eine "italienische" Terrasse oder einen kleinen Garten zur Parkseite haben. Zu den Vorzügen dieses Hauses zählen außerdem der Privatstrand, der Swimmingpool, die Tennisplätze und der nahe Golfplatz.

Anreise (Karte Nr. 12): 41 km von Grosseto über die SS 327, am Meer entlang bis Punta Ala.

TOSKANA

Hotel Terme di Saturnia

58050 Saturnia (Grosseto)
Provinciale della Follonata
Tel. (0564) 60 10 61 - Fax (0564) 60 12 66
Sig. Giovanni

Kategorie ★★★★ **Ganzj.** geöffn. **90 Zimmer** u. 10 Suiten m. Klimaanl., Tel., Bad od. Dusche, WC, Satelliten-TV, Safe, Minibar; Aufzug **Preise** EZ u. DZ: 540-640000 L, Suite: 890000 L - Frühst.: inkl., von 7.30 bis 10.00 Uhr **Kreditkarten** akzeptiert **Verschiedenes** Hunde nicht erlaubt - Schwimmb. - Tennis - Thermen - Parkpl. **Umgebung** Kiefernwald von Tombolo - Massa Maritima - Volterra - Naturpark von Maremma - Golf von Punta Ala (18-Lochpl.) **Restaurant** von 12.45 bis 14.00 u. von 20.00 bis 21.15 Uhr - Menüs: 75000 L - Karte - Regionale Spezialitäten.

In den Wäldern von Saturnia soll man Geräusche der mysteriösen Etrusker vernehmen, deren Ursprung und Sprache noch immer Fragen aufwerfen. Die Toskana, deren Name auf die Tusci, ihre ersten Bewohner, zurückgeht, wird allerdings vorwiegend wegen ihrer Kulturgüter aus der Renaissance aufgesucht. Saturnia liegt inmitten interessanter Überreste wie Pitigliano, Sovana und Sorano. Das Hotel ist eng verbunden mit diesem historischen Kontext und den hier seit Jahrtausenden entspringenden Schwefelquellen, die für Körper und Geist sehr wohltuend sind. Deshalb gibt es hier ein riesiges Schwimmbad, das den Mittelpunkt des auf dem letzten Stand befindlichen Schönheits- und Gesundheitskomplexes bildet. Der Komfort, der Garten und die gute Küche des Hauses stehen aber auch denen zur Verfügung, die diesen Service nicht in Anspruch nehmen möchten. Erwähnenswert sind der sympathische Empfang und das besonders aufmerksame Personal.

Anreise (Karte Nr. 13): 57 km südöstl. von Grosseto über die A 12 (Rtg. Rom), Ausf. Manciano, Montemerano, Rtg. Saturnia.

TOSKANA

Villa Clodia

Via Italia, 43
58050 Saturnia (Grosetto)
Tel. (0564) 60 12 12 - Fax (0564) 60 12 12
Sig. Giancarlo Ghezzi

Kategorie ★★★ **Ganzj.** geöffn. (außer Dezember) **8 Zimmer** u. 2 Suiten m. Tel., Dusche, WC, Satelliten TV **Preise** EZ: 90000 L, DZ: 140000 L, Suite: 180000 L - Frühst. inkl., von 8.00 bis 10.30 Uhr **Kreditkarten** Visa, Eurocard, MasterCard **Verschiedenes** Hunde nicht erlaubt - Schwimmb. **Umgebung** Kiefernwald von Tombolo - Massa Maritima - Volterra - Naturpark von Maremma - Golf von Punta Ala (18-Lochpl.) **Kein Restaurant** im Hotel (siehe unsere Restaurantauswahl S. 480).

Saturnia ist ein Thermalbad mit vielen Kurgästen. Für einen Stopp auf dem Weg nach Rom oder zu den Städten des Südens bzw. den Stätten der Etrusker in der Toskana und im Latium kann es aber auch interessant sein. Das kleine Hotel *Villa Clodia*, von seinen Besitzern gehegt und gepflegt, ist ein Gedicht. In dem am Hang gelegenen Gebäude mußte die Innenausstattung angepaßt werden, und das ist der Grund, weshalb sich die Räume auf verschiedene Ebenen verteilen, um bis zum Garten zu gelangen. Die Gestaltung ist elegant und zeugt von bestem Geschmack. Hier ist alles hellblau und weiß, um so in Harmonie mit dem Wohlbefinden zu sein, das die Bäder seit Jahrhunderten bereiten. Nur ein Zimmer bietet keinen Panoramablick über das Tal. Die beiden Suiten sind sehr geräumig und haben zudem eine Terrasse. Im kleinen Garten mit Rasen, der in der Natur zu schweben scheint, setzt das blaue Wasser des sternförmigen Schwimmbads das Tüpfelchen auf das "i" in diesem reizenden Haus.

Anreise (Karte Nr. 13): 57 km südöstl. von Grosseto über die A 1 (Rtg. Rom), Ausf. Manciano, dann Montemerano Rtg. Saturnia.

T O S K A N A

Saturnia Country Club

58050 Pomonte Scansano (Grosseto)
Tel. (0564) 59 91 88 - Fax (0564) 59 92 14
Sig. Grifoni

Ganzj. geöffn. **18 Zimmer** m. Tel., Bad, WC, TV, Minibar **Preise** EZ u. DZ: 130000 L, 190000 L - Frühst.: 14000 L, von 8.00 bis 9.30 Uhr - HP u. VP: 260000 L, 360000 L (für 2 Pers.) **Kreditkarten** akzeptiert **Verschiedenes** Hunde erlaubt - Schwimmb. - Sportangeln - Jagen - Reiten (25000 L) - Thermen - Parkpl. **Umgebung** Kiefernwald von Tombolo - Massa Marittima - Volterra - Naturpark von Maremma - Golf von Punta Ala (18-Lochpl.) **Restaurant** von 13.00 bis 14.30 u. von 20.00 bis 21.30 Uhr - Menüs: 40000 L - Karte - Spezialitäten: Regionale Küche - Wild in der Saison.

Die Hotelgruppe *Terme di Saturnia* bietet ihren Gästen auch seine *azienda* zum Wohnen an; dabei handelt es sich um einen Bauernhof, der einige Kilometer weiter liegt. Die Gästezimmer sind nicht etwa betont rustikal, aber gut ausgestattet. Fehlen wird es Ihnen hier an nichts, denn Dekor, Komfort und Service sind sehr zufriedenstellend. Um dieses antike Land kennen und schätzenzulernen bietet die *fattoria* außer der traditionellen Unterkunft auch Themenaufenthalte an: Reiten mit Tagesausflügen, Jagd (Wildschwein, Hirsch ...), Sportangeln (Forelle, Schleie, Aal ...). Das alles läßt sich selbstverständlich mit dem Zugang zu den Thermen kombinieren. Sie sollten außerdem, ganz gleich, wofür Sie sich interessieren, die hervorragend dokumentierte Broschüre des Hotels *Itinerari e passagiate ecologishe* verlangen, die über künstlerisch und ökologish Wissenswertes der Region informiert.

Anreise (Karte Nr. 13): 40 km südöstl. von Grossetto über die A 1 (Rtg. Rom), Ausf. Manciano, Montemerano, Rtg. Scansano.

T O S K A N A

Park Hotel Napoleone

Isola d'Elba
57037 San Martino di Portoferraio (Livorno)
Tel. (0565) 91 85 02/91 11 11 - Fax (0565) 91 78 36
Sig. de Ferrari

Kategorie ★★★★ **Geschlossen** vom 28. September bis 2. April **64 Zimmer** m. Klimaanl., Tel., Bad, WC, TV, Minibar **Preise** EZ u. DZ: 120-205000 L, 170-410000 L - Frühst. inkl., von 8.00 bis 10.00 Uhr - HP: 155-252000 (pro Pers., mind. 3 Üb.) **Kreditkarten** akzeptiert **Verschiedenes** Hunde nicht erlaubt - Privatstrand (30000 L) - Schwimmb. - Tennis (25000 L) - Reiten (8 km) - Parkpl. **Umgebung** Casa di Napoleone in Portoferraio - Villa Napoleone in San Martino - Madonna del Monte in Marciana - Golf dell'Acquabona (9-Lochpl.) **Restaurant** von 12.30 bis 14.00 u. von 20.00 bis 21.30 Uhr - November bis März geschl. - Menü: 60000 L - Spezialitäten: Internationale Küche.

Das *Park Hotel Napoleone* stößt fast an die Villa Imperiale, die man von einigen Fenstern aus sieht. Das Hotel selbst ist ebenfalls ein historisches Bauwerk, das Ende des vorigen Jahrhunderts eine aristokratische Familie aus Rom errichten ließ. Die Villa wurde kürzlich zu einem charmanten Hotel umgebaut, im üppigen Garten liegen nun wie hingestreut weiße Leinensessel. Die Zimmer wurden mit viel Stil und Geschmack gestaltet und eingerichtet. Außerdem bietet das Hotel ein schönes Schwimmbad, einige Reitpferde und ein paar Kilometer weiter auch einen Privatstrand. Die Nähe zur Villa Imperiale birgt allerdings einige Nachteile: z.B. kleine Souvenirstände an der Allee; zum Glück werden die jedoch abends wieder abgebaut.

Anreise (Karte Nr. 12): Überfahrten ab Livorno (2.50 Std.) oder ab Piombino (1 Std.), das Hotel liegt 6 km südwestl. von Portoferraio.

T O S K A N A

Hotel Hermitage

Isola d'Elba
La Biodola 57037 Portoferraio (Livorno)
Tel. (0)565-93 69 11 - Fax (0)565-96 99 84
Sig. De Ferrari

Kategorie ★★★★ **Geschlossen** von Oktober bis April **130 Zimmer** m. Klimaanl., Tel., Bad, WC, TV, Minibar, Safe **Preise** EZ u. DZ: 100-600000 L - Frühst.: 25000 L, von 7.30 bis 10.00 Uhr - HP u. VP: 159-364000 L + 29000 L (pro Pers., mind. 3 Üb.) **Kreditkarten** akzeptiert **Verschiedenes** Hunde erlaubt (+ 35-45000 L) - Schwimmb. - Tennis (25000 L) - Privatstrand - Mini-Golf - Parkpl. **Umgebung** Casa di Napoleone in Portoferraio - Villa Napoleone in San Martino - Madonna del Monte in Marciana - Golf dell'Acquabona (9-Lochpl.) **Restaurant** von 12.30 bis 14.00 u. von 19.30 bis 21.00 Uhr - Menüs: 60-70000 L - Regionale u. italienische Spezialitäten.

Die schöne Insel Elba ähnelt oft, aber nicht in allem, ihrer großen Schwester Korsika, deren Silhouette man bei klarem Wetter erkennt. Wie diese ist Elba mit dem Namen Napoleons eng verbunden, der nach seiner Abdankung im Jahr 1814 ein Jahr lang ihr Gouverneur war und nicht wenige Spuren hinterließ. Das in einer charmanten Bucht gelegene *Hermitage ist*, wie alle Häuser, in einem Kiefernwald verborgen. Dieser vornehmste Teil der Insel ist von Luxus und Diskretion gekennzeichnet: schöner Privatstrand, drei Meerwasser-Schwimmbäder, Tennis- und Golfplatz ... Das Hotel bietet viel, was einem ganz einfach gefallen muß. Die Gästezimmer sind zwar schlicht eingerichtet, aber alle verfügen über einen Balkon mit Blick aufs Meer. Allgegenwärtiger, gepflegter Service. Wahrscheinlich muß nicht extra erwähnt werden, daß im August der Ansturm auf Biodala groß ist.

Anreise (Karte Nr. 12): Überfahrt ab Livorno (2.50 Std.) oder Piombino (1 Std.); das Hotel liegt 7 km östl. von Portoferraio.

T O S K A N A

Hotel da Giacomino

Isola d'Elba
Capo Sant'Andrea 57030 Marciana (Livorno)
Tel. (0565) 90 80 10 - Fax (0565) 90 82 94
Sig. Giacomino costa

Kategorie ★★★ **Geschlossen** von November bis März **33 Zimmer** m. Tel., Dusche, WC **Preise** EZ u. DZ: 35-75000 L, 60-125000 L - Frühst.: 20000 L, von 8.00 bis 9.30 Uhr - HP u. VP: 65-135000 L, 80-150000 L (pro Pers.) **Kreditkarten** akzeptiert **Verschiedenes** Hunde erlaubt - Schwimmb. - Zugang zum Meer - Parkpl. **Umgebung** Casa di Napoleone in Portoferraio - Villa Napoleone in San Martino - Madonna del Monte in Marciana - Golf dell'Acquabona (9-Lochpl.) **Restaurant** von 13.00 bis 14.00 u. von 20.00 bis 21.00 Uhr - Menü: 45000 L - Regionale Küche.

Das *Giacomino* liegt auf einem kleinen Vorgebirge, das die hochtouristische Bucht von Sant'Andrea isoliert. Diesen Ort werden besonders diejenigen schätzen, die Meer und Ruhe über alles lieben. Die schattigen Gärten reichen bis ans Meer. Ein Strand ist nicht vorhanden, aber unzählige Felsen, auf denen man sich niederlassen kann, um von hier aus zu baden - es sei denn, man bevorzugt das Schwimmbad mit Panoramablick. Der besonders familiäre Service, für den Signore Giacomo zuständig ist, läßt einen die nicht überall geschmackvolle Einrichtung vergessen. Die Gästezimmer verfügen über ausreichenden Komfort; die Dekoration in Pastelltönen, die ein wenig aggressiv wirken, ist minimalistisch. In den Bungalows mit Küche kann man sich von der Betriebsamkeit des Sommers noch etwas mehr isolieren. Ein unprätentiöses Hotel mit unschlagbarem Preis-Leistungsverhältnis auf dieser sehr teuren Insel.

Anreise *(Karte Nr. 12): Überfahrt ab Livorno (2.50 Std.) oder Piombino (1 Std.); das Hotel liegt 33 km von Portoferraio.*

TRENTINO - SÜDTIROL

Hotel Castel Labers

39012 Merano (Bolzano)
Via Labers, 25
Tel. (0473) 23 44 84 - Fax (0473) 234 146
Sig. G. Stapf-Neubert

Kategorie ★★★ **Geschlossen** vom 3. November bis 4. April **32 Zimmer** m. Tel., Bad od. Dusche u. WC (TV u. Minibar auf Wunsch) **Preise** 100-150000 L - Frühst. inkl., von 7.30 bis 10.00 Uhr - HP: 120-175000 L (pro Pers., mind. 3 Üb.) **Kreditkarten** Amex, Visa, Eurocard, MasterCard **Verschiedenes** Hunde erlaubt (15000 L) - Beheizt. Schwimmb. - Tennis (15000 L) - Parkpl. - Garage **Umgebung** Castel Tirolo - Castel Schenna - Castel Coira in Sluderno - Georenza - Abtei Monte Maria (Malles Venosta) - Golfplatz Pundersberg in Karersee - Golfplatz in Lana **Restaurant** von 12.00 bis 14.00 u. von 19.30 bis 21.00 Uhr - Menüs: 35-50000 L - Karte - Spezialitäten: Tiroler Küche.

Das *Castel Labers* ist eines dieser hübschen Dolomiten-Schlösser, die, von Wein umgeben, über absolute Ruhe verfügen. Eine vertrauliche Atmosphäre und ein Empfang von seltener Qualität erwarten den Reisenden. Salon und Eingangshalle sind mit alten Möbeln eingerichtet. Per Fahrstuhl oder über eine hübsche Treppe erreicht man die Zimmer. Die sind behaglich und von nostalgischem Charme. Sie haben Blick auf ein einzigartiges Panorama. Der Service ist aufmerksam und effizient. Die Hotelbesitzer sind große Kunst- und Musikliebhaber und organisieren bisweilen Konzerte für die Hotelgäste.

Anreise (Karte Nr. 3): 28 km nordwestl. von Bolzano über die A 22, Ausf. Bolzano-Süd, SS 38 bis Merano - Sinigo, Rtg. Scena, dann Via Labers (5 km).

TRENTINO - SÜDTIROL

Hotel Oberwirt

39020 Merano - Marling (Bolzano)
Via San Felice, 2
Tel. (0473) 47 111 - Fax (0473) 47 130 - Sig. Waldner
E-mail: oberwirt@denet.it

Kategorie ★★★★ **Geschlossen** vom 11. November bis 14. März **40 Zimmer** m. Tel., Bad u. Dusche, WC, TV, Minibar **Preise** HP: 145-162000 L (1 Pers.), 145-162000 L (pro Pers. im DZ) - 177-207000 L (pro Pers. in Suite) - Frühst.: 15000 L, von 7.00 bis 10.00 Uhr **Kreditkarten** akzeptiert **Verschiedenes** Hunde erlaubt (14000 L pro Tag) - 2 Schwimmb. - 7 Tennispl. - Reiten - Parkpl. - Garage (12000 L) **Umgebung** Castel Tirolo - Castel Schenna - Castel Coira in Sluderno - Georenza - Abtei Monte Maria (Malles Venosta) - Golfplatz Sarnonico u. Petersberg in Karersee **Restaurant** Menüs: 50-72000 L - Karte.

Marling ist ein Dorf in der näheren Umgebung Merans, liegt in der Nähe der Rennbahn und auf den Hügeln der Stadt. Das *Hotel Oberwirt* hat eine lange Familientradition: seit Jahrhunderten wird es von ein und derselben Familie geführt. An Professionalismus mangelt es hier bestimmt nicht. Das Hotel ist nicht besonders groß und zählt 40 komfortable, traditionell, aber auch modern eingerichtete Zimmer. Die Suite im Turm mögen wir besonders gern. Die traditionelle "Stube" und die Salons verfügen über die für Tirol typische gemütliche Atmosphäre. Einer von ihnen (der Salon Franz Liszt) diente dem berühmten Klaviervirtuosen und Komponisten im Sommer 1874 als Arbeitszimmer. Für einen angenehmen Aufenthalt ist hier gesorgt: das Hotel bietet außer zwei beheizten Hallenbädern auch Tenniswochen auf eigenen Plätzen an. Zahlreiche Wanderwege.

Anreise (Karte Nr. 3): Marling liegt 4 km südl. von Merano (in der Nähe der *Trabrennbahn*).

TRENTINO - SÜDTIROL

Hotel Schloß Korb

Missiano
39050 San Paolo Appiano (Bolzano)
Tel. (0471) 63 60 00 - Fax (0471) 63 60 33
Famiglia Dellago

Kategorie ★★★★ **Geschlossen** vom 3. November bis 3. April **56 Zimmer** m. Tel., Bad, WC, TV; Aufzug **Preise** DZ: 200-280000 L - Frühst. inkl., von 7.30 bis 10.00 Uhr - HP u. VP: 140-230000 L, 170-260000 L (pro Pers.) **Kreditkarten** nicht akzeptiert **Verschiedenes** Hunde erlaubt - 2 Schwimmb. - Sauna - Tennis - Parkpl. **Umgebung** Weinstraße (N 42) von Appiano bis zum Caldaro-See **Restaurant** von 12.00 bis 14.00 u. von 19.00 bis 21.30 Uhr - Menü: 60000 L - Karte - Regionale Spezialitäten.

Das auf dem Gipfel eines Hügels gelegene *Schloß Korb* wurde von seinen jetzigen Besitzern in ein Hotel-Restaurant umgewandelt. Es ist absolut ruhig, von Weinbergen umgeben und bietet einen wundervollen Ausblick. Das Hotel ist in einem barocken Tiroler Stil eingerichtet. Farben, Volkskunst-Gegenstände, viel glänzendes Holz und Blumensträuße verleihen dem Ganzen eine sehr behagliche Atmosphäre. Es bietet sich die Möglichkeit zu einem angenehmen kleinen Ausflug zu den Ruinen eines benachbarten Schlosses an, in dem den Hotelgästen kalte Speisen und Wein aus eigenem Anbau serviert werden.

Anreise (Karte Nr. 4): 13 km östl. von Bolzano/Bozen über die SS 42 bis San Paolo, dann Rtg. Missiano; das Hotel liegt 3 km weiter nördl.

TRENTINO - SÜDTIROL

Schloß Freudenstein

39057 Appiano (Bolzano)
Via Masaccio, 6
Tel. (0471) 66 06 38 - Fax (0471) 66 01 22

Geschlossen vom 30. November bis 16. März **15 Zimmer** m. Tel., Bad, WC **Preise** HP: 160-180000 L - Frühst. inkl. **Kreditkarten** nicht akzeptiert **Verschiedenes** Hunde nicht erlaubt - Schwimmb. - Parkpl. **Umgebung** Weinstraße - Caldaro (vom Viertel S. Antonio Drahtseilbahn nach Passo della Mendola) - Caldaro-See (Castel Ringberg u. Museo Atesino del vino) - Termeno - Santa-Giustina-See - Santuario di San Romedio u. Tavon-See **Restaurant** nur für Hotelgäste: von 19.30 bis 22.00 Uhr - Menüs - Regionale Spezialitäten.

Das Hinterland von Bozen mit seinen Weinbergen, die bis an den Caldaro-See reichen, ist eine sehr schöne Region. Das Schloß dominiert diesen wunderbaren Südtiroler Landstrich. Die Architektur des Kastells ist einladend und ganz und gar nicht militärisch: die Bögen, Säulen und Loggias, die den kleinen gepflasterten Innenhof umgeben, sind eher elegant. Im Innern schafft eine schlichte Gestaltung aus alten Möbeln, Teppichen und Gemälden eine authentische Atmosphäre. Und auch an Komfort in den Zimmern mangelt es nicht. Im Garten gibt es überdies ein Schwimmbad. Frühstück, traditionelle Gerichte, Weine aus der Gegend - all das zu einem sehr günstigen Preis.

Anreise (Karte Nr. 4): 10 km südwestl. von Bolzano/Bozen.

TRENTINO - SÜDTIROL

Pensione Leuchtenburg

39052 Caldaro sulla Strada del Vino (Bolzano)
Klughammer, 100
Tel. (0471) 96 00 93 - Fax (0471) 96 00 93
Sig. Sparer

Kategorie ★★ **Geschlossen** von Dezember bis Februar - Mi geschl. **17 Zimmer** u. 1 Suite m. Dusche, WC **Preise** DZ: 110000 L; Suiten: 220000 L - Frühst. inkl. - HP: + 18000 L (pro Pers.) **Kreditkarten** Visa, Eurocard, MasterCard **Verschiedenes** Hunde erlaubt - Privatstrand am See - Windsurfing - Mountainbikes - Parkpl. **Umgebung** Weinmuseum (N 42) - Appiano - Caldaro-See - Merano - Golfplatz in Pundersberg **Imbiß** abends für Hotelgäste.

Diese Region verdient es, entdeckt zu werden. Man verläßt die Autobahn in Bozen, begibt sich auf eine der vielen kleinen Straßen, die von duftenden Apfelbäumen gesäumt sind, und findet sich oberhalb des Caldaro-Sees wieder. Die Berge mit ihren Wiesen und Weinstöcken wirken hier freundlich. Die Pension befindet sich in den Nebengebäuden des Schlosses *Leuchtenburg*. Ein sehr angenehmes Haus mit hübschen, laubenbedeckten Höfen und einer großen, blühenden Terrasse mit Blick zum See. Die Inneneinrichtung hat trotz ihrer Einfachheit viel Charme: die Taverne ist typisch, und die Zimmer sind mit bemalten Möbeln hübsch eingerichtet. Der Privatstrand sowie die Benutzung der Surfbretter und Mountainbikes werden den Hotelgästen kostenlos angeboten. Angenehme Ferien zu interessanten Preisen.

__Anreise__ (Karte Nr. 4): 25 km südl. von Merano über die A 22, Ausf. Ora-Caldaro-See, vor dem Ortseingang von Caldaro (Kaltern) links die Uferstraße nehmen.

TRENTINO - SÜDTIROL

Berghotel Zirmerhof

39040 Redagno (Bolzano)
Oberradein, 59
Tel. (0471) 88 72 15 - Fax (0471) 88 72 25 - Sig. Perwanger
E-mail: zh.sepp@dnet.it

Kategorie ★★★ **Geschlossen** vom 5. Nov. bis 25. Dez. u. vom 30. März bis 15. Mai **32 Zimmer** Tel., Bad od. Dusche, WC **Preise** HP: 101-1450000 L, 140-180000 L (Suiten); VP: + 273000 L (pro Pers., mind. 3 Üb.) - Frühst.: 17000 L, von 8.00 bis 10.00 Uhr **Kreditkarten** nicht akzeptiert **Verschiedenes** Hunde erlaubt - Parkpl. **Umgebung** Weinmuseum (N 42) - Appiano - Caldaro-See - Merano - Golfplatz in Pundersberg **Restaurant** nur f. Hausgäste, ab 19.30 Uhr - Mo geschl. - Menüs: 40-60000 L - Regionale Spezialitäten.

Fern vom Massentourismus hat die Region um Redagno und des Naturparks Monte Corno die ganze Schönheit ihrer Ursprünglichkeit und Traditionen bewahrt. Das Gasthaus besteht seit 1890 und war die Sommerfrische der Aristokratie und Bourgeoise Mitteleuropas, aber auch der Zufluchtsort zahlreicher Intellektueller. Das Haus besitzt wirklich viel Charme: die Zimmer sind gemütlich und komfortabel, die "Stube" und Bibliothek haben noch immer etwas von dieser "Zauberberg"-Atmosphäre, und der große "Grimm"-Raum hat seine schönen Fresken, ein Werk von Ignaz Stolz, bewahren können. Die Rezepte der deutschen *nonna*, Hanna Perwanger, die Südtirol sehr liebte, inspirieren noch heute die gute Küche des Hauses, in dem man hervorragend empfangen wird und in dem sich der Gast ausgesprochen wohl fühlt.

Anreise (Karte Nr. 4): 40 km südl. von Bolzano, A 22, Ausf. Egna Ora, Rtg. Cavalese bis Kaltenbrunn, dann links Rtg. Redagno.

TRENTINO - SÜDTIROL

Park Hotel Laurin

39100 Bolzano
Via Laurin, 4
Tel. (0471) 31 10 00 - Fax (0471) 31 11 48 - Sig. Havlik
E-mail: info@laurin.it - Web: http://www.info@laurin.it

Kategorie ★★★★ **Ganzj.** geöffn. **96 Zimmer** m. Klimaanl., Tel., Bad, WC, Kabel-TV, Minibar; Aufzug **Preise** EZ u. DZ: 190-275000 L, 285-415000 L - Frühst. inkl., von 7.30 bis 10.30 Uhr **Kreditkarten** Amex, Visa, Eurocard, MasterCard **Verschiedenes** Hunde erlaubt (20000 L) - Beheizt. Schwimmb. - Parkpl. **Umgebung** Weinstraße (N 42) von Appiano bis Caldero-See - Castel Roncolo - Sarentina-Tal **Restaurant** von 12.00 bis 14.00 u. von 19.00 bis 22.00 Uhr - Menüs: 38-56000 L - Karte - Regionale Spezialitäten.

Dieser alte Palast liegt im Zentrum von Bozen, 200 Meter vom Bahnhof entfernt: auch heute noch eine gefragte Adresse bei Geschäftsleuten und gutbürgerlichen Familien. Das Restaurant, die Salons und die Zimmer sind groß und ein wenig das, was man einen "internationalen Palast" nennt. Das Ganze verfügt über jeglichen modernen Komfort, und das Personal ist sehr aufmerksam. Das Restaurant *(La Belle Epoque)* zählt zu den bekanntesten der Region. Die Zimmer zum Park hin sind ruhig, und das Schwimmbad im Garten ist sehr angenehm. Ein Hotel mit den Vorzügen einer gewissen Tradition.

Anreise (Karte Nr. 4): 154 km nördl. von Verona über die A 22, Ausf. Bolzano-Süd oder Nord, Rtg. stazione (Bahnhof).

TRENTINO - SÜDTIROL

Albergo Monte San Vigilio

Monte San Vigilio
39011 Lana (Bolzano)
Tel. (0473) 561 236 - Fax (0473) 561 410
Sig. Gapp

Kategorie ★★★ **Geschlossen** vom 9. Dezember bis 19. Dezember **40 Zimmer** m. Tel., Bad od. Dusche, WC **Preise** HP: 80-120000 L (pro Pers., mind. 3 Üb.) - Frühst. inkl., von 8.00 bis 10.00 Uhr **Kreditkarten** Nicht akzeptiert **Verschiedenes** Hunde nicht erlaubt - Beheizt. Schwimmb., Reiten, Boccia - Garage (7000 L) **Umgebung** Ski, direkt vom Hotel aus **Restaurant** von 12.00 bis 14.00 u. von 19.00 bis 20.30 - Menüs: 30-40000 L.

Dieses 1 500 Meter hoch gelegene Landgasthaus, das man im Sommer wie im Winter ausschließlich über die Drahtseilbahn erreichen kann, ist ganz von Wäldern umgeben. Ohne die "Last" des Autos werden Sie so besonders leichtfüßig in Skier schlüpfen, Bergtouren unternehmen oder angeln können - es sei denn, Sie bevorzugen die herrliche Terrasse oder im Sommer das Schwimmbad mit Blick auf die Dolomiten. Die Innenausstattung ist traditionell und freundlich; die Zimmer sind behaglich und komfortabel, einige haben einen Balkon mit Aussicht. Das Restaurant bemüht sich, die Produkte und Bergspezialitäten des Trentino bekannt zu machen. Professioneller Empfang.

Anreise (Karte Nr. 3): 30 km nordwestl. von Bozen über die S 38 Rtg. Meran bis Portal, dann Lana; in Lana die Drahtseilbahn nehmen (Sommer: 8/19 Uhr; Winter: 8/18 Uhr).

TRENTINO - SÜDTIROL

Hotel Turm

39050 Fié Allo Sciliar (Bolzano)
Tel. (0471) 72 50 14 - Fax (0471) 72 54 74
Sig. Pramstrahler

Kategorie ★★★★ **Geschlossen** vom 6. November bis 19. Dezember **23 Zimmer** m. Tel., Bad, WC, TV **Preise** EZ u. DZ: 90-137000 L, 180-294000 L; Suiten: 220-314000 L - Frühst. inkl., von 8.00 bis 10.00 Uhr - HP u. VP: 113-170000 L, 138-198000 L (pro Pers.) **Kreditkarten** Visa, Eurocard, MasterCard **Verschiedenes** Hunde erlaubt (10000 L) - Schwimmb. - Sauna - Garage (7000 L) **Umgebung** Ski in Alpe di Siusi (16 km entf.) - Bolzano **Restaurant** von 12.00 bis 14.00 u. von 19.00 bis 21.00 Uhr - Do geschl. - Menüs: 38-60000 L - Karte - Regionale Spezialitäten.

Fié (Völs) ist ein kleines Dorf im wunderbaren Grödner-Tal, das vom eindrucksvollen Monte Sciliar (Schlern) heherrscht wird. Das Hotel befindet sich im ehemaligen Gerichtsgebäude im Ortskern und wird seit drei Generationen von derselben Familie geführt. Das im Laufe der Jahre immer mal wieder veränderte Innere ist sehr behaglich, mit alten Möbeln schön eingerichtet und kann auch eine eindrucksvolle Gemäldesammlung vorweisen. Die meisten der gemütlichen und geschmackvoll eingerichteten Zimmer bieten einen wundervollen Ausblick auf die Berge. Der Sohn Stefano, ein begnadeter Koch, leitet das Restaurant. Seine feine Küche ist sehr einfallsreich und verbindet könnerhaft regionale Eigenheiten mit den Finessen einiger großer französischer Küchenchefs. Im Sommer ein idealer Ausgangspunkt für Wanderungen am See; im Winter: Skilanglauf, Schlittschuhlaufen oder Abfahrtsski im 20 Minuten entfernten Alpe di Siusi.

Anreise (Karte Nr. 4): 16 km östl. von Bolzano (A 22, Ausf. Bolzano-Nord) über die SS 49 bis Prato all'Isarco, dann Fié.

TRENTINO - SÜDTIROL

Hotel Cavallino d'Oro

39040 Castelrotto (Bolzano)
Piazza Kraus
Tel. (0471) 706 337 - Fax (0471) 707 172
Sig. und Sig.ra Urthaler

Kategorie ★★★★ **Ganzj.** geöffn. - Di geschl. **20 Zimmer** m. Tel., Bad u. Dusche, WC, TV, Safe **Preise** EZ u. DZ: 55-80000 L, 80-120000 L - Frühst. inkl., von 7.30 bis 11.00 Uhr - HP u. VP: 70-110000 L, 90-135000 L **Kreditkarten** akzeptiert **Verschiedenes** Hunde erlaubt **Umgebung** Ski - Alpe di Siusi - Ortisei - Gardena-Tal **Restaurant** von 11.30 bis 15.00 u. von 18.30 bis 21.00 Uhr - Menüs: 25-50000 L - Karte - Regionale Spezialitäten.

Castelrotto ist eines dieser Dörfer des Grödner-Tals, in dem man noch Ladinisch spricht, die Bewohner gerne traditionelle Trachten tragen und die Häuser hübsch bemalte Fassaden haben. Das *Cavallino d'Oro* ist ein traditioneller Südtiroler Gasthof: die "Stube" ist einladend, und das Restaurant bietet vorwiegend lokale Spezialitäten an. Die Zimmer sind sehr gepflegt. Im Sommer wird eine Terrasse auf dem Dorfplatz hergerichtet, dem schönsten Flecken des Dorfes. Auch die Preise verdienen es, daß man sich aufmacht, diese Region zu entdecken.

***Anreise** (Karte Nr. 4): 26 km nordöstl. von Bolzano über die A 22, Ausf. Bolzano-Nord, S 12 (Rtg. Brenner) bis Prati Isarco, dann Rtg. Castelrotto.*

TRENTINO - SÜDTIROL

Hotel Adler

39046 Ortisei (Bolzano)
Via Rezia, 7
Tel. (0471) 79 62 03 - Fax (0471) 79 62 10
Famiglia Sanoner

Kategorie ★★★★ **Geschlossen** vom 21. Oktober bis 14. Dezember u. vom 16. April bis 14. Mai **100 Zimmer** m. Tel., Bad, WC, TV, Safe, Minibar; Aufzug **Preise** m. HP: 158-266000 L, 139-247000 L - Frühst. inkl., von 7.00 bis 10.00 Uhr - HP u. VP: 137-187000 L + 42000 L (pro Pers.) **Kreditkarten** Amex, Visa, Eurocard, MasterCard **Verschiedenes** Hunde erlaubt - Überdachtes Schwimmb. - Tennis - Sauna - Skibus - Health-Center - Parkpl. - Garage **Umgebung** Ski - Alpe di Siusi (1 996 m) u. San Giacomo (1 433 m) per Seilbahn - Gardena-Tal - Bolzano **Restaurant** von 12.00 bis 14.00 u. von 19.00 bis 21.30 Uhr - Menüs: 30-49000 L - Karte - Spezialitäten: Tiroler Küche.

Im Zentrum von Sankt Ulrich/Ortisei ist dieses Hotel durch die Verbindung zweier architektonisch gänzlich unterschiedlicher Gebäude entstanden. Eine grüne Insel der Ruhe, ein Mekka für die (meist deutschen) Urlauber. Das beheizte Schwimmbad ist von einem schönen Rasen umgeben. Das Hotel wird im Sommer wie im Winter von Stammkunden aufgesucht, für die Abgeschiedenheit und Pistennähe nicht unbedingt die wichtigsten Kriterien darstellen und die die belebte Atmosphäre in diesem kleinen Dorf mögen. Alle Zimmer wurden renoviert. Ein behagliches Haus.

Anreise (Karte Nr. 4): 35 km östl. von Bolzano über die A 22, Ausf. Chiusa (oder SS 12 bis Ponte Gardena), dann SS 242 nach Ortisei.

TRENTINO - SÜDTIROL

Uhrerhof Deur

Bulla 39046 Ortisei
Tel. (0471) 79 73 35 - Fax (0471) 79 74 57
Famiglia Zemmer

Ganzj. geöffn. **10 Zimmer** (Nichtraucher) m. Tel., Bad od. Dusche, WC, TV **Preise** DZ: 200-300000 L - Frühst. inkl., von 8.00 bis 10.00 Uhr - HP: 120-150000 L (pro Pers., mind. 3 Üb.) **Kreditkarten** Visa, Eurocard, MasterCard **Verschiedenes** Hunde nicht erlaubt - Sauna, Whirpool - Parkpl. **Umgebung** Ski - Alpe di Siusi (1 996 m) u. San Giacomo (1 433 m) per Seilbahn - Gardena-Tal - Bolzano **Restaurant** (auf Reserv.) - ab 19.00 Uhr - Menüs: 40-600000 L.

Ortisei ist ein bedeutender Gebirgsort des Val Gardena; die Liebhaber der Berge finden hier ihr Glück beim Skilaufen oder bei Bergtouren in den Wäldern von Rasciesca oder an den Hängen von Alpe di Suisi. Sein Charme ist auch darauf zurückzuführen, daß seine Bewohner mit den Traditionen noch eng verbunden sind, was dem Dorfleben viel Pittoreskes verleiht. Hiervon ist auch die Atmosphäre des *Uhrerhof Deur* geprägt, der nur ein paar Kilometer weiter liegt, ein Gästehaus im wahrsten Sinne des Wortes ist und wo Sie wie Freunde aufgenommen werden. Das Haus ist warm, die Umgebung großartig, die Küche gepflegt, aber hoffentlich haben Sie den praktischen Informationen entnommen, daß dies ein Nichtraucher-Haus ist. Für die, die es nicht sind, eine gute Gelegenheit, sich über die Stärke ihrer Nikotinsucht bewußt zu werden.

Anreise (Karte Nr. 4): 35 km östl. von Bolzano über die A 22, Ausf. Chiusa od. Bolzano-Nord (od. S. 12 bis Ponte Gardena), dann S 242 bis Ortisei. Bulla liegt 5 km von Ortisei.

TRENTINO - SÜDTIROL

Hotel Elephant

39042 Bressanone (Bolzano)
Via Rio Bianco, 4
Tel. (0472) 83 2750 - Fax (0472) 83 65 79 - Famiglia Heiss Falk
E-mail: elephant.brixen@acs.it

Kategorie ★★★★ **Geschlossen** vom 11. November bis 24. Dezember u. vom 8. Januar bis 28. Februar **44 Zimmer** m. Tel., Bad, WC, TV **Preise** EZ u. DZ: 108-116000 L, 216-232000 L - Frühst: 24000 L - HP u. VP: 194000 L, 230000 L (pro Pers., mind. 3 Üb.) **Kreditkarten** akzeptiert **Verschiedenes** Hunde in den Zimmern erlaubt (11000 L) - Beheizt. Schwimmb. - Tennis - Parkpl. (11-15000 L) **Umgebung** La Plose (2 504 m) - Kloster Novacella - Gardena-Tal: Schloß Velturno, Chiusa, Ortisei **Restaurant** von 12.00 bis 14.00 u. von 19.00 bis 21.00 Uhr - Mo geschl. - Menü: 65000 L - Karte - Spezialitäten: Piatto Elefante.

Die zahlreichen Klöster und bischöflichen Schlösser um Brixen/Bressanone zeugen noch von der geistigen, kulturellen und künstlerischen Ausstrahlung, die dieses Dorf im 18. Jahrhundert besaß. Um diese Region zu entdecken, ist das *Elephant* der ideale Ausgangspunkt. Alte Möbel, Holztäfelungen, Teppiche und Gobelins schmücken die Empfangsräume. Die meisten Zimmer liegen zum Park und Schwimmbad hin oder gehen auf die Berge hinaus, nur einige wenige gehen nach Norden. Die Küche ist bemerkenswert und wird von einem sehr aufmerksamen Personal serviert. Ein Hotel, das seit dem Jahr 1550 (als es das Geleit des Elefanten und auch den Elefanten selbst beherbergte, den der König von Portugal dem Kaiser Ferdinand von Habsburg als Geschenk übersandte) seinem Ruf stets gerecht geworden ist.

Anreise (Karte Nr. 4): 40 km nordöstl. von Bolzano über die A 22, Ausf. Bressanone; das Hotel liegt nordwestl. vom Zentrum, Via Fichini, dann Via Rio Bianco (von der Via Roma kommend).

TRENTINO - SÜDTIROL

Hotel La Perla

39033 Corvara in Badia (Bolzano)
Via Centro, 44
Tel. (0471) 83 61 32/3 - Fax (0471) 83 65 68
Famiglia Costa

Kategorie ★★★★ **Geschlossen** vom 4. Oktober bis 5. Dezember u. vom 13. April bis 19. Juni **52 Zimmer** m Tel., Bad, WC, TV **Preise** EZ u. DZ: 170-320000 L, 300-600000 L; Suiten: 360-700000 L - Frühst. inkl., von 7.30 bis 11.00 Uhr - HP: 168-318000 L (pro Pers., mind. 3 Üb.) **Kreditkarten** Amex, Visa, Eurocard, MasterCard **Verschiedenes** Kleine Hunde erlaubt - Beheizt. Schwimmb. - Sauna - Fitneßcenter - Tennis (12-28000 L) - Parkpl. - Garage **Umgebung** Ski - Badia-Tal - Große Dolomitenstraße (N 48) von Cortina d'Ampezzo nach Bolzano - Ortisei **Restaurant** *La Stüa de Michil* (vom 5. Dezember bis 13. April) von 19.00 bis 21.30 Uhr - Menüs: 58-85000 L - Karte - Spezialitäten: Carpaccio di verdure crude con caprino fresco e basilico - Guancio di vitello al forno con porri e finferli - Strudel caldo di cioccolato con ciliegie al Porto e gelato alla cannella.

Dieses Hotel verdient seinen Namen. Das schöne Chalet *La Perla*, recht ruhig im Corvarer Zentrum gelegen, ist einfach perfekt. Ausstattung und Atmosphäre sind weniger rustikal als raffiniert. Die Inneneinrichtung schafft eine ungezwungene Atmosphäre - trotz all der Leistungen, die einem Grandhotel Ehre machen (Friseur, beheiztes Schwimmbad, Weinkeller, Weinproben usw.). 45 Kilometer von Cortina d'Ampezzo entfernt, ist dieses Hotel im Sommer wie im Winter zu empfehlen.

***Anreise** (Karte Nr. 4): 65 km östl. von Bolzano über die A 22, Ausf. Chiusa (oder SS 12 bis Ponte Gardena), dann SS 242 nach Corvara über Ortisei.*

TRENTINO - SÜDTIROL

Hotel Armentarola

Via Prè de Ví, 78
39030 San Cassiano (Bolzano)
Tel. (0471) 84 95 22 - Fax (0471) 84 93 89
Famiglia Wieser

Kategorie ★★★★ **Geschlossen** von Mitte Oktober bis Mitte Dezember u. von Mitte April bis Mitte Juni **50 Zimmer** m. Tel., Bad od. Dusche, WC, Safe, TV, Minibar **Preise** EZ u. DZ m. HP (pro Pers.): 140-225000 L, 120-225000 L; Suiten m. HP (pro Pers.): 180-260000 L - Frühst. inkl., von 7.30 bis 11.00 Uhr **Kreditkarten** nicht akzeptiert **Verschiedenes** Hunde erlaubt (20000 L) - Hallenbad - Tennis - Reiten - Sauna - Solarium - Garage (10000 L) **Umgebung** Ski - Cortina d'Ampezzo **Restaurant** (Kreditkarten: Visa, Eurocard, MasterCard) - von 11.00 bis 18.00 u. von 19.00 bis 21.00 Uhr - Menüs: 45-70000 L - Karte - Regionale Spezialitäten.

Die Geschichte des *Armentarola* begann 1938 mit der Geschichte der Familie, als Paolo und Emma Wieser beschlossen, ihr Chalet zu einem Gasthof umzubauen. Seitdem ist das einsam, 1600 Meter hoch gelegene Hotel immer wieder modernisiert worden und hat doch nichts von seinem Charme verloren. Holz bestimmt die Inneneinrichtung: nachgedunkelt in den älteren Teilen des Hauses, farbig in den neueren Bereichen und im großen Restaurant. Im Sommer wird den Gästen Tennis und Reiten angeboten. Im Winter gibt es das Hallenbad und den Skilift, der das *Armentarola* mit dem Skigebiet von Badia verbindet. Nur wenige Kilometer von Cortina d'Ampezzo entfernt, ist dies ein Hotel mit großem Komfort in grandioser Natur.

Anreise (Karte Nr. 4): 75 km östl. von Bolzano über die SS 12, SS 242d u. SS 242 Rtg. Selva di Valgardena, dann SS 243 nach Corvara u. 11 km auf der SS 244.

TRENTINO - SÜDTIROL

Parkhotel Sole Paradiso

39038 San Candido - Innichen (Bolzano)
Via Sesto, 13
Tel. (0474) 91 31 20 - Fax (0474) 91 31 93
Famiglia Ortner

Kategorie ★★★★ **Geschlossen** vom 6. Oktober bis 22. Dezember u. vom 10. April bis 31. Mai **39 Zimmer** u. 4 Suiten m. Tel., Bad od. Dusche, WC, TV, Safe, Fön **Preise** EZ u. DZ: 130-175000 L, 220-350000 L - Frühst. inkl. (Buffet), von 8.00 bis 10.30 Uhr - HP u. VP: 120-195000 L, 150-225000 L (pro Pers., mind. 3 Üb.) **Kreditkarten** Amex, Visa, Eurocard, MasterCard **Verschiedenes** Hunde nicht erlaubt - Schwimmb. - Tennis (15000 L) - Sauna - Garage (15000 L) **Umgebung** Lago di Braies - Lago di Misurina - Croda Rossa - Tre cime di Lavaredo - Cortina d'Ampezzo **Restaurant** von 12.30 bis 13.30 u. von 19.00 bis 20.30 Uhr - Menüs: 45-70000 L - Karte - Spezialitäten: Schlutzkrapfen - Maccheroni alla boscaiola - Trota del vivaio Kaiserschmarrn.

Die Architektur und die rotgelben Farben dieses großen Chalets erinnern daran, daß die österreichische Grenze nur einige Kilometer weiter verläuft. Im ganzen Haus herrscht eine gemütliche Atmosphäre, wie sie in den Bergen üblich ist: die Wände sind mit hellem Holz getäfelt, Lampen und Leuchter sind eindrucksvoll holzgeschnitzt, in den Zimmern beeindrucken schwere Stoffe und Baldachinbetten. Alle Zimmer besitzen außerdem hübsche, bepflanzte Balkone und einen schönen Blick über das Pusteria-Tal. Das Hotel ist bestens ausgerüstet: ein Tennisplatz, ein im Sommer wie im Winter beheiztes Schwimmbad, Langlaufbahnenund ein Skibus direkt am Hotel.

Anreise (Karte Nr. 4): 100 km nordöstl. von Bolzano über die A 22, Ausf. Bressanone, dann SS 49 nach San Candido. 200 km nördl. von Venedig.

TRENTINO - SÜDTIROL

Albergo Accademia

38100 Trento
Vicolo Colico, 4-6
Tel. (0461) 23 36 00 - Fax (0461) 23 01 74
Sig.ra Fambri

Kategorie ★★★★ **Geschlossen** 24. Dezember bis 6. Januar **43 Zimmer** m. Klimaanl.,Tel., Bad od. Dusche, WC, Kabel-TV, Minibar; Aufzug **Preise** EZ u. DZ: 180000 L, 250000 L - Frühst. inkl., von 7.30 bis 10.30 Uhr **Kreditkarten** akzeptiert **Verschiedenes** Hunde erlaubt **Umgebung** Lago di Garda - Dolomiten - Trento - La Paganella - "Ormeri" di Segonzaro (Feenkamine) **Restaurant** von 12.30 bis 14.30 u. von 19.30 bis 22.30 Uhr - So geschl. - Menüs: 45-55000 L - Karte - Spezialitäten: Storione affumicato con finferli crudi - Ravioli fatti in casa - Filetto di agnello in crosta di pane alla salvia - Croccante alle mandorle.

Die in der Altstadt gelegene *Albergo Accademia* befindet sich in einem mittelalterlichen Haus an einem winzigen Platz in einer hübschen Gegend Trentos. Wenn auch einiges der Originalarchitektur bewahrt wurde, so ist die Gestaltung doch bewußt modern, was die wenigen alten Stücke schön zur Geltung bringt. Die Zimmer sind groß, hell und sehr komfortabel. Das Restaurant ist bekannt für seine phantasievolle Küche, ohne jedoch die lokalen Spezialitäten zu vernachlässigen. Der frühere Innenhof des Hauses wurde zu einem Garten umgestaltet, in dem nun das Frühstück serviert wird. Und um den Ausblick über die Dächer und Türme Trentos zu genießen, wurde unlängst eine Terrasse gebaut. Eine charmante Adresse in einer Stadt, die eine Reise durchaus wert ist.

Anreise (Karte Nr. 3 und 4): 101 km nördl. von Verona über die A 22, Ausf. Trento, in der Stadt der Ausschilderung folgen.

TRENTINO - SÜDTIROL

Castello Pergine

1998

38057 Pergine Valsugana (Trento)
Tel. (0461) 53 11 58 - Fax (0461) 53 13 29
Sig. und Sig.ra Schneider-Neff

Geschlossen von November bis Ostern **21 Zimmer** m. Tel., Bad od. Dusche, WC, TV **Preise** HP: EZ 100000 L, DZ 200000 L (2 Pers.) - Frühst. inkl., von 8.00 bis 9.30 Uhr **Kreditkarten** Amex, Visa, Eurocard, MasterCard **Verschiedenes** Hunde im Zi. erlaubt - Parkpl. **Umgebung** San Cristoforo al Lago am See von Caldonazzo - Brenta-Kanal (Engpaß) über die N 47 hinter Primolano - Trento - Verona **Restaurant** von 12.30 bis 14.00 u. von 19.30 bis 21.30 Uhr - Mo mittags geschl. - Karte: 50000 L - Spezialitäten: strangola con su salsa formaggiconiglio disossaso farciso con la verza, Carpaccio di carne salada.

Trient ist eine interessante, von romanischer und germanischer Kultur geprägte Stadt; eine Besichtigung des Doms und des Castello del Buonconsiglio können wir nur empfehlen. Auch das Hinterland, in dem es viele Dörfer wie Pergine Valsugana mit landwirtschaftlichen Aktivitäten gibt, ist angenehm. Das Hotel befindet sich im mittelalterlichen Schloß. Sein Restaurant, in dem man mit den Spezialitäten der Gegend Bekanntschaft macht, hat einen besonders guten Ruf, und dank der Renovierung verfügen die Zimmer heute über guten Komfort. Die Lage im Grünen schafft eine besonders ungetrübte Atmosphäre. Ein Hotel, dem man Zuneigung entgegenbringt.

Anreise (Karte Nr. 4): 11 km östl. von Trento über die S 47; zur Stadt sind es 2,5 km.

TRENTINO - SÜDTIROL

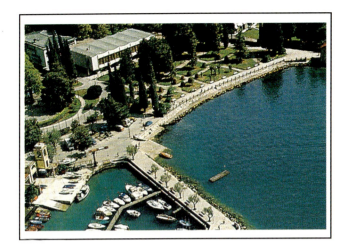

Lido Palace Hotel

Lago di Garda
38066 Riva del Garda (Trento)
Viale Carducci, 10
Tel. (0464) 55 26 64 - Fax (0464) 55 19 57 - Sig. Genetin

Kategorie ★★★★ **Geschlossen** von November bis März **62 Zimmer** m. Tel., Bad od. Dusche WC, TV; Aufzug **Preise** DZ: 220-2900000 L - Frühst. inkl., von 7.30 bis 10.00 Uhr - HP u. VP: 135-175000 L, 165-200000 L (pro Pers., mind. 3 Üb.) **Kreditkarten** akzeptiert **Verschiedenes** Kleine Hunde erlaubt (15000 L) - Schwimmb. - Tennis - Parkpl. **Umgebung** Monte Bastione (1 502 m) per Lift - Lago di Tenno - Trento **Restaurant** von 12.30 bis 14.00 u. von 19.30 bis 21.00 Uhr - Menü: 40000 L - Karte - Internationale Spezialitäten.

Der Hauptvorteil des *Lido Palace* ist seine Lage in unmittelbarer Nähe des kleinen Hafens von Riva del Garda. Sein Park grenzt an den öffentlichen Park und an das Seeufer, und die Atmosphäre erinnert an jene eines Kurortes im 19. Jahrhundert. Das Gebäude aus eben jener Zeit wurde sehr geschmackvoll renoviert. Aus den sehr hellen und bewußt schlicht eingerichteten Zimmern nimmt man hinter Zedern den See wahr. Trotz der klassisch-konventionellen Erscheinung dieses Hotels herrscht hier eine ungezwungene Atmosphäre.

Anreise (Karte Nr. 3): 50 km südwestl. von Trento - 87 km nördl. von Verona über die A 22, Ausf. Roveroto Süd, dann SS 240.

TRENTINO - SÜDTIROL

Palace Hotel

38050 Roncegno (Trento)
Casa di Salute Raphael
Tel. (0461) 76 40 12 - Fax (0461) 76 45 00
Antonella Noacco

Kategorie ★★★★ **Geschlossen** von November bis März **85 Zimmer** m. Tel., Bad od. Dusche, WC, TV; Aufzug **Preise** EZ u. DZ: 130000 L, 220000 L - Frühst. inkl., von 7.30 bis 10.00 Uhr - HP u. VP: 145000 L, 160000 L (pro Pers., mind. 3 Üb.) **Kreditkarten** Amex, Visa, Eurocard, MasterCard **Verschiedenes** Hunde nicht erlaubt - Hallenbad - Tennis - Squash - Health-Center - Parkpl. **Umgebung** Schloßruinen von Borgo Valsugana - Brenta-Kanal (Engpaß) über die N 47 hinter Primolano - Trento **Restaurant** von 12.30 bis 14.00 u. von 19.30 bis 21.30 Uhr - Menüs: 40-50000 L - Karte - Spezialitäten: Tronco de pontesel - Cumel alla paesana.

Das zu Beginn des Jahrhunderts in einem fünf Hektar großen Park angelegte *Palace Hotel* verfügt noch heute über die Eleganz und das Pittoreske dieser Epoche. Lange Zeit war es der sommerliche Treffpunkt der italienischen Aristokratie. Die Salons und besonders das Restaurant zeugen von dieser Vergangenheit. Heute vollständig renoviert, verfügt es nicht nur über den Komfort der Hotels dieser Kategorie, sondern außerdem über einige unerwartete Einrichtungen wie z.B. Squash und Health-Center mit Hallenbad und Sauna. Diese Verbindung von Tradition, ja Nostalgie, mit moderner Lebensart und Effizienz ist der größte Vorteil dieses Hotels.

Anreise (Karte Nr. 4): 33 km östl. von Trento über die SS 47.

VENETO - FRIAUL

Hotel Cipriani und Palazzo Vendramin

30133 Venezia
Isola della Giudecca, 10
Tel. (041) 520 77 44 - Fax (041) 520 39 30/77 45
Sig. N. Rusconi

Kategorie ★★★★ **Ganzj.** geöffn. **104 Zimmer** m. Klimaanl., Tel., Bad od. Dusche, WC, Satelliten-TV, Safe, Minibar; Aufzug **Preise** EZ u. DZ: 680-950000 L, 950-1400000 L - Frühst. inkl., von 7.00 bis 10.30 Uhr (amerikanisches Buffet) **Kreditkarten** akzeptiert **Verschiedenes** Kleine Hunde erlaubt - Schwimmb. - Tennis (40000 L) - Sauna (25000 L) - Türkisches Bad - Yachthafen **Umgebung** Murano (Glasmuseum) - Torcello (Kathedrale S. M. Assunta, S. Fosca) - Burano - Friedhof San Michele - Villa Foscari in Fusina - Villen des Veneto - Kreuzfahrt auf der Brenta an Bord der Burchiello - Golf al Lido Alberoni (18-Lochpl.) **Restaurant** von 12.30 bis 15.00 u. von 19.30 bis 22.30 Uhr - Karte - Venezianische Spezialitäten.

Das *Cipriani*, das an den Pontons liegt, die den Markusplatz säumen, ist das einzige Hotel, das einen Platz für seinen eigenen Pendelverkehr besitzt, den luxuriöse Schnellboote gewährleisten. So ist alles in diesem Hotel, das ein Synonym für Luxus und Qualität ist. Der letzte Guiseppe Cipriani war es, der auch die *Harry's Bar* gründete, die in aller Welt für ihre Küche und ihren Bellini-Cocktail berühmt ist ... Hier, an der Spitze der Giudecca, trägt auch das olympische Schwimmbad zum Luxus bei, außerdem bietet das Hotel einen Yachtclub für die Hotelgäste, Salons und Zimmer von großem Raffinement und herrlichem Ausblick auf die Lagune, aber auch auf S. Giorgio Maggiore oder die Palladio-Kuppel des Redentore und der Zitadelle. Der Service ist persönlich, aber keineswegs unterwürfig. Was anderes wäre zum *Palazzo Vendramin*, die luxuriöse Dependance des Cipriani, zu sagen, als folgendes: wir bevorzugen das alte Haus!

Anreise (Karte Nr. 4): Vaporetto stündl. ab San Marco.

VENETO - FRIAUL

Bauer Grünwald et Grand Hotel

30124 Venezia
Campo San Moise, 1459
Tel. (041) 520 70 22 - Fax (041) 520 75 57
Sig. Puppo

Kategorie ★★★★★ **Ganzj.** geöffn. **214 Zimmer** m. Klimaanl., Tel., Bad od. Dusche, WC, Satelliten-TV, Safe, Minibar; Aufzug **Preise** EZ u. DZ: 250-440000 L, 360-6850000 L - Frühst. inkl., von 7.00 bis 10.30 Uhr **Kreditkarten** akzeptiert **Verschiedenes** Hunde erlaubt (60000 L) **Umgebung** Murano (Glasmuseum) - Torcello (Kathedrale S. M. Assunta, S. Fosca) - Burano - Friedhof von San Michele - Villa Foscari in Fusina - Villen des Veneto - Kreuzfahrt auf der Brenta an Bord der Burchiello - Golf al Lido Alberoni (18-Lochpl.) **Restaurant** von 12.30 bis 14.30 u. von 19.00 bis 22.30 Uhr - Menü: 90000 L - Karte - Spezialitäten: Risotto alla torcellana - Fegato alla veneziana.

Das *Bauer Grünwald* entstand dank der Einheit Italiens: als ein junger Venezianer (Jules Grünwald) das Fräulein Bauer ehelichte. Zusammen eröffneten sie zuerst eine Taverne, die bald sehr erfolgreich war, und dann dieses Grandhotel. Was das *Bauer* von den anderen Palästen Venedigs unterscheidet, ist sein Stil. Hier ist der Luxus diskret und traditionell. Das gut gelegene Hotel bietet außer seiner Nähe zum Markusplatz eine Terrasse zum Canal Grande, auf der man bei Kerzenlicht speisen und die Aussicht auf die Kirche Santa Maria della Salute und die Insel San Giorgio genießen kann.

Anreise (Karte Nr. 4): in der Nähe der Piazza San Marco, am Canal Grande, zwischen der Kirche Santa Maria della Salute u. der Insel San Giorgio.

VENETO - FRIAUL

Gritti Palace Hotel

30124 Venezia
Campo Santa Maria del Giglio, 2467
Tel. (041) 79 46 11 - Fax (041) 520 09 42
Sig. Feriani

Kategorie ★★★★★ **Ganzj.** geöffn. **87 Zimmer** u. 9 Suiten m. Klimaanl., Tel., Bad od. Dusche, WC, TV, Safe, Minibar; Aufzug **Preise** EZ u. DZ: 500-570000 L, 770-850-1000000 L; Suiten: 1900000, Appart. 2400-3800000L - Frühst. 35-60000 L, von 7.30 bis 11.00 Uhr (auf den Zi. jederzeit) **Kreditkarten** akzeptiert **Verschiedenes** Kleine Hunde in den Zimmern erlaubt **Umgebung** Murano (Glasmuseum) - Torcello (Kathedrale S. M. Assunta, S. Fosca) - Burano - Friedhof von San Michele - Villa Foscari in Fusina - Villen des Veneto - Kreuzfahrt auf der Brenta an Bord der Burchiello - Golf al Lido Alberoni (18-Lochpl.) **Restaurant** von 12.30 bis 15.00 u. von 19.30 bis 22.30 Uhr - Menüs: 100-140000 L - Karte - Spezialitäten: Bresaola Gritti Palace - I Risotti del Gritti - Scampi fritti in erbaria.

Das *Gritti Palace Hotel* ist wahrscheinlich das Nonplusultra der venezianischen Paläste. Über diesen im 15. Jahrhundert von dem Dogen Andrea Gritti erbauten Palazzo sagte Ernest Hemingway: "Das beste Hotel Venedigs, einer Stadt, die aus Grandhotels besteht." Seine berühmte Terrasse am Canal Grande ist ein absolut magischer Ort; die Zimmer, Salons und Speisesäle verfügen über eine Atmosphäre von Luxus, Eleganz und Komfort höchsten Niveaus. Auch das Restaurant ist eines der besten Venedigs. Wenn Sie vorhaben, im *Gritti* zu wohnen, sollten Sie, um dieses Spektakel solange wie möglich zu genießen, ein Zimmer zum Canal Grande reservieren.

Anreise *(Karte Nr. 4): am Canal Grande.*

VENETO - FRIAUL

Hotel Monaco e Grand Canal

30124 Venezia
San Marco - Calle Vallaresso, 1325
Tel. (041) 520 02 11 - Fax (041) 520 05 01 - Sig. Zambon
E-mail: hmonaco@tin.it

Kategorie ★★★★ **Ganzj.** geöffn. **72 Zimmer** m. Klimaanl., Tel., Bad od. Dusche., WC, TV; Safe, Minibar; Aufzug **Preise** EZ u. DZ: 370-450000 L, 590-680000 L, Suiten: 790-990000 L - Frühst. inkl., von 7.00 bis 11.00 Uhr **Kreditkarten** akzeptiert **Verschiedenes** Kleine Hunde erlaubt **Umgebung** Murano (Glasmuseum) - Torcello (Kathedrale S. M. Assunta, S. Fosca) - Burano - Friedhof von San Michele - Villa Foscari in Fusina - Villen des Veneto - Kreuzfahrt auf der Brenta an Bord der Burchiello - Golf al Lido Alberoni (18-Lochpl.) **Restaurant** von 12.30 bis 15.00 u. von 19.30 bis 22.00 Uhr - Karte - Spezialitäten: "Cape sante" gratinate - Ravioli di magro al burro e salvia - Scampi Ca'd'Oro e riso pilaf - Fegato alla veneziana con polenta - Zabaglione con amaretti.

Das *Monaco e Grand Canal* liegt in einer der schönsten Gegenden dieser Stadt der Pfahlbauten. Die eleganten und behaglichen Salons, der blühende Innenhof, die freundliche, stilvolle Atmosphäre und die kleinen, aber angenehm eingerichteten Zimmer machen es zu einem der guten Hotels von Venedig. Auf der wundervollen Terrasse zum Canal Grande wird mittags und abends gespeist; sie ist sicherlich ein weiterer Pluspunkt dieses Hotels. Die Küche ist gut. Im Sommer ist es empfehlenswert, ein Zimmer zum Innenhof zu nehmen; wenn Ihnen aber der Blick auf den Canal Grande wichtig ist, sollten Sie eines der Zimmer reservieren, die etwas entfernt von der Vaporetto-Haltestelle des Hotels liegen. Dennoch verfügt das Hotel über Zimmer mit Klimaanlage und Schallisolierung (wir bevorzugen Nr. 308). Sehr gutes Preis-Leistungsverhältnis, vor allem außerhalb der Saison.

Anreise *(Karte Nr. 4): in der Nähe der Piazza San Marco.*

VENETO - FRIAUL

Hotel Londra Palace

30124 Venezia
San Marco - Riva degli Schiavoni, 4171
Tel. (041) 520 05 33 - Fax (041) 522 50 32
Sig. Samueli

Kategorie ★★★★ **Ganzj.** geöffn. **53 Zimmer** m. Klimaanl., Tel., Bad, WC, Fön, TV, Safe, Whirl-pool, Minibar; Aufzug **Preise** DZ: 375-680000 L; Suite: 520-950000 L - Frühst. inkl., von 7.00 bis 11.00 Uhr **Kreditkarten** akzeptiert **Verschiedenes** Hunde erlaubt **Umgebung** Murano (Glasmuseum) - Torcello (Kathedrale S. M. Assunta, S. Fosca) - Villen des Veneto - Kreuzfahrt auf der Brenta an Bord der Burchiello - Golf al Lido Alberoni (18-Lochpl.) **Restaurant** von 11.30 bis 16.00 u. von 19.00 bis 24.00 Uhr - Menüs: 70-93000 L - Karte - Venezianische Spezialitäten.

Das *Londra Palace*, neben anderen Palästen am Becken von San Marco, gehört dank einer kürzlich durchgeführten Restaurierung nun wieder zu den Grandhotels von Venedig. Der neugotische Palast aus der zweiten Hälfte des 19. Jahrhunderts, der schon d'Annunzio und Tschaikowskij beherbergte, hat seinen ganzen Charme früherer Zeiten zurückgewonnen. Alle Zimmer sind mit altem Mobiliar eingerichtet und verfügen selbstverständlich über jenen Komfort, den man in einem Grandhotel erwarten darf. Die zur Lagune gelegenen Zimmer mit Blick auf die Insel San Giorgio Maggiore sind ein Traum. Zum Hotel gehört auch ein sehr gutes Restaurant, *Do Leoni*. In Anbetracht all dessen sind die Preise eigentlich nicht überhöht.

Anreise (Karte Nr. 4): in der Nähe der Piazza San Marco.

VENETO - FRIAUL

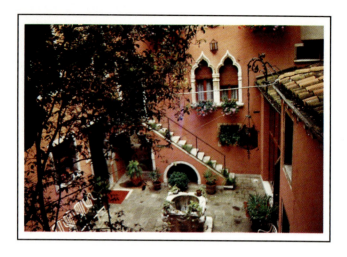

Hotel Gabrielli Sandwirth

30122 Venezia
San Marco - Riva degli Schiavoni, 4110
Tel. (041) 523 15 80 - Fax (041) 520 94 55
Sig. Perkhofer

Kategorie ★★★★ **Geschlossen** von Dezember bis 2. Februar **110 Zimmer** m. Tel., Bad od. Dusche, WC, TV **Preise** EZ u. DZ: 370000 L, 590000 L - Frühst. inkl., von 7 30 bis 12.00 Uhr - HP u. VP: 620000 L, 680000 L **Kreditkarten** akzeptiert **Verschiedenes** Hunde erlaubt **Umgebung** Murano (Glasmuseum) - Torcello (Kathedrale S. M. Assunta, S. Fosca) - Burano - Friedhof von San Michele - Villa Foscari in Fusina - Villen des Veneto - Kreuzfahrt auf der Brenta an Bord der Burchiello - Golf al Lido Alberoni (18-Lochpl.) **Restaurant** "Trattoria al Buffet" von 12.00 bis 14.30 u. von 19.00 bis 21.30 Uhr - Buffet: 44000 L- Venezianische Spezialitäten.

Dieser gotische Palast aus dem 13. Jahrhundert erhebt sich an der Riva degli Schiavoni, Seite an Seite mit einigen der luxuriösesten Hotels Venedigs. Da auch zwei mittelalterliche Häuser in das Hotel einbezogen wurden, ist das Innere ein wahres Labyrinth. Die klassisch gestalteten Zimmer sind komfortabel, ideal sind die gegenüber der Kirche San Giorgio mit Loggia und Blick auf das Becken von San Marco. In der modernen Bar hat man nicht mehr den Eindruck, sich in einem alten Palast zu befinden. Aber dieses Hotel ist das einzige an der Riva degli Schiavoni, das einen Innenhof und einen Rosengarten mit Palmen besitzt. Abends wird hier im Schein von Kerzen und venezianischen Laternen gespeist. Und von der Dachterrasse hat man immer noch jenen Blick auf den Canal Grande und die Lagune, den einst Guardi und Canaletto malten.

Anreise (Karte Nr. 4): in der Nähe der Piazza San Marco, an der Riva degli Schiavoni.

VENETO - FRIAUL

Hotel Metropole

30122 Venezia
San Marco - Riva degli Schiavoni, 4149
Tel. (041) 520 50 44 - Fax (041) 522 36 79 - Sig. Beggiato
E-mail: hotel.metropole@venere.it - Web: http://www.venere.it/venezia/metropole

Kategorie ★★★★ **Ganzj.** geöffn. **73 Zimmer** m. Klimaanl., Tel., Bad od. Dusche, WC, TV, Safe, Minibar **Preise** EZ u. DZ: 210-410000 L, 320-630000 L; Suiten: 500-700000 L - Frühst. inkl., von 7.00 bis 10.30 Uhr - HP u. VP: + 59000 L+ 118000 L **Kreditkarten** akzeptiert **Verschiedenes** Kleine Hunde erlaubt **Umgebung** Murano (Glasmuseum) - Torcello (Kathedrale S. M. Assunta, S. Fosca) - Burano - Friedhof von San Michele - Villa Foscari in Fusina - Villen des Veneto - Kreuzfahrt auf der Brenta an Bord der Burchiello - Golf al Lido Alberoni (18-Lochpl.) **Restaurant** Trattoria al "buffet" von 12.30 bis 15.00 u. von 19.00 bis 22.300 Uhr - Di geschl. - Menü: 595000 L (Buffet) - Karte - Venezianische Spezialitäten.

Nehmen wir es gleich vorweg: dieses Hotel liegt in einer der von Touristen meistbesuchten Gegenden Venedigs und ist deshalb außerhalb der Saison um vieles angenehmer. Hinter der etwas alltäglichen Fassade verbirgt sich ein altes Hotel, das angenehm nostalgisch und ganz und gar nicht alltäglich ist. Der Salon ist groß und hübsch, das entzückende Frühstückszimmer geht auf einen kleinen Kanal. Die Flure zieren Sammelobjekte, Spiegel und Bilder im venezianischen Stil. Die Zimmer sind verhältnismäßig geräumig, die im Obergeschoß haben kleine Terrassen und einen ungewöhnlichen Ausblick auf Venedig. Meiden Sie die Zimmer der Fassadenseite, insbesondere im Sommer.

Anreise (Karte Nr. 4): an der Lagune, 100 m von der Piazza San Marco, zwischen der Riva degli Schiavoni u. dem Canale di San Marco.

VENETO - FRIAUL

Pensione Accademia - Villa Maravegie

30123 Venezia
Dorsoduro - fondamenta Bollani 1058
Tel. (041) 521 01 88 / 523 78 46 - Fax (041) 523 91 52
Sig. Dinato

Ganzj. geöffn. **27 Zimmer** m. Tel., Bad od. Dusche, WC, TV **Preise** EZ u. DZ: 120-175000 L, 190-330000 L - Frühst. inkl., von 7.15 bis 10.30 Uhr **Kreditkarten** akzeptiert **Verschiedenes** Hunde nicht erlaubt **Umgebung** Murano (Glasmuseum) - Torcello (Kathedrale S. M. Assunta, S. Fosca) - Burano - Friedhof von San Michele - Villa Foscari in Fusina - Villen des Veneto - Kreuzfahrt auf der Brenta an Bord der Burchiello - Golf al Lido Alberoni (18-Lochpl.) **Kein Restaurant** im Hotel (siehe unsere Restaurantauswahl S. 483-487).

Diese charmante Pension, deren Erfolg anhält, befindet sich in der Nähe der *Accademia* und der *Guggenheim*-Stiftung, am Ende eines kleinen Kanals, in einem absolut romantischen Garten. Vom Innern sind wir ebenso angetan, denn die Salons haben altes Mobiliar und eine poetische Note, und von den Gästezimmern ähnelt keines dem anderen. Einige liegen in der Villa, andere im angrenzenden Haus, das geschickt mit dem Stammhaus verbunden wurde. Möbel aus dem Familienbesitz und allerlei Erinnerungsstücke sammeln sich hier seit langem an und schaffen die Atmosphäre eines Privathauses. Ganz gleich, ob der Blick auf den Kanal oder den Garten geht - beide sind hübsch. Um zunächst ein privilegierter Gast zu sein und dann zu einem Stammgast zu werden, muß man seinen Aufenthalt früh genug buchen, um (auch wenn nicht alles perfekt ist) den seit langem vollkommen überzeugten Kunden zuvorzukommen.

Anreise (Karte Nr. 4): Vaporetto Nr. 1, Haltestelle Accademia - Nr. 2, Haltestelle Zattere.

VENETO - FRIAUL

Hotel Flora

30124 Venezia
Via XXII Marco, 2283 A
Tel. (041) 520 58 44 - Fax (041) 522 82 17
Sig. Romanelli

Kategorie ★★★ **Ganzj.** geöffn. **44 Zimmer** m. Klimaanl., Tel., Bad od. Dusche, WC; Aufzug **Preise** EZ u. DZ: 230000 L, 320000 L - Frühst. inkl. **Kreditkarten** akzeptiert **Verschiedenes** Hunde erlaubt **Umgebung** Murano (Glasmuseum) - Torcello (Kathedrale S. M. Assunta, S. Fosca) - Burano - Friedhof von San Michele - Villa Foscari in Fusina - Villen des Veneto - Kreuzfahrt auf der Brenta an Bord der Burchiello - Golf al Lido Alberoni (18-Lochpl.) **Kein Restaurant** im Hotel (siehe unsere Restaurantauswahl S. 483-487).

Am Ende einer kleinen, versteckten Gasse in der Nähe von San Marco liegt das *Hotel Flora*, eine wahre Oase im Hinblick auf Kühle und Ruhe. Die alte Bauweise des Hauses bestimmte seine Einrichtung und den Komfort der Zimmer; aufgrunddessen sind die Bäder verhältnismäßig klein. Die Ausstattung ist im englischen Stil gehalten. Dieses Zugeständnis stammt aus einer Zeit, da die meisten Gäste aus Großbritannien kamen. Wenn sie frühzeitig reservieren, können sie vielleicht das Zimmer mit Blick auf die Kirche San Moise bekommen, die wegen ihrer zahlreichen Gemälde aus dem 17. und 18. Jahrhundert (darunter ein Tintoretto und ein *Abendmahl* von Palma d. J.) einen Besuch lohnt. Der Hotelsalon und das Restaurant sind entzückend, aber unvergeßlich ist das Frühstück im Garten, das am Brunnen serviert wird.

Anreise (Karte Nr. 4): Canale di San Marco, hinter dem Museo Correr.

VENETO - FRIAUL

Hotel Torino

Calle delle Ostreghe, 2356
30124 Venezia
Tel. (041) 520 52 22 - Fax (041) 522 82 27
Sig. Claudio Vecchiato

Kategorie ★★★ **Ganzj.** geöffn. **20 Zimmer** m. Klimaanl., Tel., Dusche, WC, Satelliten TV, Minibar u. Safe **Preise** EZ: 150-230000 L, DZ: 200-320000 L - Frühst. inkl., von 7.30 bis 10.00 Uhr **Kreditkarten** akzeptiert **Verschiedenes** Hunde erlaubt **Umgebung** Murano (Glasmuseum) - Torcello (Kathedrale S. M. Assunta, S. Fosca) - Burano - Friedhof von San Michele - Villa Foscari in Fusina - Villen des Veneto - Kreuzfahrt auf der Brenta an Bord der Burchiello - Golf al Lido Alberoni (18-Lochpl.) **Kein Restaurant** im Hotel (siehe unsere Restaurantauswahl S. 483-487).

V ia Larga XXII Marzo, eine der Geschäftsstraßen Venedigs, liegt hinter dem Markusplatz in der Nähe des Museum Corer. Hier, in Richtung San Giglio, liegt das *Hotel Torino*. Das Foyer ist intim und gedämpft, eine Treppe führt zu den Etagen, wo sich ein kleiner Salon und der mit schönen, frischen Blumensträußen dekorierte Frühstücksraum befindet. Die Zimmer sind gepflegt, mit antikem Mobiliar eingerichtet und ausgestattet mit kleinen Duschen, die diesem kleinen Palast entsprechen. Wer geräuschempfindlich ist, sollte ein Zimmer nach hinten heraus nehmen, und wer etwas mehr Licht wünscht, sollte eines in den oberen Stockwerken wählen. All das können Sie allerdings nur dann verlangen, wenn Sie frühzeitig reservieren, denn ein derartig preisgünstiges Haus in guter Lage ist in dieser Stadt selbstverständlich sehr gefragt.

Anreise *(Karte Nr. 4): Vaporetto Nr. 1, Stazione Santa Maria del Giglio, dann Rtg. Piazza San Marco od. Linie Nr. 82, Stazione San Marco, Via XXII Marzo, Calle delle Ostreghe.*

VENETO - FRIAUL

Hotel Bel Sito & Berlino

30124 Venezia
San Marco - Campo Santa Maria del Giglio, 2517
Tel. (041) 522 33 65 - Fax (041) 520 40 83
Sig. Serafini

Kategorie ★★★ **Ganzj.** geöffn. **38 Zimmer** m. Klimaanl., Tel., Bad od. Dusche, WC, 30 m. Minibar, Aufzug **Preise** EZ u. DZ: 110-165000 L, 168-254000 L - f. 3 Pers.: 218500-326000 L - Frühst. inkl., von 8.00 bis 10.00 Uhr **Kreditkarten** Amex, Visa, MasterCard **Verschiedenes** Hunde erlaubt **Umgebung** Murano (Glasmuseum) - Torcello (Kathedrale S. M. Assunta, S. Fosca) - Burano - Friedhof von San Michele - Villen des Veneto - Kreuzfahrt auf der Brenta an Bord der Burchiello - Golf al Lido Alberoni (18-Lochpl.) **Kein Restaurant** im Hotel (siehe unsere Restaurantauswahl S. 483-487).

In seiner Kategorie ist das *Bel Sito* vermutlich das beste Hotel. Es liegt günstig im *sestiere* von San Marco, in der Nähe des *Gritti;* die im venezianischen Stil eingerichteten Zimmer sind komfortabel, klimatisiert und ruhig, besonders die zum Kanal gelegenen. Wir bevorzugen dennoch die Fassadenzimmer, insbesondere das sonnige Nr. 30 mit einem Balkon voller Blumen und Blick auf die Barockstatuen der Kirche Santa Maria del Giglio. Das Frühstück und ein Barservice auf der Terrasse sorgen dafür, daß man diesen zauberhaften Ort mit einer Atmosphäre, wie es sie eben nur in Venedig gibt, in Ruhe genießen kann. Die Vaporetto-Haltestelle ist nicht weit, aber wenn Sie es venezianisch großzügig mögen, sollten Sie ein Taxiboot nehmen und sich am Hoteleingang am Kanal absetzen lassen.

Anreise *(Karte Nr. 4): Vaporetto, Haltestelle Santa Maria del Giglio.*

VENETO - FRIAUL

Hotel La Fenice et des Artistes

30124 Venezia
Campielo de la Fenice, 1936
Tel. (041) 523 23 33 - Fax (041) 520 37 21
Sig. Appollonio

Kategorie ★★★ **Ganzj.** geöffn. **68 Zimmer** m. Klimaanl., Tel., Bad od. Dusche, WC, TV; Aufzug
Preise EZ u. DZ: 200000 L, 330000 L; Suiten: 340-460000 L - Frühst. inkl., von 7.30 bis 10.30 Uhr
Kreditkarten akzeptiert **Verschiedenes** Hunde erlaubt **Umgebung** Murano (Glasmuseum) - Torcello (Kathedrale S. M. Assunta, S. Fosca) - Burano - Friedhof von San Michele - Villa Foscari in Fusina - Villen des Veneto - Kreuzfahrt auf der Brenta an Bord der Burchiello - Golf al Lido Alberoni (18-Lochpl.) **Kein Restaurant** im Hotel (siehe unsere Restaurantauswahl S. 483-487).

Das Hotel liegt an einem hübschen, ruhigen, kleinen Platz hinter dem Fenice-Theater. Es besteht aus zwei schönen, durch einen Innenhof miteinander verbundenen Häusern. Im Patio läßt es sich gut frühstücken und entspannen nach langen Märschen durch die Stadt. Die Zimmer sind komfortabel, aber versuchen Sie doch, eines von den drei Zimmern mit Terrasse zu bekommen. Das (Nr. 354, 355 und 406) sind nämlich die schönsten.

Anreise (Karte Nr. 4): in der Nähe des Fenice.

VENETO - FRIAUL

Hotel Do Pozzi

30124 Venezia
Via xxii Marzo, 2373 - Calle do Pozzi
Tel. (041) 520 78 55 Fax. (041) 522´94 13
Sig.ra Salmaso

Kategorie ★★★ **Geschlossen** im Januar **35 Zimmer** m. Klimaanl., Tel., Bad od. Dusche, WC, TV, Minibar; Aufzug **Preise** EZ u. DZ: 120-180000 L, 190-260000 L - Frühst. inkl., von 7.00 bis 10.30 Uhr - HP u. VP: + 35000 L - + 70000 L (pro Pers.) **Kreditkarten** akzeptiert **Verschiedenes** Hunde erlaubt **Umgebung** Murano (Glasmuseum) - Torcello (Kathedrale S. M. Assunta, S. Fosca) - Burano - Friedhof von San Michele - Villa Foscari in Fusina - Villen des Veneto - Kreuzfahrt auf der Brenta an Bord der Burchiello - Golf al Lido Alberoni (18-Lochpl.) **Restaurant** von 12.00 bis 15.00 u. von 18.45 bis 22.30 Uhr - Dez., Jan., u. Do geschl. - Menü: 35000 L - Karte - Spezialitäten: Venezianische u. internationale Küche.

Nachdem man sich seinen Weg durch die Händlergassen des Viertels von San Marco gebahnt hat, wird man mit Mühe eine kleine Einfahrt entdecken, die zum Hotel *Do Pozzi* führt. Das Hotel liegt nämlich an einem der winzigen, für Venedig typischen Plätze und ist darum vor den Menschenmassen dieser Stadt geschützt. Die Zimmer und Bäder sind klein, modern und gut ausgestattet; die zum Innenhof sind besonders ruhig. Der Charme dieses Hauses liegt in seinem üppig blühenden *campullo*, der dem Hotel die Atmosphäre eines Gasthofes verleiht, aber auch in seinem Restaurant *Da Raffaele*. Im Sommer speist man entlang des Kanals, im Winter im großen Restaurant, das mit dem Kaminfeuer, den alten Kupfergegenständen und den Waffen besonders behaglich wirkt. Die Küche ist gut, und für Hotelgäste gelten günstigere Preise.

Anreise (Karte Nr. 4): Vaporetto, Haltestelle San Marco, hinter Museo Correr.

VENETO - FRIAUL

Hotel Panada

30124 Venezia
Calle dei Specchieri, 646
Tel. (041) 520 90 88 - Fax (041) 520 96 19
E-mail: htlpanne@gpnet.it

Kategorie ★★★ **Ganzj.** geöffn. **48 Zimmer** m. Klimaanl., Tel., Bad, WC; Aufzug **Preise** EZ u. DZ: 180-280000 L, 220-380000 L - f. 3 Pers.: 270-450000 L - f. 4 Pers.: 320-520000 L - Frühst. inkl., von 7.00 bis 11.00 Uhr **Verschiedenes** Hunde erlaubt **Kreditkarten** akzeptiert **Umgebung** Murano (Glasmuseum) - Torcello (Kathedrale S. M. Assunta, S. Fosca) - Burano - Friedhof von San Michele - Villa Foscari in Fusina - Villen des Veneto - Kreuzfahrt auf der Brenta an Bord der Burchiello - Golf al Lido Alberoni (18-Lochpl.) **Kein Restaurant** im Hotel (siehe unsere Restaurantauswahl S. 483-487).

Die Calle dei Specchieri zu finden, ist etwas schwierig, obwohl sie nur einige Meter von San Marco, nordöstlich vom Torre dell'Orologio liegt. Da man im Zentrum zu diesem Preis schwerlich etwas besseres findet, lohnt sich diese kleine Mühe allemal. Schon beim Eintreten vergißt man die Menschenmassen vor der Tür. Das kürzlich vollständig renovierte Hotel ist ruhig und behaglich. Die Zimmer sind mit venezianischen Möbeln und in Pastelltönen sehr ansprechend gestaltet. Die Bäder sind komfortabel. Ein Restaurant gibt es nicht, aber die sehr gemütliche *Ai Speci*-Bar, die auch von zahlreichen Venezianern besucht wird. Die Wände sind holzgetäfelt und mit einer Ansammlung kleiner Spiegel dekoriert, die das Rot der Biedermeierstühle reflektieren und die Flüssigkeiten in den Alkoholflaschen golden schimmern lassen. Der Treffpunkt für einen entspannten Aperitif. Ein leichter Imbiß wird hier ebenfalls serviert.

Anreise (Karte Nr. 4): Vaporetto Nr. 1 u. 2, Haltestelle San Marco.

VENETO - FRIAUL

Hotel Ai Due Fanali

30120 Venezia
S. Croce, 946
Tel. (041) 71 84 90 - Fax (041) 71 83 44
Sig.ra Ferron

Kategorie ★★★ **Geschlossen** vom 10. bis 30. Januar **16 Zimmer** m. Tel., Bad od. Dusche, WC, TV, Safe, Minibar **Preise** EZ u. DZ: 120-240000 L, 150-300000 L; f. 3 Pers.: 250-350000 L; Appart. u. Appart.: 250-500000 L - Frühst. inkl., von 8.00 bis 10.30 Uhr **Verschiedenes** Hunde nicht erlaubt **Kreditkarten** Amex, Visa, Eurocard, MasterCard **Umgebung** Murano (Glasmuseum) - Torcello (Kathedrale S. M. Assunta, S. Fosca) - Burano - Friedhof von San Michele - Villa Foscari in Fusina - Villen des Veneto - Kreuzfahrt auf der Brenta an Bord der Burchiello - Golf al Lido Alberoni (18-Lochpl.) **Kein Restaurant** im Hotel (siehe unsere Restaurantauswahl S. 483-487).

Im *sestiere* Santa Croce in unmittelbarer Nähe des Bahnhofs Santa Lucia und unweit vom Parkplatz Piazzale Roma wurde unlängst dieses hübsche Hotel eröffnet, das in der ehemaligen Schule der angrenzenden Kirche San Simeon Grando eingerichtet wurde. Dank der Größe des Hauses ist die Rezeption verhältnismäßig geräumig und mit altem Mobiliar eingerichtet; gleich daneben liegt der Raum fürs Frühstück, das ebenfalls auf der Terrasse im dritten Stock oder auch vor dem Haus serviert wird. Die Zimmer sind zwar nicht sehr groß, bieten jedoch jeglichen Komfort und sind in einem eleganten, venezianischen Stil eingerichtet; von einigen blickt man auf den Canal Grande. Ferner werden zwei Appartements an der Riva degli Shiavoni mit Blick auf das Markus-Becken und die Insel San Giorgio angeboten.

Anreise (Karte Nr. 4): Vaporetto Nr. 1, Haltestelle Riva di Biario.

VENETO - FRIAUL

Locanda Ai Santi Apostoli

30131 Venezia
Strada Nova, 4391
Tel. (041) 521 26 12 - Fax (041) 521 26 11 - Sig. Stefano Bianchi Michiel

Kategorie ★★★ **Geschlossen** vom 10. bis 25. August u. vom 15. Dezember bis Karneval **11 Zimmer** m. Klimaanl., Tel., Bad od. Dusche, WC, TV, Minibar; Aufzug **Preise** EZ u. DZ: 220-300000 L, 290-440000 L; f. 4 Pers. (m. 1 Bad): 500000 L - Frühst. inkl., von 7.30 bis 11.40 Uhr **Kreditkarten** akzeptiert **Verschiedenes** Hunde erlaubt **Umgebung** Veranstaltungen: Karneval von Venedig, Regata Storica (1. So im Sept.), Mostra von Venedig (Aug;-Sept.), Biennale von Venedig - Murano (Glasmuseum) - Torcello (Kathedrale S. M. Assunta, S. Fosca) - Burano - Friedhof von San Michele - Villa Foscari in Fusina - Villen des Veneto - Kreuzfahrt auf der Brenta an Bord der Burchiello - Golf al Lido Alberoni (18-Lochpl.) **Kein Restaurant** im Hotel (siehe unsere Restaurantauswahl S. 483-487).

Die *Locanda Ai Santi Apostoli* liegt am Canal Grande in unmittelbarer Nähe der Rialto-Brücke, befindet sich im dritten Stock eines alten Palastes und verfügt über die Atmosphäre und Gastfreundschaft eines Patrizierhauses früherer Zeiten. Die Hausbesitzer verstehen es, auf eine liebenswürdige Art mit viel Disponibilität und Diskretion zu empfangen. Die kürzlich renovierten Zimmer sind mit Möbeln aus dem Familienbesitz elegant eingerichtet. Zwei gehen auf den Canal Grande. Der Ausblick ist unvergeßlich. Von hier aus blickt man auf die berühmte Brücke, den Fischmarkt und hört man die Serenaden der *gondolieri*. Sollten diese beiden sehr gefragten Zimmer nicht frei sein, ist es trotzdem ratsam, hier einkehren, denn von dem angenehmen Salon aus hat man das gleiche Schauspiel. Auch das glamouröse, aber familiäre Ambiente trägt dazu bei, daß man dieses Haus sehr schätzt. Wahrscheinlich wissen Sie, daß sich einige der besten kleinen und großen Restaurants Venedigs in der Nachbarschaft (Rialto und San Paolo) befinden.

Anreise (Karte Nr. 4): Vaporetto Nr. 1, Haltstellte Ca'd'Oro.

VENETO - FRIAUL

Hotel La Residenza

Castello 3608 Campo Bandiera e Moro
30122 Venezia
Tel. (041) 52 85 315 - Fax (041) 52 38 859
Sig. Giovanni Ballestra

1998

Kategorie ★★ **Ganzj.** geöffn. **15 Zimmer** m. Klimaanl., Tel., Bad od. Dusche, WC, TV u. Minibar **Preise** EZ: 100-150000 L, DZ: 180-220000 L - Frühst. inkl., von 730 bis 9.30 Uhr **Kreditkarten** akzeptiert **Verschiedenes** Hunde nicht erlaubt **Umgebung** Murano (Glasmuseum) - Torcello (Kathedrale S. M. Assunta, S. Fosca) - Burano - Friedhof von San Michele - Villa Foscari in Fusina - Villen des Veneto - Kreuzfahrt auf der Brenta an Bord der Burchiello - Golf al Lido Alberoni (18-Lochpl.) **Kein Restaurant** im Hotel (siehe unsere Restaurantauswahl S. 483-487).

La *Residenza* liegt am Campo Bandiera e Moro, einem ruhigen Platz in der Nähe der Kais des Arsenale, der einstigen Schiffswerft Venedigs, und der Kirche San Giovanni in Bragora (wo ein schönes Bild von Cima da Conegliano hängt). Das Gebäude, das einst der Familie Gritti gehörte, hat mit seiner gotischen Fassade, seinen Fresken aus dem 18. Jahrhundert, seinem Stuck und seinen Lüstern aus glitzerndem Muranoglas den Charme der alten Paläste bewahrt. Ein Ort, von dem man träumt, wenn man an die Stadt der Dogen denkt. Der Salon ist besonders majestätisch, aber man muß wissen, daß dies für die Zimmer nicht zutrifft; die sind viel schlichter und viel kleiner, im venezianischen *laccato*-Stil gehalten und haben Bäder aus den fünfziger Jahren. Das soll dem sehr ähneln, was man noch heute in zahlreichen Patrizierhäusern vorfindet (durchgreifende Maßnahmen beim Bewahren des Kulturgutes verpflichtet ...). Diese Adresse werden Sie nicht zuletzt wegen der ruhigen Lage und der besonderen Palazzo-Atmosphäre schätzen.

Anreise (Karte Nr. 5): Vaporetto, Haltestelle Arsenale. Am Kai links, hinter der Brücke 1. Straße rechts; der Platz liegt am Ende links.

VENETO - FRIAUL

Hotel Agli Alboretti

30123 Venezia
Dorsoduro - Rio Terrà Foscatini, 884
Tel. (041) 523 00 58 - Fax (041) 521 01 58
Sig.ra Linguerri

Kategorie ★★ **Ganzj.** geöffn. **20 Zimmer** m. Klimaanl., Tel., Bad od. Dusche, WC, TV **Preise** EZ u. DZ: 150000 L, 230000 L - Frühst. inkl., von 7.30 bis 9.30 Uhr **Kreditkarten** akzeptiert **Verschiedenes** Hunde erlaubt **Umgebung** Murano (Glasmuseum) - Torcello (Kathedrale S. M. Assunta, S. Fosca) - Burano - Friedhof von San Michele - Villa Foscari in Fusina - Villen des Veneto - Kreuzfahrt auf der Brenta an Bord der Burchiello - Golf al Lido Alberoni (18-Lochpl.) **Restaurant** Mi geschl., 3 Wo. im Juli-August sowie im Januar geöffn. - Menüs: 45-65000 L - Karte - Venezianische Spezialitäten.

Die Via Alboretti zwischen Accademia und Zattere war ursprünglich ein Kanal, der Ende des 15. Jahrhunderts zugeschüttet wurde, wodurch eine der wenigen Alleen Venedigs entstand. Die Eingangshalle des Hotels mit ihrem hellen Parkettboden ist ebenso angenehm wie der liebenswürdige Empfang von Isabella und Federica Linguerri. Die Zimmer sind ansprechend und von unterschiedlicher Größe. Am schönsten sind jene mit Blick auf die Gärten (Nr. 18), besonders aber Nr. 15 mit einem Balkon, der groß genug ist, um darauf zu frühstücken. Anna, die Tochter des Hauses, eine diplomierte Kellermeisterin, hat zusammen mit einem talentierten Küchenchef die Leitung des Restaurants übernommen. Die Speisesäle sind freundlich gestaltet, schöner aber noch sind die Terrasse und die Pergola. Für uns das Hotel in Venedig mit dem besten Preis-Leistungsverhältnis.

Anreise *(Karte Nr. 4): Vaporetto Nr. 1 u. 82, Haltestelle Accademia, Nr. 2 Zattere.*

VENETO - FRIAUL

Hotel Santo Stefano

30124 Venezia
San Marco - Campo San Stefano, 2957
Tel. (041) 520 01 66 - Fax (041) 522 44 60
Sig. Roberto Quatrini

Kategorie ★★ **Ganzj.** geöffn. **11 Zimmer** m. Tel., Bad, WC, TV, Safe, Minibar; (Klimaanlage auf Wunsch); Aufzug **Preise** EZ u. DZ: 210-250000 L, 270-300000 L; f. 3 Pers.: 330-390000 L - Frühst. inkl., von 8.30 bis 10.00 Uhr **Kreditkarten** akzeptiert **Verschiedenes** Hunde nicht erlaubt **Umgebung** Murano (Glasmuseum) - Torcello (Kathedrale S. M. Assunta, S. Fosca) - Burano - Friedhof von San Michele - Villa Foscari in Fusina - Villen des Veneto - Kreuzfahrt auf der Brenta an Bord der Burchiello - Golf al Lido Alberoni (18-Lochpl.) **Kein Restaurant** im Hotel (siehe unsere Restaurantauswahl S. 483-487).

Das *Santo Stefano* liegt an jenem großen Platz, an dem man vorbeikommt, wenn man sich vom Markusplatz aus zum Museum Accademia begibt. Das Hotel befindet sich in einem winzigen, sechsstöckigen Palast mit pro Etage nicht mehr als zwei Zimmern perfekten Komforts (Klimaanlagen, gut ausgestattete Bäder). Wenn die venezianische Dekoration modern ist, ist sie leicht etwas kitschig, aber nicht geschmacklos. Einem kleinen Hotel seine kleine Rezeption und seine kleinen Bäder; klein sind auch der Patio und die Terrasse zum Platz hin, wo man feststellt, daß es nicht nur in Pisa einen schiefen Turm gibt: man braucht sich nur den Glockenturm der Kirche San Stefano anzuschauen.

Anreise (Karte Nr. 4): Vaporetto Nr. 82, Haltestelle San Samuele - Nr. 1, Haltestelle Accademia.

VENETO - FRIAUL

Pensione Seguso

30123 Venezia
Dorsoduro Zattere, 779
Tel. (041) 522 23 40 - Fax. (041) 522 23 40
Sig. Seguso

Kategorie ★★ **Geschlossen** von Dezember bis Februar **36 Zimmer** m. Tel., 16 m. Bad od. Dusche, 10 m. WC; Aufzug; Eingang f. Behinderte **Preise** HP f. 1 Pers.: 190-200000 L (ohne Bad), 210-220000 L; HP f. 2 Pers.: 310-320000 L (ohne Bad), 330-340000 L - Frühst. inkl., von 8.00 bis 10.00 Uhr **Kreditkarten** akzeptiert **Verschiedenes** Hunde erlaubt **Umgebung** Murano (Glasmuseum) - Torcello (Kathedrale S. M. Assunta, S. Fosca) - Burano - Friedhof von San Michele - Villa Foscari in Fusina - Villen des Veneto - Kreuzfahrt auf der Brenta an Bord der Burchiello - Golf al Lido Alberoni (18-Lochpl.) **Restaurant** von 13.00 bis 14.00 u. von 19.30 bis 20.30 Uhr - Mi geschl. - Menü: 40000 L - Spezialitäten: Venezianische Familienküche.

Zattere ist ein verhältnismäßig schickes Wohnviertel von Venedig. Es ist ruhig und liegt am Canal Grande, von wo man die großen Schiffe beobachten kann, die zum Lido hinausfahren, die *vaporetti,* die von einem Ufer zum anderen fahren, und den Sonnenuntergang hinter der Guidecca und der Kirche San Giorgio. Die Abende, die man auf der Terrasse der *Pensione Seguso* verbringt, sind unvergeßlich. Dieses kleine Haus, das vom Kai etwas Abstand hält, wird seit vielen Jahren von der gleichen Familie geführt. Die Tradition der Pension, mit einem von der venezianischen *mama* in einem intimen Speiseraum servierten Abendessen (außer Juli/August) wird hier fortführt. Die Zimmer sind altmodisch, aber gepflegt und haben schöne Möbel aus dem 19. Jahrhundert. Eine jener Adressen, die man gekannt haben sollte, bevor alles "europäischen Normen" entspricht.

Anreise (Karte Nr. 4): Vaporetto Nr. 52 u. 82, Haltestelle Zattere Gesuati - Nr. 1 u. 82, Haltestelle Accademia.

VENETO - FRIAUL

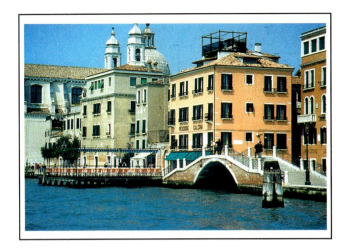

Pensione La Calcina

30123 Venezia
Dorsoduro Zattere, 780
Tel. (041) 520 64 66 - Fax (041) 522 70 45 - Sig. Alessandro Szemere

Kategorie ★★ **Ganzj.** geöffn. **29 Zimmer** m. Tel., Bad od. Dusche **Preise** EZ u. DZ: 105000 L, 180000 L - Frühst. inkl., von 7.30 bis 10.00 Uhr **Kreditkarten** akzeptiert **Verschiedenes** Hunde nicht erlaubt **Verschiedenes** Veranstaltungen: Karneval von Venedig, Regata Storica (1. So im Sept.), Mostra von Venedig (Aug.-Sept.), Biennale von Venedig- Murano (Glasmuseum) - Torcello (Kathedrale S. M. Assunta, S. Fosca) - Burano - Friedhof von San Michele - Villa Foscari in Fusina - Villen des Veneto - Kreuzfahrt auf der Brenta an Bord der Burchiello - Golf al Lido Alberoni (18-Lochpl.) **Kein Restaurant** im Hotel (siehe unsere Restaurantauswahl S. 483-487).

Die Pension liegt an den *Zattere* (Flöße), einer bevorzugten Gegend der echten Venezianer, denn sie schätzen ihre Ruhe, die lange Promenade den Kais entlang und ihre Pontons, auf denen man Sonnenbäder nimmt. Von hier aus ist der Blick auf den Kanal, ganz gleich zu welcher Tages- und Nachtzeit, einer der schönsten von ganz Venedig. *La Calcina*, lange eine wirklich gute Adresse aufgrund der Lage und der günstigen Preise, hat renoviert, um funktionellere Zimmer und Bäder anbieten zu können. Heute ist die Einrichtung unpersönlich, keineswegs aber geschmacklos. Der Blick auf den Kanal La Guidecca läßt im übrigen alles vergessen. Die von uns bevorzugten Zimmer sind Nr. 33 und 34. Wissen sollte man, daß nur 20 der insgesamt 42 Zimmer auf den Kanal gehen. Die Zimmer Nr. 37, 38 und 39 haben keinen Ausblick, aber einen Balkon.

Anreise (Karte Nr. 4): Vaporetto Nr. 52 u. 82, Haltestelle Zattere Gesuatti - Nr. 1 u. 82, Haltestelle Accademia.

VENETO - FRIAUL

Pensione Alla Salute Da Cici

30123 Venezia
Fondamenta Cà Balla, 222
Tel. (041) 523 54 04 - Fax. (041) 522 22 71
Sig. Cici

Geschlossen vom 8. November bis zum Karneval u. 2 Wochen im Dezember **38 Zimmer** m. Tel., Dusche, WC **Preise** EZ u. DZ: 100-140000 L, 130-190000 L - f. 3 Pers.: 190-250000 L - Frühst. inkl., von 7.30 bis 10.00 Uhr **Kreditkarten** nicht akzeptiert **Verschiedenes** Hunde nicht erlaubt **Umgebung** Murano (Glasmuseum) - Torcello (Kathedrale S. M. Assunta, S. Fosca) - Burano - Friedhof von San Michele - Villa Foscari in Fusina - Villen des Veneto - Kreuzfahrt auf der Brenta an Bord der Burchiello - Golf al Lido Alberoni (18-Lochpl.) **Kein Restaurant** im Hotel (siehe unsere Restaurantauswahl S. 483-487).

Das *Alla Salute Da Cici* ist eine der ältesten Pensionen Venedigs. Das in einer der stimmungsvollsten Gegenden der Stadt gelegene Haus (an einem Kanal hinter der Kirche Santa Maria della Salute) hat im Laufe der Jahre allerdings etwas an Tradition verloren. Aber die alten Möbel aus dem Familienbesitz schmücken noch immer die großen Zimmer, die jedoch nicht alle über ein Bad verfügen. Zögern Sie nicht, ein Zimmer zum Kanal zu nehmen: Die Gegend ist sehr ruhig. Trotz eines Innenhofes und einer Küche, die nur darauf wartet, wieder in Betrieb genommen zu werden, hat das tadellos geführte *Alla Salute Da Cici* kein Restaurant mehr. Dafür gibt es aber einen sehr angenehmen Barservice in dem kleinen Garten.

Anreise *(Karte Nr. 4): Vaporetto Nr. 1, Haltestelle Salute (am Ausgang über die Holzbrücke, geradeaus bis zur ersten Kanalbrücke; sofort links die Fondamenta (linkes Ufer) Cà Balla; Nr. 52 Haltestelle* Zattere; *Nr. 82 Haltestelle* Accademia.

VENETO - FRIAUL

Hotel Pausania

30123 Venezia
Dorsoduro, 2824
Tel. (041) 522 20 83 - Fax (041) 52 22 989
Sig. Gatto

Kategorie ★★★ **Ganzj.** geöffn. **26 Zimmer** m. Klimaanl., Tel., Bad, WC, TV, Minibar **Preise** EZ u. DZ: 90-200000 L, 150-310000 L - Frühst. inkl., von 7.30 bis 10.30 Uhr **Kreditkarten** Amex, Visa, Eurocard, MasterCard **Verschiedenes** Kleine Hunde erlaubt **Umgebung** Murano (Glasmuseum) - Torcello (Kathedrale S. M. Assunta, S. Fosca) - Burano - Friedhof von San Michele - Villa Foscari in Fusina - Villen des Veneto - Kreuzfahrt auf der Brenta an Bord der Burchiello - Golf al Lido Alberoni (18-Lochpl.) **Kein Restaurant** im Hotel (siehe unsere Restaurantauswahl S. 483-487).

Das *Pausania* liegt im Stadtteil San Polo, einem sehr populären Viertel, wo man endlich einmal Venezianer sieht, die arbeiten, Kinder, die zur Schule gehen, und sogar venezianische Hunde: kleine Kläffer, die oft auf alten Gemälden abgebildet sind. Außerdem ist man hier in unmittelbarer Nähe des Palazzo Ca'Rezzonico und zwei weiterer wundervoller Bauwerke, nämlich der Scuola Grande del Carmine mit ihren bewundernswerten, von Tiepolo bemalten Decken, und der gotischen Kirche Santa Maria del Carmelo. Gewiß sind diese Denkmäler entschieden interessanter als das Hotel, das immerhin ein ruhiges, komfortables und gastfreundliches Haus ist (weniger Gruppen wären uns allerdings lieber).

Anreise (Karte Nr. 4): Vaporetto Nr. 1, Haltestelle Ca'Rezzonico (in der Nähe des Palazzo Rezzonico).

VENETO - FRIAUL

Palazetto da Schio

30123 Venezia
Dorsoduro 316/B - Fondamenta Soranzo
Tel. und Fax (041) 523 79 37 - Comtesse da Schio
E-mail: avenezia@tin.it - Web: http://web.tin.it/rent&receptionvenice

Ganzj. geöffn. **3 Appartements** m. Klimaanl., 1 od. 2 Zi., Salon, Küche, Bad, Tel., TV **Preise** Appart.: 930-1180000 L (pro Woche), 1200-1400000 L (während des Karnevals) **Kreditkarten** nicht akzeptiert **Verschiedenes** Hunde nicht erlaubt **Umgebung** Murano (Glasmuseum) - Torcello (Dom S. M. Assunta, S. Fosca) - Burano - Friedhof von San Michele - Villa Foscari in Fusina - Villen des Veneto - Kreuzfahrt auf der Brenta an Bord der Burchiello - Golf al Lido Alberoni (18-Lochpl.) **Kein Restaurant** im Hotel (siehe unsere Restaurantauswahl S. 483-487).

Wenn Sie mit der Familie reisen und länger als zwei Nächte in Venedig verbringen möchten, dann ist ein angenehmes Appartement im Herzen der Stadt gewiß die preiswerteste Lösung. *Palazetto da Schio* liegt in einem kleinen Palast voller Charme in unmittelbarer Nähe der Accademia und wird Ihnen jegliche touristenspezifische Unruhe ersparen. Die beiden hellen und großen Appartements (100 qm) liegen unter dem Dach. Das alte Mobiliar aus dem Familienbesitz schafft eine romantische und intime Atmosphäre. Die ausgesprochen liebenswürdigen Besitzer wohnen im Stockwerk darunter, d.h. in der "noblen" Etage des Hauses. Dank dieser Formel kann man sich eine zeitlang als Venezianer fühlen (und geht dann nicht mehr als typischer Tourist zum Rialto-Markt), von der Intimität einer eigenen Wohnung und dem Komfort eines Hotels profitieren (auf Wunsch werden alle Hausarbeiten vom Personal verrichtet). Allerdings werden hier Referenzen und eine Kaution verlangt.

Anreise (Karte Nr. 4): Vaporetto Nr. 1 u. 82, Haltestelle Accademia.

VENETO - FRIAUL

Hotel des Bains

30126 Venezia
Lido - Lungomare Marconi, 17
Tel. (0)41-526 59 21 - Fax (0)41-526 01 13

Kategorie ★★★★ **Geschlossen** vom 11. November bis 15. März **191 Zimmer** m. Tel., Bad, TV, Minibar; Aufzug **Preise** EZ u. DZ: 297-392000 L, 480-621000 L; Suiten: 1234000 L - Frühst. inkl., von 7.00 bis 10.30 Uhr - HP u. VP: + 93500 L + 197000 L (pro Pers.) **Kreditkarten** akzeptiert **Verschiedenes** Kleine Hunde erlaubt - Schwimmb. - Tennis - Privatstrand - Sauna - Parkpl. **Umgebung** Veranstaltungen: Karneval von Venedig, Regata Storica (1. So im Sept.), Mostra von Venedig (Aug;-Sept.), Biennale von Venedig - Murano (Glasmuseum) - Torcello (Dom S. M. Assunta, S. Fosca) - Burano - Friedhof von San Michele - Villa Foscari in Fusina - Villen des Veneto - Kreuzfahrt auf der Brenta an Bord der Burchiello - Golf al Lido Alberoni (18-Lochpl.) **Restaurant** von 13.00 bis 15.00 u. von 19.30 bis 22.30 Uhr - Menüs: 120000 L - Karte - Spezialitäten: Fisch.

Das *Hotel des Bains* wurde durch Viscontis Film *Tod in Venedig* verewigt. Auch wenn es nicht ganz so prachtvoll wie die Rekonstruktion des Films ist, hat es dennoch den ganzen Charme bewahrt, über den der Strand des Lido zu Beginn des 20. Jahrhundrts verfügt haben muß, als Thomas Mann und die Eleganz der Belle Epoque ihn aufsuchten. Große, nostalgische Salons, Zimmer voller Komfort mit Blick auf die berühmten Laufstege und Kabinen des Lido, großer Speisesaal, Terrassen und ein Garten, vor allem aber die Atmosphäre eines Grandhotels, die allein Paläste der damaligen Zeit besitzen.

Anreise (Karte Nr. 4): Vaporetto zum Lido ab Piazza San Marco.

VENETO - FRIAUL

Albergo Quattro Fontane

30126 Venezia
Lido - Via delle Quattro Fontane, 16
Tel. (041) 526 02 27 - Fax (041) 526 07 26 - Famiglia Friborg-Bevilacqua
E-mail: quafonue@tin.it

Kategorie ★★★★ **Geschlossen** vom 21. Oktober bis 19. April **69 Zimmer** m. Klimaanl., Tel., Bad, TV **Preise** EZ u. DZ: 260-310000 L, 370-410000 L - Frühst. inkl., von 7.00 bis 10.30 Uhr - HP u. VP: 230-305000 L, 290000-360000 L (pro Pers., mind. 3 Üb.) **Kreditkarten** akzeptiert **Verschiedenes** Hunde erlaubt **Umgebung** Murano (Glasmuseum) - Torcello (Kathedrale S. M. Assunta, S. Fosca) - Burano - Friedhof von San Michele - Villa Foscari in Fusina - Villen des Veneto - Kreuzfahrt auf der Brenta an Bord der Burchiello - Golf al Lido Alberoni (18-Lochpl.) **Restaurant** von 13.00 bis 14.30 u. von 19.45 bis 22.30 Uhr - Menüs: 80-90000 L - Karte - Spezialitäten: Fisch.

Für diejenigen, die Lust auf ein "anderes" Venedig haben, bietet sich diese zauberhafte Villa am Lido an. Sie wird von zwei sehr freundlichen Schwestern geführt, die würdige Nachfahren der großen venezianischen Reisenden sind. Eine der beiden interessiert sich vorwiegend für Afrika, die andere zieht es nach Südamerika. Aus dieser Reiselust resultiert die phantastische Sammlung, die in den Salons zu bewundern ist. Stil und Komfort sind hier vollkommen: der erstklassig gepflegte Garten, die gefliesten, schattigen Terrassen mit den Korbmöbeln, die individuell gestalteten Zimmer mit Blick auf den Garten, die ausgesprochen venezianische Küche und der tadellose Service. Das im typischen Stil der Laguneninseln erbaute Nebengebäude bietet Zimmer, die moderner und *noch* komfortabler sind.

Anreise (Karte Nr. 4): Vaporetto zum Lido: an der Piazza San Marco.

VENETO - FRIAUL

Hotel Villa Mabapa

30126 Venezia
Lido - Riviera San Nicolo, 16
Tel. (041) 526 05 90 - Fax (041) 526 94 41 - Sig. Vianello
E-mail: mabapa@mbox.vol.it - Web: http://www.venicehotel.com/hotelmabapa

Kategorie ★★★★ **Ganzj.** geöffn. **60 Zimmer** m. Klimaanl., Tel., Bad od. Dusche, Fön, WC, TV; Aufzug **Preise** EZ u. DZ: 105-290000 L, 200-450000 L - Früht. inkl., von 7.30 bis 10.00 Uhr (Buffet) - HP u. VP: + 37-47000 L + 73-90000 L (pro Pers. mind. 3 Üb.) **Kreditkarten** akzeptiert **Verschiedenes** Kleine Hunde erlaubt (außer im Restaurant) - Parkpl. **Umgebung** Murano (Glasmuseum) - Torcello (Kathedrale S. M. Assunta, S. Fosca) - Burano - Friedhof von San Michele - Villa Foscari in Fusina - Villen des Veneto - Kreuzfahrt auf der Brenta an Bord der Burchiello - Golf al Lido Alberoni (18-Lochpl.) **Restaurant** von 12.30 bis 14.00 u. von 19.30 bis 21.30 Uhr - Menü: 50-55000 L - Karte - Spezialitäten: Venezianische Küche - Fisch.

Sich im August mitten in Venedig wie auf dem Land zu fühlen - das ist möglich. Wo? In diesem 1930 errichteten Besitz, der anschließend zu einem Hotel umgebaut wurde und seitdem von der Familie geführt wird. Wie der Name schon sagt: *Mabapa* - mamma, bambini e papa. Im Hotel selbst fühlt man sich noch immer an ein Privathaus erinnert. Die charmantesten Zimmer liegen im ersten Stock des Stammhauses. Im Sommer werden die Mahlzeiten im Garten zur Lagune hin serviert. Das Haus befindet sich zwar etwas vom Zentrum entfernt, es bestehen aber gute Vaporetto-Verbindungen. Das *Mabapa* ist eine besonders angenehme Zuflucht für jene, die der sommerlichen Betriebsamkeit Venedigs eher distanziert gegenüberstehen.

Anreise (Karte Nr. 4): am Lido; Vaporetto zum Lido: an der Piazza San Marco; ab Bahnhof Nr. 1, 52, 82 (im Sommer); mit dem Auto: ab Tronchetto die Fähre Linie 17 (30 Min.).

VENETO - FRIAUL

Locanda Cipriani

30012 Venezia
Isola Torcello - Piazza Santa Fosca, 29
Tel. (041) 73 01 50 - Fax (041) 73 54 33
Sig. Brass

Kategorie ★★★ **Geschlossen** vom 5. Januar bis 5. Februar u. Di **6 Zimmer** m. Klimaanl., Tel., Bad u. WC **Preise** HP u. VP: 260000, 350000 L (pro Pers.) - Frühst.: inkl., von 7.00 bis 12.00 Uhr **Kreditkarten** Amex, Visa, Eurocard, MasterCard **Verschiedenes** Hunde nicht erlaubt **Umgebung** Murano (Glasmuseum) - Torcello (Dom S. M. Assunta, S. Fosca) - Burano - Friedhof von San Michele - Villa Foscari in Fusina - Villen des Veneto - Kreuzfahrt auf der Brenta an Bord der Burchiello - Golf al Lido Alberoni (18-Lochpl.) **Restaurant** von 12.00 bis 15.00 u. von 19.00 bis 22.00 Uhr - Di geschl. - Menüs: 60-80000 L - Karte - Spezialitäten: Risotto alla torcellana - Zuppa di Pesce.

Als Guiseppe Cipriani einmal eine Touristengruppe durch die Lagune führte, entdeckte er auf der Insel Torcello dieses altes Gasthaus. Und da es Liebe auf den ersten Blick war, wurde er sein Eigentümer. Heute ist die *Locanda* hauptsächlich wegen ihrer raffinierten Küche und der Fischspezialitäten bekannt, aber es gibt immerhin vier Zimmer. Wenn das Äußere des Hauses auch seinen rustikalen Charakter bewahrt hat, so sind die Salons und Zimmer doch elegant eingerichtet. Die Mahlzeiten werden im Garten oder in der offenen Galerie mit den Arkaden serviert. Ein längerer Aufenthalt auf Torcello lohnt kaum, da es außer der Kirche Santa Fosca und der Kathedrale Santa Maria Assunta im venezianisch-byzantinischen Stil eigentlich nichts zu besichtigen gibt. Aber die isolierte Lage und der Charme des Gasthofs sind es wert, daß man hier zumindest einen Abend verbringt. Reservierung unumgänglich.

Anreise *(Karte Nr. 4): ab San Marco per Boot nach Torcello (30/45 Min.).*

VENETO - FRIAUL

Villa Ducale

30031 Dolo (Venezia)
Riviera Martiri della Liberta, 75
Tel. (0)41 56 08 020 - Fax (0)41 56 08 004

Kategorie ★★★ **Ganzj.** geöffn. **11 Zimmer** m. Klimaanl., Tel., Bad od. Dusche, Satelliten-TV, Safe, Minibar **Preise** EZ u. DZ: 120-160000 L, 160-280000 L - Frühst. inkl. (Buffet), von 7.00 bis 10.00 Uhr - HP u. VP: + 60000 L + 120000 L (pro Pers.) **Kreditkarten** Amex, Visa, Eurocard, MasterCard **Verschiedenes** Kleine Hunde erlaubt - Parkpl. **Umgebung** Palladio-Villen: per Auto von Padua nach Venedig an der Brenta entl. (N 11) (Villas Ferretti-Angeli in Dolo - Villa Venier-Contarini-Zen in Mira Vecchia - Palazzo Foscarini in Mira - Villa Widmann) - Venedig - Padua - Golf Ca' della Nave (18-Lochpl.) in Martellago **Restaurant** Di geschl. - Menü u. Karte - Spezialitäten: Fisch.

Gestern noch eine Patriziervilla in einem schönen Park, der von Statuen bevölkert wird, heute leider an einer geräuschvollen Straße in einer belanglosen Umgebung gelegen. Das Gebäude der kürzlich vollkommen restaurierten und neu eingerichteten Villa ist jedoch immer noch majestätisch, die elegante Eingangshalle mit ihren verzierten Decken wundervoll. Heute sind auch die mit echten Stilmöbeln eingerichteten Zimmer sehr komfortabel, und den Straßenlärm hört man dank guter Isolierung nicht mehr. Exzellenter Servive rund um die Uhr; zudem verfügt das Hotel nun über ein gutes Restaurant. In diesem phatastischen Rahmen glaubt man, mit offenen Augen zu träumen. Und wenn Sie dann noch ein Zimmer mit Terrasse zum Park bekommen, werden Sie garantiert wunschlos glücklich sein. Wir übertreiben nicht.

Anreise (Karte Nr. 4): 22 km westlich von Venedig über die A 4, Ausf. Dolo-Mirano, dann Rtg. Dolo - 2 km östl. vom Zentrum über die S 11, Rtg. Venedig.

VENETO - FRIAUL

Hotel Villa Margherita

30030 Mira Porte (Venezia)
Via Nazionale, 416/417
Tel. (041) 426 58 00 - Fax (041) 426 58 38
Famiglia Dal Corso

Kategorie ★★★★ **Ganzj.** geöffn. **19 Zimmer** m. Tel., Bad od. Dusche, WC, TV, Minibar **Preise** EZ u. DZ: 155-185000 L, 220-300000 L - Frühst. inkl., von 7.30 bis 10.30 Uhr - HP: 185-210000 L (pro Pers.) **Kreditkarten** akzeptiert **Verschiedenes** Kleine Hunde erlaubt - Parkpl. **Umgebung** Palladio-Villen: per Auto von Padua nach Venedig der Brenta entl. (N 11) (Villa Ferretti-Angeli in Dolo - Villa Venier-Contarini-Zen in Mira Vecchia - Palazzo Foscarini in Mira - Villa Widmann) - Venedig - Padua - Golf Ca' della Nave (18-Lochpl.) in Martellago **Restaurant** von 12.00 bis 14.30 u. von 19.00 bis 22.00 Uhr - Di abends u. Mi geschl. - Karte - Spezialitäten: Venezianische Küche - Fisch.

Diese alte Patriziervilla aus dem 17. Jahrhundert liegt ideal an dem touristischen Rundreiseweg zur Besichtigung jener Villen, die reiche Venezianer einst an den Ufern der Brenta erbauen ließen. *Villa Margherita* ist bis ins kleinste Detail luxuriös eingerichtet und besticht durch die Auswahl der Materialien, die Mischung der alten und modernen Möbel, die Dekoration mit Fresken, Malereien und Stoffen. Das von Feldern umgegebene Hotel mit nur wenigen Zimmern ist sehr ruhig, selbst das Restaurant liegt in einem Gebäude 50 Meter weiter. Der Empfang ist charmant, das Personal sehr zurückhaltend, der Preis gerechtfertigt.

Anreise (Karte Nr. 4): 15 km westl. von Venedig über die A 4, Ausf. Dolo-Mirano, dann S 11 Rtg. Dolo/Venezia.

VENETO - FRIAUL

Villa Conestabile

30037 Scorzé (Venezia)
Via Roma, 1
Tel. (041) 44 50 27 - Fax (041) 584 00 88
Sig.ra Martinelli

Kategorie ★★★ **Ganzj.** geöffn. **20 Zimmer** m. Tel., Bad u. Dusche, WC, TV **Preise** EZ u. DZ: 120-140000 L, 170-210000 L - Frühst. inkl., von 7.30 bis 10.00 Uhr - HP: 140000 L (m. EZ), 120000 L (pro Pers., DZ) **Kreditkarten** Amex, Visa, Eurocard, MasterCard **Verschiedenes** Hunde erlaubt - Parkpl. **Umgebung** Palladio-Villen am Ufer der Brenta (N 11) zwischen Padua u. Venedig - Golf Ca' della Nave (18-Lochpl.) in Martellago - Venedig - Padua - Treviso **Restaurant** von 12.30 bis 14.00 u. von 19.30 bis 22.00 Uhr - So geschl. - Menü: 39000 L - Regionale Spezialitäten.

Diese Villa diente einer adeligen venezianischen Familie seit dem 16. Jahrhundert als Sommerresidenz. Im Zweiten Weltkrieg wurde sie stark beschädigt und 1960 als Hotel wiederaufgebaut. Die Zimmer sind ein wenig bürgerlich-provinziell, dafür aber groß und ruhig. Ein nettes Hotel auf dem Land; nach Venedig sind es 20, nach Padua knapp 30 Kilometer.

Anreise (Karte Nr. 4): 28 km nordöstl. von Padova über die A 4, Ausf. Padova-Ost, Rtg. Treviso.

VENETO - FRIAUL

Hotel Bellevue

32043 Cortina d'Ampezzo (Belluno)
Corso Italia, 197
Tel. (0436) 88 34 00 - Fax (0436) 86 75 10
Sig.ra Fabiani

Kategorie ★★★★ **Geschlossen** von September bis Dezember u. von April bis Juli **20 Zimmer** u. Appart. m. Tel., Bad od. Dusche, WC, Satelliten-TV, Safe, Minibar; Aufzug **Preise** DZ: 290-520000 L - Frühst. inkl. - HP: 185-300000 L (pro Pers.) **Kreditkarten** Visa, Eurocard, MasterCard **Verchiedenes** Hunde erlaubt - Garage **Umgebung** Ausflüge per Seilbahn - Ghedina-See - Misurina-See - Casa del Tiziano in Pieve di Cadore **Restaurant** "Il Meloncino al Bellevue", Via del Castello - von 12.30 bis 14.00 u. von 19.00 bis 21.30 Uhr - Menüs: 40-70000 L - Karte.

Das *Bellevue,* seit Beginn des Jahrhunderts eines der historischen Häuser von Cortina, in dem zahlreiche Persönlichkeiten gewohnt haben, wurde kürzlich von Grund auf renoviert und ist nun ein echtes "Hotel mit Charme". Bei der Ausstattung sowohl in den Salons als auch in den Zimmern wurde vorwiegend Holz verwandt: getäfelt, bemalt, als Parkett oder geschnitzt - das Ergebnis ist wundervoll. Tradition und herkömmliche Techniken standen bei der Renovierung im Vordergrund, und das verleiht dem Hotel seine Wärme, seinen Komfort und auch seine Eleganz. Schöne Stoffe von Pierre Frey und Rubelli harmonieren bestens mit den alten regionalen Möbeln. Im Restaurant mit exzellenter Küche herrscht die gleiche angenehme Atmosphäre. Diese Zurückhaltung und dieser gute Geschmack sind wohl das, was man *Klasse* zu nennen pflegt.

Anreise *(Karte Nr. 4): 168 km nördl. von Venedig über die A 27 bis Alemagna, dann S 51 nach Cortina d'Ampezzo.*

VENETO - FRIAUL

Hotel de la Poste

32043 Cortina d'Ampezzo (Belluno)
Piazza Roma, 14
Tel. (0436) 42 71 - Fax (0436) 86 84 35
Sig. Renato Manaigo

Kategorie ★★★★ **Geschlossen** April, Mai, Oktober u. November **81 Zimmer** m. Tel., Bad od. Dusche, Fön, WC, Satelliten-TV, Safe, Minibar; Aufzug **Preise** EZ u. DZ: 155-295000 L, 250-480000 L - Frühst.: 27000 L - HP u. VP: 160-380000 L, 180-410000 L (pro Pers.) **Kreditkarten** akzeptiert **Verschiedenes** Hunde nicht erlaubt - Garage (25000 L) **Umgebung** Ski - Drahtseilbahn (Tofane, Cristallo) - Ghedina-See - Misurina-See - Casa del Tiziano in Pieve di Cadore **Restaurant** von 12.30 bis 14.30 u. von 19.30 bis 21.30 Uhr - Menü u. Karte: 70000 L - Karte - Italienische Spezialitäten.

Die Perle der Dolomiten besitzt bereits seit langem ihr historisches Hotel. Es ist das *Hotel de la Poste*, in dem sich das Leben des äußerst mondänen Cortina abspielt. Selbstverständlich bietet es die allergrößten Annehmlichkeiten eines Berghotels. Es liegt im Zentrum, in der Sonne, ruhig. Seine Bar ist begehrt (der Hauscocktail heißt *dolomite*), seine Küche stets vom Feinsten, sein Service gepflegt. Trotz gewisser Nachteile, die seiner Berühmtheit zuzuschreiben sind, ist und bleibt das *Hotel de la Poste* eine der bemerkenswertesten Adressen dieser Gegend. Die Zimmer sind komfortabel und behaglich. Dieses Haus empfehlen wir all denen, die das Gebirge lieben, aber auf die Annehmlichkeiten von Shopping oder Begegnungen nicht verzichten möchten.

Anreise (Karte Nr. 4): 168 km nördl. von Venedig über die A 27 bis Alemagna, dann S 51 bis Cortina d'Ampezzo.

VENETO - FRIAUL

Hotel Ancora

32043 Cortina d'Ampezzo (Belluno)
Corso Italia, 62
Tel. (0436) 32 61 - Fax (0436) 32 65
Sig.ra Flavia Sartor

Kategorie ★★★★ **Geschlossen** von April bis Juli u. von Oktober bis Dezember **50 Zimmer** u. 10 Suiten m. Tel., Bad od. Dusche, WC, Satelliten-TV, Safe, Minibar; Aufzug **Preise** EZ u. DZ: 175-270000 L, 270-460000 L; Suiten: + 100-200000 L - Frühst. inkl., von 8.00 bis 10.00 Uhr - HP u. VP: 175-270000 L + 40000 L, 483000 L für Weihnachten (pro Pers., mind 7-10 Üb.) **Kreditkarten** akzeptiert **Verschiedenes** Hunde erlaubt (+ 30000 L) - Garage **Umgebung** Ski - Drahtseilbahn (Tofane, Cristallo) - Ghedina-See - Misurina-See - Casa del Tiziano in Pieve di Cadore **Restaurant** von 12.30 bis 14.00 u. von 19.00 bis 21.00 Uhr - Menüs: 40-60000 L - Karte - Italienische Spezialitäten.

Ein wunderbares Haus dank der Besitzerin, Flavia, einer Expertin für Einrichtungen und Antiquitäten, die diesem hübschen Hotel viel Persönlichkeit verlieh. Die traditionelle Fassade dieses schlichten Chalets verbirgt unsäglich viel Eleganz und Raffinement. Die Salons und die Zimmer haben Charme und sind behaglich, ebenso das Restaurant *Petite Fleur*, dessen Küche kreativ und italienisch inspiriert ist. Die *Terrazza Viennese* ist der Treffpunkt all derer, die sich nach dem Ski eine Sachertorte gönnen oder an der Piano-Bar etwas trinken möchten. Auch ist es gut gelegen, d.h. dort, wo man in Cortina sein *muß*.

Anreise *(Karte Nr. 4): 168 km nördl. von Venedig über die A 27 bis Alemagna, dann S 51 bis Cortina d'Ampezzo.*

VENETO - FRIAUL

Hotel Pensione Menardi

32043 Cortina d'Ampezzo (Belluno)
Via Majon, 110
Tel. (0436) 24 00 - Fax (0436) 86 21 83 - Famiglia Menardi
E-mail: hmenardi@sunrise.it - Web: http://www.sunrise.it/cortina/alberghi/menardi

Kategorie ★★★ **Geschlossen** vom 19. September bis 21. Dezember u. vom 1. Mai bis 16. Juni
51 Zimmer m. Tel., Bad od. Dusche, WC, Satelliten-TV **Preise** EZ u. DZ: 70-150000 L, 120-280000 L - Frühst.: 10000 L, von 7.30 bis 10.00 Uhr - HP u. VP:115-205000 L, 125-220000 L (pro Pers.)
Kreditkarten Visa, Eurocard, MasterCard **Verschiedenes** Hunde nicht erlaubt - Garage **Umgebung** Ausflüge per Seilbahn - Ghedina-See - Misurina-See - Casa del Tiziano in Pieve di Cadore **Restaurant** von 12.30 bis 14.00 u. von 19.30 bis 21.00 Uhr - Menü: 35000 L.

Die *Pensione Menardi* ist eine ehemalige Postkutschenstation. Man sieht das hübsche Haus mit den grünen Holzbalkonen und der üppigen Blumenpracht schon vom Dorfeingang aus. Innen herrscht der gleiche Charme, die gleiche Gemütlichkeit, betont durch eine Einrichtung, bei der Holz und regionaler Stil dominieren. Lassen Sie sich von der Lage am Straßenrand nicht irritieren: das Hotel besitzt einen großen, hinter dem Haus gelegenen Park. Von den ruhigsten Zimmern blickt man auf ebendiesen Park und auf die Dolomiten. Dank der besonders liebenswürdigen Betreuung der Familie Menardi hat das Haus viele Stammgäste. Unter Berücksichtigung der guten Servicequalität muß man zugeben, daß die Preise ganz besonders interessant sind.

Anreise (Karte Nr. 4): 168 km nördl. von Venedig über die A 27 bis Alemagna, dann S 51 nach Cortina d'Ampezzo.

VENETO - FRIAUL

Franceschi Park Hotel

32043 Cortina d'Ampezzo (Belluno)
Via Cesare Battisti, 86
Tel. (0436) 86 70 41 - Fax (0436) 2909
Famiglia Franceschi

Kategorie ★★★ **Geschlossen** nach Ostern bis 19. Juni u. vom 22. September bis 18. Dezember **49 Zimmer** m. Tel., Bad od. Dusche, WC, TV; Aufzug **Preise** EZ u. DZ: 60-400000 L - Appart.: 288-780000 L - Frühst. inkl., von 7.30 bis 10.15 Uhr **Kreditkarten** akzeptiert **Verchiedenes** Hunde nicht erlaubt - Tennis - Sauna - Fitneßcenter - Parkpl. **Umgebung** Ausflüge per Seilbahn - Ghedina-See - Misurina-See - Casa del Tiziano in Pieve di Cadore **Restaurant** von 12.30 bis 13.45 u. von 19.30 bis 20.45 Uhr - Menü: 42-75000 L.

In diesem hübschen, zu Beginn des Jahrhunderts errichteten Haus befindet sich seit drei Generationen das Familienhotel *Franceschi*. Besonders schön in einem großen Park mit hübschem Garten unweit vom Stadtzentrum gelegen, hat dieses Hotel seinen ursprünglichen Charakter bewahrt. Täfelwerk, Parkett und Balken aus hellem Holz wie auch die Möbel und der große österreichische Ofen verleihen dem Haus viel Wärme. Die gemütlichen und komfortablen Zimmer sind im gleichen Stil ausgestattet. Ein im Sommer wie im Winter geöffnetes, gut eingerichtetes Center zum Relaxen ist ebenfalls vorhanden. Eine ideale Adresse für einen Familienurlaub.

Anreise (Karte Nr. 4): 34 km nördl. von Belluno über die S 51.

VENETO - FRIAUL

Baita Fraina

Fraina 32043 Cortina d'Ampezzo (Belluno)
Tel. (0)436-36 34 - Fax (0)436-86 37 61
Famiglia Menardi

Kategorie ★★ **Geschlossen** vom 20. April bis 25. Juni u. vom 15. Oktober bis 15. Dezember **6 Zimmer** m. Tel., Bad od. Dusche, WC, TV **Preise** DZ: 130-158000 L - Frühst. inkl., von 7.00 bis 9.00 Uhr - HP: 105-115000 L (pro Pers.) **Kreditkarten** akzeptiert **Verschiedenes** Hunde nicht erlaubt - Sauna **Umgebung** Ski - Drahtseilbahn (Tofane, Cristallo) - Ghedina-See - Misurina-See - Casa del Tiziano in Pieve di Cadore **Restaurant** von 12.30 bis 13.45 u. von 19.30 bis 20.45 Uhr; Mo außerh. der Saison geschl.- Menüs: 46-75000 L - Spezialitäten: Capriola con polenta.

Etwas abseits der schicken, belebten Szene Cortinas werden Sie hier die Schönheit der Lage ohne touristischen Wirbel genießen. Im Winter wie im Sommer ist dies nur ein knapper Kilometer vom Zentrum entfernt ein regelrechtes Eintauchen in die Natur. Das Hotel besitzt nicht mehr als sechs schlichte, aber komfortable Zimmer. Geführt wird *Baita Fraina* von der Familie, was weiter zu dieser wohltuenden Intimität und Schlichtheit beiträgt. Eine wertvolle Adresse zu günstigen Preisen im schicksten Wintersportort Italiens.

Anreise (Karte Nr. 4): 168 km nördl. von Venedig über die A 27 bis Alemagna, dann S 51 bis Cortina d'Ampezzo.

VENETO - FRIAUL

Villa Marinotti

Via Manzago, 21
32040 Tai di Cadore (Belluno)
Tel. (0435) 322 31 - Fax (0435) 333 35
Sig. und Sig.ra Giacobbi de Martin

Geschlossen von Oktober bis Juni **5 Suiten** u. 2 Bungalows m. Tel., Bad, WC, TV **Preise** EZ u. DZ: 110-130000 L, 150-180000 L - Frühst. inkl., bis 10.00 Uhr **Kreditkarte** Amex **Verschiedenes** Kleine Hunde erlaubt - Tennis (15000 L) - Sauna (20000 L) - Parkpl. **Umgebung** Ski in Pieve di Cadore (2 km) u. in Cortina d'Ampezzo (25 km) - Große Dolomitenstraße - Casa del Tiziano in Pieve di Cadore **Restaurant** ausschl. im Sommer geöffn. - von 19.30 bis 21.00 Uhr - Spezialitäten: Familienküche.

Laura Marinotti und ihr Bruder Giorgio hatten die gute Idee, das Chalet der Familie in ein kleines Hotel umzuwandeln. Das Haus bietet nur vier Zimmer, eigentlich Suiten mit eigenen kleinen Salons, und ist wirklich ein Geheimtip. Die Gestaltung ist schlicht und geschmackvoll, die schönste Suite heißt "Rosa". Ein großer Park (mit Tennisplatz und Sauna) umgibt das Haus. Das Frühstück ist exzellent, und über ein Restarant verfügt *Villa Marinotti* ebenfalls. Charmanter und liebenswürdiger Empfang.

Anreise (Karte N. 4): 34 km nördl. von Belluno über die S 51.

VENETO - FRIAUL

Golf Hotel

34070 San Floriano del Collio (Gorizia)
Via Oslavia, 2
Tel. (0481) 88 40 51 - Fax (0481) 88 40 52
Comtesse Formentini

Kategorie ★★★★ **Geschlossen** vom 15. November bis 28. Februar **14 Zimmer** u. 1 Appart. "Torre della Bora", einige m. Klimaanl., Tel., Bad od. Dusche, WC, TV **Preise** EZ u. DZ: 180000 L, 315000 L - Appart.: 440000 L - Frühst. inkl. **Kreditkarten** akzeptiert **Verschiedenes** Hunde erlaubt - Schwimmb.- Tennis - Golf (9-Lochpl.) - Parkpl. **Umgebung** Festung von Gradisca d'Isonzo - Schloß Gorizia - Trieste - Kloster Kostanjevica, 2 km von Nova Gorica (Slowenien) - Kloster Cividale - Dome von Grado u. Aquileja **Restaurant** von 12.00 bis 14.00 u. von 20.00 bis 21.00 Uhr - Mo u. Di geschl. - Menüs: 70-80000 L - Karte - Regionale Spezialitäten.

Das *Golf Hotel* hat sich in zwei Häusern niedergelassen, die zum Schloß von San Floriano gehören. Jedes Zimmer trägt den Namen einer der berühmten Rebenarten der Region. Sie sind in einer bunten Stilmischung eingerichtet, vom 17. Jahrhundert bis Biedermeier, ganz wie in alten Familienhäusern, in denen jede Generation ihre Spuren hinterläßt. Das Hotel besitzt einen Golfplatz mit "practice" und "putting green". Das *Castello Formentini* liegt gleich neben dem Schloß und zählt zu den guten Restaurants der Gegend.

Anreise *(Karte Nr. 5): 47 km nordwestl. von Triest über die A 4, Ausf. Villesse-Gorizia u. San Floriano.*

VENETO - FRIAUL

Haus Michaela

34070 Sappada (Belluno)
Borgata Fonta, 40
Tel. (0435) 46 93 77 - Fax (0435) 66 131
Sig. Piller Roner

Kategorie ★★★ **Geschlossen** vom 1. April bis 30. Mai u. vom 27. September bis 4. Dezember **20 Zimmer** m. Tel., Bad od. Dusche, WC, Satelliten-TV **Preise** DZ: 100-50000 L; Suiten: 170-210000 L - Frühst. 12000 L, von 8.00 bis 10.00 Uhr - HP u. VP: 75-135000 L, 85-150000 L **Kreditkarten** Visa, Eurocard, MasterCard **Verschiedenes** Hunde nicht erlaubt - Schwimmb. - Tennis - Sauna - Parkpl. **Umgebung** Ski - Cortina d'Ampezzo - Haus von Tizian in Pieve di Cadore **Restaurant** von 12.30 bis 13.30 u. von 19.30 bis 20.30 Uhr - Menü: 35-45000 L - Regionale Spezialitäten.

Am Rande Venetiens, wo der Charme Österreichs (5 Kilometer weiter) sich bereits eindeutig zeigt, breitet sich Sappada in einem Tal aus, das von den majestätischen, abrupt abfallenden und schroffen Gipfeln der Dolomiten beherrscht wird. Ein Skiort im Winter und eine liebenswürdige Sommerfrische in der warmen Jahreszeit. In den schlichten Zimmern ist der Komfort recht gut. Das Hotel verfügt darüberhinaus über drei große Studios, die für Familien ideal sind. Außer dem beheizten Schwimmbad steht den Gästen ein vollständiges Fitneßcenter, darunter z.B. auch ein türkisches Bad, zur Verfügung. Um danach erneut zu Kräften zu kommen, können Sie im Restaurant die regionalen und Tiroler Spezialitäten probieren; Reh wird in vielen Varianten angeboten. Von den zahlreichen Wanderwegen sollten Sie nicht versäumen, zur Quelle der Piave hochzusteigen, dem legendären Fluß, der ganz Venetien, vor allem aber die Lagune von Venedig, mit Wasser versorgt.

Anreise (Karte Nr. 5): 169 km nördl. von Venedig. A 27, Ausf. Vittorio Veneto, dann Rtg. Cortina. In Calalzo Rtg. Sappada.

VENETO - FRIAUL

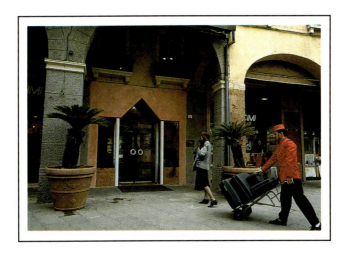

Albergo Leon Bianco

35122 Padova
Piazzeta Pedrocchi, 12
Tel. (049) 65 72 25 - Fax (049) 875 61 84 - Sig. Morosi
E-mail: leonbianco@:writeme.com

Kategorie ★★★ **Ganzj.** geöffn. **22 Zimmer** m. Klimaanl., Tel., Bad od. Dusche, WC, TV, Minibar; Aufzug **Preise** EZ u. DZ: 101-1259000 L, 149-167000 L - Frühst.: 15000 L, von 7.30 bis 10.30 Uhr **Kreditkarten** akzeptiert **Verschiedenes** Hunde erlaubt (12000 L) - Garage (25000 L) **Umgebung** Padova: Piazza delle Erbe u. Palazzo della Ragione, Basilika Saint-Antoine, Kirche Eremitani u. Capella Scrovegni (Fresken von Giotto) - Palladio-Villen: per Auto von Padua nach Venedig der Brenta entl. (N 11) (Villa Pisani, Villa La Barbariga, Villa Foscari); per Boot an Bord der Burchiello - Villa Simes in Piazzola sul Brenta - Villa Barbarigo in Valsanzibio - Abtei Praglia - Petrarca-Haus in Arqua Petrarca - Venedig - Golf von Valsanzibio (18-Lochpl.) **Kein Restaurant** im Hotel (siehe unsere Restaurantauswahl S. 489-490).

Théophile Gauthier frappierten zwei Dinge bei seinem Aufenthalt in der Stadt Padua, die er in *Voyage en Italie* beschreibt. Erstens das (noch heute existierende) *Café Pedrocchi*. Für den Schriftsteller war es "monumental klassisch". - "Nichts als Pfeiler, Säulen, Eierstäbe und Palmetten, in der Art von Percier und Fontaine, alles sehr groß und ganz aus Marmor ..." Und zweitens die Kapelle Scovegni voller Fresken von Giotto. Aber noch vieles andere rechtfertigt einen Besuch dieser kleinen, sehr lebendigen Universitätsstadt. Die *Albergo Leon Bianco* liegt im Zentrum. Es ist ein kleines Hotel, das sich bemüht, Komfort, Service und Empfang stets zu verbessern. Die Einrichtung der Zimmer ist standardisiert - alles in allem ein gutes Haus.

Anreise (Karte Nr. 4): 37 km östl. von Venedig über die A 4, Ausf. Padua-Est, dann Rtg. Zentrum (im Zentrum, nahe des Palazzo della Ragione).

VENETO - FRIAUL

Hotel Villa Regina Margherita

45100 Rovigo
Viale Regina Margherita, 6
Tel. (0425) 36 15 40 - Fax (0425) 313 01
Sig. Calore

Kategorie ★★★★ **Ganzj.** geöffn. **22 Zimmer** m. Klimaanl., Tel., Bad, WC, TV, Minibar; Aufzug **Preise** EZ u. DZ: 130000 L, 160000 L; 180000 L (f. 3 Pers.); Suiten: 220000 L - Frühst.: 12000 L (Buffet), von 7.00 bis 9.30 Uhr - HP u. VP: 150000 L, 180000 L (pro Pers., mind. 3 Üb.) **Kreditkarten** akzeptiert
Verschiedenes Hunde erlaubt - Piano-Bar - Parkpl. **Umgebung** Villa Badoer (Palladio), Villa Bragadin, Villa Molin in Fratta Polesine - Abtei Vangadizza in Badia Polesino - Padova - Ferrara
Restaurant von 12.30 bis 145.00 u. von 19.30 bis 223.00 Uhr - Menüs: 35-50000 L - Karte - Spezialitäten: Fisch - Zuppa di vongole - Filetto di branzino con scampi ed olive.

Diese wirklich sehr schöne Artdeco-Villa beherbergt ein charmantes Hotel. Das *Regina Margherita* hat erst kürzlich in einer hübschen alten Wohnstraße im Zentrum der Kleinstadt Rovigo eröffnet, und wir wünschen ihm viel Erfolg, denn den verdient es. Die Renovierung der Villa beweist Geschmack; die Fenster, die in den dreißger Jahren sehr in Mode waren, wurden ebenso beibehalten wie einige schöne Möbel, die den in warmen Tönen gehaltenen Salons und der Rezeption einen ganz besonderen Charme verleihen. Die Zimmer, von denen einige zum Garten gehen, sind gefällig, sehr komfortabel und ausgesprochen gepflegt. Das Restaurant muß besonders erwähnt werden: sowohl der äußere Rahmen als auch der Service und nicht zuletzt die Küche sind bemerkenswert und ausgesprochen gepflegt.

Anreise (Karte Nr. 10): 45 km südl. von Padova über die A 13, Ausf. Boara.

VENETO - FRIAUL

Hotel Villa Cipriani

31011 Asolo (Treviso)
Via Canova, 298
Tel. (0423) 95 21 66 - Fax (0423) 95 20 95
G. Burattin

Kategorie ★★★★ **Ganzj.** geöffn. **31 Zimmer** m. Klimaanl., Tel., Bad, WC, TV, Minibar; Aufzug **Preise** EZ u. DZ: 308-407000 L, 407-517000 L; 627000 L (m. Terrasse) - Frühst.: 29700-51700 L, von 7.00 bis 10.30 - HP: 132000 L (pro Pers.) **Verschiedenes** Hunde erlaubt - Parkpl. **Umgebung** Possagno (Haus u. Tempio del Canova von Antonio Canova) - Villa Barbaro in Maser - Villa Rinaldi-Barbini - Villa Emo in Panzolo - Venedig - Golfpl. (7 km) **Restaurant** von 12.30 bis 14.30 u. von 20 bis 22.30 Uhr - Karte - Spezialitäten: Risotto Asolo - Pasta - Pesce.

Wenn man das Veneto bereist, ist Asolo ein Must. Lassen Sie sich nicht von einigen kleinen Industrieorten, die man durchquert, negativ beeindrucken. Asolo wird Ihnen noch schöner erscheinen, wenn Sie auf dem Hügel inmitten der Landschaft das Schloß erblicken, das das kleine mittelalterliche Dorf überragt. Ein weiteres Must ist die superbe *Villa Cipriani*, die über höchst raffinierte Zimmer verfügt, einen nach den Rosen der Laube duftenden Garten und eine wunderschöne Aussicht auf die weite Umgebung; und abends kommt ein charmanter Sänger, der zur Stunde des Aperitifs mit heiserer Stimme unwiderstehliche italienische Lieder singt.

Anreise (Karte Nr. 4): 65 km nordwestl. von Venedig. 35 km nordwestl. von Treviso über die S 348 bis Montabelluna, dann S 248 bis Asolo; Rtg. Bassano, D/Grappa.

VENETO - FRIAUL

Villa Emo

Via Stazione, 5
31050 Fanzolo (Treviso)
Tel. (0423) 47 64 13/423 47 64 14 - Fax (0423) 48 70 43
Sig.Leonardo Emo Capodilista

1998

Kategorie ★★★★ Ganzj. geöffn. **8 Zimmer** u. 3 Suiten m. Klimaanl., Tel., Bad, WC, Minibar **Preise** EZ: 240000 L, DZ: 300000 L, Suite: 600000 L - Frühst. inkl., von 7.00 bis 10.30 Uhr **Kreditkarten** akzeptiert **Verschiedenes** Hunde nicht erlaubt - Parkpl. **Umgebung** Castelfranco - Conegliano: Weinstraße (Spumante Messe im Sept.) - Rundfahrt der Palladio-Villen (Villa Maser) - Treviso - Venedig - Asolo - Vicenza - Golf in Ca' Amata **Restaurant** von 12.30 bis 14.30 u. von 19.30 bis 22.00 Uhr - Mo u. Di mittags geschl. Regionale Spezialitäten.

Andrea Palladio ist gewiß der italienische Architekt, der im dennoch sehr ergiebigen 16. Jahrhundert über die größte Originalität verfügt. Bei ihm gab der Patrizier Lunardo Emo 1536 diese Villa in Auftrag. Sie ist zwar noch immer im Besitz der Familie Emo, aber aufgeteilt auf ein Museum, in dem sich die Fresken von Giovanni Zelotti befinden, ein Restaurant und seit kurzem erst ein Hotel. Da die Architektur der Villa bewahrt werden sollte, weisen die Zimmer, die bestimmt nicht ohne Reiz sind, einen originellen Zuschnitt auf. Alle sind eingerichtet mit Möbeln, die mit den Motiven der Fresken bemalt sind; die Bäder sind riesig. Wenn die Schönheit dieses Hauses Ihnen Muße läßt für materielle Freuden, empfehlen wir Ihnen, die feinen Gerichte der Küche des Hauses zu genießen. Im Sommer wird unter den hohen und kühlen Arkaden gegenüber dem Garten zu Mittag gegessen.

Anreise (Karte Nr. 5): 20 km nördl. von Treviso.

VENETO - FRIAUL

Hotel Abbazia

31051 Follina (Treviso)
Via Martiri della Libertà
Tel. (0438) 97 12 77 - Fax (0438) 97 00 01
Sig.ra Zanon de Marchi

Kategorie ★★★ **Ganzj.** geöffn. **17 Zimmer** u. 7 Suiten m. Klimaanl., Tel., Bad od. Dusche, WC, Satelliten-TV, Minibar **Preise** EZ u. DZ: 130000 L, 200-220000 L; Suiten: 280000 L - Frühst. inkl., von 7.00 bis 12.00 Uhr **Kreditkarten** akzeptiert **Verschiedenes** Hunde nicht erlaubt - Parkpl. **Umgebung** Abtei Follina - Conegliano: Weißweinstraße bis nach Valdobbiadene (Spumante-Fest im Sept.) - Tour der Palladio-Villen - Treviso - Venedig - Asolo - Golf Club (7-Lochpl.) in Cavano del Tomba (16 km, green-fees, kostenlos für Hotelgäste **Kein Restaurant** im Hotel (siehe unsere Restaurantauswahl in Miane S. 491 od. "Lino" in Solighetto S. 424).

Das *Abbazia*, ein hübsches Haus aus dem 17. Jahrhundert, das kürzlich zu einem kleinen Luxushotel umgestaltet wurde, liegt gegenüber einer herrlichen Zisterzienserabtei in den venezianischen Voralpen. An Komfort, Service und stilvoller Gestaltung bietet es alles, was man sich wünschen mag. Die Zimmer sind groß und individuell gestaltet, alle in sanften, beruhigenden Farben gehalten und mit edlen alten Möbeln und Radierungen eingerichtet - einige haben zudem eine blühende Terrasse. Einen kleinen, angenehmen Garten besitzt dieses Traumhaus ebenfalls. Außerdem sei darauf hingewiesen, daß Follina in einer reizvollen Gegend mit vielen unbekannten Palladio-Villen und -Bauernhöfen liegt.

Anreise (Karte Nr. 4): 40 km nördl. von Treviso - A 4, Ausf. A 27, Vittorio Veneto - Lago Revine - Follina 15 km weiter.

VENETO - FRIAUL

Villa Stucky

31021 Mogliano Veneto (Treviso)
Via Don Bosco, 47
Tel. (041) 590 4 5 28 - Fax (041) 590 45 66
Sig. Pianura

Kategorie ★★★★ **Ganzj.** geöffn. **20 Zimmer** m. Klimaanl., Tel., Bad (7 m. Whirl-pool), WC, TV, Video, Safe, Minibar; Aufzug **Preise** EZ u. DZ: 170000 L, 270000 L; Suiten: 330000 L - Frühst.: 15000 L, von 7.30 bis 10.30 Uhr **Kreditkarten** akzeptiert **Verschiedenes** Hunde nicht erlaubt - Parkpl. **Umgebung** Venedig - Treviso - Golf Villa Condulmer (18-Lochpl.) **Restaurant** von 12.30 bis 14.30 u. von 19.30 bis 22.30 Uhr - Karte.

Mogliano Veneto liegt an der alten Römerstraße, die Venedig mit Treviso verbindet. Einige Bürgerinitiativen haben sich dafür eingesetzt, daß der Ort nicht zum Vorort von Mestre wird und die Authentizität dieser Landschaft erhalten bleibt, die im 18. Jahrhundert eine Blütezeit venezianischer Villen erlebte. *Villa Stucky* ist eine von ihnen. Leider war der von der Gräfin Seymour in Auftrag gegebene Bau zuletzt in einem sehr schlechten Zustand, und nur eine umfangreiche Restaurierung konnte das Gebäude retten. Heute ist es ein luxuriöses Hotel mit 20 individuell gestalteteten Zimmern, die Aussicht auf den Park haben. Die Ausstattung entspricht stets dem Zimmernamen; "Prinzessin Sissi" ist in feinen Pastelltönen gehalten, andere sind schlichter, aber sehr elegant. In den Zimmern der obersten Etage kann man mit Blick auf den Sternenhimmel einschlafen, denn sie besitzen Dachfenster, die sich auch ganz öffnen lassen. Gehobene Preisklasse, aber günstige Wochenend-Angebote.

Anreise (Karte Nr. 4): 12 km südl. von Treviso über die S 13.

VENETO - FRIAUL

Villa Giustinian

31019 Portobuffolè (Treviso)
Via Giustiniani, 11
Tel. (0422) 85 02 44 - Fax (0422) 85 02 60

Kategorie ★★★★ **Ganzj.** geöffn. **40 Zimmer** u. 8 Suiten m. Klimaanl., Tel., Bad, WC, TV, Minibar **Preise** EZ u. DZ: 120-140000 L, 220-250000 L; Suiten: 400-550000 L - Frühst.: 15000 L, von 7.30 bis 10.30 Uhr **Kreditkarten** akzeptiert **Verschiedenes** Hunde nicht erlaubt - Parkpl. **Umgebung** Conegliano: Weißweinstraße bis nach Valdobbiadene (Spumante-Fest im Sept.), Rotweinstraße in der Piave-Ebene (linkes Ufer) bis nach Roncade - Treviso - Venedig **Restaurant** von 12.30 bis 14.30 u. von 19.30 bis 22.30 Uhr - Karte.

Portobuffolè ist ein reizendes, mittelalterliches Dorf, zwischen dem östlichen Venetien und Friaul gelegen. Diese herrliche Villa sehr klassischer Bauweise ließ eine adelige Familie aus Venedig in einem großen Park errichten. Das Interieur ist auf prächtige Art barock: Stuckarbeit, Fresken der Veroneser Schule, Trompe-l'œil ... Dennoch gelang es, in diesem grandiosen Dekor eine intime Atmosphäre zu schaffen. Eine superbe Treppe führt zu den Zimmern. Die sind alle unterschiedlich groß, geschmackvoll und komfortabel ausgestattet. Die Suiten mit venezianischem Mobiliar haben die Ausmaße von Ballsälen, und die Präsidenten-Suite mit ihrem geschnitzten Bett ist ausgesprochen beeindruckend. Ein gutes Restaurant und eine exzellente Weinkarte werden Sie, falls erforderlich, endgültig überzeugen. Dieses Hotel sollten Sie möglichst bald aufsuchen, denn die günstigen Preise sind möglicherweise darauf zurückzuführen, daß es vor nicht langer Zeit eröffnet wurde.

Anreise (Karte Nr. 5): 40 km nordöstl. von Treviso, Rtg. Oderzo, Mansoè, dann Portobuffole.

VENETO - FRIAUL

Locanda Da Lino

31050 Solighetto (Treviso)
Tel. (0438) 84 23 77 - Fax (0438) 98 05 77
Sig. Lino Toffolin

Kategorie ★★★ **Geschlossen** im Juli u. Mo **17 Zimmer** m. Tel., Bad, WC, TV, Minibar **Preise** EZ u. DZ: 100000 L, 130000 L; Suiten: 150000 L - Frühst.: 15000 L, von 8.00 bis 11.00 Uhr **Kreditkarten** akzeptiert **Verschiedenes** Hunde erlaubt - Parkpl. **Umgebung** Venedig - Villas Lattes in Istrana - Villa Barbaro Maser - Villa Emo Fanzolo di Vedelago - Conegliano: Weißweinstraße bis Valdobbiadene (Spumante-Fest im Sept.), Rotweinstraße in der Piave-Ebene (linkes Ufer) bis nach Roncade - Treviso - Golf Villa Condulmer (18 Lochpl.) **Restaurant** von 12.00 bis 15.00 u. von 19.00 bis 22.00 Uhr - Juli, Mo und Weihnachten geschl. - Karte: 50-60000 L - Spezialitäten Tagliolini alla Lino - Spiedo - Faraona con salsa peverada - Dolci della casa.

Lino ist eine wahre Persönlichkeit. Von seinem Dorf Solighetto aus, in einer wunderbaren Landschaft des Montello und der hügeligen Voralpenlandschaft zwischen Venedig und Cortina gelegen, sorgt er für Abwechslung und ist berühmt für seinen von Don Juan besungenen Prosecco und Marzemino. *Da Lino* war zunächst ein Restaurant der neuen venezianischen Küche, das rasch berühmt wurde. Die Karte ist schlicht, aber subtil, und *funghi* und *trevisana* werden auf wunderbare Art zubereitet. Linos Künstlerfreunde - Maler, Romanciers und Dichter - sind Stammgäste, und die große Sängerin Toti del Monte verbrachte hier ihre letzten Tage. Ihr zu Ehren verleiht Lino den *Premio Simpatia:* ein wahres kulturelles Ereignis. Marcello Mastroianni ist auf dem Rückumschlag des Buches *Que Bontà* abgebildet, das Lino gewidmet ist und die Vorzüge des Hauses preist. Die Zimmer tragen die Namen von Stammgästen und Freuden, wie "Marcello", und sind komfortabel und phantasiereich gestaltet.

Anreise (Karte Nr. 4): 33 km nordwestl. von Treviso.

VENETO - FRIAUL

Hotel Villa Condulmer

31020 Zerman Mogliano Veneto (Treviso)
Via Zermanese
Tel. (041) 45 71 00 - Fax (041) 45 71 34
Sig. Zuindavide

Kategorie ★★★★★ **Ganzj.** geöffn. **49 Zimmer** m. Klimaanl, Tel., Bad, WC, TV **Preise** EZ u. DZ: 200000 L, 300000 L; Suiten: 460000 L - Frühst.: 11000 L, von 7.00 bis 10.30 Uhr **Kreditkarten** akzeptiert **Verschiedenes** Hunde nicht erlaubt - Schwimmb. - Tennis - Golf (27-Lochpl.) - Reiten - Parkpl. **Umgebung** Venedig - Treviso **Restaurant** von 12.30 bis 14.30 u. von 19.30 bis 22.00 Uhr - Menüs: 80-100000 L - Karte - Regionale Spezialitäten.

Im 18. Jahrhundert entstanden zahlreiche venezianische Villen. Es war jene Zeit, in der die reichen Händler, die mit dem Orient Geschäfte machten, beschlossen, ihr Vermögen auf dem Land anzulegen. So entstanden diese Herrensitze neuer Bauart mit einem zentralen, prachtvollen Gebäude, in dem die Familie wohnte, und zwei Seitenflügeln, *barcchese* genannt, die als Remisen benutzt wurden. Die Gesellschaftsräume der *Villa Condulmer* sind besonders gut erhalten. In ihnen kann man die ausschweifenden Stuckdecken mit zwei enormen venezianischen Lüstern bewundern, die großen Medaillons, die die Wände schmücken, und den *cotto*-Boden. Die schönsten Gästezimmer sind die der Villa, aber die der *barcchese* verfügen über moderneren Komfort. Nur 20 Kilometer von Venedig auf dem Land in der Nähe einer Bucht in einem Hotel mit großem Schwimmbad zu wohnen ist - vor allem im Sommer - besonders wohltuend. Deshalb empfehlen wir es Ihnen.

Anreise (Karte Nr. 4): 18 km nördl. von Venedig über die A 4, Ausf. Mogliano Veneto, dann Rtg. Zerman.

VENETO - FRIAUL

Locanda Al Castello

33043 Cividale del Friuli (Udine)
Via del Castello, 20
Tel. (0432) 73 32 42 / 73 40 15 - Fax (0432) 70 09 01
Sig. Balloch

Kategorie ★★★ **Geschlossen** vom 1. bis 15. November **17 Zimmer** m. Tel., Bad u. Dusche, WC, TV; Aufzug **Preise** EZ u. DZ: 95000 L, 135000 L - Frühst.: 12000 L - HP u. VP: 110000 L, 140000 L **Kreditkarten** akzeptiert **Verschiedenes** Hunde erlaubt - Parkpl. **Umgebung** Cividale: Tempietto, Duomo u. Museo archeologico - Udine - Villa Manin in Passariano - Golf von Lignano (18-Lochpl.); Golf vonTarvisio (9-Lochpl.) **Restaurant** von 12.00 bis 14.30 u. von 19.00 bis 22.00 Uhr - Mi geschl. - Menü: 45000 L - Karte - Spezialitäten: Antipasti misti di pesce e di selvagigina - Pesce e carne ai ferri.

Wer sich für das weniger spektakuläre Italien interessiert, kann im Friaul freundliche Landschaften und einige interessante Städte kennenlernen. Cividale del Friuli bewahrt in seinem Archäologischen Nationalmuseum einige schöne Sammlungen aus dem frühen Mittelalter auf, der Dom aus dem 16. Jahrhundert besitzt Gemälde von Palma Giovane und einen bewundernswerten Altaraufsatz ganz aus Silber. *Locanda Al Castello* ist ein schlichtes, aber sympathisches Haus. Es ist der typische Gasthof einer kleinen Provinzstadt mit Gästezimmern, die üppig sein sollen, einem Restaurant mit großzügiger Küche und einem besonders natürlichen Empfang.

Anreise (Karte Nr. 5): 17 km östl. von Udine über die A 23, Ausf. Udine, Rtg. Cividale (1,5 km von Cividale).

VENETO - FRIAUL

Hotel Gabbia d'Oro

37121 Verona
Corso Porta Borsari, 4a
Tel. (045) 800 30 60 - Fax (045) 59 02 93
Sig.ra Balzarro

Kategorie ★★★★★ **Ganzj.** geöffn. **22 Suiten** u. 5 Zimmer m. Klimaanl., Tel., Bad, WC, Satelliten-TV, Minibar; Aufzug **Preise** DZ: 250-550000 L; Suiten: 410-1200000 L - Frühst.: 40000 L, von 7.00 bis 11.00 Uhr **Kreditkarten** akzeptiert **Verschiedenes** Kleine Hunde erlaubt - Parkpl. **Umgebung** Verona: Piazza delle Erbe, Piazza dei Signori, das Amphitheater, Haus von Romeo u. Julia, Arche Scaligere, Basilika San Zeno, Castelvecchio - Opernfestival im Amphitheater von Mitte Juli bis Mitte August - Villa Boccoli-Serego in Pedemonte - Villa della Torre in Fumane - Soave - Gardasee - Schloß Villafranca di Verona - Venedig - Golf (18-Lochpl.) in Sommacampagna **Kein Restaurant** im Hotel (siehe unsere Restaurantauswahl S. 488-489).

Das *Gabbia d'Oro*, ein diskreter Palast des 14. Jahrhunderts, ist seit kurzem ein nicht minder diskretes "Hotel mit Charme". Der Eingang ist von der Straße aus kaum auszumachen. Die kleinen Salons mit den herrlichen Balken und den schönen Stilmöbeln und Sesseln sowie dem alten Kamin sind reizend. Um den reizenden blühenden Innenhof herum liegen die nicht sehr großen, aber sehr luxuriösen Zimmer. Im Obergeschoß dann eine ruhige Terrasse mit Blick auf die Dächer der Altstadt. Hier ist absolut alles luxuriös und diskret - selbstverständlich auch der Service. Leider muß man für alles bezahlen, und darum sind die Preise hoch, aber gerechtfertigt. Das Hotel liegt in der Fußgängerzone der Altstadt. Falls Sie mit dem Auto kommen, geleitet Sie ein Taxi auf Kosten des Hotels zu der nahegelegenen Garage.

Anreise (Karte Nr. 3): in der Altstadt, gegenüber der Piazza delle Erbe.

VENETO - FRIAUL

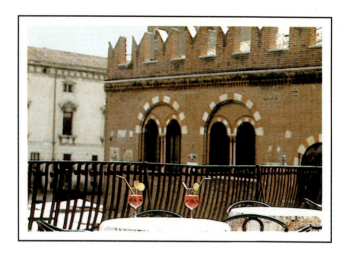

Hotel Aurora

37121 Verona
Piazza Erbe, 2
Tel. (045) 59 47 17 - Fax (045) 801 08 60
Sig.ra Rossi

Ganzj. geöffn. **19 Suiten** m. Klimaanl., Tel., Bad od. Dusche, WC, Satelliten-TV, Minibar; Aufzug **Preise** EZ u. DZ: 110-155000 L, 130-180000 L; Suiten: 220-330000 L - Frühst. inkl., von 7.30 bis 10.00 Uhr **Kreditkarten** akzeptiert **Verschiedenes** Hunde erlaubt **Umgebung** Verona: Piazza delle Erbe, Piazza dei Signori, das Amphitheater, Haus von Romeo u. Julia, Arche Scaligere, Basilika San Zeno, Castelvecchio - Opernfestival im Amphitheater von Mitte Juli bis Mitte August- Villa Boccoli-Serego in Pedemonte - Villa della Torre in Fumane - Soave - Gardasee - Schloß Villafranca di Verona - Venedig - Golf (18-Lochpl.) in Sommacampagna **Kein Restaurant** im Hotel (siehe unsere Restaurantauswahl S. 488-489).

In Verona gibt es zwar einige Luxushotels, aber keine Hotels mit Charme. Was wäre zur *Albergo Aurora* zu sagen? Daß die Lage an der Piazza dell'Erbe im Zentrum (das zudem eine Fußgängerzone, also sehr ruhig ist) nicht besser sein könnte, daß das Haus sehr gepflegt und komfortabel ist (Klimaanlagen und gut ausgestattete Bäder), daß der diskrete Empfang charmant und die Preise unschlagbar sind; nur: Einrichtung und Beleuchtung sind die eines Bahnhofshotels. Sollten Sie sich trotzdem für *Aurora* entschließen, raten wir Ihnen, die Fassadenzimmer mit Blick auf den Platz zu wählen (es sind zwar die kleinsten, aber sie sollen vergrößert werden); und für die Siesta empfehlen wir Ihnen die bewundernswerte Terrasse oberhalb der berühmten Sonnenschirme.

Anreise *(Karte Nr. 3): A 4: Ausf. Verona-Süd - A 22: Ausf. Verona-Nord (Parkplatz am Amphitheater u. Taxis zum nahen Zentrum ohne Autoverkehr).*

V E N E T O - F R I A U L

Hotel Villa del Quar

37020 Pedemonte (Verona)
Via Quar, 12
Tel. (045) 680 06 81 - Fax (045) 680 06 04
Sig.ra Acampora Montresor

Kategorie ★★★★ **Ganzj.** geöffn. **22 Zimmer** m. Tel., Bad, WC, TV, Minibar **Preise** DZ: 380-430000 L; Suiten: 540-600000 L - Frühst. inkl., von 7.30 bis 10.00 Uhr **Kreditkarten** akzeptiert **Verschiedenes** Hunde erlaubt **Umgebung** Pedemonte: Villa Boccoli-Serego - Villa della Torre in Fumane - Soave - Verona - Schloß Villafranca di Verona - Gardasee - Venedig - Golf (18-Lochpl.) in Sommacampagna **Restaurant** von 12.30 bis 14.00 u. von 19.30 bis 22.00 Uhr - Mo geschl. - Menü: 120000 L - Spezialitäten: Zuppa di funghi con scanpi, frittura del mare e dell'orto, coulins di fichi in salsa di amarone.

Die neue Generation der Inhaber der *Villa del Quar* haben aus dem Familienbesitz ein luxuriöses Hotel gemacht, ohne jedoch auf den Anbau von Wein zu verzichten, weshalb das Haus nach wie vor von einigen Hektar Weinbergen umgeben ist. Die Architektur des Hauses, mit drei, einen Garten umschließenden Gebäudeteilen, ist typisch für diese Region. Die Salons sind wunderschön, die individuell gestalteten Gästezimmer bieten raffinierten Komfort. Hier, wenn auch mitten auf dem Land, ist Eleganz überall präsent. Morgens einen Spaziergang durch die Weinberge nur einige Kilometer von Verona zu unternehmen, stimmt einen für den Rest des Tages glücklich.

Anreise (Karte Nr. 3): 5 km nordwestl. von Verona, Rtg. Trento; vor Parona auf die Straße Valpolicella, dann Rtg. Pedemonte. A 4, Ausf. Verona-Nord, Superstrada (Rtg. San Pietro in Cariano), rechts Rtg. Verona bis Pedemonte.

VENETO - FRIAUL

Foresteria Serègo Alighieri

37020 Gargagnago di Valpolicella (Verona)
Tel. (045) 770 36 22 - Fax (045) 770 35 23
Sig. Pieralvise Segèro Alighieri

Geschlossen im Januar **8 Appartements** m. Klimaanl., Tel., Bad, 7 m. WC, 7 m. TV, Minibar **Preise** Appart. f. 2-4 Pers.: 210-490000 L für 1 Üb.; 130-350000 L, Üb. f. 1 Woche - Frühst. 15000 L, von 8.00 bis 10.00 Uhr **Kreditkarten** akzeptiert **Verschiedenes** Hunde erlaubt - Parkpl. **Umgebung** Verona: Opernfestival im Amphitheater von Mitte Juli bis Mitte Aug. - Valpolicella-Weinberge (Villa Boccoli-Serego, S. Floriano, Fumane, Villa della Torre, San Giorgio, Volargne u. Villa del Bene) - Soave - Gardasee - Golf (18-Lochpl.) in Sommacampagna **Kein Restaurant** im Hotel (siehe unsere Restaurantauswahl in Verona S. 488-489).

Als Dante in Verona wohnte, verbrachte er den Sommer im *Casal dei Ronchi*, das sein Sohn Pietro 1353 fertigstellte und noch immer der Wohnsitz der Nachkommen des Dichters ist. Heute ist dieses Haus ein prosperierender landwirtschaftlicher Betrieb, dessen Öl und Wein Sie probieren sollten. Nach einer langen, von majestätischen Zypressen gesäumten Allee erblickt man inmitten der Valpolicella-Weinberge das massive Gebäude, das einen großen gepflasterten Hof umschließt. Hier stehen acht komfortabel und geschmackvoll eingerichtete Appartements zur Verfügung (für zwei bzw. vier Personen). Knapp 100 Kilometer von Venedig entfernt zwischen dem Gardasee und Verona, ist diese Villa ein märchenhafter Aufenthaltsort, der seinesgleichen sucht.

Anreise (Karte Nr. 3): 20 km von Verona über die A 4, Ausf. Verona-Nord, dann Rtg. S. Ambrogio di Valpolicella.

VENETO - FRIAUL

Relais Villabella

Villabella 37047 San Bonifacio (Verona)
Tel. (045) 61 01 777 - Fax (045) 61 01 799
Sig. Cherubin und Sig. Arabbi

Kategorie ★★★ **Ganzj** geöffn. **9 Zimmer** m. Klimaanl., Tel., Bad od. Dusche, WC, TV, Minibar
Preise EZ u. DZ: 160000 L, 250000 L; Suiten: 290000 L - Frühst. inkl. - HP u. VP: 190000 L, 225000 L
(pro Pers., mind. 3 Üb.) **Kreditkarten** akzeptiert **Verschiedenes** Hunde erlaubt - Schwimmb. - Parkp.
Umgebung Verona - Soave - Vicenza - Gardasee - Venedig - Golf (18-Lochpl.) in Sommacampagna
Restaurant von 12.00 bis 14.00 u. von 20.00 bis 22.00 Uhr - So u. Mo geschl. - Karte: 70-100000 L.

Im Tal von Alpone ist der kleine Ort Soave bekannter als die anderen. Das hat er seinem Wein zu verdanken. *Relais Villabella* liegt unweit dieses sympathischen, befestigten Dorfes aus dem Mittelalter. Die traditionelle Villa im Stil der Region ist heute ein komfortables Hotel auf dem Land. Die Gästezimmer sind sorgfältig ausgestattet. Die besonders gepflegte Küche zieht einerseits Leute aus der Umgebung an, die das Wochenende auf dem Land zu verbringen wünschen, und andererseits Touristen, die abends, nach den Besichtigungen am Tage, Ruhe suchen. Außerdem gelangt man rasch von der Autobahn aus zum Hotel, ohne jedoch die Nachteile dieser Nähe zu verspüren.

Anreise *(Karte Nr. 4): 20 km westl. von Verona. A 4, Ausf. Soave, Villabella liegt in unmittelbarer Nähe der Autobahnausfahrt.*

VENETO - FRIAUL

Coop. 8 Marzo - Ca` Verde

1998

Ca`Verde 30021 Sant' Ambrogio di Valpolicella (Verona)
Tel. (045) 686 17 60 - Fax (045) 686 12 45
Sig.ra Vilma Zamboni

Ganzj. geöffn. (außer im Januar u. Februar) **10 Zimmer** (4 m. Bad, WC) **Preise** EZ: 28-45000 L, DZ: 50-70000 L - Frühst. 8000 L, von 8.30 bis 10.00 Uhr **Kreditkarten** Visa, Eurocard, MasterCard **Verschiedenes** Hunde nicht erlaubt - Parkpl. **Umgebung** Verona - Villa Boccoli-Serègo in Pedemonte - Villa della Torre in Fumane - Soave - Schloß Villafranca di Verona - Garde-See **Restaurant** von 12.30 bis 14.00 u. von 19.30 bis 21.30 - Mo geschl. - Menü: 35000 L - Spezialitäten: pasta fatta in casa, Gnocchi di ricotta, Carni alla griglia, piatti vegetariani.

Diese landwirtschaftliche Genossenschaft machte ungenutztes Land nutzbar, besteht offiziell seit ca. zehn Jahren und ist eine sehr rustikale Adresse. Heute kümmert sich ein Team nicht nur um die Landwirtschaft, sondern auch um Kommerzielles, denn die Produkte werden direkt vertrieben. So steht Interessenten eine *latteria* zur Verfügung, die Milch, Käse, Joghurt, Honig, biologische Produkte vom Bauernhof und Unterkünfte anbietet. Die sind unterschiedlich. In einem Flügel des Hauses befinden sich die erst kürzlich fertiggestellten Schlafräume mit dem besten Komfort; gegenüber liegen die "Schlafsäle" und einige Zimmer für Familien mit Außenduschen. Zum Picknicken stehen große Tische zur Verfügung, nur sind die Preise derart, daß man eher ins Restaurant gehen sollte: mit eigenen Produkten zubereitete Hausmannskost. *Coop San Marco* liegt mitten auf dem Land und ist deshalb nicht leicht zu finden. Wenn Sie die Straße verlassen, müssen Sie noch zwei Kilometer auf dem Weg weiterfahren.

Anreise *(Karte Nr. 3): 20 km von Verona, Ausf. Verona-Nord bis S. Ambrogio. Im Dorf, Rtg. Monte; nach der 3. Kurve links den weg (ca. 2 km).*

VENETO - FRIAUL

Hotel Gardesana

Lago di Garda - 37010 Torri del Benaco (Verona)
Piazza Calderini, 20
Tel. (045) 722 54 11 - Fax (045) 722 57 71 - Sig. Lorenzini
E-mail: gardesana@easynet.it

Kategorie ★★★ **Geschlossen** vom 26. Oktober bis 27. Dezember u. vom 16. Januar bis Februar
34 Zimmer m. Klimaanl., Tel., Bad od. Dusche, WC, TV; Aufzug **Preise** EZ u. DZ: 65-90000 L, 90-160000 L - Frühst.: 20000 L, von 7.00 bis 11.00 Uhr **Kreditkarten** akzeptiert **Verschiedenes** Hunde nicht erlaubt - Parkpl. **Umgebung** Cap San Vigilio: Landschaft u. Villa Guarienti - Verona - Golf Marciaga (18-Lochpl.) **Restaurant** von 19.00 bis 23.00 Uhr - Menüs: 45-85000 L - Karte - Spezialitäten: Fisch - Zuppetta di pesci del garda.

Diese alte Statthalterschaft aus dem 15. Jahrhundert liegt den Ruinen des Scalinger Schlosses auf der anderen Seite des Hafens gegenüber und wurde mit viel Geschick zu einem charmanten Hotel umgewandelt. Die Terrasse, auf der das Frühstück und das Abendessen serviert werden, liegt oberhalb des kleinen Yachthafens am Gardasee. Alle Zimmer sind gleich gestaltet. Trotzdem sollten Sie versuchen, eines im dritten Stock zu bekommen: von dort hat man den schönsten Blick auf den See, und sie sind auch ruhiger. Das beliebte Restaurant zieht zahlreiche Gäste von außerhalb an. Der Empfang des Besitzers und seiner Familie ist sehr angenehm, und Torri del Benaco ist zweifellos einer der charmantesten Orte am Gardasee. André Gide verlebte hier glückliche Tage, und deshalb wurde Zimmer 123 nach ihm benannt.

Anreise *(Karte Nr. 3): 47 km nordwestl. von Verona über die A 4, Ausf. Peschiera - über die A 22: Ausf. Affi-Lago di Garda.*

VENETO - FRIAUL

Il Castello

Via Castello, 6
36021 Barbarano Vicentino (Vicenza)
Tel. (0444) 88 60 55 - Fax (0444) 88 60 55
Sig.ra Elda Marinoni

Ganzj. geöffn. **Appartments** m. Küche, Bad, WC **Preise** 35000 L (pro Pers., mind. 3-7 Üb.) +15000 L für Heizung in der kühlen Jahreszeit **Kreditkarten** nicht akzeptiert **Verschiedenes** Hunde erlaubt - Parkpl. **Umgebung** Vicenza - Villa Guiccioli, Villa Valmarana, Villa La Rotonda - Arcugnano: Villa Franceschini, Villa Canera di Salasco - Costoza di Longare: Villa Trento-Carli und Villa Garzadori-Da Schio - Montegalda: La Deliziosa - Barbano di Grisignano: Villa Ferramosca-Beggiato - Vancimuglio: Villa Trissino-Muttoni - Bretisina da Vicenza: Villa Ghislanzoni-Curti und Villa Marcello-Curti **Kein Restaurant** im Hotel (siehe unsere Restaurantauswahl in Vicenza S. 490).

Wenn von venezianischen Villen die Rede ist, denkt man unmittelbar an jene, die am Brenta-Kanal liegen. Dennoch wurden innerhalb von drei Jahrhunderten, d.h. bis zum Ende des 18. Jahrhunderts, ungefähr zweitausend Villen auf den Hügeln der kleine Städte unweit Venedigs errichtet. *Il Castello*, das oberhalb des alten Dorfes liegt, empfehlen wir, außerdem kann man so die Berici-Berge kennenlernen. Durch das Portal gelangen Sie in einen Garten, der zum *Castello* führt, in dem Elda Marinoni mit ihren beiden charmanten Töchtern wohnt; ferner gibt es ein landwirtschaftliches Gebäude und die Dependance, in der die Appartements liegen. In der freundlichen Rezeption hängen einige alte Fotos, die Aufschluß geben über das Leben in Barbarano zu Beginn dieses Jahrhunderts. Die Appartements sind sehr funktionell und komfortabel. Der romantische, unterhalb gelegene und mit Orangenbäumen bepflanzte Garten ist sehr angenehm. Diskreter, freundlicher Empfang.

Anreise (Karte Nr. 4): 25 km südöstl. von Vicenza. A 4, Ausf. Vizenza-Est, Rtg. Ponte di Barbarano od. Ausf. Montebello, Rtg. Orgiano, Ponte di Barbarano.

VENETO - FRIAUL

Relais Ca' Massieri

Masieri 36070 Trissino (Vicenza)
Tel. (0445) 490 122 - Fax (0445) 490 455
Sig. Vassena

1998

Ganzj. geöffn. (außer Ende Januar bis Anfang Febr.) **8 Zimmer** (5 m. Klimaanl.), Tel., Bad, WC, TV, Minibar **Preise** EZ: 100000 L, DZ: 145000 L, Appart.: 180000 L - Frühst.: 12000 L, von 7.30 bis 11.00 Uhr **Kreditkarten** Amex, Visa, Eurocard, MasterCard **Verschiedenes** Hunde erlaubt - Hallenbad - Parkpl. **Umgebung** Trissino: Villa Marzotto - De Montecchio Maggiore - Castllodi (Panorama) - Bellaguardia und Schloß della Villa das sog. Schloß von Romeo u. Julia - Villa Cordellina-Lombard - Vicenza **Restaurant** von 12.30 bis 14.00 u. von 19.30 bis 22.00 - Menüs: 70-90000 L - Spezialitäten: insalta di capresante, Bigoli al torchio, Filetto bollito.

Dieses reizende Gasthaus auf dem Land um Venedig wird vor allem wegen seiner Küche und seines Kellers aufgesucht und geschätzt. Es ist aber auch sehr angenehm für einen Stopp zum Entdecken dieser "Palladio"-Gegend. Die Umgebung, die aus sanften Hügeln besteht, ist ruhig. Im Innern des Hauses ist alles sehr komfortabel. Die Gestaltung der geräumigen Zimmer ist nicht überwältigend, aber korrekt. Das noch größere Appartement besitzt außerdem eine schöne Terrasse. Köstliche Speisen erwarten Sie im Restaurant, das gleich neben dem Hotel liegt. Der Empfang ist zuvorkommend, der Professionalismus angenehm.

Anreise (Karte Nr. 4): 20 km nordwestl. von Vicenza. A 4, Ausf. Montecchio Maggiore, nach ca. 15 km Rtg. Valdagno.

VENETO - FRIAUL

Grand Hotel Duchi d'Aosta

34121 Trieste
Piazza Unità d'Italia, 2
Tel. (040) 760 00 11 - Fax (040) 36 60 92
Sig.ra Hedy Benvenuti

Kategorie ★★★★ **Ganzj.** geöffn. **48 Zimmer** u. 2 Suiten m. Klimaanl., Tel., Bad od. Dusche, WC, TV, Minibar; Aufzug **Preise** EZ u. DZ: 248-260000 L, 330000 L; Suiten: 525-548000 L - Frühst. inkl., von 7.00 bis 10.30 Uhr **Kreditkarten** akzeptiert **Verschiedenes** Hunde erlaubt - Garage (37000 L) - Parkpl. **Umgebung** Trieste: Piazza dell'Unita, röm. Theater, S. Giusto - Castello di Miramare (Licht- u. Tonschau) - Grotta Gigante - Befestigte Kirche von Monrupino **Restaurant** von 12.30 bis 14.30 u. von 19.30 bis 22.30 Uhr - Menüs: 50-70000 L - Karte - Spezialitäten: Fisch.

Triest hat den nostalgischen Charme von Orten mit großer Vergangenheit. Das *Duchi d'Aosta*, ein Palast aus einer anderen Zeit und Spiegelbild seiner Stadt, hat genau diese Ausstrahlung. Man erwartet jeden Moment, daß hier zwischen zwei Baumfarnen in den behaglichen Salons eine österreich-ungarische Familie auf der Durchreise nach Venedig erscheint und von Pagen zu ihrer Suite geleitet wird. Aber zurück zur Realität: Das Hotel, mit großen, schönen Zimmern jeglichen modernen Komforts, ist ausgezeichnet. Das Besondere jedoch liegt im Service mit einem - wie es früher in großen internationalen Hotels üblich war - zwei- oder sogar dreisprachigen Personal: stets aufmerksam, liebenswürdig, diskret und effizient. Das Hotel, das zudem ein exzellentes Restaurant besitzt, liegt im Zentrum von Triest; zu Fuß sind es nur ein paar Minuten zum Fort.

Anreise (Karte Nr. 5): über die A 4, Ausf. Trieste-Costeria.

RESTAURANTS

RESTAURANTS

BASILICATA KALABRIEN

Maratea

Taverna Rovita, via Rovita 13, Tel. (0973) 876 588 – vom 1. Nov. bis 15. März geschl. – 35-50000 L – Ein hübsches Restaurant in einer der Gassen des historischen Zentrums

von Maratea – Regionale Küche, guter Weinkeller.

Fiumicello

5 km von Maratea entfernt

La Quercia, Tel. (0973) 876 907 – vom 1. Okt. bis Ostern geschl. – 30-40000 L – Traditionelle lokale italienische Küche, Fischgerichte. Man sitzt entweder in einem rustikalen, aber eleganten Raum oder im Garten unter großen Eichen. Romantische Atmosphäre – **Za' Mariuccia**, im Hafen, Tel. (0973) 876 163 – Do (außer im Sommer) und von Dez. bis Febr. geschl. – 50-80000 L – Zahlreiche Fischgerichte – Reserv. empfohlen.

Matera

Il Terrazzino, Bocconcino II, vico San Giuseppe 7, Tel. (0835) 332 503 – Di geschl. – 40000 L – Die Stadt mit ihren erstaunlichen Überresten der Troglodyten ist einen Besuch wert und das Terrazino ein empfehlenswertes Restaurant: Hausmannskost. Das Brot von Matera ist eines der besten Italiens.- **Trattoria Lucana**, Via Lucana 48, Tel. (0835) 336 117 – So, vom 1.-15. Sept. geschl. – 35000 L – Zwei Brüder begeistern sich hier für die Tradition ihrer Region.

LOKALE SPEZIALITÄTEN

Il Buongustaio, piazza Vittorio Veneto 1 – geräucherter Schinken aus Lauria, Picemo und Palazzo San Gervasio; der Wein *Aglianico*.

Potenza

Taverna Oraziana, via Orazio Flacco 2, Tel (0971) 21 851 – So und im Aug. geschl. – 40-50000 L – Dieses klassische Restaurant wird von den Notabeln der Stadt frequentiert – großzügige und reichhaltige Küche. Der *Aglianico* ist ein guter regionaler Wein.

Altomonte

Barbieri, via San Nicolas 32, Tel. (0981) 948 072 – Regionale, im ganzen Land berühmte Küche.

LOKALE SPEZIALITÄTEN

Bottega di Casa Barbieri, sehr gute Auswahl regionaler Produkte, u.a.: *Ciro classico*, einer der besten Weine Kalabriens.

Cosenza

Da Giocondo, via Piave 53, Tel. (0984) 29 810 – So und im Aug. geschl. – 30-50000 L – Wenige Tische, unbedingt reservieren.

Castrovillari

La Locanda di Alia, via Jetticelle 69, Tel. (0981) 46 370 – So geschl. – 50-70000 L – Nur einige Kilometer von der antiken griechischen Siedlung Sibari entfernt. Ein "Tempel" der traditionellen kalabrischen Küche in sehr angenehmem Ambiente.

Reggio di Calabria

Bonaccorso, via Nino Bixio 5, Tel. (0965) 896 048 – Mo und im Aug. geschl. – 45-50000 L – Italienische Küche mit einigen kalabrischen (*fettucine, cinzia, semifreddi*) und französichen Spezialitäten – **Conti**, via Giulia 2, Tel. (0965) 29 043 – Mo geschl. – 45-60000 L – 2 Speiseräume; der eine elegant, der andere mit Piano-Bar.

Gallina

2 km von Reggio di Calabria entfernt.
La Collina dello Scoiattolo, via Provinciale 34, Tel. (0965) 682 255 – Mi und im Nov. geschl. – 35-40000 L – Angenehmes Ambiente, aber immer sehr voll. Eine Riesenauswahl an *antipasti, penne all'imbriacata*, sehr gute Desserts.

Soverato

Il Palazzo, Corso Umberto I 40, Tel. (0967) 25 336 – Mo und im Nov. geschl. – 40000 L – Ein ehemaliger, sehr gut restaurierter und geschmackvoll eingerichteter Palast – im Sommer sitzt man im Garten. Vorwiegend regionale Küche.

Catanzaro Lido

La Brace, 102 via Melito di Porto Salvo, Tel. (0961) 31 340 – Mo und im Juli geschl. – 40-60000 L – Hübscher Panorama-Speiseraum mit Blick auf den Golf von Squillace. Gute, raffinierte Küche: Spaghetti mit "fleurs de courgette", Ravioli mit Tintenfisch, hausgemachte Obsttorten, gute Auswahl kalabrischer Weine.

KAMPANIEN

Neapel

La Cantinella, via Cuma 42, Tel. (081) 764 86 84 – So, vom 13.-31.

Aug., Weih. u. Neujahr geschl. – 45-90000 L – Blick auf den Vesuv, neapolitanische Küche bester Tradition, elegant – **La Sacrestia**, via Orazio 116, Tel. (081) 761 10 51 – Mo und im Aug. geschl. – 70-100000 L – In diesem Restaurant schlichter Eleganz genießt man voller Ehrfurcht die hervorragenden Speisen und die großen Kampania-Weine – **Amici Miei**, via Monte di Dio 78, Tel. (081) 764

60 63 – Mo und im Aug. geschl. – 40000 L – Gute Küche, vorwiegend Fleischgerichte, ungezwungene Atmosphäre – **Ciro a Santa Brigida**, via Santa Brigida 71, Tel. (081) 5524 072 – So, Weihn. und vom 15. bis 31.

Aug. geschl. – 60000 L – Hierher kommt man wegen der einfachen und authentischen neapolitanischen Küche – **Ciro a Mergellina**, via Mergellina, 21, Tel. (81) 68 17 80 – Mo geschl. und Fr vom 15. Juli bis 25. Aug. – An der Strandpromenade, Spezialitäten Meeresfrüchte und *Ostrecaro Ficico*.

Don Salvatore, via Mergellina 5, Tel. (81) 681 817 – Mi und im Juni geschl. – 50000 L – Ein Must für die Pizza, was die anderen neapolitanischen Spezialitäten und Fischgerichte nicht ausschließt – **I Primi**, via Margellina 1, Tel. (081) 761 6108 – Mo und im Mai geschl. – 45000 L – Mediterrane Küche – **Bellini**, via Santa Maria di Costantinopoli 80, Tel. (081) 459 774 – Mi und im Aug. geschl. – 45000 L – Gute neapolitanische Spezialitäten – **Giuseppone a Mare**, via F. Russo 13, Tel. (081) 575 60 02 – Hervorragende, typisch neapolitanische Adresse in einer Bucht des Posilippe, Spezialität: Fischgerichte – **Dante et Beatrice**, piazza Dante 44, Tel. (081) 549 94 38 – authentische neapolitanische Trattoria – **Bersagliera**, Borgo Marino, Tel. (081) 764 60 16 – gegenüber vom Castel dell'Ovo, am kleinen Hafen Santa Lucia, berühmt, Reservierung erwünscht – **Al Poeta**, piazza Giacomo, 134, Moderestaurant, junge Leute.

CAFES UND BARS

Scaturchio, piazza San Domenico Maggiore – Do geschl. – Hier gibt es den besten traditionellen Rumkuchen und den *brevettata* (Schokoladenkuchen) – **Bar Marino**, via dei Mille, 57 – **Caffe' Latino**, Gradini di Chiesa, 57 – hier gibt es den besten *espresso* – **Bilancione**, via Posillipo, 238 – hier gibt es das beste Eis von Neapel – Mi geschl. – **Gambrinus**, via Chiaia 1 – Ehemaliges, von den Faschisten geschlossenes Café, in dem eine Bank eingerichtet wurde. Fachmännisch restauriert.

LOKALE SPEZIALITÄTEN, HANDWERK

Pintauro, angle via S. M. di Constantinopoli und vico Affuto, stellt seit 1848 die *sfogliatelle,* eine Spezialität des Hauses, her – **Light**, via Chiaia 275 – großes Korallenangebot – **Marinella**, via Chiaia 287 – Hier gibt es jene Seidenkravatten, die Don Corleone bevorzugte.

Pompeji

Il Principe, piazza B. Longo 8, Tel. (081) 850 55 66 – Mo und vom 1. bis 15. Aug. geschl. – 50-70000 L – das beste, aber auch das teuerste Restaurant am Platz – **Zi Caterina**, via Roma – Di vom 28. Juni bis 8. Juli geschl. – 30-50000 L – typischer und preiswerter.

Caserta

Antica Locanda-Massa 1848, via Mazzini, 55, Tel. (0823) 321 268 – nur ca. 30 km von Neapel entfernt; Palazzo Reale und Parco-Giardino der Stadt sollten ebenfalls besichtigt werden. Regionale Spezialitäten, im Sommer kann man im Garten speisen.
CASERTA VECCHIA (10 km)
La Castellana, Do geschl. – 20-50000 L – rustikal, regional, im Sommer eine kühle Terrasse.

Capri

CAPRI: **La Capannina**, via Le Botteghe 12 b, Tel. (081) 8370 732 – Mi und vom 7. Nov. bis 15. März geschl. – 50-75000 L – Klassisch, elegant, sehr guter Fisch – **La Pigna**, via Roma 30, Tel. (081) 837 0280 – Di außerh. der Saison und vom 15. Okt. bis Ostern geschl. – 50-60000 L – Seit 1876 eine Weinbar, heute eines der beliebtesten Restaurants der Insel. Eleganter Speiseraum, hübscher Garten voller Zitronenbäume mit Blick auf die Bucht von Neapel – **Luigi**, ai Faraglioni, Tel. (081) 837 0591 – von Okt. bis Ostern geschl. – 60-80000 L – Ein hübscher Ausflug zu den berühmten, Capri gegenüber gelegenen Faragolioni-Felsen. Zu Fuß: eine halbe Stunde, mit dem Boot: ab Marina Piccola. Schöne blumenbewachsene Terrasse, wunderbarer Ausblick. – **Pizzeria Aurora**, via Fuorlovado 18, Tel. (081) 837 0181 – Di und vom 10. Dez. bis 10. März geschl. – 40-50000 L – Peppinos Küche kann sich sehen lassen.

ANACAPRI: **Da Gelsomina**, in Migliara 72, (30 Gehminuten), Tel. (081) 837 14 99 – Di in d. Nachsaison und vom 1. bis 15. Februar geschl. – Auf der Terrasse erblickt man hinter Weinbergen und Olivenbäumen das Meer und den Golf.

HANDWERK

Capri Flor, via Tragara, Baumschule; in Capri träumt man von schönen Gärten und Parfums; letztes gibt es bei
Carthusia, via Matteotti 2 – **Masssimo Godericci**: große Auswahl an Tonwaren und Majoliken.

Ischia

ISCHIA PONTE
Giardini Eden, via Nuova Portaromana, Tel. (081) 993 9091 – von Okt. bis Apr. abends geschl. – 40-50000 L – Fern des Touristenstroms, zu Mittag ißt man in einem Garten voller exotischer Pflanzen – gute süditalienische Küche – **Gennaro**, via Porto, Tel. (081) 992 917 – belebt, unkompliziert, typisch.

ISCHIA-FORIO
La Romantica, via Marina 46, Tel. (081) 997 345 – Mi und im Jan. geschl. – 30-60000 L – Klassisch und elegant. Vorwiegend Fischgerichte.

BAGNO-LIDO PORTO D'ISCHIA
Alberto, Tel (081) 981 259 – Mo abends und von Nov. bis März geschl. – 40000 L – Freundliche Trattoria mit Veranda am Strand – regionale Küche, guter offener Hauswein.

Ravello

Garden, via Boccaccio 4, Tel. (089) 857 226 – im Winter Di geschl. – 30-45000 L – Im Sommer malerische Terrasse mit Blick auf den Golf.

Sorrent

O Parrucchiano, Corso Italia 71, Tel. (081) 878 13 21 – im Winter Mi ges-

chl. – 35-50000 L – Seit einem Jahrhundert eine unumgängliche Adresse in Sorrent; das Essen mit einem *limoncello*, dem hauseigenen Likör, abzuschließen, ist ein Must – **Il Glicine**, via Sant'Antonio 2, Tel. (081) 877 2519 – Mi außerh. der Saison und vom 15. Jan. bis 1. März geschl. – 30-50000 L – Elegant, freundlich, Reservierung empfehlenswert – **La Pentolaccia**, via Fuorimura 25, Tel. (081) 878 5077 – Do geschl. – 35000 L – Klassisches Rest. der Innenstadt, traditionelle Küche.

HANDWERK
Handkerchiefs, via Luigi di Maio 28 u.a. reizende bestickte Taschentücher und Spezialitäten aus Sorrent. Monogramme auf Bestellung.

Sant'Agata Sui Due Golfi

9 km von Sorrent entfernt
Don Alfonso 1890, piazza Sant'Agata, Tel. (081) 878 0026 – Mo außerh. der Saison, Di und vom 10. Jan. bis 25. Febr. geschl. – 70-95000 L – Das beste Restaurant ganz Kampaniens und

eines der besten Italiens, traditionelle Jahreszeiten-Küche. Wundervolle Umgebung, auf einem Hügel zwischen Sorrent und Amalfi gelegen.

Vico Equense

Piazza A Metro Da Gigino, via Nicotera 10, Tel. (081) 879 8426 – 35000 L – Großes Angebot köstlicher Pizzas, aber auch lokale Spezialitäten – **San Vicenzo** in Montechiaro, 3 km, Tel. 802 8001 – im Winter Mi geschl.

Salerno

Vicolo della Neve, Vicolo della Neve 24, Tel. (089) 225 705 – Mi und Weihnachten geschl. – 30000 L – Gute lokale traditionelle Küche (Prod. aus eig. Betrieb) – **Al Fusto d'Oro**, via Fieravecchia 29, Pizzas und einfache Fischgerichte – **La Brace**, lungomare Trieste 11, Tel. 225 159 – So und vom 20. bis 31. Dez. geschl. – 40-60000.

Paestum

Nettuno, an der archäologischen Ausgrabungsstätte – abends, Mo (außer Juli-Aug.) und Weihnachten geschl. – 30-50000 L – Von innen und der Terrasse Blick auf die Tempel.

Palinuro

Da Carmelo, Isca, Tel. (0974) 931 138 – Mi außerh. der Saison, Okt. und Nov. geschl. – 45000 L – An der Küste Rtg. Matera, sollte man sich nicht entgehen lassen. Rest. rustikal, hübscher, sehr grüner Garten, traditionelle Küche, Fisch und Meeresfrüchte.

Positano

San Pietro, via Laurito 2, 2 km von der Küste entf., Tel. (089) 875 455 – das Abendessen in diesem auf einem Felsen gelegenen Restaurant ist ein wahres Vergnügen. Phantastischer Ausblick, hervorragende Küche – **Chez Black**, via Brigantino 19, Tel. (089) 875 036 – vom 7. Jan. bis 7. Febr. – 35-45000 L – Charmant, in der Nähe des Strandes. Pizzas, grillter Fisch, Spaghetti – **Da Constantino**, via Corvo 95, Tel. (089) 875 738 – vom 1. Nov. bis 31. Dez. geschl. – 20000 L – 5 km von Positano entf., herrlicher Blick aufs Meer. Bei Bedarf Minibus – im Sommer unbedingt reservieren.

Praiano

9 km von Positano entfernt
La Brace, via G. Capriglione, Tel. (089) 874226 – vom 15. März bis 15. Okt. geöffn., Mi außerh. der Saison geschl. – Von der Terrasse aus herrlicher Blick auf Positano und die *faraglioni* (Capri).

Amalfi

Da Gemma, via Cavalieri di Malta, Tel. (089) 871 345 – Di und vom 15. Jan. bis 15. Febr. geschl. – 35-45000 L – Ein altes Restaurant, in dem neapolitanische Spezialitäten wie *genovese* mit gutem Landwein serviert werden.

Il Tari', via Capuano, Tel. (089) 871 832 – Di und im Nov. geschl.– 40-70000 L – Gute Fisch und Meeresfrüchte – **La Caravella**, via M. Camera, Tel. (089) 871 029, Di und im Nov. geschl. – 40-70000 L – Auch hier ist die Küche klassisch, Reservierung empfehlenswert.

EMILIA ROMAGNA

Bologna

I Carracci, via Manzoni 2, Tel (051) 270 815 – So und im Aug. geschl. – 60-80000 L – Raffinierte Küche für elegante Soupers – **Il Battibecco**, via Battibecco 4, Tel (051) 223 298 – So, zw. Weihnachten und Neujahr und vom 10. bis 20. Aug. geschl. – 60-90000 L – Köstliches Rissotto, Spaghetti mit Venusmuscheln, Rinderfilet in Blätterteig – **Il Bitone**, via Emilia Levante 111, Tel. (051) 546 110 – Mo, Di und im Aug. geschl. – 50-70000 L – Das Lieblingsrestaurant der Bologneser; im Sommer sitzt man im großen Garten – **Diana**, via Indipendenza 24, Tel (051) 231 302 – Mo und im Aug. geschl. – 50000 L – Küche und Rest. traditionell – **Rodrigo**, via della Zecca 2h, Tel. 220 445 – So und vom 4. bis 24. Aug. geschl. Exzellent **Rosteria Da Luciano**, via Nazario Sauro 19, Tel. (051) 231 249 – Di abends, Mi, im Aug., Weihnachten und Neujahr geschl. – 35-60000 L – Eine der besten Küchen Bolognas, reservieren.

Torre de' Galluzzi', corte de' Galluzzi 5/A, Tel. (051) 267 638 – Im alten Turm, Spezialitäten: Fleisch und Fisch

Anna Maria, via delle Belle Arti 17, Tel. (051) 266 894 – Mo und vom 1.

bis 20. Aug. geschl. – 45000 L. Hier wird die *cucina povera* zelebriert, also: Qualität und keine Kalorien. Ein einziges Menü, aber dieser "Zwang" enttäuscht nicht.

Rostaria Antico Brunetti, via Caduti di Cefalonia 5, Tel. (051) 234 441 – 40000 L – Ein sehr altes Restaurant, hervorragende Teigwaren, guter *lambrusco* – **Antica Trattoria del Cacciatore**, von Casteldebole entfernt, Tel. (051) 564 203 – Mo, im Aug. und Jan. geschl. – 50000 L – 7 km westl. von Bologna, eine schlichte, aber sehr schicke Trattoria, gute Küche.

LOKALE SPEZIALITÄTEN

Bottega del vino Olindo Faccioli, via Altabella 15/B – großes Weinangebot: *Lambrusco*, jung und perlend, und der *Sangiovese* – **Salsamenteria Tamburini**, via Caprarie 1 – Parmaschinken, Mortadella und *culatello*, gilt als beste italienische Salami – **Casa delle Sfoglia**, via Rialto 4 – Hier werden die traditionellen bologneser Teigwaren hergestellt sowie die *tagliatelle*, die der Legende nach zur Hochzeit der Lucrezia Borgia und des Herzogs von Ferrare (1487) erfunden wurden.

Imola

30 km von Bologna entfernt

San Domenico, via Sacchi 1, Tel (0542) 29000 – Mo, vom 1. bis 13. Jan., im Juli und vom 1. bis 22. Aug. geschl. – 90-130000 L – Feinschmecker aus aller Welt wallfahrten zum San Domenico. Hervorragende regionale italienische Küche.

Brisighella

La Grotta, via Metelli 1, Tel. (0546) 81 829 – Di, Jan. geschl. – 30-70000 L – La Grotta teilt sich mit Gigiolé den gastronomischen Ehrenplatz dieser sehr hübschen kleinen Stadt – **Gigiolé**, piazza Carducci 5, Tel. (0546) 81 209 – Mo geschl. – Lassen Sie sich von Tarcisio Raggani eines jener

Menüs zusammenstellen, die das Haus berühmt machten – enttäuscht werden Sie bestimmt nicht sein.

Ferrara

Grotta Azzurra, piazza Sacrati 43, Tel (0532) 209 152 – Mi, So abends, vom 2. bis 10. Jan. und vom 1. bis 15. Aug. geschl. – 45000 L – Mediterraner Dekor, traditionelle Küche Norditaliens, aber auch einige Spezialitäten der Emilia Romagna – **Vecchia Chitarra**, via Ravenna 13, Tel. (0532) 62 204 – Di und vom 1. bis 15. Aug. geschl. – 30000 L – Rustikal und familiär, hausgemachte Teigwaren – **La Provvidenza**, corso Ercole I d'Este 92, Tel. (0532) 205 187 – Mo, 11.-17. Aug. geschl. – 40-60000 L – Die Innenausstattung ähnelt einem Bauernhaus, der kleine Garten wird von den Stammkunden in Beschlag genommen – Reservieren – **Quel Fantastico Giovedì**, via Castelnuovo,

9, Tel. (0532) 76 05 70 – Mi u. 10. Juli u. vom 20. bis 31 Jan. – Menü: 25000 L (mittags), 45000 L (abends) – Da Marco gerade nichts besseres einfiel, benannte er sein Restaurant nach dem Titel des Buches von Steinbeck, das er gerade das. Das war 1985. Seitdem hat sein Tagesgericht-Angebot großen Erfolg. **Enoteca Al Brindisi**, via degli Adelardi II – Im Guinness Book steht, dies sei die älteste Taverne der Welt. Benvenuto Cellini, also Tizian, soll diese "osteria del Chinciolino" aufgesucht haben. Weinprobe und -verkauf.

Argenta

34 km von Ferrara entfernt
Il Trigabolo, piazza Garibaldi 4, Tel (0532) 804 121 – So abends und Mo geschl. – 100-130000 L – Ein berühmtes gastronomisches Restaurant in der Emilia Romagna.

Modena

Bianca, via Spaccini 24, Tel.(059) 311 524 – Sa mittags, So, Weihn. und Neujahr geschl. – 45-65000 L – Eine Trattoria mit authentischer Küche, wie man sie liebt. **Fini**, rua Frati Minori 54, Tel. (059) 223 314 – Mo, Di, im Aug. und Weihnachten geschl. – 80-100000 L – Finis *tortellini* und *zamponi* sind beinahe ebenso bekannt wie die Ferraris aus Modena. – **Hostaria Giusti**, vivolo Squallore 46, Tel.(059) 222 553 – mittags geöffn., abends ausschl. auf Reserv; So, Mo, Nov., Dez. und Aug. geschl. - 50000 L – In einem Hinterraum der

berühmten Salumeria Giusti einige Tische für die Glücklichen, die hier mit der regionalen Küche des Hauses Bekanntschqft machen.

Ravenna

Al Gallo, via Maggiore 87, Tel. 213 775 – So abends, Mo, Di, Weihn. und Ostern geschl. – 50000 L – Die Trattoria mit Cortiletto und Pergola befindet sich seit fast hundert Jahren in diesem schönen Gebäude. Was einiges über seinen Ruf aussagt. Reservieren – **Tre Spade**, via Faentina 136, Tel. (0544) 500 5222 – So abends und Mo geschl. – 50-70000 L – Küche verschiedener Regionen, hübsche Ausstattung – **La Gardèla**, via Ponte Marino 3, Tel. (0544) 217 147 – Do und vom 10. bis 25. Aug. geschl. Eine Küche, die sich sehen lassen kann – **Enoteca Ca' de Ven**, via Ricci 24 – Mo geschl. Weinbar in einem alten Palais, Weinprobe und – verkauf, kleine Speisekarte.

Parma

La Greppia, via Garibaldi 39/a, Tel. (0521) 233 686 – Mo, Di und im Juli geschl. – 50-70000 L – In der Nähe der Oper, äußerst gute ital. Küche, freundliche Ausstattung, reservie-

ren – **L'Angiol d'Or**, vicolo Scutellari 1, Tel. (0521) 282 632 –

So, Weihnachten, 14.-15. Aug. und 10.-20. Jan. geschl. – 65000 L – An der Ecke der piazza del Duomo genießt man außer den hervorragenden Gerichten auch das beleuchtete Baptisterium. Elegant – **Croce di Malta**, Borgo Palmia, Tel. (0521)

235 643. Ein kleines Rest. mit Terrasse, authentische Küche reservieren – **Il Cortile**, borgo Paglia 3, Tel. (0521) 285 779 – Mo mittags und vom 1. bis 22. Aug. geschl. – 30-50000 L – Reservieren – **La Filoma**, via XX Marzo 15, Tel. (0521) 234 269 – So und im Aug.

geschl. – 50-70000 L – Atmosphäre, eigenwillige regionale Küche, eine unserer Lieblingsadressen – **Vecchio Molinetto**, viale Milazzo 39, Tel. (0521) 526 72 – Traditionelle Trattoria – **Gallo d'Oro**, Borgo della Salina 3, Tel. (0521) 208 846 – In dieser Taverne wird der berühmte *culatello* aus Parma aufgetischt, aber auch *maltaglioti* und *tortellini*.

DIE UMGEBUNG VON PARMA

Sacca di Colorno, 15 km von Parme entfernt: **Le Stendhal**, Tel. (0521) 815 493 – Di, vom 1. bis 15. Jan. und vom 20. Juli bis 10. Aug. geschl. – Auf den Spuren von Fabrice del Dongo.

Noceto, 14 km von Parme: **Aquila Romana**, via Gramsci 6, Tel. (0521) 62 398 – Mo, Di und vom 15. Juli bis 15. Aug. geschl. – 30-50000 L – Ehemalige Posthalterei, berühmt für regionale Spezialitäten nach alten Rezepten.

Busseto, 35 km von Parma entfernt: **Ugo**, via Mozart 3 – Ländliche Atmosphäre.

Polesine Parmense, Santa Franca, 6 km von Busseto entfernt: **Da Colombo**, Tel (0524) 98 114 – Mo abends, Di, im Jan. und vom 20. Juli bis 10. Aug. geschl. – 40000 L – Berühmt, reservieren.

Zibello, 10 km von Busseto entfernt: **Trattoria La Buca**, Tel (0524) 99 214 – Mo abends, Di und vom 1. bis 15. Juli geschl. – 45000 L – Berühmt, reservieren.

Berceto, 50 km von Parma entfernt: **Da Rino**, piazza Micheli 11, Tel (0525) 64 306 – Mo und vom 20. Dez. bis 15. Febr. geschl. – 45000 L – In der Saison berühmt für seine Pilze, Ravioli aller Art.

Reggio nell'Emilia

5 Pini-da-Pelati, viale Martiri di Cervarolo 46, Tel (0522) 5536 63 – Di abends, Mi und vom 1. bis 20. Aug. geschl. – 45-70000 L – **La Zucca**, piazza Fontanesi 1/L, Tel 437 222 – So, vom 5. bis 12. Jan. und im Aug. geschl. – **Enoteca Il Pozzo**, viale Allegri 6/A – Weinprobe und -verkauf (gute Qualität). Restaurant mit Garten.

Santarcangelo di Romagna,

Osteria la Sangiovese, via Saffi 27, Tel. (0541) 620 710 – mittags, Mo, Weihn. und Neujahr geschl. – 45000 L – Küche und Ambiente von der Gegend geprägt – **Osteria della Violina**, vicolo Denzi 3/5, Tel. (0541) 620 416 – Mi und vom 6. bis 22. Aug. geschl. – 35000 L – Wir bevorzugen den rustikaleren Raum im Erdgeschoß, in dem regionale Gerichte serviert werden.

LATIUM ABRUZZEN

Rom

in der Nähe der Villa Borghese

Il Caminetto, viale Parioli 89, Tel (06) 808 3946 – Do und im Aug. geschl. – 50000 L – Der Erfolg hat dieses Restaurant Gott sei Dank nicht verdorben.

in der Nähe des Pantheon

La Campana, vicolo della Campana 18, Tel. (06) 686 7820 – Mo und im Aug. geschl. – 45-55000 L – Eine der ältesten Trattorias Roms: gute römische Küche, guter Weinkeller – **Il Bacaro**, via degli Spagnoli 27. Tel. (06) 686 4110 – So geschl. – 60000 L – Ausstattung eines schicken, raffinierten Bistros – **L'Eau Vive**, via Monterone 85, Tel. (06) 688 01 095 – So, Aug. geschl. – 50-70000 L – Missionarsschwestern aus aller Welt servieren hier täglich ihre

Spezialitäten – **La Rosetta**, via della Rosetta 9, Tel. (06) 686 1002 – Sa mittags, So und im Aug. geschl. – 80-100000 L – Fischgerichte – **Papa' Giovanni**, via dei Sediari 4, Tel. (06) 686 1002 – So und im Aug. geschl. – 80000 L – Zwischen Palazzo Madama und Pantheon, römische Nouvelle Cuisine – **Trattoria al Panthéon,** vial del Panthéon 55, Tel. (06) 679 27 88.

in der Nähe der piazza di Spagna

Nino, via Borgognona 11, Tel. (06) 679 5676 – So geschl. – 50000 L – Unter den Kunden gibt es viele Maler und Schriftsteller, die die hier servierten Spezialiäten der Toskana und den Nachtisch des Hauses, den "Mont Blanc", sehr schätzen – **Osteria Margutta**, via Margutta 82, Tel. (06) 679 8190 – So geschl. – 40000 L – in der Straße gibt es viele Galerien und Antiquitätenläden – in dieser sympathischen Trattoria, nur ein paar Schritte von der piazza di Spagna entfernt, herrscht eine besonders angenehme Atmosphäre; früher traf man hier Fellini, der in der gleichen Straße wohnte – **Da Mario**, via delle vite, Tel. (06) 678 38 18 – So und im Aug. geschl. – 50000 L – toskanische Küche – **Alfredo l'Originale**, piazza Augusto Imperatore 30, Tel. (06)678 10 72 – Gäste aus dem Showbusiness, sehr touristisch. Reservieren.

in der Nähe der piazza Navona

Pino e Dino, piazza di Montevecchio 22, Tel. (06) 686 1319 – Mo und im Aug. geschl. – 70000 L – Hinter schweren Vorhängen auf jenem Renaissance-Platz, den Raffael und Bramante sehr liebten und wo Lucrezia Borgio zahlreiche Intrigen anstiftete. Intim, reservieren – **Majella**, 45 piazza Sant'Appolinare 45, Tel. (06) 65 64 174, So geschl. Das Restauraut befindet sich in einem schönen alten Haus.

in der Nähe der piazza di Trevi

Al Moro, vic. delle Bollette 13, Tel. (06) 67 83 495 – eine authentische römische Trattoria - Reservieren.

in der Nähe der piazza del Campidoglio und des Teatro di Marcello

Vecchia Roma via della tribuna di Campitelli, Tel. (06) 686 46 04 – Mi und vom 10. bis 25. Aug. geschl. – 50-60000 L – römische Spezialitäten und Fisch – **Da Giggetto**, via del Portico d'Ottavia 21/a, Tel. (06) 686 11 05 – Typisch – Patio.

in der Nähe der Caracalla

Checchino dal 1887, Via Monte Testaccio 30, Tel. (06) 574 38 16 –

So abends, Mo, im Aug. und Weihnachten geschl. – 60-80000 L – Hier speist man unter altem Gewölbe, die Küche ist typisch römisch, Spezialität: *coda alla vaccinara*; sehr guter Weinkeller.

in der Nähe des Janikulus

Antica Pesa, 18, via Garibaldi, Tel. (06) 58 09 236 – So geschl. – Man kann in dem von den Künstlergästen dekorierten Raum oder im Patio bei Kerzenlicht dinieren; Spezialität des Hauses: *trittico di pastasciutta*.

in der Nähe der Piazza Barberini

Il Giardino, via Zucchelli 29 – Mo geschl. – kleine Preise in einer der besten Trattorias der Stadt. – **La Carbonara**, piazza Campo dei Fiori, Tel (06) 68 64 783 – Di geschl. – An einem der schönsten Märkte Roms; Spezialität: Fischgerichte – **El Tartufo**, vicolo Sciarra, Tel (06) 678 02 26 – So geschl. – Eine authentische Adresse, das Menü *Navone* wird Sie begeistern.

Abendessen in Travestere

Romolo, via di Porta Settimania, Tel. (06) 581 8284 – Mo und im Aug. geschl. – Abends diniert man bei Kerzenlicht in jenem Garten, in dem Raffael sich einst aufhielt. Auch die Innenräume sind angenehm. Charme und Atmosphäre – **Sabatini I**, piazza Santa Maria in Trastevere 10, Tel. (06) 581 20 26 – Mi und 2 Wochen im Aug. geschl. – 60000 L – Das bekannteste und beliebteste Restaurant von Trastevere. Sollte kein Tisch frei sein, empfehlen wir das **Sabatini II**, vicolo di Santa Maria in Trastevere 18, Tel. (06) 5818307 – **Checco er Carettiere**, via Benedetta 10, Tel. (06) 581 70 18 – So abends, Mo, im Aug. und Weihnachten geschl. – 50-75000 L – eine typische Trastevere-Osteria mit einem Dekor, das an die Zeiten der *carettieri* erinnert. Hervorragende römische Küche, alte Rezepte – **La Tana de Noiantri**, via della Paglia 13 – Di geschl. – Einfache Küche, im Sommer stehen die Tische auf dem Trottoir, sympatisch und preiswert – **Alberto Ciarla**, piazza San Cosimato, Tel. 581 86 68 – So mittags vom 1.-13. Jan., vom 1.-15. Aug. geschl. – 70-90000 L – Intim, Terrasse im Sommer – Reservieren.

PIZZERIAS

Pizzeria Berninetta, via Pietro Cavallini 14, Tel. (06) 360 3895 – Mo und im Aug. geschl. – nur abends geöffn. – 25000 L – Pizza, *crostini*, *pasta* – sehr gefragt – **Pizzeria Da Fieramosca ar Fosso**, piazza de Mercanti 3, Tel. (06) 589 0289 – So geschl. – nur abends geöffn. – 20-30000 L – Beste Pizzeria in Trastevere – **Pizzeria San Marco**, via Taano 29, Tel. (06) 687 8494 – Mi und im Aug. geschl. – 20000 L – Hier ißt man die feine und knusprige römische Pizza. Die Yuppie-Kundschaft trinkt lässig Champagner zur Pizza, dennoch: gute Weine – **Ivo a Trastevere**, via di San Francesco a Ripa 150 – In einem winzigen Raum werden köstliche Pizzas serviert.

CAFES UND BARS

in der Nähe der piazza Navona:

Tre Scalini, piazza Navona. dem

Bernini-Brunnen gegenüber. – Hier gibt es den besten *granita di caffè* und den besten *tartufo*, ohne den *triumfo* zu vergessen. – **Antico Caffe' della Pace**, via della Pace 6 – Künstleratmosphäre der Jahrhundertwende, abends sehr "in" und viel Intelligenz – **Enoteca Navona**, piazza Navona Weinproben und *crostini*.

via Veneto und Umgebung

Gran Caffe' Doney, via Veneto 39 – Der Gründer wurde 1822 in Florenz geboren, ließ sich 1884 in Rom, und 1946 an der via Veneto nieder: Cocktails, Salate, Gebäck – **Harry's Bar**, via Veneto 148. Wie alle seine Brüder: schick und elegant.

in der Nähe der piazza del Popolo

Casina Valadier, Pincio, Villa Borghese – Aussicht bei Sonnenuntergang, gute Cocktails, gutes Eis, die Terrasse des Restaurants ist sehr angenehm, schick – **Caffe' Rosati**, piazza del Popolo – Die große Terrasse ist im Sommer sehr bevölkert; Sandwiche, Patisserien.

in der Nähe der picca di Spagna:

Caffe' Greco, via Conditi 86 – von Casanova in seinen Memoiren erwähnt – auch Stendhal, Goethe, D'Annuncio, Keats u.a. kamen hierher. Napoleon III-Dekor. Spezialität des Hauses: *paradiso* – kleine Sandwiche -- **Babington**, an der piazza di Spagna, eine Institution, wo man Tee nach englischer Art trinkt. – **Le Cornacchie**, piazza Rondanini – Modisch, sympatisch, "in", Hausmannskost.

DER BESTE CAPPUCINO: **Caffe' San Eustachio**, piazza San Eustachio – **La Tazza d'Oro**, via degli Orfani, nahe der piazza del Pantheon.

DAS BESTE EIS: **Giolitti**, Offici del Vicario 40.

DIE ÄLTESTE KONDITOREI IN ROM: **Valzani**, via del Moro 37.

SHOPPING MIT CHARME

Gamarelli, via Santa Chiara 34 – Sa geschl. – Artikel für den Klerus, aber auch die Weltlichen kaufen hier die berühmten Socken: violett (der Kardinäle), rot (der Bischöfe) – **La Stelletta**, via delle Stelleta 4 – Modeschmuck – **Aldo Fefe**, via delle Stelletta 20b – Sa geschl. – sehr schöne Kartonschachteln – **Papirus**, via Capo le case, große Auswahl raffinierter Schreibwaren – **Libreria antiquaria Cascianelli**, largo Febo 14, gegenüber vom Hotel Raphael – spezialisiert auf alte und neue Werke über Rom – **Limentani**, via Portico d'Ottavia 25 (im ehemaligen Ghetto) – im Untergeschoß große Auswahl an Bett- und Tischwäsche. – **Ai Monasteri**, corso Rinascimento 72, bietet in einem schönen neugotischen Rahmen zahlreiche, von Mönchen hergestellte Produkte wie Liköre und Elixire an. **Trimani Wine Bar**, via Cernaia 37/B – besonders gute italienische Lebensmittel zum unmittelbaren Verzehr und Mitnehmen.

Antiquitätenhändler: via del Babbuino, via dei Coronari – Trödler im Viertel des corso Emanuele.

DIE UMGEBUNG VON ROM

Tivoli

Le Cinque Statue, via Quintilio Varo 1, Tel. (0774) 20 366 – Öffnungszeiten Tel. erfragen. Angenehm, wenn man die Gärten der Villa d'Este besucht – **Sibella**, via delle Sibella 50, Tel (0774) 20281 – 45000 L – Innen sehr schön und ein Garten, den im Jahre 1803 auch Chateaubriand sehr schätzte.

Villa Adriana

Albergo Ristorante Adriano, Tel. (0774) 382 235 – So abends geschl. – Terrakotta-Wände, korinthische Säulen, hübscher schattiger Garten, besonders angenehm nach dem Besuch der Hadriansvilla.

Frascati, 22 km von Rom entfernt

Cacciani, via Armando Diaz 13, Tel. (06) 9420 378 – Mo, vom 7. bis 17. Jan. und vom 17. bis 27. Aug. geschl. – 50-70000 L – 30 Jahre römische Küche, köstlicher Hauswein, sehr schöne Terrasse, lohnt den Umweg – **Cantina Comandini**, via E. Filiberto – So geschl. – Weinbar, Weinprobe – **Pasticceria Renato Purificato**, piazza del Mercato oder **Bar degli Specchi** via Battisti 3 – der *biscottini* wegen

Villa Simone, via Toricella 2, in Monteporzio Catone; hier gibt es einen der besten *frascati* der ganzen Gegend sowie sehr gutes Olivenöl.

Castelgandolfo, 22 km von Rom entfernt

Sor Campana, corso della Repubblica – Mo geschl. – Eines der ältesten Restaurants der Region.

Anagni

Del Gallo, Via V. Emanuele 164, Tel. (0775) 727 309 – Regionale Küche mit großer Familientradition.

Alatri

La Rosetta, via Duomo, 35, Tel. (0775) 43 45 68 – Di und vom 5. bis 30. Nov. geschl.

L'Aquila

Tre Marie, via Tre Marie, Tel. (0862) 413 191 – So abends und Mo geschl – unter Denkmalschutz, herrliche Ausstattung, gute Küche

(Dessert-Tip: "Tre Marie") – **Ernesto,** (Ai benefattori del Grillo), piazza palazzo 22, Tel. (0862) 2 10 94 – So, Mo und im Aug. geschl. – Erst sollte man *sagnarelle alla pastora*, *pastasciutta* oder *bigolo al torchio* kosten, und danach die beiden "botti a camera" besichtigen: bewundernswerte Räume, in denen der Wein aufbewahrt wird.

Isola di Ponza

Da Mimi, Terrazza Mari, via dietro la Chiesa, Tel. (0771) 80 338 – 50000 L – Eines der guten Restaurants der Insel – **Eéa**, via Umberto 1 und **La Kambusa**, via Banchina Nuova 15 – Regionale Küche.

Viterbo

Il Grottino, via della Cava 7, Tel. (0761) 308 188 – Di und vom 20. Juni bis 10. Juli geschl. – 50000 L –

Wenige Tische, reservieren – **Aquilanti**, in La Quercia entfernt (3 km), Tel. (0761) 341 701 – So abends, Di und vom 1. bis 20. Aug. geschl. – 50000 L – In dieser Region ein Must. Es gibt einen schönen "etruskischen Raum", aber auch modernere. Reservieren.

L I G U R I E N

San Remo

Da Giannio, lungomare Trento e Trieste 23, Tel. (0184) 504 014 – So abends, Mo und vom 15. bis 31. Mai geschl. – 80-90000 L – *Das* schicke und gastronomische Restaurant der Stadt – **Paolo e Barbara**, via Roma, 47, Tel. (0184) 53 16 53 – Mi u. vom 15. Dez. bis 6. Jan., u. 10 Tags im Juni u. Juli – 80-100000 L – Regional Küche. Reservieren – **Pesce d'oro**, corso Cavalotti 300, Tel (0184) 576 332 – Mo und vom 15. Febr. bis 15. März geschl. – 65000 L – Gehört zu den Restaurants an der Riviera, die die besten Gerichte auftischen – **Osteria del Marinaio da Carluccio**, via Gaudio 28, Tel (0184) 501 919 – Mo, im Okt. und Dez. geschl. – 70-90000 L – Eine winzige Osteria, in der einer distinguierten Kundschaft hervorragende Fischgerichte serviert werden. Reservieren.

Cervo

35 km von San Remo entfernt

San Giorgio, im historischen Zentrum, via Volta 19, Tel (0183) 400 175 – Di und in der Weihnachtszeit geschl. – 50-60000 L – Ein wunderbares kleines Restaurant: *antipasti* (Meeresfrüchte), gutes Fleisch, *zabaione*. Reservierung erwünscht.

Savona

Vino e Farinata, Via Pia 15 R. 20000 L – Populär, typisch, sympathisch.

Genova

Gran Gotto, viale Brigate Bisagno 69r, Tel. (010) 564 344 – Sa mittags, So und im Aug. geschl. – 60-80000 L – Elegante Ausstattung, das schickste Restaurant der Stadt, gute ligurische Küche – **Giacomo**, Corso Italia, Tel. (010) 369 67 – So und im Aug. geschl. – 65-80000 L – Raffiniert, elegant, schöner Blick aufs Meer – **Il Cucciolo**, viale Sauli 33, Tel. (010) 546 470 – Mo und im Aug. geschl. – 40-50000 L – Gute toskanische Küche. Wenn man die Stadt nicht kennt, ist es ratsam, ein Taxi zu nehmen – **Da Walter,** vico

Colasanto 2 rosso, Tel. (010) 290 524 – mittags tägl., abends ausschl. Sa geöffn. – So, Weihn., Aug., geschl. - 40000 L - Im Hafenviertel, da nicht leicht zu finden, am besten ein Taxi nehmen. Ihre Hartnäckigkeit wird entlohnt. – **Antica Osteria el Bai**, via Quarto 12, Quarto dei Mille,

Tel. (010)387 478 – Mo, am 20. Jan. und vom 1. bis 20. Jan. geschl. – 55-90000 L. Hinter dem Hafen der Küstenstraße folgen, Rtg. Nervi. Superbe Fischgerichte und Krustentiere.
Ferrando in San Cipriano auf dem Hügel, Tel (010) 75 19 25 – So, Mo und Mi abends geschl. – Spezialität: Pilzgerichte.
Bruxaboschi, in San Desideriovia Mignone 8 – So abends, Mo, Weihn., Aug. geschl. – 50000 L. Das Sturla-

Tal durchqueren. Küche des ligurischen Hinterlandes: *picaggia al pesto antico, frito misto, cuculli.*

CAFES IN GENUA

Caffe' Mangina, via Roma 91 – Mo geschl. – Ein elegantes Café, in dem man die Reiterstatue von Viktor Emanuel II. auf dem Corvetto-Platz bewundern kann – **Caffe' Klainguti**, piazza Soziglia 98 – Zählt zu den historischen Cafés Italiens.

Finale Ligure

Osteria della Briga, altipiano delle Marie, Tel (019) 698 579 – Di und Mi geschl. – 25000 L – Rustikale, familiäre Atmosphäre, die *lasagne alle ortiche* sind bei den Gästen sehr beliebt. Den erstaunlichen Grappa "al latte" sollten Sie ebenfalls probieren.

Rapallo

Da Monique, lungomare Vittorio Veneto 6, Tel. (0185) 50 541 – Di und im Febr. geschl. – 45-50000 L – Das bekannteste der Restaurants am Hafen – Spezialität: Fisch und Meeresfrüchte – **U Giancu**, in San Massimi (3 km), Tel (0185) 260 505 – Mi, Do mittags, vom 4. bis 13. Okt. und vom 13. Nov. bis 6. Dez. geschl. – 30000 L – Auf eine nette Art rustikal, Terrasse, reservieren.

Santa Margherita Ligure

Trattoria Cesarina, via Mameli 2, Tel (0185) 286 059 – Mi und im Dez. geschl. – 85000 L – Eines der guten Restaurants an der ligurischen Küste, bester Empfang – **Trattoria l'Ancora**, via Maragliano 7, Tel. (0185) 280 559 – Mo, im Jan. und Febr. geschl. – Die Gäste sind einfache Leute und kommen aus der Umgebung. Spezialität des Hauses: marinierte Spaghetti.

Portofino

Puny, piazza M. Olivetta 7, Tel. (0185) 269 037 – Do geschl. 45-70000 L – Von diesem klassischen Restaurant mit Meeresdekor hat man einen schönen Blick auf den Hafen – **Il Pistoforo**, Molo Umberto 1, Tel. (0185) 269 020 – Di, Mi mittags, Jan. und Febr. geschl. – 70-100000 L –

Fischsuppe, Bouillabaisse, gegrillter Fisch – serviert wird all das im Schatten eines hundertjährigen *pistoforum* – **Delfino**, piazza M. dell'Olivetta 40, Tel. (0185) 269 081 – Do, Nov., Dez. geschl. – 75000 L – Ein Mode-Restaurant am Hafen – **Da Ü Batti**, vico Nuovo 17, Tel. (0185) 269 379 – Mini-Trattoria (Fisch), unbedingt reservieren – **Splendido Restaurant,** Tel. (0185) 269 551 – fvon Nov. bis April geschl. – 90000 L – Herrliche Lage, phantastische Aussicht, raffinierte italienische Küche. – **Tripoli**, piazza M. Olivetta 1 – Am Hafen, einfache, aber gute traditionelle Küche, im Sommer Terrasse am Hafen.

CAFES UND BARS

Bar Sole, piazza Olivetta – Sandwiche, Aperitifs. Man kommt hierher, um zu sehen und gesehen zu werden – **Caffe' Excelsior**, piazza M. Olivetta – In dieser Bar trinkt man seinen *cappucino* und liest dabei die Morgenpresse.

Sestri Levante

El Pescador, via Pilade Queirolo 1, Tel. (0185) 41 491 Di außedrh. der Saison, vom 15. Dez. bis 1. März geschl. - Fisch-Spezialitäten – **San Marco**, am Hafen, Tel. (0185) 41 459 – Mi außerh. der Saison, vom 1. bis 15. Febr. und vom 15. bis 30. Nov. geschl. – 40-60000 L – **Fiammenghilla Fieschi**, in Erigox, Riva Trigoso, 2 km via Pestella 6, Tel (0185) 481 041 – außerh. der Saison Mo mittags geschl. – 50-85000 L – Sehr gute traditionelle Küche, hübscher Garten – unbedingt reservieren.

Portovenere

La Taverna del Corsaro, lungomare Doria 102, Tel. (0187) 790 622 – Di, Mitte Nov. und vom 1. bis 22. Juni geschl. – 60000 L – Von innen hat man einen hübschen Blick auf die gegenüberliegende Insel Palmaria. Jahreszeiten-Küche, Schwerpunkt Fischgerichte, aber auch lokale Spezialitäten.

LOMBARDEI

Milano

in der Nähe des historischen Zentrums

Peck, via Victor Hugo 4, Tel. (02) 876 774 – So, 1. bis 10. Jan., 1. bis 10. Juli geschl. – 60000 L – Traditionelle und kreative Küche, oben Snackbar, unten Gourmettreff – **Trattoria Milanese**, via Santa Marta 11, Tel. (02) 864 519 91 –Di geschl., der besten aller Tradition treu

Trattoria Bagutta, via Bagutta 14, Tel. (02) 7600 27 67 – So und Weihn. geschl. – 60-100000 L – Große Karikaturen schmücken die Wände der hintereinander gelegenen Räume dieser Trattoria, in der alljährlich ein Literaturpreis verliehen wird. Der Dekor ist noch immer interessant, die Küche läßt inzwischen allerdings sehr zu wünschen übrig.

Papper moon, via Bagutta 1, in der Nähe von via Spiga und Montenapoleone. Pizza, Risotto – gleich daneben das ebenfalls sehr angenehme *Peppermoon* – **Moon Fish** gegenüber, Nr. 2, über der Garage –So geschl. – **Don Lisander**, via Manzoni 12, Tel. (02) 7602 0130 – 68-105000 L – Sa abends und So geschl. Schicke Kundschaft. Im Sommer sehr angenehme, italienisch ausgestattete Terrasse mit Sonnenschutz. Gute Küche, Reserv. erbeten – **Franco il Contadino**, via Fiori Chiari 20, Tel. (02) 8646 3446 – Di, Mi mittags und Juli geschl. – 45-60000 L – Ungezwungene Atmosphäre, zahlreiche Künstler. Wichtig: So geöffn. – **Boeucc**, piazza Belgiojoso 2, Tel. (02) 760 20224 – Sa, So mittags, vom 23. bis 5. Jan, Aug. geschl. 60-80000 L – Reservie-rung erwünscht; bei schönem Wetter sitzt man auf der Terrasse. Edel.

DOPO SCALA

Le Santa Lucia, via San Pietro all'orto 3, Tel. (02) 760 23155 – Höchste Güte, sympathisch, und man kann sicher sein, den Abend auf nette Art zu beenden.

Biffi Scala, piazza della Scala, Tel. (02) 86 66 51 – So, Weihnachten und vom 10. bis 20. Aug. geschl. – Traditionell.

Don Carlos, das Restaurant des

phantastischen Grand Hôtel, in dem Verdi starb. Entsprechende theatralische Atmosphäre.

Porta Romana, Corso Vittoria

Giannino, via Amatore Sciesa 8, Tel. (02) 551 955 82 – So und im Aug. geschl. – 60-100000 L – Eine der besten lombardischen Küchen, gastromisch, edel, ein Klasssiker Mailands – **Masuelli San Marco**, viale Umbria, Tel. (02) 551 841 38 – So, Mo mittags, vom 25. Dez. bis 6. Jan. und vom 15. Aug. bis 15. Sept. geschl. – 50000 L.

in der Nähe des centre direzionale

Rigolo, largo Treves angle via Solferino, Tel. (02) 8646 3220 –

Mo, Aug. geschl. – 30-50000 L – Im Brera-Viertel, sehr treue Klientel. Ein weiteres Plus: So geöffnet. – **Trattoria della Pesa**, via Pasubio, Tel. (02) 65 55 74 – So und im Aug.

geschl. - 40-65000 L. Spezialitäten: Trentino u. Veneto Küche.

Navigli

Osteria del Binari, via Tortona 1, Tel. (02) 8940 9428 – So mittags und vom 10. bis 20. Aug. geschl. – 50000 L – Ein Restaurant mit Atmosphäre, sehr freundlich eingerichtet, schöner schattiger Garten. Regionale Küche mit Pfiff

Fiera - Sempione

Alfredo Gran San Bernardo via Borghese 14, Tel. (02) 3319000 – Weihn., Aug., Sa, So, Juni und Juli geschl. Besonders empfehlenswert *risotto all'osso buco*.

Pizzeria il Mozzo, via Marghera (Ecke via Ravizza), Tel. (02) 498 4746 – Mi und im Aug. geschl. – Bis 2 Uhr morgens geöffnet. Rustikale Einrichtung, gute solide Küche, schicke Kundschaft: **Torre di Pisa**, via Fiori Chiari 21, Tel. (02) 874 877 – So geschl. – 40-50000 L – Sehr gutes toskanisches Restaurant, Kundschaft: aus Mode und Design

geschl. – 70000 L – Zählt zu den besten Restaurants der Stadt.

Alla Cucina delle Langhe, corso Como, 6, Tel. (02) 6 55 42 79 - So u.3 Wochen im Juli u. Weihnachten

geschl. - 60000 L. Spezialitäten: Piemont.

La Tana del Lupo, viale Vittorio Veneto, 30, Tel. (02) 6 59 90 06 - abends geöffn., So, Ende Juli u. Aug.

CAFES UND BARS

Cova, via Montenapoleone 8 – das schickste Café von ganz Mailand: Tee, Kaffee, Kuchen, Champagner und Cocktails in reicher Auswahl – **Pozzi**, piazza Cantore 4, Eiscafé. Eis und Sorbets in Hülle und Fülle – **Pasticceria Marchesi**, via Santa Maria alla Porta 1 – Hier kann man lediglich einen Kaffee trinken und dazu ein italienisches Marmeladen-Hörnchen essen, aber dieses Haus stellt seit 1824 ebenfalls die besten Weihnachts-*pannetone* und Oster-*colombe* her – **Bar del Comparino**, seit kurzem wieder mit Fresken und Mosaiken im Libertystil. Ein historischer Ort, das Stammcafé von Toscanini, Verdi und Carrà. – **Sant Ambrœus**, corso Matteoti 7 – Spezialität: *ambrogitto*, der schickste Teesalon Mailands, aber auch **Biffi**, corso Magenta 87 – **Taveggia**, via Visconti di Modrone 2 – **Galli**, corso di Porta Romana 2 (vor allem: kandierte Maronen).

SHOPPING MIT CHARME

Casa del formaggio, via Speronari 3 – hier gibt es sämtliche Käsesorten Italiens – **Peck**, via Spadari 9, seit jeher das feinste Delikatessengeschäft Mailands – **La Fungheria di Bernardi**, viale Abruzzi 93 – alle möglichen Pilzsorten (frisch und konserviert) – **Enoteca Cotti**, via Solferino 32 – **Memphis Design**, Kreationen von Ettore Sottsass – **De Padova**, corso Venezia 14 – Möbel von Vico Magistretti und Gae Aulenti – **High Tech**, piazza 25 Aprile – ein schönes (und preiswerteres) Angebot – **Pratesi**, via Montenapoleone 27 – wundervolle Bett- und Tischwäsche – **Libreria Rizzoli**, galleria Vittorio Emanuele 79 – Antiquariat und Kunstbücher – **Libreria Hoepli**, via Hoepli 5 – Neuerscheinungen, Manuskripte, signierte Zeichnungen.

Bergamo

Lio Pellegrini, via San Tomaso 47, Tel (035) 247 813 – Mo, Di mittags, vom 4. bis 11. Jan. und vom 2. bis 24. Aug. geschl. – 50-90000 L – Wenige Tische, reservieren – **Taverna del Colleoni**, piazza Vecchia 7, Tel. (035) 232 596 – Mo und im Aug. geschl. – 50-70000 L – Regionale Küche, Renaissance-Austattung. Spezialität des Hauses: *tagliatelle* und *filetto alla Colleoni* – aber auch – **Il Gourmet**, via San Vigilio, 1 Tel. (035) 437 30 04 – Di und vom 1. bis 6. Jan. geschl. – 40-60000 L, im Sommer Panorama-terrasse – **La Marianna**, largo Colle Aperto 2/4, Tel (035) 23 70 27 – Mo und vom 1. bis 14. Jan. geschl. – Ab dem Frrühjahr eine wunderschöne Terrasse voller Blumen.

Brescia

La Sosta, via San Martino della Battaglia 20, Tel (030) 295 603 – Mo und im Aug. geschl. – 50-80000 L – In einem schönen Gebäude des 17. Jh., die Küche ist bemerkenswert.

Cremona

Ceresole, via Ceresole 4, Tel (0372) 23 322 – So abends, Mo, im Jan. und Aug. geschl. – 60-80000 L – Eine Institution in dieser berühmten Geigenbauer-Stadt. Sollten Sie sich dafür interessieren: Museum Antonio Strativari – **Antica Trattoria del Cigno**, via del Cigno 7, Tel (0372) 21 361 – So, Jan. und vom 20. Juli bis 4. Okt. geschl. – 30000 L – Diese im Schatten des Campanile del Torrazzo gelegene alte Trattoria ist die bevorzugte Adresse der Cremoner.

Mantova

San Gervasio, via San Gervasio 13, Tel. (0376) 323 873 – Mi und vom 12. bis 31. Aug. geschl. – 40-70000 L – Im Sommer speist man in zwei charmanten Patios – **Cento Rampini**, p. delle Erbe, Tel. (0376) 366 349 – Unter dem Palazzo della Ragione-Portikus, Terrasse – **L'Aquila Nigra**, vicolo Bonacolsi 4, Tel. (0376) 327 180 – So, Mo, Weihnachten und Aug. geschl. – 45000 L – Die schönen

Fresken sind Überreste des alten Klosters. Berühmte Küche

CAFFE'
Caravatti, seit 1865 an der piazza delle Erbe. Spezialität des Hauses: *Shrizolona* (Sandkuchen).

Pavia

Antica Trattoria Ferrari da Tino, via del Mille 111, Tel (0382) 31033 – So abends, Mo und im Aug. geschl. – 35-70000 L – Traditionelle Land-Trattoria. Köstliche Küche.

Certosa di Pavia

Vecchio Mulino, via al Monumento 5, Tel (0382) 925 894 – So abends, Mo, vom 1. bis 10. Jan. und vom 1. bis 20. Aug. geschl. – 60-80000 L – *Die* gastronomische Adresse, wenn man die berühmte Kartause besichtigt. Reservieren – **Chalet della Certosa**, vor dem Ortseingang von Certosa – Mo und vom 11. bis 24. Jan. geschl.

Iseo

Il Volto, via Mirolte, 2, Tel (030) 98 14 62 – Mi, Do mittags, vom 1. bis 15. Juli geschl. – 60000 L. Speisezimmer einfach u. elegant. Spezialitäten: Brescia Küche.

MARKEN

Ancona

Osteria Teatro Strabacco, via Oberdan 2, Tel. (071) 542 13 – Mo und im Mai geschl. – 40000 L – sehr gastfreundliche Atmosphäre dank Mischung mehrerer Generationen, bis um 3 Uhr morgens geöffn., Menü und Karte für jedes Alter. – **Passetto**, piazza IV Novembre, Tel. (071) 33 214 – Mi und im Aug. geschl. – 45-75000 L – Von der Terrasse, auf der der Tee serviert wird, hat man einen schönen Blick auf die Adria.

Pesaro

Da Teresa, viale Treste 180, Tel (0721) 30 096 – Mo und im Nov. geschl. – 60000 L – Innen elegant, Blick aufs Meer. Fischgerichte.

Ascoli Piceno

Gallo d'Oro Corso V. Emanuele 13, Tel. (0736) 535 20, – Mo und im Aug. geschl. In der Nähe des Domes. 3 moderne Räume. Hier kehrt man ein wegen des berühmten *pollo alla diavola*, aber auch die Fischgerichte und Trüffeln aus den nahen Bergen sind bemerkenswert – **Tornassaco**, piazza del Popolo 36 – Fr und im Juli geschl. – **Caffe' Meleni**, piazza del Popolo – Sartre und Hemmingway kehrten hier wegen der Patisserien ein.

Urbino

Il nuovo Coppiere, via Porta Maja 20, Tel (0722) 320 092 – Mi und im Febr. geschl. – 30000 L – Spezialitäten der Marken – **Self-Service Franco**, via de Possio – So geschl. – 15000 L – In der Nähe des Museums, sehr zufririedenstellend – **Vecchia Urbino**, via dei Vasari 3, Tel (0722) 4447 – Di außerh. der Saison geschl. – 40-60000 L – Befindet sich in einem der Säle des Viviani-Palastes, regionale Küche, bemerkenswert: *formaggio di fossa*.

UMBRIEN

Perugia

Osteria del Bartolo, via Bartolo 30, Tel (075) 573 15 61 – So, vom 7. bis 15. Jan. und vom 25. Juli bis 7. Aug. geschl. – 60000 L – Gute solide Küche nach alten umbrischen Rezepten – **La Taverna**, via delle Streghe 8, Tel (075) 572 41 28 – Mo geschl. – 40000 L – Großer, gewölbter Speiseraum, rustikale Küche – **Del Sole**, via delle Rupe 1, Tel (075) 65 031 – Mo und vom 23. Dez. bis 10. Jan. geschl. – 35000 L – Im Sommer speist man auf der Panorama-Terrasse.

CAFES UND BARS

Pasticceria Sandri, corso Vannucci 32 – Für alle, die Süßes lieben. –

Caffe' del Cambio, corso Vannucci 29 – Dieses Studenten-Café ist stets sehr gut besucht.

Assisi

Buca di San Francesco, via Brizi 1, Tel (075) 812 204 – Mo, Febr. und Juli geschl. – 30-60000 L – Mittelalterliches Palais mit hübschem Garten, traditionelle Küche – **Medio Evo**, via Arco del Priori 4, Tel (075) 81 30 68 – Mi, Jan. und Juli geschl. – 45000 L – Sehr ansprechendes Äußeres, gepflegte und raffinierte Küche – **La Fortezza**, vic. Fortezza 2/B, Tel (075) 812 418 – Do geschl. 30000 L – Auf den Ruinen eines römischen Hauses errichtet. Umbrische Küche.

Spello

Il Cacciatore, via Giulia 42, Tel. 65 11 41 – Mo und vom 6. bis 20. Juli geschl., 30-50000 L – Trattoria mit Terrasse – **Il Molino**, piazza Matteotti, Tel. 65 79 05 – Di geschl. – 40-50000 L

Spoleto

Il Tartufo, piazza Garibaldi 24, Tel. (0743) 40 236 – Mi und vom 15. Juli bis 10. Aug. geschl. – 35-70000 L – xzellente Taverne, regionale Küche, Spezialität des Hauses: *fettucine al tartufo* – **Sabatini**, corso Mazzini 52/54, Tel. 22 18 31 – Mo und vom 1. bis 10. Aug. geschl. – **Tric Trac da Giustino**, piazza del Duomo, Tel. (0743) 44 592 – 20-50000 L – In der Zeit des Festivals stark besucht.

CAMPELLO SUL CLITUNNO, 9 km von Spoleto – **Casaline**, Tel. (0743) 62 213 – Mo geschl. – 45000 L – Nach dem Besuch des Tempietto sul Clitunno. Hervorragende Küche – regionale Produkte. Die *crostini* mit Trüffeln sind ein Traum.

Gubbio

Taverna del Lupo, via G. Ansidei 21, Tel. (075) 927 43 68 – Mo außerh. der Sasison geschl. – 30-50000 L – Wie eine mittelalterliche

Taverne ausgestattet. Lokale Spezialitäten – **Alle Fornace di Mastro Giogio,** via Mastro Giogio 3, Tel. 927 57 40 – So abends, Mo und im Febr. geschl. – 60000 L.

Todi

Umbria, via San Bonaventura, 13,

Tel. (075) 89 42 737 – Di u. vom 19. Dez. bis 8. Jan. geschl. – 40-60000 L – **Jacopone-da Peppino**, piazza jacopone, 5, Tel. (075) 89 48 366 - Mo u. vom 10. bis 30. Juli geschl. - 40-60000 L.

Trevi

L'Ulivo, 3 km, Tel. (0742) 78 969 – Sa, Mo u. Di geschl. Gut Tagesgericht. Spezialitäten: Regional Küche.

Orvieto

Giglio d'Oro, piazza Duomo 8, Tel. (0763) 341 903 – Mi geschl. – 40-70000 L – Klassisch und gut – **Grotte del Funaro**, v. Ripa Serancia 41, Tel. 343 276 – Mo außerh. der Saison geschl. In einer ursprünglichen Grotte; typisch – **Dell'Ancora**, via di Piazza del Popolo 7, Tel. (0763) 342 766 – Do und im Jan. geschl. – 35000 L – Regionale Küche.

LOKALE SPEZIALITÄTEN

Dai Fratelli, via del Duomo 11 – zahlreiche Käsesorten und die berühmten umbrischen Fleisch- und Wurstwaren.

PIEMONT
AOSTATAL

Torino

Vecchia Lanterna, corso Re Umberto 21, Tel (011) 537 047 – Sa mittags, So und vom 10. bis 20. Aug. geschl. – 30-100000 L – Eines der besten Restaurants Italiens. Der Inhaber, Armando Zanetti, kocht auf bewundernswerte Weise traditionell, ist aber stets auf der Suche nach neuen Rezepten. Hervorragender (ital.) Weinkeller – **Del Cambio**, piazza Carignano 2, Tel. (011) 546 690 – So und im Aug. geschl. – 60-95000 L – Im historischen Zentrum Turins, der ersten Hauptstadt Italiens, gelegen, hat dieses Restaurant den Glanz aus der Zeit des Camillo Cavour bewahrt, der hier jeden Tag sein Mittagessen einzunehmen pflegte. Die Atmosphäre, die Küche und der Service entsprechen der Tradition des Piemont im 19. Jahrhundert – **Mina**, via Ellero 36, Tel. (011) 696 3608 – So abends im Juni- Juli, Mo im Aug. geschl. – 70000 L – Typisch piemontesische Küche (*antipasti, sformati, finanziera*) – **Al Gatto Nero**, corso Turati 14, Tel. (011) 590 414 – So und im Aug. geschl. – 70000 L – Köstliche toskanische Küche. Besonders empfehlenswert: *assassini*, eine Auswahl der besten Spezialitäten

des Hauses – **Trattoria della Posta**, strada Mongreno 16, Tel. (011) 8980 193 – So abends, Mo und im Juli geschl. Berühmt für seinen Käse und Weinkeller – **Tre Galline,** via

Bellezia 37, Tel. (011) 436 65 53 – So und Mo mittags geschl. – 50000 L – Typische piemontesisische Küche – **Salsamentario**, via Santorre di Santarosa 7/B – Tel. (011) 819 50 75 – So abends, Mo und vom 15. bis 22. Aug. geschl. – Ein großes Buffet für 35000 L; direkt daneben: Traiteur – **Il Ciacalon** viale 25 Aprile, Tel. (011) 661 09 11 – So und vom 11. bis 24. Aug. geschl. – in der Nähe des Ausstellungsgeländes, schöner rustikaler Speiseraum – **Ostu Bacu**, corso Vercelli 226, Tel. (011) 265 79 – So geschl. – Typische piemontesiche Küche, rustikale, familiäre Atmosphäre.

CAFES UND BARS

Caffe' al Bicerin, piazza della Consolata 5 – Illustre Gäste wie Alexandre Dumas tranken hier den berühmten *bicerin* (Kakao, Kaffee, Milch, Zuckerrohrsirup): die Spezialität des Hauses – **Caffe' Mulassano**, piazza Castello 15 – Ein Café im Libertystil mit besonderem Ambiente. Köstliche *tramezzini* (32

versch. Sorten kleiner Sandwiche) **Caffe' San Carlo**, piazza San Carlo 156. 1822 eröffnet, Treffpunkt der europäiscehn Intelligenzia; D'Azeglio,

Cavour, Crespi, Cesare Pavese, James Stewart und viele andere Berühmtheiten kehrten hier ein. Spezialität: *bicerin*
Caffe' Il Fiorio, via Po – *caffè dei condini* genannt, weil sich hier die damalige konservativste Gesellschaft einfand. *Sabaione, gelato al gianduia*.

LOKALE SPEZIALITÄTEN

Stratta, piazza San Carlo 191, in erster Linie: *caramelle alla gioca di gelatinases*, "kandierte Maronen", *amaretti, meringhe con panna montata* – **Peyrano**, corso Moncalieri 47 – hier werden die berühmten Turiner Pralinen wie *givu, diablottini* und vor allem die *giandujotti* hergestellt; letztere werden auch in der Konditorei Peyrano-Pfatisch, corso V. Emanuel II Nr. 76, verkauft – **Cantine Marchesi di Barolo**, via Maria Vittoria: zum Kaufen der piemontesischen Weine wie *Barolo Barbera, Barbaresco, Gattinara* und selbstverständlich der *Asti Spumante* sowie aller möglichen *Grappa*-Sorten.

Carmagnola

29 km von Turin entfernt
La Carmagnole, via Sottotenente Chiffi 31, Tel. (011) 971 26 73 –

120000 L – in einem alten Palais, nur auf Reservierung.

Loranzé

46 km von Turin entfernt

Panoramica, Lungo Tanaro 4, Tel. (0125) 66 99 69 – Sa mittags, So abends und Weihnachten geschl. – 50-95000 L – Ebenfalls eines der besten Lokale des Piemont.

Alba

Il Vicoletto, via Bertero, 6, Tel. (0173) 36 31 96 – Mo, u. vom 20. Juli bis 15 Aug. geschl. – 50-80000 L. Gastronomisch, *langarola* Küche – **Osteria dell'Arco**, piazza Savona 5, Tel. (0173) 36 39 74 – So u. Mo mittags geschl. außer vom 25 Sept. bis 25. Nov. - 30-45000 L. In Historischzentrum – **Daniel's**, corso canale, 28, Tel. (0173) 44 19 77 - Weihnachten u. Neujahr, vom 1. bis 15. Aug., So außer vom Okt. bis Dez. geschl. - 45-60000 L. 1 km von Stradtzentrum Regional Küche – **Porta san Martino**, via Enaudi 5, Tel. (0173) 36 23 35 - Mo, vom 20. Aug. bis 20. Sept. geschl. - 45-60000 L. Spezialitäten: Trüffel (im Saison).

Asti

Gener Neuv, Lungo Tanaro 4, Tel. (0141) 557 270 – Da häufig geschlossen ist es ratsam, sich telefonisch zu erkundigen – 85000 L – Traditionelle piemontesische Küche, eine der besten Adressen – **L'Angolo del Beato**, via Guttuari 12, Tel. (0141) 531 668 – So, vom 1. bis 10. Juli und vom 1. bis 20. Aug. geschl. – 50000 L – In einem alten Haus, reservieren – **Il Cenacolo**, viale al Pilone 59, Tel. (0141) 531 110 – Mo und Di mittags, vom 10. bis 20. Jan. und vom 5. bis 20. Aug. geschl. – 40000 L – Ein kleiner, intimer Speiseraum, regionale Gerichte, reservieren.

Costigliole d'Asti

15 km von Asti entfernt

Guido, Piazza Umberto I 27, Tel (0141) 966 012 – mittags, So, vom 1. bis 24. Aug. und vom 22. Dez. bis 10. Jan. geschl. – 100000 L – Nur auf Reservierung, Spezialität: eine besonders neue und raffinierte Art der *Langhe*.

Canelli

29 km von Asti entfernt

San Marco, via Alba 136, Tel (0141) 82 35 44 – Di abends, Mi und vom 20. Juli bis 13. Aug. geschl. – Gerichte à la carte: 40-65000 L – Küche von höchster Güte, reservieren.

Cannobio

Del Lago, à Carmine Inferiore (3 km), Tel. (0323) 705 95 – im Nov. und Febr. geschl. – 60-100000 L – Reservieren. Am Seeufer, gute, herkömmliche Küche.

Aosta

Le Foyer, corso Ivrea 146, Tel (0165) 32 136 – Mo abends, Di, vom 5. bis 20. Juli und vom 15. bis 31. Jan. geschl. – 50000 L – Komfortabel, warme Atmosphäre, lokale Spezialitäten, reservieren. – **Vecchia Aosta**, piazza

Porta Pretoria, 4, Tel. (0165) 3611 86 - Di abends, Mi, vom 5. bis 20. Juni u. vom 15. bis 30. Okt. geschl. - 30-40000 L. Regional Küche. Reservieren – **Casale**, Saint-Christophe, 4 km von Aosta, Tel. (0165) 54 12 03 - vom 5. bis 20. Jan. u. vom 5. bis 20. Juni geschl. -

50000 L. Spezialitäten: Valdotaines, in der Nähe Aoste. Rustikal u. herzlich im Winter, Terrasse im Sommer.

Breuil-Cervinia

Les Neiges d'Antan, (4 km), Tel. (0166) 948 775 – Mo, im Juli, Okt. und Nov. geschl. – 35-90000 L – Das beste Restaurant und der beste Weinkeller in Cervinia. Die Vorzüge des Hotels werden im ersten Teil dieses Führers erwähnt – **Cime Bianche**, Tel. (0166) 949 046, im Winter: direkt an den Pisten – 30-50000 L – Typische Küche in hübschem Bergdekor, wundervoller Blick auf die Berge (Matterhorn) – **Matterhorn**, Tel. (0166) 948 518 – Im Zentrum: Pizza, gegrilltes Fleisch, Fischgerichte – **Hostellerie des guides**, von 7 Uhr bis Mitternacht geöffn. – der hier servierte Irish-Coffee findet großen Anklang.

Courmayeur

Pierre Alexis 1877, via Marconi 54, Tel. (0165) 84 35 17 – Okt., Nov., Mo (außer Aug.) u. Di mittags von Dez. bis März geschl. – **Al Camin**, von Larzey entfernt, via dei Bagni, Tel. (0165) 844 687 – Di außer in der Hauptsaison u. im Nov. geschl. – Bergatmosphäre, Hausmannskost – **Leone Rosso**, via Roma 73, Tel. (0165) 845 726 – Mo außerh. der

Saison, vom 15. Mai bis 15. Juni u. im Okt. geschl. – 50000 L – Regionale Jahreszeiten-Küche in rustikal-elegantem Rahmen – **Caffe' Della Posta**, via Roma 41 – In diesem Café, das seit hundert Jahren besteht, trinkt man Alpen-Cocktails und -Alkohol (*grappa, genepi, grolla dell'amizia*) und sitzt in komfortablen Sofas.

Entrèves

4 km von Courmayeur entfernt **La Maison de Filippo**, Tel. (0165) 89 668 – Di, von Juni bis 15. Juli u.

im Nov. geschl. – 50000 L – Eine berühmte Taverne des Aostatals, unbedingt reservieren.

Planpincieux Val Ferret

7 km von Courmayeur entfernt
La Clotze, Tel. (0165) 89 928 – 45000 L – Gute regionale Küche.

La Palud Val Ferret

5 km von Courmayeur entfernt
La Palud-da-Pasquale, Tel (0165) 89 169 – Mi u. im Nov. geschl. – 30-40000 L – Spezialitäten des Aostatals und aus den Bergen.

Plan-de-Lognan Val Veny

12 km von Courmayeur entfernt
Le Chalet del Miage, im Juli u. Sept. geschl. – Berggerichte.

Cogne

Lou Ressignon, rue des Mines 22, Tel. (0165) 74 034 – Mo abends u. Di geschl. *Fonduta, carbonara,* ferner köstlichen Käse und Nachtisch.

Verres

Chez Pierre, via Martorey 43, Tel (0125) 929 376 – Mo u. Di (außer im Aug.) geschl. – 50-80000 L – Ein phantastisches Restaurant 37 km von Aosta entfernt, behagliche Atmosphäre.

APULIEN

Alberobello

Trullo d'Oro, via Cavallotti 31, Tel. (080) 721 820 – Mo u. vom 7. Jan. bis 8. Febr. geschl. – 40-60000 L – Malerisch, rustikale Einrichtung, regionale Küche – **Il Poeta Contadino**, via Indipendenza 21, Tel. (080) 721 917 –

So abends, Mo, Jan. und Juni geschl. – 65000 L – Exzellente Küche – **Cucina dei Trulli**, piazza San Fernandino 31, Tel. (080) 721 179 – Do außer im Sommer geschl. – 20000 L, abwechslungsreiche regionale Küche.

Castel del Monte

Ostello di Federico, Castel del Monte, Tel. (0883) 56 98 77 - Mo, 2 Wochen im Jan. u. 2 Wochen im Nov. geschl. - 40000 L. Spezialitäten: *tortieri di riso e patate, cannelloni di baccalà e ricotta...*

Bari

Nuova Vecchia Bari, via Dante Alighieri 47, Tel (080) 521 64 96 – Fr und So abends geschl. – 50000 L – In einer ehemaligen Ölpresse.

Apulische Küche – **La Pignata**, corso Vittorio Emanuele 173, Tel 523 24 81 – **Deco'**, largo Adua 10, Tel 524 60 70 – Elegant.

Polignano al Mare

Grotta Polazzese, via Narciso 59, Tel. (080) 740 0677 – 50-90000 L – Im Sommer werden in diesem Restaurant, das eine natürliche Grotte ist, Langusten und Fischgerichte serviert.

Martina Franca

Da Antonietta, via Virgilio 30, Tel. (080) 706 511 – Mi außerh. der Saison geschl. – 25000 L – Küche von höchster Güte – **Rosticceria Ricci**, via Cavour 19 – In einem hinter der Metzgerei gelegenen Raum werden gute Fleischgerichte serviert – **Trattoria delle Ruote**, via Ceglie (4,5 km), Tel (080) 883 74 73 – Mo geschl. – 30-45000 L – Eine gute Adresse, wenige Tische, deshalb: reservieren – **Ristoranre In**, piazza Magli 6, Tel. (080) 705 021 – Di abends, Mi, 1 od. 2 Wochen im Nov. geschl. – 50000 L – Das Restaurant dieser superben Villa ist eine elegante Interpretierung des regionalen Stils. Produkte höchster Qualität, vowon die *galantina d'anatra al pistacchio* zeugt.

Caffe' Tripoli, piazza Garibaldi – Ein herrliches, altes Café: Patisserien, Marzipan – **Bar Derna**, piazza Settembre 4. Besonders schmackhafte Patisserien.

Taranto

Il Caffé, via San Tomaso d'Aquino 8, Tel. (099)452 5097 – So abends, Mo mittags, 2 Wochen im Aug. geschl. – 50000 L – Ein sehr gutes Haus mit bemerkenswerten frischen Fischgerichten wie *papardelle al pesce affumicato* und Desserts der Tochter des Hauses, Francescaromana, die

sich nicht nur um köstliche Nachtische kümmert, sondern auch erfolgreich Jura studiert.

Lecce

Villa della Monica, via SS. Giacomo e Filippo 40, Tel. (0832) 458 432 – Di vom 1. bis 20. Nov. geschl. – 20-40000 L – Prachtvolle Ausstattung des 16. Jh. – **Gino e Gianni**, via Adriatica (2 km), Tel. (0832) 399 210 – Mi geschl. – 45000 L – Das "Florenz des Barocks", eine herrliche Stadt. Traditionelle Küche – **Il Satirello**, Tel. (0832) 378 672, (9 km, an der Straße Rtg. Torre Chianca) – Di geschl. – Ein ehemaliger Bauernhof mit hübschem Garten, in dem man bei schönem Wetter speist.

SARDINIEN

Alghero

Le Lepanto, via Carlo Alberto 135, Tel (079) 979 116 – Mo außerh. der Saison geschl. – 50000 L – Nach dem Besuch der Neptun-Grotten ist es sehr angenehm, sich hier an Langusten oder regionalen Spezialitäten zu laben – **Al Tuguri**, via Majorca 113 od. **Dieci Metri**, vicolo Adami 37.

Santa Teresa Gallura

Canne al Vento, via Nazionale 23, Tel (0789) 754 219 – Sa und im Okt., Nov. geschl. – *Zuppa galurese, antipasti del mare*, gekonnt zubereitete Fischgerichte.

Nuoro

Canne al Vento, viale Repubblica 66, Tel (0784) 201 762 – Große Auswahl an Fleisch- und Fischgerichten.
Monte Ortobene, 7 km von Nuoro entfern, **Dai Fratelli Sacchi**, Tel (0784) 31 200 – Die Brüder Sacchi empfangen ihre Gäste sehr freundlich und bewirten sie bestens.

Dorgali

Il Colibri, via Gramsci 44, Tel. (0784) 960 54 – So von Okt. bis Mai und von Dez. bis Febr. geschl. – 40-60000 L – Hier, an der Straße des Dolmen Mottora und der Ispinigoli-Grotten, sollte man pausieren und die sardische Küche genießen.

Olbia

Ristorante dell' Hotel Gallura, corso Umberto 145, Tel (0789) 246 48 – Eine seit über 50 Jahren bestehende Institution. Einfach, aber gut zuberei-

tete Fischgerichte und Meeresfrüchte – **Leone e Anna**, via Barcelona 90, Tel (0789) 263 33 – Mi außerh. der Saison und im Jan. geschl. Sardische Küche und venezianische Spezialitäten.

Cagliari

Dal Corsaro, viale Regina Margherita 28, Tel. (070) 664 318 – So, Weihn. und im Aug. geschl – 60000 L – Wenn Sie vor der Weiterfahrt eine Nacht in Cagliari verbringen möchten, werden Sie von der authentischen sardischen Küche dieses Restaurants bestimmt nicht enntäuscht sein – **Antica Hostaria**, via Cavour 60, Tel (070) 665 870 – So und im Aug. geschl. – Eines der angenehmsten Restaurants Cagliaris. Antonello Floris "modernisiert" mit viel Talent die traditionellen Gerichte. Die guten Desserts werden von seiner Frau Lilly zubereitet.

Isola San Pietro Carloforte

Al Tonno di Cosa, via Marconi 47, Tel. (0781) 855 106 – Von Okt. bis 10. Nov. Mo geschl. Feine lokale Küche: *tonno alla carlofortina*, "casa" (Couscous nach sardischer Art). Terrasse mit Seeblick – **Miramare**, piazza Carlo Emanuele 12, Tel (0781) 85 653 – Lokale, sardische und arabische Spezialitäten.

Porto Cervo

Il Pescatore, sul Molo Vecchio, Tel (0789) 92 296 – von Okt. bis Mai geschl., nur abends geöffn. – 65000 L – Abendessen bei Kerzenlicht auf blumengeschmückter Terrasse – **Bar degli archi**, piazzetta degli Archi. Hier frühstückt man, hier ißt man mittags seinen Sandwich, und hier trinkt man abends seinen Aperitif – **Pevero Golf Club**, Pevero, Tel (0789) 96 210 – von Nov. bis April geschl. – 80000 L – Einer der schönsten Golfplätze – Die Küche vom Club House-Restaurant ist leicht und raffiniert, ganz der elganten Klientel entsprechend.

Isola la Maddalena

La Grotta, via Principe di Napoli 3, Tel (0789) 737 228 – Nov. geschl. – 30-50000 L – Typische Trattoria: Fischgerichte und Meeresfrüchte – **Mangana**, via Mazzini, Tel (0789) 738 477 – Mi und vom 20. Dez. bis 20. Jan. geschl. 35-60000 L – Auch hier alle möglichen Fischgerichte.

Oristano

Il Faro, via Bellini 25, Tel (0783) 700 02 – So und vom 11. bis 25. Juli geschl. – 6000 L – Sehr kreative Küche, regionale Spezialitäten. Unbedingt reservieren.

SIZILIEN

Palermo

Renato l'Approdo, via Messina Marina 28, Tel. (091) 630 2881 – Mi und vom 10. bis 25. Aug. geschl. – 50-70000 L – Eine der besten Küchen der Insel, alte sizilianische Rezepte – **La Scuderia**, viale del Fante 9, Tel. (091) 520 323 – So abends geschl. – 55-80000 L – Eine der schönsten Terrassen der Stadt, Abendessen für verwöhnte Gaumen – **Al Ficondindia**, via Emerico Amari 64, Tel. (091) 324 214 – Do geschl. – 25000 L – Rustikales Rest., lokale Küche – **Gourmand's**, via Libertà 37/e, Tel. (091) 323 431 – So und vom 5. bis -25. Aug. geschl. – Elegant, guter selbstgeräucherter Fisch

IN MONREALE, 8 km von Palermo entfernt, **La Botte**, contrada Lenzitti 416, Tel. (091) 414 051 – Mo, im Juli und Aug. geschl. – 45000 L – Die Küche ist köstlich und die Kathedrale bewundernswert – IN MONDELLO, 11 km von Palermo entfernt, **Charleston le Terrazze**, viale Regina Elena, Tel. (091) 450 171 – von Juni bis Sept. geöffn. – am eleganten Strand von Palermo. Dieses *Charleston* ist der Sommer-Sitz des *Charleston* in Palermo: elegant, superbe Terrasse am Meer – **Gambero Rosso**, via Piano Gallo 30, Tel (091) 454 685 – Mo und im Nov. geschl. – 45000 L – Trattoria, Fisch und Meeresfrüchte sehr gut.

CAFES UND BARS

Caffe' Mazzara, via Generale Magliocco 15 Tomaso di Lampedusa schrieb hier mehrere Kapitel seines *Leoparden* – **Bar du Grand Hotel des Palmes**, In diesen superben Salons sollte man einen Drink nehmen oder zu Abend essen.

Cefalù

La Brace, via XXV Novembre 10, Tel (921) 23 570 – Mo und vom 15. Dez. bis 15. Jan. geschl. – 30-60000 L – Im kleinen Speiseraum werden typisch italienische Gerichte serviert.

Messina

Alberto, via Ghibellina 95, Tel. (090) 710 711 – Seit nunmehr 30 Jahren ist die Küche des Alberto Sardella phantastisch. Eine seiner Spezialitäten: *spiedini di pesce spada*. Einfacher, aber sehr freundlich ist – **Pippo Nunnari**, via Ugo bassi 157 – Mo und im Juni geschl. – 50000L.

Taormina

La Griglia, corso Umberto 54, Tel.(0942) 239 80 – Di und vom 20. Nov. bis 20. Dez. geschl. – 40-60000 L, rustikal, gepflegt, regional – **A' Zammàrra**, via Fratelli Bandieri 15, Tel. (0942) 24 408 – Mi und im Winter geschl. – 45000 L – Fein interpretierte regionale Küche – **Rosticepi**, via S. Pancrazio, 10 – Tel. (0942) 24149 – *Die* Trattoria von Taormina – **Giova Rosy Senior**, corso Umberto 38, Tel (0942) 24 411 – Do, Jan. und Febr. geschl. – 50000 L – Große *antipasti*-Auswahl, Fisch-gerichte, wunderschöne, mit Jasmin bedeckte Terrasse – **Maffei's**, hübsche, von Bananenbäumen umgebene Terrasse. Schick und raffiniert – **Ciclope**, corso Umberto, Tel. (0942) 625 910 – Mi geschl. – 25-35000 L – Eine der besten Adressen.– **La Chiocca d'Oro**, via Leonardo da Vinci, Tel. (942) 28 066 - Do u. im Nov. geschl. - 30-45000 L.

Catania

La Siciliana, via Marco Polo 52/A, Tel (095) 376 400 – Mo und vom 15. bis 31. Aug. geschl. – 50-60000 L – Der *Ripiddu nivicatu*, eine der Spezialitäten des Hauses, hat die Form des Etna – **Costa Azzura**, via de Cristofaro in Ognina (4 km), Tel. 494 920 – Mo geschl. Im Sommer sehr schöne Terrasse – Meeresgerichte – ACIREALE (16 km), **Panoramico**, Sta Maria Ammalati, Blick auf den Etna, serviert wird eine fabelhafte *pastciutta al raguttino di mare*, "castellane di Leonardo", Mo geschl.

Syrakus

Don Camillo, via Maestranza 92/100, Tel. (0931) 67 133 – So geschl. – 40-60000 L – **Archimede**, via Gemellaro 8, Tel. (0931) 69 701 – So und im Mai geschl. – 40000 L – Sein Name ist eine Hommage an den berühmtesten aller Syrakuser, seine Küche eineHommage an den Fisch, z.B.

zuppa di pesce et *riso al nero di seppia e ricotta fresca* – **Darsena**, riva garibaldi 6, Tel. (0931)66 104 – Mi geschl. – 25-50000 L Spezialität: Fisch. Seeblick – **La Follia**, eine gute neue Adresse.

Agrigente

Le Caprice, strada panoramica dei Tempi 51, Tel. (0922) 264 69 – 30-60000 L – Fr und vom 1. bis 15. Juli geschl., Blick auf das Tal der Tempel.

– **Taverna Mosé**, contrada San Biago 6, von der Terrasse blickt man auf den Juno-Tempel, und hier gibt es die Spaghetti, die Pinrandello besonders gerne gegessen haben soll!

San Leone, von 7 km d'Agrigente – **Il Pescatore**, von einem Leser empfohlen.

Eolie-Lipari

Filippino, piazza Municipio, Tel. (090) 981 1002 – Mo außer im Sommer und vom 15. Nov. bis 15. Dez. geschl. – 45000 L – Traditionell, der beste Fisch der ganzen Insel – **E Pulera**, via Stradale Diana 51, Tel. (090) 981 1158 – Von Juni bis Okt. geöffn., mittags geschl. – 35-65000 L – Abends speist man in einer hübschen Pergalo. Unbedingt reservieren.- **Pescecane**, corso V. Emanuele. Sehr gute Pizzas.

Eolie-Vulcano

Lanterna Bleu, Porto Ponente, via Lentia, Tel. (090) 985 2287 – 40000 L – Das Beste auf dieser kleinen, noch sehr unberührten Insel, gute Fischgerichte.

Eolie-Panarea

Da Pina, via S. Pietro et la **Trattoria da Adelina**, am Hafen, *die* beiden guten Adresen der Insel.

Eolie-Salina

Da Franco, à Santa Marina, authentische Küche.

TOSKANA

Florenz

Enoteca Pinchiorri, via Ghibellina 87, Tel (055) 242 777 – So, Mo mittags, im Aug., im Febr. – Weihn. und Neuj. geschl. – 125-150000 L – Eines der raffiniertesten Restaurants und einer der besten Weinkeller Italiens. Wundervolle Ausstattung, reizender blumenbewachsener Patio, edel und teuer – **Trattoria Coco Lezzone**, via del Parioncino 26r, Tel. (055) 287 178 – So, Di abends, im Aug. und Weihn. geschl. – 45-80000 L – Mehrere, hintereinander gelegene Speiseräume, in denen Stammgäste aus Florenz und internationale Persönlichkeiten verkehren. Der *padrone* zählt zwar alle Gerichte auf, aber alle Spezialitäten werden Sie nicht probieren können, auch wenn sie köstlich zubereitet sind – **Da Gannino**, piazza del Cimatori, Tel. (055) 214 125 – So und im Aug. geschl. – Typische kleine Osteria in der Nähe der Signoria; im Sommer sitzt man auf dem kleinen Platz, reservieren – **Il Cibreo**, via dei Macci 118r, Tel. (055) 234 1100 – So, Mo, im Aug. und Weihn. geschl. – 60000 L – In der Nähe von Santa Croce, Szenelokal, italienische Nouvelle Cuisine – **Il Latini**, via Palchetti 6r, Tel. (055) 210 916 – So und im Aug. geschl. – 30000 L – Am Ende einer kleinen Straße versteckt, warten oft viele Gäste mit einen Glas Wein in Mi, Do, 1. Wo im Aug. und Weihn. geschl. – Eine der beliebtesten Trattorias von Florenz – florentiner Küche mit einigen Phantasiegerichten wie Tortellini mit Curry, reservieren – **Mamma Gina**, borgo S. Iacopo 37, Tel. (055) 2396 009 – So und im Aug. geschl. – 30-40000 L – Traditionelle Küche – **Cantinone del Gallo Nero**, via San Spirito 6, Tel (055) 218 898 – 25000 L – In einem Keller, dessen Eingang man leicht übersehen kann, dem Cammillo schräg gegenüber; *crostini*, *chianti* und *tiramisu* – **Sostanza**, via della Porcellàna, Tel. (055) 212 691 – Sa, So und im Aug. geschl. – 40000 L – Ein winziges Restaurant mit Lebensmittelgeschäft

der Hand auf einen Tisch; besonders: *prosciutto* und *vitello arrosto*, die Spezialität des Hauses. Sympathisch laut – **Trattoria Cammillo**, borgo San Iacopo 57, Tel. (055) 212 427 – in der Nähe von Santa Maria Novella. Besonders authentisch, einfache Gerichte. Spezialität des Hauses: Kohlsuppe und *bistecca alla fiorentina*. Ungezwungen –

13 Gobbi, Via del Porcellana 9 r, Tel. (055) 2398 769 – Kleine Bänke an diskret beleuchteten Tischen, lokale Küche – **Sabatini,** via de Panzani 9/a, Tel. (055) 210 293 – Mo geschl. – 70000 L – Die *antipasti* des Hauses eignen sich besonders zum Kennenlernen der guten klassischen toskanischen Küche – **Da Noi,** via Fiesolana 46/r, Tel (055) 242 917 – So, Mo, im Aug. und Weihnachten geschl. – 50000 L – Kleines raffiniertes Restaurant, kreative Küche, Fisch und Meeresfrüchte – **Dino,** via Ghibellina 51/r, Tel (055) 241 452 – So abends, Mo und im Aug. geschl. – 35-50000 L – Eine der ältesten Adressen Florenz', Jahreszeiten-Küche mit viel toskanischer Tradition – **Cantinetta Antinori,** piazza Antinori 3, Tel (055) 292 234. Verborgen im Hof des Palais Antinori gelegen, in der Nähe des Rathauses. Viele schätzen hier die besonders guten toskanischen Weine, die Küche ist einfach – **Buca Lipi,** via del Trebbio 1/r, Tel (055) 213 768 – Mi und im Aug. geschl. – 30-50000 L – Pittoresker Keller im bereits erwähnten Antinori-Palais, gute Küche – **Buca Mario,** piazza Ottaviani 161, Tel (055) 214 179 – Mi und im Aug. geschl. – 30-50000 L – Typischer Keller, traditionelle Küche – **Le Fonticine,** via Nazionale 79 r, Tel. (055) 282 106 – Großer rustikaler Raum mit zahlreichen Gemälden – toskanische Küche und einige Spezialitäten der Emilia Romagna; Gutes vom Grill, einige Kritik: die Tische sind zu eng gestellt – **Campannia di Sante,** piazza Ravenne, Tel (055) 68 8343 – Der abendliche Spaziergang entlang dem Arno Rtg. Verrazzano-Brücke ist sehr schön. Ausschließlich Fischgerichte. Schöner Blick auf den Ponte Vecchio und den Signoria-Turm – **Antico Fattore,** via Lambertesca 1, Tel (055) 238 12 15 – So, Mo und im Aug. geschl. – 35000 L – Traditionelle toskanische Spezialitäten, Familien-Trattoria in der Nähe der Uffici – **Fagioli,** corso Tintori 47/r, Tel (055) 244 285 – Sa, So, im Aug. und Weihn. geschl. – 30-40000 L – Die hier angebotenen Spezialiten werden von einem echten Toskaner zubereitet.

CAFES UND BARS

Rivoire, piazza della Signoria – Eine große Terrasse am schönsten Platz der Welt. Es tut sehr wohl, sich hier nach dem Besuch der Uffici auszuruhen. Sandwiche, Kuchen, vor allem die *cantucci di Prato* mit *vino santo* – **Giacosa,** via Tornabuoni 83 – Dieses elegante Café ist stets sehr belebt. Cappuccino und Gebäck – **Gilli,** piazza della Repubblica – mit großer palmengeschützter Terrasse

am beliebtesten Platz der Stadt. Innen Belle Epoque-Ausstattung – **Vivoli,** via Isola delle Strinche – Mo geschl. Sehr gutes Eis – Gebäck – **Dolce Vita**, piazza del Carmine. Junger Szene-Treffpunkt der Stadt – **Paszkowski**, piazza della Repubblica 6, Konzert-Café und Restaurant.

SHOPPING MIT CHARME

Pineider, piazza della Signoria 13/r – einst Lieferant Napoleons und Verdis; hier kaufen noch immer die Großen der Welt wie auch Ästheten ihr Briefpapier (mit Monogramm), ihre Tinte, usw.

Officina Profumo Farmaceutica di Santa Santa Maria Novella, piazza Sta. Maria Novella – Eau de Cologne, Parfums, Elixire, Seifen; das Geschäft befindet sich in einer Kapelle des 14. Jh., nach Vereinbarung kann man die hinteren Räume besichtigen. Wundervoll.

Taddei, via Sta. Margherita 11 – ein hübsches Lederwarengeschäft (Handarbeit) – der Laden der **Leather School**, hier werden die in der benachbarten Schule hergestellten Lederwaren verkauft. Florentiner Schmuck gibt es auf dem Ponte Vecchio – wer ausgefalleneren Schmuck zu kaufen wünscht: **Bottega Orafa di Cassigoli e Costanza**, via degli Ramaglienti 12 – handgearbeiteter Schmuck – **Gusceli Brandimarte**, via Bartolini 18, handgearbeitete Goldwaren.

Via de' Tumabuoni ist das Modegeschäfts-Zentrum. Seide und Besticktes, bester florentiner Tradition der Renaissance entsprechend – **Antico Sattifico Fiorentini**, via Bartolini. Taschentücher sowie Bett- und Tischwäsche (Stick- und Häkelarbeit) – **Loretta Caponi**, borgo Ognissanti 10-12/r.

Procacci, via de' Tomabuoni, Delikatessengeschäft – **Gastronomia Palmieri**, via Manni 48/r und **Gastronomia Vera**, piazza Frescobaldi 3/r, Wurstwaren, Wein, Käse und andere toskanische Produkte.

Prato

Il Piraña, via Valentini 110 (0574) 25746 – Sa mittags, So und im Aug. geschl. – 60-80000 L – Elegant, moderne Einrichtung, gute Küche.

Trattoria Lapo, piazza Mercatale. Einfach und preiswert.

Tonio, piazza Mercatale 161, Tel (0574) 21 266 – So, Mo und im Aug. geschl.

Siena

Cane e Gatto, via Pagliaresi 6, Tel. (0577) 287545, mittags reservieren. zwei sehr gute Trattorias in einer kleinen Straße gegenüber der Pinakothek – **Guido,** Vic. Pettinaio, 7 Tel. (0577) 28 00 42 – Mi., vom 10. bis 25. Jan. und vom 15. bis 30. Juli geschl. – eine absolut authentische Küche – **Al Mangia** oder **Il Campo**, piazza del Campo 43 – 45-50000 L –

An der berühmten piazza del Campo, allein der Lage wegen! – **Nello La Taverna**, via del Porrione 28, Tel (0577) 289 003 – Mo und Febr. geschl. – 25-50000 L – Ein von den Familien der Stadt aufgesuchtes

Gasthaus. Gute Küche, gute toskanische Weine
Osteria Le Logge, via del Porrione 33, Tel. (0577) 480 13 – So geschl. – 40-50000 L – In einem ehemaligen Lebensmittelgeschäft, recht edel. Reservieren, wenn Sie im angenehmsten Raum (Erdgeschoß) sitzen möchten – **Grotta Santa Caterina da Bogaga**, via della Galluzza 26, Tel (0577) 282 208 – So abends, Mo und im Juli geschl. – 30000 L – Küche und Atmosphäre rustikal – **Antica Trattoria Botteganova**, strada Chiantigiana 29, Tel. (0577) 284 230 – So, Mo mittags und 10 Tage im Aug. geschl. – 40-70000 L – Sehr angenehm, Küche und Empfang könnten nicht besser sein, lohnt durchaus einen kleinen Umweg.

DIE TOSKANA ZWISCHEN FLORENZ UND SIENA

Fiesole

5 km von Florenz entfernt
Trattoria Cave di Maiano, in Maiano (3 km), via delle cave 16, Tel (055) 591 33 – Do, So abends und im Aug. geschl. – 35000 L – Im Sommer wird das Mittagessen an großen Holztischen auf der schattigen Terrasse serviert – im Winter im pittoresken Speiseraum.

Bagno a Ripoli

9 km von Florenz entfernt
Cent'Anni, via Centanni 7, Tel (055) 630 122 – Sa mittags, So und im Aug., geschl. – 50000 L – Garten und Speiseraum sehr hübsch; die traditionellen toskanischen Gerichte werden von der Familie zubereitet: Mamma Lucia kocht, ihr Sohn Luciono kümmert sich um den Nachtisch, und Silvano um den Wein.

Settignano

7 km von Florenze entfernt
Caffe' Desiderio, Ein altes Café aus dem späten 19. Jh. – Kaffee, Schokolade, Gebäck, Cocktails und ein wunderbarer Blick auf die Hügel von Fiesole.

Serpiolle

8 km von Florenz entfernt
Lo Strettoio, via di Serpiolle 7, Tel (055) 4250 044 – mittags, So, Mo und im Aug. geschl. Ein schönes Restaurant in einer alten Villa, die ihre alte Olivenölpresse (worauf auch der Name zurückgeht) bewahrt hat. Raffinierte Atmosphäre und ein Jahreszeiten-Menü, das von den *camerieri* in schwarzem Gewand mit weißem Kragen serviert wird.

Carmignano

22 km von Florenz entfernt
Da Delfina, in Artimino (6 km), via della Chiesa, Tel (055) 871 8175 – Mo

abends, Di, im Aug. und vom 1. bis 15. Jan. geschl. – Mamma Delfina wacht über alles, und deshalb stammt auch alles aus eigener Produktion (Gemüse, Eier, Geflügel) oder wird eigenhändig zubereitet, insbesondere die unvergeßlichen *pappardelle*.

San Casciano in Val di Pesa

18 km von Florenz entfernt

IN MERCATALE, **La Biscondola**, Tel (055) 821 381 – Mo, Di mittags und im Nov. geschl. – 40-50000 L.

IN CERBAIA (6 km), **La Tenda Rossa**, Tel (055) 826 132 – Mi, Do mittags und vom 5. bis 28. Aug. geschl. – 75000 L – Dieses kleine Restaurant ist ein Familienbetrieb. Die Küche, in der vorwiegend frische Produkte verwendet werden, ist hervorragend. Reservieren.

Monterriggioni

15 km von Siena entfernt

Il Pozzo, piazza Roma 2, Tel (0577)

304 127 – So abends, Mo, im Jan. und von Ende Juli bis 15. Aug. geschl. – 40-50000 L – Gerichte und Weinkarte hervorragend. Gastronomische (regionale) Küche.

Castelnuovo Berardenga

20 km von Siena entfernt

La Bottega del 30, in Villa a Sesta in 5 km von Castelnuovo, Tel. (0577) 35 92 26 - mittags (außer So u. an Feiertagen), Di u. Mi geschl. - 40-80000 L. Reservieren.

San Piero a Sieve

21 km von Siena entfernt

Villa Ebe, borgo San Lorenzo, Tel (0551) 845 7507 – Mo geschl. – 40000 L – Allein das Dorf und die Umgebung lohnen einen Umweg, die frische Pasta der Signora Ebe aber machen diesen Ort unumgänglich!

Castellina in Chianti

26 km von Siena entfernt

Antica Trattoria La Torre, Tel (0577) 740 236 – Fr und vom 1. bis 15. Sept. geschl. – 30-45000 L – Hier wird die Familientradition fortgesetzt und mit Produkten aus der Region gekocht.

Gaiole in Chianti

28 km von Siena entfernt

Badia, in Coltibuono (5 km), Tel (0577) 749 424 – Mo und vom 1. Nov. bis 15. Dez. geschl. – 45000 L – Hier herrscht noch die Tradition der humanstischen Beniktiner mit besonders feinem Gaumen, die einst das Kloster bewohnten. Ein höchst angenehmer Ort.

Colle Val d'Elsa

25 km von Siena entfernt

Arnolfo, piazza Santa Caterina 2, Tel (0577) 920 549 – Di, vom 1. bis 10. Aug. und vom 10. Jan. bis 10. Febr. geschl. – 60-100000 L – Auf dem

Weg von San Gimignano nach Volterra sollte man hier einkehren, denn: Tradition und Innovation des jungen Küchenchefs. – **Antica Trattoria**, piazza Arnolfo 23, Tel. 923 747 – Di geschl. – 50-80000 L. reservieren.

Abbaye de Monteoliveto Asciano

37 km von Siena entfernt

La Torre, in den Gärten der Abtei – Es ist sehr angenehm, in diesem Gasthaus auf die Öffnung der Abtei, die mittags schließt, zu warten; sobald das Wetter es erlaubt, stehen die Tische in der Laube: Sandwiche und Menüs 25-50000 L – Di geschl.
Osteria della Pievina, stratale 438 Lauretana – Wenn Sie die einmalig

schöne Straße von Asciano nach Siena benutzen, ist dies ein besonders schöner Ort zum Rasten. Ein Restaurant mit Ambiente, guter Küche und gutem Weinkeller.

Abtei San Antimo Montalcino

41 km von Siena entfernt

La Cucina di Edgardo, via Saloni, 33, Tel. (0577) 84 82 32. Regional Küche, ganz im Rustikal.

Poggio Antico, in Poggio Antico (4 km), Tel. (0577) 849 200 - Mo geschl. - 60-80000 L. Reservieren.
Taverna della Fattoria dei Barbi, in Podenovi, 5 km von Montalcino, Tel. (0577) 849 357 – Vom 1. bis 15. Juli Di abends und Mi, sowie 2. Januarwoche geschl. – 50000 L̀ – Nach der unumgänglichen Besichtigung der Abtei San Antimo raten wir Ihnen, hier all die guten Produkte der *fattoria* zu kosten.

Montefollonico

60 km von Siena entfernt

La Chiusa, via Madonnina, Tel (0577) 669 668 – Di (außer Aug. bis Sept.), vom 5. Jan. bis 19. März und vom 5. Nov. bis 5. Dez. geschl. – 80-120000 L – Köstliche Gerichte in charmanter Umgebung.

Pienza

52 km von Siena entfernt

La Buca delle Fate, corso il Rossellino 38/a, Tel. (0578) 748 448 –

Mo und Juni geschl. – Echte toskanische Küche: rustikal und großzügig – **Dal Falco**, piazza Dante Alighieri 7, Tel (0578) 74 85 51 – Fr, vom 10. bis 20. Juli und vom 10. bis 30. Nov. geschl. – 30-40000 L – Spezialitäten des Hauses, familiäre Atmosphäre – **Il Prato**, piazza Dante Alighieri 25, Tel (0578) 74 86 01 – Mi und vom 1. bis 20. Juli geschl. – Regionale Küche, sehr freundliche Aufnahme.

San Gimignano

38 km von Siena entfernt

Le Terrazze, piazza della Cisterna, Tel. (0577) 575 152 – Di, Mi mittags u. vom 1. Jan. bis 10. Febr. geschl. – 40000 L – Spezialitäten der Toskana, schöner Ausblick auf das Val d'Elsa – **Dorando'**, vicolo dell'oro 2 – Mo geschl. – In unmittelbarer Nähe des Doms, hervorragende Küche, elegante, intime Atmosphäre – 50000 L – **La Griglia**, Tel 940 005 – Do geschl. – Blick aufs Land.

Arezzo

Buca di San Francesco, via San Francesco, Tel (0575) 23 271 – Mo abends, Di und im Juli geschl. – 55000 L – Küche von höchster Güte, Renaissance-Ausstattung mit viel Atmosphäre – **Al Principe**, in Govi (7 km), Tel 362 046 – Mo und vom 20. Juli bis 20. Aug. geschl. – 50000 L – Eine alte traditionelle Trattoria.

Cortona

28 km von Arezzo entfernt

Il Falconiere, in S. M. in Bolena, 3 km – Mi geschl. – 60000 L – Sehr empfehlenswert – **La Grotta,** Piazzetta Baldini, 3 – Gute, traditionelle Trattoria – **Preludio**, via Guelfa, 11 – **Dardano**, via Dardano, 24. 2 Adresses guten.

Lucignano

27 km von Arezzo entfernt

Osteria da Toto, piazza Tribunale 6, Tel (0575) 836 988 – Di, im Nov. und Febr. geschl. – Diese superbe Villa ist eine ausgesprochen angenehme Zwischenstation.

Lucca

Buca di Sant' Antonio, via della Cervia 1, Tel (0583) 55 881 – So abends, Mo u. im Juli geschl. – 30-50000 L – Alles sehr intim u. freundlich, eine der besten Küchen dieser Gegend. – **Antico Caffe' delle Mura**, piazzale Vittorio Emanuele 2, Tel (0583) 47 962 – Di, 3 Wo im Jan. u. 10 Tage im Aug. geschl. – 40000 L – Ein altes Café, in dem großzügige regionale Gerichte serviert werden – **Da Giulio in Pelleria**, via delle Conce 45, Tel. (0583) 55 948 – So u. Mo geschl. – 35 000 L – Die von der Familie zubereiteten regionalen Gerichte sind besonders wohlduftend u. authentisch – **Solferino**, San Macario in Piano (6 km), Tel. (0583) 59 118 – Mi, Do mittags; 2 Wochen im Aug. u. 1 Woche Weihn. geschl. – **Vipore**, in Pieve Santo Stefano (9 km), Tel (0583) 39 4107 – Mo u. Di abends geschl. – Dieses alte Bauernhaus aus dem 18. Jh. wurde zu einem wundervollen Restaurant mit Blick auf die Ebene von Lucca umgebaut – 60000 L.

Pugnano San Giuliano Terme

Le Arcate, Tel (050) 850 105 – Mo und im Aug. geschl. – Traditionelle Küche – **Sergio**, *das* berühmte Restaurant in Pisa, verfügt über eine "Zweigstelle" in der Villa di Corliano in Rigoli San Giulinao Terme.

Pisa

Al Ristoro dei Vecchi Macelli, via Volturno 49, Tel. (050) 20 424 – Vom 10. bis 20. Aug. Mi und So mittags geschl. – 60000 L – Regionale,

sehr eigenwillige Küche. Besonders mochten wir die *colorita* (rote Bohnensuppe), den Fisch und den zabaione gratinato. – **Sergio**, lungarno Pacinotti 1, Tel. (050) 58 0580 – So, Mo mittags und im Jan. geschl. – 70-95000 L – Kreative Jahreszeiten-Küche, köstliche Desserts – **Emilio**, via Roma 26, Tel (050) 562 131 – Fr geschl. – 25-45000 L – Eine gute Adresse fürs Mittagessen zwischen Arno und Turm: großes *antipasti*-Buffet – **Da Bruno**, via Bianchi 12, Tel (050) 560 818 – Mo abends, Di und vom 5. bis 18. Aug. geschl. – 25-60000 L – Traditionelle Küche in freundlichem Rahmen – **Lo Schiaccianoci**, via Vespucci 104, Tel 21024 – eigenwillige lokale Küche.

Volterra

60 km von Pisa entfernt

Da Beppino, via delle Prigioni 15, Tel (0588) 86 051 – Mi und vom 10. bis 20. Jan. geschl. – Traditionelle Trattoria im historischen Zentrum – 30000 L – **Etruria**, piazza dei Priori 8, Tel (0588) 86 064 – Do und im Nov. geschl. – 45000 L – Das

Restaurant befindet sich in einem ehemaligen Palast am herrlichen Volterra-Platz.

Livorno

La Barcarola, viale Carducci 63, Tel (0586) 402 367 – So und im Aug. geschl. – 40-60000 L – Ein Palast aus dem frühen 19. Jh., beste Spezialitäten Livornos: die Fischsuppe *caciucco* und Barsch nach lokaler Art – **Gennarrino**, via Santa Fortunata 11, Tel (0586) 888 093 – Mi und im Febr. geschl. – 45000 L – Ein gutes, klassisches Rest., reservieren – **Il Fanale**, Scali Novi Lena 15, Tel (0586) 881 346 – Di geschl. – 50000 L. – Reservieren.

Viarregio

Grand Caffé Margherita, lungomare Margherita 30, Tel. (0584) 962 553 – So und im Aug. geschl. – 40-60000 L – Orientalisch inspirierte

Architektur der Fassaden, Libertystil in den Salons, das Caffé ist heute erneut prachtvoll, die Speisekarte des Restaurants klassisch, die Qualit sehr gut. – **L'Oca Bianca**, via Coppino 409, Tel. (0584) 672 05 – Außer Sa und So mittags, Di und im Nov. geschl. – 90000 L – *Die*

Adresse in Viareggio für Fischgerichte und solche, die *mare* und *monti* gekonnt verbinden (s. Probiermenü).

Saturnia

I Due Cippi, piazza Veneto, 26.

Isola d' Elba

Publius, in Poggio (Marciana), Tel (0565) 99 208 – von der 2. Oktoberhälfte bis Ostern geschl. – 35-70000 L – Das berühmteste Restaurant der Insel, schöner Blick aufs Meer – **Rendez-vous da Marcello**, in Marciana Marina, piazza della Vittoria 1, Tel (0565) 99 251 – Vom 10. Jan. bis 10. Febr. Mi geschl. – 40-60000 L.

TRENTINO SÜDTIROL

Trient

Chiesa, via Marchetti 9, Tel (0461) 238 766 – Mi abends, So u. vom 10. bis 25. Aug. geschl. – 60-80000 L – Die Spezialitäten sind den Jahreszeiten angepaßt: In der Zeit der Apfelernte werden z.B. alle Gerichte mit Äpfeln zubereitet – im Frühjahr viel frisches Gemüse, im Sommer Fischgerichte (mit Fischen aus dem See); raffiniert, elegant – **Orso Grigio**, via degli Orti 19, Tel (0461) 984 400 – So u. vom 1. bis 15. Jan. geschl. – Raffinierte (trientinisch-französische) Küche. Im Sommer: hübscher Garten – **Hostaria del Buonconsiglio**, via Suffragio 23, Tel (0461) 986 619 – außer So nur abends geöffn. – 30000 L – Rustikal u. freundlich – **Birreria Forst**, via Oss Mazzurana 38, Tel (0461) 235 590 – Mo geschl. – 30000 L – Eine gute Adresse fürs Mittagessen, das man an der Bar oder im hinteren Raum einnimmt – **Le Bollicine**, via dei Ventuno 1, Tel (0461) 983 161 – So u. im Aug. geschl. – 35000 L – An der Straße des

Schlosses Buon Consiglio, Rest. u. Kneipe

IN CIVEZZANO, 6 km von Trento entfernt, **Maso Cantanghel**, via Madonnina 33, Tel. (0461) 858 714 – So, Ostern u. im Aug. geschl. – 35000 L – Ein schönes altes u. gut restauriertes Bauernhaus etwas außerhalb der Stadt. Küche u. Service gepflegt.

CAFES UND BARS

Caffe'Campregher, via Mazzini – Köstliche Cocktails mit viel *spumante*, dem Schaumwein dieser Gegend.

Calavino
19 km von Trient entfernt

Castel Toblino, Tel (0461) 44 036. Am Gardasee, in einer wundervollen Berg- und Seenlandschaft, wurde ein Raum dieses romantischen Schlosses als Restaurant eingerichtet. Garantiert charmant.

Riva del Garda
28 km von Trient entfernt

Vecchia Riva, via Bastione 3, Tel. (0464) 555 061 – Außerh. der Saison Di und Mi abends geschl.- – 50000 L – Restaurant sehr edel, Service gepflegt – **Bastione**, via Bastione 19/a, Tel (0464) 552 652 – Mi und vom 4. Nov. bis 11. Dez. geschl. – 30000 L – Typische trientiner Küche, sehr angenehme Atmosphäre, reservieren.

Madonna di Campiglio

Prima o Poi, pozze 8, Tel (0465) 57 175 – Mi und im Juni geschl. – Einige km vom Zentrum entfernt, an der Straße nach Pinzolo. Zögern Sie nicht, dieses kleine Holzhaus zu betreten. Die Familie Recagni wird Sie freundlich empfangen und großzügig mit Berggerichten bewirten – **Rifugio Malghette**, Pradalgo, Tel (0465) 41 144 – vom 20. Sept. bis Weihn. und von Mai bis 10. Juni geschl. – 30000 L – Ein freundlich-sympathisches Chalet im Naturpark dell'Andamello-Brenta. Die schönste Zeit ist Anfang Juli, wenn die Rhododendren blühen. Das Risotto mit Pilzen und Preiselbeeren und die selbstgemachte Pasta sind eine wahre Freude.

Bozen

Da Abramo, piazza Gries 16, Tel (0471) 280 141 – So und im Aug. geschl. – 45-65000 L – Ein elegantes Restaurant – **Chez Frederic**, via Armando Diaz 12, Tel (0471) 271 011 – 35000 L – Besonders angenehm im Sommer, wenn man im schattigen Hof sitzt. Französisch-inspirierte Küche – **Castel Mareccio**, via Claudia de' Medici 12, Tel (0471) 979 439. Dieses mit Wein umgebene Schloß ist auf eine rustikale Art elegant.

LOKALE SPEZIALITÄTEN

Antica Salumeria Salsamenteria Guillano Masé, via Goethe 15 –

hausgemachter Tiroler Speck, *salami di selvaggina* und andere Spezialitäten.

Bressanone

Fink, Portici Minoni 4, Tel (0472) 83 48 83 – Mi und vom 1. bis 15. Juli geschl. – Typische Bergküche in einem früheren, unter den mittelalterlichen Arkaden des Zentrums von Bressanone gelegenen Palast – **Oste Scuro**, vicolo Duomo 3, Tel (0472) 83 53 43 – So abends, Mo und vom 10. Jan. bis 5. Febr. geschl. – 40000 L – Im Speiseraum

Barockdekor und im Sommer eine schöne Terrasse – südtiroler Küche.

Fie allo Scilliar

Tschafon, Fié di Sopra 57, Tel (0471) 72 5024 – nur abends geöffn., Mo, vom 9. bis 22. Jan. und vom 1. bis 14. Nov. geschl. – Thérèse Bidart wird Sie hier sehr freundlich empfangen und Ihnen französische Gerichte auftragen. Zwischen Okt. und April ein außergewöhnlich gutes Fisch-Buffet.

Merano

Andrea, via Galilei 44, Tel (0473) 237 400 – Mo und vom 4. bis 25. Febr. geschl. – 45-85000 L   Über die Dolomiten hinaus berühmt und elegant, unbedingt reservieren – **Flora**, via Portici 75, Tel (0473) 231 484 – So, Mo mittags und vom 15. Jan. bis 28. Febr. geschl. – 55-85000 L – Tiroler und italienische Küche. Edel – **Terlaner Weinstube**, via Portici 231, Tel (0473) 235 571 – Mi geschl. – Regionaltypische Küche. Reservieren.

LOKALE SPEZIALITÄTEN

Casa del Miele Schenk, via casa di Risparmio 25 – Hier gibt es selbstverständlich Honig und köstlichen Gelee, aber auch eine Auswahl handgefertigter Kerzen.

Santa Gertrude Val D'ultimo

28 km von Meran entfernt

Genziana, via Fontana Bianca 116, Tel (0473) 79 133 – Fr und vom 1. Nov. bis 26. Dez. geschl. – 50000 L – Eines der besten und gewiß auch am höchsten gelegenen (2000 m). Tiroler und Trentiner Küche: *polenta, porcini*, aber auch Linzer- und Sachertorte sowie Strudel.

Villabassa

Friedlerhof, via Dante 40, Tel (0474) 75 003 – Di und im Juni geschl. – 40000 L – 23 km von Brunico entfernt, ein angenehmes Restaurant im tiroler Stil – die Gerichte wie auch die Ausstattung betreffend.

Ortisei

Ramoser, via Purger 8, Tel (0471) 796 460 – Do geschl. – 40000 L – Die Atmosphäre ist sehr behaglich und die Speisen sind echt und typisch. Eine der guten Adressen des Val Gardena – **Janon**, via Rezia 6, Tel (0471) 796 412 – Di und im Nov. geschl. – 30000 L – Typische tiroler Küche, guter Nachtisch.

VENETO

VENEDIG

in der Nähe der Markuskirche

RESTAURANTS

Harry's Bar, calle Vallaresco 1323,

Tel. (041) 528 5777 – Mo und vom 4. Jan. bis 15. Febr. geschl. – 110000 L – *Bellini*, *carpaccio* und *risotto* sind die Spezialitäten dieses in aller Welt berühmten Hauses. Der beliebteste Tisch ist der an der Bar. Unbedingt reservieren.

Trattoria alla Colomba, Piscina-Frezzeria 1665, San Marco, Tel. (041) 522 11 75 – Mi außerh. der Saison geschl. – 70-100000 L. Zahlreiche Bilder zeitgenössischer Künstler; exzellente Küche, eine der begehrtesten Trattoris in Venedig.

Antico Martini, gegenüber der Oper, Tel. (041) 522 41 21 – Di und Mi mittags geschl. – 70-120000 L, köstlich.

Al Teatro, campo San Fantin 1917, Tel (041) 523 72 14 – Mo geschl. – 40000 L – Die Wände der Pizzeria mit Briefmarken- und Zigarettenverkauf.

La Caravella, via XXII Marzo, Tel. (041) 520 89 01 – Mi außerh. der Saison geschl. – 75-132000 L**.**

Vini da Arturo, calle degli Assassini 3656, Tel (041) 528 69 74 – Die 7 Tische werden meist im Sturm genommen; wer die hervorragenden Fleischgerichte dieses Hauses probieren möchte, muß unbedingt reservieren.

Da Raffaele, San Marco 2347 (fondamenta della Ostreghe), Tel. (041) 523 23 17 – Do, Weihn. geschl. Im Winter Kaminfeuer, im Sommer sitzt man am Kanal mit Gondelverkehr.

Do Forni, calle dei Specchieri 457, Tel 523 77 29 – im Winter Do und von Ende Nov. bis Anf. Dez. geschl. – 60-90000 L.

CAFÉS UND BACCARI

Quadri, piazza San Marco. Gegenüber, an der Sonnenseite – ebenfalls sehr elegant – **Caffe' Lavena**, piazza San Marco 134. Trotz seines hohen Alters (200 Jahre) läßt es sich von seinen illustren Nachbarn nicht unterkriegen – **Florian**, piazza San Marco 56 – Mi geschl. – Besteht seit 1720, berühmt sind die prachtvollen Innenräume und die große schatti-

in der Nähe der Rialtobrücke

RESTAURANTS

Trattoria Madonna, calle de la Madonna 594, Tel (041) 522 38 24 – 40000 L – Eines der typischsten Rest. ganz Venedigs, nur bekommt man nicht immer einen Tisch – **Poste Vecie**, Pescheria Rialto, Tel. (041) 721 822 In unmittelbarer Nähe des Fischmarktes. Besonders schön ausgestattete Speiseräume, eine

große, sehr romantische Terrasse am Kanal, gute Küche mit großem Fischangebot. Sehr touristisch – **Al Graspo de Ua**, calle de Bombaseri 5094, Tel (041) 522 36 47 – Mo, Di und vom 25. Juli bis 10. Aug. geschl. – 70000 L – Es verdient den Ruf, eines der besten Fischrestaurants der Stadt zu sein. Pittoreske Ausstattung

San Polo

Osteria da Fiore, calle del Scaleter,

ge Terrasse am Markusplatz. Um 5 Uhr nachmittags: Schokolade; zum Aperitif: im Sommer den *Bellini* und im Winter den *Tintoretto*. – **Caffe' Paolin**, campo San Stefano 2692, San Marco – Eine große Terrasse am Campo (in der Sonne); hier gibt es das beste Eis der Stadt u. den *spritz* (Prosecco und Bitter) zum Aperitif – **Vino Vino**, Ponte delle Veste 2007-a, ein paar Schritte vom Theater La Fenice entfernt; eine kleine beliebte Bar, in der die *gondolieri* u. die Musiker von La Fenice hin und wieder pausieren. Gute Auswahl italienischer Weine, die nicht schlecht zu einem Teller *pasta e fagioli* schmecken – **Enoteco Volto**, calle Cavalli 4081, San Marco – Tel (041) 522 89 45 – Eine fürs Mittagessen ideale Weinbar. Köstliche kleine Sandwiche, aber auch gute *brunello, barolo, barbaresco* – zahlreiche Biersorten – **Al Bacareto**, San Samuele 3447, köstlich u. lebhaft.

Tel (041) 72 13 08 – So, Mo, Weihnachten und im Aug. geschl. – der hier servierte Fisch ist sehr begehrt, reservieren – **Ai Mercanti**, Pescheria Rialto, Tel (041) 524 02 82, So geschl. – 60000 L. – **Da Ignazio**, calle del Saoneri, Tel. (041) 523 48 52 – Sa geschl. – 60000 L – Sehr freundlicher Innenraum, berühmt für seine *baccalà manteca-*

do und seine Fischgerichte.

Cannaregio

Osteria Al Million, S. Giovanni Crisostomo 5841 – Mi geschl. Eines der ältesten Baccari von Venedig. Weißweine: *Soave* oder *Prosecco* – Rotweine: *Valpolicella* oder *Bardolino*; das paßt besonders gut zu

den *molecche* (weiche Krabben) oder *cichetti* – **Fiaschetteria Toscana** S. Giovanni Crisostomo Tel. (041) 528 52 81 – Fisch-Spezialitäten: Seebarsch, Risotto – **Vini da Gigio**, in der Nähe von Ca' d'Oro, Tel (041) 528 51 40 – Mo geschl. – 45000 L – **Ca d'Oro** oder alla Vedova, calle del Pistor, hinter Ca' d'Oro, eine typische Bar, in der man guten Fisch ißt.

BACCARI

Do Mori, calle dei Do Mori, in der Nähe der Rialto-Brücke. Wenn man in dieser Gegend ist, muß man hier einkehren, nur: mittags geschlossen – **Do Sprade**, calle Le do Spade, die Verlängerung der Straße do Mori; hier wird an der Theke serviert

in der Nähe von Dorsoduro, Accademia

RESTAURANTS

Ai Cugnai, Dorsoduro San Vio. Traditionelle Trattoria – **Ai Gondolieri**, Dorsoduro San Vio 366, Tel. (041) 528 63 96 – Di geschl. – 50-70000 L – **Le Riviera**, di G. Canton, Dorsoduro 1473, Tel (041) 522 762 – Wird vom früheren Maître d'Hôtel der Harry's Bar geführt und liegt den Stucky-Mühlen gegenüber. Politiker, Showbusiness-Leute und andere Stammkunden reservieren ihren Tisch am Kai und genießen die Fischspezialitäten des Hauses – 50-60000 L – Der Empfang ist ein wenig versnobt. Mittags geöffn. – **Locanda Montin**, fondamenta di Borgo 1147, Tel (041) 522 71 51 – Di abends und Mi geschl. – 30000 L – In der Nähe der Guggenheim Foundation, traditionelle Gerichte. Das Restaurant ist zwar berühmt, aber die Küche ist mittelmäßig. In der Laube des großen Hofes fühlt man sich allerdings sehr wohl – **Linea d'ombra**, Zattere 19, eine große Terrasse in der Nähe der

Salute-Kirche, abends Piano-Bar.

zwischen Riva degli Schiavonni, Giardini und Arsenal

RESTAURANTS

Hostaria da Franz, fondamenta San Isepo 754, Tel. (041) 522 75 05 – Di außerh. der Saison und im Jan. geschl. – 50-60000 L – Spezialität: Fisch und Meeresfrüchte. Im Sommer stehen die Tische dem Kanal entlang, (reservieren, Vaporetto Nr. 18, Station Giardini) schick. – **Corte Sconta**, calle del Pestrin 3886, Tel (041) 522 70 24 – So und Mo geschl. – Die Kundschaft besteht größtenteils aus Intellektuellen und Künstlern, hervorragende Küche; die beste Adresse in Venedig ist noch immer vertraulich, da nicht leicht zu finden – **Al Cavo**, campiello della Pescaria 3968, Tel.

(041) 522 38 12 – Mi, Do und vom 10. bis 20. Aug. geschl. Eine der der bevorzugten Adressen der Venezianer.

Die Guidecca

RESTAURANTS

Harry's Dolci, fondamenta San Biagio, Tel (041) 522 48 44 – Mo und vom 10. Nov. bis 10. März geschl. – 70000 L – Hier trifft man im Sommer die besonders schicken Venezianer – **L'Altanella**, Wenn man am Kanal der Guidecca entlangspaziert, entdeckt man die kleine, von Wein verborgene Altanella-Terrasse. Ein Familienbetrieb mit echter venezianischer Küche.

SHOPPING MIT CHARME

Stefano Zanin, geschnitzte Blattgold-Rahmen – **Renato Andreatta**, Spiegel- und Bilderrahmen, Masken – **Mondonova**, ponte dei Pugni 3063 – Dorsoduro. Giano Lavato stellt wunderbare Masken her und arbeitet fürs Theater.

Legatoria Piazzesi, S. Maria del Giglio 2511 – Hier gibt es marbriertes, nach herkömmlicher Art handgedrucktes Papier ("carta varese") sowie andere venezianische handwerkliche Produkte wie alte Bucheinbände, besondere Einrichtungsgegenstände.

Antichità V. Troïs, campo S. Maurizio: herrliche, in Guidecca hergestellte Fortuny-Stoffe.

Rubelli, palais Cornerspinelli, campo S. Gallo: Damast, Seide und Brokat.

Delphos und **Venetia Studium**, campo S. Fantin 1997: moderne Kopien von Fortuny-Kleidern, -Taschen, -Seidenschals (plissiert) in zahlreichen Farben, aber auch Lampen im Fortunystil.

Mazzaron: handgearbeitete Spitze (darunter auch die berühmte venezianische).

Jesurum, ponte della Canonica S. Marco, in einer Kirche des 12. Jh: Bett- und Tischwäsche, alte Spitze – **Pantofola**, calle della Mandola – S. Marco 3718: Samtschuhe, die einst die *gondolieri* trugen.

Pauly, piazza S. Marco: sehr schönes Kunstglas – **L'Isola**, campo S. Moise: hier stellt Carlo Moretti Gläser und Karaffen her.

Rigattieri, calle de la Mandola: verkauft die Produkte der berühmtesten Glashersteller wie Seguso, Barovier-Toso, Venini, usw.

Industrie Veneziane, in der Nähe der Haltestelle S. Marco, **Battiston**, calle Vallaresco 1320. Hier gibt es die berühmten Karaffen der Harry's Bar.

Codognato, calle del Ascensione, hinter S. Marco: alter Schmuck, Artdeco, Cartier, Fabergé, Tiffany.

Nardi, piazza S. Marco, eines der größten Schmuckgeschäfte: u.a. eine herrliche Othello-Serie (nur Einzelstücke).

M. Antiquités, Schmuck von Monica Zecchi, Kleider und Seidensamt-Kappen von Mirella Spinella.

Enoteca Al Volto, calle Cavalli 4081, Wein des Veneto.

Pasticceria Dal Col, San Marco 1035, alle traditionellen Süßigkeiten Venedigs.

Murano

Ai Frati, Tel (041) 736 694 – Do und im Febr. geschl. – Die älteste Osteria Muranos; hier wird noch immer ein

typisch venezianisches Menü angeboten. Terrasse am großen Kanal von Murano.

Torcello

Locanda Cipriani, Tel. (041) 735433 Di, im Jan. und vom 1. bis 18. Febr. geschl. – 80-100000 L –

Unmittelbar neben der Kathedrale Santa Maria Assunta, deren Mosaiken man sich unbedingt ansehen sollte. Cipriani, das heißt: schlicht, aber viel Qualität – **Ponte del Diavolo**, Tel. (041) 730 401 – Do, im Jan., Febr. und abends außer Sa geschl. – 40-70000 L – Spezialitäten: Fisch und Meeresfrüchte. Im Sommer ißt man in einem hübschen Garten zu Mittag.

Burano

Osteria ai Pescatori, Tel (041) 730 650 – Mo und im Jan. geschl. – 50000 L – Seit 200 Jahren gibt es hier die authentische Burano-Küche. Speiseraum und Garten sehr hübsch – **Al Gato Nero-da Ruggero**, Tel (041) 730 120 – Mo, vom 8. bis 30. Jan. und vom 20. Okt. bis 20. Nov. geschl. – 50000 L – Typisch.

Verona

Arche, via delle Arche Scaligere 6, Tel (045) 800 7415 – So, Mo mittags und im Jan. geschl. – 80000 L – Liegt dem berühmten Grabmal von Della Scala gegenüber und ist ein höchst edles Restaurant – **12 Apostoli**, vicolo Corticella San Marco 3, Tel (049) 596 999 – So abends, Mo, vom 2. bis 8. Jan. und

Ende Juni geschl. – 85000 L – Ein Must in Verona – **Il Desco**, via Dietro San Sebastiano 7, Tel (045) 595 358 – So, Weihnachten, Ostern und im Juni geschl. – 70-100000 L – Im historischen Zentrum von Verona. Italienische Nouvelle Cuisine, sehr guter Weinkeller – **Nuovo Marconi**, via Fogge 4, Tel (045) 591 910 – So und im Juli geschl. – 70000 L – Ein elegantes Restaurant, raffinierte ital. Küche, Empfang sympatisch – **Re Teodorico**, piazzale Castel San Pietro, Tel. (045) 8349 990 – Mi und im Jan. geschl. – 55000 L – Schöner Blick auf Stadt und Fluß (Etsch) – **Torcoloti**, via Zambelli 24, Tel (045) 800 6777 – So und Mo abends geschl. – 50000 L – Elegant-raffinierte Atmosphäre – **Bottega del Vino**, via scudo di Francia 3, Tel. (045) 80 04 535 – Angenehme Weinbar, traditionelle Küche, fröhlich-ungezwungenes Ambiente – **Osteria dal Duca**, via Arche Scaligere 2, Tel (045) 59 44 74. Hauptsächlich einheimische Gäste, die wegen der *pastisada de caval* (Pferderagout), der Spezialität Veronas, hier einkehren. – **Rubiani,** piazzetta Scalette Rubiani 3, Tel. (045) 800 68 30 – Fr und Sa geschl. – 60000 L – Eines der guten Restaurants dieses nahe der Arenen gelegenen Viertels, in dem es an Speisenangeboten nicht

mangelt: *risotto ai bruscandol*i, und für die Neugierigen ein *coniglio al càffé*.
Trattoria Al Camiere, piazza San Zeno 10, Tel.(045) 803 0765 – Mi abends, Do und im Juli geschl. Gepflegte Küche, vorwiegend lokale

Produkte – **Osteria all' Oste Scuro**, vicolo San Silvestro 10, Tel. (045) 59 26 50 – Sa mittags, So, Weihn. und vom 20. bis 31. Aug. geschl. – 40000 L – Zwei kleine Räume in einem Palast des historischen Zentrums, wo Sie dank Giuseppinas die Spezialitäten von Verona entdecken werden: *sfilacciata di cavalo* und *la pastisada*.

CAFES UND BARS

Caffe' Dante, piazza dei Signori. Die Atmosphäre dieses schönen Cafés, das an dem herrlichen, von Palästen und der Loggia del Consiglio umgebenen

Platz liegt, ist sehr behaglich. Auch ißt man hier sehr gut. Ein Besuch lohnt sich – **Campidoglio**, piazzetta Tirabosco 4 – Die in einem ehemaligen Kloster (mit alten Fresken) eingerichtete Bar für Yuppies – **Enothèque Dal Zovo**, Vicolo San Marco in Foro 7 – Weine in großer Auswahl: *amarone* und *recioto*.

Padua

Antico Brolo, Corso Milano 22, Tel. (049) 656 088 – So und vom 8. bis 28. Aug. geschl. – 50-90000 L – tets frische Jahreszeiten-Küche. Im Sommer Abendessen bei Kerzenschein im Garten – **El Toula'**, via Belle Parti 11, Tel. (049) 8751822 – So, Mo abends und im Aug. geschl. – 65-80000 L – In diesem elegant-konventionellen Toula ist man nie enttäuscht – **Mario e Mercedes**, via S. Giovanni da Verdara 13, Tel. (049) 871 97 31 – Mi, Weihn., Neujahr und vom 15. bis 31. Aug. ges-

chl. – 45000 L – Die besten venezianischen Speziali-täten, ein Familienbetrieb, schöne Einrichtung, kurz, eine gute Adresse. – **Il Michelangelo**, corso Milano 22, Tel. (049) 65 60 88 – Sa mittags, Mo, und Ende Aug. geschl. – 45000 L, reservieren.

CAFES UND BARS

Caffe' Pedrocchi, piazzetta Pedrocchi – 1831 von Antonio Pedrocchi eröffnet, galt es lange als das eleganteste Café Europas. Die Salons sind in Grün, Weiß und Rot gehalten – in den Farben der italienischen Flagge. Hier muß man gewesen sein.

Dolo

Locanda alla Posta, Tel. (041) 410 740 – Mo geschl – 55000 L – Fischrestaurant.

Vicenza

Scudo di Francia, contrà Piancoli 4, Tel (0444) 323 322 – So abends, Mo und im Aug. geschl. – 50000 L – In einem venezianischen Palast unweit der piazza Signori. Spezialität: Fisch und Meeresfrüchte – **Cinzia e Valerio**, piazzetta Porto Padova 65, Tel (0444) 505 213 – Mo, vom 1 bis 7. Jan. und Aug. geschl. – 70000 L – Fischrestaurant – **Gran Caffe' Garibaldi**, piazza dei Signori 5, Tel (0444) 544 147 – Di abends, Mi und im Nov. geschl. – 35000 L – Entweder trinkt und ißt man hier eine Kleinigkeit an einem der Marmortische im schönen großen Raum des Erdgeschosses oder man begibt sich ins Restaurant mit traditioneller Küche im 1. Stock – **Osteria Cursore,** stradella Cursore 10, Tel (0444)32 35 04 – Sympathisch, einfach und beliebt.

Treviso

Le Beccherie, piazza Ancillotto 10, Tel. (0422) 56 601 – So abends, Mo und Ende Juli geschl. Eines der ältesten und berühmtesten Restaurants der Stadt, das sich bemüht, die große kulinarische Tradition der Region fortzuführen – **Al Bersagliere**, via Barberia 21, Tel (0422) 541 988 – So, Sa mittags, Anf. Jan. und Anf. Aug. geschl. – Gute regionale Küche, reservieren – **El Toula' da Alfredo**, via Collalto 26, Tel (0422) 540 275 – So abends, Mo und im Aug. geschl. – Dieses ist das Stammhaus der berühmten Toula'-Restaurantkette.

Miane

Da Gigetto, via A. de Gasperi 4, Tel. (0438) 960020 – Mo abends, Di, vom 7. bis 22. Jan. und vom 1. bis -22. Aug. geschl. – 50000 L – Ein hervorragendes Restaurant; rustikal und gediegen. Italienische Küche: fein und originell, mit den Vorzügen, aber nicht den Nachteilen der Nouvelle Cuisine. Weinkeller und Empfang außergewöhnlich gut.

Belluno

Al Borgo, via Anconetta 8, Tel. (0437) 926 755 – Mo abends, Di und vom 15. bis 30. Jan. geschl. – 35000 L – Diese schöne venezianische Villa ist ein privilegierter Ort: Kultur verbunden mit guter Küche.

Mel, 14 km von Belluno entfernt

Antica Locanda al Capello, piazza Papa Luciani, Tel (0437) 753 651 – Di abends, Mi und 2 Wo im Juli geschl. – 30000 L – Eine ehemalige Posthalterei, was auch die alten Schilder an diesem Palais aus dem 17. Jh. bezeugen. Hier wird nach alten Rezepten gekocht.

Cortina d'Ampezzo

Bellavista-Melocino, in Gillardon, Tel (0436) 861 043 – Di, im Juni und Nov. geschl. – 50000 L – Ab Cortina-Zentrum Rtg. Falzarego. Ein kleines, von den Habitués des Wintersportortes sehr geschätztes Restaurant – **El Toulà**, Ronco 123, Tel (0435) 3339 – Mo geschl., vom 20. Dez. bis 12. April und vom 20. Juli bis Ende Aug. geöffn. – 90000 L – Das eleganteste Restaurant Cortinas – **Da Beppe Sello**, via Ronco 67 – Tel. (0436) 3236 – 40-50000 L – Uns gefällt die großzügige Küche dieses kleinen Chalet-Hotels dritter Kategorie; man sitzt entweder im Speiseraum im tiroler Stil oder (im Sommer) auf der Terrasse – **Da Leone e Anna**, via Alverà 112, Tel. (0436) 2768 – 50-60000 L – ardische Spezialitäten – **El Zoco**, via Cademai 18, Tel. 860 041 – 50-70000 L – Reservierung erbeten – **Baita Fraina**, Fraina, Tel (0436) 3634 – Mo, im Okt., Nov., Mai und Juni geschl. – 40000 L – Die Atmosphäre dieses isoliert in einem Wald in den Bergen gelegenen Chalets ist freundlich und ungezwungen. Hausmannskost – **Il Meloncino al Lago**, lago Ghedina, Tel (0436) 860 376 – Di, im Juli und Nov. geschl. – Ein geschmackvoll-rustikales Chalet in wunder-

voll natürlicher Umgebung.

CAFES UND BARS

Bar del Posta, Hôtel de la Poste, piazza Roma. Hemmingway soll sich in dieser Bar mit plüschiger Atmosphäre sehr wohl gefühlt haben. Der Cocktail des Hauses heißt *dolomite*.

Udine

Alla Vedova, via Tavagnacco 8, Tel (0432) 470 291 – So abends, Mo und im Aug. geschl. – 45000 L – Atmosphäre sympathisch, Küche wie man sie liebt.

Triest

Harry's Grill, Hotel Duchi d'Aosta, piazza dell' Unita d'Italia, Tel (040) 62 081 – 90000 L – Die Bar des Hotels ist der Treffpunkt der Geschäftsleute der Stadt. Das Restaurant ist sehr gefragt, nicht zuletzt wegen seiner Fischgerichte und Meeresfrüchte – **Ai Fiori**, piazza Hortis 7, Tel (040) 300 633 – So, Mo und vom 15. Juni bis 15. Juli geschl. – 40000 L – Ein elegantes Fischrestaurant – **Suban**, via Comici 2, Tel (040) 54 368 – Mo, Di und 3 Wo im Aug. geschl. – 60000 L – Erst, ab 1865, war dieses Restaurant eine Landschenke. Heute hat die Stadt es zwar eingeholt, aber im Innern ist alles unverändert – probieren Sie das köstliche Kräuter-Risotto; im Sommer sitzt man in der schönen Laube – Probieren sollten Sie: *zuppe di verdura, filetto di manzo alle verze, studel di mele* – im Sommer unter einer angenehmen Pergola – **Elefante Bianco**, riva Tre Novembre 3, Tel (040) 365 784 – Sa mittags und So geschl. – 35-75000 L – Wenn Sie hier speisen möchten, müssen Sie vorher reservieren – **Al Granzo**, piazza Venezia 7, Tel (040) 306 788 – Mi geschl. – 50000 L – Eines der beliebtesten Fischrestaurants von Triest. Versuchen Sie, einen Tisch dem hübschen Fischmarkt gegenüber zu bekommen – **Al Bragozzo**, riva Nazario Sauro 22, Tel (040) 303 001 – So und vom 25. Juni bis 10. Juli Mo geschl. – Eines der besten und beliebtesten Restaurants am Hafen.

CAFES UND BARS

Caffe' San Marco – 1904, zur Zeit der Doppelmonarchie, eröffnet; die kürzlich vorgenommene Restauration

sollte die Atmosphäre jenes Literatencafés wiederherstellen, in dem sich einst Umberto Saba und Itali Svevo trafen und heute Schriftsteller wie Claudio Magris und Giorgio Voghera. Anläßlich der Wiedereröffnung verband sich das San Marco partnerschaftlich mit zwei Cafés, die im kulturellen Leben Europas ebenfalls eine große Rolle spielen: dem *Hungeria* in Budapest und dem *Florian* in Venedig. – **Caffe' degli Specchi**, piazza dell'Unità de' Italia – Am größten Platz von Triest und Ausgangspunkt der Stadtbesichtigung. Hier sollten Sie abends etwas trinken und den Sonnenuntergang am Meer betrachten – **Para Uno**, via Cesare Battisti 13. Der hier gereichte Cappucino ist phantastisch.

ORTSVERZEICHNIS

A

Alba (Cuneo): Villa La Meridiana - Cascina Reine 171
Anagni (Frosinone): Villa La Floridiana 79
Agrigento
    Villa Athena 215
    Foresteria BaglioBaia di Luna 216
Alberobello (Bari): Hotel dei Trulli..194
Alghero (Sassari): Hotel Villa Las Tronas................................208
Altomonte (Cosenza): Hotel Barbieri 1
Amalfi (Salerno)
    Hotel Luna Convento 30
    Hotel Santa Caterina 31
Amalfi - Conca dei Marini (Napoli): Hotel Belvedere.................32
Appiano (Bolzano): Schloss Freudenstein 360
Artimino - Carmignano (Firenze): Hotel Paggeria Medicea 270
Arzachena-Cannigione (Sassari): Hotel Li Capanni..................209
Asolo (Treviso): Hotel Villa Cipriani 419
Assisi (Perugia)
    Hotel Subasio..146
    Hotel Umbra..147
    Le Silve di Armenzano *(Armenzano)*...................................148
    Castel San Gregorio *(San Gregorio)* 149

B

Baia Domizia (Caserta): Hotel Della Baia....................................6
Barbarano Vicentino (Vicenza): Il Castello 434
Barberino Val d'Elsa (Firenze)
    La Callaiola 279
    Il Paretaio *(San Filippo)*..280
    Fattoria Casa Sola *(Cortine)*..281
Bergamo: Agnello d'Oro 97
Bologna
    Hotel Corona d'Oro 42
    Hotel Commercianti 43
    Hotel Orologio 44
Bolzano
    Park Hotel Laurin 363
Bovara di Trevi (Perugia): Casa Giulia 150
Bressanone (Bolzano): Hotel Elephant......................................369
Breuil Cervinia (Aosta)
    L'Hermitage..185
    Les Neiges d'Antan...186
Brisighella (Ravenna): Il Palazzo 54
    Relais Torre Pratesi *(Cavina)*...55

C

Caldaro (Bolzano): **Pensione Leuchtenburg** 361
Camogli (Genova): **Hotel Cenobio dei Dogi**.................83
Canalicchio (Perugia)
– **Relais Il Canalicchio** 151
Canelli (Asti): **La Luna e i Falo'** 170
Cantello (Varese)
– **Albergo Madonnina** 131
Capri Isola di (Napoli)
   Villa Brunella.................12
   Europa Palace Hotel 13
   Hotel Luna 14
   Hotel Punta Tragara 15
   Hotel Villa Sarah 16
   Pensione Quattro Stagioni 17
Castel del Piano Umbro (Perugia): **Villa Aureli** 14
Castel di Tusa (Messina): **Museo Albergo L'Atelier sul Mare**.................222
Castelfranco Emilia (Modena): **Villa Gaidello Club**.................48
Castellina in Chianti (Siena)
Castellina in Chianti (Siena) - carte 14
   Palazzo Squarcialupi 292
   Hotel Salivolpi 293
   Tenuta di Ricavo *(Ricavo)*.................294
   Hotel Villa Casalecchi 295
   Albergo Fattoria Casafrassi *(Casafrassi)* 296
   Hotel Belvedere di San Leonino *(San Leonino)*.................297
Castelnuovo Berardenga (Siena)
   Castello di Montalto 317
   Hotel Villa Arceno *San Gusmè* 318
   Hotel Relais Borgo San Felice *San Felice* 319
Castelrotto-Siusi (Bolzano): **Hotel Cavallino d'Oro**.................366
Castiglione d'Orcia-Rocca d'Orcia (Siena): **Cantina Il Borgo**.................308
Cenito (Salerno): **Giacaranda**.................25
Certaldo Alto (Firenze): **Osteria del Vicario** 285
Cetona (Siena): **La Frateria** 332
Cetraro (Cosenza): **Grand Hotel San Michele** 2
Champoluc (Aosta): **Villa Anna Maria**.................187
Chiaverano d'Ivrea (Torino): **Castello San Giuseppe** 174
Cioccaro di Penango (Asti): **Locanda del Sant'Uffizio** 177
Cisternino (Brindisi): **Villa Cenci** 196
Citta di Castello (Perugia): **Hotel Tiferno**.................152
Cividale del Friuli (Udine): **Locanda al Castello** 426
Cogne (Aosta): **Hotel Bellevue** 188
Colle di San Paolo di Tavernelle (Perugia): **Villa di Monte Solare** ..153
Colline di Iseo - Iseo (Brescia): **I Due Roccoli** 98
Cologne Franciacorta (Brescia) : **Cappuccini** 99
Cortina d'Ampezzo (Belluno)
   Hotel Bellevue 408
   Hôtel de la Poste 409
   Hôtel d'Ancora 410

Hotel Pensione Menardi 411
Hotel Franceschi 412
Baita Fraina 413
Corvara in Badia (Bolzano): Hotel La Perla 370
Cortona (Arezzo)
　Albergo San Michele 239
　Hotel Il Falconiere *(San Martino)* 240
Courmayeur (Aosta)
　La Grange *(Entrèves)* 191
　Hotel La Brenva 192

D
Dolo (Venezia): Villa Ducale 405

E
Elba Isola d'(Livorno)
　Park Hotel Napoleone 354
　Hotel Hermitage 355
　Hotel da Giacomino 356
Erbusco (Brescia): L'Albereta 100
Erice (Trapani): Hotel Elimo Erice 229

F
Fanzolo (Treviso): Villa Emo 420
Farnese (Viterbo): Il Voltone 81
Fasano (Brindisi): Masseria Marzalossa 197
Ferrara
　Locanda della Duchessina 45
　Locanda Borgonuovo 46
Fié Allo Sciliar (Bolzano): Hotel Turm 365
Finale Ligure (Savona): Hotel Punta Est 94
Firenze
　Hotel Helvetia & Bristol 243
　Hotel Regency 244
　Grand Hotel Villa Cora 245
　Hotel Brunelleschi 246
　Hotel J & J 247
　Hotel Monna Lisa 248
　Grand Hotel Minerva 249
　Hotel Montebello Splendid 250
　Hotel Lungarno 251
　Torre di Bellosguardo 252
　Villa Belvedere 253
　Villa Carlotta 254
　Hotel Hermitage 255
　Hotel Loggiato dei Serviti 256
　Hotel Splendor 257
　Villa Azalee 258
　Hotel Morandi alla Crocetta 259
　Hotel Pensione Pendini 260
　Pensione Annalena (...........261

Hotel Tornabuoni Beacci 262
Hotel David 263
Residenza Johanna I 264
Residenza Johanna II 265
Villa San Michele *(Fiesole)*..266
Pensione Bencistà *(Fiesole)* 267
Hotel Villa Le Rondini *(Trespiano)* 268
FattoriaI Milione *(Giogoli)* 269
Follina (Treviso): Hotel Abbazia 421
Formia (Latina): Hotel Castello Miramare 59
Forte dei Marmi (Lucca)
California Park Hotel 334
Hotel Byron 335
Hotel Tirreno..336

G

Gaeta (Latina): Gran Hotel Le Rocce 7
Gaiole in Chianti (Siena): Castello di Spaltenna............................298
Gargagnano di Valpolicella (Verona): Foresteria Serègo Alghieri 430
Garlenda (Savona): La Meridiana...95
Gubbio (Perugia) : Villa Montegranelli Hotel *(Monteluiano)*..........154
Gressoney-la-Trinité (Aosta): Hotel Lo Scoiattolo 193
Greve in Chianti (Siena): Castello di Uzzano 301
Grimaldi Inferiore (Imperia): Baia Benjamin 92

I

Ischia Isola d' (Napoli)
Park Hotel Miramare 18
Pensione Casa Garibaldi 19
Pensione Casa Sofia 20
Hotel Villarosa...21
Hotel Bagattella...22
Albergo Terme San Montano...23
Hotel Residence Punta Chiarito...24

L

Lago di Como
  Como
  – Albergo Terminus..108
  – Hotel Villa Flori 109
  Bellagio
  Grand Hotel Villa Serbelloni 110
  Hotel Florence..111
  Cernobbio: Grand Hotel Villa D'Este...................................112
  Moltrasio: Grand Hotel Imperiale 113
  Lenno: San Giorgio Hotel 114
  Menaggio: Grand Hotel Victoria..115
  San Mamete: Hotel Stella d'Italia..116
  Valmadrera: Villa Giulia Al Terrazzo 117
  Varenna: Hotel Olivedo 118

Lago di Garda
  Fasano di Gardone Riviera (Brescia)
  Villa del Sogno 101
  Grand Hotel Fasano 102
  Gardone Riviera: Villa Fiordaliso 103
  Gargnano
  Baia d'Oro..104
  Villa Giulia..105
  Salo: Hotel Laurin 106
  Sirmione: Villa Cortine Palace Hotel..107
  Riva del Garda (Trento): Lido Palace Hotel..................................375
Lago Maggiore (Varese)
  Ranco (Varese): Albergo Ristorante Il Sole di Ranco 134
  Cannobio (Novara): Hotel Pironi..179
  Ghiffa (Novara): Hotel Ghiffa 180
  Stresa (Novara): Hotel Verbano 181
Lago d'Orta
  Orta San Giulio
  Villa Crespi 182
  Hotel San Rocco..183
Lago Trasimeno (Perugia)
  Isola Maggiore
  Hotel da Sauro 155
Lampedusa Isola (Agrigento): Club Il Gattopardo 230
Lecchi - SanSano (Siena): Residence San Sano..............................276
Le Valli-Incisa Val d'Arno: Residenza San Nicolo d'Olmeto 271
Le Vigne (Siena): La Palazzina 333
Lipari Isole Eolie ou (Messina)
  Lipari
  Hotel Carasco..231
  Villa Augustus Hotel 232
  Villa Meligunis 233
  Panarea: Hotel Raya...234
  Salina
  Hotel Signum..235
  Stromboli
  Hotel La Sciara Residence 236
  La Sirenetta Park Hotel 237
  Vulcano: Les Sables Noirs 238
Lucignano d'Asso (Siena): Azienda Picolomini Bandini 330

M
Maleo (Milano): Albergo del Sole 132
Mantova: Albergo San Lorenzo..120
Maratea (Potenza)
  Locanda delle Donne Monache 3
Martina Franca (Taranto): Hotel Villa Ducale 202
Matera: Hotel Sassi 4
Merano (Bolzano)
  Castel Labers...357
  Hotel Oberwirt *(Marling)* 358

Mercatale (Firenze): **Salvadonica**..272
Milano
    Hotel Four Seasons..122
    Excelsior Hotel Gallia..123
    Grand Hotel del Duomo 124
    Hotel Pierre Milano 125
    Hotel Diana Majestic 126
    Hotel Spadari al Duomo 127
    Hotel de la Ville 128
    Antica Locanda dei Mercanti ）......................................129
Mira Porte (Venezia): **Hotel Villa Margherita**..................406
Missiano - Appiano (Bolzano): **Hotel Schloss Korb** 359
Modanella-Serre di Rapolano (Siena): **Castello di Modanella** ...309
Modena: **Canalgrande Hotel**.....................................47
Mogliano Veneto (Treviso): **Villa Stucky**......................422
Monopoli (Bari): **Il Melograno**................................195
Monsummano Terme (Pistoia): **Hotel Grotta Giusti** 343
Montagnane (Firenze): **Castello di Montegufoni** 273
Monte San Savino (Arezzo): **Castello di Gargonza** 241
Montecatini Terme (Pistoia): **Grand Hotel e la Pace** 344
Montecatini Val di Cecina (Pisa): **Il Frassinello** 339
Montefalco (Perugia): **Villa Pambuffeti**.......................156
Montefiridolfi (Firenze): **Fattoria La Loggia**.................274
Montefollonico (Siena): **La Chiusa** 303
Monteriggioni (Siena) : **Hotel Monteriggioni** 302
Monterosso al Mare (La Spezia): **Hotel Porto Roca** 96
Montevetollini (Pistoia): **Villa Lucia** 345
Monticchiello di Pienza (Siena): **L'Olmo** 306
Montieri (Grosseto): **Rifugio Prategiano**.....................347
Monza (Milano): **Hotel de la Ville** 130

N
Napoli
    Hotel Santa Lucia 8
    Hotel Elxelsior 9
    Grand Hotel Parker's 10
    Hotel Paradiso 11

O
Ortisei (Bolzano)
    Hotel Adler 367
    Pension Uhrerhof Deur *(Bulla)*....................................368
Orvieto (Terni):
    Villa Ciconia 167
    Hotel Ristorante La Badia 168
Ospedaletto di Pescantina (Verona): **Villa Quaranta Park Hotel**......366
Ostuni (Brindisi)
    Grand Hotel Masseria Santa Lucia 200
    Lo Spagnolo 201

P

Paciano (Perugia): **Locanda della Rocca** 157
Padova: **Albergo Leon Bianco** 417
Palermo
   Grand Hotel Villa Igiea 217
   Centrale Palace Hotel 218
   Grand Hotel et des Palmes 219
Panzano in Chianti (Firenze): **Villa Le Barone** 257
Parma: **Hotel Verdi** 51
Pergine Valsugana: **Castello Pergine** 374
Perugia
   Locanda della Posta 141
   Castello dell' Oscano *(Generente)* 142
Pesaro (Varese):
   Hotel Vittoria 138
   Villa Serena 139
Pienza (Siena)
   La Saracina 304
   Il Chiostro di Pienza 305
Pievescola di Casole d'Elsa (Siena): **Relais La Suvera** 310
Pissignano-Campello (Perugia): **Albergo Vecchio Molino** 158
Poggibonsi (Siena): **Hotel Villa San Lucchese** 311
Poggio (Rieti): **Hotel Borgo Paraelios** 64
Pomino-Rufina (Firenze): **Fattoria di Petrognano** 276
Pomponesco (Mantova): **Il Leone** 121
Pontenuovo (Pistoia): **Il Convento** 346
Pontessieve (Firenze): **Tenuta di Bossi** 283
Pontremoli (Massa Carrara): **Azienda Costa d'Orsola** 338
Ponza Isola di (Latina): **Hotel Cernia** 60
Portico di Romagna (Forli): **Hotel Al Vecchio Convento** 49
Porto Cervo (Sassari)
   Hotel Cala di Volpe 211
   Hotel Ginestre 212
   Hotel Romazzino 213
Porto Conte (Sassari): **El Faro** 214
Porto Ercole (Grosseto): **Il Pellicano** 348
Porto San Paolo (Sassari): **Hotel Don Diego** 210
Portobuffolé (Treviso): **Villa Giustinian** 423
Portofino (Genova)
   Albergo Splendido 85
   Piccolo Hotel 86
   Hotel Nazionale 87
Portonovo (Ancona)
   Hotel Fortino Napoleonico 135
   Hotel Emilia 136
Positano (Salerno)
   Hotel San Pietro 33
   Le Sirenuse 34
   Hotel Poseidon 35
   Palazzo Murat 36

Albergo Casa Albertina 37
Praiano (Salerno): Grand Hotel Tritone 38
Prato (Firenze)
    Villa Rucellai - Fattoria di Canneto 277
Pretale-Sovicille (Siena): Albergo Borgo Pretale 312
Pugnano (Pisa): Casetta delle Selve 340
Puinello (Reggio Nell'Emilia): Casa Matilda 58
Punta Ala (Grosseto)
    Hotel Cala del Porto 349
    Piccolo Hotel Alleluja 350

R

Radda in Chianti (Siena)
    Relais Fattoria Vignale 314
    Podere Terreno *(Volpaia)* 315
    Relais Vescine (*Vescine*) 316
Ravello (Salerno)
    Hotel Caruso Belvedere 39
    Villa Cimbrone 40
    Hotel Palumbo-Palazzo Gonfalone 41
Ravenna: Bisanzio Hotel 53
Redagno (Bolzano): Berghotel Zum Zirmerhof 362
Regello - Vaggio (Firenze): Villa Rigacci 278
Reggio Nell'Emilia
    Hotel Posta 56
    Albergo delle Notarie 57
Rigoli - San Giuliano Terme (Pisa): Hotel Villa di Corliano 341
Roma
    Hotel Lord Byron 65
    Hotel Giulio Cesare 66
    Hotel d'Inghilterra 67
    Hotel Raphaël 68
    Hotel Sole Al Pantheon 69
    Hotel Carriage 70
    Hotel Mecenate *(280 000 L)* 71
    Hotel Gregoriana 72
    Hotel Locarno 73
    Hotel Teatro di Pompeo 74
    Hotel Sant' Anselmo 75
    Hotel Villa del Parco 76
    Pensione Scalinata di Spagna 77
Roncegno (Trento): Palace Hotel 376
Rosia (Siena): Azienda Montestigliano 313
Rovigo: Hotel Regina Margherita 418

S

Sabaudia: Hotel Le Dune 61
Salvetrini di Fasano (Brindisi): Masseria San Domenico 198
Santarcangelo di Romagna (Forlì): Hotel della Porta 450
San Candido (Bolzano): Parkhotel Sole Paradiso 372

San Cassiano - Armentarola (Bolzano): Hotel Armentarola 371
San Fedele d'Intelvi (Como): Villa Simplicitas e Solferino 119
San Felice Circeo (Latina): Hotel Punta Rossa 62
San Floriano del Collio (Gorizia) Golf Hotel 415
San Fruttuoso (Genova): Albergo Da Giovanni................................84
San Gimignano (Siena)
San Gimignano (Siena) - carte 14
   Hotel L'Antico Pozzo 320
   Hotel La Cisterna 321
   Hotel Bel Soggiorno 322
   La Collegiata 323
   Villa San Paolo 324
   Hotel Le Renaie 325
   Il Casale del Cotone *(Il Cotone)* 326
   Il Casolare di Libbiano *(Libbiano)*..327
   Hotel Pescille *(Pescille)*...328
   Casanova di Pescille *(Pescille)* 329
San Giorgio Monferrato (Alessandria): Castello di San Giorgio 184
San Pietro Isola di - Carloforte (Cagliari)
   Hotel Hieracon 203
   Pensione Paola e primo Maggio..204
San Pietro a Dame (Arezzo): Stoppiacce 242
San Quirico d'Orcia-Ripa d'Orcia: Castello di Ripa d'Orcia 308
San Remo (Imperia): Hotel Royal 93
San Vigilio - Lana (Bolzano): Albergo Monte San Vigilio 364
Sant'Ambrogio di Valpolicella (Verona): Coop 8 Marzo-Ca`Verde ..432
Sant'Antioco Isola di - Carloforte(Cagliari) : Club Ibisco Farm.....205
Santa Margherita Ligure (Genova): Imperiale Palace Hotel 88
Santa Maria di Castellabate (Napoli) Palazzo Belmonte 26
Santa Margherita de Pula (Cagliari): Is Morus Hotel 206
Sappada: Haus Michaela..416
Saturnia (Grosseto)
   Hotel Terme di Saturnia 351
   Hotel Villa Claudia 352
   Azienda Saturnia Country Club *(Pomonte Scansano)*...................353
Sauze d'Oulx (Torino): Il Capricorno 175
Scorze (Venezia): Villa Conestabile...407
Selva di Fasano (Brindisi): Sierra Silvana 199
Sesto Fiorentino (Firenze): Villa Villoresi 282
Sestriere (Torino): Hotel Principi di Piemonte 176
Sestri Levante (Genova)
   Grand Hotel Villa Balbi 89
   Hotel Helvetia 90
   Hotel Miramare 91
Siena
   Park Hotel..286
   Hotel Certosa di Maggiano 287
   Grand Hotel Villa Patrizia 288
   Hotel Villa Scacciapensieri 289
   Hotel Antica Torre 290
   Hotel Santa Caterina 291

Sinalunga (Siena): Locanda dell'Amorosa ... 331
Siracusa
    Villa Lucia ... 220
    Grand Hotel di Siracusa ... 221
Sirolo (Ancona): Hotel Monte Conero ... 137
Solighetto (Treviso): Locanda Da Lino ... 424
Soragna (Parma): Locanda del Lupo ... 52
Sorrento (Napoli)
    Grand Hotel Excelsior Vittoria ... 27
    Hotel Bellevue Syrene ... 28
Sperlonga (Latina): Park Hotel Fiorelle ... 63
Spello (Perugia)
    Hotel Palazzo Bocci ... 162
    Hotel La Bastiglia ... 163
Spoleto (Perugia)
    Hotel Gattapone ... 159
    Palazzo Dragoni ... 160
    Hotel Eremo delle Grazie *(Monteluco)* ... 161
Su Gologone-Oliena (Nuoro): Hotel Su Gologone ... 207

T

Tai de Cadore (Belluno): Villa Marinotti ... 414
Taormina (Messina)
    San Domenico Palace Hotel ... 223
    Hotel Villa Belvedere ... 224
    Villa Ducale ... 225
    Villa Paradiso ... 226
    Villa Riss ... 227
    Hotel Villa Sant'Andrea à Mazzarro(... 228
Telese Terme (Benevento): Grand Hotel Telese ... 5
Titignano-Orvieto (Terni): Fattoria di Titignano ... 169
Tivoli (Roma): Hotel Ristorante Adriano ... 78
Todi (Perugia)
    Hotel Convento San Valentino ... 164
    Hotel Fonte Cesia ... 165
    Poggio d'Asproli *(Asproli)* ... 166
Torgiano (Perugia)
    Relais Le Tre Vaselle ... 144
    La Bondanzina ... 145
Torino
    Villa Sassi-Toula ... 172
    Hotel Victoria ... 173
Tornano - Lecchi (Siena): Castello di Tornano ... 299
Torri del Benaco (Verona): Hotel Gardesana ... 433
Tuscania (Viterbo): Hotel Al Gallo ... 82
Trento: Albergo Accademia ... 373
Trieste: Hotel Duchi d'Aosta ... 436
Trissino (Vicenza): Relais Ca' Masieri ... 435

U
Urbino: Hotel Bonconte 140

V
Valnontey (Aosta)
   Hotel Herbetet 189
   Hotel Petit Dahu..190
Varese: Hotel Colonne 133
Venezia
   Hotel Cipriani et Palazzo Vendramin 377
   Bauer Gründwald et Grand Hotel 378
   Gritti Palace Hotel 379
   Hotel Monaco e Grand Canal 380
   Hotel Londra Palace 381
   Hotel Gabrielli Sandwirth 382
   Hotel Metropole 383
   Pensione Accademia-Villa Maravegie 384
   Hotel Flora 385
   Hotel Torino 386
   Hotel Bel Sito & Berlino)...387
   Hotel La Fenice et des Artistes 388
   Hotel Do Pozzi 389
   Hotel Panada 390
   Hotel Ai due Fanali 391
   Hotel Residenza 392
   Locanda Ai Santi Apostoli 393
   Hotel Agli Alboretti 394
   Hotel Santo Stefano 395
   Pensione Seguso 396
   Pensione La Calcina 397
   Pensione Alla Salute da Cici 398
   Hotel Pausania 399
   Palazzetto da Schio 400
   Hotel des Bains *(Lido)*..401
   Albergo Quattro Fontane *(Lido)*..402
   Hotel Villa Mabapa *(Lido)* 403
   Locanda Cipriani *(Torcello)* 404
Verduno: Albergo del Castello..178
Verona
   Hotel Gabbia d'Oro 427
   Hotel Aurora 428
   Hotel Villa del Quar *(Pedemonte)*...429
Viareggio (Lucca): Hotel Plaza e de Russie 337
Vicchio (Firenze): Villa Campestri 284
Vico Equense (Napoli): Hotel Capo La Gala...............................29
Vignola (Chieti): Villa Vignola..80
Villabella-S. Bonifacio (Verona): Relais Villabella 431
Volterra (Pisa): Albergo Villa Nencini..342

Z
Zerman-Mogliano Veneto (Treviso): Hotel Villa Condulmer 425

NOTIZEN

NOTIZEN

NOTIZEN

NOTIZEN

NOTIZEN

NOTIZEN

NOTIZEN

NOTIZEN

NOTIZEN

NOTIZEN

NOTIZEN

DIE REISEFÜHRER MIT CHARME VON RIVAGES

34,80 DM 254 OES 33,60 SFR

34,80 DM 254 OES 33,60 SFR

34,80 DM 254 OES 33,60 SFR

19,80 DM 145 OES 19,60 SFR

19,80 DM 145 OES 19,60 SFR

16,80 DM 123 OES 16,60 SFR

44 DM 322 OES 42 SFR

29,80 DM 218 OES 29,40 SFR

29,80 DM 218 OES 29,40 SFR

Printed in Italy
Litho Service (Verona)